U0620667

楚系簡帛字形合編系列五種

俞紹宏　主編

上海博物館藏楚簡字形合編

上

徐加躍　賀一平　編著

上海古籍出版社

國家社科基金重大項目“楚系簡帛文字職用研究與字詞合編”
（20&ZD310，校編號 KW2023001）

集美大學科研啓動金項目“楚簡字形合編、引得與《古文字字形譜》編撰”
（C622154)

主編簡介

俞紹宏，安徽巢湖人，集美大學文法學院教授。

作者簡介

徐加躍，吉林大學考古學院古文字方向在讀博士生。

賀一平，現爲吉林大學考古學院古文字方向在讀博士生。

楚系簡帛字形合編系列五種
編寫説明

楚系簡帛材料具有很高的學術價值,爲了方便學者查檢、使用楚系簡帛資料,我們擬編撰叢書"楚系簡帛字形合編"。考慮到包山簡已經有了比較完善的《包山楚墓文字全編》,清華簡、安大簡正陸續刊佈,不僅所出各册自帶字表,其整理團隊還會編纂多種字形合編,我們選擇2022年以前公佈的上述三種之外的楚系簡帛材料,包括上海博物館藏楚簡、郭店楚簡、曾侯乙墓簡、新蔡葛陵簡、信陽長臺關簡,以及湘鄂兩省所出楚系簡帛,編成《楚系簡帛字形合編系列五種》。

曾侯乙墓竹簡國别屬於曾國,時代屬於戰國早期,相對於楚系其他簡牘,其字形具有一定的特殊性,故單獨編成《曾侯乙墓竹簡字形合編》。新蔡、信陽地處故楚國北界,現在又同屬河南省,故合編成《豫出楚簡字形合編》。湘鄂所出楚系簡帛二十五種多爲零散竹簡,每種字數不多,故合編成《湘鄂所出楚系簡帛字形合編(二十五種)》。郭店楚簡、上海博物館藏楚簡分别編成《郭店楚簡字形合編》與《上海博物館藏楚簡字形合編》。

儘管已刊的楚系簡帛文字材料大多數都有了字編,但或多或少地存在以下不足:或爲摹本而字形走樣,或爲選編而收録不全,或不附帶文例,或集成度不高,或因時代較早而誤釋較多,等等。我們力爭避免這些問題,力求窮盡地收録相關簡帛材料字形打造出字形全編,力求吸收文字考釋新成果、提高釋字準確率與可靠性,並附列出處與文例。

本叢書系列五種同已有的《包山楚墓文字全編》和清華簡、安大簡各册自帶字編一起,涵蓋了已刊的楚系簡帛材料字形。這些字形編在目前尚無收集材料比較齊全的楚系簡帛文字引得類工具書的情況下,擔當了"引得"的功能。在楚系簡帛成爲學術研究熱點的今天,這無疑會更加便利學者查檢、使用楚系簡帛材料。

由於我们學識所限,本叢書缺點與不當之處在所難免,真誠歡迎讀者朋友們批評指正。

主編　俞紹宏

2023年12月6日

凡　例

一、本編收録上海博物館藏楚簡全部文字。材料主要依據馬承源主編《上海博館藏竹書(一—九)》(上海古籍出版社,2001—2012年),並參考了學界的考釋成果。

二、所收文字按照《説文》條目次序排列,不見於《説文》的條目,若字形可以辨認隸定的,一般按照筆畫數從少到多的順序排在見於《説文》的同部首字條後。

三、以《説文》中的非部首字爲部首者,附列於該非部首字條目之後。

四、凡某一條目下有不同異體者,在條目代表性字形後括注不同的異體字形。如A爲某字條代表字形,該字條有A、B、C三体,條目標注爲"A(A、B、C)";若A不見於簡文,則標注爲"A(B、C)"。以條目代表性字形統領不同的字位、字樣,相同的字位、字樣靠近編排,不同字位、字樣的編排盡量反映字形沿革關係。部分異體字形,又見於所從部首之後,不再標注參見。

五、每一條目下收録原字形照片,然後附列該字形出處、文例,字形出處用簡稱簡號表示,與文例之間用"/"隔開。

六、釋文一般用嚴式隸定字釋寫,括注通行字或破讀後的本字。文例中的條目字用"～"代替,若借用作別的字,在其後括注本字(某些詞無本字,括注後世通用或常用的假借字);若後世有通行字形的,括注與其對應的通行字形。存疑者標注"?"。

七、合文義類相同者排在一起。存疑字按照從簡到繁順序排列。

八、斷簡用"▨"標注,字形漫漶不清者或存疑字用"□"代替,殘缺而可辨可補者用"〔 〕"括注。

目　　録

下　册

卷一

一部

一(一、弌、⿱羽能、⿰鼠一)

一

 一・孔 22/丌(其)義(儀)～氏

 一・緇 3/咸又(有)～悳(德)

 一・緇 8/～人又(有)慶

 一・緇 20/丌(其)義(儀)～也

 一・性 4/丌(其)眚(性)～也

 二・從甲 3/是目(以)旻(得)掔(賢)士～人

 二・從甲 4/遊(失)掔(賢)士～人

 二・從甲 5/～曰悉(緩)

 二・容 2/而～丌(其)志

 二・容 42/湯王天下卅=(三十)又(有)～傑(世)而受(紂)复(作)

 二・容 48/～人爲亡(無)道

 三・周 42/～斛(握)于芙(笑)

 三・亘 9/隹(惟)～目(以)猶一

 三・亘 9/隹(惟)一目(以)猶～

 三・彭 7/～命弌(一)寈

 三・彭 7/～命三寈

 三・彭 7/～命弌(一)臐

 四・昭 1/又(有)～君子

 四・柬 14/～人不能詞(治)正(政)

 四・曹 24/囟(思)凥(處)前立(位)～行

 四・曹 59/～出言三軍皆懽(歡)

 四・曹 60/～出言三軍皆往

 四・曹 64/虗(吾)～谷(欲)餌(聞)三弋(代)之所

 五・鮑 1/～之日而車秎(梁)城(成)

 五・季 11/民能多～矣

 港甲 1/民悳～

 六・競 10/～丈夫執敔(尋)之帀(幣)、三布之玉

 六・天甲 6/～憙一怒

 六・天甲 6/一憙～怒

 六・天甲 9/士～辟

 六・天乙 5/～憙一怒

 六・天乙 5/一憙～怒

 六・天乙 8/士～辟

 七・君甲 3/此丌(其)～回(違)也

 七・君乙 3/此丌(其)～回(違)也

 七・君乙 4/～人土(杜)門而不出

 七・吴 4/～介叓(使)

 七・吴 6/隹(唯)舍(余)～人所豊(禮)

 七・吴 7/㝢(寡)君～人

 八・子 2/丌(其)～〔寇(寇)〕☒

 八・命 10/逧(坐)?(友)亡～人

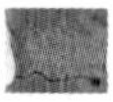 八・命 10/立?(友)亡～人

 八・李 2/木～心可(兮)

 九・成甲 1/～日而?(畢)

 九・成甲 1/不散(戮)～人

 九・成乙 1/～日而?(畢)

 九・成乙 2/不散(戮)～人

 九・成乙 3/君～日而☒不…

 九・靈 2/虎輮(乘)～葷₌(棧車)駟

 九・陳 12/又(有)所胃(謂)～

 九・舉 13/□五□～□二正

 九・舉 30/～曰

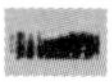 九・邦 7/～人千君

 九・卜 1/～

 九・卜 4/～占

弌

 三・亘 2/虛害(靜)爲～(一)

 三・彭 7/一命～(一)?

 三・彭 7/一命～(一)臙

 三・彭 7/～(一)命□

 九・舉 8/寡人不能弌(一)女(安—焉)

翟

 五・季 1/～(一)不智(知)民秀(務)之安(焉)才(在)

 五・君 9/貴而～(能)嬰(讓)

 八・王 5/夫彭徒～(一)袋(勞)

 九・邦 8/～(抑)瞿(懼)君之不夂(終)殜(世)係(承)邦

鼠一

 四・柬 5/～(一)疠(病)

 七・凡甲 17/旻(得)～(一)而思之

 七・凡甲 17/☒～(一)㠯(以)爲天陛(地)旨

 七・凡甲 18/虛(吾)能～(一)之

 七・凡甲 19/古(故)～(一)

七・凡甲 20/言记（起）于～（一）耑（端）

七・凡甲 20/～（一）言而禾不賒（窮）

七・凡甲 20/～（一）言而又（有）衆

七・凡甲 21/～（一）生兩

七・凡甲 21/是古（故）又（有）～（一）

七・凡甲 21/亡（無）～（一）

七・凡甲 21/天下亦亡（無）～（一）又（有）

七・凡甲 22/能戠（察）～（一）

七・凡甲 22/女（如）不能戠（察）～（一）

七・凡甲 23/女（如）欲戠（察）～（一）

七・凡甲 23/旻（得）～（一）〔而〕

七・凡甲 25/言记（起）於～（一）耑（端）

七・凡甲 28/心斎=（之所）貴唯～（一）

七・凡甲 29/衆～（一）言而萬民之利

七・凡甲 29/～（一）言而爲天陛（地）旨

七・凡乙 12/旻（得）～（一）而思之

七・凡乙 13/虐（吾）能～（一）虐（吾）

七・凡乙 14/於～（一）耑（端）

七・凡乙 14/～（一）言而禾不賒（窮）

七・凡乙 14/～（一）言而又（有）衆

七・凡乙 14/～（一）

 七・凡乙 15/戠(察)～(一)

 七・凡乙 15/女(如)不能戠(察)～(一)

 七・凡乙 15/女(如)欲戠(察)～(一)

 七・凡乙 16/旻(得)～(一)而悳(圖)之

 七・凡乙 18/言记(起)於～(一)耑(端)

 七・凡乙 18/～(一)生兩

 七・凡乙 21/貴唯～(一)

 八・王 2/虗(吾)～(一)恥於告夫=(大夫)

 九・史 10/～(一)或不免又(有)諎(禍)不(否)

元

 三・周 5/～吉

 三・周 9/～羕(永)貞

 三・周 16/～卿(亨)利貞

 三・周 18/～卿(亨)

 三・周 20/～卿(亨)利貞

 三・周 22/～吉

 三・周 33/遇～夫

 三・周 45/又(有)孚～吉

 三・周 47/～羕(永)貞

 三・周 54/～吉

 四・柬 21/君王～君

 四・柬 23/君王～君

 六・用 16/茅之台(以)～色

 八・子 1/～(願)虗(吾)子之悳(圖)之也

天

 一・孔 7/又(有)命自～

 一・孔 19/既曰～也

 一・孔 22/於卲(昭)于～

 二・子 1/古(故)能紿(治)～下

 二・子 8/而史(使)君～下而爯(稱)

 二・子 9/敃(抑)亦城(誠)～子也與(歟)

 二·子 14/厽(三)～子事之

 二·魯 3/女(若)夫政型(刑)與悳(德)以事上～

 二·魯 3/女(若)～〈夫〉母(毋)悉(愛)圭(珪)璧釆(幣)帛於山川

 二·魯 4/女(如)～不雨

 二·魯 5/女(如)～不雨

 三·周 11/自～右(佑)之

 三·周 41/又(有)惪(隕)自～

 港甲 2/～叡(且)劓

 三·彭 1/皮(彼)～之道

 三·彭 2/～陀(地)與人

 三·彭 3/未則於～

 三·彭 4/既只(躋)於～

 二·容 5/坒(匡)～下之正(政)

 二·容 5/十又(有)九年而王～下

 二·容 7/衒(率)～下之人遼(就)

 二·容 7/吕(以)爲～子

 二·容 7/褱(懷)吕(以)逨(來)～下之民

 二·容 9/履陀(地)戠(戴)～

 二·容 9/會才(在)～陀(地)之閒(間)

 二·容 9/而立爲～子

 二·容 10/堯吕(以)～下叚(讓)於臤(賢)者

 二·容 10/～下之臤(賢)者莫之能受也

 二·容 16/昔者～陀(地)之差(佐)舜而右(佑)善

 二·容 17/墨(禹)乃五叚(讓)吕(以)～下之臤(賢)者

 二·容 19/會～陀(地)之利

 二·容 30/～下大和豹(均)

 二·容 30/舜乃欲會～陀(地)之熨(氣)

 二·容 34/咎(皋)秀(陶)乃五叚(讓)以～下之臤(賢)者

 二·容 35/〔啟〕王～下十又(有)六年

 二·容 35/□是(氏)之又(有)～下

 二·容 36/～陀(地)四時

 二·容 41/於是虐(乎)～下之兵大迟(起)

 二·容 42/夫是吕(以)旻(得)衆而王～下

 二·容 42/湯王～下卅=(三十)又(有)一傑(世)而受(紂)乍(作)

 二・容 37/述迷～下而一丌(其)志

 二・容 46/篙(孰)～子而可反

 五・君 12/舜君～下

 五・君 15/垦(禹)絧(治)～下之川

 五・弟 1/丌(其)～民也虐(乎)

 五・弟 2/丌(其)～民也虐(乎)

 一・性 2/命自～降

 二・從甲 1/昔三弋(代)之明王之又(有)～下者

 二・容 1/之又(有)～下也

 二・容 8/～埅(地)人民之道

 二・容 11/於是虐(乎)～下之人

 二・容 28/～下之民居奠

 二・容 30/三年而～下之人亡(無)訟獄者

 二・容 49/智(知)～之道

 二・容 50/～牆(將)戝(誅)女(安—焉)

 二・容 50/虐(吾)敵(勴)～畏(威)之

 二・容 53/目(以)告吝(閔)于～

 二・容 53/～牆(將)戝(誅)女(安—焉)

 二・容 53/虐(吾)敵(勴)～畏(威)之

 四・昭 9/～加禍於楚邦

 五・競 7/～不見禹(害)

 五・競 7/～埅(地)盟(明)棄我矣

 三・周 23/岃(何)～之杗(衢)

 三・亘 1/未又(有)～埅(地)

 三・亘 4/清煲(氣)生～

 三・亘 4/信浧(盈)～埅(地)

 三・亘 4/粦=(察察)～埅(地)

 三・亘 5/明=(明明)～行

 三・亘 7/舉(舉)～之事

 三・亘 9/～道既載

 三・亘 10/舉(舉)～下之名虛詎(樹)

 三・亘 10/舉(舉)～下之复(作)弝(強)者

三·亘 10/果～下

三·亘 11/舉(舉)～下之爲也

三·亘 12/舉(舉)～下之生同也

三·亘 12/～下之复(作)也

三·亘 12/舉(舉)～下之复(作)也

三·亘 13/舉(舉)～下之名

三·亘 13/與～下之明王

五·姑 4/～下爲君者

五·三 1/～共(供)旹(時)

五·三 1/～亞(惡)女(如)忻

五·三 1/是胃(謂)川(順)～之祟(常)

五·三 2/是胃(謂)～祟(常)

五·三 2/～神之

五·三 2/皇～牆(將)舉(興)之

五·三 2/～乃降材(災)

五·三 3/～乃降禂(異)

五·三 3/是胃(謂)～豊(禮)

五·三 3/～命孔明

五·三 7/皇～弗京(諒)

五·三 8/皇～之所亞(惡)

五·三 12/所以爲～豊(禮)

五·三 13/～之所敗

五·三 14/～材(災)繩=(繩繩)

五·三 15/卬(仰)～事君

五·三 15/～飴(饑)必逨(來)

五·三 17/敬～

五·三 17/～才(哉)人才(哉)

五·三 17/智(知)～足以川(順)旹(時)

五·三 18/～無不從

五·三 18/好昌～從之

五·三 18/好貣～從之

五·三 18/好尨～從之

五·三 18/好長～從之

五·三 18/川(順)～旹=(之時)

五・三 19/皇～之所棄

五・三 19/上～又(有)下政

五・鬼 1/～下灋(法)之

五・鬼 1/此㠯(以)貴爲～子

五・鬼 2/賲(富)又(有)～下

五・鬼 2/爲～下芺(笑)

五・鬼 3/～下之聖人也

五・鬼 3/～

四・曹 3/而攺(撫)又(有)～下

四・曹 4/今～下之君子既可智(知)已

四・曹 7/～命

四・曹 9/～命

四・曹 9/亦～命

四・曹 16/～下

四・曹 51/虛(吾)戳(戰)啻(敵)不訓(順)於～命

四・曹 65/昔之明王之起於～下者

二・民 2/㠯(以)皇(横)于～下

二・民 6/君子㠯(以)此皇(横)于～下

一・孔 9/～保

六・孔 26/隹(唯)聚印(仰)～而懟(歎)曰

六・用 5/受勿(物)于～

六・用 8/硃(積)浧(盈)～之下

六・用 9/禍(禍)不降自～

六・用 10/胃(謂)～高而不概

六・用 13/不㠱(紀)於～

六・天甲 1/～子建之以州

六・天甲 1/凡～子七殜(世)

六・天甲 2/邦君象～子之…

六・天甲 6/～子坐㠯(以)巨

六・天甲 8/凡～子欽(歆)燹(氣)

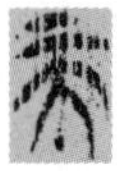
六・天甲 8/～子四辟

 六・天乙 1/凡～子建之以州

 六・天乙 1/凡～子七𣎴(世)

 六・天乙 2/邦君象～子之立

 六・天乙 5/～子坐…

 六・天乙 7/凡～子欽(歆)燹(氣)

 六・天乙 8/～子四辟延(筵)席

 七・鄭甲 4/遉(顛)逿(覆)～下之豊(禮)

 七・鄭乙 4/〔子〕豙(家)遉(顛)逿(覆)～下之豊(禮)

 七・君甲 5/而～下莫不語

 七・凡甲 3/～埅(地)立終立悥(始)

 七・凡甲 3/～隆(降)五尾(宅—度)

 七・凡甲 7/川(順)～之道

 七・凡甲 8/敬～之㬪(盟—明)奚旻(得)

 七・凡甲 11/䎽(問)～䈞(孰)高與

 七・凡甲 11/䈞(孰)爲～

 七・凡甲 12/～

 七・凡甲 15/穷(賓)於～

 七・凡甲 17/女(如)並～下而虘(抯)之

 七・凡甲 17/若並～下而詞(治)之

 七・凡甲 17/☑鼠(一)吕(以)爲～埅(地)旨

 七・凡甲 21/～下亡(無)不又(有)

 七・凡甲 21/～下亦亡(無)鼠(一)又(有)

 七・凡甲 25/於～咸

 七・凡甲 29/鼠(一)言而爲～埅(地)旨

 七・凡甲 30/之吕(以)智(知)～下

 七・凡乙 3/～埅(地)立終立悥(始)

 七・凡乙 3/～隆(降)五尾(宅—度)

 七・凡乙 6/川(順)～之道

 七・凡乙 12/～下而虘(抯)之

 七・凡乙 12/若並～下

 七・凡乙 18/水遉(復)於～

 七・凡乙 22/爲～埅(地)旨

 七・凡乙 22/大之㠯(以)智(知)～下

 七・吴 3/昔上～不中(衷)

 七・吴 5/～□丌(其)中

 七・吴 8/～子之霝(靈)

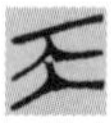 七・吴 8/～子之霝(靈)

 八・成 6/青(請)䎽(問)～子之正道

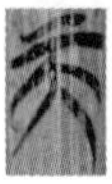 八・成 7/是胃(謂)～子之正道

 八・成 11/非～子

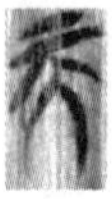 八・成 14/皆見章(彰)於～

 八・蘭 5/～道其逑(越)也

 八・有 4/逷(周)流～下今可(兮)

 九・舉 5/䢧(載)我～下

 九・舉 7/非～之所向

 九・舉 8/～下之難事也

 九・舉 9/～斎=(之所)向

 九・舉 9/～斎=(之所)伓(背)

 九・舉 10/非～子之差(佐)也

 九・舉 10/請厶(私)之於～子

 九・舉 21/堯王～下

 九・舉 26/坴(舜)王～下

 九・舉 29/墨(禹)～天下

 九・舉 30/五年而～下正

 九・舉 30/～下大水

 九・舉 30/㠯(以)湋(瀆)～下

 九・舉 32/～下能(乃)亙(恒—極)

 九・舉 33/～下

 九・邦 1/～加�(禍)於楚邦

 九・邦 2/頒(髮)～之女

吏(叓)

叓

一·性 4/𡥈(教)～(使)肰(然)也

一·性 30/必～(使)又(有)末

二·子 1/～(使)亡(無)又(有)少(小)大𢗋(肥)竁(脆)

二·從甲 17/君子難旻(得)而惕(易)～(事)也

二·從甲 17/丌(其)～(使)人

二·從甲 18/是以曰少(小)人惕(易)旻(得)而難～(事)也

二·從甲 18/丌(其)～(使)人

三·中 1/季𨓏(桓)子～(使)中(仲)弓爲䇱(宰)

三·中 4/⧄～(使)售(雍)也憧

三·中 14/杲(早)～(使)不行

三·中 16/𡥈(教)而～(使)之

三·中 25/含(今)之君子～(使)人不𦘔(盡)丌(其)说□

四·曹 39/人～(使)士

四·曹 39/我～(使)大夫

四·曹 39/人～(使)大夫

四·曹 39 我～(使)𤖼(將)軍

四·曹 40/人～(使)𤖼(將)軍

五·競 6/至於～(吏)日飤(食)

五·鮑 1/又(有)虽(夏)是(氏)觀亓(丌)容㠯(以)～(使)

五·鮑 2/迿侗者～(使)

五·鮑 7/而上不旹(時)～(使)

五·季 12/先=(先人)之所～(使)而行之

五·季 15/⧄亞(惡)勿～(使)

二·子 1/～(使)䖎(皆)得丌(其)社禝百眚(姓)而奉守之

二·子/8 而～(使)君天下而爯(稱)

二・子 12/尚～（使）

四・曹 29/焂（从）巹（卒）～（使）兵

四・曹 33/～（使）人不親則不繕（敦）

四・曹 36/～（使）倀（長）百人

四・内 1/言人之君之不能～（使）亓（其）臣者

四・内 2/不與言人之君之不能～（使）其臣者

四・内 5/言～（使）臣

五・季 14/三代之連（傳）～（史）

六・競 2/是虐（吾）亡（無）良祝～（史）也

六・競 2/虐（吾）欲（欲）敀（誅）者（諸）祝～（史）

六・競 3/是信虐（吾）亡（無）良祝～（史）

六・競 4/夫子～（使）丌（其）厶（私）叓（史）聖（聽）獄於晉邦

六・競 4/夫子叓（使）丌（其）厶（私）～（史）聖（聽）獄於晉邦

六・競 4/～（使）丌（其）厶（私）祝、叓（史）進

六・競 4/祝、～（史）進

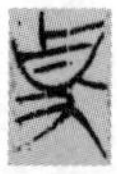
六・競 5/丌（其）祝～（史）之爲丌（其）君祝敚（説）也

六・競 7/則忑（恐）逡（後）敀（誅）於～（史）者

六・競 7/古（故）丌（其）祝～（史）裚（製）蔑耑折

六・競 8/蓳（澤）梨（梁）～（使）敂（漁）守之

六・競 8/山替（林）～（使）萠（衡）守之

六・競 9/～

六・壽 4/不～

七・武 15/～民

七・吴 4/孤～

七・吴 4/一介～（使）

七・吴 7/古（故）甬～（使）丌（其）三臣

九・舉 31/墨（禹）～（使）民𠂤（以）二和

九・史 1/～（史）蕾曰

九・史 1/古(故)齊邦帀(敝)～(吏)之子也

九・史 2/含(今)～(使)子帀(師)之

九・史 6/～(史)蒥曰

九・史 9/～(史)蒥曰

九・史 11/子之～(使)行

九・史 11/子之～(事)不行

丄　部

丄(上、走)

上

一・孔 8/皆言～之衰也

一・孔 22/王才(在)～

一・緇 2/爲～可㝐(望)而智(知)也

一・緇 3/～人㣇(疑)則百眚(姓)惑

一・緇 4/～帝板=(板板)

一・緇 6/～好急(仁)

一・緇 7/則民至(致)行己以兑(悦)～

一・緇 8/下之事～也

一・緇 8/～好

一・緇 9/～之好亞(惡)不可不新(慎)也

一・緇 15/古(故)～不可以埶(褻)型(刑)而翠(輕)卲(爵)

一・性 25/～交近事君

二・子 11/游於央臺之～

二・魯 3/女(若)夫政型(刑)與悳(德)以事～天

二・容 1/而～炁(爱)下

二・容 5/～下貴戔(賤)

二・容 44/加圜(圜)木于丌(其)～

三・周 1/～九

三・周 5/～九

三・周 8/～六

三・周 10/～六

三・周 11/～九

三・周 13/～六

三・周 15/～六

三・周 17/～六

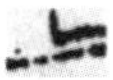
三・周 19/～六

三・周 21/～九

三・周 23/～九

三・周 25/～九

三・周 27/～六

三・周 29/～六

三・周 31/～九

三・周 33/～九

三・周 36/～六

三・周 39/～六

三・周 41/～九

三・周 43/～六

三・周 45/～六

三・周 49/～九

三・周 51/～六

三・周 55/～九

三・周 56/～六

三・周/57～六

四・采 3/城～生之葦

四・曹 62/女(如)～臒(獲)而上餌(聞)

四・曹 62/女(如)上臒(獲)而～餌(聞)

五・季 3/孚=(君子)才(在)民之～

五・姑 6/㠯(以)正～下之諰

五・弟 9/猷(猶)～臨也

五・三 2/～帝牆(將)憎之

五・三 6/～帝是有(佑)

五・三 7/～帝弗京(諒)

五・三 7/～帝弗京(諒)

五・三 8/～帝弗京(諒)

五・三 8/～帝乃□□邦豙(家)

五・三 19/～天又(有)下政

港甲 4/～帝憙之

港甲 9/㠯(以)～下之約

七・凡甲 28/～□□

七・凡甲 30/之力古之力乃下～

七・吴 3/昔～天不中(衷)

九・陳 1/先居灾(罙?)䜌(亂)之～

九・舉 5/旻(得)～(尚)父

九・舉 5/子遊(失)～(尚)父

九・舉 16/～(尚)父乃言曰

九・卜 4/含(肣)高～

六・孔 3/～不皋〈皋(親)〉悬(仁)

二・民 13/～下禾(和)同

二・從甲 7/時(持)行視～衣飤(食)

五・鮑 7/至欲飤(食)而～厚亓(其)會(斂)

五・鮑 7/至亞(惡)何(苛)而～不旹(時)叓(使)

六・孔 5/爲信㠯(以)事亓(其)～

六・孔 5/～唯逃

七・武 1/帀(師)～父

七・武 1/帀(師)～父

七・武 2/帀(師)～父

七・武 3/帀(師)～父

七・鄭甲 2/女(如)～帝禔(鬼)神㠯(以)爲惹(怒)

七・鄭甲 4/毋㠯(以)城(成)名立於～

七・鄭乙 2/女(如)～帝〔禔(鬼)〕〔神〕㠯(以)爲惹(怒)

九・舉 4/子訪之～(尚)父

九・舉 5/而～(尚)父乃皆至

九・舉 5/旻(得)～(尚)父

九・舉 6/王訪於～(尚)父曰

九・舉 14/～(尚)父曰

九・舉 17/～(尚)父曰

九・舉 18/～(尚)父曰

九・舉 19/～(尚)父曰

九・舉 21/～(尚)父曰

九・史 10/未或能才立於墬(地)之～

走

六・莊 3/載之塼車㠯(以)～(上)虖(乎)

四・逸・交 3/皆(偕)～(上)皆(偕)下

四・曹 36/緍(紳)功～(上)臤(賢)

五・鮑 7/而～(上)秋亓(其)型

帝

五・三 2/上～牆(將)憎之

五・三 6/上～是有(佑)

五・三 7/上～弗京(諒)

五・三 7/上～弗京(諒)

五・三 8/上～弗京(諒)

五・三 8/上～乃□□豕(家)

五・三 19/而句(后)～之所憎

 五・三 22/是～之閩(關)

 港甲 4/上～意之

 四・柬 11/之漮(旱)母(毋)～(謫)

 一・緇 4/上～板=(板板)

 二・子 1/可(何)古(故)㠯(以)旻(得)爲～

 二・子 12/～之武

 三・彭 1/而詠(謐)于～崇(嘗)

 七・武 1/不智(知)黄～

 七・鄭甲 2/女(如)上～魂(鬼)神㠯(以)爲惹(怒)

 七・鄭乙 2/女(如)上～〔魂(鬼)〕〔神〕㠯(以)爲惹(怒)

 九・舉 16/夫先四～

 九・舉 17/黄～倈(來)光

 九・舉 18/黄～攸(修)晶(三)員

 九・舉 19/皇～攸(修)三員

旁

 八・有 6/論三夫之～也今可(兮)

丅(下)

下

 一・緇 2/爲～可頫(述)而旹(志)也

 一・緇 3/～難智(知)則君長〔勞〕

 一・緇 6/則～之爲急(仁)也静(爭)先

 一・緇 8/～土之式

 一・緇 8/～之事上也

 一・性 25/～交得衆近從正(政)

 二・子 1/古(故)能絧(治)天～

 二・子 8/而史(使)君天～而爯(稱)

 二・容 1/之又(有)天～也

 二・容 2/而上悉(愛)～

 二・容 5/上～貴戔(賤)

 二・容 5/坒(匡)天～之正(政)

 二・容 5/十又(有)九年而王天～

 二・容 7/衜(率)天～之人遼(就)

二・容 7/褱(懷)㠯(以)逨(來)天～之民

二・容 10/堯㠯(以)天～皀(讓)於臤(賢)者

二・容 17/亟(禹)乃五皀(讓)㠯(以)天～之臤(賢)者

二・容 30/三年而天～之人亡(無)訟獄者

二・容 30/天～大和酌(均)

二・容 34/咎(皋)秀(陶)乃五皀(讓)㠯(以)天～之臤(賢)者

二・容 35/〔啟〕王天～十又(有)六年(世)而傑(桀)复(作)

二・容 35/□是(氏)之又(有)天～

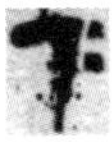
二・容 41/於是虐(乎)天～之兵大记(起)

二・容 42/夫是㠯(以)旻(得)衆而王天～

二・容 42/湯王天～卅=(三十)又(有)一傑(世)而受(紂)复(作)

二・容 47/乃出文王於邑(夏)臺之～而餌(問)女(安—焉)

二・容 49/高～肥毳之利聿(盡)智(知)之

五・弟 9/人而～峊(臨)

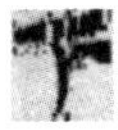
五・弟 23/剌(列)虐(乎)丌(其)～

七・吴 5/～之相敵(擠)也

二・民 2/㠯(以)皇(横)于天～

二・民 6/君子㠯(以)此皇(横)于天～

二・民 13/上～禾(和)同

二・從甲 1/昔三弋(代)之明王之又(有)天～者

二・容 10/天～之臤(賢)者莫之能受也

二・容 11/於是虐(乎)天～之人

二・容 28/天～之民居奠(定)

二・容 44/視(寘)盂炭丌(其)～

三・亘 10/嬰(舉)天～之名虛詎(樹)

三・亘 10/嬰(舉)天～之复(作)弖(強)者

三・亘 10/果天～

三・亘 11/嬰(舉)天～之爲也

三・亘 12/嬰(舉)天～之生同也

三・亘 12/天～之复(作)也

三・亘 12/嬰(舉)天～之复(作)也

三・亘 13/嬰(舉)天～之名

三・亘 13/與天～之明王

四・逸・交 3/皆(偕)上皆(偕)～

 四·昭 3/於此室之⿰阝⿱虘土(階)～

 四·内 9/⿱山元(美)～之

 四·曹 3/而攺(撫)又(有)天～

 四·曹 4/今天～之君子既可智(知)已

 四·曹 16/天～

 四·曹 65/昔之明王之记(起)於天～者

 五·姑 4/天～爲君者

 五·姑 6/㠯(以)正上～之譌

 五·君 12/⿱夋土(舜)君天～

 五·君 15/天～之川

 五·三 18/死於⿰木刅(梁)～

 五·三 19/上天又(有)～政

 五·鬼 1/天～灋(法)之

 五·鬼 2/⿰貝畐(富)又(有)天～

 五·鬼 2/爲天～芺(笑)

 五·鬼 3/天～之聖人也

 五·鬼 3/天～之亂人也

 六·莊 6/忘夫杒述之～虐(乎)

 六·用 8/⿰石朿(積)浧(盈)天之～

 港甲 9/㠯(以)上～之約

 七·鄭甲 4/遉(顛)復(覆)天～之豊(禮)

 七·鄭甲 5/而威(滅)炎於～

 七·鄭乙 4/〔子〕豙(家)遉(顛)復(覆)天～之豊(禮)

 七·鄭乙 5/〔而威(滅)炎於〕～

 七·君甲 5/而天～莫不語(禦)

 七·凡甲 14/坐不～笿(席)

 七·凡甲 15/～番(播)於囦(淵)

 七·凡甲 17/女(如)並天～而叡(担)之

 七·凡甲 17/若並天～而詞(治)之

 七·凡甲 21/天～亡(無)不又(有)

 七·凡甲 21/天～亦亡(無)⿰鼠一(一)又(有)

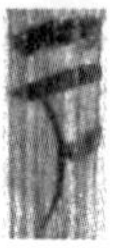 七·凡甲 30/之㠯(以)智(知)天～

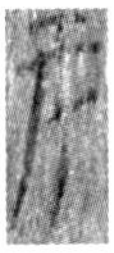
七・凡甲 30/之力古之力乃～上

七・凡乙 10/坐不～笞(席)

七・凡乙 10/～番(播)於困(淵)

七・凡乙 12/天～而叡(担)之

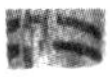
七・凡乙 12/若並天～

七・凡乙 22/大之㠯(以)智(知)天～

八・蘭 5/宅立(位)癥～而比忢(擬)高矣

八・有 4/逈(周)流天～今可(兮)

九・舉 5/䡇(載)我天～

九・舉 8/天～之難事也

九・舉 9/頁(寡—顧)監于～

九・舉 21/堯王天～

九・舉 26/叁(舜)王天～

九・舉 29/墨(禹)王天～

九・舉 30/五年而天～正

九・舉 30/天～大水

九・舉 30/㠯(以)滓(瀆)天～

九・舉 32/天～能(乃)亟(恒—極)

九・舉 33/墨(禹)王天～

示　部

示

八・顔 14/□～則斤

福

一・孔 12/～斯才孶₌(君子)

三・周 45/並受丌(其)～

三・周 57/是受～

五・三 5/唯～之至(基)

五・三 14/爲善～乃坴(來)

三・彭 5/唯(雖)～必遊(失)

五・競 4/祭之旻(得)～者也

六・競 6/而湯清者與旻(得)蕙～安(焉)

六・孔 15/君子恒㠯(以)衆～

六・用 2/非憮於～

七・武 10/於貴～

七・吴 8/先王之～

七・吴 8/先王之～

神

二・容 40/㠯(以)伐高～之門

三・亘 4/㲴(氣)信～才(哉)

四・柬 6/爲楚邦之䰠(鬼)～宔(主)

四・柬 6/不敢㠯(以)君王之身叀(弁—變)亂䰠(鬼)～之祟(常)古(故)

四・柬 6/夫帝=(上帝)䰠(鬼)～高明

四・曹 63/明𨡾(謊)䰠(鬼)～

五・競 7/則訢(祈)者(諸)䰠(鬼)～曰

五・三 2/天～之

五・三 4/毋詢(詬)政卿於～宋(次)

五・三 8/䰠(鬼)～𥨍(禋)祀

五・三 9/是胃(謂)忘～

五・三 20/䰠(鬼)～是有(佑)

五・鬼 1/今夫䰠(鬼)～又(有)所明

五・鬼 2/則䰠(鬼)～之賞

五・鬼 4/䰠(鬼)～不明

六・競 12/～見虘(吾)逕〈淫〉暴

六・壽 1/懼鬼～㠯(以)爲怒

七・鄭甲 3/女(如)上帝䰠(鬼)～㠯(以)爲惹(怒)

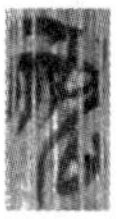
七・鄭甲 4/弗愄(畏)䰠(鬼)～之不恙(祥)

七・鄭乙 4/弗愄(畏)䰠(鬼)～之不恙(祥)

七・凡甲 5/奚古(故)～盟(盟—明)

七・凡甲 8/䰠(鬼)之～奚飤(食)

七・凡甲 12/箮(孰)爲靁(雷)～

 七・凡甲 24/戠(察)智(知)而～

 七・凡甲 24/戠(察)～而同

 七・凡乙 4/奚古(故)～槑(盟—明)

 七・凡乙 17/戠(察)～而同

 七・凡乙 17/戠(察)智(知)而～

 八・成 16/昔者又(有)～☒

祭

 一・性 29/～祀之豊(禮)必又(有)夫膪=(齊齊)之敬

 二・昔 2/女(如)～祀之事

 三・周 43/利用～祀

 三・周 57/不女(如)西罯(邻)之酌～

 三・中 6/夫～

 四・柬 3/欲～於楚邦者啓(乎)

 四・柬 4/牆(将)～之

 四・柬 5/速～之

 四・柬 7/安敢殺～

 四・柬 7/殺～

 五・競 2/昔高宗～

 五・競 3/高宗命仪(傅)鳶(説)熚之吕(以)～

 五・競 3/既～

 五・競 4/～之旻(得)稟(福)者也

 五・鮑 7/公乃身命～

 五・鮑 7/又(有)嗣(司)～備(服)毋(無)紋(黼)

 五・三 13/不陸(墮)～祀

 五・競 4/既～之後

 六・競 12/～、正不腹(獲)祟

 六・競 13/青～與正

 六・競 13/命割(裔)疾(款)不敢監～

七・君甲 5/君王龍(隆)亓(其)～

七・君乙 5/君王龍(隆)亓(其)～

七・凡甲 7/～員系(奚)逐

七・凡乙 6/～員系(奚)逐

九・舉 34/死行不～

祀

一・性 29/祭～之豊(禮)必又(有)夫臍=(齊齊)之敬

二・昔 2/女(如)祭～之事

三・周 43/利用祭～

四・内 8/祝於五～

五・三 7/已(以)～不亯(享)

五・三 8/䰠(鬼)神禋～

五・三 9/毋凶備(服)已(以)亯(享)～

五・三 13/不陸(墮)祭～

祝

四・内 8/～於五祀

四・采 1/～君壽

六・競 2/是虐(吾)亡(無)良～史也

六・競 2/虐(吾)欲(欲)豉(誅)者(諸)～史

六・競 3/是信虐(吾)亡(無)良～史

六・競 4/～、史進

六・競 5/丌(其)～史之爲丌(其)君祝敚也

六・競 5/丌(其)祝史之爲丌(其)君～敚也

六・競 7/～敚(説)毋專青(情)

六・競 7/古丌(其)～史裂(製)蔑端折

六・競 7/～之多堣言

六・競 8/～亦亡(無)嗌(益)

九・邦 8/乃魚固～而患=(止之)

九・邦 9/大～患(止)

九・邦 9/亯(就)鄒(蔡)大～二拜頓=(頓首)曰

祖(祖、禃)

祖

三・彭 1/狗(耇)老昏(問)于彭～曰

三・彭 1/彭～曰

三・彭 2/彭～曰

三・彭 3/彭～曰

三・彭 7/彭～曰

六・競 10/夫婦皆～

五・競 2/習(召)～己而昏(問)女(安—焉)

五・競 2/～己畲(答)曰

禃

九・舉 9/乃語周之先～(祖)曰

禱(禂)

禂

二・子 12/履㠯(以)祈～曰

社(社、袿)

社

二・子 6/～禝百眚(姓)

四・柬 18/～稷㠯(以)迯(危)與(歟)

五・姑 3/～畟(稷)

袿

五・鬼 2 背/而受(紂)首于只(岐)～(社)

七・吴 2/～(社)禝(稷)

七・吴 5/～(社)禝(稷)

八・志 7/虘(吾)無女(如)～(社)

齋

七・武 12/君～

七・武 12/～七日

禍(禍、祔、禍)

禍

四・昭 9/天加～於楚邦

祔

二・容 16/～(禍)才(災)迲(去)亡

五・競 8/此能从善而迲(去)～(過)者

七・武 8/～(禍)牆(將)長

七・武 9/～(禍)牆(將)大

七・武 9/～(禍)牆(將)言(然)

八・顔 1/敬又(有)～

八・顔 2/所吕(以)敬又(有)～

禍

五・三 13/不有大～(禍)必大耻

五・三 14/爲不善～(禍)乃或(惑)之

六・壽 1/～(禍)敗因童於楚邦

六・用 9/～(禍)不降自天

九・邦 4/稾(就)白公之～(禍)

九・邦 11/臣旇寍(寧)～(禍)

祆

二・容 16/～(妖)羕(祥)不行

材

五・三 2/天乃降～(災)

五・三 9/乃無凶～(災)

五・三 14/天～(災)繩=(繩繩)

港甲 4/乃無凶～(災)

社

二・容 20/四海(海)之外皆青(請)～(貢)

四・曹 37/牪尔正～

四・内 8/旹(时)、沓(昧)、～(攻)、縈(縈)、行

六・用 4/～之亡(無)適(適)

六・用 17/事既無～(功)

六・天甲 9/～…

六・天乙 9/～(貢)不語戰(戰)

九・舉 33/又(有)～(功)而弗發(廢)

九・舉 34/前行建～(功)

裕(裕、褡)

裕

四・昭 1/既牊(刑)～(落)之

 四・昭 1/󠄀酒(將)～(落)之

 四・昭 1/酒(將)～(落)

 九・靈 5/城(成)公與虎逮(歸)爲～(落?)

裕

 四・昭 5/尔(爾)古(姑)須既～女(安—焉)从事

崇

 一・孔 9/～=(裳裳)者芋(華)

 一・緇 9/(從)容又(有)～(常)

 三・彭 1/而諡(比)于帝(禘)～(嘗)

 四・柬 5/楚邦又(有)～(常)古(故)

 四・柬 6/不敢㠯(以)君王之身弁(變)亂䰣(鬼)神之～(常)古(故)

 四・柬 21/不㠯(以)丌(其)身弁(變)贅尹之～(常)古(故)

 四・曹 24/□～

 四・曹 50/則彔(禄)䛛(爵)有～(常)

 五・季 20/凡欲勿～(掌)

 五・三 1/是胃(謂)川(順)天之～(常)

 五・三 2/是胃(謂)天～(常)

 五・三 5/古(故)～(常)不利

 五・三 5/邦遊(失)旟(幹)～(常)

 五・三 5/皃(變)～(常)惖(易)豊(禮)

 五・三 10/毋剴(殘)～(常)

 六・莊 1/㠯(以)共(供)春秋之～(嘗)

 弁 2/榑(幹)～亓(其)若茲(哉)

禝(禝、稷)

禝

 二・子 6/史(使)皆旻(得)丌(其)社～(稷)百眚(姓)而奉守之

 二・容 28/乃立句(后)～(稷)㠯(以)爲緹

 二・容 28/句(后)～(稷)既巳(已)受命

 四・柬 18/社～(稷)㠯(以)迸(危)與(歟)

五・姑 3/㚔(幸)則晉邦之社～(稷)可旻(得)而事也

七・吴 2/社～(稷)

七・吴 5/社～(稷)

八・王 5/～(稷)可(何)

稷

一・孔 24/句(后)～之見貴也

二・子 12/句(后)～之母

二・子 13/是句(后)～之母也

六・用 8/非～之穜(穜)

虖

一・孔 12/不亦能改～(乎)

一・孔 13/不亦又(有)適(离)～(乎)

一・孔 23/終～(乎)不猒(厭)人

五・季 11/是右(左)～(乎)

一・緇 14/隹(唯)乍(作)五～(虐)之型(刑)曰金〈佱(法)〉

七・吴 8/吴人～於周

褫

二・從甲 15/毋～(虐)

二・從甲 15/不孴(教)而殺則～(虐)

祠(祹)

祹

五・三 3/天乃墜(降)～(異)

𥚭

一・孔 7/褱(懷)尔(爾)～(明)悳(德)

五・三 1/～(明)王無思

七・凡甲 5/奚古(故)神～(明)

七・凡甲 8/敮(通)天之～(明)奚旻(得)

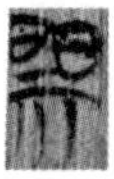
七・凡乙 4/奚古(故)神～(明)

集

五・鮑 3/乃命又(有)嗣(嗣)箸(著)～(籍)浮(簿)

禬

八・有 6/論夫三夫之～也今可(兮)

⿰礻青

三・周 5/亡(無)～(眚)

三・周 20/亓(其)非⿺辶复(復)又(有)～(眚)

三・周 21/又(有)～(眚)

三・周 56/是胃(謂)亦灾(災)～(眚)

⿱髟示

四・曹 52/攺(改)～(禱)尔鼓(鼓)

⿰礻喬(⿱高示)

⿱高示

二・容 45/豐、～(⿰礻喬—鎬)

⿸尸示

六・壽 1/訊之於～(尸)庿(廟)

六・天甲 3/豊(禮)之於～(尸)庿(廟)也

六・天乙 3/豊(禮)之於～(尸)庿(廟)也

⿰礻虘

六・競 8/～(詛)爲亡(無)敡(傷)

祈(祈、⿱折示)

祈

七・武 12/君不～

⿱折示

七・武 2/盍～(齋)⿸虍口(乎)

七・武 2/武王～(齋)三日

祟

六・競 9/勿(物)而～者也

六・競 12/祭、正(貞)不腹(獲)～

三　部

三

一・性 8/亓(其)～述(術)者

一・性 34/亞(惡)頪(類)～

二・民 2/吕(以)行～亡(無)

二・民 5/敢問可(何)胃(謂)～亡(無)

二・民 5/～亡(無)虖(乎)

二・民 7/此之胃(謂)～亡(無)

二・從甲 1/昔～弋(代)之明王之又(有)天下者

二・從甲 5/匠(固)～折(制)

二・從甲 5/～曰惠

二・從甲 7/～折(制)

二・從甲 10/從正(政)所柔(务)～

二・昔 1/大(太)子再～

二・容 14/㠯(以)～从舜於旬(畎)晦(畝)之中

二・容 18/墨(禹)聖(聽)正(政)～年

二・容 23/舜聖(聽)正(政)～年

二・容 26/墨(禹)乃迵(通)～江五沽(湖)

二・容 29/～年而天下之人亡(無)訟獄者

二・容 31/方爲～俈(造)

二・容 31/東方爲～俈(造)

二・容 31/西方爲～俈(造)

二・容 31/南方爲～俈(造)

二・容 31/北方爲～俈(造)

二・容 39/秖(積)～十巳而能之

二・容 45/於是虐(乎)复(作)爲金桎～千

二・容 48/～鼓(鼓)而进之

二・容 48/～鼓(鼓)而退之

二・容 51/～军大軓(犯)

二・容 51/繻(帶)虖(甲)～千

三・中 17/若此～

三・中 18/昔～弋(代)之明王又(有)四海之内

三・中 20/～害近敄(務)矣

三・彭 2/～迲(去)丌(其)二

三・彭 7/一命～蕿(俯)

三・彭 7/～命四蕿(俯)

三・彭 8/～命四贜(仰)

四・昭 10/～日

四・柬 16～日

四・柬 18/必～军又(有)大事

四・曹 14/～弋(代)之戦(陳)皆廌(存)

四・曹 19/～(教)之末

四・曹 22/～軍出

四・曹 28/～軍又(有)衙(帥)

四・曹 28/此～者所㠯(以)戥(戰)

四・曹 30/～行之逡(後)

四・曹 36/能絧(治)～軍

四・曹 40/～軍出

四・曹 42/～軍戠果(裹)又(有)幾虖(乎)

四・曹 43/～軍未成戦(陳)

四・曹 46/～軍大敗不𦧢(勝)

四・曹 49/此～者足以戰(戰)虖(乎)

四・曹 56/～者𦘔(盡)甬(用)不皆(棄)

四・曹 60 一出言～軍皆禽(歡)

四・曹 60/一出言～軍皆往

四・曹 64/虗(吾)一谷(欲)𦖞(闻)～弋(代)之所

五・競 3/不出～年

五・季 14/～代之連(傳)叓(史)

五・君 10/昔者中(仲)尼𥳑(箴)徒～人

港甲 3/□～

六・競 10/一丈夫執敬(尋)之帀(幣)、～布之玉

六・天甲 2/…～殜(世)

六・天甲 9/邦君～辟

六・天甲 13/所不學於市(師)者～

六・天乙 1/夫=(大夫)～殜(世)

六・天乙 8/邦君～辟

七・武 2/𥙡(祈—齋)～日

七・鄭甲 3/回(圍)奠(鄭)～月

七・鄭甲 5/利(梨)木～沯(寸)

七・鄭乙 3/回(圍)奠(鄭)～月

七・鄭乙 5/利(梨)木～沯(寸)

七・君甲 1/白玉～回

七・君甲 2/白玉～回

七・君甲 4/灰(侯)子～人

七・君甲 6/此亓(其)～回也

七・君乙 1/白玉～回

七・君乙 2/白玉～回

七・君乙 4/灰(侯)子～人

七・君乙 5/此亓(其)～回也

七・吴 7/～臣

七・吴 7/～大夫

七・吴 9/～大夫

八・命 11/逊(坐)吝(友)～人

八・命 9/必内(入)𤓰(偶)之於十吝(友)又～

八・命 11/立吝(友)～人

八・有 5/視毋以～誼……

八・有 6/論～夫之旁也今可(兮)

八・有 6/蜀(獨)論～夫今可(兮)

 八・有 6/論夫～夫之禱也今可(兮)

 九・成甲 2/～日而醬(脖—畢)

 九・成甲 2/漸(斬)～人

 九・成乙 2/～日而醬(脖—畢)

 九・成乙 2/漸(斬)～人

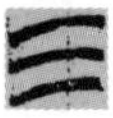 九・陳 14/～鼓乃行

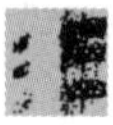 九・舉 13/～年不生粟

 九・舉 17/湯行～記(起)

 九・舉 19/皇帝攸(修)～員

 九・舉 26/～毦(苗)不賓

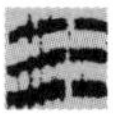 九・舉 30/墨(禹)疋(疏)江爲～

 九・舉 31/夬(決)滓(瀆)～百

 九・舉 33/～曰

 九・邦 3/～戰(戰)而三訔(捷?)

 九・邦 3/三戰(戰)而～訔(捷?)

 九・卜 5/凡～族又(有)此

 九・卜 5/～末唯(雖)吉

 九・卜 7/～族之敓(奪)

 九・卜 7/～末飤(食)墨叡(且)表

 九・卜 8/～族句(鉤)

 九・卜 8/～末唯(雖)敗

 九・卜 9/女(如)～末唯(雖)吉

 九・卜 9/～族是癷(瘁)

 九・卜 9/女(如)～族□□□□□□□

王 部

王

 一・孔 1/丌(其)又(有)不～虐(乎)

 一・孔 2/文～受命矣

 一・孔 5/～悳(德)也

 一・孔 6/於(烏)虐(乎)前～不忘

 一・孔 7/命此文～

 一・孔 7/文～唯(雖)谷(欲)巳(已)

 一・孔 8/～公恥之

 一・孔 21/文～

 一・緇 1/埶(儀)型(刑)文～

 一・緇 5/隹(唯)～之功(邛)

 一・緇 15/～言女(如)絲

 一・緇 15/～言女(如)索

一・緇 17/穆穆文～

二・民 8/城(成)～不敢康

二・子 7/先～之遊

二・子 7/～則亦不大洩

二・子 9/厽(三)～者之乍(作)也

二・子 13/厽(三)～者之乍(作)也女(如)是

二・子 13/肰(然)則厽(三)～者管(孰)爲

二・從甲 1/昔三弋(代)之明～之又(有)天下者

二・從甲 2/～舍(予)人邦豙(家)土埅(地)

二・容 5/㞷(匡)天下之正(政)十又(有)九年而～天下

二・容 35/〔啟〕～天下十又(有)六年〈世〉而傑(桀)复(作)

二・容 35/傑(桀)不述亓(其)先～之道

二・容 42/夫是㠯(以)㝵(得)衆而～天下

二・容 42/湯～天下卅=(三十)又(有)一傑(世)而受(紂)复(作)

二・容 42/受(紂)不述亓(其)先～之道

二・容 46/文～䎽(聞)之曰

二・容 46/乃出文～於邑(夏)臺之下而䎽(問)女(安—焉)

二・容 47/文～曰

二・容 47/文～於是䖒(乎)素耑(端)褎裳㠯(以)行九邦

二・容 47/文～乃卂(起)帀(師)以鄉(向)豐喬(鎬)

二・容 48/乃陞(登)文～

二・容 49/昔者文～之差(佐)受(紂)也

二・容 49/文～堋(崩)

二・容 49/武～即立(位)

二・容/49 武～曰

二・容 50/武～於是虖(乎)复(作)爲革車千乘

二・容 51/武～乃出革車五百乘

二・容 52/武～於是虖(乎)素冐(冠)弁(冕)

二・容 53/武～素虖(甲)以申(陳)於𣪠(殷)蒿(郊)

三・中 18/昔三弋(代)之明～又(有)四海之内

三・亘 13/與天下之明～

三・周 5/或從～事

三・周 7/～晶(三)賜命

三・周 10/～晶(三)驅

三・周 17/～用亯(享)于西山

 三・周 35/～臣訐=(蹇蹇)

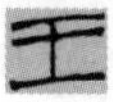 三・周 42/～䛭(格)于寣(廟)

 三・周 45/～明

 三・周 54/～叚(假)于寣(廟)

 四・采 4/～音深浴(谷)

 四・昭 1/卲(昭)～爲室於死沜之濾(滸)

 四・昭 1/～戒邦夫=(大夫)目(以)歆=(歆酒)

 四・昭 1/～内(入)

 四・昭 2 君/～訂(始)内(入)室

 四・昭 3/僕(僕)之毋辱君～

 四・昭 5/～遅(徙)凥(處)於坪(平)澫(厲)

 四・昭 5/卲(昭)～

 四・昭 6/龏(龔)之脽駿(馭)～

 四・昭 6/大尹内(入)告～

 四・昭 6/脽介趣(騶)君～

 四・昭 7/君～

 四・昭 7/～訋(召)而余(予)之衺(衽)褓(袍)

 四・昭 7/～命龏(龔)之脽毋見

 四・昭 8/自訟於～

 四・昭 8/君～

 四・昭 8/目(以)告君～

 四・昭 8/今君～或命脽毋見

 四・昭 9/～曰

 四・昭 9/息(霸)君吳～身至於郢

 四・柬 1/柬(簡)大～泊滷(旱)

 四・柬 1/～自臨卜

 四・柬 1/～向日而立

 四・柬 1/～滄(汗)至

 四・柬 2/龜尹智(知)～之庶(炙)於日而疠(病)疥(疥)

 四・柬 2/龜尹智(知)～之疠(病)

 四・柬 4/龜尹至(致)命於君～

 四・柬 5/～曰

 四・柬 6/不敢目(以)君～之身弁(變)亂䰟(鬼)神之祟(常)古(故)

 四・柬 7/目(以)君～之身殺祭

 四・柬 7/～内(入)

 四・柬 8/～㠯(以)䎽(問)贅(鼇)尹高

 四・柬 9/～若(諾)

 四・柬 9/～夢晶(三)閨未啟

 四・柬 9/～㠯(以)告相屖(徙)與中余(舍)

 四・柬 10/君～尚(當)㠯(以)䎽(問)大(太)宰(宰)晉侯

 四・柬 13/女(如)君～攸(修)郢高(郊)

 四・柬 13/君～母(毋)敢𢦏(災)害

 四・柬 14/～印(仰)天乎而泣

 四・柬 15/～許諾

 四・柬 16/～又(有)埜(野)色

 四・柬 17/～事可(何)

 四・柬 20/君内(入)而語僕之言於君～

 四・柬 21/君～元君

 四・柬 22/君～之疠(病)牆(將)從含(今)日㠯(以)巳(已)

 四・柬 23/君～元君

 四・曹 64/此先～之至道

 四・曹 64/昔之明～之记(起)於天下者

 五・競 3/女(安—焉)命行先～之灋(法)

 五・競 4/女(安—焉)攸(修)先～之灋(法)

 五・競 7/昔先君客(格)～

 五・弟 17/弗～

 五・弟 17/夫女(安—焉)能～人

 五・三 1/槑(明)～無思

 六・競 4/～命屈木昏(問)軛(范)武子之行安(焉)

 六・莊 1/臧(臧—莊)～既成亡(無)鍈(鐸—射)

 六・莊 1 背/臧(臧—莊)～既成

 六・莊 2/～臣(固)昏(問)之

 六・莊 3/～曰

 六・莊 5/～子回(圍)敓(奪)之

 六・莊 5/～子回(圍)立爲王

 六・莊 5/王子回(圍)立爲～

六・莊 5/繿(紳)公子皇見～

六・莊 6/臣不智(知)君～之牆(將)爲君

六・莊 6/女(如)臣智(知)君～

六・莊 7/～曰

六・莊 8/臣爲君～臣

六・莊 8/君～丂(免)之

六・壽 1/競坪(平)～稾(就)奠(鄭)壽

六・壽 2/先～亡(無)所遠(歸)

六・壽 2/～恖(固)訔(訊)之

六・壽 3/～曰

六・壽 3/君～與楚邦懼戁(難)

六・壽 4/～復見奠(鄭)壽

六・壽 4/～與之語

六・壽 4/～芖(笑)

六・壽 5/臣爲君～臣

六・壽 5/君～遂(踐)尻

六・壽 6/君～所改多=(多多)

六・壽 6/君～保邦

六・壽 6/～芖(笑)

六・木 1/競坪(平)～

六・木 1/競坪(平)王命～子木迈(蹠)城父

六・木 2/～子曰

六・木 3/臧(臧—莊)～迈(蹠)河雝之行

六・木 3/～曰

六・木 4/～子不智(知)楠(麻)

六・木 4/～子不旻(得)君楚邦

六・木 5/～子鼰(問)城(成)公

六・木 5/～子曰

七・武 1/～䎽(問)於帀(師)上(尚)父曰

七・武 2/～女(如)谷(欲)雚(觀)之

七・武 2/武～

七・武 3/先～

七・武 3/武～

七・武 5/武～

七・武 11/武～

七・武 11/武～曰

七・武 12/武～

七・武 13/武～北面

七・鄭甲 1/臧(莊)～豪(就)夫=(大夫)而與之言曰

七・鄭甲 3/～命倉(答)之曰

七・鄭甲 6/～許之

七・鄭甲 6/～牆(將)還

七・鄭甲 6/君～之记(起)此帀(師)

七・鄭甲 7/君～必進帀(師)吕(以)迈之

七・鄭甲 7/～安還軍吕(以)迈之

七・鄭乙 1/臧(莊)～豪(就)夫=(大夫)而与(與)之言曰

七・鄭乙 3/～命倉(答)之

七・鄭乙 6/～許之

七・鄭乙 6/～牆(將)還

七・鄭乙 6/君～之记(起)此帀(師)

七・鄭乙 7/君～必進帀(師)吕(以)迈之

七・鄭乙 7/～安還軍吕(以)迈之

七・君甲 1/君～

七・君甲 1/命爲君～戔之

七・君甲 1/～乃出而見之

七・君甲 2/～曰

七・君甲 3/君～又(有)楚

七・君甲 4/君～又(有)楚

七・君甲 5/之〈先〉～斎=(之所)吕(以)爲目觀也

七・君甲 5/君～龍(恭)亓(其)祭

七・君甲 6/先～爲此

七・君甲 6/含(今)君～㶳(盡)去耳目之欲

七・君甲 7/人吕(以)君～爲戺(所)吕(以)䙴(傲)

七・君甲 8/君～唯(雖)不長年

 七・君甲 9/先君霝(靈)～

 七・君乙 1/君～又(有)白玉三回而不戔

 七・君乙 1/命爲君～戔之

 七・君乙 1/～乃出而見之

 七・君乙 2/～曰

 七・君乙 3/君～又(有)楚

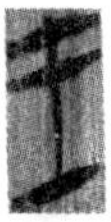 七・君乙 4/君～又(有)楚

 七・君乙 5/先～斎=(之所)吕(以)爲目觀也

 七・君乙 5/君～龍(恭)亓(其)祭

 七・君乙 6/先～爲此

 七・君乙 6/含(今)君～孝(盡)去耳目之欲

 七・君乙 6/人吕(以)君～爲戳(傲)

 七・君乙 7/君～唯(雖)不長年

 七・君乙 9/先君霝(靈)～

 七・凡甲 8/先～之智奚備

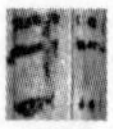 七・凡乙 7/先～之智奚備

 七・吴 5/周先～

 七・吴 8/先～

 七・吴 8/先～之福

 七・吴 8/先～

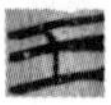 七・吴 9/事先～

 七・吴 9/不共昇(承)～事

 八・成 1/成～既邦(封)周公二年

 八・成 1/而～至(重)亓(其)貢(任)

 八・成 2/☐～才(在)鎬

 八・成 5/成～曰

 八・成 6/成～曰

 八・成 7/成～曰

 八・成 10/成～曰

 八・成 14/成～曰

 八・命 1/君～竆(窮)亡人

 八・命 5/不吕(以)厶(私)思〈惠〉厶(私)悁(怨)内(入)於～門

 八・命 8/君～之所吕(以)命與所爲於楚邦

 八・王 1 背/～居

 八・王 1/～居穌(蘇)滿之室

 八・王 1/～未倉(答)之

 八・王 5/～稾(就)之

 八・王 6/～胃(謂)

 八・王 6/～稾(就)

 八・志 1/吕(以)燮謞～夫=(大夫)之言

 八・志 2/或猶走趣(趨)事～

 八・志 2/～复(作)色曰

 九・成甲 1/城(成)～爲成(城)僕(濮)之行

 九・成甲 1/～囟(使)子旻(文)畬(校)子玉

 九・成甲 2/～逯(歸)

 九・成甲 4/君～胃(謂)子玉未患(慣)

 九・成乙 1/君～孕(免)余辠(罪)

 九・成乙 1/君～命余送(總)帀(師)於敔(?)

 九・成乙 2/～爲余客

 九・靈 1/霝(靈)～既立(位)

 九・靈 1/～敗鄒(蔡)霝侯於吕

 九・靈 5/君爲～臣

 九・靈 5/～牆(將)述(墜)邦弗能黹(止)

 九・陳 1/～迈郿(固)之行

 九・陳 1/君～安(焉?)

 九・陳 2/先君武～與邧(鄖)人戩(戰)於莆(蒲)寞(騷)

 九・陳 6/君～不智(知)㤶(狂)之無栽(才)

 九・陳 7/不智(知)進帀(師)徒逊(極)於～所

 九・陳 7/述(遂)内(入)～翠(卒)

 九・陳 8/～胃(謂)陳公

 九・陳 8/～卒

 九・陳 10/又逘(復)於君～

 九・陳 14/吕(以)厚～翠(卒)

 九・陳 14/埿(深?)内(入)～翠(卒)

 九・陳 14/君～憙(喜)之女(安—焉)

 九・舉 4/文～曰

 九・舉 6/文～訪於上(尚)父曰

 九・舉 11/文～乃卑

 九・舉 13/文～曰

 九・舉 14/文～曰

 九・舉 15/文～曰

 九・舉 16/二～之……

 九・舉 17/文～曰

 九・舉 19/文～曰

 九・舉 21/堯～天下

 九・舉 26/叁(舜)～天下

 九・舉 29/墨(禹)～天下

 九・舉 33/墨(禹)～天下

 九・邦 2/亯(就)卲(昭)～之亡

 九・邦 2/要～於隆(隨)寺(待)

 九・邦 3/盍晃(冠)爲～乂

 九・邦 5/不旻(得)～

 九・邦 5/未旻(得)～

 九・邦 7/邦既又(有)～

 九・邦 10/亯(就)～之長也

 九・邦 11/君～(嘉)臣之青(請)命

皇

 二・民 2/吕(以)～(横)于天下

 二・民 6/君子吕(以)此～(横)于天下

 五・三 2/～天牆(將)嬰(興)之

 五・三 7/～天弗京(諒)

 五・三 7/是胃(謂)滔～

 五・三 8/～天之所亞(惡)

 五・三 10/～句(后)曰立

 五・三 19/～天之所棄

 六・競/12 二夫可不受～

 六・孔 22/～況亓(其)女(如)

 六・莊 4/緍(紳)公子～

六・莊 4/緍(紳)公子皇旹(戴—得)～子

六・莊 5/繙(紳)公子～見王

七・武 7/～=(惶惶)隹(惟)堇(謹)口

八・有 1/又(有)～(凰)牆(將)记(起)今可(兮)

八・有 4/牆(將)莫～今可(兮)

弁 2/～句(后)又(有)命

玉　部

玉

二・容 38/立爲～閏(門)

二・容 53/土～水酉(酒)

四・逸・交 1/若～若英(瑛)

五・弟 19/巨蘧白(伯)～侍(侍)虐(乎)子

五・季 3/氏(是)古(故)君子～亓(其)言

六・競 9/非爲媺(美)～肴生(牲)也

六・競 10/一丈夫執尋(尋)之幣(幣)、三布之～

六・天甲 6/梖(相)之以～枓(斗)

六・天乙 5/梖(相)之以～枓(斗)

七・君甲 1/白～三回

七・君甲 2/白～三回

七・君乙 1/白～三回

七・君乙 2/白～三回

九・成甲 1/王囟(使)子曼(文)晉(校)子～

九・成甲 2/子～受帀(師)出之敓(蔿)

九・成甲 4/君王胃(謂)子～未患(慣)

九・成甲 5/子～之帀(師)之

九・成乙 1/吕(以)子～之未患(慣)

九・成乙 2/子～出之太(蔿)

九・成乙 4/子～之帀(師)既敗帀(師)巳(已)

九・舉 23/～則不尌(戡)

瓚

二・容 38/簹(筑)爲～室

瑄

七・武 1/端(顓)～(頊)

璧(璑)

璑

二・魯 2/女(汝)母(毋)悉(爱)珪～禾(幣)帛於山川

二・魯 3/女(若)天(夫)母(毋)悉(愛)圭～禾(幣)帛於山川

五・鮑 3/犂(犧)生(牲)珪～必全

六・競 1/虐(吾)珪～大於虐(吾)先君之

珵(珵、瑆)

珵

九・成甲 3/遠(蔿)白(伯)～(嬴)猶約(幼)

九・成甲 3/子叟(子文)舉(舉)朊貽白(伯)～(嬴)曰

瑆

九・成甲 4/白(伯)～(嬴)曰

玫

六・用 13/～(枚)亓(其)若弫(拒)

瑅

六・競 12/～(嬰)則未㝵(得)與昏(聞)

弌

二・容 38/～(飾)爲采(瑶)臺

三・周 30/～(執)用黄牛之革

琺

四・昭 6/逃～

四・昭 7/巽(樊—返)逃～

瑽

四・曹 63/弗～岴(危)陞(地)

欽

三・周 41/～(含)章

閏

二・容 38/立爲玉～(門)

玨　部

班

三・周 22/曰～车戔(衛)

气　部

气(气、𣱕、㷊)

气

三・周 44/～(汔)至

九・舉 30/～(乞)女(安?)亓(其)進(往)疋(疏)洲(川)记(起)浴(谷)

𣱕

一・性 1/憙(喜)惹(怒)哀悲之～(氣)

㷊

三・亘 1/又(有)或女(安—焉)又(有)～(氣)

三・亘 2/～(氣)是自生

三・亘 2/亘(恒)莫生～(氣)

三・亘 2/亘(恒)～(氣)之

三・亘 4/埾(濁)～(氣)生埅(地)

三・亘 4/清～(氣)生天

三・亘 4/～(氣)信神才(哉)

三・亘 9/亘(恒)～(氣)之生

一・性 36/□□之～(氣)也

二・民 12/～(氣)〔志〕既旻(得)

二・民 13/～(氣)志既從

二・從甲 9/志～(氣)不旨(耆)

二・容 30/舜乃欲會天埅(地)之～(氣)而聖(聽)甬(用)之

二・民 10/～(氣)志不愇(違)

二・容 29/乃鞭(辨)侌(陰)昜(陽)之～(氣)

六・天甲 8/凡天子欽～(氣)

六・天乙 7/凡天子欽～(氣)

七・凡甲 27/并(屏)～(氣)而言

七・凡甲 27/和倗(朋)和～(氣)

卉 2/血～不迵(通)

士　部

士

一・孔 6/〔濟濟〕多～

 一・孔 29/涉秦(溱)丌(其)㡭(絶)律而～

 一・緇 12/毋㠯(以)辟(嬖)～𦘔(疾)大夫向(卿)使(士)

 二・從甲 3/是㠯(以)旻(得)掔(賢)～一人

 二・從甲 4/遊(失)掔(賢)～一人

 三・亘 13/明～

 四・曹 29/必訋(召)邦之貴人及邦之可(奇)～

 四・曹 39/人叓(使)～

 四・曹 55/思良車良～往取之餌(耳)

 五・姑 1/爲～

 五・姑 1/與(舉)～尻(凥)埍(館)

 五・弟 9/☐～

 五・弟 10/～餓(治)㠯(以)力

 六・孔 3/夫～

 六・天甲 1/～聿(建)之㠯(以)室

 六・天甲 2/～二殜(世)

 六・天甲 2/～象夫=(大夫)之立

 六・天甲 7/～，視目恒

 六・天甲 8/～受余

 六・天甲 9/～一辟

 六・天乙 1/～聿(建)之㠯(以)室

 六・天乙 1/～二殜(世)

 六・天乙 2/～象大夫之立(位)

 六・天乙 7/～，視目恒

 六・天乙 8/～受舍(餘)

 六・天乙 8/～一辟

 七・武 10/～難旻(得)而惕(易)雈(外)

 九・陳 12/尖=(小人)牆(將)㠯(以)戕(壯)～

壯

 五・弟 5/耇老不遉(復)～

丨　部

丨

 二・容 1/椲～(针)是(氏)

 六・用 3/～亓(其)又(有)成悳(德)

八・李 1 背/滆(浸)剔(毁)～可(兮)

中(中、审)

中

一・孔 17/《𨠬(將)～(仲)》之言不可不韋(畏)也

一・孔 27/《～(仲)氏》君子

三・中 1/季逗(桓)子叀(使)～(仲)弓爲竆(宰)

三・中 1/～(仲)弓㠯(以)告孔子曰

三・中 5/～(仲)弓曰

三・中 6/～(仲)弓倉(答)曰

三・中 8/～(仲)弓曰

三・中 8/～(仲)尼曰

三・中 9/～(仲)弓曰

三・中 10/～(仲)尼

三・中 10/～(仲)弓曰

三・中 16 背/～(仲)弓

三・中 17/～(仲)弓曰

三・中 20/～(仲)弓曰

三・中 25/～(仲)弓曰

三・中 27/～(仲)弓曰

三・中 28/～(仲)尼

三・中附簡/～(仲)

五・季 4/虘(且)筦(管)～(仲)又(有)言曰

五・季 9/牀(臧)旻(文)～又(有)言曰

五・君 10/昔者～(仲)尼箴(箴)徒三人

五・君 11/～(仲)尼與虛(吾)子産管(孰)䝨(賢)

一・孔 8/言不～志者也

二・容 14/㠯(以)三从舜於旬(畎)畮(亩)之～

 二・容 40/立於～余(涂)

 一・性 10/孝(教)所吕(以)生悳(德)于～者也

 一・性 34/唯宜(義)道爲近～(忠)

 二・子 5/從者(諸)卉(草)茅之～

 二・子 8/采(由)者(諸)畎(甽)晦(畝)之～

 三・周 4/～吉

 三・周 39/～行亡(無)咎

 三・周 39/～又(有)凶

 三・周 51/日～見芙(瞞)

 三・周 51/日～見斗

 四・柬 3/城於膚(莒)～者

 四・柬 9/王吕(以)告相屖(徙)與～余(舍)

 四・柬 10/～余(舍)倉(答)

 四・柬 15/～余(舍)與五連少(小)子及龍(寵)臣皆逗(屬)

 四・逸・交 2/集于～渚

 四・逸・交 3 集于～澫(瀨)

 四・内附簡/肰(然)后(後)奉之以～章(庸)

 四・曹 35/亡(無)所不～

 四・曹 35/赏皇(均)聖(謫)～

 四・曹 45/亓(其)賞譵(娍)叡(且)不～

 四・曹 50/虖(號)命(令)于軍～曰

 五・季 3/執民之～

 四・内 7/不飤(食)若才(在)腹～

 五・姑 6/參(三)垏(郤)～立

 六・孔 7/衣備(服)此～

 六・孔 27/求之於～

 六・木 5/跪于薵(疇)～

 六・慎 3/～凥(處)而不皮(頗)

 六・天甲 4/必～青(情)吕(以)(羅—麗)於勿(物)

 六・天甲 13/～不韋(違)

 六・天乙 4/必～青(情)吕(以)(羅—麗)於勿(物)

 七・君甲 2/楚邦之～

 七・君乙 2/楚邦之～

七・吴 2/纃(褓)絝(褌)之～

七・吴 3/昔上天不～

七・吴 5/天□丌(其)～

九・舉 6/虗(吾)欲(達)～栫(持)道

九・舉 6/昔埶(我)戛(得)～

九・舉 32/墨(禹)衷(奮)～疾志

九・舉 34/～行固同

审

二・容 7/於是虖(乎)方百里之～(中)

二・容 21/～(中)正之羿(旗)吕(以)澳(熊)

三・亘 8/先又(有)～(中)

三・周 7/才(在)帀(師)～(中)吉

六・用 3/誇亓(其)又～(中)墨

六・用 18/叡亓(其)又(有)～(中)成(誠)

七・凡甲 11/亓(其)人〈入?〉～(中)

七・凡乙 8/亓(其)人〈入?〉～(中)

八・李 1/剸(搏)外罡(疏)～(中)

八・蘭 1/庀(宅)才(在)學(幽)～(中)

中　部

屯

二・民 12/～(純)戛(得)同(孔)明

六・天甲 4/～(純)用青(情),邦喪

六・天甲 4/～(純)用勿(物),邦喪

六・天乙 4/～(純)用青(情),邦喪

六・天乙 4/～用勿,邦喪

九・卜 2/而～(純)不困(混?)鄘(膺)

九・卜 4/戭～(純)罙(深)

每

二・子 4/～(敏)吕(以)學寺(詩)

七・凡甲 15/～於千里

七・凡乙 10/～於☐

七・吴 8/姑～

芬

三・周 23/～(豶)豕之酉(牙)

菑

一・緇 21/君子不自～(留)女(安—焉)

九・史 1/史～曰

九・史 1/～也

九・史 6/史～曰

九・史 9/史～曰

䕁

八・王 4/忨(願)夫=(大夫)之母(毋)～徒

艸　部

蓏

二・容 26/於是虎(乎)～州訂(始)可凥(處)也

卉

二・子 5/從者(諸)～(草)茅之中

二・容 15/乃～(草)備(服)

二・容 16/～(草)木晉長

五・三 1/～(草)木須時而句(後)奮

七・凡甲 12/～(草)木奚旻(得)而生

七・凡甲 13/～(草)木旻(得)之吕(以)生

七・凡乙 9/～(草)木奚旻(得)而生

九・陳 19/宎(深)～(草)、霜零(露)

卉 1/～茅之外

莧

三・周 39/～芺(陸)夬=(夬夬)

芋

一・孔 9/棠=(裳裳)者～(華)

四・逸・交 2/皆(偕)～(華)皆(偕)英

五・競 9/僮(擁)～(華)倗(孟)子

五・三 8/是胃(謂)方～(華)

八・李2/豐～（華）緟（重）光

菬

二・容1/～（赫）疋（胥）是（氏）

五・三17/～

五・鬼5/我曰虘（且）～唐（乎）

八・李1/枼〈葉〉亓（其）方～（落）可（兮）

八・蘭2/攸（摇）～（落）而猷不遊（失）氒（厥）芳

九・舉18/……菬

藋

二・容6/昔尭（堯）凥（處）於丹府（府）與～墜（陵）之閒（間）

芳

八・蘭2/攸（摇）菬（落）而猷不遊（失）氒（厥）～

八・蘭4/女（如）蘭（蘭）之不～

茅

二・子5/從者（諸）卉（草）～之中

六・慎5/首皆（戴）～芺（蒲）

六・用16/～之台（以）元色

卉1/卉～之外

薛（蒴、肙）

蒴

七・凡甲9/亓（其）𠇞（始）生女（如）～（蘖）

七・凡乙7/亓（其）𠇞（始）生女（如）～（蘖）

肙

七・吴4/周之～（孽）子

薜

八・蘭1/苣（荑）～（稗）茅（茂）豐

八・蘭5/苣（荑）～（稗）之方㠯（起）

蓉

八・李1背/觀虗（乎）桓（樹）之～（容）可（兮）

八・蘭5/～（容）惻柬（簡）翛（逸）

葉(葉、鄴)

葉

六·用 15/辠(罪)之枳(枝)～

鄴

八·命 1/～(葉)公子高之子見於命(令)尹子旾(春)

芺

二·子 12/冬見～

⿱艹易

四·采 3/～人

蔓

二·容 25/⿱禺土(禹)乃迵(通)～與⿱日豕(易)

藟(蘁)

蘁

三·周 43/困于⿱艹桼(葛)～(藟)

薺

一·孔 28/牕(牆)又(有)～(茨)

莪

一·孔 9/䔮=(菁菁)者～

一·孔 26/《翏(蓼)～》又(有)孝志

⿱艹萬

一·孔 16/虗(吾)以～(葛)䨨(覃)旻(得)氏(祇)初之訔(詩)

一·孔 16/夫～(葛)之見訶(歌)也

一·孔 17/菜(采)～(葛)

葛

三·周 43/困于～蘁(藟)

四·采 1/埜(野)又～

五·季 8/～戲含(今)語肥也

蘭(⿱艹柬)

⿱艹柬

八·蘭 2/緩才(哉)～(蘭)可(兮)

八·蘭 3/～(蘭)斯秉悳(德)

八·蘭 4/女(如)～(蘭)之不芳

八·蘭 4/信～(蘭)亓(其)蔑也

八・蘭 5/～(蘭)又(有)異勿(物)

萎

二・容 14/槈(耨)、～(鎒)

芫

五・君 10/～敳(贅)之徒

苽

一・孔 18/因《木～(瓜)》之保

一・孔 19/《木～(瓜)》

三・周 41/吕(以)芑(杞)橐(包)～(瓜)

蔈

一・緇 9/民之～(表)也

英

四・逸・交 1/若玉若～(瑛)

四・逸・交 2/皆(諧)芋(華)皆(諧)～

莆

九・陳 2/先君武王與郚(鄖)人戳(戰)於～(蒲)寞(騷)

芒

七・吴 3/敢不～(喪)道吕(以)告

芰

三・周 51/日中見～(沬)

蓻

二・容 14/坌(舜)於是虐(乎)訂(始)孛(挽)～(笠)幵(肩)椻(槈)萎(鎒)

二・容 15/乃卉(草)備(服)薑(箬)若(箬)冒芙(蒲)～(笠)

茲

三・亘 2/未或～(滋)生

蓁

二・容 31/～林

蒼

二・容 22/冬不敢吕(以)～訂(辭)

四・相 3/實官～(倉)

蔽

一・緇 17/行則旨(稽)丌(其)所～(敝)

菜

一・孔 17/《～(采)萬(葛)》之㤅(愛)婦☐

三・周 21/勿藥又(有)～(喜)

藥

三・周 21/勿～又(有)菜

一・性 8/訔(詩)箸(書)豊(禮)～(樂)

二・從甲 13/不必才(在)近遲(昵)～(樂)

二・從甲/16 孠=(君子)～(樂)則絧(治)正

二・從乙 3/小人～(樂)則恖(疑)

蕝

一・緇 12/民之～也

一・性 7/羣(群)善之～也

葺

四・曹 48/不咊(和)則不～(輯)

若

四・逸・交 1/～玉若英(瑛)

四・逸・交 1/若玉～英(瑛)

四・逸・交 2/～豹若虎

四・逸・交 2/若豹～虎

四・内 7/不飤(食)～才(在)腹中

二・子 8/女(如)舜才(在)含(今)之殜(世)則可(何)～

三・周 42/～唇(號)

三・中 8/～夫老=(老老)慈幼

三・中 17/～此三

三・亘 2/～㝥=(寂寂)夢=(夢夢)

三・亘 11/亓(其)寱龙(蒙)不自～

 三・彭 2/～經與緯

 三・彭 2/～纀(表)與裏

 三・彭 2/幾(豈)～巳(已)

 四・柬 9/王～(諾)

 四・柬 10/夢～此

 四・柬 13/方～肰(千)里

 五・三 13/凡～是者

 五・鬼 5/脜(狀)～生又(有)耳不餌(聞)

 六・競 3/～丌(其)告高子

 六・競 13/女(安—晏)子許～(諾)

 六・壽 5/我及含(今)可(何)～

 六・壽 6/逡(後)之人可(何)～

 六・用 11/～罔(網)之未癹(發)

 六・用 12/～矢之夋(免)於弦

 六・用 13/玫(枚)亓(其)～岠(拒)

 七・凡甲 17/～并天下而詞(治)之

 七・凡甲 18/夂(終)身自～

 七・凡乙 12/～并天下

 七・凡乙 13/夂(終)身自～

 七・吴 2/君而或言～是

 八・有 5/～余子力今可(兮)

 九・卜 8/～卜貞邦

 九・陳 5/𤖼(將)軍乃許～(諾)左右司馬

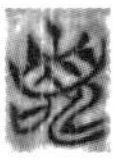 九・陳 20/申(陳)逡(後)～繩

 九・舉 9/～或與之

 九・舉 9/～佢(拒)之

 卉 2/樟(幹)棠(常)亓(其)～兹(哉)

 卉 3/不智(知)亓～兹(哉)

箬(若)

若

二・容 15/蓳(箬)～(箬)

蔽

一・孔 23/《兔～(罝)》

四・曹 56/曰～(阻)

妄

二・從乙 3/～(怒)則㝡(勝)

六・壽 1/懼䰠(鬼)神㠯(以)爲～(怒)

蘐

五・三 13/以～(怒)爲百(首)

五・三 13/唯～(怒)是備(服)

折

一・孔 18/《～(杕)杜》則情

一・孔 20/虗(吾)㠯(以)《～(杕)杜》得雀(爵)

一・緇 14/～(制)㠯(以)型(刑)

一・性 27/谷(欲)丌(其)～也

二・從甲 5/固(固)三～(制)

二・從甲 7/三～(制)

三・周 51/～丌(其)右拡(肱)

五・三 8/衣備(服)逃(過)～(制)

五・鬼 2 背/此以桀～於鬲(歷)山

五・鬼 6/毁～鹿(戮)戔(殘)

六・競 7/古(故)丌(其)祝史裚(製)蔑耑～

六・競 13/見～

六・用 14/～瀍即(節)井(刑)

六・天甲 10/畚(尊)且(俎)不～(制)事

六・天甲 12/因悳(德)而爲之～

六・天乙 9/畚(尊)且(俎)不～(制)事

八・蘭 3/不䑩有～(哲)

二・容 18/不～(制)革

 二・容 21/鬻(羹)不～骨

 五・弟 23/不～丌(其)枳(枝)

 七・武 3/柚(曲)～而南

 九・舉 23/大割(害)既～

 九・邦 12/不取亓(其)～(制)

苑(蒥)

 九・舉 28/～(怨)并之衆人也

葦

 四・逸・多 1/莫奴(如)萑～

 四・采 3/城上生之～

萊

 三・周 51/～(來)章

芑

 三・周 41/㠯(以)～(杞)橐(包)苽(瓜)

蒿

 二・容 53/武王素麈(甲)以申(陳)於嚣(殷)～(郊)

 三・周 2/孠(需)于～(郊)

 四・柬 15/攸(修)四～(郊)

藏(𦺇、𡩧、贜)

𦺇

 三・周 38/～(藏)于頁(頏)

 三・周 40/女～(壯)

 三・周 54/敓(拯)馬～(藏—壯)

𡩧

 一・孔 19/《木苽(瓜)》又(有)～(藏)忎(願)而未旻(得)達也

贜

 一・孔 21/《～(藏—將)大車》之嚣也

 四・曹 32/各載爾～(藏)

 八・成 10/能㠯(以)亓(其)六～(藏)之獸(守)取新(親)女(安—焉)

蓄

 六・用 8/樹惠～

萅

 六・莊 1/㠯(以)共～(春)秋之祟(嘗)

 六・用 10/～(春)秋還連(轉)

 八・王 5/命(令)尹子～(春)猷

 八・命 1/鄴(葉)公子高之子見於命(令)尹子～(春)

芙

 二・容 15/冒(帽)～(蒲)蓻(笠)

 六・慎 5/首峕(戴)茅～(蒲)

芭

 二・容 42/自爲～爲

⿱艹六

 三・周 39/莧～(陸)夬₌(夬夬)中行

芾

 三・周 51/豐丌(其)～

 三・周 51/豐丌(其)～

莉

 二・子 3/□之童土之～(黎)民也

蕁

 一・孔 2/丌(其)訶(歌)紳而～

萇

 一・性 16/～(喟)女(如)也

蒿

 七・君甲 9/先君雷(靈)王𠦜(倝—乾)溪云～

 七・君乙 9/先君雷(靈)王𠦜(倝—乾)溪云～

蓑

 二・容 32/曰悳(德)遫(速)～(衰)〼

蕢

 三・周 12/～(撝)壓(謙)

葴

 五・三 3/是胃(謂)大～

八・有 3/敧～與楮含(今)可(兮)

菽

四・曹 13/～(曹)蔑(蔑)畣(答)曰

四・曹 22/～(曹)蔑(蔑)曰

四・曹 64/～(曹)蘘(穰)畣(答)曰

萸(蒉)

蒉

四・逸・交 3/隹心是～(萸)

菓

二・容 40/傑(桀)乃逃之南～是(氏)

藎

二・容 15/～(箬)若(箬)

蘑

五・三 6/是胃(謂)邦～(覆)

蔑

四・曹 13/～(沫)曰

四・曹 22/敨(曹)～(沫)曰

藋

四・逸・多 1/莫奴(如)～葦

荑

六・競 8/山林叓(使)～(衡)守之

葷

六・競 8/～(澤)梁(梁)叓(使)敍(漁)守之

薵

六・木 5/跩(跪)於～(疇)中

六・木 5/城(成)公畣(答)曰～(疇)

六・木 5/～(疇)可吕(以)爲

菖

六・競 9/番(播)涅墅(藏)～

茻 部

莫

二・從甲 1/～之舍(捨)也

二・容 10/天下之臤(賢)者～之能受也

二・容 11/而臤(賢)者～之能受也

三・周 30/～之𦬆(勝)(敓?)

三・周 38/～(暮)譽(夜)又(有)戎

三・亘 2/亘(恒)～生煲(氣)

四・逸・多 1/～奴(如)藿葦

四・逸・多 1/～奴(如)甠(兄)

四・逸・多 2/～奴(如)同生

四・逸・多 2/～奴(如)松杍(梓)

四・逸・多 2/～奴(如)同父毋(母)

四・曹 50/幾～之堂(當)

五・弟 4/～我智(知)也夫

五・弟 8/～新(親)虐(乎)父毋(母)

五・三 22/民～弗新(親)

五・姑 4/型(刑)～大女(安—焉)

六・孔 25/～之能阩也

六・慎 2/道～夋(鞭—偏)干(焉)

六・慎 2/～夋(鞭—偏)干(焉)

六・用 8/而～之能旻(得)

六・用 10/而～執朕聒(舌)

六・用 17/～衆而䋰(迷)

七・君甲 5/而天下～不語(御)

七・君乙 5/而〔天下〕～不語(御)

八・顔 6/則民～不從矣

八・顔 7/則民～遟(遺)新(親)矣

八・命 7/～不忻(欣)憙(喜)

八・命 7/～弗䎽(聞)

八・蘭 5/蓉惻柬(簡)䍐(逸)而～之能𠷎(効)矣

八・有 4/䣎(將)～皇今可(兮)

八・有 4/～不弁(變)改今可(兮)

一・性 39/慮(詐)㫑(斯)～與之結

二・子 9/丌(其)～

九・舉 7/～之能旻(得)

九・史 5/～之能豈(豎—樹)也

葬(𣨫)

𣨫

二・容 33/亓(其)死賜(易)～(葬)

卷　二

小　部

小(少、省、孛)

少

 一・孔 3/～(小)矣

 一・孔 8/～(小)吝(旻)

 一・孔 8/～(小)膾(宛)

 一・孔 8/～又(有)忤(佞)女(安—焉)

 一・孔 8/～(小)弁

 一・孔 25/腸=(陽陽)～(小)人

 一・孔 25/～(小)明

 一・緇 6/～(小)民隹(惟)日宛(怨)

 一・緇 6/～(小)民亦隹(惟)日宛(怨)

 一・緇 12/古(故)君不與～(小)悔(謀)大

 一・緇 12/毋㠯(以)～(小)悔(謀)敗大惷(圖)

 一・緇 18/則民不能大丌(其)頿(美)而～(小)丌(其)亞(惡)

 一・緇 18/《～(小)夏(雅)》員(云)

 一・緇 21/～(小)人敳(豈)能㺯(好)丌(其)庀(匹)

 二・子 1/史(使)亡(無)又(有)～(小)大忠(肥)竈

 二・從甲 17/～(小)人先人則弁(絆)戠(敔)之

 二・從甲 18/是㠯(以)曰～(小)人惕(易)旻(得)而難史(使)也

 二・從乙 3/～(小)人藥(樂)則毅(疑)

 二・容 52/㠯(以)～(宵)會者(諸)侯之帀(師)於畓(牧)之埜(野)

 三・周 2/～(小)又(有)言

 三・周 4/～(小)又(有)言

 三・周 16/係～(小)子

 三・周 16/遊(失)～(小)子

 三・周 18/～又(有)

 三・周 30/～(小)利貞

三・周 32/～(小)事吉

三・周 50/～(小)子礪(厲)

三・周 53/～(小)卿(亨)

四・昭 2/～(小)人

四・昭 2/～(小)人

四・柬 15/中余(舍)與五連～(小)子及龍(寵)臣皆逗(屬)

四・曹 2/今邦慁(彌)～(小)而鐘愈大

四・曹 14/～(小)邦尻(處)大邦之𨳿(間)

四・曹 64/而毋或(惑)者(諸)～(小)道與(歟)

五・季 19/訢(慎)～(小)㠯(以)倉(合)大

五・季 20/～(小)劓(則)訿(訾)之

五・季 22/～(小)辠(罪)罰(罰)之

五・三 5/～(小)邦則戔(殘)

一・性 31/～(小)枉内(納)之可也

四・逸・交 4/皆(諧)～(小)皆(諧)大

四・内 10/才(在)～(小)不靜(爭)

四・曹 46/卒(卒)谷(欲)～㠯〈乞(氣)〉多

四・曹 46/～則惕(易)輚(察)

五・君 1/弗能～居也

六・壽 3/殺左尹𧓦(宛)、～帀(師)亡(無)朞(忌)

六・壽 4/王與之語～=(少少)

六・用 3/～疋(疏)於瞉(穀)

七・凡甲 11/奚古(故)～(小)雁暲致(著)

七・凡甲 18/是胃(謂)～(小)敵(徹)

七・凡甲 18/奚胃(謂)～(小)敵(徹)

七・凡甲 30/～(小)之㠯(以)詞(治)邦

七・凡乙 22/～(小)之㠯(以)詞(治)邦

八・顔 8/～(小)人靜(爭)而遊(失)之

八・成 11/～𤴓(疏)於身

八・王 2/命(令)尹～進於此

九・陳 1/楚邦～(稍)安

九・舉 23/～(小)尻(處)寺(時)可(何)先

九・邦 8/君猶～(小)之

 九・卜 3/曰粉(兆)～(小)郜(沈)

 九・卜 3/～(小)子吉

省

 七・凡甲 28/夫此之胃(謂)～(小)城(成)

 七・凡乙 20/此之胃(謂)～(小)城(成)

𡭔

 四・内 10/古(故)爲～(少)必聖(聽)長之命

八　部

八

 九・陳 13/或時(持)～鼓五爯(稱)

 九・史 6/可(何)胃(謂)～

分

 六・慎 4/均～而㞷(廣)貤(施)

 六・天乙 10/堋(朋)友不語～

尔

 一・緇 2/静(靖)龔(恭)～立(位)

 一・緇 9/民具～詹(瞻)

 一・緇 16/敬～威義(儀)

 一・緇 16/弔(淑)訢(慎)～止

 一・緇 20/出内(入)自～帀(師)雩(虞)

 一・孔 7/褱(懷)～槑(明)悳(德)

 三・周 24/䲨(豫—舍)～需(靈)龜

 四・昭 2/～必㞢(止)少(小)人

 四・昭 5/虐(吾)不智(知)亓(其)～墓(墓)

 四・昭 5/～古

 四・曹 32/各載～贓(藏)

 四・曹 37/牪～社

 四・曹 52/返(及)～龜筸(筮)

 四・曹 52/攺(改)鬃(禱)～鼓(鼓)

 四・采 3/道之遠～

 二・昔 4/～司

 二・昔 4/各共(恭)～事

 九・邦 13/虐(吾)敳(豈)敢𠂤(以)～𤔲(亂)邦

 七・吴 5/余必攺芒(亡)～袿(社)稷(稷)

 八・志 3/虐(吾)安～而埶(設)尔

八・志 3/虗(吾)安尔而埶(設)～

八・志 4/～思(使)我旻(得)憂(尤)於邦多巳(已)

八・志 5/虗(吾)目(以)～爲遠自爲

八・志 6/虗(吾)欲至(致)～於辠(罪)

八・志 7/唯我悉(愛)～

曾

五・季 21/毋訐(信)玄～(繒)

八・成 14/夫頣(夏)～(繒)是(氏)之道

八・李 1 背/亂木～枳(枝)

九・卜 1/季～曰

尚

一・緇 18/白珪之砧(玷)～可磨

二・子 12/～史(使)

四・柬 3/～(當)訟(蔽)而卜之

四・柬 7/未～(嘗)又(有)

四・柬 10/君王～(當)目(以)䎽(問)大(太)宭(宰)晉侯

六・競 2/～(倘)肰(然)

九・舉 7/～(嘗)退而思之

九・邦 11/未～(嘗)不許

八・命 8/亡僕(僕)之～(掌)楚邦之正(政)

八・命 10/～善女(安—焉)豉(樹)

詹(詹)

詹

一・緇 9/民具尔(爾)～(瞻)

介(介、㝏)

介

四・昭 6/腓～趣君王

六・壽 5/～備名

七・吴 4/一～叀(使)

九・舉 8/而～綫弋(代)之

㝏

二・容 14/～(謁)而坐(坐)之

公

一・孔 8/王～恥之

一・孔 15/㠯(以)卲(召)～

一・孔 16/卲(召)～也

一・緇 12/晉(祭)～之寡(顧)命員(云)

二・魯 1/哀～胃(謂)孔子

二・魯 6/～剴(豈)不飯梁(粱)飤(食)肉才(哉)

四・相 2/～曰

四・曹 1/魯臧(莊)～牆(將)爲大鐘

四・曹 6/臧(莊)～曰

四・曹 10/臧(莊)～曰

四・曹 20/臧(莊)～曰

四・曹 22/臧(莊)～曰

四・曹 23/臧(莊)～或(又)䎽(問)

四・曹 25/～孫公子

四・曹 25/公孫～子

四・曹 26/攴(什)五(伍)之閒(間)必又(有)～孫公子

四・曹 26/攴(什)五(伍)之閒(間)必又(有)公孫～子

四・曹 33/臧(莊)～曰

四・曹 35/臧(莊)～或(又)䎽(問)

四・曹 36/臧(莊)～或(又)䎽(問)

四・曹 38/臧(莊)～曰

四・曹 40/臧(莊)～曰

四・曹 41/臧(莊)～曰

四・曹 42/臧(莊)～或(又)䎽(問)曰

四・曹 43/臧(莊)～或(又)䎽(問)曰

四・曹 44/臧(莊)～或(又)䎽(問)曰

四・曹 46/臧(莊)～或(又)䎽(問)曰

四・曹 49/臧(莊)～曰

四・曹 50/臧(莊)～或(又)䎽(問)曰

四・曹 53/臧(莊)～或(又)䎽(問)曰

四・曹 53/臧(莊)～或(又)䎽(問)曰

四・曹 55/臧(莊)～或(又)䎽(問)曰

四・曹 57/臧(莊)～曰

四・曹 59/臧(莊)～或(又)䎽(問)曰

四・曹 64/臧(莊)～曰

五・競 1/～昏(問)二大夫

五・競 5/又(有)惪(憂)於～身

五・競 5/～曰

五・競 5/～身爲亡(無)道

五・競 6/～曰

 五・競 8/～曰

 五・競 9/～身爲亡(無)道

 五・競 10/取异(與)贎(厭)～

 五・鮑 4/縱～之所欲

 五・鮑 5/～弗詰

 五・鮑 5/～沽(固)弗詧(察)

 五・鮑 6/～弗煮(圖)必矄(害)公身

 五・鮑 6/公弗煮(圖)必矄(害)～身

 五・鮑 6/～曰

 五・鮑 7/～乃身命祭

 五・鮑 8/～(虹)蠹(煇)亦不爲戠(害)

 五・姑 1/姑(苦)城(成)豙(家)父事敕(厲)～

 五・姑 1/㠯(以)見亞(惡)於敕(厲)～

 五・姑 5/虐(吾)毋又(有)它正～事

 五・姑 6/弝(強)於～豙(家)

 五・姑 8/言於敕(厲)～曰

 五・姑 8/～愳(懼)乃命長魚翯(矯)

 五・姑 9/長魚翯(矯)典自～所

 五・姑 9/～恩(忍)

 五・姑 10/～家乃溺(弱)

 五・姑 10/鑾(欒)箸(書)弋(弑)敕(厲)～

 五・鬼 3/遂(宋)臿(穆)～者

 六・競 1/齊競(景)～疥虘(且)瘧(瘧)

 六・競 1/割疾與梨(梁)丘虡(據)言於～曰

 六・競 2/～疥虘(且)瘧(瘧)

 六・競 2/～舉頁(首)倉(答)之

 六・競 2 背/競～瘧(瘧)

 六・競 3/～盍(蓋)戝(誅)之

 六・競 3/～内(入)女(安—晏)子而告之

 六・競 9/～退武夫

 六・競 12/～強起

 六・競 13/～或(又)胃(謂)之

 六・競 13/～乃出

 六・莊 4/緍(紳)～子皇旹(戴—得)皇子

 六・莊 5/緍(紳)～爭之

 六・莊 5/緍(紳)～子皇見王

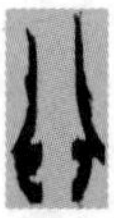 六・莊 5/緍(紳)～

 六・莊 6/緍(紳)～曰

 六・莊 7/不𣪘(穀)目(以)笑緍(紳)～

 六・莊 8/緍(紳)～事不穀

 六・莊 8/緍(紳)～危拜

 六・木 1/城(成)～𠃬(乾)𠂢(遇)

 六・木 2/城(成)～起

 六・木 5/王子𦖞(問)城～

 六・木 5 城(成)～倉(答)曰

 七・武 11/大(太)～𦣞(望)

 七・武 11/大(太)～𦣞(望)

 七・武 12/大(太)～𦣞(望)

 七・武 13/大(太)～南面

 七・武 13/大(太)～倉(答)曰

 七・凡甲 4/篙(孰)爲之～

 七・凡乙 4/篙(孰)爲之～

 八・成 1/成王既邦(封)周～二年

 八・成 2/習(召)周～旦曰

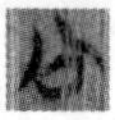 八・成 3/周～曰

 八・成 6/周～曰

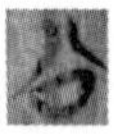 八・成 14/周～曰

 八・命 1/鄴(葉)～子高之子見於命(令)尹子春

 九・靈 2/緍(申)城(成)～㝩

 九・靈 4/城(成)～懼亓(其)又(有)取女(安—焉)

 九・靈 5/城(成)～與虎逯(歸)爲祫

 九・陳 8/王胃(謂)陳～

 九・陳 9/陳～乃邆(就)軍執事人

 九・陳 10/陳～遉(復)聖(聽)命於君王

 九・陳 12/陳～

 九・陳 14/命陳～𢗂(狂)寺=(治之)

 九・陳 14/陳～𢗂(狂)

 九・舉 1/耆(古)～

 九・舉 1/耆(古)～

 九・舉 2/耆(古)～

 九・舉 4/耆(古)～子訪之上(尚)父

 九・舉 8/～亓(其)𦘵(盡)之

 九・邦 4/亯(就)白～之禑(禍)

 九・邦 5/鄴(葉)～子高曰

 九・邦 5/卲(昭)夫人胃(謂)鄴(葉)～子高

 九・邦 7/鄴(葉)～子高曰

 九・卜 2/鄒～曰

 九・卜 7/淵～占之曰

 九・卜 8/淵～占之曰

必

 一・孔 16/見亓(其)完(美)～谷(欲)反(返)

 一・孔 20/亓(其)陧(隱)志～又(有)㠯(以)俞(喻)也

 一・孔 24/甚貴亓(其)人～敬亓(其)立(位)

 一・孔 24/敓(悦)亓(其)人～好亓(其)所爲

 一・孔 27/～曰

 一・性 18/凡〔至樂〕～悲

 一・性 28/君子執志～又(有)夫杭=(亢亢)之心

 一・性 28/出言～又(有)夫柬=(簡簡)〔之信〕

 一・性 29/賓客之豊(禮)～又(有)夫齊=(齊齊)之頌(容)

 一・性 29/祭祀之豊(禮)～又(有)夫臍=(齊齊)之敬

 一・性 29/居喪(喪)～又(有)夫緣=(戀戀)之哀

 一・性 30/身～從之

 一・性 30/～叓(使)又(有)末

 二・民 2/～達於豊(禮)樂(樂)之簠(源)

 二・民 2/～先智(知)之

 二・魯 4/或～寺(待)虐(吾)名虐(乎)

 二・魯 5/或～寺(待)虐(吾)名虐(乎)

 二・容 22/墨(禹)～遬(速)出

 三・彭 5/五紀～(畢)周

 三・彭 5/唯(雖)貧～攸(修)

 三・彭 5/唯(雖)福～遊(失)

 四・昭 2/尔～峕(止)少(小)人

 四・柬 10/牆(將)～

 四・柬 18/～三軍又(有)大事

 四・柬 22/牆(將)～智(知)之

 四・内 8/剴(豈)～又(有)益

 四・内 10/古(故)爲尐(少)～聖(聽)長之命

 四・内 10/爲戔(賤)～聖(聽)貴之命

 四・曹 8/～共(恭)酓(儉)㠯(以)旻(得)之

 四・曹 17/疆陛(地)毋先而～取□女(焉)

 四・曹 18/城𩫖(郭)～攸(修)

 四・曹 18/～又(有)戰(戰)心㠯(以)獸(守)

 四・曹 20/君～不已

 四・曹 23/君～聚羣又(有)司而告之

 四・曹 25/～又(有)二牆(將)軍

 四・曹 25/～又(有)譽(數)獄大夫

 四・曹 25/～又(有)譽(數)大官之帀(師)

 四・曹 26/攴(什)五(伍)之閔(閒)～又(有)公孫公子

 四・曹 29/～訋(召)邦之貴人及邦之可(奇)士

 四・曹 34/君～身聖(聽)之

 四・曹 39/我兵～砥礪(礪)

 四・曹 39/我虖(甲)～緊(堅)

 四・曹 41/三軍出〔乎〕競(境)～勝(勝)

 四・曹 52/～𨑛(過)亓(其)所

 四・曹 53/～誓(慎)㠯(以)戒

 四・曹 56/善攻者～㠯(以)亓(其)所又(有)

 四・曹 60/～𨑛(過)前攻

 五・鮑 3/器～蠲(蠲)駜(潔)

 五・鮑 3/犧(犧)生(牲)珪璧～全

 五・鮑 6/公弗煮(圖)～害(害)公身

 五・季 13/民～備(服)矣

 五・季 15/邦者～㠯(以)此

 五・季 16/☐之～敬女(如)賓客之事也

 五・季 22/衆～亞(惡)善

 五・姑 5/虗(吾)窟(聞)爲臣者～思(使)君旻(得)志於㠯(己)而又(有)逡(後)青(請)

 五・弟 4/丌(其)～此虖(乎)

 五・三 4/～禺(遇)凶央(殃)

 五・三 7/～逡(復)之𠂤(以)惪(憂)喪(喪)

 五・三 7/～逡(復)之𠂤(以)康

 五・三 8/唯(雖)浧(盈)～虛

 五・三 13/不有不禍(禍)☐～大耻

 五・三 15/嚴器(恪)～信

 五・三 15/天䑤(飢)～逨(來)

 五・三 16/～喪(喪)亓(其)佖(匹)

 五・三 17/亘(恒)道～呈(浧)

 五・鬼 4/則～又(有)古(故)

 二・從甲 12/～或智(知)之

 二・從甲 13/不～才(在)近迡(昵)藥(樂)

 二・從甲 15/胃(謂)之～城(成)

 二・從甲 15/事～又(有)畀(期)

 二・從甲 18/～求備女(安—焉)

 六・競 11/盍(蓋)～死

 六・莊 8/～𠂤(以)氏(是)心

 六・壽 5/歬(前)冬言曰邦～喪

 六・慎 5/～於…

 六・天甲 4/～中青(情)𠂤(以)罹(羅—麗)於勿(物)

 六・天乙 4/～中青(情)𠂤(以)罹(羅—麗)於勿(物)

 七・武 6/安樂～戒

 七・武 7/～慮亓(其)逡(後)

 七・鄭甲 3/牆(將)～爲帀(師)

 七・鄭甲 4/祀(禍)牆(將)～囟(使)子豪(家)

 七・鄭甲 7/君王～進帀(師)𠂤(以)迈(應)之

 七・鄭乙 3/牆(將)～爲帀(師)

 七・鄭乙 4/我牆(將)～囟(使)子豪(家)

 七・鄭乙 7/君王～進帀(師)𠂤(以)迈(應)之

 七・君甲 8/君人者可(何)～安才(哉)

 七・君甲 9/君人者可(何)～安才(哉)

七・君乙 8/君人者可(何)～安才(哉)

七・君乙 9/君人者可(何)～安才(哉)

七・凡甲 9/～從奔(寸)詒(始)

七・凡乙 7/～〔從奔(寸)詒(始)〕

七・吴 5/余～攼芒(亡)尔袿(社)禝(稷)

七・吴 9/～(比)五六日

八・顔 3/☐～不才(在)濨(兹)之内矣

八・顔 10/名至～俾(卑)身

八・成 1/長(常)事～至

八・命 9/～内(入)胍(偶)之於十沓(友)又厽(三)

八・王 5/而～良慙(慎)之

八・有 5/族楥=(楥楥)～繇(慎)毋甇今可(兮)

九・陳 11/執事人～善命之

九・陳 16/～誓(慎)

九・陳 17/～誓(慎)

九・邦 4/～吕(以)帀(師)

九・邦 5/牆(將)～死

余(余、参、舍)

余

二・容 10/～穴䏖(窺)女(安—焉)

五・弟 5/聖(聽)～言

五・弟 11/～(予),女(汝)能誓(慎)訇(始)與夂(終)

三・中 5/～𢘓(誨)女(汝)

六・天甲 8/士受～(餘)

九・成甲 3/𣪊(穀)虐(於)～(菟)爲楚邦老

九・成甲 4/女(如)蜀(獨)不～見

九・成乙 1/君王孞(免)～辠(罪)

九・成乙 1/君王命～送(遞)帀(師)於敔

九・成乙 2/王爲～客

九・成乙 2/舉(舉)邦加(賀)～

叙

二・容29/民又(有)～(餘)飤(食)

三・周14/～(余—豫)

三・周14/鳴～(余—豫),凶

三・周14/可～(余—豫)悔(謀)

三・周14/猷(猶)～(余—豫)

三・周15/(冥)～(余—豫)

四・昭7/王訋(召)而～(予)之衽(領)

四・柬9/王㠯(以)告楒(相)屖(徙)與中～(舍)

四・柬10/中～(舍)倉(答)

四・柬15/中～(舍)與五連少(小)子及龍(寵)臣皆逗(屬)

五・弟13/無所又(有)～(餘)

三・彭6/～(余)告女(汝)咎

五・姑9/回而～(予)之兵

畬

六・天乙8/士受～(餘)

二・從甲14/又(有)所又(有)～(餘)而不敢𦘔(盡)之

三・彭2/～(余)告女(汝)人綸(倫)

三・彭3/眊=(眊眊)～(余)朕孳

三・彭5/～(余)告女(汝)□

三・彭2/～(余)

四・曹28/～(舍)又(有)能

九・舉13/亓(其)民能相分～(餘)

采　部

番(番、罙)

番

六・競9/～(播)浧墜(藏)菖

六・用18/～(播)耇(圖)谹(裕)衆

七・凡甲15/下～(蟠)於困(淵)

七・凡乙10/下～(蟠)於困(淵)

䍐

 一・緇 15/～(播)型(刑)之由(迪)

宷(審)

審

 一・孔 21/《～(湛)零(露)》之賹(益)也

 六・孔 22/～(審)言之

牛　部

牛

 三・周 22/僮(童)～之梏(牿)

 三・周 30/玐(執)用黄～之革

 三・周 47/巩(鞏)用黄～之革

 三・周 57/東咢(鄰)殺～

 港甲 2/～攷(掔)丌(其)人

牲

 三・周 42/用大～

犠(犨)

犨

 五・鮑 3/～(犠)生(牲)珪璧

牪

 四・曹 37/～尔正社

 四・曹 37/不～而或罌(興)

 四・曹 38/～𥁕(則)不行

告　部

告(告、䜫)

告

 一・緇 24/不我～猷

 二・昔 2/㠯(以)～迼(寺)人

 二・昔 2/迼(寺)人内(入)～于君

 二・容 22/㠯(以)爲民之又(有)詓(訟)～者訏(鼓)女(安—焉)

 三・中 1/中(仲)弓㠯(以)～孔子曰

 三・彭 2/畬(余)～女(汝)人綸(倫)

 三・彭 5/畬(余)～女(汝)□

 三・彭 6/畬(余)～女(汝)咎

 四・昭 2/少(小)人之～

 四・昭 3/～:僕(僕)之毋辱君王

 四・昭 4/辻(卜)命(令)尹不爲之～

 四・昭 4/君不爲僕(僕)～

 四・昭 4/卜(卜)命(令)尹爲之～

 四・昭 6/大尹内(入)～王

 四・昭 8/㠯(以)～君王

 四・柬 7/㠯(以)～安君與陵尹子高

 四・柬 9/王㠯(以)～相㞶(徙)與中余(舍)

 四・柬 17/牆(將)爲客～

 四・柬 19/贅(鼇)尹皆紿(殆)丌(其)言㠯(以)～大(太)宰(宰)

 四・相 4/～子贛(貢)曰

 四・曹 23/君必聚羣又(有)司而～之

 四・曹 32/牒(諜)人逨(來)～曰

 五・季 14/幾(豈)敢不㠯(以)亓(丌)先=(先人)之連(傳)等(誌)～

 五・姑 2/～姑(苦)城(成)豖(家)父曰

 五・姑 9/亡(無)～

 五・弟 15/虐(吾)～女(汝)

 二・容 52/㠯(以)～吝(閔)于天

 六・競 3/公内(入)安(晏)子而～之

 六・競 3 若丌(其)～高子

 六・孔 7/古(故)牆(將)㠯(以)～

 六・壽 4/壽～又(有)疾

 六・木 2/臣牆(將)又(有)～

 六・用 15/～衆之所畏忌

 九・靈 2/～觚(執)事人

 七・鄭甲 1/鄒(邊)人逨(來)～

 七・鄭甲 1/不穀(穀)日欲㠯(以)～夫=(大夫)

 七・鄭乙 1/鄒(邊)人逨(來)～

 七・鄭乙 1/不穀(穀)日欲㠯(以)～夫=(大夫)

 七・君甲 1/敢～於見(視)日

 七・君乙 1/敢～於見(視)日

 七・吴 1/𥦗(州)逨(來)～曰

 七・吴 3/道㠯(以)～吴

七・吴 7/敢～

八・命 2/亦可㠯(以)～我

八・王 1/郘昌爲之～

八・王 2/虐(吾)鼠(一)恥於～夫=(大夫)

八・王 2/昌爲之～

醬

五・競 10/贉(厭)公～(告)而褮(迷)

口　部

口

二・從乙 1/十曰～惠而不係

三・周 24/自求～實

六・用 12/既出於～

六・用 12/則行～

七・武 7/～生詬

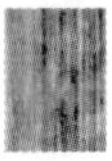
七・武 7/～生敬

七・武 7/誋(慎)之～

八・志 1/反昃(側)亓(其)～舌

嚨

六・用 16/～(恭)弔(淑)㠯(以)成

嗌(嗌)

嗌

六・競 8/祝亦亡(無)～(益)

一・孔 9/則㠯(以)人～(益)也

一・性 17/～(溢)樂龏〔指〕

二・容 34/塁(禹)於是唇(乎)誽(讓)～(益)

二・容 34/啟於是唇(乎)攻～(益)自取

三・彭 7/氏(是)胃(謂)～(益)愈

四・内 8/譩(豈)必又(有)～(益)

五・三 8/邦四～(益)

味(沬)

沬

二・容 21/飤(食)不童(重)～(味)

唫

二・容 2/於是虎(乎)～(喑)聾執𦤳(燭)

名

三・亘 5/～出於

三・亘 6/事出於～

三・亘 6/～非

三・亘 7/～

三・亘 7/無胃(謂)～

三・亘 10/言～先者又(有)㠯(疑)

三・亘 10/舉(舉)天下之～虛詎(樹)

三・亘 13/舉(舉)天下之～

一・緇 19/死不可敓(奪)～

二・魯 4/或必寺(待)虐(吾)～虐(乎)

二・魯 5/或必寺(待)虐(吾)～虐(乎)

二・從甲 18/行才(在)己而～才(在)人

二・從甲 18/～難靜(爭)也

二・從乙 5/是古(故)君子勥(強)行㠯(以)時(待)～之至也

二・容 27/墨(禹)乃從灘(漢)㠯(以)南爲～浴(谷)五百

二・容 28/從灘(漢)㠯(以)北爲～浴(谷)五百

二・容 33/是㠯(以)爲～

四・柬 3/無又(有)～山名溪

四・柬 3/無又(有)名山～溪

五・君 13/☐㠯(以)爲㠱(己)～

五・君 14/亦㠯(以)㠱(己)～

五・鬼 5/～則可畏

六・孔 10/可～而智与(歟)

六・壽 5/介備～

七・武 6/～(銘)於笞(席)之四耑(端)

七・武 7/檻(鑒)～(銘)曰

七・武 8/簋(盥)～(銘)曰

七・武 8/桯(楹)～(銘)隹(唯)〔曰〕

七・武 9/枳(枝)～(銘)隹(唯)曰

七・武 10/卣(牖)～(銘)隹(唯)曰

七・鄭甲 4/毋㠯(以)城(成)～立於上

七・凡甲 13/而智(知)～

 八・顏 10/悳(德)城(成)則～至矣

 八・顏 10/～至必俾(卑)身

 九・陳 15/～之曰穿(掩)行

 九・邦 2/亡(無)～女(安—焉)

吾

 六・孔 5/～(語),魯(險)弗貝(視)也

君

 一・孔 27/中(仲)氏～子

 一・緇 2/則～不悏(疑)丌(其)臣

 一・緇 2/臣不或(惑)於～

 一・緇 3/下難智(知)則～長〔勞〕

 一・緇 4/臣事～

 一・緇 4/則～不勞

 一・緇 5/民㠯(以)～爲心

 一・緇 5/～㠯(以)民爲僼(體)

 一・緇 5/～好則民谷(欲)之

 一・緇 5/～㠯(以)〔民〕亡

 一・緇 6/～牙(雅)員(云)

 一・緇 10/～紳(陳)員(云)

 一・緇 12/古(故)～不與少(小)悔(謀)大

 一・緇 18/夋(允)也～子

 一・緇 18/～奭員(云)

 一・緇 19/～子言又(有)勿(物)

 一・緇 19/古(故)～子多䎽(聞)

 一・緇 20/〔淑〕人～子

 一・緇 20/～迪(陳)

 一・緇 21/～子不自菑(留)女(安—焉)

 一・緇 22/～子孚(好)敕(逑)

 一・性 25/上交圻(近)事～

 二・民 1/幾(愷)俤(悌)～子

 二・民 4/～子㠯(以)正

 二・民 6/～子㠯(以)此皇(横)于天下

 二・子 8/而史(使)～天下而爯(稱)

 二・從甲 11/～子不言

 二・從甲 11/～子不行

 二・昔 1/～子曰

 二・昔 1/昔者～老

 二・昔 1/大(太)子朝～

 二・昔 2/迼(寺)人内(入)告于～

 二・昔 3/～子曰

 二・昔 4/～卒

 二・容 10/萬邦之～皆𠂇(以)丌(其)邦𥅀(讓)於臤(賢)〔者〕

 二・容 46/唯(雖)～亡(無)道

 三・中 15/～

 三・中 20/含(今)之～子

 三・中 21/古之事～者

 三・中 25/含(今)之～子叓(使)人

 三・亙 13/明～

 三・彭 4/古(故)～之忎(愿)

 四・采 1/祝～壽

 四・采 6/狗(苟)虗(吾)～毋(毋)死

 四・逸・交 1/𢧵(𢧵—愷)俤(悌)～子

 四・逸・交 1/～子相好

 四・逸・交 2/～子

 四・逸・交 4/～子相好

 四・昭 1/又(有)一～子

 四・昭 2/～王㚸(始)内(入)室

 四・昭 2/～之備不可𠂇(以)進

 四・昭 3/僕(僕)之毋辱～王

 四・昭 4/～不爲僕(僕)告

 四・昭 6/脽介趣(騶)～王

 四・昭 7/～王

 四・昭 8/老臣爲～王獸(獸—守)貝(視)之臣

 四・昭 8/𠂇(以)告～王

 四・昭 8/今～王或命脽毋見

 四・昭 9/㠯(霸)～吴王身至於郢

 四・柬 4/贅(鳌)尹至(致)命於～王

 四・柬 6/不敢𠂇(以)～王之身弁(變)亂祼(鬼)神之祟(常)古(故)

 四・柬 7/𠂇(以)～王之身殺祭

 四・柬 7/吕(以)告安～與陵尹子高

 四・柬 10/～王尚(當)吕(以)䎽(問)大(太)㝑(宰)晉侯

 四・柬 11/者(諸)侯之～

 四・柬 12/此爲～者之䟄(刑)

 四・柬 13/女(如)～王攸(修)郢高(郊)

 四・柬 13/～王毋(毋)敢哉(災)害

 四・柬 17/～皆楚邦之牆(將)軍

 四・柬 19/䛊(使)人牆(將)芺(笑)～

 四・柬 19/～聖人

 四・柬 20/於～

 四・柬 20/～内(入)而語僕之言於君王

 四・柬 20/君内(入)而語僕之言於～王

 四・柬 21/～王元君

 四・柬 21/君王元～

 四・柬 22/～王之疠(病)牆(將)從含(今)日吕(以)巳(已)

 四・柬 23/～王元君

 四・柬 23/君王元～

 四・内 1/～子之立孝

 四・内 1/古(故)爲人～者

 四・内 1/言人之～之不能叓(使)亓(其)臣者

 四・内 2/亓(其)～者

 四・内 2/言人之臣之不能事亓(其)～者

 四・内 2/不與言人之～之不能叓(使)亓(其)臣者

 四・内 5/與～言

 四・内 5/言事～

 四・内 6/～子事父毋(母)

 四・内 7/～子孝子

 四・内 8/～子曰

 四・内 8/～子以城(成)亓(其)考(孝)

 四・内 9/是胃(謂)～子

 四・内 10/～子曰

 四・相 4/虐(吾)見於～

 四・曹 2/～亓(其)煮(圖)之

 四・曹 4/今天下之～子既可智(知)已

 四・曹 5/～亓(其)毋員(云)

 四・曹 5/嬰(鄰)邦之～明

 四・曹 6/叟(鄰)邦之～亡(無)道

 四・曹 7/～子旻(得)之遊(失)之

 四・曹 8/～〔丌(其)〕亦隹(唯)餌(聞)夫墨(禹)康(湯)傑(桀)受(紂)矣

 四・曹 8/～弗肆(盡)

 四・曹 8/～子㠯(以)臤(賢)爯(稱)而遊(失)之

 四・曹 9/～子㠯(以)臤(賢)爯(稱)

 四・曹 20/～必不已

 四・曹 22/幾(愷)俤(悌)～子

 四・曹 22/～自衒(率)

 四・曹 27/～女(如)親衒(率)

 四・曹 28/邦又(有)～

 四・曹 34/～毋嘼(憚)自勞

 四・曹 34/～必身聖(聽)之

 四・曹 40/我～身進

 四・曹 47/～必聚羣又(有)司而告之

 四・曹 63/唯～亓(其)智(知)之

 五・競 2/昔先～客(格)王

 五・季 2/此～子之大雰(務)也

 五・季 16/～曰

 五・姑 1/思又(有)～臣之節

 五・姑 3/☐於～

 五・姑 3/～貴我而受(授)我衆

 五・姑 4/而因㠯(以)害～

 五・姑 4/㠯(以)不能事～

 五・姑 4/天下爲～者

 五・姑 4/欲㠯(以)長尌(建)宔(主)～而迕(御)難

 五・姑 5/含(今)宔(主)～不逌(達)於虔(吾)

 五・姑 5/虔(吾)餌(聞)爲臣者必思～旻(得)志於㠯(己)而又(有)逡(後)青(請)

 五・姑 8/取宔(主)～之衆㠯(以)不聖(聽)命

 五・君 1/～子爲豊(禮)

 五・君 12/垒(舜)～天下

 五・弟 11/窮(宰)我昏(問)～子

 五・弟 11/爲～子虖(乎)

 五・弟 12/肰(然)句(後)～子

 五・弟 13/～子亡(無)所不足

 五・弟 14/～子道朝

五・三 4/～無宔(主)臣是胃(謂)畏(危)

五・三 15/卬(仰)天事～

五・三 22/～子不訢(慎)亓(其)悳(德)

港甲 7/此之胃(謂)～

三・周 8/大～子又(有)命

三・周 12/～子又(有)冬(終)

三・周 12/壓(謙)～子

三・周 30/～子吉

三・周 38/～子夬=(夬夬)

六・競 1/虗(吾)秎(幣)帛甚娧(媺—美)於虗(吾)先～之量矣

六・競 1/虗(吾)珪璧大於虗(吾)先～之☐

六・競 5/丌(其)祝叓(史)之爲丌(其)～祝敓(説)也

六・競 6/今～之賒(貪)惛(昏)蘁(苛)匿(慝)

六・競 7/～,祝敓(説)

六・孔 5/～子行

六・孔 6/害(蓋)～子耵(聽)之

六・孔 15/～子死(恒)㠯(以)衆福

六・孔 15/～子蜀(獨)之㠯(以)亓(其)所蜀(獨)

六・孔 21/～子悳(德)吕(己)而立帀(師)保

六・孔 23/～子又(有)道

六・孔 24/～子流亓(其)觀安(焉)

六・莊 6/臣不智(知)～王之牆(將)爲君

六・莊 6/臣不智(知)君王之牆(將)爲～

六・莊 6/女(如)臣智(知)～王之爲君

六・莊 7/女(如)臣智(知)君王之爲～

六・莊 8/臣爲～王臣

六・莊 8/～王免之死

六・壽 3/～王與楚邦懼戁(難)

六・壽 5/臣爲～王臣

六・壽 5/～王遂(踐)尻

六・壽 6/～王所改多=(多多)

六・壽 6/～王保邦

六・木 2/吾先～

六・木 3/先～

六・木 4/王子不旻(得)～楚邦

六・用 2/鈂(邇)～鈂(邇)戾

六・用 2/～…

六・用 3/遠～遠戾

六・用 14/弜(強)～梍(御)政

六・用 20/善古(故)～之

六・天甲 1/邦～聿(建)之启(以)垞

六・天甲 1/邦～五

六・天甲 2/夫=(大夫)象邦～之立(位)

六・天甲 2/邦～象天子之〔立(位)〕

六・天甲 8/邦～飤(食)盟(蠲)

六・天甲 9/邦～三辟

六・天乙 1/邦～聿(建)之启(以)垞

六・天乙 1/邦～五殜(世)

六・天乙 2/夫=(大夫)象邦～之立(位)

六・天乙 2/邦～象天子之立(位)

六・天乙 7/邦～飤(食)盟(蠲)

六・天乙 8/邦～三辟

七・武 12/身則～之臣

七・武 12/～齋

七・武 12/～不祈(齋)

七・鄭甲 1/奠(鄭)子豪(家)殺亓(其)～

七・鄭甲 2/含(今)奠(鄭)子豪(家)殺亓(其)～

七・鄭甲 4/惑(戕)惻(賊)丌(其)～

七・鄭甲 6/～王之记(起)此帀(師)

七・鄭乙 6/～王之记(起)此帀(師)

七・鄭甲 7/～王必進帀(師)吕(以)迈(應)之

七・鄭乙 1/奠(鄭)子豪(家)殺亓(其)～

 七・鄭乙 2/奠(鄭)子冡(家)殺亓(其)～

 七・君甲 1/～王

 七・君甲 1/命爲～王戔(展)之

 七・君甲 3/～王又(有)楚

 七・君甲 3/珪玉之～

 七・君甲 4/～王又(有)楚

 七・鄭乙 4/慼(戕)惻(賊)亓(其)～

 七・鄭乙 6/～王之记(起)此帀(師)

 七・君甲 5/～王龍(隆)丌(其)祭

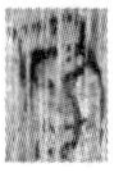 七・君甲 6/含(今)～王聿(盡)去耳目之欲

 七・鄭乙 7/～王必進帀(師)㠯(以)迈(應)之

 七・君甲 7/人㠯(以)～王爲哭(所)㠯(以)戳(傲)

 七・君甲 8/～王唯(雖)不長年

 七・君甲 8/～人者可(何)必安才(哉)

 七・君甲 9/先～雷(靈)王

 七・君甲 9/～人者可(何)必安才(哉)

 七・君乙 1/～王又(有)白玉三回而不戔(展)

 七・君乙 1/命爲～王戔(展)之

 七・君乙 3/～王又(有)楚

 七・君乙 3/珪=(珪玉)之～

 七・君乙 4/～王又(有)楚

 七・君乙 5/～王龍(隆)亓(其)祭

 七・君乙 6/含(今)～王聿(盡)去耳目之欲

 七・君乙 6/人㠯(以)～王爲戳(傲)

 七・君乙 7/～王唯(雖)不長年

 七・君乙 8/～人者可(何)必安才(哉)

 七・君乙 9/先～雷(靈)王

 七・君乙 9/～人者可(何)必安才(哉)

 七・吴 2/唯～是望

 七・吴 2/～而或言

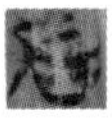 七・吴 3/～之忠(順)之

 七・吴 3/～之志

 七・吴 3/兩～之弗忠(順)

 七・吴 7/戛(寡)～

 七・吴 7/戛(寡)～

 七・吴 8/戛(寡)～

 七・吴 9/先～之臣

 七・吴 9/先～

 七・凡甲 28/百眚(姓)斎=(之所)貴唯～

 七・凡乙 20/百眚(姓)斎=(之所)貴唯～

 六・用 13/隹(唯)～之賈臣

 八・顏 1/敢窗(問)～子之内事也又(有)道虐(乎)

 八・顏 5/害(蓋)～子之内事也女(如)此矣

 八・顏 5/～子之内事也

 八・顏 6/敢窗(問)～子之内教也又(有)道虐(乎)

 八・顏 10/～子之内教也

 八・命 1/～王窮(窮)亡人

 八・命 8/～王之所吕(以)命與所爲於楚邦

 八・李 1 背/差=(嗟嗟)～子

 九・成甲 4/～王胃(謂)子玉未患(慣)

 九・成甲 5/～爲楚邦老

 九・成甲 5/憙(喜)～之善而不愍

 九・成乙 1/～王孕(免)余辠(罪)

 九・成乙 1/～王命余迳(治)帀(師)於敔

 九・成乙 3/命～耆(校)之

 九・成乙 3/～一日而不

 九・成乙 3/言虐(乎)～子才(哉)

 九・靈 5/～爲王臣

 九・陳 1/～王安

 九・陳 2/先～武王與郚(鄖)人戰(戰)於莆(蒲)寞(騷)

 九・陳 2/先～文

 九・陳 6/～王不智(知)恇(狂)之無栽(才)

 九・陳 9/～魯

 九・陳 10/又返(復)於～王

 九・陳 14/～王憙(喜)之女(安—焉)

 九・邦 1/虐(吾)～遏出

 九・邦 6/先～之子  在外

 九・邦 7/～之言怸(過)

 九・邦 7/一人千～

 九・邦 8/而并是二者𠯑(以)邦～

 九・邦 8/翟(抑)瞿(懼)～之不夂(終)殜(世)佅(承)邦

 九・邦 9/須邦～加㝴(冠)

 九・邦 11/～王嘉臣之青(請)命

 九・史 2/～之

命

 一・孔 2/文王受～矣

 一・孔 7/～此文王

 一・孔 7/城(誠)～之也

 一・緇 8/不從丌(其)所𠯑(以)～

 一・緇 12/晉(祭)公之寡(顧)～員(云)

 一・緇 19/集大～于氏(是)身

 二・魯 3/㪇(抑)虐(吾)子女違(重)～丌(其)與(歟)

 二・從甲 15/～亡(無)時

 二・昔 2/至～於闥=(閤門)

 二・昔 4/癹(廢)～不夜(赦)

 二・昔 4/不䎽(聞)不～(令)

 三・周 7/王晶(三)賜～

 三・周 8/大君子又(有)～

 四・昭 3/𨑛(卜)～(令)尹陞(陳)眚(省)爲見(視)日

 四・昭 4/𨑛(卜)～(令)尹不爲之告

 四・昭 4/𨑛(卜)～(令)尹爲之告

 四・昭 5/因～(令)至(致)俑(庸)毀室

 四・昭 7/王～(令)龏(龔)之脽毋見

 四・昭 8/今君王或～(令)脽毋見

 四・昭 10/女(安—焉)～(令)龏(龔)之脽見

 四・柬 4/贅(盭)尹至(致)～於君王

 四・柬 23/～(令)尹胃(謂)大(太)⿱穴司(宰)

 四・内 10/古(故)爲⿱少子(少)必聖(聽)長之～

 四・内 10/爲戔(賤)必聖(聽)貴之～

 四・曹 7/天～

 四・曹 9/亦天～

 四・曹 10/乃～毀鐘型而聖(聽)邦政

 四・曹 31/～之毋行

 四・曹 50/虖(號)～(令)於軍中曰

 四・曹 51/虛(吾)戳(戰)啻(敵)不訓(順)於天～

 五・競 3/女(安—焉)～行先王之灋(法)

 五・競 4/高宗～伩(傅)鳶(說)量之㠯(以)祭

 五・鮑 3/～九月敘(除)逄(路)

 五・鮑 7/公乃身～祭

 五・姑 8/取宔(主)君之衆㠯(以)不聽～

 五・姑 8/公思(懼)乃～長魚翯(矯)

 四・柬 1/～龜尹羅貞於大顕(夏)

 四・柬 11/牆(將)～之攸(修)

 四・柬 22/～(令)尹子林餌(問)於大(太)⿱穴司(宰)子峕(之)

 一・孔 6/昊₌(昊天)又(有)城(成)～

 一・孔 7/又(有)～自天

 一・孔 7/此～也夫

 一・孔 7/此～也

 二・子 7/舜丌(其)可胃(謂)受～之民矣

 二・從甲 19/行險(險)至(致)～

 二・容 15/壐(禹)既已受～

 二・容 28/句(后)禝(稷)既巳(已)受～

 二・容 29/咎(皋)鈕(陶)既巳(已)受～

 二・容 30/數(質)既受～

 二・容 37/泗(伊)尹既巳(已)受～

 二・容 44/不從～者

三・中 8/既昏(聞)～壴(矣)

三・中 11/既昏(聞)～壴(矣)

三・彭 1/受～羕(永)長

三・彭 7/一～弍(一)㒓(俯)

三・彭 7/一～三㒓(俯)

三・彭 7/三～四臁(仰)

三・彭 7/一～弍(一)臁(仰)

三・彭 7/弍(一)～

三・彭 8/三～

四・曹 9/天～

四・曹 62/～

五・鮑 1/乃～百又(有)𤔲(司)曰

五・鮑 3/乃～又(有)𤔲(司)箸(著)集(籍)浮(簿)

二・從乙 1/從～則正(政)不勞

一・性 2/〔性〕自～出

一・性 2/～自天降

三・周 5/遉(復)即～愈(渝)

五・三 3/天～孔明

二・民 8/迺(夙)夜碁(基)～又(宥)䈴(密)

六・競 4/王～屈木昏(問)軛(范)武子之行安(焉)

六・競 13/～割(裔)疾(款)不敢監祭

六・木 1/競坪(平)王～王子迈(蹠)城父

六・用 1/豫(舍)～乃縈

六・用 15/請～之所對

七・鄭甲 3/王～倉(答)之曰

七・鄭甲 5/奠(鄭)人～目(以)子良爲執命

七・鄭甲 5/奠(鄭)人命目(以)子良爲執～

七・鄭乙 3/王～倉(答)之

七・鄭乙 5/奠(鄭)人～吕(以)子良爲執命

七・鄭乙 5/奠(鄭)人命吕(以)子良爲執～

七・君甲 1/～爲君王戔(展)之

七・君乙 1/～爲君王戔(展)之

七・吴 3 背/吴～

七・吴 7/辱～

八・顔 5/愇(回)既䎽(聞)～矣

八・成 16/乃～之曰

八・命 1/鄴(葉)公子高之子見於～(令)尹子萅(春)

八・命 1/～虗(吾)爲楚邦

八・命 2/先夫=(大夫)之風(諷)  遺～

八・命 3/～求言吕(以)倉(答)

八・命 3/～勿之敢韋(違)

八・命 6/～(令)尹曰

八・命 6/先夫=(大夫)訇～(令)尹

八・命 8/君王之所吕(以)～與所爲於楚邦

八・命 9/含(今)視日爲楚～(令)尹

八・命 10/～(令)尹曰

八・命 11 背/～

八・王 1/彭徒斝(樊—返)諹閘(闗)至(致)～

八・王 2/～(令)尹少進於此

八・王 2/徒自閘(闗)至(致)～

八・王 5/～(令)尹子春猒(厭)

八・王 6/～(令)尹倉(答)

八・王 6/～須亓(其)律(儘)

八・王 6/～須後詍(蔽)

八・王 7/～(令)尹許諾

八・王 7/乃～彭徒爲洛辻(卜)尹

 九・成乙 1/君王～余迲(治)帀(師)於敔

 九・成乙 3/～君奤(校)之

 九・靈 1/～紳(申)人室出

 九・靈 1/～人毋敢徒出

 九・靈 2/～之遆(逝)

 九・靈 3/～吕(以)亓(其)策逯(歸)

 九・陳 1/～帀(師)徒殺取含(禽)獸(獸)惠(雉)兔

 九・陳 3/屈耑(咢)與郙(巴)～(令)尹戰於墭

 九・陳 5/～出帀(師)徒

 九・陳 6/～悜(狂)

 九・陳 9/既聖(聽)～

 九・陳 10/陳公返(復)聖(聽)～於君王

 九・陳 10/～臣梎(相)執事人敕(整)帀(師)徒

 九・陳 11/執事人必善～之

 九・陳 11/～梎(相)敷(輔)緩(援)

 九・陳 14/～陳公悜(狂)寺=(治之)

 九・邦 4/䎽(聞)～(令)尹、司馬既死

 九・邦 11/君王嘉臣之青(請)命

 九・邦 11/～之爲命(令)尹

 九・邦 11/命之爲～(令)尹

 九・邦 12/～之爲司馬

 卉 2/皇句(后)又(有)～

唯(唯、售)

唯

 四・柬 12/夫～(雖)母(毋)滰(旱)

 四・内 7/～(雖)至於死

 五・三 5/～福之亙(基)

 五・三 8/～(雖)湓(盈)必虛

 五・三 8/～(雖)成弗居

 五・三 13/～蔥(怒)是備(服)

 港甲 6/舀民～睪

售

 一・性 1/凡人～(雖)又(有)生(性)

 一・性 8/～人道爲可道也

 一・性 21/～(雖)怂(過)不亞(惡)

 一・性 22/～(雖)難不貴

 一・性 34/～眚(性)炁(愛)爲近急(仁)

 一・性 34/～宜(義)道爲丘(近)中(忠)

 一・性 34/～亞(惡)不急(仁)爲〔近義〕

 二・從甲 12/～(雖)殜(世)不僟(識)

 二・昔 4/～忞(哀)悲是思

 二・昔 4/～邦之大癸(務)是敬

 二・容 46/～(雖)君亡(無)道

 二・容 46/～(雖)父亡(無)道

 三・中 9/～(雖)又(有)臤(賢)才

 三・中 13/～(雖)又(有)𦒶(孝)悳(德)

 三・中 21/～(雖)亓(其)戁(難)也

 三・中附簡/～正(政)者

 三・中附簡/夫子～又(有)與(舉)

 三・彭 1/～亘(恒)

 三・彭 5/～(雖)貧必攸(修)

 三・彭 5/～(雖)福必遊(失)

 四・柬 23/～

 四・曹 63/～君亓(其)智(知)之

 五・鮑 5 臣/～(雖)欲訐(諫)

 五・季 1/～(唯)子之訂(貽)䪿(羞)

 五・姑 4/～(雖)得令(免)而出

 五・姑 5/～(雖)死

 五・姑 7/～(雖)不堂(當)殜(世)

 一・孔 7/文王～(雖)谷(欲)已

 二・魯 1/～

 六・孔 2/～□

 六・孔 5/上～逃(佻)

 六・孔 8/～非急(仁)人也

六・孔 10/~悬(仁)人也

六・孔 12/~(雖)又(有)詯(過)

六・競 10/~是夫…

九・舉 7/亓(其)~臤(賢)民虖(乎)

九・卜 5/三末~(雖)吉

九・卜 6/𠁥(兆)~(雖)记(起)句(鉤)

九・卜 8/三末~(雖)敗

九・卜 9/女(如)三末~(雖)吉

七・凡甲 28/百眚(姓)斎=(之所)貴~君

七・凡甲 28/君斎=(之所)貴~心

七・凡甲 28/心斎=(之所)貴~鼠(一)

七・凡乙 20/百眚(姓)斎=(之所)貴~君

七・凡乙 20/君斎=(之所)貴~心

七・凡乙 21/貴~鼠(一)

七・吴 2/~君是望

七・君甲 8/君王~不長年

七・君乙 7/君王~不長年

七・鄭甲 3/~邦之㥁(怲—病)

七・鄭乙 3/~邦之㥁(怲—病)

八・命 3/~(雖)鈘(負)於欽(斧)疐(鑕)

八・志 7/~我忎(愛)尔(爾)

和

一・孔 4/上下之不~者

一・性 38/人之累(悅)肰(然)可與~安者

二・子 8/□而~

二・容 8/敓(説)~㠯(以)長

二・容 30/天下大~均

四・采 3/客(徵)～

四・曹 16/上下～䣜(且)咠(輯)

四・曹 18/不～於邦

四・曹 19/不～於豫

四・曹 19/不～於戦(陳)

四・曹 20/爲～於邦女(如)之可(何)

四・曹 22/此所㠯(以)爲～於邦

四・曹 22/爲～於豫女(如)可(何)

四・曹 23/所㠯(以)爲～於豫

四・曹 24/爲～於戦(陳)女(如)可(何)

四・曹 33/不～則不咠(輯)

四・曹 35/爲～女(如)可(何)

四・曹 36/則民～之

四・曹 48/不～則不咠(輯)

六・天甲 6/洛(落)尹行身～二

六・天乙 5/洛(落)尹行身～二

七・凡甲 2/水火之～

七・凡甲 8/虐(吾)欲㝵(得)百眚(姓)之～

七・凡甲 27/～倗(朋)和燹(氣)

七・凡甲 27/和倗(朋)～燹(氣)

七・凡乙 2/水火之～

八・李 2/氏(是)古(故)聖人棶此～勿(物)

九・陳 17/紳(申)兩～而紉之

九・舉 31/墨(禹)史(使)民㠯(以)二～

哉(哉、𢦔)

哉

六・用 7/慎(真)可訢(慎)～

𢦔

四・柬 13/君王毋敢～(哉)害(害)

咠

四・曹 16/上下和䣜(且)～(輯)

四・曹 33/不和則不～(輯)

咸

一・緇 1/則民～㚆(服)而型(刑)不刺(屯)

一・緇 3/隹(惟)尹夋(允)及康(湯)～又(有)一悳(德)

七・凡甲 25/於天～

七・凡乙 18/於天～

台

六・用 1/貝(示)之～(以)康樂

六・用 1/慝(慝)之～(以)兇(凶)型(刑)

六・用 9/～(以)忘民悳(德)

六・用 11/氏辟～(以)民乍(作)康

六・用 12/非考(巧)免訢(慎)良～(以)家(稼)嗇(穡)

六・用 13/非貨～(以)賗(酬)

六・用 14/～(以)員四戔(踐)

六・用 16/茅之～(以)元色

六・用 18/言～(以)爲章

六・用 18/～(以)仐(免—勉)民生

五・三 16/㜸(喪)～(以)係(繼)樂

五・三 20/至型～(以)忞(哀)

八・李 1/桐䖒(且)～(治)可(兮)

九・舉 10/舜～(始)大𠓗(合)

右

三・周 11/自天～(祐)之

三・周 51/折丌(其)～厷(肱)

六・競 11/丌(其)左～相促(容)自善

六・用 15/而考於左～

九・陳 4/左～司馬進於牆(將)軍

九・陳 5/牆(將)軍乃許若(諾)左～司馬

九・陳 13/鈍(錞)釪(于)㠯(以)～

九・陳 20/乃～秫

九・舉 6/我左串(患)～難

啻

四・曹 14/～(敵)邦

四・曹 51/虐(吾)戰(戰)～(敵)不訓(順)於天命

三・周 38/～(惕)唐(號)

五・季 23/此𡥈=(君子)從事者之所～齒□也

七・凡甲 12/篙(孰)爲～

八・蘭 5/夫亦～(適)其戢(歲)也

吉

三・周 1/～

三・周 2/貞～

三・周 2/夂(終)～

三・周 3/～

三・周 4/中～

三・周 4/夂(終)～

三・周 5/夂(終)～

三・周 5/安貞～

三・周 5/元～

三・周 7/丈人～

三・周 7/才(在)帀(師)宔(中)～

三・周 9/～

三・周 9/夂(終)逨(來)又(有)它～

三・周 9/～

三・周 10/～

三・周 11/～

三・周 11/～亡(無)不利

三・周 12/～

三・周 14/貞～

三・周 16/貞～

三・周 17/～

三・周 18/夂(終)～

三・周 20/～

三・周 22/～

三・周 23/元～

 三・周 23/～

 三・周 24/貞～

 三・周 25/～

 三・周 25/～

 三・周 25/礪(厲)～

 三・周 26/取女～

 三・周 26/凥(居)～

 三・周 26/貞～亡(無)悔

 三・周 28/婦人～

 三・周 30/～

 三・周 31/君子～

 三・周 31/～

 三・周 32/少(小)事～

 三・周 34/遇雨則～

 三・周 36/～

 三・周 37/～

 三・周 37/宿(夙)～

 三・周 37/貞～

 三・周 40/貞～

 三・周 43/征～

 三・周 46/又(有)孚元～

 三・周 47/征～

 三・周 49/～

 三・周 50/女逯(歸)～

 三・周 50/～

 三・周 51/～

 三・周 51/～

 三・周 53/遊(旅)貞～

 三・周 54/～

 三・周 54/元～

 三・周 57/是受福～

 三・周 58/貞～

 三・周 58/貞～

 六・用 13/嘉悳(德)～猷

 七・武 14/敬雾(勝)億(怠)則～

 九・卜 3/少(小)子～

 九・卜 5/□～

 九・卜 5/三末唯(雖)～

 九・卜 9/女(如)三末唯(雖)～

周

 五・鮑 2/～人之所以弋(代)之

 一・緇 21/視(示)我～行

 三・彭 5/五紀(紀)必～

 四・曹 1/昔～室之邦魯

 四・曹 3/昔～室又(有)戒言曰

 四・曹 41/《～等(志)》是廌(存)

 七・吴 4/～之胄(孽)子

 七・吴 5/～先王

 七・吴 6/聶(攝)～子孫

 七・吴 8/吴人峊(虐)於～

 八・成 1/成王既邦(封)～公二年

 八・成 2/詔(召)～公旦曰

 八・成 3/～公曰

 八・成 6/～公曰

 八・成 7/弗香(密)而自～

 八・成 10/～

 八・成 14/～公曰

 八・成 16/才(在)～之東

 九・卜 7～邦又(有)吝

 九・卜 7/我～之孫=(子孫)

 九・邦 7/昔～乘睪(擇)而立之

 九・舉 1/虛(吾)䎽(聞)～宗又(有)難

 九・舉 5/坆我～

 九・舉 9/乃語～之先禝(祖)曰

窩

 八・命 4/則戠(職)爲民竆(仇)～(讎)

叴

二・容 34/～(皋)咎(陶)之叚(賢)也

二・容 34/～(皋)秀(陶)乃五䛐(讓)
㠯(以)天下之叚(賢)者

啐(和)

和

三・周 42/～(萃)

三・周 42/乃嬰(亂)卤(乃)～(萃)

嘆(戁)

戁

五・弟 4/子～(嘆)曰

吝

二・容 53/以告～(閔)于天

三・周 1/～

三・周 26/～

三・周 28/貞～

三・周 41/～

六・用 16/流～惠武

九・舉 21/亟(極)～(文)倀(長)明

九・卜 2/炮(火?)龜亓又～

九・卜 7/周邦又(有)～

九・卜 9/又(有)～於外

九・卜 9/又(有)～於内

各

一・性 4/丌(其)甬(用)心～異

二・昔 4/～共(恭)尔(爾)事

二・容 5/～旻(得)丌(其)殜(世)

五・季 20/～

五・三 12/～誋(慎)亓(其)尾(度)

四・曹 32/～載尔贇(藏)

四・曹 65/～㠯(以)亓(其)殜(世)

六・用 6/～又(有)亓(其)異煮(圖)

八・成 3/～才(在)亓(其)身

九・陳 10/乃～旻(得)亓(其)行

器

五・三 15/嚴(嚴)～(恪)必信

否

二・魯 3/～

三・周 31/小人～

八・成 14/可㠯(以)智(知)善～

哀(哀、忞、悳)

哀

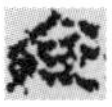
一・性 1/憙(喜)惹(怒)～悲之槩(氣)

一・性 29/居桑(喪)必又(有)夫䜌=(戀戀)之～

二・魯 1/～公胃(謂)孔子

一・性 18/～樂

忞

六・天甲 9/斷型(刑)則以～(哀)

六・天乙 8/斷型(刑)則以～(哀)

二・昔 4/唯～(哀)悲是思

悳

二・民 4/～(哀)縲(樂)相生

五・弟 4/嬰(亂)節而～(哀)聖(聲)

六・孔 18/亓(其)行板恭～(哀)與

㕣

一・緇 5/君孯(好)則民～(欲)之

㠯

一・緇 7/則民至(致)行～(己)㠯(以)兑(悦)上

四・内 8/如從～(己)记(起)

五・姑 5/旻(得)志於～(己)而又(有)逡(後)青(請)

五・姑 9/～(己)立於廷

港甲 8/㠯(以)爲～(己)執子國安

六・用 13/不～(紀)於天

六・用 13/而～(紀)於人

𠙴

二・從甲 9/～(凡)此七者

𠯑

一・緇 3/～(淑)人君子

一・緇 16/～(淑)誓(慎)尔(爾)止

五・競 1/級(隰)倗(朋)與䩜(鞄—鮑)～(叔)㐭(牙)從

五・競 1/䩜(鮑)～(叔)㐭(牙)䣒(答)曰

五・競 5/䩜(鮑)～(叔)㐭(牙)䣒(答)曰

五・競 6/䩜(鞄—鮑)～(叔)㐭(牙)

五・競 9/伋(隰)倗(朋)𢍰(與)䩜(鞄—鮑)～(叔)㐭(牙)皆𢱭(拜)

五・鮑 7/䩜(鞄—鮑)～(叔)㐭(牙)畣(答)曰

八・成 4/白(伯)𡰥(夷)、～(叔)齊餞(餓)而死於雝(雍)灋(瀆)

九・卜 1/肥～(叔)曰

昱

一・緇 13/則民又(有)～(勸)心

訇

一・孔 23/㠯(以)樂～(始)而會㠯(以)道交

一・性 2/道～(始)於情

一・性 2/～(始)者近情

一・性 8/亓(其)～(始)出也皆生於〔人〕

一・性 13/亓(其)～(治)宜道也

一・性 16/亓(其)反善遉(復)～(始)也訢(慎)

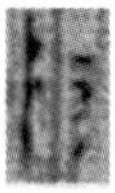
一・性 26/門内之～(治)

一・性 27/☐之～(治)

一・性 38/☐𥝢(利)～(詞)者

二・容 8/舜於是唇(乎)～(始)語堯天陞(地)人民之道

二・容 14/舜於是虖(乎)～(始)孛(免)䅺(笠)幵(肩)槈(耨)萎(鍤)

二・容 20/墨(禹)肰(然)句(後)～(始)爲之唇(號)羿(旗)

二・容 21/墨(禹)肰(然)句(後)～(始)行以僉(儉)

二・容 22/冬不敢㠯(以)蒼～(辭)

二・容 22/顕(夏)不敢㠯(以)㬏(暑)～(辭)

二・容 25/於是虖(乎)夾州涂(徐)州～(始)可尻(處)

二・容 25/於是唇(乎)競州簹(莒)州～(始)可尻(處)也

二・容 26/於是虖(乎)並州～(始)可尻(處)也

 二・容 26/於是唇(乎)勸(荆)州鄒(揚)州～(始)可尻(處)也

 二・容 27/於是於(乎)敘(豫)州～(始)可尻(處)也

 二・容 27/於是虎(乎)虘(虘)州～(始)可尻(處)也

 二・容 29/喬(驕)能(態)～(始)复(作)

 二・容 32/於是於～(始)簅(爵)而行录(禄)

 二・容 36/唇(虐)疾～(始)生

 二・容 37/於是唇(乎)又(有)諡(喑)、聾、皮(跛)、瞑、瘦(瘻)、寀(瞀)、婁(僂)～(始)记(起)

 二・從乙 1/弇(掩)戒先違則自异(己)～(始)

 三・周 55/非～(夷)所思

 三・中 8/正(政)之～(始)也

 三・中 26/忎(願)因虐(吾)子而～(辭)

 四・逸・交 3/閟(閒)卯思(謀)～(始)

 四・逸・交 4/閟(閒)卯思(謀)～(始)

 四・昭 2/君王～(始)内(入)室

 四・相 1/政毋忘所～(始)

 四・曹 55/肰(然)句(後)攺(改)～(怠)

 五・季 1/售(唯)子之～(貽)頣(羞)

 五・弟 11/女(汝)能訢(慎)～(始)與終

 六・孔 3/聞亓(其)～(辭)於遊(逸)人虖(乎)

 七・武 7/口生～〈呞(詬)〉

 七・凡甲 9/亓(其)～(始)生女(如)蒴(孽)

 七・凡甲 9/必從夯(寸)～(始)

 七・凡甲 10/日之～(始)出

 七・凡乙 7/亓(其)～(始)生女(如)蒴(孽)

 七・凡乙 8/日之～出

 五・季 18/～(辭)曰

 八・命 6/先夫=(大夫)～命(令)尹

 九・舉 25/堯～(始)甬(用)之

廾 2/幾(豈)敢亢(荒)～

唇

二・容 52/而旻(得)遊(失)行於民之～(辰)也

㖼

三・周 47/～(悔)亡

四・曹 55/𡥈(孳)者思～

昊

三・彭 7/氏(是)胃(謂)敚(遭)～(殃)

晋

三・周 32/見～(惡)人

時

二・民 8/牆(將)可孝(教)～(詩)矣

二・從甲 7/三折(制)～(持)行

二・從甲 12/～(持)善不猒(厭)

二・從甲 15/命(令)亡(無)～(時)

二・從乙 5/㠯(以)～(待)名之至也

五・季 7/夫～(詩)也者

五・君 1/產(顏)囦(淵)～(侍)於夫子

五・君 3/產(顏)囦(淵)～(侍)於夫子

五・君 16/子紿(治)～(詩)箸(書)

五・弟 14/虛(吾)子皆能又(有)～虐(乎)

五・鬼 6/口□猷～

六・慎 4/～(持)悳(德)而方義

八・李 1/怣(竢)～(時)而偒(作)可(兮)

八・蘭 2/方～(時)女(安—焉)复(作)

九・陳 13/或(又)～(持)八鼓五爯(稱)

廾 2/敬戒㠯(以)～

虐

一・孔 1/丌(其)又(有)不王～(乎)

一・孔 6/於(烏)～(乎)前王不忘

一・孔 7/旻(得)～(乎)

 一・孔 9/多恥者丌(其)恸(妨)之～(乎)

 一・孔 13/不亦智(知)亘(恒)～(乎)

 二・魯 5/於(烏)～(乎)

 二・容 4/於是～(乎)不賞不罰

 二・容 8/舜於是～(乎)訂(始)語堯天隍(地)人民之道

 二・容 11/於是～(乎)天下之人

 二・容 20/墨(禹)肰(然)句(後)訂(始)爲之～(號)羿(旗)

 二・容 25/於是～(乎)

 二・容 26/於是～(乎)

 二・容 34/墨(禹)於是～(乎)叚(讓)益

 二・容 34/啟於是～(乎)攻益自取

 二・容 37/於是～(乎)

 二・容 39/於是～(乎)

 二・容 41/湯於是～(乎)

 二・容 41/於是～(乎)天下之兵大记(起)

 二・容 41/於是～(乎)

 二・容 44/於是～(乎)复(作)爲九城(成)之臺

 二・容 45/於是～(乎)复(作)爲金桎三千

 二・容 45/於是～(乎)九邦畔(叛)之

 二・容 47/文王於是～(乎)素耑(端)襮裳㠯(以)行九邦

 三・周 38/啻(啻)～(號)

 三・周 39/忘～(號)

 三・周 42/若～(號)

 三・周 55/霰(涣)丌(其)大～(號)

 三・中 15/善才(哉)昏(問)～(乎)

 三・中 25/可不新(慎)～(乎)

 四・柬 3/欲祭於楚邦者～(乎)

 四・柬 21/又(有)古(故)～(乎)

 四・柬 23/臣者亦又(有)赧(耕)～(乎)

 四・相 4/不亦墜(歉)～(乎)

五・競 6/可～(乎)才(哉)

五・弟 1/倗～(乎)亓(其)雁(膺)

五・弟 1/胥(延)陸(陵)季=(季子)亓(其)天民也～(乎)

五・弟 2/丌(其)天民也～(乎)

五・弟 4/丌(其)必此～(乎)

五・弟 4/又(有)墬(地)之胃(謂)也～(乎)

五・弟 8/信～(乎)

五・弟 8/莫新(親)～(乎)父母

五・弟 8/可言～(乎)丌(其)信也

五・弟 10/☐女(汝)弗智(知)也～(乎)

五・弟 11/爲君子～(乎)

五・弟 14/虗(吾)子皆能又(有)时(待)～(乎)

五・弟 15/丌(其)緅(組)襲～(乎)

五・弟 19/巨(蘧)白(伯)玉侍(侍)～(乎)子

五・弟 20/子虡(據)～(乎)軾(軾)而☐

五・弟 23/剌(列)～(乎)丌(其)下

五・鬼 4/亓(其)力能至(致)女(安—焉)而弗爲～(乎)

五・鬼 4/啻(意—抑)亓(其)力古(固)不能至女(安—焉)～(乎)

五・鬼 5/此之胃(謂)～(乎)

五・鬼 5/我曰叡(且)茖～(乎)

五・鬼 6/我曰叡(且)喬～(乎)

港甲 3/乃～(呼)曰

二・容 36/～(虐)疾訇(始)生

五・姑 1/～(虐)于百豫

六・競 7/忍辠(罪)～(乎)

六・競 7/女(如)川(順)言弇(掩)亞(惡)～(乎)

六・競 11/愈(偷)爲樂～(乎)

六・孔 3/而粲(敷)専聞亓(其)訇(辭)於俤(逸)人～(乎)

六・孔 14/剴(豈)不難～(乎)

 六・孔 19/皇(況)丌(其)女(如)㫖(微)言之～(乎)

 九・成乙 3/言～(乎)君子才(哉)

 九・舉 14/道又(有)要～(乎)

 九・舉 17/道又(有)戰(守)～(乎)

 九・舉 19/又(有)逡(後)盍～(乎)

 九・邦 7/毋  窟～(乎)

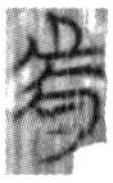 九・史 4/古畬(教)於訽(始?)～(乎)才(哉)

 九・陳 7/而岦(止)帀(師)徒～(乎)

 九・陳 8/而毋岦(止)帀(師)徒～(乎)

 九・陳 8/母(毋)亦善～(乎)

羣

 二・容 44/從而桎～(梏)之

罟

 三・周 13/丌(其)～(鄰)

舊

 五・季 5/事皆旻(得)亓(其)～(勸)而弜(強)之

謍

 五・鬼 7/訢～(尋)頣(夏)邦

吅　部

毀

 二・容 10/㠯(以)求臤(賢)者而～(讓)女(安—焉)

 二・容 10/堯㠯(以)天下～(讓)於臤(賢)者

 二・容 10/萬邦之君皆㠯(以)亓(其)邦～(讓)於臤(賢)〔者〕

 二・容 17/壘(禹)乃五～(讓)㠯(以)天下之臤(賢)者

 二・容 29/五年乃～(穰)

 二・容 32/㠯(以)～(讓)於來

 二・容 34/㕣(皋)秀(陶)乃五～(讓)㠯(以)天下之臤(賢)者

 二・容 34/壘(禹)於是䖒(乎)～(讓)益

五・君 9/貴而翟(能)～(讓)

六・競 12/是～(襄)逗(桓)之言也

六・慎 4/～旻(得)甬(用)於殜(世)

嚴(𠪚)

𠪚

五・三 15/～(嚴)恪(恪)必信

噩(㗊)

㗊

五・弟 19/子逄(路)迬(往)虗(乎)子～=(咢咢)女(如)也女(如)戝(誅)

哭　部

哭

一・性 18/～亦悲

一・性 18/～之歑(動)心也

五・三 1/檑(平)旦毋～晦毋訶(歌)

九・卜 3/倀=(丈人)乃～甬(踴)

喪(噐、嵒、𠷎、芒、桒、𣝗)

噐

六・孔 25/民～(氓)不可悔(侮)

嵒

五・弟 4/曹之～(喪)

五・弟 7/虗(吾)餌(聞)父母之～(喪)

𠷎

七・武 1/敳(豈)～(喪)不可旻(得)而訨(睹)虗(乎)

七・武 4/袶(勝)義則～(喪)

芒

七・武 14/欲袶(勝)志則～(喪)

三・周 44/亡(無)～(喪)亡(無)旻(得)

三・周 53/～(喪)丌(其)僮(童)僕

三・周 32/～(喪)馬勿由(逐)

三・周 38/～(喪)羊悬(悔)亡

六・壽 5/芔(前)各(冬)言曰邦必～(喪)

六・天甲 4/邦～(喪)

六・天甲 4/邦～(喪)

六・天甲 12/觀邦不言～(喪)

六・天乙 4/邦～(喪)

六・天乙 4/邦～(喪)

六・天乙 11/觀邦不言～(喪)

七・鄭甲 1/奠(鄭)子冡(家)～(喪)

七・鄭乙 1/子冡(家)～(喪)

七・吴 5/余必攺～(亡)尔(爾)袿(社)稷(稷)

⿱桑亡

四・昭 1/～(喪)備曼廷

⿱桑死

一・性 29/居～(喪)必又(有)夫繺=(𦆑𦆑)之哀

二・民 9/□之～(喪)也

二・民 13/亡(無)備(服)〔之〕～(喪)

二・民 14/亡(無)備(服)〔之〕～(喪)

五・三 7/民人乃～(喪)

五・三 7/必逡(復)之㠯(以)憂～(喪)

五・三 16/必～(喪)亓(其)佖(匹)

五・三 16/～(喪)怠係(繼)樂

六・壽 7/□～(喪)

三・中 23/夫～(喪)

走 部

走

三・周 54/䆞(涣)～丌(其)凥

七・吴 1/馬𤖓(將)～

七・吴 9/吴～陞(陳)

八・志 2/或猶～趣(趨)事王

趣(趣、邚)

趣

四・昭 6/脽介～(騶)君王

䢐

五・鬼 5/又(有)足不～(趨)

八・志 2/或猶走～(趨)事王

趮(趮)

趮

一・性 35/凡甬(用)心之～(躁)者

越(𨒅)

𨒅

八・蘭 5/天道其～(越)也

起(𨑹)

𨑹

二・容 37/於是虐(乎)有諳(喑)、聾、皮(跛)、瞑、瘦(瘻)、㝔(脊)、婁(僂)始～(起)

二・容 38/～(起)帀(師)吕(以)伐昏(岷)山是(氏)

二・容 41/於是虐(乎)天下之兵大～(起)

二・容 47/文王乃～(起)帀(師)吕(以)鄉(嚮)豐喬(鎬)

二・容 52/或亦～(起)帀(師)吕(以)逆之

四・内 8/如從吕(己)～(起)

四・曹 55/思亓(其)志～(起)

四・曹 64/昔之明王之～(起)

五・競 9/～(起)而言曰

五・季 15/先=(先人)斎=(之所)瀍(廢)勿～(起)

五・君 4/☐困(淵)～(起)迲(去)笞(席)曰

五・三 14/譽(與)而～(起)之

五・三 18/～(起)地之

六・競 12/公弜(強)～(起)

六・莊 8/～(起)倉(答)

六・木 2/城(成)公～(起)

六・用 15/而言語斎=(之所)～(起)

七・鄭甲 3/乃～(起)帀(師)

七・鄭甲 6/君王之～(起)此帀(師)

七・凡甲 15/～(起)而甬(用)之

七・凡甲 20/言～(起)於⿰鼠一(一)耑(端)

七・凡甲 25/言～(起)於⿰鼠一(一)耑(端)

七・凡乙 18/言～(起)於⿰鼠一(一)耑(端)

七・鄭乙 3/乃～(起)帀(師)

七・鄭乙 6/君王之～(起)此帀(師)

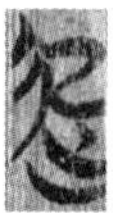
八・志 6/朝～(起)(起)而夕瀌(廢)之

八・蘭 5/苣(萛)薛之方～(起)

八・有 1/又(有)皇(凰)牆(將)～(起)今可(兮)

九・陳 13/木鎮(鐸)㠯(以)～(起)

九・舉 17/湯行三～(起)

九・舉 30/气(乞)女(安?)亓(其)逴(往)疋(疏)洲(川)～(起)浴(谷)

九・卜 6/兆(兆)唯(雖)～(起)句(鉤)

六・用 18/～(起)事乍(作)志

𧺤(𧺤、⿺辶亘)

𧺤

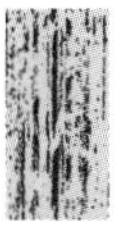
六・孔 1/孔子見季～(桓)子

六・孔 2/～(桓)子曰

六・孔 6/～(桓)子曰

六・孔 22/～(桓)子曰

⿺辶亘

六・競 12/是毀(襄)～(桓)之言也

趧(趧)

趧

四・采 2/～(趧)商

四・采 4/～(趧)羽

止　部

止(止、㞢)

止

一・緇 16/雪(淑)訢(慎)尔(爾)～

一・緇 17/於幾(緝)義(熙)～

三・周 48/丌(其)～(趾)

 八・鶹 1/婁(鶹)栗(鷅)之～今可(兮)

 九・卜 1/𠧞(兆)印(仰)首出～(趾)

 九・卜 1/𠧞(兆)𩠐=(頪首)内(入)～(趾)

 九・卜 2/𠧞(兆)女(如)印(仰)首出～(趾)

歨

 一・性 1/～(待)勿(物)而句(後)乍(作)

 四・昭 2/不～(止)

 四・昭 2/尔必～(止)少(小)人

 四・昭 2/寤人弗敢～(止)

 四・内 6/不善則～(止)之

 四・曹 21/貴戝(諓)同～

 四・柬 22/命(令)尹子林䎽(問)於大𡫸(宰)子～(之)

 九・靈 5/王牆(將)述(墜)邦弗能～(止)

 九・陳 7/而～(止)帀(師)徒虐(乎)

 九・陳 7/而毋～(止)帀(師)徒虐(乎)

 九・陳 8/而母(毋)～(止)帀(師)徒

 九・陳 14/不～(止)

 九・邦 9/大祝～(止)

歬

 一・孔 6/於(烏)虐(乎)～(前)王不忘

 一・孔 20/或～(前)之而句(後)交

 二・子 11/又(有)𩯍(燕)監(銜)卵而階(措)者(諸)丌(其)～(前)

 四・曹 24/凡貴人囟(思)尻(處)～(前)立(位)一行

 四・曹 29/叏(使)兵毋復～(前)

 四・曹 30/思爲～(前)行

 四・曹 31/思爲～(前)行

 四・曹 60/必逃(過)～(前)攻

 五・競 2/又(有)鴗(雉)𢀜(雊)於僂彝～(前)

 五・鮑 4/弗䫉(顧)～(前)逡(後)

 二・昔 1/大(太)子～之毋(母)俤(弟)

 二・昔 1/～(前)之

 三・周 10/遊(失)～(前)含(禽)

六・壽 5/～(前)各(冬)言曰邦必芒(喪)

六・用 5/貝(視)～(前)亰(顧)逡(後)

九・陳 20/或偏申(陳)～(前)

九・舉 34/～(前)行建社(功)

七・武 7/見亓(其)～(前)

七・君甲 3/竽瑟奐(衡)於～(前)

七・君乙 3/竽瑟奐(衡)於～(前)

七・吴 5/㠯(以)此～(前)逡(後)之

八・顔 6/～(前)㠯(以)専(博)悆〈悉(愛)〉

八・顔 7/～(前)之㠯(以)讓

八・蘭 4/……年(佞)～其約會(儉)

歸(逯)

逯

一・孔 10/鵲樔(巢)之～(歸)

一・孔 11/鵲樔(巢)之～(歸)

三・周 4/～(歸)肤(膚)

三・周 50/女～(歸),吉

五・鮑 8/師乃～(歸)

五・季 19/民之散(美)弃亞(惡)母(毋)～(歸)(歸)

六・壽 2/先王亡(無)所～(歸)

九・成甲 2/王～(歸)

九・靈 3/或不能馯(御)之㠯(以)～(歸)

九・靈 3/命㠯(以)亓(其)策～(歸)

九・靈 3/虎秉策㠯(以)～(歸)

九・靈 5/城(成)公與虎～(歸)爲辂

歪

五・君 7/行毋～(蹶)

危

 五・季 20/凡遊(失)勿～(危)

趾

 六・木 5/～(坐)於藷(疇)中

𢔶

 五・競 2/又(有)鷃(雉)～(雊)於傒彝冓(前)

茬

 七・吴 1/遫(速)～

陞

陞

 二・容 31/高山～(陞)

 二・容 39/於是虗(乎)新(慎)弃(戒)～(徵)臤(賢)

 二・容 39/～(徵)自戎述

 二・容 48/乃～(登)文王

 三・周 33/～陞宗噬(噬)肤(膚)

 三・周 48/不～(拯)丌(其)陵(隆)

堊(堊)

堊

 三・亘 12/無許(所)～(堊—極)無非亓(其)所

壘

 五・競 10/～(遷)傰(朋)取弇(與)

皇

 二・容 2/庢(跛)～(躃)獸(獸—守)門

舉

 三・中 9/弗智(知)～(擧)也

 三・中 9/敢昏(問)～(擧)才女(如)之可(何)

 三・中 10/～(擧)而(爾)所智(知)

 三・中 11/～(擧)之

 三・亘 7/～(擧)天之事

 三・亘 10/～(擧)天下之名

 三・亘 10/～(擧)天下之复(作)弜(強)者

 三・亘 11/～(擧)天下之爲也

三・亘 12/～(舉)天下之生同也

三・亘 12/～(舉)天下之复(作)也

三・亘 13/～(舉)天下之名

二・子 2/☐～(與)

二・子 2/伊秇(堯)之悳(德)勛(則)甚昷(明)～

三・周 7/帀(師)或～(輿)殍(尸)

三・周 8/弟子～(輿)殍(尸)

五・鬼 2/長年又(有)～(譽)

三・彭 1/而～(舉)於朕身

一・性 9/又(有)爲～(舉)之也

一・性 30/言及鼎(則)明～(舉)之而毋憑(僞)

六・競 2/公～(舉)首畬(答)之

六・競 8/～(舉)邦爲欽(禁)

六・用 11/～(舉)箄於埜(野)

九・成甲 2/～(舉)邦加(賀)子旻(文)

九・成甲 3/子=旻=(子文,子文)～(舉)脏(?)貽(?)白(伯)珵(嬴)曰

九・成乙 2/～(舉)邦加(賀)余

九・靈 4/～(舉)邦聿(盡)隻(獲)

九・陳 19/申(陣)於娌～

九・舉 4/～(舉)訋

九・舉 13/五殺不～(舉)

陸

九・舉 1/耇(胡)公見大(太)公室(望)於～(遂)

癶　部

癶(𣥠)

𣥠

五・競 3/～(廢)古簏(慮)

登(登、荳)

登

一・性 13/所以爲信與～(徵)也

 三・彭 4/夫子之悳(德)～矣

 六・競 8/今新(薪)～(蒸)思吴(虞)守之

 五・弟 5/～年不丞(恒)至

癹(𤼷)

𤼷

 二・昔 4/～(癹)命不夜

 四・柬 16/～(發)駐(駟)迈(蹠)四疆

 五・君 7/胥(肩)毋～(廢)

 五・鬼 7/～(發)昜(揚)桊(滕)債

 六・競 5/外内不～(廢)

 六・用 11/若罔(網)之未～(發)

 九・舉 33/又(有)社(功)而弗～(廢)

步 部

歲(戠、戝)

戠

 三・周 52/晶(三)～(歲)不覿

 四・柬 13/～(歲)女(安—焉)篙(熟)

 六・競 1/叟(逾)～(歲)不巳(已)

 六・競 2/叟(逾)～(歲)不巳

 六・壽 4/盟(明)～(歲)

 九・舉 24/～(歲)建□

 八・李 1 背/忎(願)～之啟時

 八・蘭 5/夫亦商(適)其～(歲)也

戝

 五・鮑 8/是～(歲)也

此 部

此

 一・孔 1/行～者

 一・孔 7/命～文王

 一・孔 7/～命也夫

 一・孔 7/～命也

 一・孔 27/女(如)～

 一・緇 10/峇(教)～吕(以)失

 一・緇 10/民～目(以)緮(煩)

 一・緇 18/～言之砧(玷)不可爲

 一・緇 19/～目(以)生不可敓(奪)志

 一・緇 22/～目(以)邇者不惑

 二・民 5/～之胃(謂)五至

 二・民 6/君子目(以)～皇(横)于天下

 二・民 7/～之胃(謂)三亡(無)

 二・魯 3/～是才(哉)

 二・從甲 9 凡/～七者

 三・周 53/～亓(其)所取

 三・中 17/若～三

 四・昭 3/不欳(幸)儯(僕)之父之骨才(在)於～室之墜(階)下

 四・昭 9/～則儯(僕)之辠(罪)也

 四・柬 10/夢若～

 四・柬 11/～可(何)

 四・柬 11/～所胃(謂)

 四・柬 12/～爲君者之䀀(刑)

 四・内 6/反～䋲(亂)也

 四・相 1/古(故)～事使出政

 四・曹 3/～不貧於散(美)而𡨄(富)於悳與(歟)

 四・曹 10/虗(吾)䎽(聞)～言

 四・曹 22/～所目(以)爲和於邦

 四・曹 28/～三者所目(以)戬(戰)

 四・曹 40/～戬(戰)之㬎(顯)道

 四・曹 42～出帀(師)之幾

 四・曹 43/～䜌果(裹)之幾

 四・曹 44/～戬(戰)之幾

 四・曹 45/～既戬(戰)之幾

 四・曹 49/～三者足目(以)戬(戰)虖(乎)

 四・曹 52/～逡(復)盤(便)戬(戰)之道

 四・曹 53/～逡(復)甘戬(戰)之道

 四・曹 55/～逡(復)故(苦)戬(戰)之道

 四・曹 63/～先王之至道

 五・競 4/含(今)～祭之旻(得)福者也

 五・競 8/～能從善而迲(去)袦(禍)者

 五・季 2/～君子之大务(務)也

 五・季 4/～之胃(謂)息(仁)之吕(以)悳(德)

 五・季 13/古(故)子吕(以)～言爲奚(奚)女(如)

 五・季 15/邦者必吕(以)～

 五・季 23/～羣=(君子)從事者之所啻䚆也

 五・姑 6/爲～殜(世)也

 五・弟 4/亓(其)必～虐(乎)

 五・弟 11/～之胃(謂)息(仁)

 五・鬼 1/～吕(以)貴爲天子

 五・鬼 2/～明矣

 五・鬼 4/～兩者枳(歧)虐(吾)古(故)

 五・鬼 5/～之胃(謂)虐(乎)

 五・鬼 2 背/～吕(以)桀折於鬲(歷)山

 五・鬼 3/女(如)吕(以)～詰之

 港甲 7/～之胃(謂)君

 六・競 12/吕(以)至於～

 六・孔 5/息(仁)亓(其)女(如)～也

 六・孔 7/衣備(服)～中

 六・孔 11/～与息(仁)人弍(二)者也

 六・孔 13/～與(邪)民也

 六・孔 15/～民□

 六・孔 13/～言不欺

 六・孔 13/～與(邪)民

 六・孔 16/女(如)～者

 六・孔 17/～与(邪)民也

 六・孔 27/～吕(以)不惑

 六・木 5/～可(何)

 六・天甲 13/～所不斈(教)於帀(師)也

 七・鄭甲 6/君王之记(起)～帀(師)

 七・鄭乙 6/君王之记(起)～帀(師)

 七・君甲 3/～亓(其)一回(違)也

 七・君甲 4/～亓(其)二回(違)也

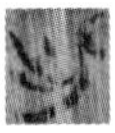
七・君甲 6/～亓(其)三回(違)也

七・君甲 6/先王爲～

七・君乙 3/～亓(其)一回(違)也

七・君乙 4/～亓(其)二回(違)也

七・君乙 5/～亓(其)三回(違)也

七・君乙 6/先王爲～

七・凡甲 20/戠(察)～

七・凡甲 25/戠(察)～

七・凡甲 28/夫～之胃(謂)省(少—小)城(成)

七・凡乙 18/戠(察)～

七・凡乙 20/～之胃(謂)少(小)城(成)

七・吴 2/～則社禝(稷)

八・顔 5/害(蓋)君子之内事也女(如)～矣

八・成 15/～六者皆逆

八・命 10/僕(僕)㠯(以)～胃(謂)貝(視)日十又厽(三)亡僕(僕)

八・王 2/命(令)尹少進於～

八・志 2/～是胃(謂)死辠(罪)

八・李 2/氏(是)古(故)聖人棘～和勿(物)

八・李 3/氏(是)古(故)聖人棘～

九・靈 3/㝵(得)～車

九・陳 6/……～

九・舉 3/子嘗㠯(以)～謑(稽)之

九・舉 13/～曷□之□也

九・舉 21/～日行也

九・卜 5/凡三族又(有)～

九・史 7/～所以遊(失)

六・孔 8/而亡(無)㠯(以)啬者(諸)～矣

正　部

正

一・緇 2/好是～植(直)

一・緇 6/〔不自爲〕～

 一・緇 13/教之㠯(以)～(政)

 一・緇 14/～(政)之不行

 一・性 1/心亡(無)～(定)志

 一・性 25/下交旻(得)衆近從～(政)

 三・中 12/戁(難)爲從～(政)

 三・中附簡/唯～(政)者

 三・中附簡/～也

 三・中附簡/女(汝)蜀(獨)～之

 二・民 5/君子㠯(以)～

 二・子 1/又(有)吴(虞)是(氏)之樂～宫(瞽)寏(瞍)之子也

 二・從甲 5/從～(政)章五悳(德)

 二・從甲 7/不息(仁)則亡(無)㠯(以)行～(政)

 二・從甲 8/從～(政)又(有)七幾(機)

 二・從甲 9/～(政)之所怠(殆)也

 二・從甲 10/從～(政)所柔(務)三

 二・從甲 16/君子藥(樂)則絧(治)～(政)

 二・從乙 1/絧(治)～(政)教

 二・從乙 1/從命則～(政)不勞

 二・從乙 3/從～(政)不絧(治)則亂

 二・容 5/坒(匡)天下之～(政)十又(有)九年而王天下

 二・容 7/於是於(乎)坒(持)板～立(位)

 二・容 8/與之言～(政)

 二・容 18/壘(禹)聖(聽)～(政)三年

 二・容 21/中～之羿(旗)㠯(以)澳(熊)

 二・容 23/舜聖(聽)～(政)三年

 二・容 30/乃立數(質)㠯(以)爲樂～

 二・容 32/女(安—焉)㠯(以)行～(政)

 二・容 36/湯乃尃(溥)爲～(徵)叜(籍)

 二・容 36/㠯(以)～(徵)闡(關)市

 二・容 45/不聖(聽)亓(其)邦之～(政)

 二・容 52/受(紂)不智(知)亓(其)未又(有)成～(政)

 三・中 5/敢昏(問)爲～(政)可(何)先

 三・中 8/～(政)之訇(始)也

 三・中 17/型(刑)～(政)不悉(緩)

 四・柬 14/一人不能詞(治)～(政)

 四・柬 19/湎(將)～

四・曹 14/又（有）克～（政）而亡克戦（陳）

四・曹 37/牪尔～社（功）

五・姑 1/～（政）訙（迅）弜（強）

五・姑 1/姑（苦）城（成）豪（家）父吕（以）亓（其）族参（三）垆（郤）～（征）百豫

五・姑 5/虐（吾）毋又（有）它～公事

五・姑 6/吕（以）～上下之譌

五・姑 7/亡（無）道～（政）也

五・鬼 8/不及塁（遇）焚而～固

六・競 5/～

六・競 12/祭、～不腹（獲）祟

六・競 13/青（請）祭與～（貞）

六・競 13/梁（梁）丘虞（據）不敢監～

六・天甲 5/幾殺而邦～

六・天甲 7/貝（視）百～

六・天甲 10/尻（處）～（政）不語樂

六・天乙 4/幾殺而邦～

六・天乙 6/貝（視）百～

六・天乙 9/尻（處）～（政）不語樂

七・鄭甲 2/楚邦囟（使）爲者（諸）医（侯）～

七・鄭乙 2/楚邦囟（使）爲者（諸）医（侯）～

七・凡甲 10/牆（將）可（何）～（征）

七・凡乙 8/牆（將）可（何）～（征）

八・成 6/之～道也

八・成 6/青（請）餌（問）天子之～道

八・成 7/是胃（謂）天子之～道

八・命 6/綿（治）楚邦之～（政）

八・命 8/亡僕（僕）之尚（掌）楚邦之～（政）

八・命 10/而邦～（政）不敗

八・志 3/爾亡（無）吕（以）臚（慮?）枉（匡）～我

九・舉 13/□五□一□二～

九・舉 20/四～受績（任）

九・舉 22/坐（從）～（政）可（何）先

九・舉 27/□李（李）～（政）估? 才（在）岜（美）

九・舉 29/智（知）臤（賢）～（政）綿（治）

 九・舉 30/五年而天下～

是　部

是

 一・緇 2/好～正植(直)

 一・性 12/～㠯(以)敬女(安—焉)

 一・性 18/～古(故)亓(其)心不遠

 二・魯 3/此～才(哉)

 二・從甲 1/夫～則獸(守)之㠯(以)信

 二・從甲 3/～㠯(以)得孯(賢)士一人

 二・從甲 4/～古(故)

 二・從甲 12/～古(故)

 二・從甲 17/～㠯(以)曰

 二・從甲 18/～㠯(以)曰少(小)人愓(易)旻(得)而難史(事)也

 二・昔 1/君之毋(母)俤(弟)～相

 二・昔 4/唯哀悲～思

 二・昔 4/唯邦之大炁(務)～敬

 二・容 1/〔尊〕膚(盧)～(氏)

 二・容 1/茖(赫)疋(胥)～(氏)

 二・容 1/喬結～(氏)

 二・容 1/倉頡～(氏)

 二・容 1/軒緩(轅)～(氏)

 二・容 1/新(神)戎(農)～(氏)

 二・容 1/椲丨～(氏)

 二・容 1/墟遅～(氏)

 二・容 2/於～虖(乎)唫(喑)聾執燭

 二・容 3/古(故)堂(當)～時也

 二・容 4/於～唇(乎)不賞不罰

 二・容 6/於～虖(乎)方百里之中

 二・容 7/於～虖(乎)方囩(圓)千里

 二・容 7/於～於(乎)峕(持)板正立(位)

 二・容 8/舜於～唇(乎)訇(始)語堯天陛(地)人民之道

 二・容 9/～㠯(以)視臤(賢)

 二・容 11/於～唇(乎)天下之人

 二・容 14/堯於～虖(乎)爲車十又(有)五乘

二・容 14/舜於～虖(乎)

二・容 16/堂(當)～時也

二・容 17/女(如)～牄(狀)也

二・容 19/夫～以逮(近)者敓(悦)紿(治)

二・容 25/於～虖(乎)

二・容 25/於～唇(乎)

二・容 26/於～虖(乎)

二・容 26/於～唇(乎)

二・容 27/於～於(乎)

二・容 27/於～虖(乎)

二・容 33/～吕(以)爲名

二・容 34/墨(禹)於～唇(乎)叚(讓)益

二・容 34/啟於～唇(乎)攻益自取

二・容 35/□～(氏)之又(有)天下

二・容 36/堂(當)～時

二・容 36/於～唇(乎)

二・容 38/㐅(起)帀(師)吕(以)伐昏(岷)山～(氏)

二・容 39/丌(其)喬(驕)大(泰)女(如)～牄(狀)

二・容 39/於～唇(乎)新(慎)戒陞(徵)臤(賢)

二・容 39/女(如)～而不可

二・容 40/傑(桀)乃逃之鬲(歷)山～(氏)

二・容 40/傑(桀)乃逃之南葉(巢)～(氏)

二・容 41/湯於～唇(乎)誁(徵)九州之帀(師)

二・容 41/於～唇(乎)天下之兵大㐅(起)

二・容 41/於～唇(乎)㚔(樊—叛)宗鹿(戮)族

二・容 42/夫～吕(以)㝵(得)衆而王天下

二・容 44/於～唇(乎)复(作)爲九城(成)之臺

二・容 44/於～唇(乎)复(作)爲金桎三千

二・容 45/於～唇(乎)九邦畔(叛)之

二・容 46/寶(密)須～(氏)

二・容 47/文王於～唇(乎)素耑(端)褱裳吕(以)行九邦

二・容 49/女(如)～牄(狀)也

二・容 51/武王於～虖(乎)复(作)爲革車千乘

二・容 52/武王於～虖(乎)素冕(冠)冕(冕)

 二・容 32/於～於(乎)訂(治)篧(爵)而行录(祿)

 三・中 2/夫季～(氏)河東之城(盛)豙(家)也

 三・中 9/～古(故)又(有)司不可不先也

 三・彭 1/句(耇)～(氏)執心不忘

 四・内 1/悉(愛)～甬(用)

 四・内 1/豊(禮)～貴

 四・内 9/～胃(謂)君子

 四・曹 19/～古(故)夫戟(陳)者

 四・曹 44/～古(故)矣(疑)戟(陳)敗

 五・競 2/～可(何)也

 五・鮑 1/又(有)虽(夏)～(氏)觀亓(其)容以㕜(使)

 五・鮑 8/～哉(歲)也

 五・姑 6/從事可(何)㠯(以)女(如)～

 五・君 3/虐(吾)是㠯(以)萶(膟)也

 五・君 6/定(正)見(視)～求

 二・民 8/可(何)志(詩)～迡

 四・逸・交 1/戠(愷)敚(美)～好

 四・逸・交 3/戠(愷)敚(美)～好

 四・逸・交 3/隹(唯)心～薁

 四・逸・交 4/戠(豑)(愷)敚～好

 四・逸・交 4/隹(唯)心～萬(勵)

 四・曹 7/臣～古(故)不敢㠯(以)古(故)畣(答)

 四・曹 26/～胃(謂)軍紀

 四・曹 28/～古(故)倀(長)不可不慙(慎)

 四・曹 41/《周等(志)》～廌(存)

 五・季 3/～古(故)君子玉亓(其)言

 五・季 10/～古(故)臤(賢)人之居邦豙(家)也

 五・季 11/～右(左)虎(乎)

 三・周 40/羸(羸)豕孚～蜀(獨)

 三・周 56/～胃(謂)亦兂(災)禬(眚)

 三・周 57/～受福吉

 三・亘 2/槩(氣)～自生

 三・亘 2/槩(氣)～自生自复(作)

五・三 1/～胃(謂)參(三)悳(德)

五・三 1/～胃(謂)川(順)天之禜(常)

五・三 2/～胃(謂)天禜(常)

五・三 3/～胃(謂)大葳(慼)

五・三 3/～胃(謂)不恙(祥)

五・三 3/～胃(謂)天豊(禮)

五・三 4/～胃(謂)辠(罪)

五・三 4/君無宔(主)臣～胃(謂)畏(危)

五・三 6/上帝～有(祐)

五・三 6/～胃(謂)邦固

五・三 6/～胃(謂)邦蘬(吕)

五・三 6/～胃(謂)反逆

五・三 7/～胃(謂)大㐬(荒)

五・三 7/～胃(謂)滔皇

五・三 8/～胃(謂)方芋(華)

五・三 8/～胃(謂)違章

五・三 9/傒(傒)子～胃(謂)忘神

五・三 13/唯蒠(怒)～備(服)

五・三 13/凡若～者

五・三 14/～奉(逢)凶朔(孽)

五・三 16/～胃(謂)韻(稽)

五・三 16/～胃(謂)洀(潮)

五・三 16/～

五・三 20/瑰(鬼)神～有(祐)

五・三 22/～帝之閫(關)

二・子 1/又(有)吳(虞)～(氏)之樂正宫(瞽)宑(瞍)之子也

二・子 10/～壐(禹)也

二・子 10/又(有)迺(娀)～(氏)之女也

二・子 12/～卨(契)也

二・子 12/又(有)詞(郃)～(氏)之女也

二・子 13/～句(后)稷之母也

二・子 13/厽(三)王者之乍(作)也女(如)～

三・中 1/季～(氏)

六・競 2/～虗(吾)亡(無)良祝史也

六・競 2/～虐(吾)所望於女(汝)也

六・競 3/～言也

六・競 3/～信虐(吾)亡(無)良祝史

六・競 10/～皆貧胡(苦)

六・競 10/雖～夫…

六・競 12/～毀(襄)逗(桓)之言也

六・孔 1/害(蓋)臤(賢)者～能皋(罪)

六・孔 4/恴(仁)者～能行叩(聖)人之道

六・孔 5/～古(故)備(服)道之君子

六・孔 27/～詧(察)

六・用 1/～善敗之經

六・用 5/九惠～貞(真)

六・用 6/非人～龏(恭)

六・用 6/氒(厥)身～戔(衛)

六・用 20/隹(惟)善～善

六・天甲 12/～胃(謂)

七・凡甲 12/～古(故)

七・凡甲 16/～古(故)聖人尻〈凥—居〉於亓(其)所

七・凡甲 18/～胃(謂)少(小)敵(徹)

七・凡甲 19/～古(故)鼠(一)

七・凡甲 21/～古(故)又(有)鼠(一)

七・凡乙 11/～古(故)聖人尻〈凥—居〉於亓(其)所

七・吴 2/唯君～望

七・吴 2/若～

八・子 2/於～虐(乎)可(何)侍(待)

八・子 3/～嘼(戰)攻畜之也

八・成 8/～胃(謂)天子之正道

八・成 10/～胃(謂)六新(親)之約

八・成 13/～擂(讜?)之不果

八・成 14/夫頣(夏)曾(繒)～(氏)之道

八・成 14/～夫

八・成 15/～胃(謂)童(重)

八・王 3/～言既餌(聞)於衆巳(已)

八・志 1/～楚邦之弫(強)秎(梁)人

八・志 2/此～胃(謂)死皋(罪)

八・志 7/～則𦘔(盡)不𣪘(穀)之皋(罪)也

九・成甲 4/飤(食)是胠而弃

九・舉 15/於～甬(用)㺷女(安—焉)

九・邦 8/而并～二者㠯(以)邦君

九・卜 1/～胃(謂)閟(闢)

九・卜 1/～胃(謂)沓(沈)

九・卜 2/～胃(謂)狮

九・卜 3/～胃(謂)族

九・卜 4/～胃(謂)玕

九・卜 9/三族～妥(瘁)

韙(愇)

愇

二・民 10/燹(氣)志不～(違)

三・周 11/～(威)女(如),吉

八・李 2/～(違)與(於)佗(它)木

八・顔 5/～(回)既𦖞(聞)命矣

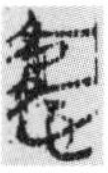
八・顔 10/～(回)既𦖞(聞)矣

辵　部

徒

四・曹 32/乃〔命〕白～

四・曹 58/衒(率)～以徒

四・曹 58/衒(率)徒以～

五・鮑 1/十月而～秎(梁)城(成)

五・君 10/☐昔者中尼䇹(箴)～三人

五・君 10/第～五人

五・君 10/芫𢿝(贅)之～

九・靈 2/命人毋敢～出

九・靈 2/虎晶(三)～出

 九・陳 1/吕(以)雚(觀)帀(師)～女(安—焉)

 九・陳 1/帀(師)～乃亂(亂)

 九・陳 11/命臣梘(相)執事人敳(整)帀(師)～

 九・陳 15/之帀(師)～乃出

 九・陳 17/檐(擔)～

 九・陳 17 州亓(其)～戔(衛)

 九・陳 18/～虖(甲)居逡(後)

 九・陳 18/則～虖(甲)進退

征

 三・周 13/～邦

 三・周 24/～凶

 三・周 43/～吉

 三・周 47/～吉

 三・周 47/～凶

 三・周 50 夫/～不逿(復)

 三・周 58/～凶

 三・周 13/可用行帀(師)～邦

 六・用 5/～虫飛鳥

 六・用 13/～民乃軸(由)

述

 一・性 8/道四～(术)也

 一・性 8/亓(其)三～(术)者

 二・容 34/～(遂)爯(稱)疾不出而死

 二・容 35/傑(桀)不～亓(其)先王之道

 二・容 37/～(遂)迷(弭)天下

 二・容 39/陞(徵)自戎～(遂)

 二・容 40/降自鳴攸(條)之～(遂)

 二・容 41/～(遂)逃迲(去)

 二・容 42/受(紂)不～亓(其)先王之道

 二・容 44/能～(遂)者述(遂)

 二・容 44/能述(遂)者～(遂)

 二・容 44/不能～(遂)者内(墜)而死

 三・亘 12/無不旻(得)亓(其)悪(極)而果～(遂)

三・彭 6/～(怵)惕之心不可長

五・季 4/⿱君子=(君子)龏(恭)勳(則)～(遂)

五・季 8/萦(葛)戱含(今)語肥也𠃧(以)凥(處)邦豪(家)之～(術)曰

五・三 15/百事不～(遂)

六・孔 11/亓(其)～(術)多方安

六・莊 4/戠(禦)於朸(棘)～(遂)

六・莊 6/忘夫朸(棘)～(遂)之下虖(乎)

八・子 2/～(遂)行

八・王 2/～日

九・靈 5/王牆(將)～(墜)邦弗能怴(止)

九・陳 7/～(遂)内(入)王奚(卒)

九・陳 14/～(遂)鼓乃行

九・邦 5/～(遂)迈(適)郢

過(辿)

辿

六・木 1/～(過)繡(申)

四・采 2/毋～(過)虗(吾)門

四・曹 52/必～(過)亓(其)所

四・曹 60/必～(過)歬(前)攻

五・弟 17/子～(過)𡟝(曹)口

五・三 5/大邦～(過)戕(傷)

五・三 8/宮室～(過)厇(度)

五・三 8/衣備(服)～(過)折(制)

一・緇 11/而貢(富)貴巳(已)～(過)

一・性 24/行之而不～(過)

三・周 56/弗遇～(過)之

一・性 32/不～(過)直(十)

進

二・昔 1/庶醋～

 二・容 48/三鼓(鼓)而～之

 四・昭 2/君之備不可㠯(以)～

 四・柬 11/大(太)宭(宰)～倉(答)

 四・柬 14/逧(返)～

 四・曹 24/～必又(有)二牆(將)軍

 四・曹 40/我君身～

 六・競 4/祝、史～

 六・孔 9/急(仁)爰急(仁)而～之

 六・孔 9/不急(仁)人弗㝵(得)～矣

 六・用 19/～退敎立

 七・鄭甲 6/夫=(大夫)皆～曰

 七・鄭甲 7/君王必～帀(師)㠯(以)迈(應)之

 七・鄭乙 6/夫=(大夫)皆～曰

 七・鄭乙 7/君王必～帀(師)㠯(以)迈(應)之

 八・顏 9/女(如)～者藋(勸)行

 八・成 12/㠯(以)～則𢓜(傷)女(安—焉)

 八・命 4/不再(稱)孯(賢)～可㠯(以)䛘(屏)楠(輔)我

 八・王 2/命(令)尹少～於此

 八・王 4/▨□壐能～後人

 九・陳 5/左右司馬～於牆(將)軍

 九・陳 7/不智(知)～帀(師)徒逊(極)於王所

 九・陳 13/鼓㠯(以)～之

 九・陳 18/則徒虖(甲)～

逾(逾、⿱俞夂)

逾

 六・莊 4/殹(抑)四航㠯(以)～虖(乎)

 六・莊 4/四航㠯(以)～

 七・武 2/～堂(堂)敚(階)

⿱俞夂

 六・競 1/～(逾)戢(歲)不已

六·競 2/～(逾)散(歲)不已

迮

五·競 3/行古～

五·競 3/雟(發)～者死

速(速、遬)

速

一·性 39/～

八·王 6/虐(吾)谷(欲)～

遬

四·柬 2/乘龜尹～(速)卜

四·柬 5/～(速)祭之

五·季 22/□威(滅)～(速)毋死(恒)

二·容 22/垔(禹)必～(速)出

二·容 32/曰悳(德)～(速)蓑(衰)

四·曹 44/亓(其)坴(去)之不～

七·吴 1/～莁

七·吴 7/毋敢又(有)遅(遲)～(速)之羿(期)

八·有 3/慮(慮)余子丌(其)～(速)倀(長)今

适

五·姑 7/伐厇逌～

逆

一·性 4/或～之

一·性 5/～眚(性)者

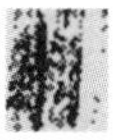
一·性 10/觀亓(其)先後而～訓(順)之

二·容 8/敓(説)故㠯(以)不～

二·容 21/朝不車～

二·容 52/或亦记(起)帀(師)㠯(以)～之

五·三 6/是胃(謂)反～

七·武 15/不～而訓(順)城(成)

七·吴 4/～裳(勞)

八・成 15/此六者皆～

九・靈 4/而～之京

九・陳 16/女(如)～閔

五・季 17/毋～百事

六・慎 1/～畬(友)㠯(以)載道

遇

二・魯 3/出～子贛(貢)曰

三・周 32/～宔(主)于衖(巷)

三・周 33/～元夫

三・周 34/～雨則吉

三・周 38/蜀(獨)行～雨

三・周 51/～丌(其)𡰥(夷)宔(主)

三・周 56/弗～乢(過)之

四・昭 6/大尹～之

四・昭 6/僕(僕)～腓

徙(逞)

逞

四・昭 5/王～(徙)凥(居)於坪(平)澫(厲)

迻

四・柬 12/夫唯母(毋)旟(旱)而百眚(姓)～(移)㠯(以)迲(去)邦豪(家)

䙴

三・中 8/夫民安舊而埅(重)～(遷)

遯

四・柬 14/大䆪(宰)～

還

四・曹 12/～年而翻(問)於敳(曹)敹(蔑—沫)曰

六・用 10/春秋～連(轉)

六・用 11/冒～乎(厥)辟

六・天甲 7/寡(顧)～身

六・天甲 7/寡(顧)～肩(脊—肩)

六 • 天甲 7/寡(顧)～…

六 • 天乙 6/寡(顧)～身

六 • 天乙 6/寡(顧)～胥(脊—肩)

六 • 天乙 7/寡(顧)～面

七 • 鄭甲 6/王廼(將)～

七 • 鄭甲 7/王安～軍㠯(以)迈(應)之

七 • 鄭乙 6/帀(師)未～

七 • 鄭乙 6/王廼(將)～

七 • 鄭乙 7/王安～軍㠯(以)迈(應)之

八 • 李 1/砎亓(其)不～可(兮)

九 • 邦 12/而邦人不爯(稱)～

送(迸、遾)

迸

五 • 季 5/百眚(姓)～(送)之㠯(以)□⊘

六 • 慎 5/～(遵)畎備(服)晦

遾

五 • 鬼 3/～(宋)丞(穆)公者

遣(𠳋、遣)

𠳋

一 • 性 27/凡身谷(欲)青(靜)而毋～(遣)

遣

九 • 靈 2/命之～(逝)

遲(迡、逹、徲)

迡

三 • 周 14/～(遲)又(有)悔

逹

七 • 吴 7/～(遲)速

徲

九 • 史 11/邦家㠯(以)徲～(遲)

逗

四・柬 15/龍(寵)臣皆～(屬)

四・柬 16/～(屬)者又(有)嘍(暍)人

違

五・三 8/是胃(謂)～章

六・競 12/～席曰

追

九・陳 16/女(如)御～

達

五・三 4/怟(偕)～之宋(次)

一・孔 19/木苽(瓜)又(有)寂(藏)忑(願)而未旻(得)～(達)也

七・凡甲 16/～見百里

七・凡乙 11/～見百里

八・成 12/～

八・蘭 2/浧(馨)訛(謐)迡而～餌(聞)于四方

二・民 2/必～(達)於豊(禮)線(樂)之纂(源)

九・舉 6/虗(吾)欲～中持(持)道

一・性 24/～(達)於宜(義)者也

六・用 10/胃(謂)地厚而不～

六・用 19/又(有)泯=(泯泯)之不～

適(適、啻)

適

九・卜 1/而它(他)方女(安—焉)～

啻

七・凡甲 5/亓(其)夬(慧)奚～(適)

七・凡乙 5/夬(慧)奚～(適)

九・卜 2/又(有)疾乃～(適)

逿

八・成 12/㠯(以)進則～(傷)女(安—焉)

九・邦 1/虐(吾)君～出

通(迵、迥)

迵

九・邦 9/今日～(通)

迥

二・容 5/又(有)吴～(通)

二・容 25/墨(禹)乃～(通)淮與忻(沂)

二・容 25/墨(禹)乃～(通)蔞與㚟(易)

二・容 26/墨(禹)乃～(通)三江五沽(湖)

二・容 26/墨(禹)乃～(通)豖(湯)、洛

二・容 27/墨(禹)乃～(通)涇與渭

二・容 32/㠯(以)譔(讓)於埊(來)亦～(通)

卉 2/血㷉(氣)不～

迷

二・容 37/述(遂)～(弭)天下

三・周 19/～

六・孔 22/虐(吾)子～〈悉〉言之

連

三・周 35/往訐(蹇)埊(來)～

四・柬 15/中余(舍)與五～少(小)子及龍(寵)臣皆逗(屬)

四・曹 32/戟(車)～(輦)皆栽(載)

七・武 9/亞(惡)危於忿～(戾)

九・邦 10/古(故)爲鄴(葉)～囂(敖)與鄰(蔡)樂尹

逑

二・民 11/日～(就)月相(將)

遺(遈)

遈

四・采 3/乂也～(遺)夬

五・季 9/孝＝(君子)弫(強)鼎(則)～(遺)

八・顔 7/則民莫～(遺)新(親)矣

八・命 2/先夫=(先大夫)之風(諷)～命

八・鶹 1/子～余婁(鶹)栗(鷅)今可(兮)

遂

五・三 22/之罡未可㠯(以)～

五・鬼 2/逡(後)殜(世)～(述)之

逃

二・從甲 8/罰則民～

二・容 40/傑(桀)乃～之鬲(歷)山是(氏)

二・容 40/傑(桀)乃～之南菓(巢)是(氏)

二・容 41/述(遂)～迲(去)

二・容 42/惻(賊)～(盜)

四・昭 6/～珤

四・昭 7/羿(樊—返)～珤

五・姑 5/唯(雖)死女(安—焉)～之

六・孔 5/上唯～

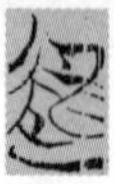
六・孔 12/亦㠯(以)亓(其)勿審二～(道)者㠯(以)觀於民

六・孔 21/～(道)亓(其)□

六・用 11/而亦不可～

逐(逐、达)

逐

二・從甲 3/誩(教)之㠯(以)型(刑)則～

五・季 19/毋□～

七・凡甲 7/系(奚)～

七・凡甲 8/～高從埤(卑)

七・凡乙 6/系(奚)～

七・凡乙 7/～高從埤(卑)

述

三・周 43/～(逐)悬(悔)又(有)悬(悔)

五・競 10/迿(驅)～(逐)畋鵵(弋)

近(近、⿱斤止)

近

二・從甲 13/不必才(在)～泥(昵)藥(樂)

三・中 20/三害(蓋)～敄(務)矣

五・競 7/～臣不訐(諫)

⿱斤止

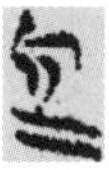
一・性 2/訂(始)者～(近)情

一・性 2/夂(終)者～(近)義

一・性 18/亓(其)眚(性)相～(近)也

一・性 34/唯眚(性)悉(愛)爲～(近)息(仁)

一・性 34/唯宜道爲～(近)中(忠)

一・性 25/上交～(近)事君

一・性 25/下交得衆～(近)從正(政)

一・性 25/攸(修)身～(近)至息(仁)

邇(迩)

迩

一・緇 22/此以～(邇)者不惑而遠者不忞(疑)

七・凡甲 9/至遠從～(邇)

七・凡乙 7/至遠從～(邇)

遠

一・孔 2/亓(其)思深而～

一・緇 22/而～者不忞(疑)

二・子 5/或㠯(以)旻(文)而～

二・從甲 10/誂則～戾

三・彭 6/～慮(慮)甬(用)素

四・采 3/道之～尔(邇)

四・内附簡/母(毋)忘姑姊妹而～敬之

五・競 7/～者不方(謗)

五・季 19/毋欽(欽—禁)遠

五・姑 7/～慮(慮)惷(圖)遂(後)

一・性 18/是古(故)丌(其)心不～

二・容 19/乃因迡吕(以)智(知)～

二・容 19/而～者自至

六・孔 12/唯(雖)又(有)謂(過)弗～

六・用 3/～君遠戻

六・用 3/遠君～戻

七・武 7/諫(鑒)不～

七・凡甲 9/至～從迩(邇)

七・凡甲 11/墬(地)筸(孰)～与(歟)

七・凡甲 13/～之矢

七・凡甲 23/母(毋)～悉(求)

七・凡乙 7/至(致)～從邇

七・凡乙 15/母(毋)～悉(求)厇(度)

八・顔 9/戔(賤)不梟(肖)而～之

八・顔 9/則丌(其)於教也不～矣

八・志 5/虗(吾)以爾爲～目耳

八・李 2/～亓(其)情

八・蘭 3/綽～行道

九・成甲 3/～(蔿)白(伯)珵(嬴)猶約(幼)

九・舉 21/～而方達

 九・邦 12/𠂤(以)鄴(葉)之～

遷(备)

备

 一・孔 21/《～(遷)丘》虐(吾)善之

 一・孔 22/《～(遷)丘》曰

 三・周 9/～(遷)箬(筮)

迪

 八・顏 7/或～而教之

迈

 四・柬 17/大穽(宰)～(迎)而胃(謂)之

 七・鄭甲 7/君王必進帀(師)𠂤(以)～(應)之

 七・鄭甲 7/王安還軍𠂤(以)～(應)之

 七・鄭乙 7/君王必進帀(師)𠂤(以)～(應)之

 七・鄭乙 7/王安還軍𠂤(以)～(應)之

道

 一・性 2/～钔(始)於情

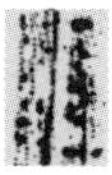 一・性 6/～也

 一・性 7/～也

 一・性 8/～四述(術)也

 一・性 8/唯人～爲可道也

 一・性 8/唯人道爲可～也

 一・性 8/～之而巳(已)

 一・性 11/亓(其)先後之舍(序)鼎(則)宜～也

 一・性 12/樂丌(其)～

 一・性 13/亓(其)钔(詞)宜～也

 一・性 23/又(有)～者也

 一・性 25/昏(聞)～反己

 一・性 24/智(知)～者〔也〕

 一・性 26/𠂤(以)～者也

 一・性 30/凡於～逄(路)毋愳(畏)

一・性 35/〔唯人〕～爲可道也

一・性 35/〔唯人〕道爲可～也

一・孔 23/以～交見善而斈(學)

二・子 7/～不奉盟(盟)

二・從甲 8/悬(威)則民不～

二・從甲 13/肰(然)句(後)能立～

二・從甲 17/人則啟～之

二・容 4/～逄(路)無殤死者

二・容 8/舜於是虖(乎)飤(始)語堯天隆(地)人民之～

二・容 35/傑(桀)不述亓(其)先王之～

二・容 42/受(紂)不述亓(其)先王之～

二・容 44/思(使)民～之

二・容 46/唯(雖)君亡(無)～

二・容 46/唯(雖)父亡(無)～

二・容 48/一人爲亡(無)～

二・容 49/智(知)天之～

二・容 50/含(今)受(紂)爲無～

二・容 53/受(紂)爲亡(無)～

三・周 17/又(有)孚才(在)～已明

三・中 3/又(有)臣蔓(萬)人～女(汝)

三・中 11/敢昏(問)～民興悳(德)女(如)可(何)

三・亘 9/天～既載

三・彭 1/皮(彼)天之～

三・彭 8/既旻(得)昏(聞)～

四・釆 3/～之遠尔(邇)

四・相 4/不昏(問)又(有)邦之～

四・相 4/而昏(問)楒(相)邦之～

四・曹 6/叟(鄰)邦之君亡～

四・曹 8/亦又(有)大～焉

四・曹 9/目(以)亡～再(稱)而叟(没)身邅(就)莣(死)

四・曹 10/㠯(以)亡～爯(稱)

四・曹 38/戰(戰)又(有)㬎(顯)～

四・曹 40/此戰(戰)之㬎(顯)～

四・曹 46/復(復)敗戰(戰)又(有)～虖

四・曹 50/復(復)盤戰(戰)又(有)～虖(乎)

四・曹 53/此復(復)盤戰(戰)之～

四・曹 53/復(復)甘戰(戰)又(有)～虖

四・曹 53/此復(復)甘戰(戰)之～

四・曹 54/復(復)故(苦)戰(戰)又(有)～虖(乎)

四・曹 55/此復(復)故(苦)戰(戰)之～

四・曹 64/此先王之至～

四・曹 64/而毋或(惑)者(諸)少(小)～與(歟)

五・競 6/公身爲亡(無)～

五・競 9/公身爲亡(無)～

五・季 4/民䁚(望)亓(丌)～而備(服)女(安—焉)

五・季 10/悬(愄)𠟭(則)民不～

五・姑 1/敕(厲)公亡(無)～

五・姑 7/亡(無)～正(政)也

五・弟 14/君子～朝(朝)

五・三 12/毋遊(失)亓(其)～

五・三 17/亘(恒)～必呈

六・孔 2/二～者

六・孔 4/息(仁)者是能行𦔻(聖)人之～

六・孔 4/行𦔻(聖)人之～

六・孔 5/是古(故)備(服)～之君子

六・孔 7/息(仁)人之～

六・孔 17/興～學

六・孔 23/君子又(有)～

六・孔 27/而民～之

六・慎 1/逆友以載～

六・慎 2/～莫夋(偏)干(焉)

六・慎 6/氏(是)吕(以)𡥈=(君子)向方智(知)～

六・用 19/民～紛(繁)多

六・天甲 10/才(在)～不語匿

六・天乙 9/才(在)～不語匿

七・武 1/不智(知)黄帝、耑(顓)瑄(頊)、尭(堯)、叁(舜)之～

七・武 3/～箸(書)之言

七・武 9/逵(失)～於脂(嗜)谷(欲)

七・武 11/而百殜(世)不遴(失)之～

七・武 11/亓(其)～可旻(得)

七・武 12/～則聖人之道

七・武 12/聖人之～

七・武 12/牆(將)～之

七・武 12/則弗～

七・凡甲 7/川(順)天之～

七・凡甲 14/戠(察)～

七・凡甲 22/戠(察)～

七・凡乙 6/川(順)天之～

七・凡乙 10/戠(察)～

七・吴 3/～吕(以)告吴

七・吴 4/型(刑)爲不～

七・吴 9/楚人爲不～

八・子 1/丌(其)一子～餓而死女(安—焉)

八・顔 1/敢䎽(問)君子之内事也又(有)～虐(乎)

八・顔 6/敢䎽(問)君子之内教也又(有)～虐(乎)

八・顔 7/～(導)之吕(以)僉(儉)

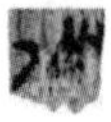
八・成 5/～☒

八 • 成 6/之正～也

八 • 成 6/青(請)齧(問)天子之正～

八 • 成 7/是胃(謂)天子之正～

八 • 成 11/外～之明者

八 • 成 12/～大才(在)宅(?)

八 • 成 14/夫顕(夏)曾(繒)是(氏)之～

八 • 成 14/可胃(謂)又(有)～虗(乎)

八 • 蘭 3/綽遠行～

八 • 蘭 5/天～其戉(越)也

九 • 舉 6/虛(吾)欲達中梼(持)～

九 • 舉 7/隹(惟)～又(有)所修

九 • 舉 8/……之～

九 • 舉 14/～又(有)要虐(乎)

九 • 舉 14/敬人而新(親)～

九 • 舉 17/～有戰(守)虐(乎)

九 • 舉 26/舜不割(遏)亓(其)～

九 • 舉 31/百汌(川)皆～(導)

九 • 舉 32/百汌(川)既～(導)

退

五 • 君 2/彥(顏)困(淵)～

六 • 競 3/二大=(大夫)～

六 • 競 9/公～武夫

六 • 用 19/進～敎立

八 • 顏 9/～者智(知)欽(禁)

九 • 陳 12/喬山㠯(以)～之

九 • 陳 18/則徒虖(甲)進～

九 • 舉 7/尚(嘗)～而思之

遉

三 • 周 24/曰～(顛)頤

 三・周 25/～(顛)頤

 七・鄭甲 4/～(顛)返(覆)天下之豊(禮)

 七・鄭乙 4/〔子〕豙(家)～(顛)返(覆)天下之豊(禮)

迓

 五・競 10/或(又)㠯(以)豎(豎)～(刁)弄(與)豙(易)酉(牙)爲相

 五・鮑 5/含(今)豎(豎)～(刁)佖(匹)夫

邊(鄸)

鄸

 四・曹 13/獸(獸)～城(城)系(奚)女

 七・鄭甲 1/～(邊)人埊(來)告

 七・鄭乙 1/～(邊)人埊(來)告

辻

 四・昭 3/～(卜)命(令)尹墬(陳)眚(省)爲貝(視)日

 四・昭 4/～(卜)命(令)尹不爲之告

 四・昭 4/～(卜)命(令)尹爲之告

 六・孔 22/暈(斯)不～

 八・王 7/乃命彭徒爲洛～(卜)尹

返

 四・曹 52/～(及)尔龜簹(筮)

迮

 五・姑 4/欲(欲)㠯(以)長建(建)宔君而～(御)難(難)

迲

 五・弟 5/可～(略)而告也

迗

 四・柬 2/夰(蓋)悉(儀)惫(愈)～(天)

役(设)

设

 二・容 3/思(使)～(役)百官而月青(請)之

 二・容 16/螴(癘)～(役—疫)不至

 六・孔 26/～(役)不奉 

 九・卜 6/殹酒(將)又(有)～(役)

迿

五・競 10/～驅迖(逐)畋繳(弋)

五・鮑 2/～佁者叓(使)

五・鮑 2/忘亓(其)～佁也

五・鮑 2/戛(寡)人牆(將)～佁

䢋

四・柬 16/䒶(發)駐(馹)～(蹠)四疆(疆)

四・昭 1/牆(將)～(蹠)閨

四・昭 5/卲(昭)王～(蹠)逃珤

六・木 1/競坪(平)王命王子木～(蹠)城父

六・木 3/臧(莊)王～(蹠)河雍之行

九・陳 1/王～(蹠)郘(固)之行

九・邦 4/牆(將)～(蹠)郢

九・邦 5/述(遂)～(蹠)郢臧(莊)王～河雍之行

迸

七・凡甲 14/箮(孰)颬飄而～之

七・凡乙 9/箮(孰)颬飄而～之

迧

一・緇 20/《君～(陳)》員(云)

一・緇 10/《君～(陳)》員(云)

𨑶

八・有 4/～(周)流天下含(今)可(兮)

𨘋

八・成 7/弗～(朝)而自至

𨑡(逕)

逕

四・柬 18/社稷(稷)㠯(以)～(坐)與(歟)

五・君 1/～(坐),虐(吾)語女(汝)

迡

二・從甲 13/不必才(在)近～(昵)藥(樂)

二・民 8/可(何)志(詩)是～

二・容 19/乃因～吕(以)暂(知)遠

八・蘭 2/浧(馨)訛(謐)～而達餌(聞)于四方

迼

二・昔 2/吕(以)告～(寺)人

逇

三・中 1/季～(桓)子㠯(使)中(仲)弓爲斁(宰)

选

三・周 18/～(先)甲晶(三)日

選

八・蘭 1/夬(決)迲(去)～勿(物)

逡

八・子 4/魯司寇(寇)奇(寄)詹(言)遊於～楚

迖

六・慎 6/䢜～爲民之古(故)

迬

四・柬 14/～(返)進

逌

四・曹 60/毋冒以～(陷)

逘

四・曹 27/毋罪百眚(姓)而攺(改)亓(其)～(將)

四・曹 32/亓(其)～(將)銜聿剔(傷)

四・曹 42/亓(其)～(將)𨓆(卑)

逗

五・鮑 4/篧(篤)～(歡)伓(倍)恧(願)

䢜

六・壽 5/君王～(遷)凥(處)

六・慎 6/～迖爲民之古(故)

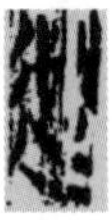
五・競 6/不～(踐)於善而敚(説)之

𨓆

四・曹 18/毋恧(愛)貨資子女吕(以)事其伎(便)～(嬖)

四・曹 42/亓(其)逘(將)～(卑)

遟

五·鮑 2/～亓(其)所吕(以)蓅(亡)

五·鮑 2/～亓(其)所吕(以)肙(衰)蓅(亡)

連

五·季 14/三代之～(傳)叓(史)

五·季 14/幾(豈)敢不吕(以)亓(其)先=(先人)之～(傳)等(志)告

六·用 10/春秋還～(轉)

进

五·季 15/肰(然)則民～不善

遊

五·君 6/凡目毋～

逌

四·采 4/䢵(嘉)賓～憙(憙—喜)

廼

二·民 8/～(夙)夜(夜)訔(基)命又(有)簪(密)

逌

五·姑 5/含(今)宔(主)君不～於虗(吾)

五·姑 7/伐厇(宅)～逜

遊

三·周 53/～(旅)

遳

一·孔 11/《鵲樔(巢)》之逯(歸)鼽(則)～者

一·孔 13/不亦又(有)～虎(乎)

一·孔 27/～丌(其)所忢(愛)

六·用 4/～相弋耕

遻

二·容 1/墟～是(氏)之又(有)天下也

二·容 9/～(畢)能亓(其)事

遊

五·三 5/邦～(失)旓(幹)棠(常)

邃

二・從乙 1/弇(掩)戒先～(匿)

二・從乙 6/不埅(武)皇(則)志不～(匿)

遆

二・魯 3/戱(毆—抑)虐(吾)子女～(重)命丌(其)與(皦)

五・君 2/～(動)而不義

五・君 2/身毋～(動)女(安—焉)

遈

五・三 4/是胃(謂)～(罪)

邍

二・容 7/衒(逵)天下之人～(就)弄(奉)而立之

四・曹 9/吕(以)亡(無)道爯(再)而叟(没)身～(就)莌(世)

四・曹 44/丌(其)～(就)之不専(迫)

四・曹 51/亡〈以〉盤(便)～(脩)行☐

五・弟 13/～(就)人

八・王 5/王～(就)之

八・王 6/王～(就)

送

九・成甲 1/子夐(文)～(總)帀(師)於敔(?)

九・成乙 1/君王命余～(總)帀(師)於敔(?)

邋

九・史 7/區(驅)軴(騁)畋～(獵)

彳 部

徑(俓、逕)

俓

六・用 4/悳(德)～于康

逕

六・競 12/神見虐(吾)～〈淫〉暴

復(逿、迲)

逿

三・周 19/辜(敦)～(復)

三・周 32/自～(復)

三・周 50/夫征不～(復)

三・中 22/上下相～(復)以忠

二・從乙 3/～(復)

三・周 5/～(復)即命愈(渝)

三・周 20/亓(其)非～(復)又(有)禬(眚)

三・周 37/丌(其)巠(來)～(復)

五・鮑 8/雩(雨)平(平)陀(地)至厀(膝)～(復)

四・曹 51/牆(將)～戰(戰)

二・容 28/～(覆)穀豢土

四・曹 29/毋～(復)弄棠(常)

四・曹 46/～(復)敗(敗)戰(戰)又(有)道虎(乎)

四・曹 50/～(復)盤(便)戰(戰)又(有)道虎(乎)

四・曹 50/既(既)戰(戰)～(復)豫(豫—舍)

四・曹 52/明日～(復)戦(陳)

四・曹 52/此～(復)盤(便)戰(戰)之道

四・曹 53/～(復)甘戰(戰)又(有)道虎(乎)

四・曹 53/此～(復)甘戰(戰)之道

四・曹 54/～(復)故(苦)戰(戰)又(有)道虎(乎)

四・曹 55/此～(復)故(苦)戰(戰)之道

五・三 7/必～(復)之目(以)惪(憂)喪(喪)

五・三 7/必～(復)之目(以)康

五・三 21/枸株～(覆)車

三・亘 3/～

三・亘 5/～(復)丌(其)所慾(欲)

三・亘 5/隹(惟)～(復)目(以)不灋(廢)

三・亘 12/丌(其)事無不～(復)

三・亘 9/隹(惟)～(復)目(以)猶返(復)

三・亘 9/隹(惟)返(復)目(以)猶～(復)

 一・性 10/肰(然)句(後)～(復)㠯(以)孝(教)

 一・性 16/丌(其)反善～(復)訂(始)也訢(慎)

 一・性 31/已鼎(則)勿～(復)言也

 五・弟 5/耆老不～(復)壯

 六・壽 4/王～(復)見奠(鄭)壽

 六・用 12/聶(攝)亓(其)睸(栝)而不可～(復)

 七・武 13/～(復)齎(問)

 七・凡甲 24/戩(察)困而～(復)

 七・凡甲 24/人死～(復)爲人

 七・凡甲 24/水～(復)於天

 七・凡乙 17/戩(察)困而～(復)

 七・凡乙 17/人死～(復)爲人

 七・凡乙 17/水～(復)於天

 七・鄭甲 4/遉(顛)～(覆)天下之豊(禮)

 七・鄭乙 4/〔子〕豙(家)遉(顛)～(覆)天下之豊(禮)

 九・陳 10/又～(復)於君王

 九・陳 10/陳公～(復)聖(聽)命於君王

 九・邦 3/稾(就)～(復)邦之逡(後)

 八・命 5/非而所㠯(以)～(復)

往(迬)

迬

 四・曹 55/思良車良士～(往)取之餌(耳)

 三・周 30/勿用又(有)卣(攸)～(往)

 三・周 34/～(往)

 三・周 35/～(往)訐(蹇)壅(來)譽

 三・周 35/～(往)訐(蹇)壅(來)反

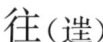

三・周 35/～(往)訐(蹇)逨(來)連

三・周 36/～(往)訐(蹇)逨(來)碩

三・周 40/又(有)卣(攸)～(往)

三・周 42/利又(有)卣(攸)～(往)

三・周 42/～(往)亡(無)咎

三・周 44/～(往)逨(來)菉(井)

三・周 20/不利又(有)卣(攸)～(往)

三・周 22/利又(有)卣(攸)～(往)

三・周 37/亡(無)所～(往)

三・周 37/又(有)卣(攸)～(往)

三・亘 1/又(有)訇(始)女(安—焉)有～(往)者

四・曹 60/一出言三晕(軍)皆～(往)

五・弟 19/子逄(路)～(往)虐(乎)

五・三 6/行～(往)視逨(來)

五・弟 19/子逄(路)～(往)

七・吴 9/自暑日㠯(以)～

八・子 3/□牆(將)女(安—焉)～(往)

九・舉 11/乃～(往)

九・舉 30/气(乞)女(安?)亓(其)～(往)疋(疏)沠(川)记(起)浴(谷)

復(退)

退

一・孔 3/多言難而悁(怨)～(懟)者也

二・容 48/三鼓(鼓)而～之

五・君 2/産(顔)困(淵)～

一・性 27/～谷(欲)繡(肅)而毋

二・昔 1/毋(母)俤(弟)弅(遜)～

五・姑 8/鑾(樂)箸(書)乃～

四・相 4/孔子～

四・曹 58/所㠯(以)爲毋～

八・顔 9/～者智(知)欽(禁)

後(遂、𨒥)

遂

 一・孔 2/多言～(後)

 二・從甲 17/～(後)人則奉相之

 二・容 12/不𠕋(以)亓(其)子爲～(後)

 二・容 12/而欲𠕋(以)爲～(後)

 二・容 17/不𠕋(以)亓(其)子爲～(後)

 三・周 9/～(後)夫凶

 三・周 18/～(後)甲晶(三)日

 三・中 4/▨叀(使)售(雍)也從於窜(宰)夫之～(後)

 五・鬼 2/～(後)殜(世)遂(述)之

 五・競 4/既祭之～(後)

 五・姑 5/虐(吾)䎽(聞)爲臣者必思(使)君㝵(得)志於㠯(己)而又(有)～(後)青(請)

 五・姑 7/遠慮(慮)煮(圖)～(後)

 二・容 17/而欲𠕋(以)爲～(後)

 二・容 33/不𠕋(以)丌(其)子爲～(後)

 二・容 34/而欲𠕋(以)爲～(後)

 三・亙 10/恾(妄)言之～(後)者季(效)比女(安—焉)

 四・曹 24/～(後)則見亡

 五・鮑 4/弗顥(顧)前～(後)

 五・季 1/肥從又(有)司之～(後)

 五・季 22/才(災)～(厚)

 五・鬼 6/業(蹼)～(後)𦗸□

 一・性 9/觀亓(其)先～(後)而逆訓(順)之

 一・性 11/亓(其)先～(後)之舍(序)鼎(則)宜道也

 一・性 31/樂事谷(欲)～(後)

 四・曹 30/三行之～(後)

 六・競 7/則忑(恐)～(後)敌(誅)於史者

 六・莊 2/～(後)之人

六・壽 6/～(後)之人可(何)若

六・用 5/貝(視)毒㒵(顧)～(後)

七・武 6/笞(席)～(後)左耑(端)曰

七・武 6/～(後)右耑(端)曰

七・武 7/必慮亓(其)～(後)

七・鄭甲 2/於含(今)而～(後)

七・鄭乙 2/於含(今)而～(後)

七・凡甲 1/奚～(後)之奚先

七・凡乙 1/奚～(後)之奚先

七・吴 5/㠯(以)此前～(後)之

八・王 4/□□廛能進～(後)人

八・志 7/～(後)舍勿肰(然)

八・王 6/命須～(後)詠(蔽)

八・蘭 4/絖～(後)其不長

九・陳 14/童(踵)之於～(後)

九・陳 15/牆(將)軍～(後)出女(安—焉)

九・陳 18/徒虖(甲)居～(後)

九・陳 20/偏申(陣)～(後)

九・陳 20/申(陳)～(後)若繩

夋

三・中 10/則民可～(後)

得(旻)

旻

一・緇 10/女(如)不我～(得)

二・從甲 3/是以～(得)掔(賢)士一人

二・從甲 10/信則～(得)衆

二・從甲 17/君子難～(得)而惕(易)史(使)也

二・從甲 18/是㠯(以)曰少(小)人惕(易)～(得)而難史(事)也

 二・容 5/各～(得)亓(其)殜(世)

 二・容 18/不～(得)巳(已)

 二・容 29/無求不～(得)

 二・容 37/羕(養)～(得)于民

 二・容 42/夫是㠯(以)～(得)衆而王天下

 二・容 52/而～(得)遊(失)行於民之㕗(厚)也

 三・周 14/大又(有)～(得)

 三・周 16/陵(隓—隨)求又(有)～(得)

 三・周 21/人之～(得)

 三・周 37/～(得)黄矢

 三・周 44/亡(無)桒(喪)亡(無)～(得)

 三・周 53/～(得)僮(童)僕(僕)之貞

 三・亘 12/無不～(得)亓(其)亟(極)而果述(遂)

 三・亘 13/～(得)之

 三・彭 8 既/～(得)昏(聞)道

 四・柬 8/虐(吾)所～(得)

 四・曹 7/君子～(得)之遊(失)之

 四・曹 8/必共(恭)䛇(儉)以～(得)之

 五・鮑 5/或(又)不～(得)見

 五・季 5/事皆～(得)亓(丌)舊(勸)而弜(強)之

 五・姑 3/於君狀(幸)則晉邦之社䄷(稷)可～(得)而事也

 五・姑 4/唯(雖)～(得)夋(免)而出

 五・姑 5/虐(吾)䎽(聞)爲臣者必思(使)君～(得)志於㠯(己)而又(有)逡(後)青(請)

 五・三 2/敬者～(得)之

 一・孔 7/～(得)唐(乎)

 一・孔 11/則智(知)不可～(得)也

 一・孔 13/可～(得)

 一・孔 16/虐(吾)以《蓋(葛)䩕(覃)》～(得)氏(祇)初之峕(詩)

 一・孔 19/《木苽(瓜)》又(有)寏(藏)忨(願)而未～(得)達也

 一・孔 20/虐(吾)㠯(以)《折(杕)杜》～(得)雀(爵)

 一・孔 24/虐(吾)㠯(以)《甘棠》～(得)宗寙(廟)之敬

一·孔 26/《陘(隰)又(有)長(萇)楚》～(得)而悬(悔)之也

一·性 25/下交～(得)衆丘(近)坐(從)正(政)

一·性 32/弗～(得)之矣

二·民 6/不可～(得)而䎽(聞)也

二·民 7/不可～(得)而見(見)也

二·民 7/而～(得)既塞於四海矣

二·民 10/可～(得)而䎽(聞)㝬(歟)

二·民 12/屯(純)～(得)同(孔)明

二·民 13/㚲(氣)〔志〕既～(得)

二·子 1/可(何)古(故)㠯(以)～(得)爲帝

二·子 6/史(使)皆～(得)丌(其)社禝百眚(姓)而奉守之

二·子 6/堯之～(得)舜也

二·子 11/觀於伊而～(得)之

四·昭 4/㠯(以)僕(僕)之不～(得)

四·曹 10/害又弗～(得)

五·競 4/含(今)此祭之～(得)福者也

五·競 8/含(今)内之不～(得)百生(姓)

一·孔 9/丌(其)～(得)录(禄)蔑畺(疆)矣

六·競 6/～(得)萬(萬)福安(焉)

六·競 12/則未～(得)與昏(聞)

六·孔 2/可～(得)䎽(聞)㝬(歟)

六·孔 9/不悬(仁)人弗～(得)進矣

六·孔 9/詒～(得)不可人而與

六·壽 6/女(如)我～(得)免

六·木 4/王子不～(得)君楚邦

六·木 4/或(又)不～(得)

六·慎 4/～(得)甬(用)於殜(世)

六·用 1/参(三)節之未～(得)

六・用 8/而莫之能～(得)

六・天甲 5/信文～(得)事

六・天甲 5/信武～(得)田

六・天甲 5/月=(日月)～(得)亓(其)甫(輔)

六・天乙 4/信文～(得)事

六・天乙 4/信武～(得)田

七・武 1/不可～(得)

七・武 4/⿱身心(仁)㠯(以)～(得)之

七・武 5/～(得)之

七・武 5/～(得)之

七・武 10/立(位)難～(得)而惕(易)逹(失)

七・武 10/士難～(得)而惕(易)箠

七・武 11/丌(其)道可～(得)

七・凡甲 1/奚～(得)而城(成)

七・凡甲 1/奚～(得)而不死

七・凡甲 2/奚～(得)而固

七・凡甲 2/奚～(得)而不危

七・凡甲 2/奚～(得)而生

七・凡甲 3/正又(有)～(得)而城(成)

七・凡甲 7/虐(吾)欲～(得)百眚(姓)之和

七・凡甲 8/敬天之盟(盟—明)奚～(得)

七・凡甲 12/土奚～(得)而坪(平)

七・凡甲 12/水奚～(得)而清

七・凡甲 12/卉(草)木奚～(得)而生

七・凡甲 13/卉(草)木～(得)之㠯(以)生

七・凡甲 13/含(禽)獸～(得)之目(以)鳴

七・凡甲 13/含(禽)獸奚～(得)而鳴

七・凡甲 17/～(得)鼠一(一)而思之

七・凡甲 23/～(得)鼠一(一)〔而〕

七・凡甲 28/～(得)而解之

七・凡乙 1/奚～(得)而城(成)

七・凡乙 1/奚～(得)而不死

七・凡乙 2/奚～(得)而固

七・凡乙 2/奚～(得)而不厌(危)

七・凡乙 2/奚～(得)而生

七・凡乙 2/又(有)～(得)而城(成)

七・凡乙 9/奚～(得)而清

七・凡乙 9 卉(草)木奚～(得)而生

七・凡乙 9/含(禽)獸奚～(得)而鳴

七・凡乙 12/～(得)鼠一(一)而思之

七・凡乙 16/～(得)鼠一(一)而煮(圖)之

七・凡乙 21/～(得)而解之

八・顏 8/☐而～(得)之

八・顏 11/所目(以)～(得)青(情)

八・顏 14/而母(毋)谷(欲)～(得)厶(安—焉)

八・命 2/儯(僕)既～(得)辱貝(視)日之廷

八・志 6/～(得)忧(尤)於邦多巳(已)

九・靈 3/～(得)此車

九・靈 5/女(汝)蜀(獨)亡(無)～(得)

九・靈 5/而或欲～(得)厶(安—焉)

 九・陳 3/女(安—焉)～(得)亓(其)黬(猿)羿(旗)

 九・陳 10/乃各～(得)亓(其)行

 九・舉 5/～(得)上(尚)父

 九・舉 6/昔𢦔(我)～(得)中

 九・舉 7/莫之能～(得)

 九・邦 5/不～(得)王

 九・邦 5/未～(得)王

 九・邦 9/～(得)爲備(服)出

 九・邦 9/或～(得)之

 九・史 4/詞(始)～(得)可人而与(舉)之

 九・史 11/百生(姓)～(得)亓(其)利

御(御、馭)

御

 一・孔 22/吕(以)～𤔔(亂)

 一・緇 12/毋吕(以)辟(嬖)～𦘕(疾)妝(莊)后

 三・周 1/利～(禦)寇(寇)

 三・周 4/不出～事

 九・陳 16/女(如)～追

 五・姑 4/欲吕(以)長𦘔(建)宔(主)君而～(御)難

馭

 四・昭 6/龏(龔)之腓～(馭)王

 五・弟 20/困(淵)～(御)

 四・曹 42/由邦～(御)之

 九・靈 3/或(又)不能～(御)之吕(以)遈(歸)

徑(徑、逕)

徑

 二・容 18/墨(禹)乃因山陵坪(平)～(隰)之可坓(封)邑者而緐(繁)實之

逕

 六・用 10/之～

徬

 五・弟 4/子曰：～(偃)

廴　部

廷

二・容 22/𡐦(禹)乃𦘔(建)鼓(鼓)於～

三・周 48/行丌(其)～

四・昭 1/殜(喪)備(服)曼(絻)～

四・柬 17/复(作)色而言於～

五・姑 9/不思(使)從己立(莅)於～

五・姑 9/梏者(諸)～

八・命 3/僕(僕)既旻(得)辱貝(視)日之～

建(建、𦘔)

建

三・周 14/利～医(侯)行帀(師)

𦘔

二・容 22/𡐦(禹)乃～(建)鼓(鼓)於廷

五・競 1 背/競～(建)内(納)之

五・三 6/～(建)五官弗散(措)

五・姑 4/欲㠯(以)長～(建)宔(主)君而迕(御)難

六・用 18/～(建)嗀之政

六・天甲 1/天子～(建)之㠯(以)州

六・天甲 1/邦君～(建)之㠯(以)坨

六・天甲 1/夫=(大夫)～(建)之㠯(以)里

六・天甲 1/士～(建)之㠯(以)室

六・天乙 1/凡天子～(建)之㠯(以)州

六・天乙 1/邦君～(建)之㠯(以)坨

六・天乙 1/夫=(大夫)～(建)之㠯(以)里

六・天乙 1/士～(建)之㠯(以)室

九・舉 24/戢(歲)～(建)□

九・舉 34/前行～(建)社(功)

廴　部

延

六・天乙 8/天子四辟～(筵)箬(席)

行　部

行

一・孔 1/～此者

一・緇 7/則民至(致)～己㠯(以)兑(悦)上

一・緇 7/又(有)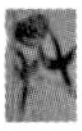(覺)悳(德)～

一・緇 8/而從丌(其)所～

一・緇 14/正(政)之不～

一・緇 16/可言不可～

一・緇 16/可～不可言

一・緇 16/君子弗～

一・緇 16/則民言不舍(危)～

一・緇 17/～則旨(稽)丌(其)所蔽(敝)

一・緇 17/則民訢(慎)於言而歎(謹)於～

一・緇 17/言率～之

一・緇 17/則～不可匿

一・緇 17/古(故)君子寡(顧)言而～

一・緇 19/～又(有)陸(格)

一・緇 19/陸(略)而～之

一・緇 21/皀(示)我周～

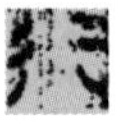
一・性 1/寺(待)兑(悦)而句(後)～

一・性 24/～之而不怹(過)

二・從甲 16/㠯(以)軝(犯)賡慦(犯)見不訓(順)～㠯(以)出之

二・從甲 18/～才(在)己而名才(在)人

二・從甲 19/～險至(致)命

二・從乙 5/是古(故)君子勥(強)～㠯(以)時(待)名之至也

二・容 8/敓(說)柬(簡)㠯(以)～

二・容 14/堯䎽(聞)之而敚(美)亓(其)～

二·容 16/祆(妖)羕(祥)不～

二·容 19/迲(去)蟲(苛)而～柬(簡)

二·容 21/蚃(禹)肰(然)句(後)鈶(始)～㠯(以)僉(儉)

二·容 32/女(安—焉)㠯(以)～正(政)

二·民 2/㠯(以)～三亡(無)

二·從甲 2/～之㠯(以)豊(禮)也

二·從甲 7/不𢘇(仁)則亡(無)㠯(以)～正(政)

二·從甲 7/時(持)～見(視)上衣飤(食)

二·從甲 11/見善～

二·從甲 11/可言而不可～

二·從甲 11/可～而不可言

二·從甲 11/君子不～

二·從甲 12/𦎫(敦)～不倦(倦)

二·容 32/於是於(乎)鈶(治)籊(爵)而～录(禄)

二·容 47/文王於是虖(乎)素耑(端)𧝓裳㠯(以)～九邦

二·容 52/而得遊(失)～於民之辰(辰)也

三·周 13/可用～帀(師)

三·周 14/利聿(建)矦(侯)～帀(師)

三·周 21/～又(有)禬(眚)

三·周 38/蜀(獨)～遇雨

三·周 38/丌(其)～緀(次)疋(且)

三·周 39/中～亡(無)咎

三·周 41/丌(其)～緀(次)疋(且)

三·周 48/～丌(其)廷

三·中 5/㠯(以)～壴(矣)

三·中 14/㬍(早)叓(使)不～

三·中 23/夫～

三·亘 2/又(有)乍(作)～

三·亘 4/生之生～

三·亘 5/明=(明明)天～

三·彭 1/臣可(何)埶(藝)可(何)～

三·彭 6/□□之𢘽(謀)不可～

四·内 8/～不頌

四·内 8/～祝於五祀

四·曹 24/凡貴人囟(使)尻(處)前立(位)一～

 四・曹 30/思(使)爲前～

 四・曹 30/三～之後

 四・曹 31/命之毋～

 四・曹 31/思爲前～

 四・曹 32/曰牆(將)纍～

 四・曹 38/犇(奔)則不～

 四・曹 43/～阪淒(濟)墮(障)

 四・曹 51/亡〈以〉盤(便)遼(脩)～

 五・競 3/女(安—焉)命～先王之灋(法)

 五・競 3/～古复(作)

 五・競 3/弗～者死

 五・季 3/而墨(塵—展)亓(丌)～

 五・季 7/目(以)斤(謹)孝=(君子)之～也

 五・季 13/先=(先人)之所貞(使)而～之

 五・季 17/皆青(請)～之

 五・姑 1/～正(政)諭(訊)弫(強)

 五・姑 7/虐(吾)稸(直)立經(徑)～

 五・君 3/欲～之不能

 五・君 7/～毋埅(蹶)

 五・弟 12/求爲之～

 五・弟 12/言～相悉(近)

 五・三 6/～進(往)視逨(來)

 五・鬼 8/而志～曑(顯)明

 六・競 4/王命屈木昏(問)軋(范)武子之～安(焉)

 六・競 9/明悳(德)觀～

 六・孔 4/急(仁)者是能～耶(聖)人之道

 六・孔 4/～耶(聖)人之道

 六・孔 5/君子～

 六・孔 6/亓(其)～

 六・孔 14/民之～也

 六・孔 15/智不～昊(矣)

 六・孔 18/～年

六・孔 18/亓(其)～板恭哀與

六・木 3/莊王迈(蹠)河澭(雍)之～

六・用 4/五井(刑)不～

六・用 11/朁(僭)～冒還

六・用 12/則～口

六・天甲 6/洛尹～身和二

六・天甲 6/～㠯(以)

六・天甲 9/事鬼則～敬

六・天甲 12/時言而殜(世)～

六・天甲 13/弫(剛)～

六・天乙 5/洛尹～身和二

六・天乙 6/～㠯(以)興

六・天乙 8/事鬼則～敬

七・武 3/西面而～

七・武 6/毋～可㥪(悔)

七・君甲 8/戊～年卆=(七十)矣

七・君乙 8/戊～年卆=(七十)矣

七・吴 4/叡(且)青(請)丌(其)～

八・子 2/𢼸(偃)也攸(修)丌(其)悳(德)～

八・子 2/述(遂)～

八・顏 4/俑(庸)～之敬

八・顏 9/女(如)進者雚(勸)～

八・顏 13/⧄𢍏(素?)～而信

八・成 1/西～弗𧻚(來)

八・命 9/皆亡  女(安—焉)而～之

八・蘭 3/綽遠～道

九・成甲 1/城(成)王爲成(城)僕(濮)之～

九・成甲 2/㠯(以)亓(其)善～帀(師)

九・陳 1/王迈(蹠)郘(固)之～

九・陳 7/不智(知)亓(其)啟𠳋(卒)夌(凌)～

九・陳 10/乃各旻(得)亓(其)～

 九・陳 14/三鼓乃～

 九・陳 14/述(遂)鼓乃～

 九・陳 16/名之曰穿(掩)～

 九・舉 17/敀～五厇(度)

 九・舉 17/湯～三记(起)

 九・舉 19/葡(服)日～

 九・舉 21/□日～

 九・舉 21/日～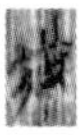虐(乎)

 九・舉 21/此日～也

 九・舉 21/～四

 九・舉 34/生～裟(勞)民

 九・舉 34/死～不祭

 九・舉 34/莾～書(建)社(功)

 九・舉 34/中～固同

 九・舉 34 終～不

 九・史 11/子之史(事)不～

 卉 2/设(役)敢氶(承)～

衛(衜)

衜

 一・孔 27/七(蟋)～(蟀)

 二・容 7/～(率)天下之人遼(就)奉而立之

 三・周 8/長子～(率)帀(師)

 四・曹 22/君自～(率)

 四・曹 25/凡又(有)司～(率)倀(長)

 四・曹 27/君女(如)親(親)～(率)

 四・曹 28/三簞(軍)又(有)～(帅)

 四・曹 32/亓(其)逄(將)～(帅)聿(盡)剔(傷)

 四・曹 33/辟(親)～(率)雾(勝)叏(使)人

 四・曹 36/思(使)～(帥)

 四・曹 38/古(故)～(帥)不可思(使)牪

 四・曹 58/～(率)車吕(以)車

 四・曹 58/～(率)徒吕(以)徒

五・姑 10/弜(強)門夫=(大夫)～(率)吕(以)睪(釋)長魚矯

九・陳 11/輊～(率)輊(萃)

衛(躗)

躗

二・容 31/吕(以)～(衛)於溪浴(谷)

八・子 2/至宋～(衛)之刎(閒)

衜

三・周 49/劂(列)丌(其)～(夤)

齒　部

齒

六・用 6/脣亡～倉

八・子 1/虞(吾)子～年長壴(喜—矣)

牙　部

牙(𤘐)

𤘐

三・周 23/芬(豶)豕之～(牙)

五・競 10/或(又)吕(以)豈(豎)逜(刁)舁(與)汯(易)～𤘐(牙)爲相

五・競 1/級(隰)倗(朋)與鞋(鞄—鮑)弔(叔)～(牙)從

五・競 1/鞋(鞄—鮑)弔(叔)～(牙)畣(答)曰

五・競 5/鞋(鞄—鮑)弔(叔)～(牙)畣(答)曰

五・競 6/鞋(鞄—鮑)弔(叔)～(牙)

五・競 9/级(隰)倗(朋)舁(與)鞋(鞄—鮑)弔(叔)～(牙)皆拜

五・鮑 6/惕(易)～(牙)

五・鮑 7/鞋(鞄—鮑)弔(叔)～(牙)畣(答)曰

五・鮑 9/鞋(鞄—鮑)弔(叔)～(牙)與級(隰)倗(朋)之諫

一・緇 6/君～(牙—雅)員(云)

足　部

足

一・緇 11/則忠敬不～

二・子 9/而丌(其)父戔(賤)而不～爯(稱)也與(歟)

 二・從甲 14/又(有)所不～而不敢弗

 二・容 38 不量丌(其)力之不～

 三・周 48/艮丌(其)～

 三・中 15/～㠯(以)季(教)壴(矣)

 四・曹 15/亓(其)食～㠯(以)食之

 四・曹 15/亓(其)兵～㠯(以)利之

 四・曹 16/亓(其)城固～㠯(以)戟(捍)之

 四・曹 34/又(有)智(知)不～

 四・曹 49/此三者～㠯(以)戰(戰)虐(乎)

 五・弟 13/君子亡(無)所不～

 五・君 7/～毋攴(蹁)

 五・鬼 5/又(有)～不迎(趨)

 五・鬼 6/又(有)～而☐

 一・性 39/弗杈(輔)不～

 五・三 17/智(知)天～㠯(以)川(順)時

 五・三 17/智(知)地～㠯(以)古(固)材

 五・三 17/智(知)人～㠯(以)會新(親)

 六・孔 20/未～

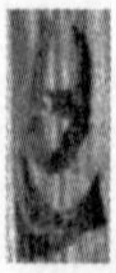 七・凡甲 9/～牆(將)至千里

 七・凡乙 7/～牆(將)至千里

 八・顔 7/則民智(知)～矣

 八・顔 12/录(禄)不～則青(請)

 八・顔 12/录(禄)不～則青(請)

 卉 2/昔(措)～安(焉)窶(奠)

跛(瘧)

瘧

 二・容 2/～(跛)皇(躃)獸(獸—守)門

路(洛)

洛

 一・性 30/凡於道～(路)毋愄(畏)

 二・魯 3/而(爾)昏(聞)巷～(路)之言

 二・容 4/道～(路)無殤死者

 五・鮑 1/九月敘(除)～(路)

 六・壽 4/居(據)～(路)㠯(以)須

踐(戔)

戔

 七・吴 8/～墮(履)陳(陳)墜(地)

 九・卜 8/亓(其)～(殘)于百邦

跪(㞷、徙)

㞷

 七・武 9/亞(惡)～(危)於忿連(戾)

徙

 九・陳 13/鍨=(金鐸)㠯(以)～(跪)

疋 部

疋

 一・孔 10/《閘(關)～(雎)》之改

 一・孔 10/《閘(關)～(雎)》

 一・孔 11/《閘(關)～(雎)》之改

 二・容 1/茖(赫)～(胥)是(氏)

 二・容 15/手～(足)□(胼)〔胝〕

 三・周 38/丌(其)行緀(萋)～(且)

 三・周 41/丌(其)行緀(萋)～(且)

 四・采 1/～(糈)月

 五・季 11/古(故)女(如)虗(吾)子之～(疏)肥也

 五・季 19/～(疏)言而簪(密)獸(獸一守)之

 五・鬼 3/返(及)五(伍)子～(胥)者

 六・用 2/柬=(簡簡)～=(疏疏)

 六・用 3/少～(疏)於斅(穀)

 九・舉 30/气(乞)女亓(其)迲(往)～(疏)洲(川)记(起)浴(谷)

 九・舉 30/墨(禹)～(疏)江爲三

 九・舉 30/～(疏)河爲九

 九・舉 33/深俊(陟)固～(疏)

品 部

品

 六・孔 3/～勿(物)

 六・孔 24/～勿(物)備矣

喿

 八・顔 9/戔(賤)不～(肖)而遠之

 八・李 1/～〈葉〉亓(其)方茖(落)可(兮)

册　部

嗣(䎁)

䎁

五・鮑 1/乃命百又(有)～(司)曰

五・鮑 3/乃命又(有)～(司)箸(著)集(籍)浮(簿)

五・鮑 7/又(有)～(司)祭備(服)毋紋(黼)

卷　三

㗊　部

囂

一・孔 21/《贓(將)大車》之～也

五・三 5/民乃～(夭)死

五・三 16/四方巹(來)～

九・邦 10/古(故)爲鄴(葉)連～(敖)與鄰(蔡)樂尹

嚻

七・君甲 7/人目(以)君王爲所目(以)～(傲)

七・君乙 7/人目(以)君王爲所目(以)～(傲)

器

二・從甲 17/～之

五・鮑 3/～必蜀(斸)悊(潔)

五・鮑 3/毋内(入)錢(殘)～

九・靈 1/取郄(蔡)之～

九・靈 3/不能目(以)它～

舌　部

舌(肎、舵)

肎

三・周 27/欽(咸)頌(輔)夾(頰)～(舌)

六・用 10/而莫執朕～(舌)

卉 2/矦(喉)～宧(堵)賽(塞)

舵

六・用 12/～(舌)非考(巧)夌(免)

干　部

干

二・容 26/並里(灑)～(澗)

六・慎 2/…～

六・慎 2/道莫夋(鞭—偏)～(焉)

六・慎 2/莫夋(鞭—偏)～(焉)

屰

八・顔 13/□～行而信

只　部

只

三・彭 4/既～(躋)於天

五・鬼 2 背/而受(紂)首(首)於～(岐)袿(社)

商　部

商

四・采 2/～

四・采 2/趣～

四・采 2/訐(衍)～

二・民 8/～也

句　部

句

一・孔 20/丌(其)言又(有)所載而～(後)内(納)

一・孔 20/或𦣞(前)之而～(後)交

一・孔 24/～(后)稷之見貴也

一・緇 20/～(苟)又(有)車

一・緇 20/～(苟)又(有)衣

一・性 1/寺(待)勿(物)而～(後)乍(作)

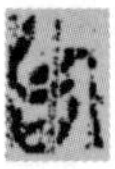
一・性 1/寺(待)兑(悦)而～(後)行

一・性 1/寺(待)習而～(後)奠(奠)

一・性 10/肰(然)～(後)复(復)㠯(以)季(教)

一・性 14/肰(然)～(後)亓(其)内(入)臬(拔)人之心也敂(厚)

一·性 19/凡憂思而～(後)悲

一·性 20/〔凡〕樂思而～(後)忻

一·性 31/～(苟)毋害

二·子 12/～(后)稷之母

二·子 13/是～(后)稷之母也

二·從甲 13/肰(然)～(後)能立道

二·昔 1/肰(然)～(後)並聖(聽)之

二·容 18/肰(然)～(後)敢受之

二·容 20/墨(禹)肰(然)～(後)訂(始)爲之啓(號)羿(旗)

二·容 21/墨(禹)肰(然)～(後)訂(始)行吕(以)僉(儉)

二·容 28/乃立～(后)褄(稷)吕(以)爲綎

二·容 28/～(后)褄(稷)既巳(已)受命

二·容 39/肰(然)～(後)從而攻之

三·彭 1/～(耇)是(氏)執心不忘

四·内附簡/肰(然)～(後)弄(奉)之吕(以)中章(墉)

四·曹 30/～(苟)見耑(短)兵

四·曹 55/肰(然)～(後)改訂(始)

五·季 22/～(苟)能固(固)戰(獸—守)☐

五·姑 7/～(苟)義毋售(久)

五·弟 12/肰(然)～(後)君子

五·三 1/卉(草)木須時而～(後)奮

五·三 10/皇～(后)曰立

五·三 19/而～(后)帝之所憎

一·孔 6/二～(后)受之

六·孔 15/～(叩)拜四方之立(位)吕(以)童(動)

九·卜 6/˙(兆)唯(雖)记(起)～(鉤)

九·卜 8/三族～(鉤)

卉 2/皇～又(有)命

鉤

一·性 3/弗～(扣)不鼽(鳴)

⿱吅句

五·季 18/氏(是)古(故)臤(賢)人大於邦而又(有)～(劬)心

丩　部

丩

九・舉 31/百～旨(指)

古　部

古

一・緇 13/～(故)慈以忢(愛)之

一・緇 19/～(故)君子多餌(聞)

一・性 5/～(故)也

一・性 7/有爲也〔者〕之胃(謂)～(故)

一・性 17/凡～樂龏心

一・性 18/是～(故)亓(其)心不遠

一・性 26/吕(以)～(故)者也

二・從甲 4/是～(故)君子斳(慎)言而不斳(慎)事

二・從甲 12/是～(故)

二・容 3/～(故)堂(當)是時也

二・容 43/～(故)曰

三・周 35/非今之～(故)

三・彭 4/～(故)君之忎(愿)

四・昭 5/尔～(姑)須既袼(落)

四・柬 5/楚邦又(有)祟(常)～(故)

四・柬 6/不敢吕(以)君王之身弁(變)亂禮(鬼)神之祟(常)～(故)

四・柬 21/又(有)～(故)虐(乎)

四・柬 21/不吕(以)丌(其)身弁(變)贅(釐)尹之祟(常)～(故)

四・内 1/～(故)爲人君者

四・内 2/～(故)爲人臣者

四・内 2/～(故)爲人父者

四・内 3/～(故)爲人子者

四・内 4/～(故)爲人侃(兄)者

四・内 4/～(故)爲人俤(弟)者

四・内 7/～(故)父毋(母)安

四・内 10/～(故)爲尐(少)必聖(聽)長之命

四・相 1/～(故)此事

四・曹 7/臣是～(故)不敢吕(以)古(故)倉(答)

 四・曹 7/臣是古(故)不敢㠯(以)～(故)酓(答)

 四・曹 7/肰(然)而～亦又(有)大道女(安—焉)

 四・曹 19/是～(故)夫戦(陳)者

 四・曹 28/是～(故)倀(長)不可不慙(慎)

 四・曹 38/～(故)銜(帥)不可思牂

 四・曹 44/是～(故)矣(疑)戦(陳)敗

 四・曹 65/今與～亦多不同矣

 五・競 3/癹(發)～簷(慮)

 五・競 3/行～复(作)

 五・季 3/是～(故)君子玉亓(其)言

 五・季 10/是～(故)臤(賢)人之居邦冡(家)也

 五・季 11/氏(是)～(故)夫敀(迫)邦甚難

 五・季 11/～(故)女(如)虐(吾)子之疋(疏)肥也

 五・季 13/～(故)子㠯(以)此言爲系(奚)女(如)

 五・季 14/～之爲邦者必㠯(以)此

 五・季 17/因～(故)葙(典)豊(禮)而章(彰)之

 五・季 18/氏(是)～(故)臤(賢)人大於邦而又(有)咠(劬)心

 五・姑 5/～(故)而反亞(惡)之

 五・三 5/～(故)棠(常)不利

 五・三 10/毋焚(煩)～(姑)謱(嫂?)

 五・鬼 4/則必又(有)～(故)

 五・鬼 4/啻(意)亓(其)力～(固)不能至(致)女(安—焉)虐(乎)

 五・鬼 4/虐(吾)～(故)

 一・孔 9/巽(洵)夏(顧)悳(德)～(故)也

 一・孔 9/則困天〈而〉谷(欲)反丌(其)～(故)也

 一・孔 16/思～(故)人也

 一・孔 16/民眚(性)～(固)肰(然)

 一・孔 20/民眚(性)～(固)肰(然)

 一・孔 24/㠯(以)□□之～(故)也

 一・孔 24/民眚(性)～(固)肰(然)

 二・子 1/可(何)～(故)㠯(以)旻(得)爲帝

 二・子 1/～(故)能絧(治)天下

二・子 6/～(故)讓之

二・子 8/～(故)夫舜之悳(德)丌(其)城(誠)臤(賢)矣

三・中 9/是～(故)又(有)司不可不先也

一・緇 5/～(故)心以僼(體)廌(廢)

一・緇 17/～(故)言則慮丌(其)所夂(終)

五・三 17/智(知)地足㠯(以)～(固)材

一・緇 6/～(故)長民者章(彰)志㠯(以)卲(昭)百眚(姓)

一・緇 12/～(故)君不與少(小)悔(謀)大

一・緇 15/～(故)上不可㠯(以)埶(褻)型(刑)而翌(輕)爵(爵)

一・緇 17/～(故)君子寡(顧)言而行

一・緇 22/～(故)君子之春(友)也又(有)萫(香)

六・競 7/～(故)丌(其)祝史裚(製)蔑(篾)耑折

六・競 10/自～(姑)蚤(尤)㠯(以)西

六・競 11/～(故)死丌(期)牆(將)至

六・孔 5/是～(故)魚(吾)道之

六・孔 7/～(故)牆(將)㠯(以)告

六・慎 3/～(故)曰青

六・慎 5/～(故)曰弝(強)

六・慎 6/逯迲爲民之～(故)

六・天甲 4/～(故)亡豊(禮)大灋(廢)

六・天甲 11/～(故)龜又(有)五忌(期—忌)

六・天甲 12/～(故)見傷而爲之哲

六・天乙 3/～亡(無)豊(禮)大灋

六・天乙 11/～(故)龜又(有)五忌(期—忌)

六・天乙 11/～(故)見傷而爲之哲

九・陳 12/陳公性(狂)安(焉?)巽(選?)楚邦之～(故)

九・邦 2/是～(故)弗智(知)也

九・邦 10/～(故)爲鄴(葉)連囂(敖)與鄰(蔡)樂尹

九・史 1/～(故)齊邦敝(敝)史(吏)之子也

九・史 4/～香(教)於詞(始?)虐(乎)才(哉)

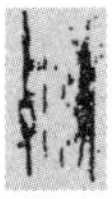
九・舉 4/～(故)齊邦甾(敝)史(吏)之子也

九・舉 28/～舎(教)於詞(始?)虐(乎)才(哉)

卉 2/民～弗敬

十　部

十

一・孔 8/～月

二・從甲 5/敘(除)～惋(怨)

二・從乙 1/～曰口惠而不係

二・容 39/秖(積)三～𡰥(年)而能之

五・君 11/夫子紿(治)～室之邑亦樂

二・容 5/坒(匡)天下之正(政)～又(有)九年而王天下

二・容 14/堯於是虐(乎)爲車～又(有)五乘

二・容 35/〔啟〕王天下～又(有)六年(世)而傑(桀)笅(作)

三・周 24/～年勿用

五・鮑 1/～月而徒秎(梁)城(成)

五・三 12/～室之佸(聚)

七・武 5/亓(其)篂(運)～殜(世)

七・武 11/亦又(有)不浧(盈)於～言

七・君甲 4/宮妾㠯(以)～百婁(數)

七・君乙 4/宮妾㠯(以)～百婁(數)

七・凡甲 9/～回(圍)之木

七・凡乙 7/～回(圍)之木

八・命 6/～又厽(三)亡𥫩(僕)

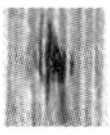
八・命 9/必内(入)㕜(偶)之於～春(友)又厽(三)

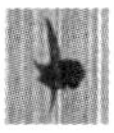
八・命 10/𥫩(僕)㠯(以)此胃(謂)貝(視)日～又厽(三)亡𥫩(僕)

九・陳 11～人於行

丈

三・周 7/～人吉

三・周 16/遊(失)～夫

三・周 16/係～夫

六・競 10/一～夫執敔(尋)之帣(幣)、三布之玉

千

二・容 7/於是虐(乎)方园(圓)～里

二・容 45/於是唇(乎)复(作)爲金桎三～

二・容 51/武王於是虐(乎)复(作)爲革車～乘

二・容 51/紼(帶)虖(甲)三～

七・凡甲 9/足牆(將)至～里

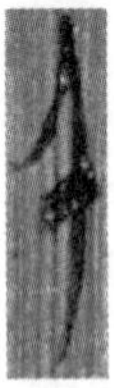
七・凡甲 15/每於～里

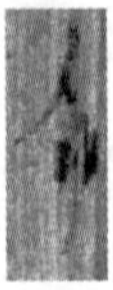
七・凡甲 16/至聖(聽)～里

七・凡乙 7/足牆(將)至～里

七・凡乙 11/至聖(聽)～里

九・邦 7/一人～君

卅　部

世(殜、莗、傑)

殜

二・子 1/昔者而弗～(世)也

二・子 8/女(如)舜才(在)含(今)之～(世)則可(何)若

四・曹 65/各㠯(以)亓～(世)

五・弟 21/含(今)之～(世)□

五・鬼 2/逡(後)～(世)遂之

二・容 5/各旻(得)丌(其)～(世)

五・季 22/後～(世)比𤔲(亂)

二・從甲 12/唯(雖)～(世)不儠(識)

五・姑 6/爲此～(世)也從事

五・姑 7/虐(吾)敢欲(欲)褭(顧)㖩(頷)(矜)㠯(以)事～(世)才(哉)

五・姑 7/售(唯)不堂(當)～(世)

六・慎 4/斝(襄)㝵(得)甬(用)於～(世)

六・天甲 1/凡天子七～(世)

六・天甲 2/三～(世)

六・天甲 2/士二～(世)

六・天甲 12/時言而～(世)行

六・天乙 1/凡天子七～(世)

六・天乙 1/邦君五～(世)

六・天乙 1/夫=(大夫)三～(世)

六・天乙 1/士二～(世)

七・武 5/亓(其)篂(運)十～(世)

七・武 11/而百～(世)不遊(失)之道

七・武 15/而敬者萬～(世)

八・成 9/亓(其)～(世)也☐

九・邦 8/翟(抑)瞿(懼)君之不夂(終)～(世)依(承)邦

四・曹 9/㠯(以)亡(無)道爯(稱)而叟(没)身遧(就)～(世)

五・季 14/虘(且)夫戱含(今)之先=(先人)～(世)

傑

二・容 42/湯王天下三十又(有)一～(世)而受(紂)复(作)

言　部

言

一・孔 1/旻(文)亡(無)隱(隱)～

一・性 9/又(有)爲～之也

一・性 22/未～而信

一・性 28/～谷(欲)植(直)而毋流

一・性 28/出～必又(有)夫柬=(簡簡)〔之信〕

一・性 30/～及鼎(則)明舉(舉)之而毋㥯(僞)

一・性 30/毋蜀(獨)～

 一・性 31/已鼎(則)勿逡(復)～也

 一・性 38/人之〔巧〕～利訇(詞)者

 二・從甲 4/是古(故)君子誓(慎)～而不誓(慎)事

 二・從甲 11/㠯(以)改亓(其)～

 二・從甲 11/可～而不可行

 二・從甲 11/君子不～

 二・從甲 11/可行而不可～

 二・從甲 19/君子不㠯(以)流～戩(傷)人

 二・昔 3/内～不以出

 二・昔 3/外～不㠯(以)内(入)

 二・從乙 5/君子聞(聞)善～

 二・容 8/與之～正(政)

 二・容 8/與之～樂

 二・容 8/與之～豊(禮)

 二・容 22/身～

 三・周 49/～又(有)舒(序)

 三・亙 5/～出於音

 三・亙 6/～

 三・亙 6/～非言

 三・亙 6/言非～

 三・亙 6/無胃(謂)～

 三・亙 10/～名先者又(有)惖(疑)

 三・亙 10/～之後者季(效)比女(安—焉)

 三・彭 2/～

 四・采 2/奚～不從

 四・昭 8/或昏(昧)死～僕(僕)見䏝之寒也

 四・昭 9/大尹之～䏝可(何)

 四・柬 17/复(作)色而～於廷

 四・柬 19/贅(鳌)尹皆紿(殆)丌(其)～以告大(太)宰(宰)

 四・柬 20/君内(入)而語僕(僕)之～於君王

 四・柬 21/大(太)宰(宰)～

 四・内 1/～人之君之不能叓(使)亓(其)臣者

四・内 1/不與～人之臣之不能事

四・内 2/～人之臣之不能事亓(其)君者

四・内 2/不與～人之君之不能貞(使)亓(其)臣者

四・内 2/～人之

四・内 3/不與～人之子之不孝者

四・内 3/～人之子之不孝者

四・内 3/不與～人之父之不能畜子者

四・内 4/～人之俔(兄)之不能㤅(慈)俤(弟)者

四・内 4/不與～人之俤(弟)之不能丞(承)俔(兄)者

四・内 4/～人之俤(弟)之不能丞(承)俔(兄)

四・内 5/與君～

四・内 5/～貞(使)臣

四・内 5/與臣～

四・内 5/～事君

四・内 5/與父～

四・内 6/與俤(弟)～

四・曹 7/今異於而(尔)～

四・曹 8/亡(無)㠯(以)異於臣之～

四・曹 10/虐(吾)䎽(聞)此～

四・曹 37/昔周〔室〕又(有)戒～曰

四・曹 60/一出～三軍皆懽(歡)

四・曹 60/一出～三軍皆往

四・曹 64/虐(吾)～氏(寔)不而女(如)

五・競 5/～曰多

五・競 9/记(起)而～曰

五・鮑 2/爲亓(其)～

五・鮑 2/聖(聽)～

五・季 3/是古(故)君子玉亓(其)～

五・季 4/虘(且)笶(管)中(仲)又(有)～曰

五・季 4/滿～多難

五・季 9/牀(臧)旻(文)中(仲)又(有)～曰

五・季 13/古(故)子㠯(以)此～爲系(奚)女(如)

五・季 14/鼎(則)敚(美)～也巳(已)

五・季 15/～鼎(則)媺(美)矣

五・季 18/子之～也巳(已)垔(重)

五・季 19/疋(疏)～而謐(密)獸(獸—守)之

五・姑 6/於～又(有)之

五・姑 8/～於敹(厲)公曰

五・君 1/～之而不義

五・君 2/口勿～也

五・君 3/虐(吾)新(新)䎽(聞)～於夫子

五・三 10/毋爲角～

五・三 11/而多亓(其)～

港甲 1/出～

五・鮑 2/聖(聽)亓(其)～

一・孔 2/多～後

一・孔 2/多～

一・孔 3/多～難而惌(怨)退(懟)者也

一・孔 3/丌(其)～吝(文)

一・孔 8/善諀(譬)～

一・孔 8/皆～上之衰也

一・孔 8/～不中志者也

一・孔 8/丌(其)～不亞(惡)

一・孔 8/考(巧)～

一・孔 8/則～讒(讒)人之害也

一・孔 17/牆(將)中(仲)之～

一・孔 19/猷又(有)惌(怨)～

一・孔 20/丌(其)～又(有)所載而句(後)內(納)

一・孔 25/智(知)～而又(有)豊(禮)

一・孔 28/牆又(有)薺(茨)慙(慎)謐(密)而不智(知)～

一・緇 15/王～女(如)絲

一・緇 15/王～女(如)索

一・緇 17/則民新(慎)於～而歏(謹)於行

一・緇 17/古(故)君子寡(顧)～而行

二・子 4/丌(其)～

二・子 5/與之～豊(禮)

二・子 10/生而能～

二・魯 3/而(爾)昏(聞)巷洛(路)之～

三・周 2/少(小)又(有)～

三・周 4/少(小)又(有)～

三・周 8/利執～

三・周 39/餌(聞)～不夂(終)

三・周 47/革～晶(三)就(就)

三・周 50/又(有)～

五・弟 5/聖(聽)余～

五・弟 8/可(何)～虐(乎)丌(其)信也

五・弟附簡/考(巧)～窒(令)色

五・弟附簡/□者(諸)丌(其)～□而不可

五・弟 12/求爲之～

五・弟 12/又(有)夫～也

五・弟 12/～行相㤅(近)

一・緇 4/～丌(其)所不能

一・緇 16/可～不可行

一・緇 16/君子弗～

一・緇 16/可行不可～

一・緇 16/則民～不衾(危)行

一・緇 16/行不衾(危)～

一・緇 17/古(故)～則慮丌(其)所夂(終)

一・緇 17/～率行之

一・緇 18/此～之砧(玷)不可爲

一・緇 19/君子～又(有)勿(物)

一・緇 20/庶～同

一・緇 23/宋人又(有)～曰

港甲 1/出～

六・競 1/割疾與梁(梁)丘虡(據)～於公曰

六・競 3/是～也

六・競 7/則～不聖(聽)

六・競 7/女(如)川(順)～弇(掩)亞(惡)虐(乎)

六・競 7/祝之多堣(愚)～

六・競 12/是睃(襄)逗(桓)之～也

六・孔 2/～即至矣(矣)

六・孔 13/此～不忑(欺)

六・孔 17/坙(淫)～不當亓(其)所

六・孔 19/岦(微)～之虖(乎)

六・孔 22/審～之

六・孔 22/吾子迷〈悉〉～之猶忎(恐)弗智(知)

六・莊 7/氏(是)～弃之

六・壽 5/犇(前)冬～曰邦必喪

六・慎 2/信昌(以)爲～

六・用 1/心目彶(及)～

六・用 3/閟(閉)～自闡(關)

六・用 5/隹(唯)～之又(有)信

六・用 7/咎羣～之弃

六・用 7/亓(其)～之詎

六・用 9/儨～

六・用 10/～才(在)家室

六・用 15/而～語斎=(之所)记(起)

六・用 18/～台(以)爲章

六・天甲 11/不～䜌(亂)

六・天甲 11/不～寢

六・天甲 11/不～威(滅)

六・天甲 11/不～犮(拔)

六・天甲 11/不～耑(短)

六・天甲 12/觀邦不～喪

六・天甲 12/時～而殜(世)行

六・天甲 13/信～

六・天乙 10/不～䜌(亂)

六・天乙 10/不～寢

六・天乙 10/不～戚(滅)

六・天乙 11/不～犮(拔)

六・天乙 11/不～耑(短)

六・天乙 11/臨城不～毀

六・天乙 11/觀邦不～喪

七・武 3/道箸(書)之～

七・武 9/祪(禍)牆(將)～

七・武 11/亦又(有)不浧(盈)於十～

七・武 13/丹箸(書)之～

七・武 15/丹箸(書)之～

七・鄭甲 1/臧(莊)王豪(就)夫=(大夫)而與之～曰

七・鄭乙 1/臧(莊)王豪(就)夫=(大夫)而与(與)之～曰

七・君甲 8/～不敢睪(懌)身

七・君乙 8/～不敢睪(懌)身

七・凡甲 4/五～才(在)人

七・凡甲 18/能頁(寡)～

七・凡甲 20/～记(起)於⿰鼠一(一)耑(端)

七・凡甲 20/⿰鼠一(一)～而禾不脍(窮)

七・凡甲 20/⿰鼠一(一)～而又(有)衆

七・凡甲 25/～记(起)於⿰鼠一(一)耑(端)

七・凡甲 27/并(屏)燹(氣)而～

七・凡甲 29/衆⿰鼠一(一)～而萬民之利

七・凡甲 29/⿰鼠一(一)～而爲天陞(地)旨

七・凡乙 3/五～才(在)人

七・凡乙 13/能頁(寡)～

七・凡乙 14/⿰鼠一(一)～而禾不脍(窮)

七・凡乙 14/⿰鼠一(一)～而又(有)衆

七・凡乙 14/⿰鼠一(一)～☐

七・凡乙 18/～迟(起)於鼠(一)耑(端)

七・吳 1/又(有)～曰

七・吳 2/君而或～若是

八・顏 4/俑(庸)～之信

八・命 3/命求～目(以)會(答)

八・王 3/是～既䎽(聞)於衆巳(已)

八・王 7/☐～之滓(瀆)

八・志 1/寺箸(書)乃～

八・志 1/目(以)斐譌王夫=(大夫)之～

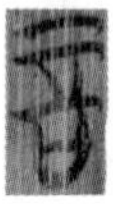
八・志 4/然目(以)讒(讒)～相忘(謗)

九・成乙 3/～虐(乎)君子才(哉)

九・舉 5/既～

九・舉 16/上(尚)父乃～曰

九・邦 7/君之～佌(過)

九・邦 8/既～

九・史 5/不亓(其)難与(與)～也

九・史 12/䎽(聞)子之～大戄(懼)

語

二・容 8/舜於是虐(乎)訂(始)～堯天埅(地)人民之道

四・柬 20/君内(入)而～儯(僕)之言於君王

四・内 8/不庶～

四・曹 6/昔池舶～寡人曰

五・季 8/蓂(葛)戲含(今)～肥也目(以)尻邦冢(家)之述曰

五・君 1/虗(吾)～女(汝)

六・壽 4/王與之～少=(少少)

六・用 15/而言～斎=(之所)起

六・天甲 10/才(在)道不～匿

六・天甲 10/尻(處)正(政)不～樂

六・天甲 10/聚衆不～急(逸)

六・天甲 10/男女不～鹿(麗)

六・天甲 11/臨飤(食)不～亞(惡)

 六・天乙 9/才（在）道不～匿

 六・天乙 9/凥（處）正（政）不～樂

 六・天乙 9/聚眾不～急（逸）

 六・天乙 10/男女不～鹿（麗）

 六・天乙 10/堋（朋）友不～分

 六・天乙 10/臨飤（食）不～亞（惡）

 六・天甲 9/朝不～内

 六・天乙 9/不～内

 六・天乙 9/社（貢）不～戠（戰）

 七・君甲 5/而天下莫不～

 七・君乙 5/而〔天下〕莫不～

 九・舉 9/乃～周之先祖（祖）曰

請

 六・用 15/～命之所對

 七・凡甲 3/未智（知）左右之～

 七・凡乙 3/智（知）左右之～

 八・命 7/～昏（問）亓（其）古（故）

 九・舉 10/～厶（私）之於天子

 九・舉 13/～視毫

 九・舉 15/～韰（問）亓（其）

 九・舉 27/～……

許

 三・亙 12/無～亟（極）

 四・柬 4/贇（鼇）尹～諾

 四・柬 15/王～諾

 六・競 13/安（晏）子～若（諾）

 七・鄭甲 6/王～之

 七・鄭乙 6/王～之

 八・王 6/乃～諾

 八・王 7/命（令）尹～諾

 九・靈 3/執事人～之

九・陳 5/牆(將)軍乃～若(諾)左右司馬

九・邦 11/未尚(嘗)不～

諾

四・柬 4/贇(鳌)尹許～

四・柬 15/王許～

八・王 6/乃許～

八・王 7/命(令)尹許～

詩(詩、昔、㫑、詯)

詩

四・曹 21/《～》於有之

昔

一・孔 1/～(詩)亡(無)隱(隱)志

一・孔 4/～(詩)丌(其)猷坪(平)門

一・孔 16/虗(吾)㠯(以)《蕅(葛)䩞(覃)》㝵(得)氏(祇)初之～(詩)

一・性 8/～(詩)箸(書)豊(禮)藥(樂)

㫑

一・緇 1/～(詩)員(云)

一・緇 2/～(詩)員(云)

一・緇 2/～(詩)員(云)

一・緇 5/～(詩)員(云)

一・緇 7/～(詩)員(云)

一・緇 9/～(詩)員(云)

一・緇 10/～(詩)員(云)

一・緇 13/～(詩)員(云)

一・緇 16/～(詩)員(云)

一・緇 17/～(詩)員(云)

一・緇 21/～(詩)員(云)

一・緇 21/～(詩)員(云)

一・緇 22/～(詩)員(云)

一・緇 23/～(詩)員(云)

港甲 1/～(詩)員(云)丌(其)容不改

詯

二・民 1/～(詩)曰

音

五・鬼 4/～(意—抑)亓(其)力古(固)不能至女(安—焉)虛(乎)

七・武 1/～(意—抑)敳(豈)亡(喪)不可旻(得)而訨(睹)虛(乎)

訓

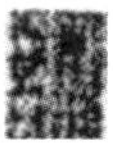
一・性 10/觀亓(其)先後而逆～(順)之

一・性 16/亓(其)出内(入)也～(順)

二・從甲 16/㠯(以)軋(犯)賡軋(犯)見不～行以出之

四・曹 51/虛(吾)戩(戰)啻(敵)不～(順)於天命

七・武 15/不逆而～(順)城(成)

誨

六・天甲 13/忠～(謀)

七・凡甲 4/九囟(攝)出～(謀)

七・凡乙 4/九囟(攝)出～(謀)

八・有 2/自～(誨)今可(兮)

謀(悬、基)

悬

三・中 5/余～(誨)女(汝)

三・中 9/售(雍)也不～(敏)

五・君 1/韋(回)不～(敏)

五・三 13/亞(惡)聖人之～(謀)

一・緇 12/古(故)君不與少(小)～(謀)大

一・緇 12/毋以少(小)～(謀)敗大惹(圖)

三・彭 6/□□之～(謀)不可行

四・逸・交 3/閟(閒)闈(關)～(謀)訂(治)

四・逸・交 4/閟(閒)闈(關)～(謀)訂(治)

四・曹 13/又(有)固～(謀)而亡(無)固城

六・孔 25/民喪不可～(悔)

六・用 17/頫(羞)竆(聞)亞(惡)～(謀)

一・孔 26/陘(隰)又(有)長(萇)楚得而～(悔)之也

三・周 14/可余(豫)～(悔)

三・周 14/迟(遲)又(有)～(悔)

三・周 19/亡(無)～(悔)

三・周 26/亡(無)～(悔)

三・周 27/亡(無)～(悔)

三・周 28/～(悔)亡

三・周 32/～(悔)𡧭(亡)

三・周 33/～(悔)亡

三・周 38/～(悔)亡

三・周 43/迖(逐)～(悔)又(有)思(悔)

三・周 43/迖(逐)思(悔)又(有)～(悔)

五・三 20/𨔵(熷)迲(去)以～(悔)

一・性 39/～(謀)之方也

二・從乙 4/訙(侃)～(悔)而共(恭)孫(遜)

七・武 6/毋行可～(悔)

七・吴 9/隹(唯)不～(敏)既卲(犯)矣

惎

二・容 3/㸚(教)而～(誨)之

二・容 37/湯乃～(悔)戒求臤(賢)

訪

八・成 1/乃～□▨

九・舉 4/子～之上(尚)父

九・舉 6/文王～於上(尚)父曰

九・舉 22/～之於子

諦

五・競 6/二厽(三)子不～(謫)忢(恕)㝵(寡)人

識(㦽)

㦽

二・從甲 12/售(唯)殜(世)不～(識)

訊(誽、傜)

誽

四・相 4/女(如)～(訓)

五・姑 1/行正(政)～(訊)弝(強)

傒

六・壽 1/～(訊)之於宗廇(廟)

六・壽 2/王固～(訊)之

信(訐、譶)

訐

一・性 13/所㠯(以)爲～(信)與登(徵)也

一・性 14/亓(其)出於情也～(信)

一・性 40/～(信)矣

一・性殘 1/▨□□人～(信)之矣

二・從甲 1/夫是則獸(守)之㠯(以)～(信)

二・從甲 10/～(信)則得衆

二・從乙 1/㬎(顯)訪(嘉)懽(勸)～(信)

二・容 9/竺(篤)義與～(信)

三・亙 4/槩(氣)～(信)神才(哉)

三・亙 4/～(信—申)浧(盈)天埅(地)

五・季 21/毋～(信)玄曾(繒)

五・君 4/智而比～(信)

五・弟 8/～(信)虖(乎)

五・弟 8/可(何)言虖(乎)丌(其)～(信)也

五・弟 21/▨虗未見芓(華)而～(信)㡬

五・三 15/嚴畧(恪)必～(信)

一・孔 7/～(信)矣

一・孔 21/虗(吾)～(信)之

一・孔 22/虗(吾)～(信)之

一・緇 13/～(信)㠯(以)結之

一・緇 17/㠯(以)城(成)丌(其)～(信)

四・采 5/兹(兹)～(信)然

一・緇 10/而～(信)丌(其)所賤

一・緇 10/〔黎民〕所～(信)

一・緇 23/虗(吾)弗～(信)之矣

六・競 3/是～(信)虗(吾)亡(無)良祝史

六・孔 5/爲～(信)㠯(以)事亓(其)上

六・孔 12/唯又～(信)弗遠

六・慎 2/～(信)㠯(以)爲言

六・用 5/隹(唯)言之(有)又～(信)

六・天甲 5/～(信)文旻(得)事

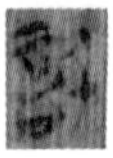
八・顏 4/俑(庸)言之～(信)

八・顏 5/所㠯(以)～(信)也

八・顏 13/☐屰(素?)行而～(信)

八・蘭 4/～莢(蘭)亓(其)蔑也

九・舉 14/毋自～而信

九・舉 14/毋自信而～

𧦝

九・史 8/敬也者,～(信)

訪

二・從乙 1/㬎(顯)～(嘉)雚(勸)訐(信)

誥(曻)

曻

一・緇 3/《尹～(誥)》員(云)

一・緇 15/《康～(誥)》員(云)

詔(習)

習

五・競 2/～(召)祖己而昏(問)女(安—焉)

八・成 2/～(召)周公旦曰

諫

五・鮑 9/鞛(鞄—鮑)弔(叔)酉(牙)與級(隰)朋之～

四・内 7/孝而不～

六・用 17/韋(違)衆誚(孽)～

六・用 18/論～啟

七・武 7/～不遠

𧦝(詸)

詸

五・君 5/毋～(𧦝)

訢

五・競 7/勛(則)～(祈)者(諸)䰠(鬼)神

話(譮)

譮

六・用 18/～諫敗

詍(詍、訛)

詍

三・彭 1/而～(比)于帝(禘)祟(嘗)

四・柬 3/尚(當)～(蔽)而卜之於大頙(夏)

四・柬 4/～(蔽)而卜之

四・柬 4/既～(蔽)而卜之

八・王 6/爲虐(吾)～(蔽)之

訛

八・蘭 2/芳浧(馨)～(謐)迡而達䎽(聞)于四方

譽

三・周 35/遳(往)訐(蹇)逨(來)～

三・周 38/莫(暮)～(夜)又(有)戎

二・從甲 3/一人～

諺(產)

產

五・君 1/～(顏)困(淵)時(侍)於夫子

五・君 1/～(顏)困(淵)𠈱(作)而倉(答)曰

五・君 2/～(顏)困(淵)退

五・君 3/～(顏)困(淵)時(侍)於夫子

八・子 1/～(言)遊☐之也

八・子 3/～(言)遊曰

八・子 4/魯司寇(寇)奇(寄)～(言)遊於逡楚

八・子 5/～(言)遊去

八・顏 1/～(顏)困(淵)䎽(問)於孔=(孔子)曰

八・顔 1/～(顔)困(淵)

八・顔 3/～(顔)困(淵)迺

八・顔 5/～(顔)困(淵)曰

八・顔 6/～(顔)困(淵)

八・顔 9/～(顔)困(淵)曰

詣

四・曹 61/賞贉(膢)～斈(孥)

謱(譻)

譻

五・三 10/毋焚古(姑)～(嫂)

詯

五・三 7/凡飤(食)歙(飲)無量～(計)

訾

五・季 20/少(小)鼎(則)～之

訮

五・鬼 7/～畧(尋)頣(夏)邦

訇

一・孔 22/～(洵)又(有)情而亡(無)望

諅(諅、訢)

諅

二・民 8/迺(夙)麥(夜)～(基)命又(宥)𡩋(密)

訢

五・三 2/～(諅)而不訢(諅)

五・三 2/訢(諅)而不～(諅)

諴(識)

識

四・曹 45/亓(其)賞～(娍)叡(且)不中

譌

八・志 1/㠯(以)荽(諓)～王夫=(大夫)之言

五・姑 6/㠯(以)正上下之～

詢(說)

說

二・從甲 19/從事而毋～(詾)

訟(訟、詻)

訟

一・孔 5/～

 二・容 29/而聖(聽)亓(其)～獄

 二・容 30/三年而天下之人亡(無)～獄者

 二・容 36/衆奡(寡)不聖(聽)～

 二・容 53 背/～(容)城(成)氐(氏)

 三・周 5/不克～

 三・周 5/～

 四・昭 8/自～於王

 一・孔 2/～

 一・孔 6/～

 三・周 4/～

 三・周 4/不克～

 四・曹 34/佖(匹)夫奡(寡)婦之獄～

䛟

 二・容 22/㠯(以)爲民之又(有)～(訟)告者訏(鼓)女(安—焉)

 九・史 7/与(舉)獄～(訟)

訶

 五・弟 20/又(有)戎(農)稟(植)丌(其)槈而～(歌)女(安—焉)

訐

 四・采 4/～(衍)羽

 五・競 7/近臣不～(諫)

 五・鬼 2/焚聖人殺～(諫)者

 四・采 2/～(衍)商

 五・鮑 5/臣唯(雖)欲～(諫)

 三・周 35/～(蹇)

 三・周 35/往～(蹇)逨(來)譽

 三・周 35/王臣～=(蹇蹇)

 三・周 35/往～(蹇)逨(來)反

 三・周 35/往～(蹇)逨(來)連

 三・周 35/大～(蹇)不槤(來)

 三・周 36/往～(蹇)逨(來)碩

 四・采 1/宮～(衍)

 四・采 3/～(衍)峕(徵)

讒(譄)

譄

 一・孔 8/《考(巧)言》鼎(則)言～(讒)人之害也

 八・志 3/敃(殹—抑)忑(忌)韋(諱)～(讒)託(?)㠯(以)亞(惡)虐(吾)

八・志 4/然㠯(以)～讒言相忞(謗)

讓(讍)

讍

二・子 6/古(故)～(讓)之

八・顏 7/莽(前)之㠯(以)～

詰

五・鮑 5/公弗～

五・鬼 3/女(如)㠯(以)此～之

證(誁)

誁

二・容 41/湯於是虐(乎)～(徵)九州之帀(師)

詘

一・性 38/不又(有)夫～=(詘詘)之心鼎(則)流

誅(豉)

豉

二・容 50/天牆(將)～(誅)女(安—焉)

二・容 53/天牆(將)～(誅)女(安—焉)

詢

五・三 4/毋～(詬)政卿於神宋(次)

訋

四・昭 2/小人牆(將)～(召)寇(寇)

四・昭 4/儯(僕)牆(將)～(召)寇(寇)

四・昭 7/王～(召)而余(予)之衽(領)祿(袍)

四・曹 29/必～(召)邦之貴人及邦之可(奇)士

莫

一・緇 8/蔓(萬)民～(賴)之

欸

三・彭 2/戁(難)易～(譴)欲

畬

二・從乙 1/紿(治)正～(教)

賠

三・周 7/不～(臧)凶

會

五・競 1/鞄(鮑)弔(叔)㸦(牙)～(答)曰

五・競 2/祖己～(答)曰

五・競 5/鞊(鞄—鮑)弔(叔)𦧲(牙)～(答)曰

五・競 5/汲(隰)倗(朋)～(答)曰

詨

二・容 45/～樂(樂)於西(酒)

訢

五・弟 11/女(汝)能～(慎)㚸(始)與夂(終)

辯(䛟)

䛟

四・柬 19/厶(私)～(變)

五・三 3/外内又(有)～(辨)

詠

一・孔 9/《～(祈)父》之責(刺)亦又㠯(以)也

誥

二・從甲 3/～(教)之㠯(以)㓝(型—刑)𣪠(則)遂

詒

四・柬 14/一人不能～(治)正(政)

九・舉 14/湯倰善視～

譃

三・亙 10/虛～(樹)

四・曹 27/□毋～而賞

四・曹 45/其～(誅)至(重)叡(且)不詄(察)

詆

三・周 38/～(臀)亡(無)肤(膚)

三・周 40/～(臀)亡(無)肤(膚)

詄

四・曹 45/其譃(誅)至(重)叡不～(察)

五・鮑 5/弗～(察)人之生厽(三)

訔(訔、戠)

訔

六・孔 6/人之未～(察)

六・孔 16/安(焉)與之凥(處)而～(察)䎽(問)亓(其)所學

六・孔 18/不～(察)不㥹(依)

六・孔 27/是～(察)

戠

七・凡甲 14/～(察)道

七・凡甲 18/人白(泊)爲～(察)

七・凡甲 20/～(察)此

七・凡甲 22/～(察)道

七・凡甲 22/能～(察)鼠(一)

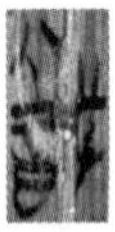
七・凡甲 22/女(如)不能～(察)鼠(一)

七・凡甲 23/女(如)欲～(察)鼠(一)

七・凡甲 24/～(察)智(知)而神

七・凡甲 24/～(察)神而同

七・凡甲 24/～(察)僉(險)而困

七・凡甲 24/～(察)困而遉(復)

七・凡甲 25/～(察)此

七・凡乙 10/～(察)道

七・凡乙 15/～(察)鼠(一)

七・凡乙 15/女(如)不能～(察)鼠(一)

七・凡乙 15/女(如)欲～(察)鼠(一)

七・凡乙 17/～(察)智(知)而神

七・凡乙 17/～(察)神而同

七・凡乙 17/～(察)同而僉(斂)

七・凡乙 17/～(察)僉(斂)而困

七・凡乙 17/～(察)困而遉(復)

七・凡乙 18/～(察)此

譔

一・孔 8/善～(譬)言

⿰訁金

二・容 37/於是虐(乎)有～(喑)

託

八・志 3/攺(毆—抑)忎(忌)韋(諱)讙(讒)～目(以)亞(惡)虐(吾)

諹

二・容 36/弜(強)溺不紿(治)～

八・王 1/彭徒畀(返)～闈(關)至(致)命

註

八・有 5/貝(視)毋目(以)三～☐

論

八・有 6/蜀～三夫含(今)可(兮)

八・有 6/～夫三夫之精也含(今)可(兮)

八・有 6/～(論)三夫之旁也含(今)可(兮)
或釋"諗"

⿰訁蜀

三・中 12/～=(⿰訁蜀⿰訁蜀)猒(厭)人

六・用 9/内閑(間)～(詠)衆

⿰訁⿸厂隹

七・君甲 7/民乍(沮)而囟(思)～之

七・君乙 7/民乍(沮)而囟(思)～之

⿰訁亢

六・用 3/～亓(其)又(有)审(中)墨

誚

六・用 17/韓(違)衆～(孽)諫

六・天甲 4/亡(無)義(儀)大～(孽)

六・天乙 3/亡(無)義(儀)大～(孽)

⿰訁尾

六・用 7/亓(其)言之～

⿰訁乚

六・孔 20/豹(豈)敢～(望)之

⿰訁丰

八・命 2/先夫=(大夫)之風(諷)～遺命

設

六・用 14/～亓(其)又(有)絶惹(圖)

諂

六・用 10/而～(除)既返(及)

譈

二・從甲 13/君=(君子)之相～(就)也

諓

九・舉 25/～(察)之於堯

謑

九・舉 3/子嘗㠯(以)此～(稽)之

訛(訛、譌)

訛

九・邦 1/天加～(禍)於楚邦

譌

九・史 10/弌(一)或不免又(有)～(禍)不(否)

誩 部

善

二・民 8/～才(哉)

一・孔 3/丌(其)聖(聲)～

一・孔 8/～諀(譬)言

一・孔 21/虗(吾)～之

一・孔 22/虗(吾)～之

一・孔 23/㠯(以)道交見～而斈(學)

一・性 3/～不善

一・性 3/善不～

一・性 3/所～所不善

一・性 3/所善所不～

一・性 7/群～之蓏也

一・性 12/～亓(其)節

一・性 16/亓(其)反～遉(復)訂(始)也訢(慎)

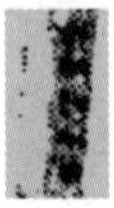
一・性 22/眚(性)～者也

二・子 1/～與善相受也

二・子 1/善與～相受也

 二・子 6/舜之悳(德)則城(誠)～畁(與)

 二・子 9/～

 二・從甲 3/～人

 二・從甲 11/見～行

 二・從甲 12/時(持)～不猒(厭)

 二・從乙 5/君子圉(聞)～言

 二・容 13/㠯(以)堯爲～興臤(賢)

 二・容 13/㠯(以)～亓(其)新(親)

 二・容 17/昔者天陛(地)之差(佐)舜而右(佑)～

 三・中 15/～才(哉)

 三・中 24/一日㠯(以)～立

 三・中 24/一日㠯(以)不～立

 三・亘 8/先者又(有)～

 三・亘 8/又(有)人女(安—焉)又(有)不～

 四・柬 23/君～

 四・内 6/～則從之

 四・内 6/不～則止之

 四・曹 5/則不可㠯(以)不攸(修)政而～於民

 四・曹 6/則亦不可㠯(以)不攸(修)政而～於民

 四・曹 47/～於死者爲生者

 四・曹 56/～攻者奚女(如)

 四・曹 56/～攻者必㠯(以)亓(其)所又(有)

 四・曹 57/～戳者奚女(如)

 五・競 6/不邍(遷)於～而敓(奪)之

 五・競 8/此能從～而迲(去)祱(過)者

 五・競 8/虗(吾)不智(知)亓(其)爲不～也

 五・季 12/先=(先人)斎=(之所)～亦善之

 五・季 12/先=(先人)斎=(之所)善亦～之

 五・季 15/肰(然)則民进不～

 五・季 22/～,䝨(賢)人

 五・弟 11/斲(斯)～歕(矣)

 五・弟 17/～歕(矣)

 五・弟 21/未見～事人而悬(貞)者

 五・三 5/～才(哉)

 五・三 5/参(三)～才(哉)

 五・三 11/～毋威(滅)

 五・三 14/爲～福乃桼(來)

 五・三 14/爲不～禍(禍)乃或(有)之

 五・三 21/～游者

 五・鬼 1/則㠯(以)亓(其)賞～罰暴也

 五・鬼 3/則～者或不賞

 六・競 11/亓(其)左右相伀(容)自～

 六・競 12/～才(哉)

 六・用 1/是～敗之經

 六・用 20/隹～是善

 六・用 20/隹善是～

 六・用 20/～古(故)君之

 八・成 14/可㠯(以)智(知)～否

 八・命 5/虗(吾)昏(聞)古之～臣

 八・命 10/甚～

 八・志 5/虗(吾)父跸(兄)眚(甥)咎(舅)之又(有)  ～

 八・有 4/又(有)不～心耳今可(兮)

 九・成甲 2/㠯(以)亓(其)～行帀(師)

 九・成甲 5/憙(喜)君之～而不毄

 九・陳 8/母(毋)亦～虐(乎)

 九・陳 11/執事人必～命之

 九・舉 14/湯倰～視謟

 九・史 12/～才(哉)

競

二・容 25/於是虐(乎)～州、簹(莒)州訂(始)可尻也

四・曹 41/〔保〕～(境)必雾(勝)

五・競 1 背/～ 聿(建)内(納)之

一・孔 6/乍～隹(唯)人

六・競 2 背/～(景)公瘧(瘧)

六・壽 1/～坪(平)王亯(就)奠(鄭)壽

六・木 1/～坪(平)王命王子木迈(蹠)城父

六・競 1/齊～(景)公疥慮(且)瘧(瘧)

音　部

音

四・采 4/王～深浴(谷)

二・容 16/攴(辨)爲五～

三・亘 5/～出於生

三・亘 5/言出於～

三・亘 6/～非音

三・亘 6/音非～

三・亘 6/無胃(謂)～

⿰音攵

四・采 1/□□又～

四・采 2/嬰(婁)坓(丘)之～

四・采 1/又(有)文又(有)～

章

五・季 17/因古(故)莆(典)豊(禮)而～(彰)之

五・三 8/是胃(謂)違～

五・鬼 6/隹(惟)銈(兹)作～(彰)

一・緇 1/又(有)國者～玫(好)章惡

一・緇 1/又(有)國者章玫(好)～惡

三・周 41/欽(含)～

三・周 51/麥(來)～

一・緇 6/古(故)長民者～(彰)志以卲(昭)百眚(姓)

一・孔 14/丌(其)四～則俞(喻)矣

一・孔 25/大田之卒～

二・從乙 2/則悬(僞)不～

六・用 18/言台(以)爲～

六・用 19/而散亓(其)甚～

八・成 5/女(安—焉)不曰日～(彰)而冰湶(消)虗(乎)

八・成 14/皆見～(彰)于天

辛 部

童

二・容 21/飤(食)不～(重)杳(味)

五・季 5/鼎(則)邦又(有)榑(榦)～

一・孔 10/～而皆臤(賢)於丌(其)初者也

二・子 2/舜畜(嗇—穡)於～土之田

二・子 3/～土之莉(黎)民也

六・孔 15/句(叩)拜四方之立(位)目(以)～(動)

六・壽 1/禍(禍)敗因～(踵)於楚邦

七・吴 1/或(又)～(動)之

八・成 15/是胃(謂)～=

八・成 15/～光亓(其)昌也

九・陳 14/～(踵)之於逡(後)

九・舉 32/墨(禹)奉舜～(重)悳(德)

妾

七・君甲 4/宫～目(以)十百婁(數)

七・君乙 4/宫～目(以)十百婁(數)

三・周 30/畜臣～

丵 部

業(業、業業)

業

七・吴 7/三夫=(大夫)辱命於亰(寡)君之～

⿰業菐

 一・孔 5/㠯(以)爲丌(其)～(樸)

 三・亘 4/～=(察察)天陛(地)

菐　部

菐

 五・鬼 6/～後䏌(伺)昃(側)

僕(⿰亻⿱丵臣、⿱付臣)

⿰亻⿱丵臣

 三・周 53/旻(得)僮(童)～(僕)之貞

 三・周 53/喪(喪)丌(其)僮(童)～(僕)

 四・昭 3/～(僕)之毋辱君王

 四・昭 3/不䄭(幸)～(僕)之父之骨才(在)於此室之𨻰(階)下

 四・昭 3/～(僕)牆(將)埮(掩)亡老□

 四・昭 4/㠯(以)～(僕)之不旻(得)

 四・昭 4/并～(僕)之父母之骨厶(私)自塼(敷)

 四・昭 4/君不爲～(僕)告

 四・昭 4/～(僕)牆(將)訋(召)寇(寇)

 四・昭 6/～(僕)遇䏴

 四・昭 8/或昏(昧)死言～(僕)見䏴之寒也

 四・昭 9/此則～(僕)之辠(罪)也

 四・柬 20/君内(入)而語～(僕)之言於君王

 六・孔 13/色不～(樸)

 八・命 2/～(僕)既旻(得)辱視日之廷

 八・命 8/亡～(僕)之尚(掌)楚邦之正(政)

 九・成甲 1/城(成)王爲成(城)～(濮)之行

⿱付臣

 八・命 3/女(如)㠯(以)～(僕)之觀視日也

 八・命 6/十又厽(三)亡～(僕)

 八・命 10/～(僕)㠯(以)此胃(謂)視日十又厽(三)亡⿱付臣(僕)

 八・命 10/⿱付臣(僕)㠯(以)此胃(謂)視日十又厽(三)亡～(僕)

廾　部

奉

二・從甲 17/後人則～相之

二・容 7/～而立之

一・孔 25/又(有)兔不～(逢)時

二・子 6/史(使)皆得丌(其)社禝百眚(姓)而～守之

二・子 7/道不～盈(盟)

二・從甲 8/而不智(知)則～(逢)災害

四・内附簡/肰(然)后(後)～之以中章(庸)

五・三 14/是～(逢)凶朔(孽)

六・孔 26/役不～舀

九・舉 32/墨(禹)～舜童(重)悳(德)

七・武 3/帀(師)上(尚)父～箸(書)

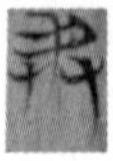
七・武 13/～丹箸(書)㠯(以)朝

七・凡甲 5/筸(孰)爲辩(箭—薦)～

七・凡乙 4/筸(孰)爲辩(箭—薦)～

弇(穿)

穿

二・從乙 1/～戒先遼(匿)

三・中 10/夫暇(賢)才不可～(弇)也

六・競 7/女(如)川(順)言～(弇)亞(惡)虐(乎)

九・陳 16/名之曰～(掩)行

羼

六・用 7/～(擇)龏又(有)武

戒

二・從乙 1/弇(掩)～先遼(匿)

二・容 37/湯乃悔(謀)～求臤(賢)

二・容 39/於是虐(乎)新(慎)～陞(徵)臤(賢)

三・周 10/邑人不～

三・周 57/夂(終)日～

三・彭 2/～之毋喬(驕)

四・昭 1/王～邦夫=(大夫)㠯(以)歓=(歓酒)

四・曹 37/☐又(有)～言曰

四・曹 49/倉(答)曰：～

四・曹 60/明悊(慎)㠯(以)～

五・三 15/敄(務)䢉(農)敬～

九・史 11/不可㠯(以)弗～

七・武 6/安樂必～

八・蘭 2/備坙(修)庶～

卉 2/敬～㠯(以)時(待)

兵

二・容 2/而寢亓(其)～

二・容 37/乃執～欽(禁)暴

二・容 41/於是虖(乎)天下之～大记(起)

四・曹 15/亓(其)～足㠯(以)利之

四・曹 18/緟(纏—繕)虖(甲)利～

四・曹 24/佸(伍)閒(間)容～

四・曹 29/焧(从)𠦪(卒)叓(使)～

四・曹 30/句(苟)見耑(短)～

四・曹 32/棗(早)食葦(供)～

四・曹 38/勿～㠯(以)克

四・曹 38/勿～㠯(以)克奚女(如)

四・曹 38/人之～不砥礪(礪)

四・曹 39/我～必砥礪(礪)

四・曹 51/緟(纏—繕)虖(甲)利～

五・競 5/牆(將)又(有)～

五・姑 9/回而余(予)之～

五・三 16/敓(奪)民時㠯(以)～事

五・鬼 7/蚩蚘(尤)复(作)～

廾

三・周 8/啟邦～(承)豪(家)

弅

二・昔 1/母弟～(遜)退

七・凡甲 9/必從～(寸)訇(始)

⿰睿⿱爰廾

三・周 54/～(⿰睿爰—涣)丌(其)羣

龏

一・緇 2/靜(靖)～(恭)尔立(位)

一・緇 14/虐(吾)大夫～(恭)戱(且)僉(儉)

四・昭 6/～(龔)之脽駿(御)王

四・昭 7/～(龔)之脽被(披)之

四・昭 7/王命～(龔)之脽毋見

四・昭 10/女(安—焉)命～(龔)之脽見

五・季 4/⿱尹子=(君子)～鼎(則)述

六・壽 7/昷(温)～(恭)弔(淑)惠

六・用 6/凡～(恭)人

六・用 6/非人是～(恭)

六・用 7/睪(擇)～又(有)武

具

一・緇 9/民～尔(爾)詹〈詹—瞻〉

七・凡甲 23/百勿(物)～遊(失)

七・凡乙 15/則百勿(物)～遊(失)

𠬞　部

樊(𢍁)

𢍁

二・容 41/於是虖(乎)～(叛)宗鹿(離)族

四・昭 7/～(樊—返)逃珤

八・王 1/彭徒～(樊—返)諹閳(關)至(致)命

共　部

共

二・從甲 5/二曰～(恭)

二・從甲 6/不～(恭)則亡(無)㠯(以)敘(除)辱

二・從乙 4/訡(侃)悬(悔)而～(恭)孫(遜)

二・昔 4/各～(恭)尔(爾)事

二・容 51/至於～桊(滕)之陭(間)

四・曹 8/必～(恭)僉(僉)㠯(以)旻(得)之

五・三 1/天～(供)旹(時)

五・三 1/地～(供)材

五・三 1/民～(供)力

六・莊 1/㠯(以)～(供)春秋之嘗(嘗)

六・慎 1/～(恭)僉(儉)㠯(以)立身

六・慎 2/～㠯(以)爲體

六・慎 3 背/訢(慎)子曰～(恭)僉(儉)

九・舉 12/～(恭)㠯(以)

七・吴 9/不～(供)承王事

異　部

異

三・亘 3/～生異

三・亘 3/異生～

三・亘 4/同出而～生(性)

一・性 4/丌(其)甬(用)心各～

一・性 27/慮谷(欲)困(淵)而毋～

四·曹 7/今～於而(尔)言

四·曹 8/君言亡(無)㠯(以)～於臣之言

五·季 9/～於丘靑=(之所)昏(聞)

二·民 13/䰠(威)我(儀)～=(翼翼)

六·孔 7/～於人不宜

六·孔 17/皆求～於人

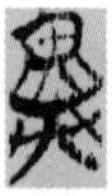
六·用 6/各又(有)亓(其)～惹(圖)

七·凡甲 4/虛(吾)奚～奚同

七·凡乙 3/虛(吾)奚～奚同

八·李 1 背/木～粮(類)可(兮)

八·蘭 5/蕑(蘭)又(有)～勿(物)

八·有 2/同郗(俸)～心含(今)可(兮)

戴(酐、旹)

酐

二·容 9/頾(履)陊(地)～(戴)天

旹

五·鬼 2 背/受(紂)～(首)於只(岐)社

六·慎 5/首～(戴)茅芙(蒲)

舁　部

與(與、舁、學)

與

一·性 13/所㠯(以)爲信～登(徵)也

一·性 38/人之□肰(然)可～和安者

一·緇 12/古(故)君不～少(小)悔(謀)大

二·容 6/昔堯凥(處)於丹府～藋陵之阴(間)

二·容 8/～之言正(政)

二·容 8/～之言樂

二·容 8/～之言豊(禮)

二·容 9/竺(篤)義～信

二·容 25/墨(禹)迵(通)淮～忻(沂)

二·容 25/墨(禹)乃迵(通)蔞～暴(易)

 二・容 27/墨(禹)乃迵(通)經(涇)～渭

 三・中 21/㠯(以)忠～敬

 三・中附簡/夫子唯又(有)～(舉)

 三・亙 3/不蜀(獨)又(有)～也

 三・亙 11/復(作)甬(庸)又(有)果～不果

 三・亙 11/無～也

 三・亙 13/～天下之明王

 三・彭 2/天地～人

 三・彭 2/若經～緯

 三・彭 2/若繺(表)～裏

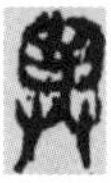 四・昭 10/脽欭(既)～虐(吾)同車

 四・柬 7/㠯(以)告安君～陵尹子高

 四・柬 9/王㠯(以)告相屖(徙)～中余(舍)

 四・柬 15/中余(舍)～五連少(小)子及龍(寵)臣皆逗(屬)

 四・柬 18/社稷㠯(以)迻(危)～(歟)

 四・柬 20/陵尹～

 四・内 1/不～言人之臣之不能事

 四・内 2/不～言人之君之不能叓(使)丌(其)臣者

 四・内 3/不～言人之子之不孝者

 四・内 3/不～言人之父之不能畜子者

 四・内 4/不～言人之俤(弟)之不能丞(承)伔(兄)者

 四・内 5/～君言

 四・内 5/～臣言

 四・内 5/～父言

 四・内 5/～子言

 四・内 5/～伔(兄)言

 四・内 6/～俤(弟)言

 四・曹 3/此不貧於妝(美)而稟(富)於悳(德)～(歟)

 四・曹 13/虐(吾)欲～齊戰

 四・曹 64/毋或者少(小)道～(歟)

 四・曹 65/今～古亦多不同矣

 五・競 1/級(隰)俚(朋)～鞄(鮑)弔(叔)舌(牙)從

 五・鮑 6/刀(刁)之～偖(者)

五・鮑 9/鞄(鮑)弔(叔)吾(牙)～級(隰)俚(朋)之諫

五・姑 1/躳～(舉)士尻(處)埴(館)

五・姑 2/目(以)虐(吾)族參(三)坙(郤)～

五・姑 6/亓(其)疾～(歟)才(哉)

五・姑 9/～亓(其)妻與亓(其)母

五・姑 9/與亓(其)妻～亓(其)母

五・三 13/亞(惡)盉(饎)～飤(食)

五・君 11/中(仲)尼～虐(吾)子産箮(孰)臤(賢)

五・君 14/～叒(舜)

五・君 15/～墨(禹)箮(孰)臤(賢)

五・弟 11/女(汝)能新(慎)訂(始)～夂(終)

一・孔 4/詩丌(其)猷(猶)坪(平)門～

一・孔 21/丌(其)猷(猶)軡(酡)～

二・子 1/善～善相受也

二・子 5/～之言豊(禮)

二・子 9/而丌(其)父戔(賤)而不足再(稱)也～

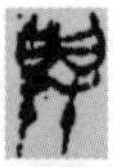
二・子 9/毀(抑)亦城(誠)天子也～(歟)

二・魯 1/毋(無)乃遊(失)者(諸)型(刑)～悳(德)虐(乎)

二・魯 2/不智(知)型(刑)～悳(德)

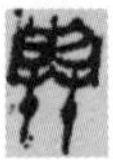
二・魯 2/政型(刑)～

二・魯 3/毋(無)乃胃(謂)丘之倉(答)非～

二・魯 3/戭(抑)虐(吾)子女適(重)命(名)丌(其)～(歟)

二・魯 3/女(若)夫政型(刑)～悳(德)目(以)事上天

九・靈 5/城(成)公～虎逯(歸)爲洛

九・陳 2/先君武王～邷(鄖)人戰(戰)於莆(蒲)寞(騷)

九・陳 3/畬(熊)霝(雪?)、子楸(麻)～郙(巴)人戰於駱州

九・陳 3/屈冑(粤)～郙(巴)命(令)尹戰於壚

九・陳 4/或(又)～晉人戰於兩棠

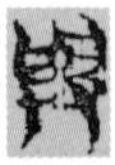
九・舉 9/若或～之

九・邦 10/古(故)爲鄴(葉)連囂(敖)～鄒(蔡)樂尹

六・競 1/割疾～梁（梁）丘虞（據）言於公曰

六・競 6/而湯清者～旻（得）蕙（萬）福安（焉）

六・競 12/則未～昏（聞）

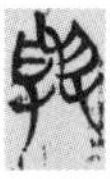
六・競 13/青（請）祭～正

六・孔 11/夫～（邪）蝺（僞）之民

六・孔 12/～蝺（僞）之民

六・孔 13/拜此～（邪）民也

六・孔 13/此～（邪）民

六・孔 18/亓（其）行板恭哀～

六・孔 19/～（邪）蝺（僞）之民

六・莊 3/四～五之閒（間）虗（乎）

六・莊 3/女（如）四～五之閒（間）

六・壽 3/君王～楚邦懼戁（難）

六・壽 4/王～之語少=（少少）

六・用 2/事非～又（有）方

六・天甲 7/～卿夫=（大夫）同恥庑（度）

六・天乙 6/～

舁

五・競 2/～（與）級（隰）俚（朋）曰

五・競 5/肰（然）則可敚（奪）～（歟）

五・競 9/伋（隰）俚（朋）～（與）鞄（鞄—鮑）叀（叔）舀（牙）皆拜

五・競 10/或（又）以豈（豎）逨（刁）～（與）豖（易）舀（牙）爲相

五・競 10/取～（與）賭（說）公

六・孔 2/可旻（得）聞～（歟）

六・孔 6/繇（由）悬（仁）～（歟）

六・孔 14/戥(毆—抑)～(邪)民之行也

六・孔 16/女(安—焉)～之尻而訾(察)餌(問)亓(其)所學

二・民 10/可旻(得)而餌(聞)～(歟)

學

二・昔 3/～(與)敚(美)瀍(廢)亞(惡)

三・中 7/～(舉)臤(賢)才

興(興、舋)

興

一・性 11/或～之也

三・中 11/敢昏(問)道民～惪(德)女(如)可(何)

五・弟 22/殅(夙)～麥(夜)牀(寐)

二・容 13/目(以)堯爲善～臤(賢)

舋

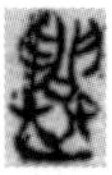
四・曹 37/不牪而或～

五・季 10/婑(夙)～(興)麥(夜)寤(寐)

五・季 21/因邦斎=(之所)臤(賢)而～(興)之

五・三 2/皇天牆(將)～(興)之

五・三 6/～=(興興)民事

五・三 14/～(興)而记(起)之

五・三 14/牆(將)～(興)勿殺

五・三 17/～(興)地之弡

五・三 19/瀍(廢)人勿～(興)

二・從甲 8/獄則～(興)

二・從乙 1/～(興)邦豙(家)

九・舉 8/或目(以)～(興)

臼　部

要

一・性 14/昏(聞)訶(歌)～(謡)〼畜(奮)

四・采 2/不～之媑

四・昭 7/不腹(獲)～(腰)頸之辠(罪)

九・舉 14/道又(有)～虐(乎)

九・邦 2/～王於陸(隨)寺(時)

臬

一・性 14/訐(信)肰(然)句(後)亓(其)內(入)～(拔)人之心也敂(厚)

晨　部

農(辳)

辳

五・三 15/孜(務)～(農)敬戒

革　部

革

二・容 18/不折(制)～

二・容 51/武王於是虖(乎)复(作)爲～車千乘

二・容 51/武王乃出～車五百乘

三・周 30/玐(執)用黄牛之～

三・周 47/～

三・周 47/巩(鞏)用黄牛之～

三・周 47/攺(改)日乃～之

三・周 47/～言晶(三)歖(就)

鞄(⿰革缶)

⿰革缶

五・競 1/級(隰)倗(朋)與～(鞄—鮑)弔(叔)酉(牙)從

五・競 1/～(鮑)弔(叔)酉(牙)盒(答)曰

五・競 5/～(鮑)弔(叔)酉(牙)盒(答)曰

五・競 6/～(鮑)弔(叔)酉(牙)

五・競 9/伋(隰)倗(朋)㝵(與)～(鞄—鮑)弔(叔)酉(牙)皆拜(拜)

五・鮑 7/～(鞄—鮑)弔(叔)酉(牙)盒(答)曰

五・鮑 9/～(鞄—鮑)弔(叔)酉(牙)與級(隰)倗(朋)之諫

鞶(⿰糸缶)

⿰糸缶

三・周 5/或賜～(鞶)絑(帶)

鞁

二・容 22/鄄(製)表(縫)～(皮)尃

鞭（支）

支

二・容16/～（鞭—辨）爲五音

二・容20/已（以）～（鞭—辨）亓（其）右（左）右

二・容29/乃～（鞭—辨）侌（陰）昜（陽）之髂（氣）

五・君7/足毋～（蹁）

六・慎2/道莫～（鞭—偏）干（焉）

六・慎2/莫～（鞭—偏）干（焉）

鬲　部

鬲

二・容40/傑（桀）乃逃之～（歷）山是（氏）

五・鬼2背/此已（以）桀折於～（歷）山

二・容13/昔舜靜（耕）於～（歷）丘

融（韣、韞）

韣

五・鬼5/～（融）帀（師）又（有）成氏

五・鬼7/昔～（融）之氏帀（師）

韞

三・周25/虎視～=（眈眈）

䰜　部

羹（盬、𥁰）

盬

四・曹11/食不試（貳）～（羹）☐

二・容21/～（羹）不斮（折）骨

𥁰

六・木3/醢（酪）～（羹）不焌（酸）

五・三13/亞（惡）～（羹）與飤（食）

鬻（餌）

餌

四・曹55/思（使）良車良士往取之～（耳）

鬻（煮）

煮

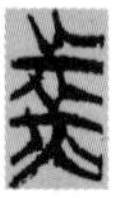
二・容3/瘦（瘦）者～盧（鹽）

爪　部

孚

一・緇 1/萬(萬)邦复(作)～(孚)

三・周 2/又(有)～

三・周 4/又(有)～

三・周 9/又(有)～比之

三・周 9/又(有)～汲(盈)缶

三・周 11/氒(厥)～洨(交)女(如)

三・周 17/又(有)～才(在)道已明

三・周 17/～于嘉

三・周 33/交～

三・周 40/羸(羸)豕～是蜀(獨)

三・周 42/又(有)～不夂(終)

三・周 45/又(有)～元吉

三・周 47/攺(改)日迺(乃)～

三・周 47/又(有)～

三・中 20/～(愎)怸(過)戋(捍)析

爲

一・孔 5/吕(以)～丌(其)本

一・孔 5/吕(以)～丌(其)䕷(樸)

一・孔 21/則吕(以)～不可女(如)可(何)也

一・孔 24/敓(悦)丌(其)人必好丌(其)所～

二・子 1/可(何)古(故)吕(以)旻(得)～帝

二・子 13/肰(然)則厽(三)王者管(孰)～

二・魯 1/子不～我圉(圖)之

二・魯 4/石吕(以)～膚

二・魯 4/木吕(以)～民

二・魯 4/水吕(以)～膚

一・緇 2/～上可宎(望)而智(知)也

一・緇 2/～下可頪(述)而旹(志)也

一・緇 5/民吕(以)君～心

 —·緇 5/君㠯(以)民~僼(體)

 —·緇 6/則下之~悬(仁)也静(爭)先

 —·緇 18/此言之砧(玷)不可~

 —·性 3/凡眚(性)~宔(主)

 —·性 6/有~也〔者〕之胃(謂)古(故)

 —·性 8/~宔(主)

 —·性 8/唯人道~可道也

 —·性 9/又(有)~=(爲爲)之也

 —·性 9/又(有)~言之也

 —·性 9/又(有)~䢅(舉)之也

 —·性 11/或舍(敘)~之節鼎(則)旻(文)也

 —·性 13/所㠯(以)~信與登(徵)也

 —·性 20/凡思之甬(用)心~甚

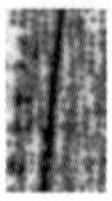 —·性 21/凡人情~可兑(悦)也

 —·性 32/〔求其〕心又(有)~(僞)也

 —·性 34/唯眚(性)恣(愛)~近悬(仁)

 —·性 34/唯宜道~近中(忠)

 —·性 34/唯亞(惡)不悬(仁)~〔近義〕

 —·性 35/〔唯人〕道~可道也

 —·性 35/思~甚

 —·性 35/惓(患)~甚

 —·性 36/〔哀〕樂~甚

 —·性 36/悦~甚

 —·性 36/利~甚

 —·性 37/不〔難〕~之死

 —·性 37/又(有)亓(其)~人之傣=(節節)女(如)也

 —·性 37/又(有)亓(其)~人之柬=(簡簡)女(如)也

 —·性 38/又(有)亓(其)~人之慧(快)女(如)也

 —·性 38/又(有)亓(其)~人之

 二・民 12/～民父母

 二・魯 5/魚⺒(以)～民

 二・從甲 3/豊(禮)則寡而～悬(仁)

 二・從甲 15/～利枉事

 二・容 7/⺒(以)～天子

 二・容 9/而立～天子

 二・容 9/堯乃～之斈(教)曰

 二・容 12/不⺒(以)亓(其)子～逡(後)

 二・容 12/而欲⺒(以)～逡(後)

 二・容 13/⺒(以)先(堯)～善興臤(賢)

 二・容 14/先(堯)於是虖(乎)～車十又(有)五乘

 二・容 17/而欲⺒(以)～逡(後)

 二・容 23/乃立墨(禹)⺒(以)～司工

 二・容 31/東方～三俈(造)

 二・容 31/西方～三俈(造)

 二・容 31/南方～三俈(造)

 二・容 31/北方～三俈(造)

 二・容 35/自～

 二・容 38/篁(築)～瑨室

 二・容 45/尃(溥)亦(夜)⺒(以)～槿(淫)

 二・容 50/含(今)受(紂)～無道

 二・容 51/武王於是虖(乎)复(作)～革車千乘

 二・容 53/受(紂)～亡(無)道

 三・周 1/不秎(利)～寇(寇)

 三・周 45/～我心寨(惻)

 三・彭 3/敢昏(問)～人

 三・中 1/季逗(桓)子叓(使)中(仲)弓～翱(宰)

 三・中 5/～之

 三・中 5/敢昏(問)～正(政)可(何)先

 三・中 8/～之女(如)可(何)

 三・中 12/懸(難)～从正(政)

 四・逸・交 1/⺒(以)自～㞑(長)

 四・逸・交 4/㠯(以)自～戔(衛)

 四・昭 1/卲(昭)王～室於死(夷)泜(沮)之滤(滸)

 四・昭 3/𠧗(卜)命(令)尹墜(陳)眚(省)～見(視)日

 四・昭 4/𠧗(卜)命(令)尹不～之告

 四・昭 4/君不～僕(僕)告

 四・昭 4/𠧗(卜)命(令)尹～之告

 四・昭 8/老臣～君王獸(獸—守)見(視)之臣

 四・柬 6/～楚邦之䰟(鬼)神宔(主)

 四・柬 7/卿～

 四・柬 12/此～君者之𦋔(刑)

 四・柬 13/我可(何)～

 四・柬 17/酒(將)～客告

 四・柬 22/～人

 四・内 1/古(故)～人君者

 四・内 2/古(故)～人臣者

 四・内 2/古(故)～人父者

 四・内 3/古(故)～人子者

 四・内 4/古(故)～人伔(兄)者

 四・内 4/古(故)～人俤(弟)者

 四・内 10/古(故)～𡮢(少)必聖(聽)長之命

 四・内 10/～戔(賤)必聖(聽)貴之命

 四・曹 1/魯臧(莊)公酒(將)～大鐘

 四・曹 18/所㠯(以)～倀(長)也

 四・曹 20/～和於邦女(如)之可(何)

 四・曹 22/此所㠯(以)～和於邦

 四・曹 22/～和於豫(舍)女(如)可(何)

 四・曹 23/所㠯(以)～和於豫(舍)

 四・曹 24/～和於戦(陳)女(如)可(何)

 四・曹 30/思(使)～前行

 四・曹 31/思(使)～前行

 四・曹 32/～之母(毋)𢖿(怠)

 四・曹 33/～親女(如)可(何)

 四・曹 35/～和女(如)可(何)

 四・曹 36/～義女(如)可(何)

 四・曹 47/善於死者～生者

 四・曹 58/所𠂇(以)～毋退

 四・曹 62/所𠂇(以)～軔(斷)

 五・競 1/害(曷)～

 五・競 1/～齊

 五・競 6/公身～亡(無)道

 五・競 8/虐(吾)不智(知)亓(其)～不善也

 五・競 8/外之～者(諸)医(侯)狀(嘲)

 五・競 9/公身～亡(無)道

 五・競 10/或(又)𠂇(以)豊(豎)迅(刁)舁(與)𢎗(易)𤘪(牙)～相

 五・鮑 1/返(及)亓(其)葬(葬)也,皆～亓(其)容

 五・鮑 4/不𠂇(以)邦冢(家)～事

 五・鮑 6/亓(其)～志(災)也深矣

 五・鮑 2/～亓(其)容

 五・鮑 2/～亓(其)言

 五・鮑 6/亓(其)～不悬(仁)厚矣

 五・鮑 8/日㦸(璃)亦不～志(災)

 五・鮑 8/公(虹)蟲(煇)亦不～戠(害)

 五・季 13/古(故)子𠂇(以)此言～系(奚)女(如)

 五・季 14/古之～邦者必𠂇(以)此

 五・季 18/能～䰡(鬼)

 五・姑 1/～士

 五・姑 3/𠂇(以)我～能紿(治)

 五・姑 4/天下～君者

 五・姑 5/虐(吾)䎽(聞)～臣者必思(使)君旻(得)志於𠂇(己)而又(有)後青(請)

 五・姑 6/～此殜(世)也

 五・君 1/君子～豊(禮)

 五・君 13/☐㠯(以)～旲(异—己)名

 五・弟 11/～君子虖(乎)

 五・弟 12/求～之行

 五・弟 18/皆可㠯(以)～者(諸)矦(侯)梎(相)歖(矣)

 五・三 2/毋～⿱爲心(僞)慮(詐)

 五・三 10/毋～角言

 五・三 10/毋～人昌(倡)

 五・三 11/不恙(祥)毋～

 五・三 12/所㠯(以)～天豊(禮)

 五・三 13/𢚧(怒)～首

 五・三 14/～善福乃逨(來)

 五・三 14/～不善禍(禍)乃或(有)之

 五・三 15/毋不能而～之

 五・鬼 1/此㠯(以)貴～天子

 五・鬼 2/～天下芺(笑)

 五・鬼 4/亓(其)力能至(致)女(安—焉)而弗～虖(乎)

 港甲 8/㠯(以)～

 二・從甲 1/民皆㠯(以)～義

 二・容 16/鞭(辨)～五音

 二・容 17/不㠯(以)亓(其)子～後

 二・容 20/墨(禹)肰(然)句(後)訂(始)～之虖(號)羿(旗)

 二・容 22/㠯(以)～民之又(有)詓(訟)告者鼓女(安—焉)

 二・容 27/墨(禹)乃從灘(漢)㠯(以)南～名浴(谷)五百

 二・容 28/從灘(漢)㠯(以)北～名浴(谷)五百

 二・容 28/乃立句(后)褸(稷)㠯(以)～緹

 二・容 29/乃立咎(皋)䌛(陶)㠯(以)～李(理)

 二・容 30/乃立數(質)㠯(以)～樂正

 二・容 30/复(作)～六頪(律)

 二・容 31/方～三借(造)

 二・容 33/是㠯(以)～名

 二・容 33/不㠯(以)亓(其)子～後

 二・容 34/而欲㠯(以)～後

 二・容 36/湯乃尃(溥)～正(征)复(籍)

 二・容 37/乃立泗(伊)尹㠯(以)～差(佐)

 二·容 38/□～丹宫

 二·容 38/玳(飾)～条(瑶)臺

 二·容 38/立～玉閏(門)

 二·容 42/自～芑爲

 二·容 42/自爲芑～

 二·容 44/於是虐(乎)叏(作)～九城(成)之臺

 二·容 45/於是虐(乎)叏(作)～金桎三千

 二·容 45/既～金桎

 二·容 45/或(又)～酉(酒)池

 二·容 48/一人～亡(無)道

 二·容 2/敉(侏)需(儒)～矢

 三·亘 2/虚清～弍(一)

 三·亘 7/自叏(作)～

 三·亘 11/嬰(舉)天下之～也

 三·亘 11/而能自～也

 六·競 3/身～新(親)

 六·競 4/木～成於宋

 六·競 5/丌(其)祝史之～丌(其)君祝敚(説)也

 六·競 8/禮(詛)～亡(無)褻(傷)

 六·競 8/舉邦～欽(禁)

 六·競 9/非～媺(美)玉肴生(牲)也

 六·競 11/偷～樂虐(乎)

 六·孔 5/～信吕(以)事亓(其)上

 六·孔 13/大～毋槼

 六·孔 14/好刉(叚—假)宂吕(以)～

 六·孔 15/不□拜䜌(絶)吕(以)～吕(己)

 六·莊 5/王子回(圍)立～王

 六·莊 6/臣不智(知)君王之牆(將)～君

 六·莊 7/之～君

 六·莊 8/臣～君王臣

 六·壽 1/懼褢(鬼)神吕(以)～妄(怒)

 六·壽 5/臣～君王臣

 六·木 2/可(何)吕(以)赫(麻)～

 六・木 2/㠯(以)～衣

 六・木 5/薵(疇)可(何)㠯(以)～

 六・慎 2/共(恭)㠯(以)～體

 六・慎 2/信㠯(以)～言

 六・慎 6/遂迖～民之古(故)

 六・用 18/言台(以)～章

 六・天甲 3/不腈(精)～腈(精)

 六・天甲 3/不媺(美)～媺(美)

 六・天甲 3/腈(精)～不腈(精)

 六・天甲 4/媺(美)～不媺(美)

 六・天甲 12/古(故)見傷而～之晢

 六・天甲 12/見窔而～之内(入)

 六・天甲 12 因悳(德)而～之折

 六・天乙 3/不腈(精)～腈(精)

 六・天乙 3/不媺(美)～媺(美)

 六・天乙 3/腈(精)～不腈(精)

 六・天乙 3/媺(美)～不媺(美)

 六・天乙 11/古(故)見傷而～之晢

 七・武 5/～名(銘)於笫(席)之四耑(端)曰

 七・武 15/百眚(姓)之～經

 七・鄭甲 2/楚邦囟(使)～者(諸)灰(侯)正

 七・鄭甲 3/女(如)上帝䰟(鬼)神㠯(以)～惹(怒)

 七・鄭甲 3/牆(將)必～帀(師)

 七・鄭甲 5/奠(鄭)人命㠯(以)子良～執命

 七・鄭乙 2/楚邦囟(使)～者(諸)灰(侯)正

 七・鄭乙 3/女(如)上帝〔䰟(鬼)〕〔神〕㠯(以)～惹(怒)

 七・鄭乙 3/牆(將)必～帀(師)

 七・鄭乙 5/奠(鄭)人命㠯(以)子良～執命

七・君甲 1/命～君王戔(展)之

七・君甲 5/之〈先〉王斎=(之所)㠯(以)～目觀也

七・君甲 5/而不～亓(其)樂

七・君甲 6/先王～此

七・君甲 7/人㠯(以)君王～㞒(所)㠯(以)𡡾(傲)

七・君乙 1/命～君王戔(展)之

七・君乙 5/先王斎=(之所)㠯(以)～目觀也

七・君乙 5/而不～亓(其)樂

七・君乙 6/先王～此

七・君乙 6/人㠯(以)君王～𡡾(傲)

七・凡甲 4/篙(孰)～之公

七・凡甲 4/篙(孰)～之佳(封)

七・凡甲 5/篙(孰)～辡(箭—薦)奉

七・凡甲 7/虗(吾)奚㠯(以)～頁(首)

七・凡甲 11/篙(孰)～天

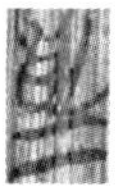
七・凡甲 11/篙(孰)～墬(地)

七・凡甲 11/篙(孰)～靁(雷)神(電)

七・凡甲 12/篙(孰)～啻(霆)

七・凡甲 17/☐鼠(一)以～天墬(地)旨

七・凡甲 18/人白(泊)～戠(察)

七・凡甲 24/氏(是)古(故)陳～新

七・凡甲 24/人死復(復)～人

七・凡甲 29/鼠(一)言而～天墬(地)旨

七・凡乙 3/篙(孰)～之

七・凡乙 4/篙(孰)～之佳(封)

七・凡乙 4/篙(孰)～辡(箭—薦)奉

七・凡乙 6/虗(吾)系(奚)㠯(以)～頁(首)

七・凡乙 17/氏(是)古(故)陳～新

七・凡乙 17/人死遉(復)～人

七・凡乙 22/～天墬(地)旨

七・吴 4/習(荆)～不道

七・吴 8/箮(孰)～帀(師)徒

七・吴 9/楚人～不道

八・子 3/飤(食)而弗與～豊(禮)

八・顔 2/所邑(以)～樂也

八・命 1/命虐(吾)～楚邦

八・命 4/則戠(職)～民竆(仇)寯(讎)

八・命 7/子胃(謂)昜(陽)～孯(賢)於先夫=(大夫)

八・命 8/君王之所邑(以)命與所～於楚邦

八・命 9/含(今)視日～楚命(令)尹

八・王 1/郘昌～之告

八・王 2/昌～之告

八・王 5/～虐(吾)詸(蔽)之

八・王 7/乃命彭徒～洛让(卜)尹

八・志 4/蟲材邑(以)～獻

八・志 5/虐(吾)邑(以)尔(爾)～遠目耳

八・志 5/而(尔)縱不～虐(吾)爯(稱)睪(擇)

八・有 1/能～余拜楮柧含(今)可(兮)

九・成甲 1/城(成)王～成(城)僕(濮)之行

九・成甲 3/瞉(穀)虡(於)余(菟)～楚邦老

九・成甲 5/君～楚邦老

九・成乙 2/王～余客

九・靈 4/～之惹(怒)

九・靈 5/或～之惹(怒)

九・靈 5/君～王臣

九・靈 5/城(成)公與虎逯(歸)～袼

九・陳 13/車～宔(主)女(安—焉)

九・邦 12/命之～司馬

九・邦 12/女(安—焉)叚(假)～司馬

九・史 8/人之彥=(顏色)亓(其)～之

九・史 8/～視亓(其)所谷(欲)而

九・舉 7/子～我之道

九・史 12/不志(識)所～

九・舉 23/堯吕(以)四割(害)之文(紊)～未也

九・舉 30/壐(禹)疋(疏)江～三

九・舉 31/疋(疏)河～九

九・邦 3/盍(蓋)昇(冠)～王乂

九・邦 5/可(何)吕(以)帀(師)～

九・邦 9/～備(服)

九・邦 10/古(故)～鄴(葉)連嚚(敖)與鄒(蔡)樂尹

九・邦 11/命之～命(令)尹

坙

五・鬼 7/湛(沈)～(抑)念惟

丮　部

埶(埶、䞈、秇)

埶

一・性 3/～(勢)也

一・性 5/～(勢)也

一・性 6/勿(物)之～(勢)者之胃(謂)埶(勢)

一・性 6/勿(物)之埶(勢)者之胃(謂)～(勢)

三・彭 1/句是(氏)～(執)心不忘

港甲 8/吕(以)爲吕～子國安

一・緇 15/古(故)上不可吕(以)～(褻)型(刑)而翠(輕)皀(爵)

六・慎 1/精瀍吕(以)巽～(勢)

六・用 3/亦不～(邇)於惻(賊)

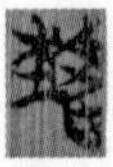 八・志 3/虗(吾)安尔(爾)而～(設)尔

 六・用 15/～(邇)而不難

 九・邦 5/乃乘～(馹)車五輮(乘)

 九・舉 20/～(設)皆紀

𦛵

 六・用 2/～(埶—邇)君𦛵(埶—邇)戾

 六・用 2/𦛵(埶—邇)君～(埶—邇)戾

秇

 六・用 18/～(埶—設)立帀(師)長

巩

 三・周 47/～用黄牛之革

又　部

又

 一・孔 1/亓(其)～(有)不王虐(乎)

 一・孔 4/民之～(有)慼惓(患)也

 一・孔 5/～(有)城(成)工(功)者可(何)女(如)

 一・孔 6/昊天～(有)城(成)命

 一・孔 7/～(有)命自天

 一・孔 8/少～(有)怍(佞)女(安—焉)

 一・孔 9/亦～(有)㠯(以)也

 一・孔 13/不亦～(有)還虗(乎)

 一・孔 17/東方未明～(有)利詞(詞)

 一・孔 19/猷～(有)悁(怨)言

 一・孔 19/木苽(瓜)～(有)藏(藏)惡(願)而未旻(得)達也

 一・孔 20/亓(其)隱(隱)志必～(有)以俞(喻)也

 一・孔 20/亓(其)言～(有)所載而句(後)内(納)

 一・孔 22/訽(洵)～(有)情而亡(無)望

 一・孔 25/～(有)兔

 一・孔 25/智(知)言而～(有)豊(禮)

 一・孔 26/《翏(蓼)莪》～(有)孝志

 一・孔 26/《隰(隰)～(有)長(萇)楚》

 一・孔 28/《牆～(有)薺(茨)》

 一·緇 1/～（有）國者章好章惡

 一·緇 3/隹（惟）尹夋及康（湯）咸～（有）一悳（德）

 一·緇 7/～（有）梏悳（德）行

 一·緇 8/一人～（有）慶

 一·緇 9/（從）容～（有）祟（常）

 一·緇 13/則民～（有）昱（勸）心

 一·緇 13/則民～（有）免心

 一·緇 13/則民～（有）皋（親）

 一·緇 13/則民～（有）恙=（遜心）

 一·緇 19/行～（有）陞（格）

 一·緇 19/君子言～（有）勿（物）

 一·緇 20/句（苟）～（有）車

 一·緇 20/句（苟）～（有）衣

 一·緇 22/古（故）君子之沓（友）也～（有）晳（香）

 一·緇 22/亓（其）惡也～（有）方

 一·緇 23/宋人～（有）言曰

 一·性 1/凡人唯（雖）～（有）生（性）

 一·性 3/金石之～（有）聖（聲）也

 一·性 7/～（有）㠯（以）習亓（其）眚（性）也

 一·性 9/～（有）爲=（爲爲）之也

 一·性 9/～（有）爲言之也

 一·性 9/～（有）爲舉（舉）之也

 一·性 22/～（有）完（美）情者也

 一·性 23/～（有）心愄（畏）者也

 一·性 23/～（有）悳（德）者也

 一·性 23/～（有）道者也

 一·性 23/～（有）內斅者也

 一·性 28/～（有）豊（禮）

 一·性 28/君子執志必～（有）夫杭=（亢亢）之心

 一·性 28/出言必～（有）夫柬=（簡簡）〔之信〕

 一·性 29/賓客之豊（禮）必～（有）夫齊=（齊齊）之頌（容）

一・性 29/祭祀之豊(禮)必～(有)夫臍=(齊齊)之敬

一・性 29/居喪必～(有)夫戀=(戀戀)之哀

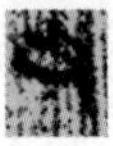
一・性 30/必史(使)～(有)末

一・性 32/〔求其〕心～(有)爲(僞)也

一・性 37/～(有)亓(其)爲人之傣=(傣傣)女(如)也

一・性 37/不～(有)夫柬=(簡簡)之心則悉(采)

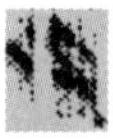
一・性 37/～(有)丌(其)爲人之柬=(簡簡)女(如)也

一・性 37/不～(有)夫恒悉(忻)之志則曼(慢)

一・性 38/不～(有)夫詘=(詘詘)之心則流

一・性 38/不～(有)夫奮复(作)之情則悉(侮)

一・性 38/～(有)亓(其)爲人之慧(快)女(如)也

一・性 38/～(有)亓(其)爲人之

一・性 39/～(有)怂(過)則咎

一・性 40/〔斯〕～(有)怂(過)

二・民 2/四方～(有)敗(敗)

二・民 8/迺(夙)夜朞(基)命～(宥)簪(密)

二・子 1/～(有)吳(虞)是(氏)之樂正宫(瞽)宑(瞍)之子也

二・子 1/史(使)亡(無)～(有)少(小)大忌(肥)竃

二・子 10/～(有)卤(娀)是(氏)之女也

二・子 11/～(有)鼹(燕)監(銜)卵而階(措)者(諸)丌(其)黹(前)

二・子 12/～(有)訽(部)是(氏)之女也

二・從甲 1/昔三弋(代)之明王之～(有)天下者

二・從甲 8/從正(政)～(有)七幾(機)

二・從甲 14/～(有)所又(有)舍(余)而不敢𦘔(盡)之

二・從甲 14/又(有)所～(有)舍(余)而不敢𦘔(盡)之

二・從甲 14/～(有)所不足

二・從甲 15/事必～(有)异(期)

二・容 1/之～(有)天下也

二・容 5/～(有)吴(無)迵(通)

二・容 5/圭(匡)天下之正(政)十～(有)九年而王天下

二·容 5/卅=(三十)～(有)七年而民終

二·容 12/堯～(有)子九人

二·容 14/堯於是虗(乎)爲車十～(有)五(乘)

二·容 17/舜～(有)子七人

二·容 22/㠯(以)爲民之～(有)詓(訟)告者鼓女(安—焉)

二·容 29/民～(有)余(餘)飤(食)

二·容 33/墨(禹)～(有)子五人

二·容 35/〔啟〕王天下十～(有)六年〈世〉而傑(桀)复(作)

二·容 35/▨□是(氏)之～(有)天下

二·容 37/於是唐(乎)～(有)諠(喑)、聾、皮(跛)、瞑、瘻(瘻)、寀(瞽)、婁(僂)始记(起)

二·容 42/湯王天下卅=(三十)～(有)一傑(世)而受(紂)复(作)

二·容 52/受(紂)不智(知)亓(其)未～(有)成正(政)

三·周 1/不～(有)躳(躬)

三·周 2/～(有)孚

三·周 2/少(小)～(有)言

三·周 4/～(有)孚

三·周 4/少(小)～(有)言

三·周 8/畋(田)～(有)含(禽)

三·周 8/大君子～(有)命

三·周 9/～(有)孚比之

三·周 9/～(有)孚汲(盈)缶

三·周 9/終逨(來)～(有)它吉

三·周 12/君子～(有)終

三·周 14/迡(遲)～(有)悔

三·周 14/大～(有)旻(得)

三·周 15/～(有)愈(渝)

三·周 16/官～(有)愈(渝)

三·周 16/出門交～(有)工(功)

三·周 16/隆(隨)求～(有)旻(得)

三·周 16/隆(隨)～(有)䐶(獲)

三·周 17/～(有)孚才(在)道已明

三·周 18/～(有)子

三·周 18/少～(有)

三·周 20/亓(其)非返(復)～(有)禬(眚)

三·周 20/不利～(有)卣(攸)往

三·周 21/亡(無)忘～(有)疾

 三・周 21/勿藥～(有)菜(喜)

 三・周 21/行～(有)褙(眚)

 三・周 22/～(有)礪(厲)利巳(已)

 三・周 22/利～(有)卣(攸)往

 三・周 30/勿用～(有)卣(攸)往

 三・周 30/～(有)疾礪(厲)

 三・周 37/～(有)卣(攸)往

 三・周 38/莫(暮)譽(夜)～(有)戎

 三・周 38/～(有)凶

 三・周 38/女(如)雩(霰)～(有)礪(厲)

 三・周 39/中～(有)凶

 三・周 40/～(有)卣(攸)往

 三・周 40/橐(包)～(有)魚

 三・周 41/～(有)惪(憂)自天

 三・周 42/利～(有)卣(攸)往

 三・周 42/～(有)孚不終

 三・周 43/～悬(悔)

 三・周 45/～(有)孚元吉

 三・周 47/～(有)孚

 三・周 49/言～(有)舒(序)

 三・周 50/～(有)言

 三・周 51/～(有)慶懇(譽)

 三・周 57/需～(有)衣絮(袽)

 港甲 2/亡初～(有)終

 三・中 3/子～(有)臣蓳(萬)人

 三・中 7/先～(有)司

 三・中 8/夫先～(有)司爲之女(如)可(何)

 三・中 9/～(有)城(成)

 三・中 9/是古(故)～(有)司不可不先也

 三・中 9/唯(雖)～(有)臤(賢)才

 三・中 13/唯(雖)～(有)孳(孝)悳(德)

 三・中 18/昔三弋(代)之明王～(有)四海之内

 三・中 19/山～(有)堋(崩)

 三・中 19/川～(有)滐(竭)

 三・中 19/民亡(無)不～(有)怂(過)

 三・中附簡/夫子唯～(有)與(舉)

 三・中附簡/幾(豈)不～(有)性(狂)也

 三・亘 1/亘(恒)先無～(有)

 三・亘 1/～(有)或女(安—焉)又(有)獎(氣)

 三・亘 1/又(有)或女(安—焉)～(有)獎(氣)

 三・亘 1/又(有)獎(氣)女(安—焉)～(有)又(有)

 三・亘 1/又(有)獎(氣)女(安—焉)又(有)～(有)

 三・亘 1/～(有)訂(始)女(安—焉)又(有)往者

 三・亘 1/又(有)訂(始)女(安—焉)～(有)往者

 三・亘 1/未～(有)天陛(地)

 三・亘 2/～(有)乍(作)行

 三・亘 3/不蜀(獨)～(有)與也

 三・亘 5/～(有)出於或(域)

 三・亘 5/生出於～(有)

 三・亘 6/～(有)非又(有)

 三・亘 6/又(有)非～(有)

 三・亘 6/無胃(謂)～(有)

 三・亘 7/笁(作)女(安—焉)～(有)事

 三・亘 8/先者～(有)善

 三・亘 8/～(有)絧(治)無𤔔(亂)

 三・亘 8/～(有)人女(安—焉)又(有)不善

 三・亘 8/又(有)人女(安—焉)～(有)不善

 三・亘 8/先～(有)审(中)

 三・亘 8/女(安—焉)～(有)外

 三・亘 8/先～(有)少(小)

 三・亘 8/女(安—焉)～(有)大

 三・亘 8/先～(有)矛(柔)

 三・亘 9/～(有)剛

 三・亘 9/先～(有)园(圓)

 三・亘 9/女(安—焉)～(有)枋(方)

 三・亘 9/先～(有)晦(晦)

 三・亘 9/女(安—焉)～(有)明

 三・亘 9/先～(有)耑(短)

 三・亘 9/女(安—焉)～(有)長

 三・亘 10/言名先者～(有)㠯(疑)

 三・亘 11/笁(作)甬(庸)～(有)果與不果

 三・亘 13/無～(有)灋(廢)者

 三・亘 13/甬(庸)～(有)求而不悬(慮)

 四・采 1/～(有)敔(絞)

 四・采 1/～(有)文又(有)敔(絞)

 四・采 1/又(有)文～(有)敔(絞)

 四・采 1/埜(野)～(有)萦(葛)

 四・采 2/～(有)誸(絞)

 四・采 2/豊(禮)～(侑)酉(酒)

 四・昭 1/～(有)一君子

 四・昭 9/～(有)女(安—焉)

 四・昭 10/虗(吾)未～(有)吕(以)恴(憂)亓(其)子

 四・柬 3/無～(有)名山名溪

 四・柬 5/楚邦～(有)祟(常)古(故)

 四・柬 7/未尚(嘗)～(有)

 四・柬 16/王～(有)埜(野)色

 四・柬 16/逗(屬)者～(有)嚏(暍)人

 四・柬 18/必三軍～(有)大事

 四・柬 21/～(有)古(故)虖(乎)

 四・柬 23/臣者亦～(有)敉(爭)虖(乎)

 四・内 8/父毋(母)～(有)疾

 四・内 8/剴(豈)必～(有)益

 四・内附簡/則民～(有)豊(禮)

 四・相 4/不昏(問)～(有)邦之道

 四・曹 2/亡(無)～(有)不民

 四・曹 3/而攺(撫)～(有)天下

 四・曹 8/肰(然)而古亦～(有)大道女(安—焉)

 四・曹 9/害(曷)～(有)弗旻(得)

 四・曹 10/害(曷)～(有)弗遊(失)

 四・曹 12/而亡(無)～(有)厶(私)也

 四・曹 13/～(有)固悬(謀)而亡(無)固城

 四・曹 14/～(有)克正(政)而亡(無)克戟(陳)

 四・曹 18/必～(有)戬(戰)心吕(以)獸(守)

 四・曹 21/坓(刑)罰～(有)辠(罪)

 四・曹 21/而賞簭(爵)～(有)悳(德)

 四・曹 21/《詩》於～(有)之曰

 四・曹 23/君必聚羣～(有)司而告之

 四・曹 25/必～(有)二牆(將)軍

 四・曹 25/毋(無)牆(將)軍必～(有)數辟(嬖)大夫

 四・曹 25/必～(有)數大官之帀(師)

四・曹 25/凡～(有)司衔(率)倀(長)民者

四・曹 26/攴(什)五(伍)之閼(閒)必～(有)公孫公子

四・曹 28/受(授)～(有)智

四・曹 28/舍(舍)～(有)能

四・曹 28/卒～(有)倀(長)

四・曹 28/三軍～(有)衔(帥)

四・曹 28/邦～(有)君

四・曹 34/～(有)智(知)不足

四・曹 37/昔周〔室〕～(有)戒言曰

四・曹 38/戩(戰)～(有)㬎(顯)道

四・曹 40/出帀(師)～(有)幾虗(乎)

四・曹 40/～(有)

四・曹 41/可㠯(以)～(有)怠(治)邦

四・曹 42/三軍戠果～(有)幾虗(乎)

四・曹 42/～(有)

四・曹 43/戩(戰)～(有)幾虗

四・曹 43/～(有)

四・曹 44/既戩(戰)～(有)幾虗

四・曹 45/～(有)

四・曹 45/既戩(戰)而～(有)紿(怠)心

四・曹 46/復(復)敗戩(戰)～(有)道虗(乎)

四・曹 46/～(有)

四・曹 50/進則录(禄)簹(爵)～(有)祟(常)

四・曹 50/復(復)盤(便)戩(戰)～(有)道虗(乎)

四・曹 50/～(有)

四・曹 53/復(復)甘戩(戰)～(有)道虗(乎)

四・曹 53/～(有)

四・曹 54/復(復)故(苦)戩(戰)～(有)道虗(乎)

四・曹 54/～(有)

四・曹 56/民～(有)寶(寶)

四・曹 57/善攻者必㠯(以)亓(其)所～(有)

四・曹 57/㠯(以)攻人之所亡(無)～(有)

四・曹 59/虛(吾)～(有)所鼯(聞)之

四・曹 60/～(有)之虗(乎)

四・曹 60/～(有)

四・曹 62/天=(一人)～(有)多

五・競 2/～(有)鷜(雉)雊(雊)於僕(彝)䒞(前)

五・競 5/牆(將)～(有)兵

五・競 5/～(有)憂(憂)於公身

五・鮑 1/乃命百～(有)嗣(司)曰

五・鮑 1/～(有)虽(夏)是(氏)觀亓(其)容㠯(以)叓(使)

五・鮑 3/乃命～(有)嗣(司)箸(著)集(籍)浮(簿)

五・鮑 7/～(有)嗣(司)祭備(服)毋(無)紋(黼)

五・鮑 8/晉邦～(有)亂

五・季 1/肥從～(有)司之逡(後)

五・季 4/虞(且)笑(管)中(仲)～(有)言曰

五・季 5/則邦～(有)榦(榦)童

五・季 9/狀臧夏(文)中(仲)～(有)言曰

五・季 12/則邦～稄(穫)

五・季 18/氏(是)古(故)䝬(賢)人大於邦而～畧(劭)心

五・姑 1/思～(有)君臣之節

五・姑 5/虐(吾)毋～(有)它正公事

五・姑 5/而～(有)逡(後)青(請)

五・姑 6/於言～(有)之

五・弟 3/毋～(有)柔孝(教)

五・弟 3/毋～(有)首猷(猶)

五・弟 4/～(有)墬(地)之胃(謂)也虗(乎)

五・弟 12/～(有)夫言也

五・弟 13/無所～(有)余

五・弟 14/虐(吾)子皆能～(有)時(待)虗(乎)

五・弟 20/～(有)戎(農)植亓(其)槈而訶(歌)女(焉)

五・三 3/外内～(有)諓(辨)

五・三 3/男女～(有)節

五・三 19/上天～(有)下政

五・鬼 1/今夫䰠(鬼)神～(有)所明

五・鬼 1/～(有)所不明

五・鬼 2/賏(富)～(有)天下

五・鬼 2/長年～(有)舉(譽)

 五・鬼 4/則必～(有)古(故)

 五・鬼 5/所明～(有)所不明

 五・鬼 5/囍(融)帀(師)～(有)成氏

 五・鬼 5/脂(狀)若生～(有)耳不䎽(聞)

 五・鬼 5/～(有)口不鳴

 五・鬼 5/～(有)目不見

 五・鬼 5/～(有)足不趌(趨)

 五・鬼 6/～(有)足而☐

 六・競 9/今内寵～(有)割疾

 六・競 9/外～(有)梨(梁)丘虡(據)

 六・競 13/旬～(有)五

 六・孔 8/竊～(有)此佁(貌)也

 六・孔 12/唯～(有)信弗遠

 六・孔 23/君子～(有)道

 六・莊 9/可(何)敢心之～(有)

 六・壽 4/壽告～(有)疾

 六・木 2/臣牆(將)～(有)告

 六・用 2/事非與～(有)方

 六・用 3/丨亓(其)～(有)成悳(德)

 六・用 3/訫亓(其)～(有)审(中)墨

 六・用 5/隹(唯)言之～(有)信

 六・用 6/各～(有)亓(其)異煮(圖)

 六・用 6/戔亓(其)～(有)綸(倫)紀

 六・用 7/羼(擇)弇～(有)武

 六・用 8/自亓(其)～(有)保(寶)貨

 六・用 8/寧～(有)保悳(德)

 六・用 13/～(有)臏才(在)心

 六・用 14/詨亓(其)～(有)畿(絶)煮(圖)

 六・用 14/而難亓(其)～(有)惠

 六・用 16/柬亓(其)～(有)恒井(形)

 六・用 16/纏亓(其)～(有)戢(威)頌(容)

 六・用 16/而紋亓(其)～(有)寧

六・用 18/叡亓(其)～(有)审(中)成(誠)

六・用 19/定～(有)紀

六・用 19/～(有)眛丌(其)不見

六・用 19/～(有)泯=(泯泯)之不達

六・用 20/～(有)但之深

六・用 20/而～(有)弔(淑)之濮(淺)

六・用 20/～(有)贛=(坎坎)之綌(谷)

六・用 20/而～(有)縸=(莫莫)之会

六・天甲 11/古(故)龜～(有)五昇(期—忌)

六・天乙 11/古(故)龜～(有)五昇(期—忌)

七・武 11 亦～(有)不浧(盈)於十言

七・武 11/～(有)之唇(乎)

七・武 11/曰：～(有)

七・武 13/～(有)之曰

七・武 15/～(有)之

七・君甲 1/～(有)白玉三回而不戔

七・君甲 2/虗(吾)犱(焉)～(有)白玉三回而不戔(展)才(哉)

七・君甲 2/～(有)飴(飤)田五貞(畛)

七・君甲 3/君王～(有)楚

七・君甲 4/君王～(有)楚

七・君甲 7/民～(有)不能也

七・君乙 1/君王～(有)白玉三回而不戔

七・君乙 2/虗(吾)犱(焉)～(有)白玉三回而不戔才(哉)

七・君乙 2/楚邦之中～(有)飴(飤)田五貞(畛)

七・君乙 3/君王～(有)楚

七・君乙 4/君王～(有)楚

七・君乙 7/民～(有)不能也

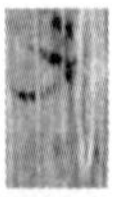
七・凡甲 3/～(有)旻(得)而城(成)

七・凡甲 9/日之～(有)耳

七・凡甲 10/月之～(有)軍(暈)

 七・凡甲 19/慮(咀)之～(有)未(味)

 七・凡甲 19/鼓之～(有)聖(聲)

 七・凡甲 20/鼠一(一)言而～(有)衆

 七・凡甲 21/是古(故)～(有)鼠一(一)

 七・凡甲 21/天下亡(無)不～(有)

 七・凡甲 21/天下亦亡(無)鼠一(一)～(有)

 七・凡乙 2/～(有)旻(得)而城(成)

 七・凡乙 8/月之～(有)軍(暈)

 七・凡乙 13/慮(咀)之～(有)未(味)

 七・凡乙 13/斆之～(有)斆

 七・凡乙 13/鼓之～(有)聖(聲)

 七・凡乙 14/鼠一(一)言而～(有)衆

 七・吴 1/～(有)言曰

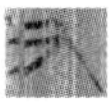 七・吴 5/或(又)～(有)釜(斧)戉(鉞)之悬(威)

 七・吴 7/毋敢～(有)遅(遲)速之羿(期)

 七・吴 8/可(何)袋(勞)力之～(有)女(安—焉)

 七・吴 5/～(有)軒轗(冕)之賞

 八・子 1/生未～(有)所奠(定)

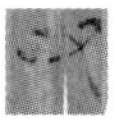 八・顔 1/敢簈(問)君子之内事也～(有)道啓(乎)

 八・顔 1/～(有)

 八・顔 1/敬～(有)  而〔先〕又(有)司

 八・顔 2/敬～(有) 

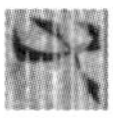 八・顔 6/敢簈(問)君子之内教也～(有)道啓(乎)

 八・顔 6/～(有)

 八・顔 12/〔先〕～(有)司

 八・顔 12/～(有)余(餘)則詞(辭)

 八・顔 12/～(有)余(餘)則詞(辭)

 八・成 14/可胃(謂)～(有)道虐(乎)

 八・成 15 民皆～(有)夬(乖)鹿(離)之心

 八・成 15/而或(國)～(有)相串(患)割(害)之志

 八・成 16/昔者～(有)神☒

 八・命 6/十～厽(三)亡筐(僕)

 八・命 9/必内(入)佤(偶)之於十沓(友)～厽(三)

 八・命 10/筐(僕)𠳵(以)此胃(謂)見(視)日十～厽(三)亡筐(僕)

 八・志 5/虗(吾)父𧌲(兄)眚(甥)咎(舅)之～(有)善

 八・蘭 5/蘽(蘭)～(有)異勿(物)

 八・有 1/～(有)皇(凰)𤖼(將)记(起)今可(兮)

 八・有 2/～(有)怂(過)而能改今可(兮)

 八・有 2/亡(無)郗～(有)風(諷)今可(兮)

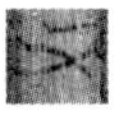 八・有 2/～(有)郗

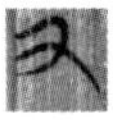 八・有 4/～(有)不善心耳今可(兮)

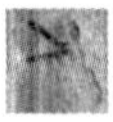 八・蘭 3/不䑳～折(哲)

 九・靈 4/城(成)公懼亓(其)～(有)取女(安—焉)

 九・陳 10/～復(復)於君王

 九・陳 12/～(有)所胃(謂)䰟(威)

 九・陳 12/～(有)所胃(謂)恭

 九・陳 12/～(有)所胃(謂)綌(裕)

 九・陳 12/～(有)所胃(謂)一

 九・陳 12/～(有)所胃(謂)剌

 九・舉 1/虗(吾)䎽(聞)周宗～(有)難

 九・舉 3/～𧖟(慶)

 九・舉 6/殜=(世世)毋～(有)逡(後)思(悔)

 九・舉 7/道～(有)所攸(修)

 九・舉 9/勿(物)～(有)所總

 九・舉 14/道～(有)要虐(乎)

 九・舉 17/道～(有)獸(守)虐(乎)

 九・舉 19/～(有)逡(後)盍虐(乎)

 九・舉 32/～(有)欲而弗違(違)

 九・舉 33/～(有)社(功)而弗登(廢)

 九・邦 7/邦既～(有)王

 九・史 10/□～(有)民𠳵(以)來

 九・史 10/𠂤(一)或不免～(有)謂(禍)不(否)

 九・卜 2/～(有)疾乃𡉚(適)

 九・卜 2/炮(火?)龜亓(其)～(有)吝

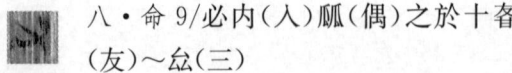

 九・卜 5/邦杙(必)～(有)疾

 九・卜 5/凡三族～(有)此

 九・卜 6/殹酒(將)～(有)役(役)

 九・卜 7/周邦～(有)咎

 九・卜 8/～(有)咎於外

 九・卜 9/～(有)咎於内

 弁 2/皇句(后)～命

右

 二・容 17/昔者天埅(地)之差(佐)舜而～(佑)善

 二・容 20/目(以)攴(鞭—辨)亓(其)左～

 三・周 11/自天～(祐)之

 三・周 51/折丌(其)～拡(肱)

 六・競 11/丌(其)左～相伀(容)自善

 六・用 15/而考於左～

 七・武 6/～耑(端)曰

 七・武 6/逡(後)～耑(端)曰

 七・凡甲 3/未智(知)左～之請(情)

 七・凡乙 3/智(知)左～之請(情)

 七・吴 8/昏(問)左～

 九・陳 4/左～司馬進於酒(將)軍

 九・陳 5/酒(將)軍乃許若(諾)左～司馬

 九・陳 13/鈍(錞)釪(于)目(以)～

 九・陳 20/乃～林(麻)

 九・陳 20/～林(麻)

 九・舉 6/我左串(患)～難

厷(厷、拡)

厷

 二・民 9/～(宏)矣

拡

 三・周 51/折丌(其)～(肱)

父

 一・孔 9/《詠(祈)～》之責

 二・民 1/民之～母

 二・民 1/敢龏(問)可(何)女(如)而可胃(謂)民之～母

二·民 2/民〔之〕～母虖（乎）

二·民 12/爲民～母

二·子 9/而丌（其）～戔（賤）而不足爯（稱）也與

二·容 13/孝羕（養）～母

二·容 46/唯（雖）～亡（無）道

二·民 3/丌（其）〔之〕胃（謂）民之～母矣

三·周 18/榦（幹）～之蛊（蠱）

三·周 18/榦（幹）～之蛊（蠱）

三·彭 5/～子兄弟

四·逸·多 2/莫奴（如）同～毋（母）

四·昭 3/不𢦔（幸）僕（僕）之～之骨才（在）於此室之𡑒（階）下

四·昭 4/并僕（僕）之～母之骨厶（私）自塼（敷）

四·内 2/古（故）爲人～者

四·内 3/～之不能畜子者

四·内 3/不與言人之～之不能畜子者

四·内 5/與～言

四·内 5/言孝～

四·内 6/君子事～毋（母）

四·内 6/～毋（母）所樂=（樂樂）之

四·内 6/～毋（母）所憂=（憂憂）之

四·内 7/古（故）～毋（母）安

四·内 8/～毋（母）又（有）疾

四·内 9/考（孝）子事～毋（母）

四·曹 22/民之～母

四·曹 35/毋倀（長）於～䏊（兄）

四·曹 42/～䏊（兄）不廌（薦）

五·季 15/䀹（眯）～兄子俤（弟）而𡕒（爯）䀹

五·姑 1/姑（苦）城（成）豙（家）～事敕（厲）公

五·姑 1/姑（苦）城（成）豙（家）～㠯（以）亓（其）族参（三）𡍲（郤）正（征）百豫

五·姑 2/告姑（苦）城（成）豙（家）～曰

五·姑 3/姑（苦）城（成）豙（家）～曰

五·姑 5/姑(苦)城(成)豖(家)～乃寍(寧)百豫

五·姑 6/胃(謂)姑(苦)城(成)豖(家)～曰

五·姑 7/姑(苦)城(成)豖(家)～曰

五·姑 9/姑(苦)城(成)豖(家)～尃(捕)長魚矯(矯)

五·姑 10/坿(郤)奇、坿(郤)至、姑(苦)城(成)豖(家)～立死

五·弟 7/虗(吾)螡(聞)～母之桒(喪)

五·弟 8/莫新(親)虐(乎)～母

五·三 11/毋恥～雔(兄)

六·木 1/競坪(平)王命王子木迈(蹠)城～

九·舉 4/子訪之上(尚)～

九·舉 5/旻(得)上(尚)～

九·舉 5/子遊(失)上(尚)～

九·舉 5/而上(尚)～乃皆至

九·舉 6/文王訪於上(尚)～曰

九·舉 14/上(尚)～曰

九·舉 16/上(尚)～乃言曰

九·舉 17/上(尚)～曰

九·舉 18/上(尚)～曰

九·舉 19/上(尚)～曰

九·舉 21/上(尚)～曰

曼

一·性 28/居凥(處)谷(欲)浼(逸)葛(易)而毋～(慢)

一·性 37/不又(有)夫恒怸(忻)之志鼎(則)～(慢)

四·昭 1/殜(喪)備(服)～(絻)廷

四·曹 10/～才(哉)

六·用 7/～=(曼曼)柬=(簡簡)

七·武 2/耑(端)備(服)～(冕)

夬

三·周 38/君子～=(夬夬)

 三・周 39/莧芺(陸)～=(夬夬)

 四・采 3/也遺～(玦)

 七・凡甲 5/亓(其)～奚啻(適)

 七・凡乙 5/亓(其)～奚啻(適)

 八・成 15/民皆又(有)～(乖)鹿(離)之心

 八・蘭 1/～(決)迲(去)選勿(物)

 九・舉 31/～(決)滓(濆)三百

尹

 一・緇 3/～享(誥)員(云)

 一・緇 3/隹(惟)～夋及康(湯)咸又(有)一悳(德)

 一・緇 9/虩=(赫赫)帀(師)～

 二・容 37/乃立泗(伊)～㠯(以)爲差(佐)

 二・容 37/泗(伊)～既巳(已)受命

 四・昭 3/让(卜)命(令)～墜(陳)眚(省)爲貝(視)日

 四・昭 4/让(卜)命(令)～不爲之告

 四・昭 4/让(卜)命(令)～爲之告

 四・昭 6/大～遇之

 四・昭 6/大～内(入)告王

 四・昭 8/大～昏(聞)之

 四・昭 9/大～之言脽可(何)

 四・柬 1/命龜～羅貞於大顕(夏)

 四・柬 2/龜～智(知)王之庶(炙)於日而疠(病)疥(疥)

 四・柬 2/贅(鳌)～智(知)王之疠(病)

 四・柬 2/乘龜～速卜

 四・柬 4/贅～許諾

 四・柬 4/贅(鳌)～至(致)命於君王

 四・柬 5/贅(鳌)～倉(答)曰

 四・柬 7/㠯(以)告安君與陵～子高

 四・柬 8/王㠯(以)餌(問)贅(鳌)～高

 四・柬 19/陵～

 四・柬 19/贅(鳌)～皆絧(殆)丌(其)言㠯(以)告大(太)宰(宰)

 四・柬 20/大(太)宰(宰)胃(謂)陵～

 四・柬 20/陵～與

 四・柬 21/贅(鳌)～

四・柬 21/不㠯(以)丌(其)身弁(變)贅(鳌)～之祟(常)古(故)

四・柬 21/贅(鳌)～

四・柬 22/命(令)～子林䎽(問)於大(太)䆬(宰)子祡(之)

四・柬 23/命(令)～胃(謂)大(太)䆬(宰)

五・鮑 6/而貴～

六・莊 1/㠯(以)昏酖(沈)～子桱(莖)

六・莊 2/酖(沈)～固辭

六・莊 2/酖(沈)～子桱(莖)倉(答)

六・莊 4/酖(沈)～子桱(莖)曰

六・壽 3/殺左～宛、少帀(師)亡(無)惎(忌)

六・天甲 6/洛(落)～行身和二

六・天乙 5/洛(落)～行身和二

九・陳 3/屈甹(甹)與郙(巴)命(令)～戰於墉

九・邦 1/寑(寢)～曰

九・邦 4/䎽(聞)命(令)～、司馬既死

九・邦 10/古(故)爲鄴(葉)連嚻(敖)與鄒(蔡)樂～

九・邦 12/命之爲命(令)～

八・命 1/鄴(葉)公子高之子見於命(令)～子旾(春)

八・命 6/命(令)～曰

八・命 6/先夫=(大夫)𠭁(司)命(令)～

八・命 9/含(今)視日爲楚命(令)～

八・命 10/命(令)～曰

八・王 2/命(令)～少進於此

八・王 5/命(令)～子春猒(厭)

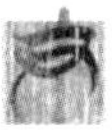
八・王 6/命(令)～倉(答)

八・王 7/命(令)～許諾

八・王 7/乃命彭徒爲洛辻(卜)～

戲

六・用 19/而亦不可～(藉)

六・競 1/齊競公疥～(且)瘧(瘧)

六・競 2/公疥～(且)瘧(瘧)

一・孔 6/貴～(且)㬎(顯)矣

二・容 27/於是虎(乎)～州刣(始)可尻也

三・周 37/債(負)～(且)壅(乘)

港甲 2/天～(且)劓

四・柬 19/～(且)良倀(長)子

四・曹 14/～(且)臣餌之

四・曹 16/上下咊(和)～(且)咠(輯)

四・曹 18/～(且)臣之餌(聞)之

四・曹 28/～(且)臣餌(聞)之

四・曹 45/亓(其)賞識(娍)～(且)不中

四・曹 45/其訵(誅)垕(重)～(且)不證(察)

五・季 4/～(且)筦(管)中(仲)又(有)言曰

五・季 14/～(且)夫毆含(今)之先=(先人)

五・三 13/身～(且)有疠(病)

五・三 13/邦～(且)亡

五・三 13/室～(且)弃

五・鬼 5/我曰～(且)茖虐(呼)

五・鬼 6/我曰～喬(喬)虐

七・凡甲 17/女(如)并天下而～(抯)之

七・凡甲 19/～(咀)之又(有)未(味)

七・凡乙 12/天下而～(抯)之

七・凡乙 13/～(咀)之又(有)未(味)

七・吴 4/～(且)青(請)丌(其)行

八・李 1/桐～(且)忥(治)可(兮)

九・史 5/～(且)夫□

 九・卜 7/三末飤(食)墨～(且)衺

及(及、返)

及

 一・孔 15/～丌(其)人

 一・緇 3/隹(惟)尹夋～康(湯)咸又(有)一悳(德)

 一・性 1/～丌(其)見於外

 一・性 30/言～鼎(則)明舉(舉)之而毋悬(僞)

 四・逸・多 1/䝟(兄)～弟斯

 五・鬼 8/不～壆(遇)焚而正固

 二・容 13/乃～邦子

 二・容 43/臤(賢)～□

 三・中 12/不～丌(其)城(成)

 四・柬 15/中余(舍)與五連少(小)子～龍(寵)臣皆逗(屬)

 四・曹 29/必訋(召)邦之貴人～邦之可(奇)士

 四・曹 65/㠯(以)～亓(其)身

 六・壽 5/我～含(今)

 七・武 5/～於身

返

 二・容 19/四海(海)之内～(及)四海(海)之外皆青(請)社(貢)

 二・民 12/它(施)～(及)子孫

 二・民 13/它(施)～(及)四國

 四・曹 52/～(及)尔龜箸(筮)

 五・鮑 1/～(及)亓(其)蓳(葬)也,皆爲亓(其)容

 五・鬼 2/～(及)桀受學(幽)萬(厲)

 五・鬼 3/～(及)五(伍)子疋(胥)者

 六・用 1/心目～(及)言

 六・用 10/而謫(除)既～(及)

秉

 一・緇 5/隹(誰)～或(國)〔成〕

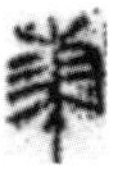 一・孔 5/～吝(文)之悳(德)

 一・孔 6/～吝(文)之悳(德)

 五・三 12/～之不固

 六・用 2/爯(稱)～纆(重)悳(德)

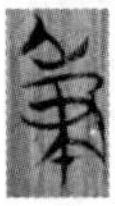 八・蘭 3/親衆～志

 八・蘭 3/蘭斯～悳(德)

 九・靈 3/虎～策㠯(以)逷(歸)

反

 一・孔 9/則困天〈而〉谷(欲)～丌(其)古(故)也

 一・孔 12/～内於豊(禮)

 一・孔 16/見丌(其)岦(美)必谷(欲)～(返)

 二・容 46/筥(孰)天子而可～

 三・周 35/往訐(蹇)逨(來)～

 四・曹 51/～(返)帀(師)牆(將)返(復)

 五・姑 1/百豫～之

 五・姑 1/不思(使)～(返)

 五・姑 5/古(故)而～亞(惡)之

 五・三 4/女(如)～之

 五・三 6/是胃(謂)～逆

 一・性 16/丌(其)～善復(復)訂(始)也訢(慎)

 一・性 25/昏(聞)道～己

 四・内 6/～此亂也

 六・慎 1/忠㝷(實)㠯(以)～俞

 六・用 9/而焚丌(其)～昃(側)

 六・天甲 3/義(儀)～之

 六・天乙 3/義(儀)～之

 七・武 6/民之～側

 七・凡甲 25/至則或(又)～

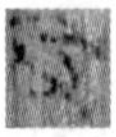 七・凡乙 18/至則或(又)～

 七・吴 54/㠯(以)牧民而～志

 八・志 1/～昃(側)亓(其)口舌

 九・舉 11/牆(將)～(返)

旻

 四・曹 9/吕(以)亡道叀(再)而～(没)身遼(就)䓯(死)

 五・三 3/亓(其)身不～(没)

 五・三 17/～(没)亓(其)身才(哉)

 五・鬼 2/身不～(没)

 五・鬼 3/長年而～(没)

 七・鄭甲 2/吕(以)～(没)内(入)墬(地)

 七・鄭乙 2/吕(以)～(没)内(入)墬(地)

取

 二・從甲 1/而□～之

 二・容 34/啟於是虐(乎)攻益自～

 二・容 38/～丌(其)兩女晉(琰)龕(琬)

 三・周 1/勿用～女

 三・周 26/～女吉

 三・周 40/勿用～(娶)女

 三・周 53/此丌(其)所～懇

 三・周 56/～皮(彼)才(在)坹(穴)

 四・昭 6/牆(將)～車

 四・昭 6/牆(將)～車

 四・曹 6/亡吕(以)～之

 四・曹 17/疆墬(地)毋先而必～□女(安—焉)

 四・曹 55/思(使)良車良士往～之餌(耳)

 五・姑 3/不猌(幸)則～夸(免)而出

 五・姑 8/～宔(主)君之衆吕(以)不聽命

 一・性 1/鼎(則)勿(物)～之

 一・性 3/勿(物)～之也

 一・性 17/釐(賚)武樂～

 五・競 10/～舁(與)

 一・孔 23/丌(其)甬(用)人則虛(吾)～

 二・子 5/堯之～舜也

 二・子 11/～而軟(吞)之

 九・靈 1/～郗(蔡)之器

 九・靈 4/城(成)公懼亓(其)又(有)～女(安—焉)

 九・陳 1/命帀(師)徒殺～含(禽)獸(獸)辜(雉)兔

 九・邦 12/不～亓(其)折(制)

 八・顔 11/所已(以)～新(親)也

 八・成 10/能已(以)亓(其)六臧(藏)之獸(守)～新(親)女(安—焉)

叚

 三・周 54/王～(假)于宙(廟)

 七・吴 7/～(假)日

 六・孔 14/孚(好)～(假)兇(美)已(以)爲□

友(春、𣌭)

春

 一・緇 22/古(故)君子之～(友)也又(有)㫺(香)

 一・緇 23/堋(朋)～(友)卣(攸)匃(攝)

 五・弟 15/隹(雖)多𦖞(聞)而不～(友)臤(賢)

 六・慎 1/逆～(友)以載道

 八・命 8/逊(坐)～(友)五人

 八・命 8/立～(友)七人

 八・命 9/必内(入)㒼(偶)之於十～(友)又厽(三)

 八・命 9 逊(坐)～(友)亡(無)一人

 八・命 10/立～(友)亡(無)一人

 八・命 11/逊(坐)～(友)三人

 八・命 11/立～(友)三人

𣌭

 六・天甲 10/型(朋)～(友)不〔詬(語)分〕

 六・天乙 10/型(朋)～(友)不詬(語)分

乍

 一・緇 14/隹(惟)～(作)五虐(瘧)之型(刑)曰法

 一・緇 1/墓(萬)邦～(作)卬(孚)

 一・性 15/鼎(則)儕(齊)女(如)也斯～(作)

 三・亘 2/燹(氣)是自生自～(作)

 三・亘 7/出於～(作)

 三・亘 7/不～(作)無事

三・亘 7/自～(作)爲

三・亘 10/舉(舉)天下之～(作)弝(強)者

三・亘 11/之大～(作)

三・亘 11/～(作)甬(庸)又(有)果與不果

三・亘 12/天下之～(作)也

三・亘 12/舉(舉)天下之～(作)也

四・柬 17/～(作)色而言於廷

四・曹 17/不可目(以)先～(作)悁(怨)

五・季 10/好敍(殺)鼎(則)～(作)嬰(亂)

五・季 12/安～(作)而黿(乘)之

二・從甲 9/好型(刑)則民～(作)亂

二・容 29/喬(驕)能(態)訂(始)～(作)

二・容 30/～(作)爲六頪(律)

二・容 35/〔啟〕王天下十又(有)六年〈世〉而傑(桀)～(作)

二・容 36/湯乃專(溥)爲正～(籍)

二・容 42/湯王天下三十又(有)一傑(世)而受(紂)～(作)

二・容 44/於是虐(乎)～(作)爲九城(成)之臺

二・容 45/於是虐(乎)～(作)爲金桎三千

二・容 51/武王於是虖(乎)～(作)爲革車千乘

七・凡甲 26/惻(賊)怹(盜)之～(作)

七・凡甲 26/大亂乃～(作)

七・凡乙 19/惻(賊)怹(盜)之～(作)

七・凡乙 19/大亂乃～(作)

八・志 2/王～(作)色曰

八・蘭 2/方時(時)女(安—焉)～(作)

菱

八・志 1/目(以)～(譏)諫王夫=(大夫)之言

旻

一・孔 28/⧄□亞而不～(文)

一・性 10/豊(體)亓(其)宜而節～(文)之

一・性 11/或舍(舍)爲之節鼎(則)～(文)也

一・性 12/⧄窗(廟—貌)所㠯(以)～(文)節也

二・子 5/或㠯(以)～(文)而遠

四・曹 11/居不褺(褻—設)～(文)

五・季 9/牀(臧)～(文)中(仲)又(有)言曰

六・用 18/人亡(無)～(文)

七・凡甲 14/耑(端)～(文)

七・凡乙 10/耑(端)～(文)

九・成甲 1/王囟(使)子～(文)𠭰(校)子玉

九・成甲 3/子～(文)

九・成甲 1/子～(文)送(遻)帀(師)於敔

九・成甲 2/舉(舉)邦加(賀)子～(文)

九・成甲 2/客於子～(文)

䰻

八・志 3/尔亡(無)㠯(以)～(勮)枉正我

𠂇　部

𢻫

七・吴 5/～(俾)周先王佾

九・邦 9/～爲備(服)出

史　部

事

一・緇 4/臣～君

一・緇 8/下之～上也

一・性 11/堂(當)～因方而褽(制)之

一・性 25/上交近～君

一・性 31/凡憂惓(患)之～谷(欲)任

一・性 31/樂～谷(欲)後

二・子 14/厽(三)天子～之

二・魯 2/泵(庶)民智(知)敓(說)之～䰟(鬼)也

二・魯 3/女(若)夫政型(刑)與悳(德)以～上天

三・周 4/不出迎(御)～

三・周 5/或從王～

三・周 32/少(小)～吉

四・内 1/不與言人之臣之不能～

四・相 2/敢昏(問)民～

五・季 5/～皆旻(得)亓(丌)藿(勸)而弜(強)之

五・姑 1/姑(苦)城(成)豪(家)父～敕(厲)公

五・姑 3/欬(幸)則晉邦之社畮(稷)可旻(得)而～也

五・姑 4/目(以)不能～君

五・姑 5/虗(吾)毋又(有)它正公～

五・姑 6/從～可(何)目(以)女(如)是

五・弟 10/裳(勞)目(以)壂(城)～

二・從甲 4/是古(故)君子斳(慎)言而不斳(慎)～

二・從甲 5/爲利枉～

二・從甲 7/不敬則～亡(無)城(成)

二・從甲 9/丌(其)～不

二・從甲 15/～必又(有)羿(期)

二・從甲 19/從～而母(毋)說(謅)

二・昔 2/女(如)祭祀之～

二・昔 3/能～亓(其)䜌(親)

二・昔 4/各共(恭)尔(爾)～

二・容 9/遅(畢)能亓(其)～

二・容 36/天隓(地)四時之～不攸(修)

二・容 46/臣敢勿～虗(乎)

二・容 46/子敢勿～虗(乎)

三・中 21/古之～(事)君者

三・亘 6/～出於名

三・亘 7/～非事

三・亘 7/事非～

三・亘 7/無胃(謂)～

三・亘 7/复(作)女(安—焉)又(有)～

三・亘 7/不复(作)無～

三・亘 7/舉(舉)天之～

三・亘 7/～甬(用)㠯(以)不可賡(更)也

三・亘 12/亓(其)～無不遉(復)

四・昭 5/須㰳(既)袼(落)女(安—焉)從～

四・柬 17/王～可(何)

四・柬 18/必三軍又(有)大～

四・内 2/言人之臣之不能～亓(其)君者

四・内 5/言～君

四・内 6/君子～父毋(母)

四・内 9/考(孝)子～父毋(母)

四・曹 17/㠯(以)～亓(其)便連(嬖)

五・鮑 4/不㠯(以)邦豙(家)爲～

五・季 16/□之必敬女(如)賓客之～也

五・季 17/毋逆百～

五・季 1/青(請)昏(問)孠=(君子)之從～者

五・季 23/此孠=(君子)從～者之所啻[illegible]也

五・弟 9/～而弗受者

五・三 10/毋笅(作)大～

五・三 10/毋𡙕(覍—變)～

五・三 15/百～不述(遂)

五・三 15/慮～不成

五・三 15/印(仰)天～君

五・姑 7/虐(吾)敢欲褱(顧)飡(頷)目(以)～殜(世)才(哉)

五・弟 21/未見善～人而息(貞)鸒

五・三 6/嬰(興)民～

五・三 16/敓(奪)民時目(以)水～

五・三 16/敓(奪)民時目(以)兵～

四・相 1/古(故)此～出政

四・相 3/百攻(工)僫(勸)於～

六・孔 5/爲信目(以)～亓(其)上

六・莊 8/縉(紳)公～不敎(穀)

六・用 2/～非與又(有)方

六・用 5/寧～虢=(赫)

六・用 14/毋～縸=(漠漠)

六・用 14/克轞(獵)戎～

六・用 17/～既無社(功)

六・用 18/记(起)～乍(作)志

六・天甲 5/信文旻(得)～

六・天甲 9/～禮(鬼)則行敬

六・天甲 10/畚(尊)且(俎)不折(制)～

六・天乙 4/信文晏(得)～

六・天乙 8/～禮(鬼)則行敬

六・天乙 9/畚(尊)且(俎)不折(制)～

七・凡甲 6/系(奚)古(故)～之

七・凡甲 8/虚(吾)奚～之

七・凡甲 16/箸(書)不舁(與)～

七・凡乙 5/奚古(故)～之

七・凡乙 11/箸(書)不與～

七・吴 9/～先王

七・吴 9/不共(供)承王～

八・顔 1/敢䎽(問)君子之内～也又(有)道㖨(乎)

八・顔 5/害(蓋)君子之内～也女(如)此矣

八・顔 5/君子之内～也

八・成 1/長(常)～必至

八・成 7/青(請)䎽(問)亓(其)～⧅

八・志 2/或猶走趣(趨)～王

八・李 2/人因亓(其)情則樂亓(其)～

九・靈 1/覊(執)～人夾郗(蔡)人之軍門

九・靈 2/覊(執)～人志=(止之)

九・靈 2/告覊(執)～人

九・靈 3/執～人許之

九・陳 7/命惟(狂)梘(相)執～人敕(整)帀(師)徒

九・陳 9/陳公乃遼(就)軍執～人

九・陳 11/命臣梘(相)執～人敕(整)帀(師)徒

九・陳 11/執～人必善命之

九・舉 8/天下之難～也

九・舉 20/五～

九・舉 30/壐(禹)～堯

九・史 12/臨～而矍(懼)

聿 部

肅

一・孔 5/～雝

聿 部

聿

三・周 7/帀(師)出吕(以)～

𦘼

一・性 36/甬(用)力之～(盡)者

二・從甲 14/又(有)所又(有)舍(余)而不敢～(盡)之

二・民 9/～(盡)

二・容 49/高下肥毳之秎(利)～(盡)知之

三・中 25/含(今)之君子叀(使)人不～(盡)亓(其)□☐

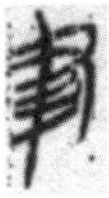
四・曹 8/君弗～(盡)

四・曹 32/亓(其)逞(將)衒(帥)～(盡)剔(傷)

四・曹 56/三者～(盡)甬(用)不皆(替)

七・君甲 6/含(今)君王～(盡)去耳目之欲

七・君乙 6/含(今)君王～(盡)去耳目之欲

八・志 7/是則～(盡)不敎(穀)之辠(罪)也

九・靈 4/嬰(舉)邦～(盡)隻(獲)

九・舉 8/公亓(其)～(盡)之

九・舉 31/民乃～(盡)力

九・舉 32/膰(繁?)而～(盡)力

書(箸)

箸

一・性 8/旹(詩)～(書)豊(禮)藥(樂)

一・性 9/～(書)

五・季 6/夫～=(書者)

五・季 6/吕(以)～(書)孠=(君子)之悳(德)也

五・姑 6/鑾(樂)～(書)欲乍(作)難

五・姑 7/鑾(樂)～(書)乃退

五・姑 10/鑾(樂)～(書)弋(弒)敕(厲)公

五・君 16/子紿(治)時(詩)～(書)

五・鮑 3/乃命又(有)嗣(司)～(著)集(籍)浮(薄)

畫　部

畫

二・子 10/□忎(年)而～於伓(背)而生

港甲 3/三忎(年)而～于雁(膺)生

晝

五・三 19/～口

四・曹 10/不～寢

臤　部

臤(臤)

臤

二・容 1/皆不受(授)亓(其)子而受(授)～(賢)

二・容 9/是吕(以)貝(視)～(賢)

二・容 10/吕(以)求～(賢)者而敡(讓)女(安—焉)

二・容 10/堯吕(以)天下敡(讓)於～(賢)者

二・容 10/天下之～(賢)者莫之能受也

 二・容 10/萬邦之君皆㠯(以)丌(其)邦𡠀(讓)於～(賢)〔者〕

 二・容 11/而～(賢)者莫之能受也

 二・容 12/見舜之～(賢)也

 二・容 13/㠯(以)堯爲善興～(賢)

 二・容 17/見墨(禹)之～(賢)也

 二・容 17/墨(禹)乃五𡠀(讓)㠯(以)天下之～(賢)者

 二・容 34/見叴(皋)咎(陶)之～(賢)也

 二・容 34/叴(皋)秀(陶)乃五𡠀(讓)㠯(以)天下之～(賢)者

 二・容 37/湯乃悔(謀)戒求～(賢)

 二・容 39/於是虐(乎)新(慎)戒陞(徵)～(賢)

 二・容 43/古(故)曰～(賢)

 三・中 7/擧(舉)～(賢)才

 三・中 9/售(唯)又(有)～(賢)才

 三・中 10/夫～(賢)才不可穿(弇—掩)也

 三・中 19/～(賢)者

 三・彭 8/毋劢(倚)～(賢)

 四・曹 9/君子㠯(以)～(賢)(稱)而遊(失)之

 四・曹 9/君子㠯(以)～(賢)叒(再)

 四・曹 36/繡(紳)功㞷(上)～(賢)

 五・季 10/是古(故)～(賢)人之居邦豪(家)也

 五・季 18/氏(是)古(故)～(賢)人大於邦而又咢(劬)心

 五・季 21/因邦斎=(之所)～(賢)而舉(興)之

 五・季 22/～(賢)人

 五・君 11/中(仲)尼與虗子産簹(孰)～(賢)

 五・君 12/簹(孰)～(賢)

 五・君 14/肰(然)鼎(則)～(賢)於墨(禹)也

 五・君 15/與墨(禹)簹(孰)～(賢)

 五・弟 5/～(賢)者

 五・弟 15/隹(雖)多餌(聞)而不畜(友)～(賢)

 一・孔 10/童而皆～(賢)於丌(其)初者也

 二・子 6/粃(堯)見叜(舜)之悳(德)～(賢)也

二・子 8/丌(其)⿱成土(城)～(賢)矣

九・舉 7/亓(其)唯～(賢)民虖(乎)

九・舉 29/智(知)～(賢)正(政)紿(治)

一・緇 23/則孚(好)悬(仁)不～(堅)

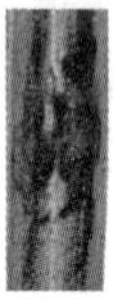
八・成 10/而～(賢)者

八・蘭 3/～(賢)

六・孔 1/害(蓋)～(賢)者是能辠(罪)

一・緇 10/大人不皋(親)丌(其)所～(賢)

緊(⿱⿰臣殳糸)

⿱⿰臣殳糸

四・曹 39/人之虖(甲)不～(緊)

四・曹 39/我虖(甲)必～(緊)

豎(豊)

豊

五・競 10/或㠯(以)～(豎)逓(刁)弃(與)亥(易)吾(牙)爲相

五・鮑 5/含(今)～(豎)逓(刁)佖(匹)夫

九・史 5/莫之能～(豎—樹)也

掔

八・命 4/不再(稱)～(賢)

八・命 7/子胃(謂)昜(陽)爲～(賢)於先夫=(先大夫)

⿱臤力(⿱⿰臣殳力)

⿱⿰臣殳力

七・吴 9/㠯(以)～多昇(期)

七・凡甲 27/古(故)曰～(堅)

六・慎 1/～(堅)弜(強)㠯(以)立志

臣　部

臣

一・緇 2/則君不悳(疑)丌(其)～

一・緇 4/～事君

一・緇 11/大～之不皋(親)也

 一・緇 12/則大～不死(怨)

 二・容 46/～敢勿事虖(乎)

 三・周 30/畜～妾

 三・周 35/王～訐=(蹇蹇)

 三・中 3/子又(有)～萬(萬)人

 三・彭 1/～可(何)執(藝)可(何)行

 四・昭 8/老～爲君王戰(獸)見(視)之臣

 四・昭 8/老臣爲君王戰(獸)見(視)之～

 四・昭 9/楚邦之良～所孴(暴)骨

 四・柬 15/中余(舍)與五連少(小)子及龍(寵)～皆逗(屬)

 四・柬 23/～者亦又(有)榖(耕)唇(乎)

 四・內 1/言人之君之不能叀(使)丌(其)～者

 四・內 1/不與言人之～之不能事

 四・內 2/古(故)爲人～者

 四・內 2/言人之～之不能事丌(其)君者

 四・內 2/不與言人之君之不能叀(使)丌(其)～者

 四・內 5/言叀(使)～

 四・內 5/與～言

 四・曹 5/～餌(聞)之曰

 四・曹 7/～是古(故)不敢㠯(以)古(故)倉(答)

 四・曹 8/君言亡(無)㠯(以)異於～之言

 四・曹 8/～餌(聞)之曰

 四・曹 13/～餌(聞)之

 四・曹 14/叡(且)～餌(聞)之

 四・曹 18/叡(且)～之餌(聞)之

 四・曹 21/凡畜羣～

 四・曹 28/叡(且)～聞之

 四・曹 40/～餌(聞)之

 四・曹 42/～餌(聞)之

 四・曹 64/～餌(聞)之

 五・競 2/群～之辠(罪)也

 五・競 7/近～不訐(諫)

 五・鮑 5/～唯(雖)欲訐(諫)

 五・姑 5/虗(吾)餌(聞)爲～者必思(使)君旻(得)志於𢀜(己)而又(有)遂(後)青(請)

 五・姑 6/思(使)又(有)君～之節

 五・三 4/君無宔(主)～是胃(謂)畏(危)

 六・競 10/之～

 六・莊 6/～不智(知)君王之牆(將)爲君

 六・莊 6/女～智(知)君王

 六・莊 7/～牆(將)或至(致)安(焉)

 六・莊 8/～爲君王臣

 六・莊 8/臣爲君王～

 六・壽 5/～爲君王臣

 六・壽 5/臣爲君王～

 六・壽 6/～弗

 六・木 2/～牆(將)又(有)告

 六・用 13/隹(唯)君之賈～

 七・武 12/身則君之～

 七・吴 7/古(故)甬(用)叓(使)丌(其)三～

 七・吴 9/不思丌(其)先君之～事先王

 八・命 4/吕(以)坡(隳)亞(惡)虐(吾)外～

 八・命 5/虐(吾)餌(聞)古之善～

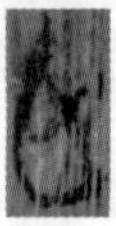 八・志 8/～楚邦

 九・靈 5/君爲王～

 九・陳 10/君王不智(知)～之無栽(才)

 九・陳 10/命～梖(相)執事人敕(整)帀(師)徒

 九・邦 10/～旟寍(寧)禍(禍)

 九・邦 11 君王嘉～之青(請)命

臧(臧)

臧

 四・曹 1/魯～(莊)公牆(將)爲大鐘

 四・曹 6/～(莊)公曰

 四・曹 10/～(莊)公曰

 四・曹 20/～(莊)公曰

 四・曹 22/～(莊)公曰

 四・曹 33/～(莊)公曰

 四・曹 35/～(莊)公或(又)餌(問)

 四・曹 36/～(莊)公或(又)籲(問)

 四・曹 38/～(莊)公曰

 四・曹 41/～(莊)公曰

 四・曹 42/～(莊)公或(又)籲(問)曰

 四・曹 43/～(莊)公或(又)籲(問)曰

 四・曹 44/～(莊)公或(又)籲(問)曰

 四・曹 45/～(莊)公或(又)籲(問)曰

 四・曹 49/～(莊)公曰

 四・曹 50/～(莊)公或(又)籲(問)曰

 四・曹 53/～(莊)公或(又)籲(問)曰

 四・曹 53/～(莊)公或(又)籲(問)曰

 四・曹 55/～(莊)公或(又)籲(問)曰

 四・曹 57/～(莊)公曰

 四・曹 59/～(莊)公或(又)籲(問)曰

 四・曹 64/～(莊)公曰

 六・莊 1/～(莊)王既成亡(無)鎤(鐸—射)

 六・莊 1 背 1/～(莊)王既成

 六・木 3/～(莊)王迈(蹠)河澮(雝)之行

 七・鄭甲 1/～(莊)王亯(就)夫=(大夫)而與之言曰

 七・鄭乙 1/～(莊)王亯(就)夫=(大夫)而与(與)之言曰

殳　部

毄

 三・周 1/～(擊)龙(蒙)

 二・容 22/～(擊)鼓(鼓)

 五・弟 1/□而～

 九・靈 4/至～(毄)澈(篋)

 七・凡甲 8/～天之累(盟—明)奚旻(得)

殹(殹、戝)

殹

 六・莊 3/～四艈(航)㠯(以)…

 二・子 9/～亦盛(誠)天子也與(歟)

 二・魯 6/～(抑)亡(無)女(如)泵(庶)民可(何)

 九・卜 6/～(抑)牆(將)又(有)设(役)

 八・志 3/～(抑)忢(忌)韋(諱)讒(讒)託(?)㠯(以)亞(惡)虐(吾)

戥

 二・魯 3/～虐(吾)子女重(重)命(名)丌(其)與

 六・孔 14/～(殹—抑)與(邪)民之行也

役(设)

设

 二・容 3/思(使)～(役)百官而月青(請)之

 二・容 16/㾜(癘)～(役—疫)不至

 井 1/～敢丞(承)行

㱿

 六・用 18/聿(建)～之正(政)

殺　部

殺

 二・從甲 15/不季(教)而～

 二・容 4/不型(刑)不～

 二・容 6/不型(刑)～而無䟫(盜)惻(賊)

 三・周 57/東晉(鄰)～牛

 四・柬 7/㠯(以)君王之身～祭

 五・季 10/好～剔(則)复(作)𤔔(亂)

 五・季 21/大辠(罪)～之

 五・三 12/出欲～人

 五・三 14/牆(將)璺(興)勿～

 五・鬼 2/焚聖人～訐(諫)者

 六・壽 3/～左尹宛、少帀(師)亡(無)惎(忌)

 六・天甲 5/幾～而邦正

 六・天甲 5/文生武～

 六・天乙 4/幾～而邦正

 六・天乙 5/文生武～

 四・柬 7/安敢～祭

七・鄭甲 1/奠(鄭)子豙(家)～丌(其)君

七・鄭甲 2/含(今)奠(鄭)子豙(家)～丌(其)君

七・鄭乙 1/奠(鄭)子豙(家)～丌(其)君

七・鄭乙 2/奠(鄭)子豙(家)～丌(其)君

九・陳 1/命帀(師)徒～取含(禽)戰(獸)臺(雉)兔

𣪠

九・成甲 1/子旻(文)送(遻)帀(師)於～

九・成乙 1/君王命余送(遻)帀(師)於～

殺

五・三 14/弗～(滅)不隍(隕)

寸 部

寺

一・孔 2/～(時)也

一・性 1/～(待)兑(悦)而句(後)行

一・性 1/～(待)習而句(後)臺(奠)

二・子 4/每(敏)㠯(以)學～(詩)

二・魯 4/或必～(待)虐(吾)名虐(乎)

二・魯 5/或必～(待)虐(吾)名虐(乎)

四・相 1/害(靜)㠯(以)～(待)

八・志 1/～(詩)箸(書)乃言

九・成甲 3/須～(持)佾(舟)畲=(飲酒)

九・舉 22/隹(惟)～

九・舉 24/尻(處)～(時)可(何)先

九・邦 2/要王於隓(隨)～(時)

尋(㪨)

㪨

六・競 10/一丈夫執～(尋)之帀(幣)、三布之玉

七・凡甲 27/～(尋)牆(墻)而豊(禮)

鄩(鄩、謍)

鄩

一・孔 16/虗(吾)目(以)《藁(葛)～(覃)》旻(得)氏(祇)初之峕(詩)

謍

五・鬼 7/訮～(尋)頣(夏)邦

尃

一・孔 3/丌(其)内勿(物)也～(博)

三・彭 2/女(汝)孥=(孜孜)～(布)昏(問)

二・容 22/衷(縫)鞁(皮)～

二・容 36/湯乃～爲正(征)叏(籍)

二・容 45/～(溥)亦(夜)目(以)爲槿(淫)

四・曹 44/其遠(就)之不～(迫)

五・姑 9/姑(苦)城(成)豙(家)父～(捕)長魚矞(矯)

六・競 7/祝敓(説)毋〈女(如)〉～(敷)青(情)

六・孔 3/上不皋〈皋(親)〉㤅(仁)

九・舉 31/賽(塞)～(敷)卆=(九十)

皮　部

皮

二・容 37/於是虐(乎)又(有)諡(喑)、聾、～(跛)、瞑、瘦(瘻)、寀(瞀)、婁(僂)始记(起)

三・周 56/取～(彼)才(在)坑(穴)

三・彭 1/～(彼)天之道

五・鮑 4/～(疲)敝齊邦

一・緇 10/～(彼)求我則

五・鬼 6/象～(彼)獸鼠

四・柬 10/～(彼)聖人之子孫

六・慎 3/中尻(處)而不～(頗)

攴　部

敀

四・柬 9/王夢晶(三)閨未～

三・周 8/～邦丞（承）冡（家）

二・容 34/～於是虐（乎）攻森（益）自取

二・從甲 17/人則～道之

八・李 1 背/忨（願）歲之～時

九・陳 7/不智（知）亓（其）～翠（卒）夌（凌）行

九・舉 17/～行五尼（度）

整（敎）

敎

九・陳 7/命㤞（狂）根（相）執事人～（整）帀（師）徒

九・陳 9/乃𧮫（誓）～（整）帀（師）徒

九・陳 11 執事人～（整）帀（師）徒

徹（𢾾）

𢾾

七・凡甲 18/是胃（謂）少（小）～（徹）

七・凡甲 18/系（奚）胃（謂）少（小）～（徹）

敏（敯）

敯

三・彭 8/朕孳（孳）不～（敏）

敄

三・中 20/三害（蓋）近～（務）矣

五・三 15/～（務）薔（農）敬戒

故

二・容 8/敓（說）～（博）㠯（以）不逆

五・季 11/氏（是）古（故）夫～（迫）邦甚難

故

二・容 48/文王時（持）～時而孝（教）民時

三・彭 8/毋～賔（富）

政

一・孔 8/雨亡（無）～（正）

二・魯 2/～型（刑）與

二・魯 3/女（若）夫～型（刑）與悳（德）㠯（以）事上天

二・容 43/丌（其）～紿（治）而不賞

 四・相 1/事出～

 四・曹 5/則不可㠯(以)不攸(修)～而善於民

 四・曹 6/則亦不可㠯(以)不攸(修)～而善於民

 四・曹 10/乃命毀鐘型而聖(聽)邦～

 五・三 4/毋訽(詬)～卿於神宎(次)

 五・三 19/上天又(有)下～

 六・用 13/兇(凶)井(刑)厲～

 六・用 14/弝(強)君梡～

 六・用 18/䇂(建)嗀之～

敷

 九・陳 11/命梘(相)～(輔)緩(援)

數(譽)

譽

 四・曹 25/毋牆(將)鞏(軍)必有～(數)辟(嬖)大夫

 四・曹 25/必有～(數)大官之師

 五・君 2/～(數)日不出

 二・容 2/婁(僂)者坆～(數)

攼(攼、戕)

攼

 二・子 12/～而薦之

 七・吴 5/余必～芒(亡)尔(爾)祩(社)禝(稷)

戕

 三・中 20/含(今)之君=(君子)孚怹(過)～(干)析

 四・曹 16/丌(其)成(城)固足㠯(以)～(捍)之

敳

 一・緇 21/少(小)人～(豈)能孚(好)丌(其)庀(匹)

 九・邦 13/虗(吾)～(豈)敢㠯(以)尒(爾)䜌(亂)邦

改(攺)

攺

 一・孔 10/闇(關)疋(雎)之～(改)

 一・緇 9/長民者衣備(服)不～(改)

 二・從乙 5/㠯(以)～(改)丌(其)言

 三・周 44/～(改)邑不攺(改)汬(井)

 三・周 44/攺(改)邑不～(改)汬(井)

 三・周 47/～(巳)日卤(乃)孚

 三・周 47/～(巳)日卤(乃)革之

 三・亘 10/習㠯(以)不可～(改)也

 四・曹 27/而～(改)亓(其)牆(將)

 四・曹 52/～(改)鬟(禱)尔鼓

 四・曹 55/肰(然)句(後)～(改)訂(怠)

 五・三 5/逃(過)而～(改)

 港甲 1/丌(其)容不～(改)

 一・孔 11/闡(關)疋(雎)之～(改)

 一・孔 12/不亦能～(改)虖(乎)

 六・壽 2/虛(吾)可(何)～(改)而可

 六・壽 6/君王所～(改)多=(多多)

 八・有 2/又(有)怂(過)而能～(改)今可(兮)

 八・有 4/莫不弁(變)～(改)今可(兮)

斂(歛)

歛

 一・緇 14/柿(靡)人不～(斂)

敶(戟)

戟

 四・曹 2 背/散(曹)蔑(沫)之～(陳)

救

 五・季 20/～民㠯(以)辟

 五・三 4/～(求)利戔(殘)亓(其)新(親)

 五・三 14/思(使)遉(顛)而勿～

 二・容 31/～(求)聖(聲)之絽(紀)

 七・鄭甲 6/牆(將)～奠(鄭)

 七・鄭甲 7/含(今)晉人牆(將)～子豪(家)

 七・鄭乙 6/牆(將)～奠(鄭)

敓

一・孔 6/虗(吾)～(悦)之

一・孔 14/吕(以)銮(琴)忢(瑟)之～(悦)

一・孔 24/～(悦)丌(其)人必好丌(其)所爲

一・緇 19/此吕(以)生不可～(奪)志

一・緇 19/死不可～(奪)名

二・子 5/～(説)専(博)□

二・魯 2/褎(庶)民智(知)～(説)之事魂(鬼)也

二・容 8/～(説)柬(簡)吕(以)行

二・容 8/～(説)和吕(以)長

二・容 8/～(説)攴(博)吕(以)不逆

二・容 8/堯乃～(悦)

二・容 19/夫是吕(以)逹(近)者～(悦)紿(治)

二・容 50/虗(吾)～(説)而弋(代)之

三・周 22/車～(脱)复(輹)

四・曹 20/毋～民秎(利)

四・曹 63/乃自怹(過)吕(以)～(悦)於蠆(萬)民

五・競 5/肰(然)肑(則)可～(説)戼(歟)

五・競 6/不遂(踐)於善而～(奪)之

五・三 15/聚～(奪)民旹(時)

五・三 16/～(奪)民旹(時)吕(以)土攻(功)

五・三 16/～(奪)民旹(時)吕(以)水事

五・三 16/～(奪)民旹(時)吕(以)兵事

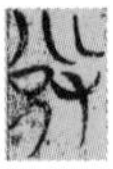
六・競 5/丌(其)祝史之爲丌(其)君祝～(説)也

六・競 7/祝～(説)毋専青

六・莊 5/王子回(圍)～(奪)之

六・競 2/虗(吾)～(欲)豉(誅)者(諸)祝史

九・卜 7/三族之～(奪)

攸

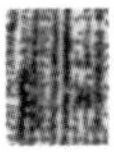
一・性 19/～肰(然)吕(以)思

 一・性 25/～(修)身者也

 一・性 25/～(修)身近至悬(仁)

 二・從甲 15/不～(修)不武〈戒〉

 二・容 36/天墜(地)四時之事不～(修)

 二・容 40/降自鳴～(條)之述(遂)

 三・周 25/丌(其)猷～=(逐逐)

 三・彭 5/唯(雖)貧必～(修)

 四・柬 11/酒(將)命之～(修)

 四・柬 13/女(如)君王～(修)郢高(郊)

 四・柬 15/～(修)四蒿(郊)

 四・曹 5/則不可㠯(以)不～(修)政而善於民

 四・曹 6/則亦不可㠯(以)不～(修)政而善於民

 四・曹 18/城章(郭)必～(修)

 五・競 4/女(安—焉)～(修)先王之灋(法)

 五・競 7/則～(修)者(諸)向(鄉)里

 五・三 17/不～(修)亓(其)成

 九・舉 18/黄帝～(修)晶(三)員

 七・凡甲 22/所㠯(以)～(修)身而詞(治)邦豪(家)

 八・子 2/㽆(偃)也～(修)丌(其)悳(德)行

 八・顔 6/～(修)身㠯(以)先

 八・成 11/先或(國)叓(變)之～(修)也

 八・蘭 2/～(搖)茖(落)而猷不遊(失)氒(厥)芳

攺

 四・曹 3/而～(撫)又(有)天下

敗(敗、戝)

敗

 一・緇 12/毋以少(小)悔(謀)～大意(圖)

 四・曹 44/是古(故)矣(疑)戦(陳)～

 四・曹 46/逡(復)～戰(戰)又(有)道虔

 四・曹 46/三軍大～不𠓗(勝)

 五・三 13/天之所～

二・民 2/四方又(有)~

二・民 9/~(美)矣

六・壽 1/禍(禍)~因童(踵)於楚邦

六・用 1/是善~之經

六・用 14/恒民趞~

七・鄭甲 7/大~晉帀(師)女(安—焉)

七・鄭乙 7/大~晉〔帀(師)女(安—焉)〕

七・凡甲 19/~之則高

八・命 10/而邦正(政)不~

九・成甲 5/子玉之帀(師)既~帀(師)巳(已)

九・靈 1/王~郗(蔡)霝(靈)矦(侯)於吕

九・卜 8 三末唯(雖)~

戝

七・武 15/枉者~

寇(宼)

宼

三・周 1/不利爲~(寇)

三・周 1/利御~(寇)

三・周 34/~(寇)

四・昭 2/小人牆(將)訋(召)宼(寇)

四・昭 4/儯(僕)牆(將)訋(召)宼(寇)

三・周 2/至(致)~(寇)至

三・周 37/至(致)~(寇)至

八・子 4/魯司~(寇)奇(寄)肓(言)遊於逡楚

八・子 4/司~(寇)牆(將)見我

八・子 5/而司~(寇)不至

收

四・曹 45/死者弗~

四・曹 47/者~之

 四・曹 54/～而聚之

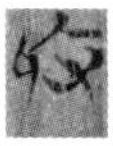 八・顏 11/雙(豫)絞而～貧

 八・顏 12/雙(豫)絞而～貧

鼓

 一・孔 14/㠯(以)鍾～(鼓)之樂

 二・容 2/杲(榾)戉(攻)～(鼓)瑟(瑟)

 二・容 22/壘(禹)乃𦘔(建)～(鼓)於廷

 二・容 22/㠯(以)爲民之又(有)詓(訟)告者～(鼓)女(安—焉)

 二・容 48/三～(鼓)而進之

 二・容 48/三～(鼓)而退之

 四・柬 9/牆(將)～(鼓)而涉之

 四・柬 11/～(鼓)而涉之

 二・容 22/毄(擊)～(鼓)

 四・曹 52/攺(改)𩮜(禱)尔～(鼓)

攷

 三・周 18/又(有)子～(考)

 四・内 7/若(匿)才(在)腹(腹)中～(巧)叏(弁)

敂

 一・性 14/訐(信)肰(然)句(後)亓(其)内(入)臬(拔)人之心也～(厚)

 三・周 17/係而～(扣)之

 三・周 40/～(姤)

 三・周 41/～丌(其)角

 五・姑 9/～(拘)人於百豫

攻(攻、戉)

攻

 二・容 34/啟於是虐(乎)～益自取

 二・容 39/肰(然)句(後)從而～之

 二・容 40/湯或(又)從而～之

 二・容 40/湯或(又)從而～之

 四・曹 21/繡(申)～(功)而食

 四・曹 36/繡(申)～(功)走(上)臤(賢)

 四・曹 56/善～者奚女(如)

 四・曹 56/善～者必㠯(以)亓(其)所又(有)

 四・曹 57/㠯(以)～人之所亡又(有)

 四・曹 60/必逃(過)前～

 五・三 16/敓(奪)民時㠯(以)土～(功)

 四・相 3/百～(工)懽(勸)於事

 一・孔 13/不～不可能

 八・子 2/㠯(以)受嘼(戰)～之飤(食)於子

 八・子 3/是嘼(戰)～畜之也

戓

 二・容 2/㝠(榾)～(攻)鼓瑟(瑟)

 九・陳 16/女(如)～(攻)Ⅸ(術)

敱

 三・周 33/～(往)可(何)咎

敔(敔、敀、戱)

敔

 四・曹 26/五人㠯(以)～(伍)

 五・三 10/毋改～

敀

 五・三 17/敬天之～(敔)

戱

 二・從甲 17/𣅀(則)𡌊(弁—絆)～之

 六・莊 4 下/～(禦)於枛(棘)述(遂)

畋

 三・周 8/～(田)又(有)含(禽)

 三・周 28/～亡(無)含(禽)

 三・周 37/～朡(獲)晶(三)狐(狐)

 五・競 10/迿(驅)达(逐)～繖(弋)

 九・史 7/區(驅)䮐(騁)～邋(獵)

敘

 二・從甲 5/～(除)十惋(怨)

 二・從甲 6/不共(恭)則亡(無)以～(除)辱

 五・鮑 1/九月～(除)逄(路)

 二・容 27/於是於(乎)～(豫)州訂(始)可凥(處)也

牧

 一・性 38/又(有)亓(其)爲人之慧(快)女(如)也弗～不可

 四・采 3/～人

四・相 1/～亓(其)卷(倦)

七・吴 5/猷(猶)不能㠯(以)～民

放

三・中 13/緩(緩)㤰(施)而㤖(遜)～(服)之

敔

七・吴 6/寍(寧)心～(撫)㥑(憂)

敦

八・有 3/～葳與楮含(今)可(兮)

攸

四・曹 30/～(什)五(伍)之閒(間)必又(有)公孫公子

攼

二・容 2/婁(僂)者～數

敀

三・周 10/外～(比)之

敊

二・容 3/凡民俾(罷)～(敝)者

敓

港甲 2/牛～(掣)丌(其)人

敉

二・容 2/～(侏)需(儒)爲矢

敨

七・吴 6/才(在)～(波)戬(濤)之閒(間)

敃

二・容 25/東～(注)之海(海)

二・容 25/東～(注)之海(海)

二・容 26/東～(注)之海(海)

二・容 27/東～(注)之河

二・容 27/北～(注)之河

六・競 2/虗(吾)欲(欲)～(誅)者(諸)祝史

六・競 2/盍～(誅)之

六・競 7/則恐後～(誅)於史者

七・凡甲 11/奚古(故)少(小)雁暲～(著)

 八·命 10/尚善女(安—焉)～(樹)

散

 三·彭 7/氏(是)胃(謂)自～遭吳(殃)

 四·曹 1/～(曹)蔑(穫—沫)内(入)見曰

 四·曹 2 背/～(曹)蔑(沫)之戟(陳)

 四·曹 5/～(曹)蔑(沫)曰

 四·曹 7/～蔑(穫—沫)曰

 四·曹 12/還年而翻(問)於～(曹)敫(蔑—沫)曰

 四·曹 20/～(曹)敫(蔑—沫)倉(答)曰

徵(敉)

敉

 三·周 54/～(徵)馬藏(藏)

散

 五·三 6/書(建)五官弗～(措)

敍

 五·君 7/毋～(摇)

敉

 一·緇 22/君子孚(好)～(逑)

敕

 五·姑 1/姑成豪(家)父事～(厲)公

 五·姑 1/吕(以)見亞(惡)於～(厲)公

 五·姑 8/言於～(厲)公曰

 五·姑 10/鍌(鑾)箸(書)弋(弒)～(厲)公

魰

 二·容 3/尾(宅)亶者～(漁)澤

 六·競 8/荤(澤)梨(梁)叓(使)～(漁)守之

歎

 一·緇 4/～(謹)惡吕(以)虞(禦)民淫

 一·緇 17/則民訢(慎)於言而～(謹)於行

戳

 四·曹 32/欧(既)戰(戰)牆(將)～爲之

敭

 一·性 4/戉(或)～(動)之

一・性 5/凡～(動)眚(性)者

一・性 16/☑羕思而～(動)心

一・性 18/哭之～(動)心也浸焊(?)

一・性 19/樂之～(動)心也

一・性 23/又(有)内～者也

𢿃

四・曹 13/莜(曹)～(蔑—沫)倉(答)曰

四・曹 20/敀(曹)～(蔑—沫)倉(答)曰

𣀓

二・從甲 19/鉛(飢)寒(寒)而毋～(會)

數

二・容 30/乃立～(質)吕(以)爲樂(樂)正

二・容 30/～(質)欧(既)叐(受)命

𣀔

二・容 50/虐(吾)～(勴)天畏(威)之

二・容 53/虐(吾)～(勴)天畏(威)之

𣀏

三・周 47/革言晶(三)～(就)

𢼂

六・用 18/諭諫～

𢿏

六・用 19/進退～立

𢿜

七・鄭甲 5/～(掩)之城丕(基)

七・鄭乙 5/～(掩)之城丕(基)

𣀍

七・吴 5/而反志(至)下之相～(擠)也

𢽾

九・陳 11/～(令)從灋(法)

𢻹

九・舉 32/～(施)于四或(國)

敓

九・成甲 2/子玉受帀(師)出之～(蒍)

散

九・成甲 1/不～(戮)一人

九・成乙 2/不～(戮)一人

教 部

教(教、𡥅、詨、季)

教

八・顔 6/敢𦕏(問)君子之内～也又(有)道虐(乎)

八・顔 7/或迪而～之

八・顔 9/則亓(其)於～也不遠矣

八・顔 10/君子之内～也

九・舉 29/～媺(美)民備(服)

𡥅

二・從甲 1/～(教)之㠯(以)義

二・從甲 15/不～(教)而殺

二・從乙 1/絧(治)正(政)～

四・曹 19/三～(教)之末

四・曹 37/用都～(教)於邦

四・曹 40/既成～(教)矣

四・曹 63/非所㠯(以)～(教)民

五・季 3/絁(施)～(教)於百眚(姓)

一・緇 13/長民者～(教)之㠯(以)悳(德)

一・緇 13/～(教)之㠯(以)正(政)

一・緇 10/～(教)此㠯(以)失

九・成甲 1/王囟(使)子𡖊(文)～(校)子玉

九・成乙 3 命君～(校)之

九・史 4/古～(教)於詞(始?)虐(乎)才(哉)

詺

二・從甲 3/～(教)之目(以)型(刑)則逐

斈

一・孔 23/目(以)道交見善而～(學)

一・性 10/肰(然)句(後)遉(復)目(以)～(教)

一・性 12/兑(悦)丌(其)～(教)

一・性 22/未～(教)而民恒

一・性 31/凡～(教)者求丌(其)〔心爲難〕

二・民 8/牆(將)可～(教)時(詩)矣

二・容 3/～(教)而惎(悔)之

二・容 9/堯乃爲之～(教)曰

二・容 48/文王時(持)故時而～(教)民時

三・中 15/昏(聞)唇(乎)足目(以)～(教)壴(矣)

三・中 16/～(教)而貞(使)之

三・中 17/悳(德)～(教)不卷(倦)

三・亘 10/恾(妄)言之遂(後)者～(教)比女(安—焉)

五・弟 3/毋又(有)柔～(教)

八・有 1/董(助)余～(教)保子含(今)可(兮)

一・性 4/～(教)史(使)肰(然)也

六・天甲 13/所不～(教)於帀(師)者三

六・天甲 13/此所不～(教)於帀(師)也

斆(⿱𦥑子)

⿱𦥑子

二・子 4/每(敏)目(以)～寺(詩)

二・從甲 11/可胃(謂)～(學)矣

三・中 22/則民懽(歡)丞(承)～(學)

三・中 23/巽華～(學)本也

三・中 24/所～(學)皆終

三・中 25/所～(學)皆堋(崩)

六・孔 16/安(焉)與之凥(處)而賞(察)餌(問)亓(其)所～(學)

六・孔 17/興道～(學)

六・孔 18/餌(聞)～(教)

九・史 3/埊(禹)湶(湯)則～(學)

卜 部

卜

四・柬 1/王自臨～

四・柬 2/乘龜尹速～

四・柬 3/尚(當)詺(蔽)而～之於大題(夏)

四・柬 4/詺(蔽)而～之

四・柬 5/而～之

九・卜 1/～,人無咎

九・卜 2/～,炮(火?)龜亓又吝

九・卜 6/貞～邦

九・卜 8/若～貞邦

貞(鼑)

貞

四・柬 1/命龜尹羅～於大題(夏)

三・周 2/～吉

三・周 5/～礪(厲)

三・周 5/安～吉

三・周 7/～

三・周 8/～凶

三・周 9/元羕(永)～

三・周 14/～吉

三・周 15/～疾

三・周 16/元卿(亨)利～

三・周 16/～吉

三・周 16/利尻(居)～

三・周 17/～工(功)

三・周 18/不可～

三・周 20/元卿(亨)利～

三・周 21/可～

三・周 22/利～

 三•周 22/利堇(艱)～

 三•周 24/～吉

 三•周 24/～凶

 三•周 25/凥(居)～

 三•周 26/利～

 三•周 26/～吉亡(無)悔

 三•周 28/利～

 三•周 28/～凶

 三•周 28/～吝

 三•周 28/～

 三•周 29/～凶

 三•周 30/少(小)利～

 三•周 37/～吉

 三•周 40/～吉

 三•周 42/利～

 三•周 47/元羕(永)～

 三•周 47/利～

 三•周 48/利羕(永)～

 三•周 50/利～

 三•周 53/遊(旅)～吉

 三•周 53/旻(得)僮(童)儯(僕)之～

 三•周 53/～礪(厲)

 三•周 58/～吉

 三•周 58/～吉

 二•容 5/四海(海)之内～(正)

 七•君甲 3/又(有)飴(飤)田五～(畛)

 七•君乙 3/楚邦之中又(有)飴(飤)田五～(畛)

 九•邦 10/賞之目(以)焚或(國)百～(畛)

 九•邦 11/賞之目(以)西軖(廣)田百～(畛)

 九•史 6/大鐘～(鼎)……

 九•卜 5/～邦□

 九•卜 6/～卜邦

 九•卜 6/～邦無咎

 九•卜 8/大～邦亦兇

 九•卜 8/若卜～邦

 九•卜 10/粦(兆)不利邦～

鼎

六・用 5/九惠是～(真)

占

二・從乙 2/母(毋)～民贍(斂)則同

九・卜 4/一～□

九・卜 7/困(淵)公～之曰

九・卜 8/困(淵)公～之曰

𠧞

六・天甲 11/臨～(兆)

六・天乙 10 臨～(兆)

九・卜 1/～(兆)印(仰)首出止(趾)

九・卜 1/～(兆)䭫=(頪首)内(入)止(趾)

九・卜 2/～(兆)女(如)印(仰)首出止(趾)

九・卜 3/曰～(兆)少(小)都(沈)

九・卜 4/～(兆)屯(純)窨(深)

九・卜 6/～(兆)唯(雖)记(起)句(鉤)

九・卜 10/～(兆)不利邦貞

用　部

用

三・周 1/勿～取女

三・周 2/利～死(恒)

三・周 4/利～見大人

三・周 8/小人勿～

三・周 13/利～戔(侵)伐

三・周 13/可～行帀(師)

三・周 17/王～亯(享)于西山

三・周 25/十年勿～

三・周 30/勿～又(有)卣(攸)往

三・周 30/玌(執)～黄牛之革

三・周 40/勿～取(娶)女

三・周 42/～大牲

三・周 43/利～祭祀

三・周 47/巩(鞏)～黄牛之革

三・周 57/勿～

五・姑 10/不～其衆

 六・用 2/～曰

 六・用 3/～曰

 六・用 5/～曰

 六・用 6/～曰

 六・用 7/～曰

 六・用 8/～曰

 六・用 9/～曰

 六・用 10/～曰

 六・用 11/～曰

 六・用 12/～曰

 六・用 14/～曰

 六・用 17/～亡(無)咎隹(唯)浧(盈)

 六・用 17/～曰

 六・天甲 4/屯(純)～青(情)

 六・天甲 4/屯(純)～勿(物)

 六・天乙 4/屯(純)～青(情)

 六・天乙 4/屯(純)～勿(物)

甫

 六・天甲 6/月=(日月)旻(得)丌(其)～(輔)

 六・天乙 5/月=(日月)直(得)亓(其)～(輔)

卷　四

目　部

目

一・性 36/～之好色

二・民 6/明～而見(視)之

五・君 2/～勿見(視)也

五・君 6/凡～毋遊

五・鬼 5/又(有)～不見

六・用 1/心～伋言

六・天甲 7/見～恒

六・天乙 7/見～恒

七・君甲 5/之〈先〉王斎=(之所)目(以)爲～觀也

七・君甲 7/耳～之欲

七・君乙 5/先王斎=(之所)目(以)爲～觀也

七・君乙 6/耳～之欲

八・蘭 5/身體駐(重)害(輕)而～耳袋(勞)矣

八・志 5/虛(吾)目(以)尔(爾)爲遠～耳

旄

三・彭 3/～=(旄旄)舍(余)朕學(孳)

睘([illegible])

[illegible]

六・孔 26/好～(睘)

瞻(賠)

賠

六・壽 7/民乏～(瞻)望

眛

六・用 19/又～丌(其)不見

相(相、⿰木叟、⿰目木、⿱相土)

相

一·性 18/丌(其)眚(性)～近也

二·民 4/⿱哀心(哀)⿰糹臭(樂)～生

二·子 1/善與善～受也

二·從甲 13/君子之～譃(就)也

二·從甲 17/逡(後)人則奉～之

三·亘 4/云=(云云)～生

四·逸·交 1/君子～好

四·逸·交 4/君子～好

五·競 10/或(又)㠯(以)豈(豎)辺(刁)舁(與)豖(易)𤘘(牙)爲～

五·季 22/邦～懷毁(毀)

二·昔 1/君之毋(母)俤(弟)是～

五·弟 12/言行～悊

六·競 11/丌(其)左右～伀(容)自善

六·用 4/逌～弋(代)耕

九·舉 13/亓(其)民能～分舍(餘)

七·吴 5/而反志(至)下之～⿰齊攴(擠)也

八·成 15 而或(國)又(有)～串(患)割(害)之志

八·志 4/肰(然)㠯(以)譖(讒)言～忘(謗)

八·有 1/能與余～董(助)含(今)可(兮)

八·李 1/～(相)虖(乎)官(棺)桓(樹)

⿰木叟

五·弟 18/皆可㠯(以)爲者矦(侯)～(相)欸(歆—矣)

四·柬 9/王㠯(以)告～(相)屖(徙)與中余(舍)

四·柬 10/～(相)屖(徙)

四·柬 15/～(相)屖(徙)

四·相 2/可胃(謂)～(相)邦矣

四·相 4/而昏(問)～(相)邦之道

九·陳 6/命忹(狂)～(相)執事人敕(整)帀(師)徒

九·陳 10/命臣～(相)執事人敕(整)帀(師)徒

九·陳 11/命～(相)敷(輔)緩(援)

⿰目木

二·民 11/日逑(就)月～(將)

坒

 三・中 16/含(今)女(汝)～夫

瞑

 二・容 37/於是虖(乎)有諳(喑)、聾、皮(跛)、～、瘦(瘻)、寞(瞀)、婁(僂)始记(起)

眚

 一・緇 7/古(故)長民者章志吕(以)卲(昭)百～(姓)

 一・緇 7/百～(姓)

 一・性 1/～(性)也

 一・性 2/情生於～(性)

 一・性 3/～(性)也

 一・性 3/凡～(性)爲宔(主)

 一・性 4/亓(其)～(性)一也

 一・性 4/凡～(性)

 一・性 5/凡歕(動)～(性)者

 一・性 5/逆～(性)者

 一・性 5/窒(節)～(性)者

 一・性 5/蔥(厲)～(性)者

 一・性 5/出～(性)者

 一・性 6/羕(养)～(性)者

 一・性 6/長～(性)者

 一・性 7/又(有)吕(以)習亓(其)～(性)也

 一・性 18/亓(其)～(性)相近也

 一・性 22/～(性)善者也

 一・性 33/～(性)之方也

 一・性 33/～(性)或生之

 一・性 34/情出于～(性)

 一・性 34/唯～(性)悉(愛)爲近息(仁)

 四・昭 3/疋(卜)命(令)尹墜(陳)～(省)爲見(視)日

 一・孔 16/民～(性)古(固)肰(然)

 一・孔 20/民～(性)古(固)肰(然)

 一・孔 24/民～(性)古(固)肰(然)

 二・子 6/史(使)皆㝵(得)亓(其)社禝百～(姓)而奉守之

 五・季 3/紳(施)𡥈(教)於百～(姓)

 四・曹 27/毋辠(罪)百～(姓)

 一・緇 3/上人悇(疑)則百～(姓)惑

 一・緇 6/卒勞百～(姓)

 二・從甲 6/君子不𢘓(緩)則亡(無)㠯(以)頌(容)百～(姓)

 二・昔 3/子～(姓)

 二・容 35/身力㠯(以)勞百～(姓)

 二・容 48/百～(姓)丌(其)可(何)辠(罪)

 二・容 50/䎽(昏)者(諸)百～(姓)

 二・容 53/䎽(昏)者(諸)百～(姓)

 二・容 53/䊝(絶)穜(種)𢘅(侮)～(姓)

 三・彭 7/氏(是)胃(謂)百～(姓)之宔(主)

 四・柬 14/而百～(姓)㠯(以)䊝(絶)矦

 四・柬 12/而百～(姓)迻(移)以迲(去)邦家

 五・鮑 5/百～(姓)皆宛(怨)悥

 五・季 5/百～(姓)送之㠯(以)□▨

 五・鬼 2/惻(賊)百～(姓)

 七・武 15/百～(姓)之爲經

 七・君甲 4/百～(姓)之宔(主)

 七・君乙 3/百～(姓)之宔(主)

 七・凡甲 8/虗(吾)欲旻(得)百～(姓)之和

 七・凡甲 28/百～(姓)䘚=(之所)貴唯君

 七・凡乙 20/百～(姓)䘚=(之所)貴

 八・子 1/豙(家)～(姓)甚級(急)

 八・志 5/虗(吾)父䏍(兄)～(甥)咎(舅)之又(有)善

眯(⿰貝米)

⿰貝米

 五・季 15/～(眯)父兄子俤(弟)而叀(再)⿰貝米

 六・用 17/莫衆而～(迷)

睇(⿰貝巨)

⿰貝巨

 五・君 6/毋臭(戾)～(睇)

眡

一・緇 1/㠯(以)～(示)民厚(厚)

胄

一・緇 11/我弗～(迪)耶(聖)

肯

一・緇 2/爲下可頪(類)而～也

一・緇 19/多～(識)

瞙

三・周 48/艮丌(其)～

⿰見戔

四・采 4/子之～(睇)奴

自　部

自

一・孔 7/又(有)命～天

一・緇 20/出内(入)～尔(爾)帀(師)雩(虞)

一・緇 21/君子不～蕾(留)女(安—焉)

一・性 2/〔性〕～命出

一・性 2/命～天降

二・從乙 1/則～异(己)訂(始)

二・容 9/～内女(安—焉)

二・容 19/而遠者～至

二・容 34/啟於是虖(乎)攻益～取

二・容 35/～爲

二・容 39/陞(徵)～戎述(遂)

二・容 39/内(入)～北門

二・容 40/降～鳴攸(條)之述(遂)

二・容 42/～爲芑爲

三・周 9/比之～内

三・周 11/～天右(祐)之

三・周 24/～求口實

三・周 32/～复(復)

三・周 41/又(有)惪(憂)～天

三・中 18/毋～隓(惰)也

三・亙 1/～猒(厭)不自忍(牣)

三・亙 1/自猒(厭)不～忍(牣)

 三・亘 2/㸚(氣)是(寔)～生

 三・亘 2/㸚(氣)是(寔)～生自复(作)

 三・亘 2/㸚(氣)是(寔)自生～复(作)

 三・亘 3/求慾(欲)～逿(復)

 三・亘 7/～复(作)爲

 三・亘 11/丌(其)㝈尨(蒙)不～若

 三・亘 11/而能～爲也

 三・彭 7/惻(賊)者～賊也

 三・彭 7/氏(是)胃(謂)～厚

 四・逸・交 1/㠯(以)～爲镸(長)

 四・逸・交 4/㠯(以)～爲戔

 四・昭 4/并儥(僕)之父母之骨厶(私)～塼

 四・昭 8/～訟於王

 四・柬 1/王～臨卜

 四・曹 22/君～衒(率)必聚羣又(有)司而告之

 四・曹 34/君毋㦊(憚)～勞

 四・曹 63/乃～怭(過)㠯(以)敓(悦)於蠆(萬)民

 五・姑 9/長魚翯(矯)典～公所

 六・競 10/～古(姑)蚤(尤)㠯(以)西

 六・用 3/閟言～閩(關)

 六・用 7/亓(其)～見之泊

 六・用 8/～亓(其)又(有)保(寶)貨

 六・用 9/禍(禍)不降～天

 六・用 9/亦不出～墬(地)

 六・用 9/隹(唯)心～惻(賊)

 六・用 11/而～嘉樂

 七・凡甲 6/虛(吾)奚～飤(食)之

 七・凡甲 18/夂(終)身～若

 七・凡乙 5/虛(吾)奚～飤(食)之

 七・凡乙 13/夂(終)身～若

 七・吴 9/～暑日㠯(以)往

 六・競 11/丌(其)左右相佁(容)～善

 八・成 7/弗邎(朝)而～至

 八・成 7/弗賓(密)而～周

 八・成 7/弗會而～剸(斷)

 八・王 2/徒～閩(關)至(致)命

 八・有 2/……～詷(誨)今可(兮)

 九・舉 14/毋～信而信……

 九・史 3/～罯(始)又(有)民㠯(以)來

𦥑 部

皆(皆、䁅)

皆

 一・孔 8/～言上之衰也

 一・孔 10/童而～臤(賢)於丌(其)初者也

 一・性 8/～生於☐

 一・性 18/～至丌(其)情也

 二・從甲 1/民～㠯(以)爲義

 二・容 1/～不受(授)丌(其)子而受(授)臤(賢)

 二・容 10/萬邦之君～㠯(以)丌(其)邦㲋(讓)於臤(賢)〔者〕

 二・容 20/四海(海)之内及四海(海)之外～青(請)社(貢)

 三・中 24/所斈(學)～終

 三・中 25/所斈(學)～堋(崩)

 四・逸・交 2/～芋(華)皆英

 四・逸・交 2/皆芋(華)～英

 四・逸・交 3/～(偕)上皆(偕)下

 四・逸・交 3/皆(偕)上～(偕)下

 四・逸・交 4/～(偕)少皆(偕)大

 四・逸・交 4/皆(偕)少～(偕)大

 四・柬 15/中余(舍)與五連少(小)子及龍(寵)臣～逗(屬)

 四・柬 16/四疆～管(熟)

 四・柬 17/君～楚邦之牆(將)軍

 四・柬 19/贅(鼇)尹～紿

 四・曹 14/三弋(代)之戟(陳)～廌(存)

 四・曹 32/軙(車)連(輦)～栽(載)

 四・曹 52/～曰𡚸(勝)之

 四・曹 53/蔓(萬)民贛(贛)首～欲或(又)之

 四・曹 56/三者𦘔(盡)甬(用)不～(替)

四・曹 60/一出言三軍～懽(歡)

四・曹 60/一出言三軍～迬(往)

四・曹 62/四人～賞

五・競 9/伋(隰)倗(倗)舁(與)鞄(鞄—鮑)弔(叔)舀(牙)～拜

五・鮑 1/～爲亓(其)容

五・鮑 5/百眚(姓)～宛(怨)悘

五・季 5/事～旻(得)亓(丌)舊(萑)而弜(強)之

五・季 17/～青(青)行之

五・弟 14/虛(吾)子～能又(有)時(待)虐(乎)

五・弟 18/～可目(以)爲者医(矦)梡(相)欸(欸—矣)

六・競 10/是～貧胡

六・競 10/夫婦～祖

七・鄭甲 6/夫=(大夫)～進曰

七・鄭乙 6/夫=(大夫)～進曰

七・吴 9/～敝(敝)邑之异(期)也

八・成 8/～欲඀(捨)亓(其)新(親)而新(親)之

八・成 8/～欲目(以)亓(其)邦稟(就)之

八・成 14/～見章(彰)於天

八・成 15/此六者～逆

八・成 15/民～又(有)夬(乖)鹿(離)之心

八・命 9/～亡女(安—焉)而行之

八・李 1 背/幾(豈)不～生

九・舉 5/既言，而上(尚)父乃～(階?偕)至

九・舉 20/埶(設)～紀

九・舉 20/～……

九・舉 31/百洲(川)～道(導)

九・邦 4/～柬

六・孔 17/～求異於人

⿸虍皆

六・孔 17/～(皆)同亓(其)□

 二・子 1/叓（使）～（皆）旻（得）亓（其）社禝百眚（姓）而奉守之

 二・子 9/～（皆）人子也

 四・昭 10/囟（使）邦人～（皆）見之

 九・陳 10/帀（師）徒～（皆）愳

魯

 二・魯 1/～邦大旱

 四・曹 1/～臧（莊）公牆（將）爲大鐘

 四・曹 1/昔周室之邦～

 九・陳 9/君～……

者

 一・性 2/訂（始）～近情

 一・性 2/夂（終）～近義

 一・性 2/智（知）情～能出之

 一・性 2/智（知）義～能内（入）〔之〕

 一・性 5/凡斆（動）眚（性）～

 一・性 5/逆眚（性）～

 一・性 5/寋（節）眚（性）～

 一・性 5 萬（厲）眚（性）～

 一・性 5/出眚（性）～

 一・性 6/羕（养）眚（性）～

 一・性 6/長眚（性）～

 一・性 6/凡見～之胃（謂）勿（物）

 一・性 6/快於其（己）～之胃（謂）兑（悦）

 一・性 6/勿（物）之埶（勢）～之胃（謂）埶（勢）

 一・性 7/宜（義）也～

 一・性 7/習也～

 一・性 8/亓（其）三述（术）～

 一・性 10/季（教）所言（以）生悳（德）于中～也

 一・性 17/〔皆教其〕人～也

 一・性 24/亞(惡)之而不可非～

 一・性 24/達於宜(義)～也

 一・性 24/非之而不可亞(惡)～

 一・性 24/智(知)道～〔也〕

 一・性 25/攸(修)身～也

 一・性 26/㠯(以)道～也

 一・性 26/㠯(以)古(故)～也

 一・性 26/㠯(以)憖(猷)～也

 一・性 31/凡季(教)～求丌(其)〔心爲難〕

 一・性 35/凡甬心之趮(趮)～

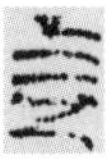 一・性 35/甬(用)智之疾～

 一・性 36/甬(用)身之弁～

 一・性 36/甬(用)力之𦘦(盡)～

 二・民 3/勿(物)之所至～

 二・民 4/志之〔所〕至～

 二・民 4/豊(禮)之所至～

 二・民 4/𥿡(樂)之所至～

 二・從甲 9/凡此七～

 四・柬 3/城於膚中～

 四・柬 3/欲祭於楚邦～虖(乎)

 四・柬 11/～(諸)侯之君之不能詞(治)者

 四・柬 12/不能詞(治)～

 四・柬 12/此爲君～之𦋺(刑)

 四・柬 16/逗～又(有)𪇜(暍)人

 四・柬 23/臣～亦又(有)𦓹(耕)虖(乎)

 四・曹 19/是古(故)夫戦(陳)～

 四・曹 45/死～弗收

 四・曹 45/䝨(傷)～弗䎽(問)

 四・曹 47/〔死〕～收之

 四・曹 47/䝨(傷)～䎽(問)之

 四・曹 47/善於死～爲生者

 四・曹 47/善於死者爲生～

 四・曹 49/此三～足以戳(戰)虗(乎)

 四・曹 55/配(勇)～思(使)憙(喜)

 四・曹 55/䊽(葸)～思(使)㥏(悔)

 四・曹 56/善攻～奚女(如)

 四・曹 56/善攻～必以亓(其)所又(有)

 四・曹 57/善戳～奚女(如)

 四・曹 59/～(諸)〔侯〕寡(寡)矣

 四・曹 61/配(勇)～憙(喜)之

 四・曹 61/㠯(惶)～㥏(悔)之

 四・曹 64/或～少(小)道與(歟)

 四・曹 65/昔之明王之迟(起)於天下～

 五・季 1/青(青)昏(問)羣=(君子)之從事～於民之

 五・季 6/丘昏(聞)之孟～昊(昃)曰

 五・季 7/夫時(詩)也～

 五・季 7/夫義～

 五・季 15/古之爲邦～必㠯(以)此

 五・季 17/⧄～

 五・君 10/⧄昔～中(仲)尼箴(箴)徒三人

 五・弟 5/⧄～

 五・弟 5/臤(賢)～

 五・弟 6/貧戔(賤)而不約～

 五・弟 6/富(富)貴而不喬(喬—驕)～

 五・弟 9/事而弗受～

 五・弟 14/肰劃(則)夫二厽(三)子～

 五・弟 18/⧄～

 五・弟 18/皆可㠯(以)爲～医(侯)梋(相)歕(歕—矣)

 五・弟附簡/□～亓(其)言□而不可

 五・三 2/敬～旻(得)之

 五・三 2/怠(怠)～遊(失)之

 五・三 13/凡若是～

 五・三 21/善游～

 五・鬼 1/昔～堯舜墨(禹)湯

 五・鬼 2/焚聖人殺訐(諫)～

 五・鬼 3/退(及)五(伍)子疋(胥)～

 五・鬼 3/遂(送)孟(嵍)公～

 五・鬼 3/則善～或不賞而暴

 五・鬼 4/此兩～枳(歧)虗(吾)古(故)

 五・姑 3/～(諸)医(侯)畜我

 五・姑 4/天下爲君～

 五・姑 4/隹(誰)欲畜女(汝)～(諸)才(哉)

 五・姑 5/虗(吾)餌(聞)爲臣～必思(使)君旻(得)志於弖(己)而又(有)後青(請)

 五・姑 9/梏～(諸)廷

 一・性 22/又(有)完(美)情～也

 一・性 22/眚(性)善～也

 一・性 23/又(有)心愄(畏)～也

 一・性 23/又(有)悳(德)～也

 一・性 23/又(有)道～也

 一・性 24/又(有)内歒～也

 一・性 24/臆(篤)於悬(仁)～也

 一・性 25/～也

 一・性 26/吕(以)悳(德)～也

 二・從甲 1/昔三弋(代)之明王之又(有)天下～

 二・容 5/道洛(路)無殤死～

 二・容 10/堯吕(以)天下叚(讓)於臤(賢)～

 二・容 10/天下之臤(賢)～莫之能受也

 二・容 16/昔～天陛(地)之差(佐)舜而右(佑)善

 二・容 30/三年而天下之人亡(無)訟獄～

 二・容 34/台(皋)秀(陶)乃五叚(讓)吕(以)天下之臤(賢)～

 二・容 50/餌(昏)～(諸)百眚(姓)

 二・容 50/至約～(諸)侯

 五・鮑 2/迿傛～叓(使)

 三・亙 1/又(有)訂(始)女(安—焉)有往～

 三・亙 3/生或(域)～同女(安—焉)

 三・亙 8/先～又(有)善

 三・亙 10/言名先～又(有)悹(疑)

 三・亙 10/恌(妄)言之後～季(效)比女(安—焉)

 三・亙 10/舉(舉)天下之复(作)強～

 三・亙 11/兩～不灋(廢)

 三・亙 13/無又(有)灋(廢)～

 四・曹 28/此三～所吕(以)戰(戰)

 四・曹 37/凡又(有)司銜(率)倀(長)民～

 四・曹 56/善攻～系(奚)女(如)

 三・彭 7/□□～不吕(以)

 三・彭 7/多丞(懋—務)～多憂(憂)

 三・彭 7/惻(賊)～自賊也

 四・内 1/古(故)爲人君～

 四・内 1/言人之君之不能叓(使)丌(其)臣～

 四・内 2/丌(其)君～

 四・内 2/古(故)爲人臣～

 二・昔 1/昔～君老

 二・容 2/長～酥尾(宅)

 二・容 2/婁(僂)～坆(仕)數

 二・容 3/瘦(瘻)～煮盧(鹽)

 二・容 3/亶～鮫(漁)澤

 二・容 3/凡民俾(罷)敝(弊)～

 二・容 10/吕(以)求臤(賢)～而𧧑(讓)女(安—焉)

 二・容 11/臤(賢)～

 二・容 11/而臤(賢)～莫之能受也

 二・容 18/墨(禹)乃五𧧑(讓)吕(以)天下之臤(賢)～

 二・容 19/墨(禹)乃因山陵坪(平)侄(隰)之可封邑～而緐(繁)實之

 二・容 19/夫是吕(以)退(近)～敓(悦)紿(治)

 二・容 19/而遠～自至

二・容 22/㠯(以)爲民之又(有)詓(訟)告～鼓女(安—焉)

二・容 24/㠯(以)波(陂)明～(都)之澤

二・容 44/能述(遂)～述(遂)

二・容 44/不能述(遂)～内(墜)而死

二・容 44/不從命～

二・容 47/九邦～亓(其)可迲(來)虖(乎)

二・容 49/昔～文王之差(佐)受(紂)也

二・容 50/城(成)悳(德)～

二・容 52/㠯(以)少(宵)會～(諸)侯之市(師)於䍙(牧)之埜(野)

二・容 53/䎽(昏)～(諸)百眚(姓)

二・容 53/至約～(諸)侯

四・内 2/言人之臣之不能事亓(其)君～

四・内 2/不與言人之君之不能㕜(使)亓(其)臣～

四・内 2/古(故)爲人父～

四・内 3/父之不能畜子～

四・内 3/不與言人之子之不孝～

四・内 3/古(故)爲人子～

四・内 3/言人之子之不孝～

四・内 3/不與言人之父之不能畜子～

四・内 4/古(故)爲人俔(兄)～

四・内 4/言人之俔(兄)之不能㦤(慈)俤(弟)～

四・内 4/不與言人之俤(弟)之不能丞(承)俔(兄)～

四・内 4/古(故)爲人俤(弟)～

四・相 4/～

五・季 23/此𦨻=(君子)從事～斦=(之所)啻𩌏也

五・競 3/癹(發)㤅(作)～死

五・競 3/弗行～死

五・競 3/䣽(狄)人之伓(附)～七百邦

五・競 4/含(今)此祭之旻(得)福～也

五・競 7/則訢～(諸)槐(鬼)神曰

五・競 7/遠～不方

 五・競 7/則攸(修)～(諸)向(鄉)里

 五・競 8/此能從善而迲(去)祀(過)～

 五・競 8/外之爲～(諸)矦(侯)狀(笑)

 三・中 6/女(汝)智(知)～

 三・中 10/人丌(其)豫(舍)之～

 三・中 11/～

 三・中 16/小人之至～

 三・中 20/聿(盡)丌(其)訢(慎)～

 三・中 21/古之事君～

 三・中 22/害□～不

 三・中附簡/唯正(政)～

 一・孔 1/行此～

 一・孔 3/多言難而惋(怨)退(懟)～也

 一・孔 4/上下之不和～

 一・孔 5/又(有)城(成)工(功)～可(何)女(如)

 一・孔 8/言不中志～也

 一・孔 9/多恥～丌(其)怲之虖(乎)

 一・孔 9/鯖(菁)鯖(菁)～莪

 一・孔 9/裳(裳)裳(裳)～芋(華)

 一・孔 10/童而皆臤(賢)於丌(其)初～也

 一・孔 11/則遚(送)～〔□□矣〕

 一・孔 18/目(以)俞(喻)丌(其)惋(怨)～也

 一・孔 24/亞(惡)丌(其)人～亦肰(然)

 二・子 1/昔～而弗殜(世)也

 二・子 5/從～(諸)卉(草)茅之中

 二・子 8/采(由)～(諸)畎(畎)畮(畝)之中

 二・子 9/厽(三)王～之乍(作)也

 二・子 11/又(有)鷃(燕)監(銜)卵而階(措)～(諸)丌(其)前

 二・子 13/厽(三)王～之乍(作)也女(如)是

 二・子 13/肰(然)則厽(三)王～篙(孰)爲

 二・魯 1/母(無)乃遊(失)～(諸)型(刑)與悳(德)虐(乎)

 一・性 38/人之〔巧〕言利訂(詞)～

一・性 38/人之□肰(然)可與和安～

一・緇 1/又(有)國～章好章惡

一・緇 6/古(故)長民～章志吕(以)卲(昭)百眚(姓)

一・緇 9/長民～衣備(服)不改

一・緇 13/長民～孷(教)之吕(以)悳(德)

一・緇 22/此吕(以)邇～不惑

一・緇 22/而遠～不毟(疑)

六・競 2/虗(吾)谻〈欲〉敂(誅)～(諸)祝叓(史)

六・競 5/可因於民～

六・競 6/而湯清～與旻(得)蔥(賴)福女(安—焉)

六・競 7/則忑(恐)逡(後)敂(誅)於史～

六・競 8/約夾～闈(關)

六・競 8/縛纚～阺(市)

六・競 9/勿而祟～也

六・孔 1/害臤～是能辠(罪)

六・孔 2/二道～

六・孔 4/辠〈晕(親)〉悬(仁)～是能行聖(聖)人之道

六・孔 8/而亡吕(以)亯～囗矣

六・孔 11/此与(邪)悬(仁)人式(二)～也

六・孔 12/審(密)二逃～吕(以)觀於民

六・孔 16/～也

六・孔 16/女(如)此～

六・孔 21/…～

六・天甲 3/豊(禮)～

六・天甲 7/～(諸)厌(侯)飤同狀

六・天甲 13/所不學於帀(師)～三

六・天乙 2/豊(禮)～

六・天乙 6/～(諸)矦(侯)飤(食)同狀

七・武 15/枉～敗

七・武 15/而敬～萬殜(世)

七・鄭甲 2/楚邦囟(思)爲～(諸)医(侯)正

七・鄭乙 2/楚邦囟(思)爲～(諸)医(侯)正

七・君甲 8/君人～可(何)必安才(哉)

七・君甲 9/君人～可(何)必安才(哉)

七・君乙 8/君人～可(何)必安才(哉)

七・君乙 9/君人～可(何)必安才(哉)

八・顔 9/女(如)進～蘿(勸)行

八・顔 9/退～智(知)欽(禁)

八・成 10/而臤(賢)～

八・成 11/外道之明～

八・成 15/此六～皆逆

八・成 16/昔～又(有)神☒

九・舉 10/昔～，舜台(始)大倉(合)……

九・舉 13/五年亡(無)凍餌(餒?)～

九・舉 28/非能倉(合)悳(德)於殜(世)～也

九・邦 4/鄴(葉)之～(諸)老皆柬(諫)曰

九・邦 8/而并是二～㠯(以)邦君

九・史 8/敬也～

智

一・孔 10/《灘(漢)圭(廣)》之～(知)

一・孔 11/《灘(漢)圭(廣)》之～(知)

一・孔 11/則～(知)不可旻(得)也

一・孔 13/不亦～(知)亘(恒)虐(乎)

一・孔 25/～(知)言而又(有)豊(禮)

一・孔 27/《七(蟋)率(蟀)》～(知)難

一・孔 28/《牆又(有)薺(茨)》慙(慎)寍(密)而不～(知)言

一・孔 28/《青蠅(蠅)》～(知)惓(患)而不智(知)人

一・孔 29/《青蠅(蠅)》智(知)惓(患)而不～(知)人

一・孔 29/《河水》～(知)

一・性 2/～(知)情者能出之

一・性 2/～(知)義者能内(入)〔之〕

一・性 24/～(知)道者〔也〕

一・性 32/可～(知)也

一・性 34/～頪(類)五

二・魯 2/霥(庶)民～(知)敚(説)之事䰠(鬼)也

二・魯 2/不～(知)型(刑)與悳(德)

二・從甲 8/而不～(知)則奉(逢)災害

二・從甲 12/必或～(知)之

二・從乙 6/息(仁)而不～則

二・容 19/乃因迡㠯(以)～(知)遠

二・容 48/虗(吾)所～(知)多廌

二・容 49/高下肥毳之利婁(盡)～(知)之

二・容 49/～(知)天之道

二・容 49/～(知)陸(地)之利

二・容 52/受(紂)不～(知)丌(其)未又(有)成正(政)

三・中 6/女～(知)者

三・中 9/弗～(知)舉(舉)也

三・中 10/舉(舉)而所～(知)

三・中 10/而所不～(知)

三・彭 3/□□不～(知)所夂(終)

四・昭 5/虗(吾)不～(知)亓(其)尔蓂(墓)

四・柬 2/龜尹～(知)王之庶(炙)於日而疠(病)

四・柬 2/贅(釐)尹～(知)王之疠(病)

四・曹 4/今天下之君子既可～(知)巳(已)

四・曹 28/受(授)又(有)～

四・曹 34/又(有)～(知)不足

四・曹 63/唯君亓(其)～(知)之

 五・競 8/虐(吾)不～(知)亓(其)爲不善也

 五・鮑 6/含(今)豎(豎)迡(刁)佖(匹)夫而欲～(知)蔓(萬)轈(乘)之邦

 五・季 1/翟(一)不～(知)民务(務)之女(安一焉)才(在)

 五・君 4/～而比訐(信)

 五・君 9/虽(獨)～(知)

 五・弟 4/莫我～(知)也夫

 五・弟 10/☐女弗～(知)也虗(乎)

 五・弟 22/不虐(吾)～(知)也

 五・三 17/～(知)天足㠯(以)川(順)旹(時)

 五・三 17/～(知)地足㠯(以)由材

 五・三 17/～(知)人足㠯(以)會(會)新(新)

 五・鬼 1/息(仁)義聖～

 五・鬼 4/虐(吾)弗～(知)也

 五・鬼 4/虐(吾)或(又)弗～(知)也

 二・民 2/必先～(知)之

 三・亘 5/～旣(既)而巟思不㝔

 四・柬 18/痌(因)𤸫(資)～(知)於邦

 四・柬 22/牆(將)必～(知)之

 一・性 35/甬(用)～(智)之疾者

 一・緇 2/爲上可宊(望)而～(知)也

 一・緇 3/下難～(知)則君長〔勞〕

 一・緇 19/青(精)～(知)

 六・孔 5/～亡(無)不亂矣

 六・孔 10/丌(其)行凥(處)可名而～(知)与(歟)

 六・孔 15/～(知)不行矣

 六・孔 22/猶忑(恐)弗～(知)

 六・莊 6/臣不～(知)君王之牆(將)爲君

 六・莊 6/女(如)臣～(知)君王

 六・木 1/…～

 六・木 4/～韰(甕)不盍(蓋)

六・木 4/王子不～(知)

六・慎 6/氏(是)以君=(君子)向方～(知)道

七・武 1/不～(知)

七・武 10/余～(知)之

七・凡甲 3/未～(知)左右之請(情)

七・凡甲 5/亓(其)～愈暲(彰)

七・凡甲 5/箮(孰)～(知)亓(其)疆(彊)

七・凡甲 8/先王之～奚備

七・凡甲 13/而～(知)名

七・凡甲 15/至情而～(知)

七・凡甲 16/之〈先〉～(知)四海(海)

七・凡甲 18/奚㠯(以)～(知)丌(其)白(泊)

七・凡甲 24/戠(察)～(知)而神

七・凡甲 26/可之〈先〉～(知)

七・凡甲 30/之㠯(以)～(知)天下

七・凡乙 3/～(知)左右之請(情)

七・凡乙 5/箮(孰)～(知)亓(其)疆(彊)

七・凡乙 7/先王之～奚備

七・凡乙 11/先～(知)四海(海)

七・凡乙 11/亓(其)～愈暲(彰)

七・凡乙 13/⧄～(知)亓(其)白(泊)

七・凡乙 17/情而～(知)

七・凡乙 17/戠(察)～(知)而神

七・凡乙 19/可先～(知)

七・凡乙 22/大之㠯(以)～(知)天下

八・顔 7/則民～(知)足矣

 八・顏 9/則民～(知)欽(禁)矣

 八・顏 9/退者～(知)欽(禁)

 八・成 3/☒□欲明～(知)之

 八・成 14/可㠯(以)～(知)善否

 八・成 14/可㠯(以)～(知)亡才(哉)

 九・陳 6/君王不～(知)㞷(狂)之無栽(才)

 九・陳 7/不～(知)進帀(師)徒逊(極)於王所

 九・陳 7/不～(知)亓(其)敓卒(卒)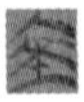夌(凌)行

 九・陳 10/君王不～(知)臣之無栽(才)

 九・舉 3/丌(其)白墨(黑)牆(將)可～(知)也

 九・舉 19/……不～(知)亓(其)所巠(極)

 九・舉 19/習女～(知)埶(設)皆紀

 九・舉 23/瀋(瀆—篤)則～(知)城(成)

 九・舉 29/～(知)臤(賢)正(政)絧(治)

 九・邦 2/是古(故)弗～(知)也

 卉 3/不～(知)亓(其)若玆(哉)

百(百)

百

 一・孔 13/鵲樔(巢)出㠯(以)～(百)兩

 一・緇 3/上人悘(疑)則～(百)眚(姓)惑

 一・緇 6/卒勞～(百)眚(姓)

 一・緇 7/古(故)長民者章志㠯(以)卲(昭)～(百)眚(姓)

 一・緇 7/～(百)眚(姓)㠯(以)悬(仁)

 二・子 6/史(使)皆旻(得)丌(其)社稷～(百)眚(姓)而奉守之

 三・彭 7/氏(是)胃(謂)～(百)眚(姓)之宔(主)

 四・柬 14/而～(百)眚(姓)㠯(以)㡭(絕)

 二・從甲 6/君子不悆(緩)則亡(無)㠯(以)頌(容)～(百)眚(姓)

 二・容 3/思(使)役～(百)官而月青(請)之

 二・容 7/於是虖(乎)方～(百)里之中

 二・容 27/墨(禹)乃從灘(漢)㠯(以)南爲名浴(谷)五～(百)

 二・容 28/從灘(漢)吕(以)北爲名浴(谷)五～(百)

 二・容 35/身力吕(以)勞～(百)眚(姓)

 二・容 48/～(百)眚(姓)丌(其)可(何)辠(罪)

 二・容 50/巤(昏)者(諸)～(百)眚(姓)

 二・容 51/武王乃出革車五～(百)乘

 二・容 53/巤(昏)者(諸)～(百)眚(姓)

 四・柬 12/而～(百)眚(姓)迻(移)吕(以)迲(去)邦家

 四・相 3/～(百)攻(工)懽(勸)於事

 四・曹 1/東西七～(百)

 四・曹 1/南北五～(百)

 四・曹 27/毋辠(罪)～(百)眚(姓)

 四・曹 36/能紿(治)～(百)人

 四・曹 36/叓(使)倀(長)～(百)人

 五・競 3/鄹(狄)人之怀(附)者七～(百)邦

 五・競 8/含(今)内之不得～(百)生(姓)

 五・鮑 1/乃命～(百)又(有)嗣(司)曰

 五・鮑 3/～(百)糧篁

 五・鮑 4/～(百)眚(姓)皆宛(怨)偃

 五・季 3/絁(施)季(教)於～(百)眚(姓)

 五・季 5/～(百)眚(姓)送之吕(以)□▨

 五・季 17/毋逆～(百)事

 五・姑 1/虐于～(百)豫

 五・姑 1/姑(苦)城(成)豪(家)父吕(以)亓(其)族參(三)埒(郤)正(征)～(百)豫

 五・姑 5/姑(苦)城(成)豪(家)父乃盗(寧)～(百)豫

 五・姑 9/敂(拘)人於～(百)豫

 五・三 12/～(百)黨(乘)之豪(家)

 五・三 15/～(百)事不述(遂)

 五・鬼 2/惻(賊)～(百)眚(姓)

 六・天甲 7/見～(百)正

 六・天乙 6/見～(百)正

 七・武 4/亓(其)篁(運)～(百)〔世〕

 七・武 11/而～(百)殜(世)不遴之道

 七・武 15/～(百)眚(姓)之爲經

 七・君甲 3/～(百)眚(姓)之宔(主)

 七・君甲 4/宮妾㠯(以)十～(百)婁(數)

 七・君乙 3/～(百)眚(姓)之宔(主)

 七・君乙 4/宮妾㠯(以)十～(百)婁(數)

 七・凡甲 8/虗(吾)欲㝵(得)～(百)眚(姓)之和

 七・凡甲 16/達見～(百)里

 七・凡甲 22/則～(百)勿(物)不遊(失)

 七・凡甲 23/～(百)勿(物)具遊(失)

 七・凡甲 25/～(百)勿(物)不死女(如)月

 七・凡甲 28/～(百)眚(姓)𠩺=(之所)貴唯君

 七・凡乙 11/達見～(百)里

 七・凡乙 15/則～(百)勿(物)不遊(失)

 七・凡乙 15/則～(百)勿(物)具遊(失)

 七・凡乙 18/咸～(百)勿(物)不死女(如)月

 七・凡乙 20/～(百)眚(姓)𠩺=(之所)貴唯君

 九・舉 31/～(百)汌(川)皆道(導)

 九・舉 31/夬(決)滓(瀆)三～(百)

 九・舉 31/～(百)汌(川)既道(導)

 九・邦 10/賞之㠯(以)焚或(國)～(百)貞(畛)

 九・邦 11/賞之㠯(以)西軖(廣)田～(百)貞(畛)

 九・史 11/～(百)生(姓)㝵(得)亓(其)利

 九・史 11/～(百)生(姓)

 九・卜 8/亓(其)七䔢(殘)于～(百)邦

奭

 一・緇 18/《君～》員(云)

習 部

習

 一・性 1/寺(待)～而句(後)垦(奠)

 一・性 6/～也

 一・性 7/～也者

 一・性 7/又(有)㠯(以)～丌(其)眚(性)也

 一・性 30/蜀(獨)居鼎(則)～〔父〕兄之所樂

 三・亘 10/～㠯(以)不可改也

 九・舉 19/～女智(知)

羽　部

羽

 四・采 4/鴼(鷺)～之白也

 四・采 4/趨(曾)～

 四・采 4/訐(衍)～

 四・采 4/～

 五・君 11/子～翻(問)於子贛(貢)曰

翏

 一・孔 26/《～(蓼)莪》

 六・競 10/～(聊)昏(攝)以東

翯

 八・鷗 1/婁(鷗)栗(鷅)～(翩)飛含(今)

翯

 五・姑 8/公思(懼)乃命長魚～(矯)

 五・姑 9/長魚～(矯)典自公所

 五・姑 9/姑(苦)城(成)豕(家)父専(捕)長魚～(矯)

 五・姑 10/㠯(以)睪(釋)長魚～(矯)

羿

 四・柬 15/迖進～梖(相)孱

罟

 七・凡甲 10/可(何)古(故)大而不～

 七・凡乙 8 可/(何)古(故)大而不～

隹　部

隹

 一・緇 3/～(惟)尹夋及康(湯)咸又(有)一悳(德)

 一・緇 5/～(唯)王之功(邛)

 一・緇 6/少(小)民～(惟)日夗(怨)

 一・緇 6/少(小)民亦～(惟)日夗(怨)

一・緇 14/～(惟)复(作)五虐(瘧)之型(刑)曰法

一・緇 23/人～(雖)曰不利

三・周 44/～(唯)彔(㓈)繘

三・中 21/女(汝)～(惟)㠯(以)〔□⧄〕

三・亘 9/～(惟)一㠯(以)猶一

四・逸・交 3/～(唯)心是薁

四・逸・交 4/～(唯)心是萬(勵)

四・曹 65/亦～(唯)餌(聞)夫垦(禹)、康(湯)、傑(桀)、受(紂)矣

五・弟 15/～多餌(聞)而不沓(友)䏝(賢)

五・鬼 6/～(唯)茲倿(作)章

一・緇 21/～(惟)君子能好丌(其)庀(匹)

三・亘 5/～(惟)逡(復)㠯(以)不灋(廢)

三・亘 9/～(惟)逡(復)㠯(以)猶逡(復)

一・孔 3/～(惟)能夫

一・孔 6/乍〈亡〉競～(維)人

一・孔 6/不(丕)㬎(顯)～(維)悳(德)

六・孔 26/～(唯)聚印(仰)天而懃(嘆)曰

六・用 5/～(唯)言之又(有)信

六・用 9/～(唯)心自惻

六・用 13/～(唯)君之賈臣

六・用 17/用亡(無)咎～(唯)涅

六・用 20/～(唯)善是善

七・武 8/桯名(銘)～(唯)〔曰〕

七・武 9/枳(枝—杖)名(銘)～(唯)曰

七・武 10/卣(牖)名(銘)～(唯)曰

七・吴 6/～(唯)舍(余)一人所豊(禮)

七・吴 6/～(唯)吴白(伯)父

七・吴 9/～(唯)三大夫丌(其)辱昏(問)之

七・吴 9/～(唯)不𢟄(敏)既郘(犯)矣

七・武 7/皇=(惶惶)～(惟)堇(謹)□

九・舉 5/～(惟)七年

九・舉 6/～(惟)梼(持)明之悳(德)

九・舉 22/～(唯)寺(志)

雀

一・孔 20/虐(吾)㠯(以)折(杕)杜㝵(得)～(爵)

一・孔 27/可(何)斯～(誚)之矣

雉(鶨)

鶨

五・競 2/又(有)～(雉)𨿵(雊)於僔(彝)歬(前)

雁

五・弟 1/倗虐(虐)亓(其)～

港甲 3/三忎(年)而畫于～(膺)生

七・凡甲 11/奚古(故)少(小)～暲致

𨾊(鴟)

鴟

五・鬼 3/～𡰥(夷)而死

雝(售、灉)

售

一・孔 5/肅～(雍)〔顯相〕

三・中 4/叓(使)～(雍)也從於䆧(宰)夫之遂(後)

三・中 4/～(雍)也憧

三・中 6/～(雍)

三・中 6/～(雍)也弗昏(聞)也

三・中 9/～(雍)也不𢟄(敏)

三・中 21/～(雍)

三・中 26/孔=(孔子)曰：～(雍)

八・成 4/白(伯)𡰥(夷)、弔(叔)齊餞(餓)而死於～(雍)滜(瀆)

⿰氵售

五・三 10/毋～(壅)川

六・木 3/莊王迈(蹠)河～(淮)之行

⿰牜隹

四・采 2/～

奞　部

奮(畓)

畓

一・性 15/昏(聞)訶(歌)要(謠)☐～(奮)

一・性 38/不又(有)夫～斈(作)之情鼎(則)悉(侮)

五・三 1/卉木須時而句(後)～(奮)

九・舉 32/壐(禹)～(奮)中疾志

雈　部

雚(萑、舊、雈)

萑

五・季 7/尖=(小人)～(觀)之

八・顏 9/女(如)進者～(勸)行

九・陳 1/㠯(以)～(觀)帀(師)徒女(安—焉)

舊

五・季 5/事皆旻(得)亓(其)～(權)而弝(強)之

五・季 13/繇丘～(觀)之

雈

九・邦 7/毋亦～(歡?)虐(乎)

舊(舊、售)

舊

一・性 16/丌(其)居節也～(久)

二・子 9/～(久)矣

三・周 5/飤(食)～悳(德)

三・周 44/～汬(井)亡(無)含(禽)

三・中 8/夫民安～而至(重)嬰(遷)

卉 2/～立(位)不挨(捲)

售

 五·姑 7/句義毋～(舊)

 六·孔 18/行年民～(久)

 六·孔 22/則忑(恐)～(久)虗(吾)子

苜　部

蔑(蔑、薎)

蔑

 一·孔 9/丌(其)旻(得)彔(祿)～畺(疆)矣

 四·曹 2 背/散(曹)～(沬)之戟(陳)

 五·鬼 6/～帀(師)見兇

 六·競 7/古(故)丌(其)祝叀(史)褺(製)～耑折祝之

薎

 八·蘭 4/信蕑(蘭)亓(其)～(蔑)也

羊　部

羊

 三·周 38/喪(喪)～思(悔)亡(無)

 五·季 10/好埅(型)鼑(則)不～(祥)

羔

 二·子 1/子～曰

 二·子 5/子～

 二·子 6/子～曰

 二·子 8/子～曰

 二·子 9/子～昏(問)於孔子曰

 二·子 13/子～曰

羣

 五·競 2/～臣之辠(罪)也

 五·競 10/～(群)獸(獸)

 二·容 41/戔(殘)～女(安—焉)備(服)

 三·周 54/觳(渙)丌(其)～

 四·曹 21/凡畜～臣

 四·曹 23/君自銜(率)必聚～又(有)司而告之

一・性 7/～善之薀也

六・用 7/咎～言之弃

八・李 1 背/胃(謂)～衆鳥

美

九・史 7/……～宔(宮)室

彝 部

彝

一・性 14/鼎(則)～(鮮)女(如)也斯憙(喜)

瞿 部

瞿

九・邦 8/翟(抑)～(懼)君之不夂(終)殜(世)俸(承)邦

雔 部

集(集、寠)

集

一・緇 19/～大命于氏(是)身

四・逸・交 2/～于中渚

四・逸・交 3/～于中澫(瀨)

寠

八・李 1/鸚(鳳)鳥之所～(集)

鳥 部

鳥

二・容 21/北方之羿(旗)吕(以)～

三・周 56/飛～羅(離)之

八・李 1/鸚(鳳)～之所寠(集)

八・李 1 背/胃(謂)群衆～

四・采 4/～虎

鳩(鴼)

鴼

一・孔 21/《尸(鳲)～(鳩)》

一・孔 22/《尸(鳲)～(鳩)》曰

隹

一・緇 5/～(誰)秉或(國)〔成〕

五・姑 3/～不吕(以)𩫖(厚)

五・姑 4/～(誰)欲畜女(汝)者(諸)才(哉)

難(難、𡏳)

一・性 15/鼎(則)悸女(如)也斯～(歎)

一・性 20/～(歎)

一・性 22/唯(雖)～不貴

二・從甲 17/君子～旻(得)而惕(易)叓(事)也

二・從甲 18/是吕(以)曰少(小)人惕(易)旻(得)而～叓(事)也

二・從甲 18/名～静(爭)也

四・曹 23/亓(期)會之不～

五・季 4/滿言多～

五・季 11/氏(是)古夫故邦甚～

一・孔 3/多言～而惋(怨)退(懟)者也

一・孔 27/《七(蟋)率(蟀)智》(知)～

一・緇 3/下～智(知)則君長〔勞〕

六・孔 14/豈不～唇(乎)

六・用 2/冒～軛(犯)央(殃)

六・用 3/～之

六・用 5/～之

六・用 8/韓～

六・用 15/埶而不～

七・武 10/立(位)～旻(得)而惕(易)逹(失)

七・武 10/士～旻(得)而惕(易)𨋎

八・子 6/而之大～竆

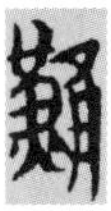
九・舉 1/虐(吾)䎽(聞)周宗又(有)～

九・舉 6/我左串(患)右～

九・舉 8/天下之～事也

 九・史 5/不亓(其)～与(與)言也

⿱難土

 五・姑 5/欲以長隶(建)宔(主)君而迕(御)～

 五・姑 6/鑾(欒)箸(書)欲乍(作)～(難)

 五・弟 10/夫㠯(以)衆軺(犯)～(難)

 六・用 1/多險㠯(以)～成

 六・用 14/而～亓(其)又(有)惠民

鳿

 三・周 50/～(鴻)𣂋(漸)于䲴(澗)

 三・周 50/～(鴻)𣂋(漸)于阪(阪)

 三・周 50/～(鴻)𣂋(漸)于陸(陸)

鳶(鳶)

鳶

 五・競 4/高宗命仪(傅)～(説)量之㠯(以)祭

鳴

 一・孔 9/《黄～〈鳥〉》

 一・孔 23/《鹿～》

 一・性 3/弗鉤(扣)不～

 二・容 40/降自～攸(條)之述(遂)

 三・周 12/～壍(謙)

 三・周 13/～壍(謙)

 三・周 14/～余(豫)

 四・逸・交 2/交交～鵋(烏)

 四・逸・交 3/交交～鵋(烏)

 五・鬼 5/又(有)口不～

 七・凡甲 1/奚負(顧)而～

 七・凡甲 13/含(禽)獸旻(得)之㠯(以)～

七・凡甲 13/含(禽)獸奚旻(得)而～

七・凡乙 1/奚真(顧)而～

七・凡乙 9/含(禽)獸奚旻(得)而～

駱

四・采 4/～羽

九・陳 3/畬(熊)霝(雪?)、子朸(麻)與郙(巴)人戰於～州

鳶

九・陳 19/申(陣)於陶阬則～(雁)飛

鵬(鸜)

鸜

八・李 1/～(鳳)鳥之所窠(集)

烏　部

烏(於、鯲)

於

六・用 5/征虫飛～(烏)

五・弟 4/～！莫我智(知)也夫

一・緇 2/臣不或(惑)～君

二・子 9/子羔昏(問)～孔子曰

二・子 10/晝～伓(背)而生

二・子 11/觀～伊而旻(得)之

二・子 11/遊～央臺之上

二・子 12/遊～玄咎(丘)之内(汭)

三・彭 1/而嬖(舉)～朕身

港甲 3/三忎(年)而晝～雁(膺)生

一・緇 17/則民訢(慎)～言而斆(謹)於行

一・緇 17/則民訢(慎)於言而斆(謹)～行

一・緇 17/～幾(緝)義(熙)止

一・孔 6/～虐(乎)歬(前)王不忘

一・孔 9/實咎～其也

一・孔 10/童而皆臤(賢)～丌(其)初者也

一・孔 10/吕(以)色俞(喻)～豊(禮)

一・孔 12/反内～豊(禮)

 一・孔 21/～(猗)差(嗟)

 一・孔 22/～(猗)差(嗟)曰

 一・孔 22/～卲(昭)于天

 二・子 2/舜畜(嗇)～童土之田

 二・魯 2/女(如)母(毋)炁(愛)珪璧幣帛～山川

 二・魯 4/女(若)天(夫)母(毋)炁(愛)圭(珪)璧幣帛～山川

 二・魯 4/丌(其)欲雨或甚～我

 二・魯 5/丌(其)欲雨或甚～我

 二・魯 5/～(烏)虖(乎)

 三・中 4/叏(使)售(雍)也從～宰(宰)夫之後

 三・彭 4/既只(躋)～天

 三・彭 4/或(又)椎(墜)～囦(淵)

 五・君 1/膏(顏)囦(淵)時(侍)～夫子

 五・君 1/吕(以)依～悬(仁)

 五・君 3/虚(吾)新(新)䎽(聞)言～夫子

 五・君 3/膏(顏)囦(淵)時(侍)～夫子

 五・君 11/子羽䎽(問)～子贛(貢)曰

 五・君 14/肰剸(則)臤(賢)～埅(禹)也

 五・三 4/毋訽(詬)政卿～神宋(次)

 五・三 6/凡宅(托)官～人

 五・三 6/宅(托)人～官

 五・三 18/死～梁下

 一・性 1/及丌(其)見～外

 一・性 2/道訂(始)～情

 一・性 2/情生～眚(性)

 一・性 6/快～其(己)者之胃(謂)兑(悦)

 一・性 8/丌(其)訂(始)出也皆生～〔人〕

 一・性 14/丌(其)出～情也

 一・性 24/達～宜(義)者也

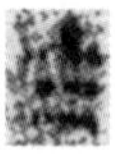 一・性 24/臆(篤)～悬(仁)者也

 一・性 30/凡～道逄(路)

 一・性 34/☐恴(情)出～眚(性)

 二・民 1/〔子〕昰(夏)䎽(問)～孔子

 二・民 2/必達～豊(禮)綼(樂)之篡(原)

 二・民 7/而悳(德)既塞～四海矣

 二・昔 2/至命～閤門

 二・昔 3/割(蓋)憙(喜)～内不見於外

 二・昔 3/割(蓋)憙(喜)於内不見～外

 二・昔 3/憙(喜)～外不見於内

 二・昔 3/憙(喜)於外不見～内

 二・昔 3/恩(愠)～外不見於内

 二・昔 3/恩(愠)於外不見～内

 三・亘 5/又(有)出～或(域)

 三・亘 5/生出～又(有)

 三・亘 5/音出～生

 三・亘 5/言出～音

 三・亘 5/名出～

 三・亘 6/事出～名

 三・亘 7/出～乍(作)

 三・亘 8/嬰(亂)出～人

 四・柬 1/命龜尹羅貞～大頣(夏)

 四・柬 2/龜尹智(知)王之庶(炙)～日而疠(病)

 四・柬 3/城～膚中者

 四・柬 3/欲祭～楚邦者虐(乎)

 四・柬 3/尚(當)誂而卜之～

 四・柬 4/贅尹至(致)命～君王

 四・柬 17/乍(作)色而言～廷

 四・柬 18/痼瘠(資)智(知)～邦

 四・柬 20/～君

 四・柬 20/君内(入)而語僕之言～君王

 四・柬 22/命(令)尹子林餌(問)～大(太)宭(宰)子峕(之)

 四・内 7/唯(雖)至～死

 四・相 3/百攻(工)僊(勸)～事

 四・相 3/衆(庶)人蘉(勸)～四枳(肢)之褺

 四・相 4/虐(吾)見～君

 四・曹 3/此不貧於敚(美)而稟(富)～悳(德)與(歟)

 四・曹 7/今異～而(尔)言

 四・曹 8/君言亡㠯(以)異～臣之言

 四・曹 12/還年而餌(問)～散(曹)敷(沫)曰

 四・曹 16/緷(敬)紀～大或(國)

 四・曹 19/不和～邦

 四・曹 19/不和～豫(舍)

 四・曹 21/《詩》～又(有)之曰

 四・曹 23/所㠯(以)爲和～豫(舍)

 四・曹 24/爲和～戦(陳)女(如)可(何)

 四・曹 35/毋辟(嬖)～便俾(嬖)

 四・曹 35/毋倀(長)～父貺(兄)

 四・曹 37/甬(用)都叠(教)～邦〔則〕丌(其)會(合)之不難

 四・曹 50/虐(號)命(令)～軍中曰

 四・曹 51/虐(吾)戩(戰)啻(敵)不訓(順)～天命

 四・曹 63/乃自怹(過)㠯(以)敓(悅)～萬(萬)民

 四・曹 65/昔之明王之记(起)～天下者

 五・競 2/又(有)鴼(雉)䧹(雊)～僔(彝)前

 五・競 5/又(有)惪(憂)～公身

 五・競 6/不遂(遷)～善而敚(奪)之

 五・競 6/至～叏(使)日食

 五・競 9/㠯(以)駝(馳)～倪(郳)市

 五・季 1/季庚(康)子䎽(問)～孔子曰

 五・季 3/絁(施)叠(教)～百眚(姓)

 五・季 9/異～丘旂=(之所)昏(聞)

 五・季 18/氏(是)古(故)臤(賢)人大～邦而又舋(劬)心

 五・姑 1/㠯(以)見亞(惡)～敕(厲)公

 五・姑 3/～君犾(幸)則晉邦之社𥝢(稷)可旻(得)而事也

 五・姑 8/言～敕(厲)公曰

 五・三 8/遊(失)～媺(美)

 五・鬼 2 背/此㠯(以)桀折～鬲山

 五・鬼 2 背/而受(紂)首～只(岐)袿(社)

 四・昭 1/卲王爲室～死沍之濾(滸)

 四・昭 2/牆(將)剅(斷)～含(今)日

 四・昭 3/不犾(幸)僕(僕)之父之骨才(在)～此室之𨼪(階)下

 四・昭 5/王逞(徙)凥～坪(平)溝

四・昭 5/卒(卒)㠯(以)夫=(大夫)歙(歙酒)～坪(平)澫

四・昭 7/君王至～定各(冬)而被褏=(襦衣)

四・昭 8/自訟～王

四・昭 9/天加禍～楚邦

四・昭 9/息(霸)君吴王身至～郢

二・容 2/～是虐(乎)唫(喑)聾執燭

二・容 4/～是唐(乎)不賞不罰

二・容 6/昔堯尻(處)～丹府與藋陵之閒(間)

二・容 6/～是虐(乎)方百里之中

二・容 7/～是虐(乎)方囩(圓)千里

二・容 7/～是於(乎)岦板正立

二・容 7/於是～(乎)岦板正立

二・容 8/舜～是唐(乎)訂(始)語堯天陛(地)人民之道

二・容 10/堯㠯(以)天下叚(讓)～臤(賢)者

二・容 10/萬邦之君皆㠯(以)丌(其)邦叚(讓)～臤(賢)〔者〕

二・容 11/～是唐(乎)天下之人

二・容 13/昔舜靜(耕)～鬲丘

二・容 13/匋(陶)～河賓(濱)

二・容 13/魚(漁)～靁(雷)澤

二・容 14/堯～是虐(乎)爲車十又(有)五乘

二・容 14/㠯(以)三從舜～旬(甽)晦(畝)之中

二・容 14/舜～是虐(乎)

二・容 22/壐(禹)乃聿(建)鼓(鼓)～廷

二・容 25/～是虐(乎)夾州、滃(徐)州訂(始)可尻(處)

二・容 25/～是唐(乎)競州、簷(莒)州訂(始)可尻(處)也

二・容 26/～是虐(乎)並州訂(始)可尻(處)也

二・容 26/～是唐(乎)蓛(荆)州、鄗(揚)州訂(始)可尻(處)也

二・容 27/～是於(乎)敘(豫)州訂(始)可尻(處)也

二・容 27/於是～(乎)敘(豫)州訂(始)可尻(處)也

二・容 27/～是虐(乎)敍州訂(始)可尻(處)也

二・容 28/乃飤(食)～埜(野)

二・容 28/佰(宿)～埜(野)

二・容 31/㠯(以)竈～溪浴(谷)

二・容 31/淒(濟)～峑(廣)川

二・容 32/～是於(乎)飼(治)篧(爵)而行录(禄)

二・容 32/於是～(乎)飼(治)篧(爵)而行录(禄)

二・容 32/𦘔(建)叚(讓)～來

二・容 34/墨(禹)～是虐(乎)叚(讓)益

二・容 34/啟～是虐(乎)攻益自取

二・容 36/～是虐(乎)又(有)訟(喑)聾皮(跛)、瞑、㾙(瘻)、寀(瞀)、婁(僂)飼(始)记(起)

二・容 39/～是虐(乎)新(慎)戒陞(徵)臤(賢)

二・容 40/立～中余

二・容 41/湯～是虐(乎)諓(徵)九州之帀(師)

二・容 41/～是虐(乎)天下之兵大记(起)

二・容 41/～是虐(乎)𢍰(樊—叛)宗鹿(戮)族

二・容 42/～是虐(乎)

二・容 43/無萬(勵)～民

二・容 44/加圜(圜)木～丌(其)上

二・容 44/～是虐(乎)复(作)爲金桎三千

二・容 45/諓(厚)樂～酉(酒)

二・容 45/～是虐(乎)九邦畔(叛)之

二・容 46/乃出文王～邑(夏)臺之下而餌(問)女(安—焉)

二・容 47/文王～是虐(乎)素耑(端)䙫裳㠯(以)行九邦

二・容 50/武王～是虖(乎)复(作)爲革車千乘

二・容 51/涉～孟瀌(津)

二・容 51/至～共桊(滕)之閟(間)

二・容 52/㠯(以)少(宵)會者(諸)侯之帀(師)～嵒(牧)之埜(野)

二・容 52/而旻(得)遊(失)行～民之唇(厚)也

二・容 52/武王～是虖(乎)素冕(冠)冕(冕)

二・容 53/武王素䕶(甲)㠯(以)申(陳)～鬠(殷)蒿(郊)

四・昭 8/辠(罪)亓(其)宊(容)～死

四・内 8/行祝～五祀

四・内 10/肰(然)則孯(免)～戾

四・曹 3/此不貧～散(美)而稟(富)於悳(德)與(歟)

四・曹 2/飯～土輜(簋)

四・曹 2/欲〈歡〉～土型(鉶)

 四・曹 5/則不可㠯(以)不攸(修)政而善～民

 四・曹 6/則亦不可㠯(以)不攸(修)政而善～民

 四・曹 19/不和～戦(陳)

 四・曹 20/爲和～邦女(如)之可(何)

 四・曹 22/此所㠯(以)爲和～邦

 四・曹 22/爲和～豫(舍)女(如)可(何)

 四・曹 47/善～死者爲生者

 五・季 1/季庚子䎽(問)～孔子曰

 五・姑 5/含(今)宔(主)君不逭～虐(吾)

 五・姑 5/虐(吾)䎽(聞)爲臣者必思君㝵(得)志～㠯(己)而又(有)後青(請)

 五・姑 6/～言又(有)之

 五・姑 6/㬎(顧)䜎(頷)㠯(以)至～含(今)才(哉)

 五・姑 9/不思(使)從己立(莅)～廷

 五・姑 9/敂(拘)人～百豫

 六・競 1/割(裔)疾(款)與梁(梁)丘虡(據)言～公曰

 六・競 1/虐(吾)幣帛甚媺(媺)～虐(吾)先君之量矣

 六・競 1/虐(吾)珪璧大～虐(吾)先君之…

 六・競 2/是虐(吾)所望～女也

 六・競 4/木爲成～宋

 六・競 4/夫子叓(使)丌(其)厶(私)叓(史)聖(聽)獄～晉邦

 六・競 5/可因～民者

 六・競 7/則忑(恐)逡(後)敃(誅)～史者

 六・競 10/出喬～里

 六・競 12/㠯(以)至～此

 六・孔 3/聞亓(其)辭～徫(失)人虖(乎)

 六・孔 7/異～人不宜

 六・孔 12/審(密)勿二逃者以觀～民

 六・孔 13/見～君子

 六・孔 17/皆求異～人

 六・孔 27/求之～中

 六・莊 4/戠(禦)～朸(棘)述(遂)

 六・壽 1/讏(訊)之～宗庿(廟)

 六・壽 1/禍(禍)敗因童(重)～楚邦

 六・壽 6/辱～孝(老)夫

 六・木 1/睹(曙—舍)飤(食)～鼪寬(宿)

 六・木 3/睹(曙—舍)飤(食)～鼪寬(宿)

 六・木 5/跬(跪)～蕎中

 六・慎 4/旻(得)甬(用)～殜(世)

 六・慎 5/必～…

 六・用 2/非憮～福

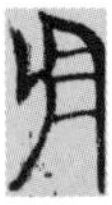 六・用 3/少疋(疏)～轂(穀)

 六・用 3/亦不埶～惻

 六・用 11/舉篁(竿)～埜(野)

 六・用 12/既出～口

 六・用 12/若矢之夆(免)～弦

 六・用 13/不邑(忌)～天

 六・用 13/而邑(忌)～人

 六・用 15/而考～左右

 六・天甲 3/豊(禮)之～宗廟(廟)也

 六・天甲 4/必中青(情)吕(以)罷(麗)～勿(物)

 六・天甲 13/所不學～帀(師)者三

 六・天甲 13/此所不學～帀(師)也

 六・天乙 3/豊(禮)之～宗廟(廟)也

 六・天乙 4/必中青(情)吕(以)罷(麗)～勿(物)

 七・武 1/王𨸏(問)～帀(師)上(尚)父曰

 七・武 5/及～身

 七・武 6/名(銘)～笞(席)之四耑(端)

 七・武 8/與丌(其)溺～人

 七・武 8/溺～人不可求(救)

 七・吴 8/吴人虐(虐)～周

 七・武 9/亞(惡)危～忿連(戾)

 七・武 9/逘(失)道～脂(嗜)谷(欲)

 七・武 10/～貴福

 七・武 11/䆊(問)～大(太)公睳(望)曰

 七・武 11/亦又(有)不浧(盈)～十言

 七・鄭甲 2/吕(以)急(及)～含(今)

 七・鄭甲 4/毋吕(以)城(成)名立～上

 七・鄭甲 5/而烕(滅)炎～下

 七・鄭甲 7/與之戰～兩棠

 七・鄭乙 2/吕(以)急(及)～含(今)

 七・鄭乙 7/與之戰～兩棠

 七・君甲 1/敢告～貝(視)日

 七・君甲 3/竽𥿃(瑟)臭(衡)～莦(前)

 七・君甲 9/殍(戮)死～人手

 七・君乙 1/敢告～貝(視)日

 七・君乙 3/竽𥿃(瑟)臭(衡)～莦(前)

 七・君乙 9/殍(戮)死～人手

 七・凡甲 5/䰠(鬼)生～人

 七・凡甲 6/䰠(鬼)生～人虐(乎)

 七・凡甲 15/穷(賓)～天

 七・凡甲 15/下番(播)～困(淵)

 七・凡甲 15/每(謀?)～千里

 七・凡甲 15/練(陳)～四海(海)

 七・凡甲 16/是古(故)聖人𡰪〈𡰥—處〉～亓(其)所

 七・凡甲 20/言记(起)～𠤎(一)耑(端)

 七・凡甲 23/厇(宅—度)～身旨(稽)之

 七・凡甲 25/水復～天咸

 七・凡甲 25/言记(起)～𠤎(一)耑(端)

 七・凡乙 4/䰠(鬼)生～人

 七・凡乙 5/䰠(鬼)生～人虐(乎)

 七・凡乙 10/下番(播)～困(淵)

 七・凡乙 10/每～☐

 七・凡乙 11/是古(故)聖人尿〈尻—處〉～亓(其)所

 七・凡乙 14/(殘)～鼠(一)耑(端)

 七・凡乙 16/～身旨(稽)之

 七・凡乙 18/水逗(復)～天咸

 七・凡乙 18/言记(起)～鼠(一)耑(端)

 七・吴 3/青(請)城(成)～楚

 七・吴 3/隆(降)怹(禍)～我

 七・吴 4/慸(親)～桃(郊?)

 七・吴 7/辱命～寡(寡)君之菐(僕)

 七・武 8/寧溺～宋(淵)

 八・子 2/吕(以)受畧(戰)攻之飤(食)～子

 八・子 2/～妝(偃)僞

 八・子 2/～子員(損)

 八・子 2/～是䚻(乎)可(何)侍(待)

 八・子 4/魯司寇(寇)奇(寄)訁(言)遊～逡楚

 八・顔 1/產(顔)困(淵)䎽(問)～孔＝(孔子)曰

 八・顔 9/則丌(其)～教也不遠矣

 八・成 4/白(伯)巳(夷)、弔(叔)齊餓(餓)而死～雎(雍)滓(瀆)

 八・成 5/～(鳴)虗(呼)

 八・成 11/少疋(疏)～身

 八・命 1/見～命(令)尹子春

 八・命 3/唯(雖)鈘(負)～鈙(斧)疐(鑕)

 八・命 7/子胃(謂)昜(陽)爲擊(賢)～先夫＝(大夫)

 八・命 8/君王之所吕(以)命與所爲～楚邦

 八・命 9/必内(入)凬(偶)之～十畜(友)又厽(三)

 八・王 2/命(令)尹少進～此

 八・王 2/虗(吾)鼠(一)恥～告夫＝(大夫)

 八・王 3/是言既䎽(聞)～衆巳(已)

 八・志 6/旻(得)忧(尤)～邦多巳(已)

 八・志 6/虗(吾)欲至(致)尔(爾)～辠(罪)

 八・有 1/囟(思)遊～忎(仁)今可(兮)

 九・成甲 1/子旻(文)迡(治)帀(師)～𢽴(?)

九・成甲 2/客～子𡕒(文)

九・成乙 1/君王命余迡(治)帀(師)～𢿨(?)

九・靈 1/王敗郗(蔡)霝疾(侯)～吕

九・陳 2/先君武王與邔(鄖)人戰(戰)～莆(蒲)寞(騷)

九・陳 3/戰～鄴砦

九・陳 3/酓(熊)霾(雪?)、子林(麻)與郙(巴)人戰～鵅州

九・陳 3/屈甹(粤)與郙(巴)命(令)尹戰～墉

九・陳 4/戰～涂、漳之澽(滸)

九・陳 4/或(又)與晉人戰～兩棠

九・陳 4/女(如)既至～戚(仇)人之閼(閒)

九・陳 5/左右司馬進～牆(將)軍

九・陳 7/不智(知)進帀(師)徒迟(極)～王所

九・陳 10/又遉(復)～君王

九・陳 10/陳公遉(復)聖(聽)命～君王

九・陳 11/五人～吾(伍)

九・陳 11/十人～行

九・陳 14/踞瀵(瀨)童(踵)之～逡(後)

九・陳 18/申(陣)～壍(坎)

九・陳 19/申(陣)～隆阬(崗)

九・陳 19/申(陣)～娌嬰

九・舉 1/坪者(古)攻見大(太)公室(望)～吕

九・舉 6/文王訪～上(尚)父曰

九・舉 10/請厶(私)之～天子

九・舉 15/～是甬(用)腈女(安—焉)

九・舉 22/訪之～子

九・舉 23/餌(問)～壐(禹)曰

九・舉 24/堯曰：～(嗚)虐(呼)

九・舉 25/諓(察)之～堯

九・舉 28/非能㑹(合)悳(德)～殜(世)者也

九・邦 1/天加訛(禍)～楚邦

 九・邦 2/要王～隓(隨)寺(待)

 九・邦 2/戰～鰲(滏)

 九・邦 2/戰～溈(梁)

 九・邦 2/戰～長□曲陞(隨/陶?)

 九・史 3/則能貴～埀(禹)溓(湯)

 九・史 4/古肴(教)～訶(始?)虐(乎)才(哉)

 九・史 10/未或能才立～墜(地)之上

 九・卜 9/又(有)八吝～外

 九・卜 9/又(有)吝～内

鯲

 四・逸・交 2/交=(交交)鳴～(烏)

 四・逸・交 3/交=(交交)鳴～(烏)

鵲

 一・孔 10/《～樔(巢)》之遠(歸)

 一・孔 11/《～樔(巢)》之遠(歸)

 一・孔 13/《～樔(巢)》出㠯(以)百兩(輛)

華　部

棄(弃)

弃

 二・容 3/□～不舉

 五・競 7/天墬(地)盟(明)～我矣

 五・季 19/民之散(美)～亞(惡)母(女)遠(歸)

 五・三 13/室叡(且)～

 五・三 19/皇天之所～

 六・莊 7/氏言～之

 六・用 4/惥好～忧

 六・用 5/而亦弗能～

 六・用 7/咎羣言之～

九・成甲 4/飤(食)是脡而～

九・霝 4/或～亓(其)筞女(安—焉)

九・舉 34/～(棄)身

冓　部

再

二・昔 1/大(太)子～三

爯(叓)

叓

二・容 34/述(遂)～(稱)疾不出而死

四・曹 9/君子𠂤(以)臤(賢)～(稱)而遊(失)之

四・曹 9/𠂤(以)亡(無)道～(稱)而叟(没)身遼(就)蕋(世)

四・曹 9/君子𠂤(以)臤(賢)～(稱)

四・曹 10/𠂤(以)亡(無)道～(稱)

五・季 15/賕(眯)父兄子俤(弟)而～(稱)賕

五・君 6/～(爯)亓(其)衆頁(寡)

二・子 8/而叓(使)君天下而～(稱)

二・子 9/而丌(其)父戔(賤)而不足～(稱)也與

六・用 2/～(稱)秉縺(重)悳(德)

八・命 4/不～(稱)孯(賢)

八・志 6/邦人亓(其)胃(謂)我不能～(稱)人

八・志 5/而縱不爲虐(吾)～睪(擇)

九・陳 13/或時(持)八鼓五～(稱)

九・邦 3/而邦人不～(稱)甬(勇)女(安—焉)

九・邦 4/而邦人不～(稱)媺(美)女(安—焉)

九・邦 10/而邦人不～(稱)畣(貪?)女(安—焉)

九・邦 12/而邦人不～(稱)還

幺　部

幼(幼、⿱幼口、學)

幼

二・子 4/虐(吾)昏(聞)夫舜丌(其)～也

三・中 7/老=(老老)慈～

⿱幼口

三・中 8/若夫老=(老老)慈～(幼)

學

八・顏 11/老=(老老)而⿱𢆶心(慈)～(幼)

八・顏 12/老=(老老)而⿱𢆶心(慈)～(幼)

八・蘭 1/厇(宅)才(在)～(幽)宙(中)

九・靈 3/尖=(小人)～(幼)

五・鬼 2/返(及)桀、受(紂)、～(幽)、萬(厲)

𢆶　部

幽

五・三 3/昜(陽)而～

五・三 3/～而昜(陽)

九・史 6/～色与(與)酉(酒)

七・君甲 9/傑(桀)、受(紂)、～、萬(厲)

七・君乙 8/傑(桀)、受(紂)、～、萬(厲)

八・蘭 2/尻(處)厇(宅)～录(麓)

幾

四・曹 40/出帀(師)又(有)～虐

四・曹 42/此出帀(師)之～

四・曹 42/三軍㪔(散)果(裹)又(有)～虐

四・曹 43/𢧐(戰)又(有)～虐

四・曹 44/此𢧐(戰)之～

四・曹 44/既𢧐(戰)又(有)～虐

四・曹 50/～莫之堂(當)

四・曹 43/此戤(散)果(裹)之～

四・曹 45/此既戥(戰)之～

五・季 14/～敢不㠯(以)亓(丌)先=(先人)之連(傳)等(誌)告

二・民 1/～(愷)俤(悌)君子

二・從甲 8/從正(政)又(有)七～(機)

三・中附簡/～(豈)不又(有)㞷(狂)也

三・彭 2/～(豈)若已

四・曹 21/～(愷)俤(悌)君子

五・競 9/～(豈)不二子之惪(憂)也才(哉)

六・莊 2/～可保之

六・天甲 5/～殺而邦正

六・天乙 4/～殺而邦正

七・吴 5/～(豈)不左(差)才(哉)

八・李 1 背/～(豈)不皆(偕)生

卉 2/～敢巟(荒)飼(怠)

叀　部

惠

一・緇 21/厶(私)～不褱(懷)悳(德)

二・從甲 5/三曰～

二・從甲 6/不～則亡(無)以聚民

二・從乙 1/十曰口～而不繇(由)

二・容 39/悳(德)～而不賀(賢)

六・壽 7/昷(温)恭玊(淑)～

六・用 5/九～是貞

六・用 8/樹～蓄

六・用 14/而難亓(其)又(有)～民

六・用 16/流吝(文)～武

疐

六・莊 9/不㠯(以)昏(辱)鈙(斧)～(鑕)

六・慎 1/忠～㠯(以)反(返)俞

五・鬼 5/～(實)𠟭(則)可炅(侮)

八・命 2/㠯(以)辱鈙(斧)～(鑕)

八・命 3/唯(雖)鈙(負)於鈙(斧)～(鑕)

玄 部

玄

二・子 12/遊於～咎(丘)之内(汭)

五・季 21/毋訐(信)～曾

兹(丝、𢆯、𢆶)

丝

四・采 5/～(兹)訐(信)然

𢆯

二・從甲 8/而不智𠟭(則)弄(奉)～害

四・曹 55/～(惪)者思(使)𠭁(悔)

四・曹 61/賞𦛅(獲)詒～(惪)

𢆶

五・鬼 6/隹(唯)～(兹)复(作)章

弁 2/榑(榦)祟(常)亓(其)若～

弁 3/不智(知)亓(其)若～

舒(𡥜)

𡥜

三・周 49/艮丌(其)䏋(輔)言又～(舒)

𠬪 部

𤔔(𤕎、𤔲)

𤕎

六・用 11/亞(惡)猷悉(愛)～節

六・天甲 11/不言～

六・天乙 10/不言～

一・孔 22/四矢弁(反)㠯(以)御～(亂)

二・容 43/而紿(治)～(亂)不□

三・周 42/乃～(亂)卤(乃)䘚(啐)(萃)

三・亘 8/又(有)紿(治)無～(亂)

三・亘 8/～(亂)出於人

五・弟 4/～(亂)節而㥟(哀)聖(聲)

五・鬼 2/～(亂)邦豪(家)

五・鬼 3/天下之～(亂)人也

二・從甲 2/丌(其)～(亂)

二・從甲 9/好型(刑)則民复(作)～(亂)

二・從乙 3/從正(政)不紿(治)則～(亂)

四・内 10/才(在)大不～(亂)

五・鮑 8/晉邦又(有)～(亂)

四・内 6/反此～(亂)也

五・季 10/好敘(殺)𠜾(則)复(作)～(𤔔)

五・季 22/後殜(世)比～(亂)

四・柬 6/不敢㠯(以)君王之身弁(變)～(亂)䰠(鬼)神之祟(常)古(故)

九・陳 1/帀(師)徒乃～(亂)

𡐛

九・陳 1/先居罙(深)～(戀)之上

受(𤔲)

𤔲

一・孔 2/文王～命矣

一・孔 6/二句(后)～之

二・子 7/舜丌(其)可胃(謂)～命之民矣

二・容 1/皆不～(授)丌(其)子而受(授)臤(賢)

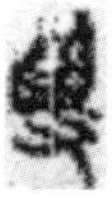
二・容 1/皆不受(授)丌(其)子而～(授)臤(賢)

二・容 10/天下之臤(賢)者莫之能～也

二・容 11/而臤(賢)者莫之能～也

二・容 15/墨(禹)既已～命

二・容 18/肰(然)句(後)敢～之

二・容 28/句（后）褸（稷）既已～命

二・容 29/咎（皋）䚴（陶）既已～命

二・容 30/敳（質）既～命

二・容 37/泗（伊）尹既已～命

二・容 42/湯王天下三十又（有）一傑（世）而～（紂）复（作）

二・容 42/～（紂）不述亓（其）先王之道

二・容 46/～（紂）䎽（聞）之

二・容 49/昔者文王之差（佐）～（紂）也

二・容 50/含（今）～（紂）爲無道

二・容 52/～（紂）不智（知）亓（其）未又（有）成正（政）

二・容 53/～（紂）爲亡（無）道

三・彭 1/～命羕（永）長

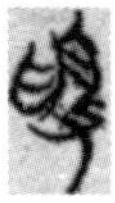
四・曹 36/～（授）又（有）智

四・曹 65/亦隹（唯）䎽（聞）夫墨（禹）、康（湯）、傑（桀）、～（紂）矣

五・弟 9/事而弗～者

五・弟 10/㠯（以）新（新）～录

五・鬼 2/返（及）桀、～（紂）、學（幽）、萬（厲）

五・鬼 2 背/而～（紂）首於只（岐）社

三・周 45/並～亓（其）福

三・周 57/是～福吉

五・姑 3/君貴我而～（授）我衆

五・弟 1/腎（脡）陸（陵）季＝（季子）僑（僑）而弗～（受）

二・子 1/善與善相～也

六・競 12/二夫可不～皇

六・天甲 8/士～余

六・天乙 8/士～余

六・用 5/～勿于天

九・邦 11/詞(辭)不～賞

七・君甲 9/傑(桀)、～(紂)、幽、萬(厲)

七・君乙 8/傑(桀)、～(紂)、幽、萬(厲)

八・子 2/㠯(以)～嘼(戰)攻之飤(食)於子

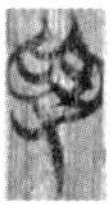
八・命 6/～司馬

九・成甲 2/子玉～帀(師)出之旇(蔿)

爭

六・莊 5/緍(紳)公～之

爰

六・孔 9/悬(仁)～悬(仁)而進之

敢

二・民 1/～䎽(問)可(何)女(如)而可胃(謂)民之父母

二・民 3/～䎽(問)可(何)胃(謂)五至

二・民 5/～䎽(問)可(何)胃(謂)三亡(無)

二・民 8/城(成)王不～康

二・從甲 14/又(有)所又(有)舍(餘)而不～𦘔(盡)之

二・從甲 14/又(有)所不足而不～弗

四・昭 2/寣人弗～走(止)

五・季 14/幾～不㠯(以)亓(丌)先=(先人)之連(傳)等(誌)告

五・姑 7/虐(吾)～欲嚳(顧)㖩(頷)以事殜(世)哉

五・君 4/～䎽(問)可(何)胃(謂)也

五・三 5/毋胃(謂)之不～

二・容 18/肰(然)句(後)～受之

二・容 22/冬不～㠯(以)蒼(寒)訇(辭)

二・容 22/顕(夏)不～㠯(以)暑訇(辭)

二・容 46/臣～勿事虖(乎)

二・容 46 子～勿事虖(乎)

三・中 5/～昏(問)爲正(政)可(何)先

 三・中 9/～昏(問)墨(舉)才

 三・中 11/～昏(問)道民興悳(德)女(如)可(何)

 三・中 27/～

 三・彭 3/～昏(問)爲人

 四・柬 6/不～㠯(以)君王之身弁(變)亂䰠(鬼)神之祟(常)古(故)

 四・柬 7/安～殺祭

 四・柬 13/君王母(毋)～哉(災)害

 四・柬 15/母(毋)～執築簸

 四・相 2/～昏(問)民事

 四・曹 7/臣是古(故)不～㠯(以)古(故)倉(答)

 六・競 13/命割疾不～監祭

 六・競 13/梁(梁)丘虡(據)不～監正

 六・孔 20/㺯～訨之

 六・莊 9/可～心之又(有)

 六・壽 2/不～倉(答)

 七・鄭甲 5/毋～夕門而出

 七・鄭乙 5/毋～夕門而出

 七・君甲 1/～告於見(視)日

 七・君甲 8/言(然)不～睪(懌)身

 七・君乙 1/～告於見(視)日

 七・君乙 8/言(然)不～睪(懌)身

 七・吴 3/～不芒(亡)

 七・吴 5/嗇(噬)～居我江寅(濱)

 七・吴 7/毋～又(有)遅(遲)速之异(期)

 七・吴 7/～告叚(假)日

 七・吴 8/孤也～至(致)先王之福

 八・顏 1/～䎽(問)君子之内事也又(有)道虐(乎)

 八・顏 1/～䎽(問)可(何)女(如)

 八・顏 5/～䎽(問)君子之内教也又(有)道虐(乎)

 八・顏 6/～䎽(問)可(何)女(如)

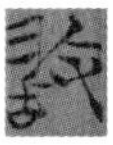 八・顏 10/～䎽(問)至明〈名〉

 八・命 3/命勿之～韋(違)

 九・靈 2/命人毋～徒出

 九・邦 13/虐(吾)敳(豈)～㠯(以)尒(爾)嬽(亂)邦

 弁 1/役(役)～丞(承)行

 弁 2/幾(豈)～巟(荒)訇(怠)

 弁 3/～戟(陳)□辠(較)

𣦼 部

叡(歠)

歠

 六・周 18/～(叡)亓(其)又(有)审(中)成

 三・周 28/～(叡)死(恒)貞凶

 三・周 29/～(叡)死(恒)

⿰睿爰(⿰睿爰、⿰睿睪)

⿰睿爰

 三・周 54/～(涣)走丌(其)凥(處)

 三・周 54/～(涣)丌(其)躳(躬)

 三・周 54/～(涣)丌(其)羣

 三・周 54/～(涣)丌(其)丘

 三・周 55/～(涣)丌(其)大啓(號)

 三・周 55/～(涣)丌(其)凥

 三・周 55/～(涣)丌(其)血

⿰睿睪

 三・周 54/～(涣)

歺 部

殤

 二・容 4/道逄(路)無～

⿰歹尿

 三・周 7/帀(師)或舉(舉)～(尸)

 三・周 8/弟子舉～(尸)

死 部

死

 二・魯 4/木洒(將)～

 二・魯 5/魚洒(將)～

 二・容 5/道逄(路)無殤～者

 二・容 33/丌(其)～賜肪(葬)

 二・容 34/述(遂)再(稱)疾不出而～

 二・容 44/不能述(遂)者内(墜)而～

 三・周 15/死(恒)不～

 四・昭 1/卲王爲室於～浞之滸(滸)

 四・昭 8/辠(罪)亓(其)宂(容)於～

 四・昭 8/或昏(昧)～言僕(僕)見脾之寒也

 四・内 7/唯(雖)至於～

 五・鮑 7/齊邦之亞(惡)～

 三・中 23/所昌(以)城(成)～也

 四・采 6/狗(苟)虐(吾)君母(毋)～

 五・弟 8/～不顛(顧)生

 五・三 5/民乃囂(夭)～

 五・鬼 3/鴟层(夷)而～

 四・曹 44/矣(疑)戩(戰)～

 四・曹 45/～者弗收

 四・曹 47/善於～者爲生者

 四・曹 54/思(使)忘亓(其)～而見亓(其)生

 五・三 18/～於梁下

 一・緇 19/～不可敓(奪)名

 一・性 37/不〔難〕爲之～

 五・競 3/婺(發)迮(作)者～

 五・競 3/弗行者～

 五・姑 5/唯(雖)～女(安—焉)逃之

 五・姑 7/立～何戢(傷)才(哉)

 五・姑 10/姑(苦)城(成)豙(家)父立~

 四・曹 58/所㠯(以)同~

 七・君甲 9/殄(戮)~於人手

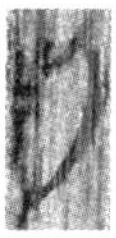 七・君乙 9/殄(戮)~於人手

 七・凡甲 1/奚𡫸(得)而不~

 七・凡甲 3/奚遊(失)而~

 七・凡甲 24/人~退(復)爲人

 七・凡甲 25/百勿(物)不~女(如)月

 七・凡乙 1/奚𡫸(得)而不~

 七・凡乙 2/奚遊(失)而~

 七・凡乙 17/人~退(復)爲人

 七・凡乙 18/咸百勿(物)不~女(如)月

 八・子 1/丌(其)一子道餓而~焉

 八・成 4/白(伯)层(夷)、吊(叔)齊飤(餓)而~於雎(雍)澕(濆)

 八・志 3/此是胃(謂)~辠(罪)

 九・舉 34/~行不祭

 九・邦 4/司馬既~

 九・邦 5/牐(將)必~

⿱艹⿰歹亡

 五・鮑 1/返(及)亓(丌)~(亡)也

 五・鮑 2/遻亓(丌)所㠯(以)~(亡)

 五・鮑 2/遻亓(丌)所㠯(以)𧘝(衰)~(亡)

 五・鮑 5/湆(奄)肰牐(將)~(亡)

⿱艹⿰歹世

 四・曹 9/㠯(以)亡(無)道爯(再)而叟(没)身遠(就)~(世)

⿱艹⿰歹莫

 四・昭 5/虗(吾)不智(知)亓(其)尔~(墓)

骨 部

骨

 二・容 21/盥(羹)不折～

 四・昭 3/不䄧(幸)僕(僕)之父之～才(在)於此室之墮(階)下

 四・昭 4/并僕(僕)之父母之～厶(私)自塼

 四・昭 10/楚邦之良臣所嵒～

體(體、𦢊、僼)

體

 六・慎 2/共㠯(以)爲～

 八・王 3/邦人其澽(沮)志解～

 八・蘭 5/身～朓(重)㝱(輕)而目耳袋(勞)矣

𦢊

 一・性 10/～(體)丌(其)宜(義)而節㝈(文)之

 二・民 5/亡(無)～(體)〔之〕豊(禮)

 二・民 7/亡(無)～(體)之豊(禮)

 二・民 11/〔亡(無)〕～(體)之豊(禮)

 二・民 11/亡(無)～(體)之豊(禮)

 二・民 11/亡(無)～(體)之

 二・民 12/亡(無)～(體)之豊(禮)

 二・民 13/亡(無)～(體)之豊(禮)

 二・民 13/亡(無)～(體)之豊(禮)

僼

 一・緇 5/君㠯(以)民爲～(體)

 一・緇 5/古(故)心㠯(以)～(體)廌(廢)

肉 部

肉

 二・魯 6/公剆不飯粆(粱)飤(食)～才(哉)

 五・弟 8/飤(食)～女飯土

六・孔 26/不杏(味)酉(酒)～

臚(膚、肤)

膚

二・魯 4/石㠯(以)爲～

二・魯 4/水㠯(以)爲～

二・從乙 2/不～瀌瀛亞(惡)則民不惋(怨)

二・容 1/〔尊〕～(盧)是(氏)

四・柬 3/城於～中者

肤

三・周 4/逯(歸)～(膚)

三・周 33/陞宗贅(噬)～(膚)

三・周 38/昏(誫)亡～(膚)

三・周 41/昏(誫)亡～肤(膚)

膏

八・成 13/亓(其)頫(狀)～(驕)孞(淫)

胃

一・性 6/凡見者之～(謂)勿(物)

一・性 6/快於其(己)者之～(謂)兑(悦)

一・性 6 勿(物)之埶(勢)者之～(謂)埶(勢)

一・性 7/有爲也〔者〕之～(謂)古(故)

二・民 1/敢𡖊(問)可(何)女(如)而可～(謂)民之父母

二・民 3/丌(其)〔之〕～(謂)民之父母矣

二・民 3/敢𡖊(問)可(何)～(謂)五至

二・民 5/此之～(謂)五至

二・民 5 敢問可(何)～(謂)三亡(無)

二・民 7/此之～(謂)三亡(無)

五・姑 6/～(謂)姑(苦)城(成)豕(家)父曰

三・亘 6/無～(謂)言

四・柬 11/此所～(謂)

四・柬 14/～(謂)大(太)宭(宰)

四・柬 23/命(令)尹～(謂)大(太)宭(宰)

四・内 9/是～(謂)君子

五・季 2/青(青)昏可～(謂)悬(仁)之㠯(以)悳(德)

五・季 4/此之～(謂)悬(仁)之㠯(以)悳(德)

五・君 4/敢䎽(闻)可(何)～(謂)也

五・弟 4/又(有)墬(地)之～(謂)也虖(乎)

五・弟 11/此之～(謂)悬(仁)

五・弟附簡/未可～(謂)悬(仁)也

五・三 1/是～(謂)參(三)悳(德)

五・三 1/是～(謂)川(順)天之祟(常)

五・三 2/是～(謂)天祟(常)

五・三 3/是～(謂)大葴(慼)

五・三 3/是～(謂)不恙(祥)

五・三 3/是～(謂)天豊(禮)

五・三 4/是～(謂)辠(罪)

五・三 4/君無宔(主)臣是～(謂)㕟(危)

五・三 4/毋～(謂)之不敢

五・三 5/毋～(謂)之不肰(然)

五・三 6/是～(謂)邦固

五・三 6/是～(謂)邦蘠(吕)

五・三 6/是～(謂)反逆

五・三 7/是～(謂)大巟(荒)

五・三 7/是～(謂)滔皇

五・三 8/是～(謂)方芋(華)

五・三 8/是～(謂)違章

五・三 9/傒(傒)子是～(謂)忘神

五・三 16/是～(謂)䭫(稽)

五・三 16/是～(謂)淵(潮)

五・鬼 5/此之～(謂)虖(乎)

三・周 56/是～(謂)亦炗(災)禬(眚)

三・亘 6/無～(謂)或(域)

 三・亘 6/無～(謂)又(有)

 三・亘 6/無～(謂)生

 三・亘 6/無～(謂)音

 三・亘 7/無～(謂)名

 三・亘 7/無～(謂)事

 一・孔 7/城(誠)～(謂)之也

 二・子 7/舜丌(其)可～(謂)受命之民矣

 二・魯 1/哀公～(謂)孔子

 二・魯 3/毋(無)乃～(謂)丘之合(答)非與

 二・從甲 11/可～(謂)學矣

 二・從甲 15/～(謂)之必城(成)

 三・彭 7/氏(是)～(謂)益愈

 三・彭 7/氏(是)～(謂)自厚

 三・彭 7/氏(是)～(謂)百眚(姓)之宔(主)

 三・彭 7/氏(是)～(謂)散(遭)吳(殃)

 三・彭 8/氏(是)～(謂)不長

 三・彭 8/氏(是)～(謂)㡭(絶)絲(輟)

 四・柬 17/大(太)宰(宰)迈而～(謂)之

 四・柬 20/大(太)宰(宰)～(謂)陵尹

 四・相 2/可～(謂)相邦矣

 四・曹 26/是～(謂)軍紀

 港甲 7/此之～(謂)君

 六・競 13/公或～(謂)之

 六・用 10/～(謂)天高而不槪

 六・用 10/～(謂)地厚而不達

 六・天甲 12/是～(謂)

 七・君甲 6/人～(謂)之安邦

 七・君甲 6/～(謂)之利民

七・君乙 6/人～(謂)之安邦

七・君乙 6/～(謂)之利民

七・凡甲 18/是～(謂)少(小)敨(徹)

七・凡甲 18/奚～(謂)少(小)敨(徹)

七・凡甲 28/夫此之～(謂)少(小)城(成)

七・凡乙 20/此之～(謂)少(小)城(成)

七・吴 4/～(謂)余曰

八・成 8/是～(謂)天子之正道

八・成 10/是～(謂)六新(親)之約

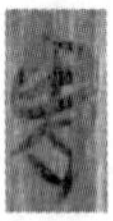
八・成 14/可～(謂)又(有)道虐(乎)

八・成 15/是～(謂)童

八・命 1/子春～(謂)之曰

八・命 7/子～(謂)昜(陽)爲擘(賢)於先夫=(先大夫)

八・命 10/筥(僕)㠯(以)此～(謂)見(視)日十又厽(三)亡(無)筥(僕)

八・王 3/～(謂)

八・王 6/王～(謂)

八・志 2/邦人亓(其)～(謂)之可(何)

八・志 3/此是～(謂)死辠(罪)

八・志 6/邦人亓(其)～(謂)我不能再(稱)人

八・李 1 背/～(謂)群衆鳥

九・成甲 4/君王～(謂)子玉未患(慣)

九・陳 8/王～(謂)陳公

九・陳 12/又(有)所～(謂)禮(威)

九・陳 12/又(有)所～(謂)恭

九・陳 12/又(有)所～(謂)谽(裕)

 九・陳 12/又(有)所～(謂)一

 九・陳 12/又(有)所～(謂)剸(斷/專?)

 九・舉 21/□日行

 九・邦 5/卲(昭)夫人～(謂)鄴(葉)公子高

 九・史 6/可(何)～(謂)八

 九・史 9/可(何)～(謂)亹

 九・史 9/可(何)～(謂)□

 九・卜 1/是～(謂)開(闢)

 九・卜 1/是～(謂)

 九・卜 2/是～(謂)狋

 九・卜 3/是～(謂)旊

 九・卜 4/是～(謂)玕

腸

 一・孔 25/《☐～=(腸腸)》少(小)人

腓(脊)

脊

 三・周 26/欽丌(其)～(腓)

 三・周 26/欽丌(其)～(腓)

肩(肯)

肯

 五・君 7/～(肩)毋登(廢)

 六・天甲 7/亰(顧)還～(肩)

 六・天乙 6/亰(顧)還～(肩)

齎

 一・性 29/必又(有)夫～=(臍臍)之敬

腹(⿰月⿱𠂉⿱日各)

⿰月⿱𠂉⿱日各

 四・内 7/若才(在)～(腹)中攷(巧)臱(弁)

脛(⿰忄巠)

⿰忄巠

 二・容 24/～(脛)不生之毛

胤(衜)

衜

 三・周 49/𠛱(列)丌(其)～(胤)

臁

 三・彭 7/一匬(命)弌(一)～

 三・彭 8/三匬(命)四～

肴

 六・競 9/非爲媺(美)玉～生(牲)也

胡

 六・競 10/是皆貧～(苦)

脂

 七・武 9/亞(惡)逹=道〔=〕(失道？失道)於～(嗜)谷(欲)

膩(貳)

貳

 四・曹 11/飤(食)不～(膩—貳)盥(羹)

散(𦚏)

𦚏

 六・用 19/而～亓(其)甚章

肰

 一・孔 16/民眚(性)古(固)～(然)

 一・孔 20/民眚(性)古(固)～(然)

 一・孔 24/民眚(性)古(固)～(然)

 一・孔 24/亞(惡)丌(其)人者亦～(然)

 一・性 4/季(教)史(使)～(然)也

 一・性 10/～(然)句(後)逷(復)㠯(以)季(教)

 一・性 14/～(然)句(後)丌(其)内(入)㮘(拔)人之心也敂(厚)

 一・性 19/慼(戚)～(然)㠯(以)夂(終)

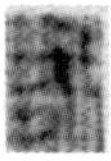 一・性 19/攸～(然)㠯(以)思

 一・性 20/鼎(則)丌(其)聖(聲)亦～(然)

 一・性 38/人之□～(然)可與和安者

 一・性 39/～肰(然)而丌(其)怹(過)不亞(惡)

 二・從甲 13/～(然)句(後)能立道

 二・昔 1/～(然)句(後)並聖(聽)之

 二・子 13/～(然)則厶(三)王者筥(孰)爲

 二・容 18/～(然)句(後)敢受之

 二・容 20/墨(禹)～(然)句(後)刣(始)爲之唐(號)羿(旗)

 二・容 21/墨(禹)～(然)句(後)刣(始)行吕(以)僉(儉)

 二・容 39/～(然)句(後)從而攻之

 四・柬 13/女(如)君王攸(修)郢高方若～里

 四・内 10/從人舊(觀)～(然)則孶(免)於戾

 四・内附簡/～(然)后(後)奉之吕(以)中章(庸)

 四・曹 5/不～恙〈忎—恐〉亡女(安—焉)

 四・曹 6/不～,亡(無)吕(以)取之

 四・曹 7/～而古亦又(有)大道女(安—焉)

 四・曹 9/不～,君子吕(以)臤(賢)爯(稱)

 四・曹 55/～(然)句(後)攺(改)刣(怠)

 五・競 5/～(然)則可敓(奪)舁(與)

 五・鮑 5/澁(奄)～牆(將)蒉(亡)

 五・鮑 6/～(然)則奚女(如)

 五・季 14/～丌(其)宔(主)人亦曰

 五・季 15/～□▨

 五・季 23/～(然)鼎(則)邦坪(平)而民贖(脜)矣

 五・君 3/～

 五・君 11/～鼎(則)▨

 五・君 14/～鼎(則)臤(賢)於墨(禹)也

 五・弟 12/～(然)句(後)君子

 五・弟 14/～鼎(則)夫二厽(三)子者

 五・三 5/毋胃(謂)之不～(然)

 六・競 2/尚〈甚〉～(然)

 八・志 7/逡(後)舍勿～(然)

⿱癶肰

 五・季 21/□慣鼎(則)民～之

肙(肓)

肙

 二・容 36/民乃宜(宜)～(怨)

肥

 二・容 16/肣(禽)獸(獸)～大

二・容 49/高下～毳之利婁(盡)智(知)之

三・周 31/～滕(遯)

五・季 1/～從又(有)司之遂(後)

五・季 6/☐寍(寧)尨～也

五・季 8/萦(葛)戲含(今)語～也㠯(以)尻邦冡(家)之述曰

五・季 11/毋乃～之昏也

五・季 11/古(故)女虐(吾)子之疋～也

五・季 18/田～民鼎(則)女(安—焉)

九・卜 1/～舌(叔)曰

膠

八・有 6/～膰秀(誘)余今可(兮)

八・有 6/～膰之腈也今可(兮)

肙

六・用 17/僉(斂)之不～

胵(脊、脋、蠽)

脊

一・性 19/濬深～(臧)蠹(慆)

脋

九・成甲 2/三日而～(畢)

九・成乙 2/三日而～(畢)

蠽

九・成甲 1/一日而～(畢)

九・成乙 1/一日而～(畢)

腈

六・天甲 3/不～(精)爲腈(精)

六・天甲 3/不腈(精)爲～(精)

六・天甲 3/～(精)爲不腈(精)

六・天甲 4 腈(精)爲不～(精)

六・天乙 3/不～(精)爲腈(精)

六・天乙 3/不腈(精)爲～(精)

六・天乙 3/～(精)爲不腈(精)

六・天乙 3/腈(精)爲不～(精)

八・有 6/膠膰之～(精)也含(今)可(兮)

膰

八・有 6/膠～秀(誘)余含(今)可(兮)

八・有 6/膠～之腈(精)也含(今)可(兮)

胉

四・曹 6/昔池～語㝢(寡)人曰

胵

九・成甲 4/飤(食)是～而弃

九・成甲 3/子曼(文)舉(舉)～貽白(伯)珵(嬴)曰

腞

三・周 30/～(遯)

三・周 30/～(遯)丌(其)尾

三・周 30/係～(遯)

三・周 30/孪(好)～(遯)

三・周 31/嘉～(遯)

三・周 31/肥～(遯)

腖

五・季 1/售(唯)子之訇(貽)～(羞)

六・用 17/～(羞)䎽(聞)亞(惡)悬(謀)

膳

五・季 18/～民不鼓(樹)

五・君 3/虐(吾)子可亓(其)～也

五・君 3/虐(吾)是㠯(以)～也

膏

八・王 4 忨(願)夫=(大夫)之母(毋)～(留)徒

膻

五・弟 19/～=(惇惇)女(如)也丌(其)聖(聽)

臍

五・競 4/青㬎(熅)之㠯(以)肙(衰)～(?)

刀部

剴(剴、䚈)

剴

二・魯 6/公～(豈)不飯秎(粱)飤(食)肉才(哉)

六・孔 14/～(豈)不難虐(乎)

䚈

四・内 8/～(豈)必有𦮤(益)

利

一・孔 17/東方未明又(有)～訂(詞)

一・緇 23/人隹(雖)曰不～

一・性 36/～爲甚

一・性 38/人之〔巧〕言～訂(詞)者

二・從甲 15/爲～枉事

二・容 19/會天陛(地)之～

二・容 49/高下肥毳之～聿(盡)智(知)之

二・容 49/智(知)陛(地)之～

三・周 1/亡(無)卣(攸)～

三・周 1/不～爲寇(寇)

三・周 1/～御(禦)寇(寇)

三・周 2/～涉大川

三・周 2/～用亙(恒)

三・周 4/～用見大人

三・周 4/不～涉大川

三・周 8/～執言

三・周 10/亡(無)不～

三・周 11/吉亡(無)不～

三・周 12/亡(無)不～

三・周 13/～用戮(侵)伐

三・周 13/亡(無)不～

三・周 14/～建医(侯)行帀(師)

三・周 16/元卿(亨)～貞

三・周 16/～凥(居)貞

三・周 18/～涉大川

三・周 20/元卿(亨)～貞

 三・周 20/不～又(有)卣(攸)往

 三・周 21/亡(無)卣(攸)～

 三・周 22/～貞

 三・周 22/～涉大川

 三・周 22/又(有)礪(厲)～巳

 三・周 22/～堇(艱)貞

 三・周 22/～又(有)卣(攸)往

 三・周 25/亡(無)卣(攸)～

 三・周 25/～涉大川

 三・周 26/～貞

 三・周 28/～貞

 三・周 28/亡(無)卣(攸)～

 三・周 30/少(小)～貞

 三・周 31/亡(無)不～

 三・周 35/～西南

 三・周 35/不～東北

 三・周 35/～見大人

 三・周 36/～見大人

 三・周 37/～西南

 三・周 40/不～寍(賓)

 三・周 42/～見大人

 三・周 42/～貞

 三・周 42/～又(有)卣(攸)往

 三・周 43/～用祭祀

 三・周 47/～貞

 三・周 48/～羕(永)貞

 三・周 50/～貞

 三・周 54/～見大人

 三・周 54/～涉大川

 三・周 58/～涉大川

 三・周 58/～涉大川

 三・亘 7/恙(祥)宜(義)～

 四・曹 15/亓(其)兵足㠯(以)～之

 四・曹 18/縵(纏—繕)虖(甲)～兵

 四・曹 20/毋敓(奪)民～

 四・曹 51/縵(纏—繕)虖(甲)～兵

 五・三 4/救(求)～戔(殘)亓(其)新(親)

 五・三 5/古(故)祟(常)不～

 九・史 11/百生(姓)旻(得)亓(其)～

 七・武 14/志兿(勝)欲則～

 七・鄭甲 5/～木三沯(寸)

 七・鄭乙 5/～木三沯(寸)

 七・君甲 6/胃(謂)之～民

 七・君乙 6/胃(謂)之～民

 七・凡甲 29/衆鼠(一)言而萬民之～

 八・李 1/深～扞豆

 九・卜 10/兆(兆)不～邦貞

初(初、初)

初

 一・孔 16/虗(吾)㠯(以)《蕈(葛)覃(覃)》旻(得)氏～之訔(詩)

 三・周 2/～九

 三・周 4/～六

 三・周 7/～六

 三・周 9/～六

 三・周 12/～六

 三・周 14/～六

 三・周 16/～九

 三・周 18/～六

 三・周 20/～九

 三・周 22/～九

 三・周 24/～九

 三・周 26/～六

 三・周 28/～六

 三・周 30/～六

 三・周 32/～九

 三・周 35/～六

 三・周 37/～六

 三・周 40/～六

 三・周 42/～六

 三・周 44/～六

 三・周 47/～九

 三・周 50/～六

 三・周 53/～六

 三・周 54/～六

 港甲 2/亡(無)～又(有)夊(終)

初

 一・孔 10/童而皆臤(賢)於丌(其)～(初)者也

 五・姑 4/～(初)

 六・用 1/思(使)民之～(初)生

則(則、則、鼎、塱、劚)

則

 一・緇 2/～民情不弋(忒)

 一・緇 2/～君不悞(疑)丌(其)臣

 一・緇 3/上人悞(疑)～百眚(姓)惑

 一・緇 4/～民不惑

 一・緇 3/下難智(知)～君長〔勞〕

 一・緇 6～下之爲恴(仁)也靜(爭)先

 一・緇 1/～民咸扐(力)而型(刑)不刋

 一・緇 5/君好～民谷(欲)之

 一・緇 9/～〔民悳(德)一〕

 一・緇 10/皮(彼)求我～

 一・緇 11/～忠敬不足

 一・緇 12/～大臣不夗(怨)

 一・緇 13/～民又(有)弖(勸)心

 一・緇 13/～民又(有)免心

 一・緇 13/～民又(有)皋(親)

 一・緇 13～(則)民不倍

 一・緇 13/～(則)民又(有)卷(遯)心

 一・緇 16/～(則)民言不砤(危)行

 一・緇 17/古(故)言～(則)慮丌(其)所夊(終)

 一・緇 17/行～(則)旨(稽)丌(其)所蔽(敝)

 一・緇 17/～(則)民訢(慎)於言而歎(謹)於行

 一・緇 17/～(則)行不可匿

 一・緇 22/～(則)孚(好)悬(仁)不臤(堅)

 二・子 2/伊堯之悳(德)～(則)甚盟(明)舉(與)

 二・子 2/～(則)之

 二・從乙 1/㬎(纍)訪懽(勸)信～(則)僞(僞)不章(彰)

 五・競 5/肰(然)～可敓(奪)舁(與)

 五・鬼 3/～善者或不賞而暴

 六・天甲 9/褱(懷)民～吕(以)悳(德)

 六・天乙 8/事鬼～行敬

 六・天乙 8/剸(斷)型(刑)～吕(以)衮(哀)

 六・天乙 8/褱(懷)民～吕(以)悳(德)

 七・武 4/⿳宀㚘力(勝)義～喦(喪)

 七・武 4/義⿳宀㚘力(勝)怠～長

 七・武 4/義⿳宀㚘力(勝)谷(欲)～從

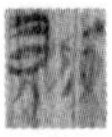 七・武 4/谷(欲)⿳宀㚘力(勝)義～兇

 七・武 12/身～君之臣

 七・武 12/道～聖人之道

 七・武 12/～弗道

 七・武 13/志⿳宀㚘力(勝)欲～利

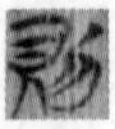 七・武 14/欲⿳宀㚘力(勝)志～喪

 七・武 14/志⿳宀㚘力(勝)欲～從

 七・武 14/欲⿳宀㚘力(勝)志～兇

 七・武 14/敬⿳宀㚘力(勝)怠(怠)～吉

 七・武 14/怠(怠)⿳宀㚘力(勝)敬～威(滅)

 七・武 15/〔強〕～枉

 七・凡甲 19/掾(握)之～遊(失)

 七・凡甲 19/敗之～高

 七・凡甲 20/測(賊)之～滅

 七・凡甲 22/～百勿(物)不遊(失)

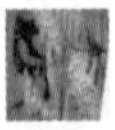 七・凡甲 22/～百勿(物)具遊(失)

 七・凡甲 25/夂(終)～或(又)詞(始)

 七・凡甲 25/至～或(又)反

 七・凡乙 15/～百勿(物)不遊(失)

 七・凡乙 15/～百勿(物)具遊(失)

 七・凡乙 18/夂(終)～或(又)詞(始)

 七・凡乙 18/至～或(又)反

 八・顏 5/又(有)余(餘)～詞(辭)

 八・顏 6/～民莫不從矣

 八・顏 7/～民莫遝(遺)新(新—親)矣

 八・顏 7/～民智(知)足矣

 八・顏 7/～民不靜(爭)矣

 八・顏 9/～民智(知)欽(禁)矣

 八・顏 9/～丌(其)於教也不遠矣

 八・顏 10/悳(德)城(成)～名至矣

 八・顏 10/身紿(治)大～录(祿)

 八・顏 12/录(祿)不足～青(請)

 八・顏 12/又(有)余(餘)～詞(辭)

 八・顏 12/录(祿)不足～青(請)

 八・顏 14/☐示～斤

 九・舉 23/～勿(物)生

 九・史 3/～能貴於璽(禹)湶(湯)

 九・史 3/璽(禹)湶(湯)～學

則

 一・緇 7/～(則)民至(致)行㠯(己)㠯(以)兑(悦)上

 一・孔 8/～(則)言讒(讒)人之害也

 一・孔 9/～(則)困天〈而〉谷(欲)反丌(其)古(故)也

 一・孔 9/～(則)㠯(以)人益也

 一・孔 9/～(則)

 一・孔 11/～(則)丌(其)思賹(益)矣

 一・孔 11/～(則)㠯(以)丌(其)录(祿)也

 一・孔 11/～(則)智(知)不可得也

 一・孔 11/～(則)遚(送)者

 一・孔 14/丌(其)四章～(則)俞(喻)矣

 一・孔 16/～(則)

 一・孔 18/《折(杕)杜》～(則)情

 一・孔 21/～(則)㠯(以)爲不可女(如)可(何)也

一・孔 23/丌(其)甬(用)人～(則)虐(吾)取

一・孔 24/～(則)㠯(以)文武之悳(德)也

一・緇 4/～(則)君不勞

一・緇 17/～(則)民不能大丌(其)頿(美)而少(小)丌(其)亞(惡)

二・子 6/舜之悳(德)～(則)城(誠)善□

二・子 7/王～(則)亦不大淒

二・子 8/女(如)舜才(在)含(今)之殜(世)～(則)可(何)若

二・子 13/肰(然)～(則)厽(三)王者管(孰)爲

三・中 10/～民可後

三・中 22/～民懽(歡)丞(承)孚(學)

三・彭 3/未～于天

四・内附簡/～民又(有)豊(禮)

四・昭 9/此～儓(僕)之辠(罪)也

五・競 7/～訢者(諸)魂(鬼)神曰

五・競 7/～攸(修)者(諸)向(鄉)里

五・鮑 6/肰(然)～奚女(如)

五・季 4/孝=(君子)龏～(則)述

五・季 4/喬(喬)～(則)泆

五・季 5/～(則)邦又榑(斡)童

五・季 8/～(則)不立

五・季 9/孝=(君子)弝(強)～(則)遻(遺)

五・季 9/悬(惧)～(則)民不道

五・季 10/㕯(嚴)～(則)遊(失)衆

五・季 10/盟(盟)～(則)亡新(新)

五・季 10/好型(型)～(則)不羊(祥)

五・季 10/好敎(殺)～(則)复(作)嬰(亂)

五・季 12/～(則)邦又(有)稯(穫)

五・季 13/～(則)散(美)言也已

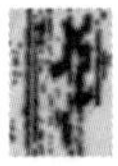
五・季 15/言～(則)娧(媄)矣

五・季 15/肰(然)～民进不善

五・季 18/田肥民～(則)女(安—焉)

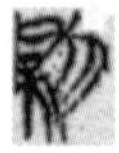
五・季 20/大辠(罪)～(則)夜(夜)之㠯(以)型(型)

 五・季 20/壄(中)辠(罪)～(則)麥(夜)之𠮷(以)剫(罰)

 五・季 20/少(小)～(則)訿(訾)之

 五・季 21/□惃～(則)民𥝤(?)之

 五・季 23/肰(然)～(則)邦坪(平)而民𦣛(脜)矣

 五・姑 3/於君敓(幸)～晉邦之社𥜿(稷)可𡕒(得)而事也

 五・姑 3/不敓(幸)～取夊(免)而出

 五・君 8/亓(其)才(在)𡧊(庭)～(則)欲(欲)齊=(齊齊)

 五・君 8/亓(其)才(在)堂～(則)〼

 五・君 11/肰(然)～(則)

 五・君 14/肰(然)～(則)臤(賢)於墨(禹)也

 五・三 5/少(小)邦～(則)戔(殘)

 四・曹 6/～(則)亦不可𠮷(以)不修政而善於民

 四・曹 5/～(則)不可𠮷(以)不攸(修)政而善於民

 四・曹 6/～(則)亦不可𠮷(以)不攸(修)政而善於民

 四・曹 20/～(則)繇亓(其)㮊(本)虖(乎)

 四・曹 28/～(則)民宜之

 四・曹 33/叓(使)人不親～(則)不𦃇(敦)

 四・曹 33/不和～(則)不咠(輯)

 四・曹 33/不悉(義)～(則)不備(服)

 四・曹 35/～(則)民新(親)之

 四・曹 35/～(則)民和之

 四・曹 50/進～录(祿)雀(爵)又(有)祟(常)

 五・弟 10/～(則)組𠮷(以)

 五・弟 14/肰(然)～(則)夫二厽(三)子者

 五・弟 16/寡(寡)䎽(聞)～(則)沽(孤)

 五・弟 16/寡(寡)見～(則)肆

 五・弟 16/多䎽(聞)～(則)惑(惑)

 五・弟 16/多見～(則)〼

 三・周 34/遇雨～(則)吉

 六・競 7/～言不聖(聽)

 六・競 7/～忎(恐)逡(後)豉(誅)於叓(史)者

 六・天甲 9/事䰠(鬼)～行敬

 六・天甲 9/剚(斷)型(刑)～㠯(以)衮(哀)

 七・吴 2/此～社禝(稷)

 九・陳 18/～徒虖(甲)進退

 九・陳 19/～鳶(雁)飛

 九・陳 19/車～……

鼎

 一・性 1/～(則)勿(物)取之

 一・性 11/丌(其)先後之舍(敘)～(則)宜道也

 一・性 11/或舍(敘)爲之節～(則)旻(文)也

 一・性 14/～(則)彝(鮮)女(如)也斯憙(喜)

 一・性 15/～(則)悸女(如)也斯難(歎)

 一・性 15/～(則)懠(齊)女(如)也斯复(作)

 一・性 20/丌(其)聖(聲)弁(變)～(則)心從之矣

 一・性 20/～(則)丌(其)聖(聲)亦肰(然)

 一・性 30/言及～(則)明舉(舉)之而毋㥼(僞)

 一・性 30/蜀(獨)居～(則)習〔父〕兄之所樂

 一・性 31/已～(則)勿復(復)言也

 一・性 37/不又(有)夫柬(簡)柬(簡)之心～(則)㨝(采)

 一・性 37/不又(有)夫恒惁(忻)之志～(則)曼(慢)

 一・性 38/不又(有)夫詘詘之心～(則)流

 一・性 38/不又(有)夫奮猍(作)之情～(則)丞(侮)=

 一・性 39/又(有)怂(過)～(則)咎

盟

 二・從甲 1/夫是～(則)獸(守)之㠯(以)信

 二・從甲 3/豊(禮)～(則)㝠(寡)而爲悬(仁)

 二・從甲 3/訤(教)之㠯(以)型(刑)～(則)逐

 二・從甲 5/～(則)貪

 二・從甲 5/君子不䋲(緩)～(則)亡(無)㠯(以)頌(容)百眚(姓)

 二・從甲 6/不共(恭)～(則)亡(無)㠯(以)敘(除)辱

 二・從甲 6/不惠～(則)亡(無)㠯(以)聚民

 二・從甲 7/不悬(仁)～(則)亡(無)㠯(以)行正(政)

 二・從甲 7/不敬～(則)事亡(無)城(成)

 二·從甲 8/而不智（知）～（則）奉（逢）羿（災）害

 二·從甲 8/獄～（則）興

 二·從甲 8/愄（威）～（則）民不道

 二·從甲 8/滷（嚴）～（則）遊（失）衆

 二·從甲 8/怲（猛）～（則）亡（無）新（親）

 二·從甲 8/罰～（則）民逃

 二·從甲 9/好型（刑）～（則）民复（作）亂

 二·從甲 10/信～（則）旻（得）衆

 二·從甲 10/誂～（則）遠戾

 二·從甲 15/～（則）暴

 二·從甲 15/～（則）禠（虐）

 二·從甲 15/～（則）惻（賊）

 二·從甲 16/君子藥（樂）～（則）絧（治）正（政）

 二·從甲 16/恴（憂）～（則）

 二·從甲 17/人～（則）啟道之

 二·從甲 17/後人～（則）奉相之

 二·從甲 17/少（小）人先人～（則）坴（弁）戠之

 二·從甲 18/〔後人〕～（則）暴毀之

 二·從乙 1/從命～（則）正不勞

 二·從乙 1/～（則）自异（己）討（始）

 二·從乙 2/母（毋）占民贍（斂）～（則）同

 二·從乙 2/不膚濾羸（盈）亞（惡）～（則）民不惋（怨）

 二·從乙 3/少（小）人藥（樂）～（則）㝵（疑）

 二·從乙 3/憂～（則）㥂（昏）

 二·從乙 3/女（怒）～（則）賸（勝）

 二·從乙 3/思（懼）～（則）伓（倍）

 二·從乙 3/恥～（則）軛（犯）

 二·從乙 3/從正（政）不絧（治）～（則）亂

 二·從乙 3/～（則）

 二·從乙 6/不武～（則）志不遳

 二·從乙 6/悬（仁）而不智～（則）

 四・内 6/善～(則)從之

 四・内 6/不善～(則)止之

 四・内 10/肰(然)～(則)孞(免)於戾

 四・曹 24/後～(則)見亡

 四・曹 38/牪(奔)～(則)不行

 四・曹 46/少～(則)惕(易)轍(察)

 四・曹 46/圪(氣)成(盛)～(則)惕(易)會(合)

 四・曹 48/不卒(卒)～(則)不死(恒)

 四・曹 48/不和～(則)不葺(輯)

 四・曹 51/～(測)斯(死)厇(度)戝(傷)

 五・鬼 1/～(則)以亓(其)賞善罰暴也

 五・鬼 2/～(則)魂(鬼)神之賞

 五・鬼 2/～(則)魂(鬼)

 五・鬼 4/～(則)必又(有)古(故)

 五・鬼 5/名～(則)可畏

 五・鬼 5/寔(實)～(則)可柔(侮)

 六・競 12/珱(嬰)～(則)未旻(得)與昏(聞)

 六・孔 4/～(則)廝(斯)…

 六・孔 20/～(則)…

 六・孔 22/～(則)忎(恐)舊虛(吾)子

 七・武 14/不敬～不定

 七・吴 3/～君之志也

 八・成 12/昌(以)進～遏(傷)女(安—焉)

 八・命 4/～戠(職)爲民窮(仇)甯(讎)

 八・志 7/是～肀(盡)不彀(穀)之辠(罪)也

 八・李 1 背/～不同可(兮)

 八・李 2/人因亓(其)情～樂亓(其)事

 九・舉 23/～勿(物)生

 九・舉 23/玉～不尌(戡)

 九・舉 29/明～保或(國)

鼑

 六・用 4/淦(陰)～或淦(陰)

 六・用 4/昜(陽)～或昜(陽)

 六・用 7/～方繇而弗可矣

六・用 12/～弗可悔

六・用 12/～行口

剛

三・亘 9/又(有)～

割(割、戡)

割

五・弟 13/～☐

二・昔 3/～(蓋)憙(喜)於内不見於外

六・競 1/～(裔)疾(款)與梨(梁)丘虡(據)言於公曰

六・競 9/今内寵又～(裔)疾(款)

六・競 13/命～(裔)疾(款)不敢監祭

八・成 15/而或(國)又(有)相串(患)～(害)之志

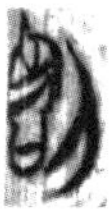
九・舉 23/尭(堯)㠯(以)四～(害)之文(紊)爲未也

九・舉 23/大～(害)既折

九・舉 26/夋(舜)不～(遏)亓(其)道

戡

五・鮑 8/公蠹亦不爲～(害)

罰(罰、罸)

罰

一・緇 15/敬明乃～

二・從甲 8/～則民逃

二・容 4/於是虖(乎)不賞不～

四・曹 21/坓(刑)～又(有)辠(罪)

罸

五・季 20/壐(中)辠(罪)鼎刂(則)夌(夜)之㠯(以)～(罰)

五・季 22/少(小)辠～(罰)之

五・鬼 1/則㠯(以)亓(其)賞善～(罰)暴也

劓(劓)

劓

三・周 43/于～(劓)□

港甲 2/天皾(且)～(劓)

[屮刂]

一・緇 1/則民咸扐(飭)而型(刑)不～

⿰⿱业乂刂(⿰⿱业乂刂、⿰⿱业乂刂)

⿰⿱业乂刂

二・容 18/田無～

⿰⿱业乂刂

五・三 10/母(毋)～(殘)祟(常)

⿰甚刂

九・舉 23/玉則不～(戡)

刃　部

⿴囗列

三・周 49/～(列)丌(其)衜(胤)

耒　部

耕(⿰耒殳、⿰耒爭、⿰田爭)

⿰耒殳

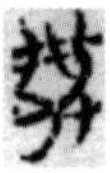
四・柬 23/爲人臣者亦又～(耕)虖(乎)

四・柬 23/可羕～(耕)

⿰耒爭

三・周 20/不～(耕)而穫(穫)

⿰田爭

六・用 4/逌相弋(代)～(耕)

角　部

角

一・孔 29/～皤(枕)

三・周 41/敂丌(其)～

五・三 10/毋爲～言

解

港甲 4/～于時

七・凡甲 28/旻(得)而～之

七・凡乙 21/旻(得)而～之

八・王 3/邦人其濾(沮)志～體

觸

一・孔 20/人不可～也

贏

二·從乙 2/不膚灋～亞(惡)則民不悁(怨)

三·周 40/～豕孚是蜀

三·周 44/～丌(其)瓶(缾)

三·周 53/遊(旅)～

衡(奐)

奐

七·君甲 3/竽祈(瑟)～(衡)於歬(前)

七·君乙 3/竽祈(瑟)～(衡)於歬(前)

七·凡甲 4/虖(吾)奚～(衡)奚從(縱)

七·凡乙 3/虖(吾)奚～(衡)奚從(縱)

卷 五

竹 部

筱

六・慎 5/㯼(撰)～(蓧)執樝(鉏)

節

一・性 10/膿(體)丌(其)宜(義)而～叓(文)之

一・性 11/或舍(敘)爲之～鼎(則)叓(文)也

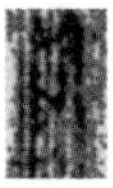

一・性 12/所㠯(以)叓(文)～也

一・性 12/善丌(其)～

一・性 16/丌(其)居～也舊(久)

四・曹 44/亓(其)㘴(敀)～不疾

五・姑 6/思又(有)君臣之～

五・弟 4/嚻(亂)～而㤅(哀)聖(聲)

五・三 3/齊～=(節節)

五・三 3/男女又(有)～

六・用 1/参～之未旻(得)

六・用 11/亞(惡)猒悉(愛)𤔲(亂)～

八・志 4/或不能～凥(處)

等(等、篩)

等

四・曹 41/《周～(志)》是廌(存)

五・季 14/幾敢不㠯(以)亓(其)先=(先人)之連(傳)～(誌)告

篩

五・季 7/㠯(以)～(誌)孝=(君子)志=(之志)

篴

三・周 9/备(邃)～(篴)

竿

五・三 21/～之長

六・用 11/舉～於埜(野)

籚(簷)

簷

二・容 25/～(籚)州刣(始)可凥(處)也

策

九・靈 3/命㠯(以)亓(其)～逯(歸)

九・靈 3/虎秉～㠯(以)逯(歸)

九・靈 4/或弃亓(其)～女(安—焉)

筦(笑)

笑

五・季 4/虘(且)～(管)中(仲)又(有)言曰

竽

七・君甲 3/～祈(瑟)臭(衡)於寿(前)

七・君乙 3/～祈(瑟)臭(衡)於寿(前)

笑(芙)

芙

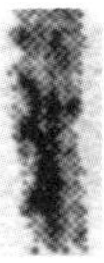
一・性 13/～(笑)

一・性 14/䎽(聞)～(笑)耶(聲)

三・周 42/一斛于笑

四・柬 19/人牆(將)～(笑)君

五・三 11/毋～(笑)型(刑)

五・鬼 2/爲天下～(笑)

六・莊 7/不彀(穀)㠯(以)～縉(紳)公

六・壽 4/王～

六・壽 6/王～

芥

四・柬 2/～恙(義)愈(愈)迗

笞

五・君 4/☐困(淵)记(起)迲(去)～(席)曰

箟(箟)

箟

二・民 2/必造(達)於豊(禮)線(樂)之～

筀

三・彭 2/大～(匡)之婁

篧

二・容 32/於是於訂(始)～(爵)而行录(禄)

二・容 43/官而不～(爵)

四・曹 21/垄(型)罰又(有)辠(罪)而賞～(爵)又(有)悳(德)

四・曹 37/毋図〈角(禄)〉～(爵)

四・曹 50/麥(勝)鼎(則)彔(录)～(爵)有棠(常)

籖

四・柬 15/毋敢執䈽(藻)～(篚)

䈽

四・柬 15/毋敢執～(藻)籖(篚)

箪

七・武 4/亓(其)～百〔世〕

七・武 5/亓(其)～十殜(世)

簂

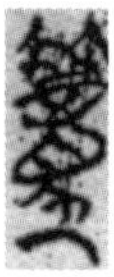

五・鮑 3/百𥹋(糧)～

箸

四・曹 52/返(及)尔龜～(筮)

箴(箴)

箴

五・君 10/☐昔者中(仲)尼～(箴)徒三人

篹

 五・競 3/雟(發)古～

箕　部

箕(其、囟)

其

 一・孔 9/實咎於～也

 八・王 3/邦人～瀘(沮)志解體

囟

 六・慎 5/不羸(贏)～(其)志

丌　部

丌(丌、亓)

丌

 一・孔 1/～(其)又(有)不王虐(乎)

 一・孔 2/～(其)樂安而屖(遲)

 一・孔 2/～(其)訶(歌)紳(引)而葛(逖)

 一・孔 2/～(其)思深而遠

 一・孔 3/～(其)內勿(物)也尃(博)

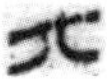 一・孔 3/～(其)言吝(文)

 一・孔 3/～(其)聖(聲)善

 一・孔 4/旹(詩)～(其)猷(猶)坪(平)門與

 一・孔 4/～(其)甬(用)心也牺(將)可(何)女(如)

 一・孔 4/～(其)甬(用)心也牺(將)可(何)女(如)

 一・孔 5/ 㠯(以)爲～(其)本

 一・孔 5/ 㠯(以)爲～(其)糞(樸)

 一・孔 8/～(其)言不亞(惡)

 一・孔 9/～(其)旻(得)录(祿)蔑畺(疆)矣

 一・孔 9/則困天〈而〉谷(欲)反～(其)古(故)也

 一・孔 9/多恥者～(其)怭之虐(乎)

 一・孔 10/童而皆臤(賢)於～(其)初者也

 一・孔 11/則～(其)思賹(益)矣

 一・孔 11/則㠯(以)～(其)录(祿)也

 一・孔 14/～(其)四章則俞(喻)矣

 一・孔 15/及～(其)人

 一・孔 15/敬悉(愛)～(其)查(樹)

 一・孔 15/～(其)保(報)厚矣

 一・孔 16/㠯(以)～(其)蜀(獨)也

 一・孔 16/見～(其)㒫(美)必谷(欲)反(返)丌(其)本

 一・孔 16/見丌(其)㒫(美)必谷(欲)反(返)～(其)本

 一・孔 17/《湯(揚)之水》～(其)炁(愛)婦悡(烈)

 一・孔 18/㠯(以)俞(喻)～(其)悗(怨)者也

 一・孔 18/憙(喜)～(其)至也

 一・孔 20/～(其)隱(隱)志必又(有)㠯(以)俞(喻)也

 一・孔 20/～(其)言又(有)所載而句(後)内

 一・孔 21/～(其)猷軺與

 一・孔 22/～(其)義(儀)一氏(兮)心女(如)結也

 一・孔 23/～(其)甬(用)人則虛(吾)取

 一・孔 24/甚貴～(其)人必敬丌(其)立(位)

 一・孔 24/甚貴丌(其)人必敬～(其)立(位)

 一・孔 24/敓(悅)～(其)人必好～(其)所爲

 一・孔 24/亞(惡)～(其)人者亦肰(然)

 一・孔 27/適(离)～(其)所炁(愛)

 一・孔 29/涉秦(溱)～(其)絶律而士

 一・緇 2/則君不適(疑)～(其)臣

 一・緇 3/～(其)義(儀)不弋(忒)

 一・緇 4/言～(其)所不能

 一・緇 4/不訂(辭)～(其)所能

 一・緇 8/不從～(其)所以命

 一・緇 8/而從～(其)所行

 一・緇 10/大人不皋(親)～(其)所臤(賢)

 一・緇 10/而信～(其)所賤

 一・緇 15/～(其)出女(如)緍

 一・緇 15/～(其)出女(如)緈(紼)

 一・緇 17/古(故)言則慮～(其)所夂(終)

 一・緇 17/行則旨(稽)～(其)所蔽(敝)

 一・緇 17/㠯(以)城(成)～(其)信

 一・緇 18/則民不能大～(其)頿(美)而少(小)丌(其)亞(惡)

 一・緇 18/則民不能大丌(其)頿(美)而少(小)～(其)亞(惡)

 一・緇 20/～(其)義(儀)一也

 一・緇 20/朼(必)見～(其)斃(轍)

 一・緇 21/朼(必)見～(其)成

 一・緇 21/隹(惟)君子能好～(其)庀(匹)

一・緇 21/少(小)人剴(豈)能好～(其)庀(匹)

一・緇 22/～(其)惡也又(有)方

港甲 1/～(其)容不改

二・子 4/虗(吾)昏(聞)夫舜～(其)幼也

二・子 4/～(其)言

二・子 6/叓(使)皆旻(得)～(其)社禝百眚(姓)而奉守之

二・子 7/舜～(其)可胃(謂)受命之民矣

二・子 8/古(故)夫舜之悳(德)～(其)城(誠)臤(賢)矣

二・子 9/而～(其)父戔(賤)而不足爯(稱)也與

二・子 9/～(其)莫

二・子 11/又(有)鷃(燕)監(銜)卵而階(措)者(諸)～(其)歬(前)

二・魯 3/旼(緊)虗(吾)子女適命～(其)與

二・魯 4/～(其)欲雨或甚於我

二・魯 5/～(其)欲雨或甚於我

三・周 4/～(其)邑人晶(三)四户

三・周 13/不實(富)以～(其)器(鄰)

三・周 25/～(其)猷攸=(逐逐)

三・周 26/執(勢)～(其)陸(墮)

三・周 27/欽(感)～(其)拇

三・周 28/不死(恒)～(其)悳(德)

三・周 28/或丞(承)～(其)恖(羞)

三・周 28/死(恒)～(其)悳(德)

三・周 30/豚(遯)～(其)尾礪(厲)

三・周 32/～(其)☐

三・周 37/～(其)逨(來)遉(復)

三・周 38/～(其)行緀(萋)疋(且)

三・周 41/～(其)行緀(萋)疋(且)

三・周 41/敂～(其)角

三・周 44/羸(羸)～(其)缾(瓶)

三・周 45/並受～(其)福

三・周 48/～(其)伓(背)

三・周 48/不膢(獲)～(其)身

三・周 48/行～(其)廷

三・周 48/～(其)止(趾)

三・周 48/艮～(其)足

三・周 48/不陞(拯)～(其)陵(隆—隨)

三・周 48/～(其)心不悸

三・周 48/艮～(其)頧

三・周 49/剫(列)～(其)衛(胤)

三・周 49/艮～(其)躳

三・周 49/艮～(其)敗(輔)

三・周 51/豐～(其)芾(沛)

三・周51/折～(其)右抾(肱)

三・周51/豐～(其)坿

三・周51/遇～(其)巳(夷)宔(主)

三・周51/豐～(其)芾(屋)

三・周52/坿～(其)豪(家)

三・周52/闈(闚)～(其)戾(户)

三・周52/歖(闃)～(其)亡(無)人

三・周53/此～(其)所取愳

三・周53/褱(懷)～(其)次(資)

三・周53/遊(旅)焚～(其)宋(釜)

三・周53/宋(喪)～(其)僮(童)僕(僕)

三・周54/𩡡(渙)走～(其)尻

三・周54/𩡡(渙)～(其)躳

三・周54/𩡡(渙)～(其)羣

三・周55/𩡡(渙)～(其)丘

三・周55/𩡡(渙)～(其)大唇(號)

三・周55/𩡡(渙)～(其)尻

三・周55/𩡡(渙)～(其)血

三・周57/需～(其)首

三・周58/涓(曳)～(其)輪

港甲2/牛攸～(其)人

三・中3/思老～(其)豪(家)

三・中10/人～(其)豫(舍)之者

三・中12/不及～(其)城(成)

三・中13/～(其)

三・中20/～(其)咎

三・中20/所滐(竭)～(其)青(情)

三・中20/聿(盡)～(其)新(慎)者

三・中21/唯～(其)戁(難)也

三・中25/不聿(盡)～(其)

三・彭2/三迲(去)～(其)二

三・彭4/可(何)～(其)宗(崇)

四・柬19/贅(釐)尹皆紿(紿)～(其)言目(以)告大(太)宰(宰)

四・柬21/不目(以)～(其)身弁(變)贅尹之票(常)古(故)

四・相1/備～(其)弜(強)

五・君6/亟(再)～衆寡(寡)

五・弟1/倗唐(乎)～雁

五・弟2/胥(脡)陞(陵)季=(季子)～(其)天民也唐(乎)

五・弟2/～(其)天民也唐(乎)

五・弟4/～(其)必此唐(乎)

五・弟8/可言唐(乎)～(其)信也

五・弟15/～(其)縵(組)褱唐(乎)

五・弟15/～(其)

 五・弟 19/臆=(惇惇)女(如)也～(其)聖(聽)

 五・弟 20/又(有)戎(農)植～(其)槈而訶(歌)女(安—焉)

 五・弟 23/剌啓(乎)～(其)下

 五・弟 23/不斷(折)～(其)枳(枝)

 五・弟 23/飤(食)～(其)實□

 六・競 3/若～(其)告高子

 六・競 4/夫子叓(使)～(其)厶(私)叓(史)聖(聽)獄於晉邦

 六・競 4/叓(使)～(其)厶(私)祝、叓(史)進…

 六・競 5/～(其)祝叓(史)之爲丌(其)君祝敓也

 六・競 5/丌(其)祝叓之爲～君祝敓也

 六・競 7/古(故)～(其)祝叓(史)褺(製)蔑耑折

 六・競 10/～(其)人婁(數)多已

 六・競 11/～(其)左右相佮(容)自善

 六・競 11/古(故)死～(其)牆(將)至

 六・用 9/而焚～(其)反炅

 六・用 19/又眛～(其)不見

 七・吴 4/勞～(其)大夫

 七・吴 4/叡(且)青(請)～(其)行

 七・吴 5/天□～(其)中

 七・吴 7/古(故)甬(用)吏(使)～(其)三臣

 七・吴 9/隹(唯)三大夫～(其)辱昏(問)之

 七・吴 9/不思～(其)先君之臣

 七・吴 9/瀳(廢)～(其)贚獻

 八・成 4/不辱～(其)身

 八・李 2/人因～(其)情則樂亓(其)事

 八・李 2/人因亓(其)情則樂～(其)事

 八・李 2/遠～(其)情

 五・弟附簡/□者～(其)言□而不可

亓

 一・孔 24/敓(悦)～(其)人必好丌(其)所爲

 一・性 10/體(體)～(其)宜(義)而節曼(文)之

 一・性 10/里(理)～(其)情而出内(入)之

 一・性 1/及～(其)見於外

 一・性 4/～(其)眚(性)一也

 一・性 4/～(其)甬(用)心各異

 一・性 7/又(有)㠯(以)習～(其)眚(性)也

 一・性 8/～(其)三述(术)者

 一·性 8/～(其)訂(始)出也皆生於〔人〕

 一·性 9/聖人比～(其)頪(類)而侖(論)會之

 一·性 9/雚(觀)～(其)先後而逆訓(順)之

 一·性 11/～(其)先後之舍(敘)鼎(則)宜道也

 一·性 12/君子完(美)～(其)情

 一·性 12/貴～(其)宜(義)

 一·性 12/善～(其)節

 一·性 12/好～(其)頌(容)

 一·性 12/樂～(其)道

 一·性 12/兑(悦)～(其)季(教)

 一·性 13/～(其)訂(詞)宜道也

 一·性 14/～(其)出於情也信

 一·性 14/肰(然)句(後)～(其)内(入)杲(拔)人之心也敂(厚)

 一·性 16/～(其)居節也舊(久)

 一·性 16/～(其)反善遉(復)訂(始)也訢(慎)

 一·性 16/～(其)出内(入)也訓(順)

 一·性 16/紿(始)～(其)悳(德)〔也〕

 一·性 18/皆至～(其)情也

 一·性 18/～(其)眚(性)相近也

 一·性 18/是古(故)～(其)心不遠

 一·性 18/～(其)

 一·性 19/～(其)朿(烈)流女(如)也㠯(以)悲

 一·性 19/凡慁思～(其)句(後)悲

 一·性 20/～(其)聖(聲)弁(變)鼎(則)心從之矣

 一·性 20/～(其)心弁(變)

 一·性 20/鼎(則)～(其)聖(聲)亦肰(然)

 一·性 21/句(苟)㠯(以)～(其)情

 一·性 26/谷(欲)～(其)蠢(宛)也

 一·性 27/谷(欲)～(其)折也

 一·性 31/凡季(教)者求～(其)〔心爲難〕

 一·性 37/又(有)～(其)爲人之偞=(節節)女(如)也

 一·性 37/又(有)～(其)爲人之柬=(簡簡)女(如)也

 一·性 38/又(有)～(其)爲人之慧(快)女(如)也

 一·性 39/肰(然)而～(其)怂(過)不亞(惡)

 一·性 38/又(有)～(其)爲人之

二・民 2/～(其)〔之〕胃(謂)民之父母矣

二・民 9/～(其)才(在)誎(辯)也

二・從甲 2/～(其)亂

二・從甲 9/～(其)事不

二・從甲 11/内(納)～(其)身(身)女(安—焉)

二・從甲 17/～(其)史(使)人

二・從甲 18/～(其)史(使)人

二・從乙 5/吕(以)改～(其)言

二・昔 3/能事～(其)餮(親)

二・容 1/皆不受(授)～(其)子而受(授)臤(賢)

二・容 1/～(其)悳(德)酉清

二・容 2/而一～(其)志

二・容 2/而寢～(其)兵

二・容 2/而官～(其)才(材)

二・容 5/各旻(得)～(其)殜(世)

二・容 9/遅(畢)能～(其)事

二・容 10/萬邦之君皆吕(以)～(其)邦毀(讓)於臤(賢)〔者〕

二・容 12/不吕(以)～(其)子爲逡(後)

二・容 13/吕(以)善～(其)新(親)

二・容 14/堯留(聞)之而敚(美)～(其)行

二・容 17/不吕(以)～(其)子爲後

二・容 20/吕(以)鞭(辨)～(其)左右

二・容 29/而聖(聽)～(其)訟獄

二・容 33/～(其)生賜羕(養)也

二・容 33/～(其)死賜牀(葬)

二・容 33/不吕(以)～(其)子爲逡(後)

二・容 35/傑(桀)不述～(其)先王之道

二・容 38/不量～(其)力之不足

二・容 38/取～(其)兩女晋(琰)𧑴(琬)

二・容 38/妝北迲(去)～(其)邦

二・容 38/～(其)喬(驕)大(泰)女(如)是牄(狀)

二・容 42/受(紂)不述～(其)先王之道

二・容 43/～(其)政紿(治)而不賞

二・容 44/視(寘)盂炭～(其)下

二・容 44/加圜(圜)木於～(其)上

 二・容 45/不聖(聽)～(其)邦之正(政)

 二・容 47/九邦者～(其)可逨(來)虖(乎)

 二・容 48/百眚(姓)～(其)可(何)辠(罪)

 二・容 50/～(其)即(次)

 二・容 52/受(紂)不智(知)～(其)未又(有)成正(政)

 三・周 20/～非遉(復)又(有)褙(眚)

 三・周 26/欽～(其)拇

 三・周 26/欽～(其)肻(肩)

 三・周 26/執～(其)肻(肩)

 三・周 37/緗～拇

 三・亘 3/求～(其)所生

 三・亘 4/因生～(其)所慾(欲)

 三・亘 5/遉(復)～(其)所慾(欲)

 三・亘 11/～(其)寱(冥)尨(蒙)不自若

 三・亘 12/～(其)事無不遉(復)

 三・亘 12/無非～(其)所

 三・亘 12/無不旻(得)～(其)悪(極)而果述(遂)

 四・采 4/～(其)也

 四・昭 5/虛(吾)不智～(其)尔蓦(墓)

 四・昭 7/～袠(袷)見(視)

 四・昭 8/辠～(其)宊(容)於死

 四・昭 10/虛(吾)未又(有)㠯(以)惪(憂)～(其)子

 四・内 1/言人之君之不能叓(使)～(其)臣者

 四・内 2/～(其)君者

 四・内 2/言人之臣之不能事～(其)君者

 四・内 2/不與言人之君之不能叓(使)～(其)臣者

 四・内 8/君子㠯(以)城(成)～(其)考(孝)

 四・相 1/先～(其)欲

 四・相 1/牧～(其)巻(惓)

 四・曹 2/君～(其)煮(圖)之

 四・曹 5/君～(其)毋員(云)

 四・曹 8/君～(其)亦隹(唯)餌(聞)夫埜(禹)、康(湯)、傑(桀)、受(紂)矣

 四・曹 15/～(其)食足㠯(以)食之

 四・曹 15/～(其)兵足㠯(以)利之

 四・曹 15/～(其)城固足㠯(以)玵(捍)之

 四・曹 17/㠯(以)事～(其)伎(便)連(嬖)

 四・曹 20/則繇(由)～(其)臬(本)虖(乎)

 四・曹 23/〔則〕～(其)會(合)之不難

 四・曹 27/而攺(改)～(其)逕(將)

 四・曹 32/～(其)逕(將)銜肁(盡)𢧵(傷)

 四・曹 42/～(其)逕(將)卑

 四・曹 43/～(其)厺(去)之不速

 四・曹 44/～(其)邍(就)之不尃(迫)

 四・曹 44/～(其)坣(敨)節不疾

 四・曹 45/～(其)賞識(娍)叡(且)不中

 四・曹 45/～(其)誼(誅)重(重)叡不詧(察)

 四・曹 52/乃遊(失)～(其)備(服)

 四・曹 52/必逃(過)～(其)所

 四・曹 54/思(使)忘～(其)死而見亓(其)生

 四・曹 54/思(使)忘亓(其)死而見～(其)生

 四・曹 55/思(使)～(其)志记(起)

 四・曹 56/善攻者必㠯(以)～(其)所又(有)

 四・曹 59/～(其)志者奡(寡)矣

 四・曹 61/㠯(以)懽(勸)～(其)志

 四・曹 63/唯君～(其)智(知)之

 四・曹 65/各㠯(以)～(其)殜(世)

 四・曹 65/㠯(以)及～(其)身

 五・競 8/虗(吾)不智(知)～(其)爲不善也

 五・鮑 1/又(有)虽(夏)是(氏)觀～(其)容㠯(以)叓(使)

 五・鮑 1/返(及)～(其)亡(亡)也

 五・鮑 1/皆爲～(其)容

 五・鮑 1/觀～(其)容

 五・鮑 1/聖(聽)～(其)言

 五・鮑 2/遻(堋)～(其)所㠯(以)亡(亡)

 五・鮑 2/爲～(其)容

 五・鮑 2/爲～(其)言

 五・鮑 2/觀～(其)容

 五・鮑 2/遻(堋)～(其)所㠯(以)衰亡(亡)

 五・鮑 2/忘～(其)迿俯也

 五・鮑 6/～(其)爲志(災)也深矣

 五・鮑 6/～(其)爲不息(仁)厚矣

 五・鮑 7/而走(尚)穆～(其)型(刑)

 五・鮑 7/至欲飤(食)而上厚~(其)會(斂)

 五・季 3/是古(故)君子玉~(其)言

 五・季 3/而墨(廛)~(其)行

 五・季 3/敬城~(其)悳(德)㠯(以)臨民

 五・季 4/民䁘(望)~(其)道而備女(安—焉)

 五・季 5/事皆旻(得)~(其)舊(藋)而弜(強)之

 五・季 7/君=(君子)敬城~(其)悳(德)

 五・季 14/幾敢不㠯(以)~(其)先=(先人)之連(傳)等(誌)告

 五・季 14/肰(然)~(其)宔(主)人亦曰

 五・季 23/~(其)凵(曲)㠯(以)城之

 五・姑 1/姑成豪(家)父㠯(以)~(其)族參(三)垶(郤)正(征)百豫

 五・姑 6/~(其)疾與才(哉)

 五・姑 9/與~(其)妻與亓(其)母

 五・姑 9/與亓(其)妻與~(其)母

 五・姑 10/不用~(其)衆

 五・君 3/虐(吾)子可(何)~(其)膳也

 五・君 4/斯人欲(欲)~(其)好

 五・君 7/~(其)才(在)定(庭)鼎(則)欲(欲)齊=(齊齊)

 五・君 8/~(其)才(在)堂鼎(則)⍁

 五・君 9/□斯人欲(欲)~(其)長貴也貢(富)而⍁

 五・弟 1/佣唇(乎)~(其)雁

 五・三 3/~(其)身不叟(没)

 五・三 4/救(求)利戔(殘)~(其)新(親)

 五・三 4/邦家~(其)褱(壞)

 五・三 11/毋牄(逸)~(其)身

 五・三 11/而多~(其)言

 五・三 12/各謡(慎)~(其)尾(度)

 五・三 12/毋遊(失)~(其)道

 五・三 13/~(其)贅(賕)而

 五・三 14/而寡~(其)惪(憂)

 五・三 15/聖(聽)~(其)縈(營)

 五・三 16/必蘐(喪)~(其)佖(匹)

 五・三 17/叟(没)~(其)身才(哉)

 五・三 17/不攸(修)~(其)成

 五・三 22/君子不慙(慎)~(其)悳(德)

 五・鬼 1/則㠯(以)～(其)賞善罰暴也

 五・鬼 4/～(其)力能至(致)女(安—焉)而弗爲虐(乎)

 五・鬼 4/啻(意)～(其)力古(固)不能至(致)女(安—焉)虐(乎)

 六・孔 3/而𥼶(敷)専聞～(其)訇(辭)於𢓸(逸)人虐(乎)

 六・孔 5/爲信㠯(以)事～(其)上

 六・孔 5/𡯁(仁)～(其)女(如)此也

 六・孔 6/～(其)行尻(處)可名而智(知)与(歟)

 六・孔 11/～(其)述多方

 六・孔 12/～(其)勿(物)

 六・孔 12/亦㠯(以)～(其)勿

 六・孔 15/君子蜀(獨)之㠯(以)～(其)所蜀(獨)

 六・孔 15/規之㠯(以)～(其)所谷(欲)

 六・孔 16/女(安—焉)與之尻(處)而訔(察)聞～(其)所學

 六・孔 17/言不堂(當)～(其)所

 六・孔 17/膚(皆)同～(其)□

 六・孔 18/～(其)行板恭哀與兼(?)

 六・孔 21/訢(慎)～(其)豊(禮)樂

 六・孔 21/逃～(其)□

 六・孔 22/皇(況)～(其)女(如)㣲(微)言之虐(乎)

 六・孔 24/君子流～(其)觀女(安—焉)

 六・用 3/丨(杖)～(其)又(有)成悳(德)

 六・用 3/訧～(其)又(有)审(中)墨

 六・用 6/各又(有)～(其)異𠶷(圖)

 六・用 6/～(其)古(胡)能不沽(涸)

 六・用 6/戔～(其)又(有)綸紀

 六・用 7/～(其)頌(容)之作

 六・用 7/～(其)自貝(視)之泊

 六・用 7/～(其)言之誽

 六・用 8/自～(其)又(有)保(寶)貨

 六・用 12/聶～(其)睥而不可退(復)

 六・用 13/攺～(其)若弡

 六・用 14/詨～(其)又(有)絶𠶷(圖)

 六・用 14/而難～(其)又(有)惠民

 六・用16/柬～(其)又(有)亘(恒)井(形)

 六・用16/纏～(其)又(有)戥(威)頌(容)

 六・用16/而綏～(其)又(有)寍(寧)

 六・用18/叡～(其)又(有)审(中)成

 六・用19/不〈而〉卲(昭)～(其)甚明

 六・用19/而散(散)～(其)甚章

 六・天甲5/月=(日月)旻(得)～(其)甫(輔)

 六・天乙5/月=(日月)直(得)～(其)甫(輔)

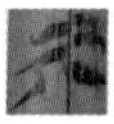 七・武4/～(其)簞(運)百〔世〕

 七・武5/～(其)簞(運)十殜(世)

 七・武7/見～(其)歬(前)

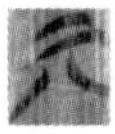 七・武7/必慮～(其)逡(後)

 七・武8/與～(其)溺於人

 七・武11/～(其)道可旻(得)

 七・鄭甲1/奠(鄭)子豪(家)殺～(其)君

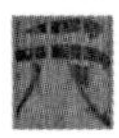 七・鄭甲2/含(今)奠(鄭)子豪(家)殺～(其)君

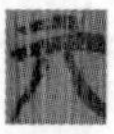 七・鄭甲2/酒(將)保～(其)龔(恭)炎(嚴)

 七・鄭甲3/奠(鄭)人青(請)～(其)古(故)

 七・鄭甲4/慼(戕)惻(賊)～(其)君

 七・鄭乙1/奠(鄭)子豪(家)殺～(其)君

 七・鄭乙2/奠(鄭)子豪(家)殺～(其)君

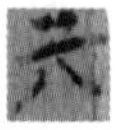 七・鄭乙2/酒(將)保～(其)龏(恭)炎(嚴)己(以)及〈没〉内(入)陛(地)

 七・鄭乙3/奠(鄭)人情(請)～(其)古(故)

 七・鄭乙4/慼(戕)惻(賊)～(其)君

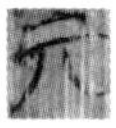 七・君甲3/此～(其)一回(違)也

 七・君甲4/此～(其)二回(違)也

 七・君甲5/君王龍(隆)～(其)祭

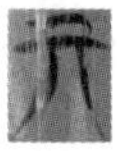 七・君甲5/而不爲～(其)樂

 七・君甲6/此～(其)三回(違)也

 七・君乙3/此～(其)一回(違)也

 七・君乙4/此～(其)二回(違)也

 七・君乙5/君王龍(隆)～(其)祭

 七・君乙5/而不爲～(其)樂

 七・君乙 5/此～(其)三回(違)也

 七・凡甲 5/～(其)智愈暲(障)

 七・凡甲 5/～(其)夬(慧)奚啻(適)

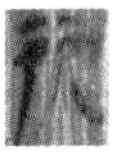 七・凡甲 6/箮(孰)智(知)～(其)疆(彊)

 七・凡甲 6/～(其)逨(來)亡(無)厇(度)

 七・凡甲 9/～(其)訇(始)生女(如)薛(孽)

 七・凡甲 10/～(其)人〈入〉审(中)

 七・凡甲 16/是古(故)聖人凥(處)於～(其)所

 七・凡甲 18/奚㠯(以)智(知)～(其)白(泊)

 七・凡甲 27/不遊(失)～(其)所然

 七・凡乙 5/箮(孰)智(知)～(其)疆(彊)

 七・凡乙 5/～(其)逨(來)亡(無)厇(度)

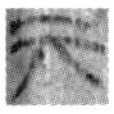 七・凡乙 7/～(其)訇(始)生女(如)薛(孽)

 七・凡乙 8/～(其)人审(中)

 七・凡乙 11/是古(故)聖人凥(處)於～(其)所

 七・凡乙 11/～(其)智愈暲(彰)

 七・凡乙 11/～(其)

 七・凡乙 13/☐智(知)～(其)

 八・成 1/而王垕(重)～(其)責(任)

 八・成 3/各才(在)～(其)身

 八・子 2/敀(偃)也攸(修)～(其)悳(德)行

 八・子 2/～(其)一〔寇(寇)〕☐

 八・顔 9/則～(其)於教也不遠矣

 八・成 7/青(請)䎽(問)～(其)事☐

 八・成 8/皆欲𧥠(捨)～(其)新(親)而新(親)之

 八・成 8/皆欲㠯(以)～(其)邦亯(就)之

 八・成 9/栫市明之悳(德)～(其)殜(世)也☐

 八・成 10/能㠯(以)～(其)六贒(藏)之獸(守)取新(親)女(安—焉)

 八・成 10/青(請)䎽(問)～(其)方

 八・成 13/～頫(狀)膏(驕)𡍮(淫)

 八・成 15/童光～(其)昌也

 八・命 7/請昏(問)～(其)古(故)

八・王 5/～(其)昷=(明日)

八・王 6/命須～(其)俆(儘)

八・志 1/反昃(側)～(其)口舌

八・志 2/邦人～(其)胃(謂)之可(何)

八・志 6/邦人～(其)胃(謂)我不能禹(稱)人

八・李 1/枽〈葉〉～(其)方莟(落)可(兮)

八・李 1/砎～(其)不還可(兮)

八・李 1 背/亢(剛)～(其)不弍(貳)可(兮)

八・蘭 2/汗(旱)～(其)不雨

八・蘭 4/年(佞)前～(其)約鲁(儉)

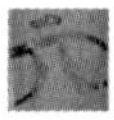
八・蘭 4/絖後～(其)不長

八・蘭 4/信蕑(蘭)～(其)蔑也

八・蘭 5/天道～(其)逑(越)也

八・蘭 5/夫亦啻(適)～(其)戠(歲)也

八・有 3/憓(慮)余子～(其)速倀(長)今

九・成甲 2/目(以)～(其)善行帀(師)

九・靈 3/命目(以)～(其)策遈(歸)

九・靈 4/或弃～(其)策女(安—焉)

九・靈 4/城(成)公懼～(其)又(有)取女(安—焉)

九・陳 3/女(安—焉)旻(得)～(其)緩(猿)羿(旗)

九・陳 7/不智(知)～(其)敨졸(卒)夌(凌)行

九・陳 10/乃各旻(得)～(其)行

九・陳 17/檐(擔)徒、州～(其)徒戣(衛)

九・舉 3/～(其)白墨(黑)牆(將)可智(知)也

九・舉 7/～唯臤(賢)民虐(乎)

九・舉 8/公～(其)盡(盡)之

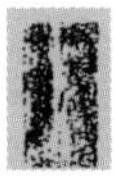
九・舉 13/～(其)民能相分舍(餘)

九・舉 15/文王曰：請昏(問)～(其)……

九・舉 19/……不智(知)～(其)所亟(極)

九・舉 24/曰：母(毋)忘～(其)所不能

九・舉 26/舜不割(遏)～(其)道

九・舉 26/不賽(塞)～(其)……

九・舉 30/气(乞)女(安?)～(其)迬(往)疋(疏)汌(川)记(起)浴(谷)

 九・舉 35/不忎(愛)～(其)……

 九・邦 12/不取～(其)折(制)

 九・史 1/～(其)□之

 九・史 2/㠯(以)～(其)子

 九・史 2/子～(其)身之

 九・史 3/柲(必)佱(危)～(其)邦豪(家)

 九・史 5/不～(其)難与(與)言也

 九・史 8/爲視～(其)所谷(欲)而

 九・史 11/百生(姓)𠭁(得)～(其)利

 九・卜 1/牆(將)迲(去)～(其)里

 九・卜 2/炨(火?)龜～(其)又(有)吝

 九・卜 7/～……

 卉 2/榦(幹)棠(常)～若𢝊(哉)

 卉 3/不智(知)～若𢝊(哉)

巽

 三・中 23/～雩(?)𡥈(學)☐

 六・慎 1/精瀘㠯(以)～埶(勢)

 九・陳 12/陳公恇(狂)安(焉?)～(選?)楚邦之古(故)

 二・民 11/亡(無)備(服)之桑(喪)内虐～(巽)悲

 一・孔 9/～(寡)悳(德)古也

 五・三 13/～(巽)丌(其)贅(求)

奠(奠、墓)

奠

 二・容 28/天下之民居～

 六・壽 1/競坪(平)王豪(就)～(鄭)壽

 六・壽 2/～(鄭)壽忍(辭)

 六・壽 3/～(鄭)壽

 六・壽 3/～(鄭)…

 六・壽 4/王逡(復)見～(鄭)壽

 七・鄭甲 1/～(鄭)子豪(家)芒(喪)

 七・鄭甲 1/～(鄭)子豪(家)殺丌(其)君

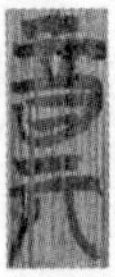
七・鄭甲 2/含(今)～(鄭)子冡(家)殺丌(其)君

七・鄭甲 3/回(圍)～(鄭)三月

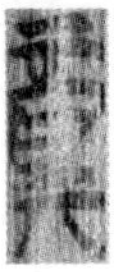
七・鄭甲 3/～(鄭)人青(請)丌(其)古(故)

七・鄭甲 3/～(鄭)子冡(家)遉(顛)退(覆)天下之豊(禮)

七・鄭甲 5/～(鄭)人命㠯(以)子良爲執命

七・鄭甲 6/牆(將)救～(鄭)

七・鄭乙 1/～(鄭)子冡(家)殺丌(其)君

七・鄭乙 2/～(鄭)子冡(家)殺丌(其)君

七・鄭乙 3/回(圍)～(鄭)三月

七・鄭乙 3/～(鄭)人情(請)丌(其)古(故)

七・鄭乙 5/～(鄭)人命㠯(以)子良爲執命

七・鄭乙 6/牆(將)救～(鄭)

八・子 1/生未又(有)所～(定)

墓

一・性 1/寺(待)習而句(後)～(奠)

左 部

左(右)

右

三・周 7/帀(師)～(左)宋(次)

五・季 11/是～(左)虎(乎)

二・容 20/㠯(以)鞭(辨)丌(其)～(左)右

六・競 11/丌(其)～(左)右相伀(容)自善

六・壽 3/殺～(左)尹宛、少帀(師)亡(無)惎(忌)

六・用 15/而考於～(左)右

七・武 6/笞（席）遂（後）～（左）耑（端）曰

七・凡甲 3/未智（知）～（左）右之請（情）

七・凡乙 3/智（知）～（左）右之請（情）

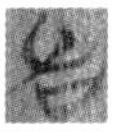
七・吴 5/幾（豈）不～（佐）才（哉）

七・吴 8/昏（問）～（左）右

九・陳 4/～（左）右司馬進於晒（將）軍

九・陳 5/晒（將）軍乃許若（諾）～（左）右司馬……

九・陳 13/鉦鐃吕（以）（左）～

九・陳 20/～（左）椃

九・陳 20/～（左）……

九・舉 6/我～（左）串（患）右難

差

一・孔 21/於（猗）～（嗟）

一・孔 22/於（猗）～（嗟）曰

三・中 19/日月星晨（辰）猷（猶）～

二・容 16/昔者天陛（地）之～（佐）舜而右（佑）善

二・容 37/乃立泗（伊）尹吕（以）爲～（佐）

二・容 49/昔者文王之～（佐）受（紂）也

八・李 1 背/～＝（嗟嗟）君子

九・舉 10/非天子之～（佐）也

工　部

工

一・孔 5/又（有）城（成）～（功）者可（何）女（如）

二・容 18/尾（宅）不～（空）

二・容 23/乃立垔（禹）吕（以）爲司～

三・周 16/出門交又（有）～（功）

三・周 17/貞～（功）

三・彭 5/五紀不～

式

一・緇 8/下土之～

巨

 五・弟 19/～白玉侍(侍)虐(吾)子

 六・天甲 6/天子坐㠯(以)～

 六・天乙 6/㠯(以)～

甘 部

甘

 一・孔 10/～棠之保(報)

 一・孔 13/～〔棠〕

 一・孔 15/～棠

 一・孔 24/虐(吾)㠯(以)～棠旻(得)宗宙(廟)之敬

 四・曹 53/逡(復)～戰(戰)又(有)道虖(乎)

 四・曹 53/此逡(復)～戰(戰)之道

猒(猒、猒)

猒

 一・孔 23/夂(終)虖(乎)不～(厭)人

 一・緇 24/我龜既～(厭)

 二・從甲 12/時(持)善不～(厭)

 六・孔 20/女夫見人不～(厭)

猒

 八・王 5/命(令)尹子萅(春)～

甚

 六・競 1/虐(吾)幣帛～娧(美)於虐(吾)先君之量矣

 六・用 19/不(而)卲(昭)亓(其)～明

 六・用 19/而散亓(其)～章(彰)

 一・孔 24/～貴丌(其)人必敬丌(其)立(位)

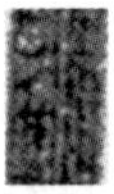 一・性 20/凡思之甬(用)心爲～

 一・性 35/思爲～

 一・性 35/惓(患)爲～

 一・性 36/〔哀〕樂爲～

 一・性 36/悦爲～

 一・性 36/利爲～

二・子 2/伊堯之悳(德)則～盟(明)舉(與)

二・魯 4/丌(其)欲雨或～於我

二・魯 5/丌(其)欲雨或～於我

二・容 6/～緩而民備(服)

四・柬 8/不穀瘙(懆)～疠(病)

四・柬 22/～

五・競 6/～才(哉)

五・季 11/氏(是)古(故)夫敀(迫)邦～難

八・子 1/冢(家)眚(姓)～級(急)

九・成甲 2/子文～憙(喜)

曰 部

曰

一・孔 21/孔=(孔子)～

二・民 1/詩～

二・民 1/孔子倉(答)～

二・民 3/子昆(夏)～

二・民 3 孔子～

二・民 5/子昆(夏)～

二・民 5/孔子～

二・民 7/子昆(夏)～

二・民 8/孔子～

二・民 9/子昆(夏)～

二・容 9/堯乃爲之좁(教)～

二・容 32/～悳(德)速蓑

二・容 33/～

二・容 43/古(故)～

二・容 46/文王餌(聞)之～

二・容 47/～

二・容 47/文王～

二・容 48/～

二・容 50/武王～

二・容 53/～

四・昭 1/寤人歨=(止之)～

四・昭 2/不歨(止),～

四・昭 5/～:虛(吾)不智(知)亓(其)尔蘖(墓)

四・昭 9/王～

 五・競 1/鞄(鞄—鮑)弔(叔)酉(牙)～

 五・競 1/～：爲齊舁(與)

 五・競 2/與級(隰)倗(朋)～

 五・競 2/～

 五・競 2/祖已會(答)～

 五・競 5/言～多

 五・競 5/鞄(鞄—鮑)弔(叔)酉(牙)會(答)～

 五・競 5/公～

 五・競 5/汲(隰)倗(倗)會(答)～

 五・競 6/公～

 五・競 7/則訢者(諸)禮(鬼)神～

 五・競 8/公～

 五・競 9/迟(起)而言～

 五・鮑 1/乃命百又(有)嗣(司)～

 五・鮑 6/公～

 五・鮑 7/鞄(鞄—鮑)弔(叔)酉(牙)會(答)～

 五・季 1/季庚(康)子餌(問)於孔子～

 五・季 2/庚(康)子～

 五・季 2/孔＝(孔子)～

 五・季 4/虞(且)笑(管)中(仲)又言～

 五・季 6/孔＝(孔子)～

 五・季 6/丘昏(聞)之孟者旲(昃)～

 五・季 8/萦(葛)戲含(今)語肥也目(以)尻(居)邦豙(家)之述～

 五・季 9/牀(臧)憂(文)中(仲)又(有)言～

 五・季 11/庚(康)子～

 五・季 13/孔＝(孔子)～

 五・季 14/庚(康)子～

 五・季 14/肰(然)丌(丌)宔(主)人亦～

 五・季 15/孔＝(孔子)～

 五・季 16/君～

 五・季 18/訇～

 港甲 9/亦～

 一・孔 1/孔子～

 一・孔 3/孔子～

 一・孔 4/～

 一・孔 4/～

 一・孔 5/～

 一・孔 6/《剌(烈)吝(文)》～

 一・孔 7/孔～

 一・孔 10/～

 一・孔 16/孔子～

 一・孔 19/既～天也

 一・孔 22/《备(宛)丘》～

 一・孔 22/《於(猗)差(嗟)》～

 一・孔 22/《𡰥(尸)鴶(鳩)》～

 一・孔 27/必～

 一・孔 27/孔子～

 一・緇 1/子～

 一・緇 1/子～

 一・緇 2/子～

 一・緇 3/子～

 一・緇 5/子～

 一・緇 6/子～

 一・緇 7/子～

 一・緇 8/子～

 一・緇 9/子～

 一・緇 10/子～

 一・緇 11/子～

 一・緇 12/子～

 一・緇 14/隹(惟)烋(作)五虐(瘧)之型(刑)～法

 一・緇 14/子～

 一・緇 15/子～

 一・緇 16/子～

 一・緇 17/子～

 一・緇 19/子～

 一・緇 20/子～

 一・緇 21/子～

 一・緇 21/子～

 一・緇 22/子～

 一・緇 23/人隹(雖)～不利

 一・緇 23/子～

 一・緇 23/宋人又(有)言～

 二・子 1/子羔～

 二·子 1/孔子～

 二·子 2/孔子～

 二·子 3/孔子～

 二·子 6/子羔～

 二·子 7/孔子～

 二·子 8/子羔～

 二·子 8/孔子～

 二·子 9/子羔昏(問)於孔子～

 二·子 9/孔子～

 二·子 12/履㠯(以)祈禱～

 二·子 13/子羔～

 港甲 3/乃虘～

 二·魯 1/孔子倉(答)～

 二·魯 2/孔子～

 二·魯 3/出遇子贛(貢)～

 二·魯 3/子贛(貢)～

 二·魯 5/孔子～

 二·從甲 1/䎽(聞)之～

 二·從甲 3/䎽(聞)之～

 二·從甲 5/䎽(聞)之～

 二·從甲 5/一～悉(緩)

 二·從甲 5/二～共(恭)

 二·從甲 5/三～惠

 二·從甲 5/四～悬(仁)

 二·從甲 5/五～敬

 二·從甲 8/䎽(聞)之～

 二·從甲 9/䎽(聞)之～

 二·從甲 10/～

 二·從甲 11/䎽(聞)之～

 二·從甲 13/䎽(聞)之～

 二·從甲 16/䎽(聞)之～

 二·從甲 17/是㠯(以)～

 二·從甲 18/是㠯(以)～少(小)人惕(易)旻(得)而難史(事)也

 二·從甲 18/䎽(聞)之～

 二·從甲 19/䎽(聞)之～

 二·從乙 1/〔九〕～軛(犯)人之秂(務)

二・從乙 1/十～口惠而不繇(由)

二・從乙 2/餌(聞)之～

二・從乙 3/餌(聞)之～

二・從乙 4/餌(聞)之～

二・昔 1/君子～

二・昔 2/君～

二・昔 3/君子～

三・周 22/～

三・周 24/～遉(顛)頤

三・周 43/～

三・中 1/中(仲)弓㠯(以)告孔子～

三・中 5/中(仲)弓～

三・中 6/中(仲)弓畣(答)～

三・中 6/孔子～

三・中 8/中(仲)弓～

三・中 8/中(仲)尼～

三・中 9/中(仲)弓～

三・中 10/中(仲)弓～

三・中 11/孔子～

三・中 15/孔子～

三・中 17/中(仲)弓～

三・中 20/中(仲)弓～

三・中 20/孔子～

三・中 21/～

三・中 25/中(仲)弓～

三・中 26/孔子～

三・中 27/中(仲)弓～

三・中附簡/孔子～

三・彭 1/狗(耇)老昏(問)于彭祖～

三・彭 1/彭祖～

三・彭 2/彭祖～

三・彭 2/～

三・彭 3/狗(耇)老～

三・彭 3/彭祖～

三・彭 7/彭祖～

三・彭 8/狗(耇)老式(二)拜旨(稽)首～

四・柬 5/王～

四・柬 5/贊(鳌)尹畣(答)～

四・柬 23/大(太)宰(宰)倉(答)～

四・内 5/～

四・内 8/君子～

四・内 9/君子～

四・内 10/君子～

四・相 2/公～

四・相 4/告子贛(貢)～

四・曹 1/散(曹)蔑(穢—沫)内(入)見～

四・曹 5/散(曹)蔑(沫)～

四・曹 5/臣餌(聞)之～

四・曹 6/臧(莊)公～

四・曹 6/昔池舶語寡人～

四・曹 7/散(曹)蔑(穢—沫)～

四・曹 8/臣餌(聞)之～

四・曹 10/臧(莊)公～

四・曹 13/還年而餌(問)於散(曹)蔑(沫)～

四・曹 13/薣(曹)蔑(蔑—沫)倉(答)～

四・曹 20/臧(莊)公～

四・曹 20/散(曹)敹(蔑—沫)倉(答)～

四・曹 21/《詩》於又(有)之～

四・曹 22/臧(莊)公～

四・曹 22/薣(曹)蔑(蔑—沫)～

四・曹 24/倉(答)～

四・曹 32/牒(諜)人銮(來)告～

四・曹 32/～牆(將)曩(早)行

四・曹 33/臧(莊)公～

四・曹 34/倉(答)～

四・曹 35/倉(答)～

四・曹 36/倉(答)～

四・曹 37/□又(有)戒言～

四・曹 38/臧(莊)公～

四・曹 38/倉(答)～

四・曹 40/臧(莊)公～

四・曹 40/倉(答)～

四・曹 41/臧(莊)公～

四・曹 42/臧(莊)公或(又)餌(問)～

四・曹 42/倉(答)～

四・曹 43/臧(莊)公或(又)餌(問)～

四・曹 43/倉(答)～

四・曹 44/臧(莊)公或(又)餌(問)～

四・曹 45/倉(答)～

四・曹 46/臧(莊)公或(又)餌(問)～

四・曹 46/倉(答)～

四・曹 49/臧(莊)公～

四・曹 49/畣(答)～

四・曹 50/臧(莊)公或(又)䎽(問)～

四・曹 50/畣(答)～

四・曹 51/虖(號)命(令)於軍中～

四・曹 52/皆～𠡦(勝)之

四・曹 53/臧(莊)公或(又)䎽(問)～

四・曹 53/畣(答)～

四・曹 54/臧(莊)公或(又)䎽(問)～

四・曹 54/畣(答)～

四・曹 55/臧(莊)公或(又)䎽(問)～

四・曹 56/畣(答)～

四・曹 56/～城

四・曹 56/～固

四・曹 56/～䖒(阻)

四・曹 57/臧(莊)公～

四・曹 57/畣(答)～

四・曹 59/臧(莊)公或(又)䎽(問)～

四・曹 60/畣(答)～

四・曹 64/臧(莊)公～

四・曹 64/𦺇(曹)薉(穢—沫)畣(答)～

五・姑 2/告姑(苦)城(成)冢(家)父～

五・姑 3/姑(苦)城(成)冢(家)父～

五・姑 6/胃(謂)姑(苦)城(成)冢(家)父～

五・姑 7/姑(苦)城(成)冢(家)父～

五・姑 8/言於敕(厲)公～

五・姑 9/弜(強)門大夫～

五・君 1/夫子～

五・君 1/彥(顏)困(淵)作(作)而畣(答)～

五・君 1/夫子～

五・君 3/☐之～

五・君 3/～

五・君 3/夫子～

五・君 4/☐困(淵)记(起)迲(去)笞(席)～

五・君 11/子羽䎽(問)於子贛(貢)～

五・君 11/子贛(貢)～

五・君 12/子贛(貢)～

五・君 15/子贛(貢)～

五・弟 2/子～

五・弟 4/子懽(嘆)～

 五・弟 4/子遊(游)～

 五・弟 4/子～

 五・弟 5/子～

 五・弟 6/子～

 五・弟 7/子～

 五・弟 9/子～

 五・弟 11/子～

 五・弟 13/子～

 五・弟 15/～

 五・弟 16/子～

 五・弟 22/☐子𦖞(问)之～

 五・弟 23/子～

 五・弟附簡/☐～

 五・三 9/高昜(陽)～

 五・三 10/皇句(后)～立

 五・三 19/毋～果=(冥冥)

 五・鬼 5/我(俄)～虘(虚)茖唇(乎)

 五・鬼 6/我(俄)～虘(虚)喬唇(乎)

 六・競 1/割(裔)疾(款)與梨(梁)丘虡(據)言於公～

 六・競 3/高子、國子倉(答)～

 六・競 4/文子倉(答)～

 六・競 11/丌(其)左右相伀(容)自善,～

 六・競 12/違席～

 六・孔 2/趄(桓)子～

 六・孔 2/趄(桓)子～

 六・孔 3/夫子～

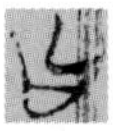 六・孔 6/趄(桓)子～

 六・孔 10/～

 六・孔 19/夫子～

 六・孔 22/趄(桓)子～

 六・孔 26/隹(唯)聚印(仰)天而戁(嘆)～

 六・莊 1/㠯(以)昏酖(沈)尹子桱(莖),～

 六・莊 3/～：四與五之閒虖(乎)

 六・莊 3/王～

 六・莊 4/酖(沈)尹子桱(莖)～

 六・莊 5/王～

 六·莊 6/紳公～

 六·莊 7/王～

 六·壽 1/訊之於屎(宗)廇(廟),～

 六·壽 3/王～

 六·壽 5/～歬(前)各(冬)言曰

 六·壽 5/曰歬(前)各(冬)言～

 六·壽 5/倉(答)～

 六·壽 6/倉(答)～

 六·木 2/…～

 六·木 2/王子～

 六·木 2/倉(答)～

 六·木 2/城(成)公起,～

 六·木 3/王～

 六·木 5/城(成)公倉(答)～

 六·木 5/王子～

 六·慎 1/訢(慎)子～

 六·慎 3/古(故)～青

 六·慎 3 背/訢(慎)子～共(恭)僉(儉)

 六·慎 5/古(故)～弖(強)

 六·用 2/用～

 六·用 3/用～

 六·用 5/用～

 六·用 5/用～

 六·用 6/用～

 六·用 7/用～

 六·用 8/用～

 六·用 10/用～

 六·用 11/用～

 六·用 12/用～

 六·用 14/用～

 六·用 17/用～

 七·武 1/王䎽(問)於帀(師)上(尚)父～

 七·武 1/帀(師)上(尚)父～

 七・武 3/道箸(書)之言～

 七・武 6/爲名(銘)於箬(席)之四耑(端)～

 七・武 6/右耑(端)～

 七・武 6/箬(席)逡(後)左耑(端)～

 七・武 6/逡(後)右耑(端)～

 七・武 7/户機～

 七・武 7/檻(鑒)名(銘)～

 七・武 8/籃(盥)名(銘)～

 七・武 8/毋～可(何)慐(傷)

 七・武 9/～亞(惡)害

 七・武 9/毋～可(何)戔(殘)

 七・武 9/枳(枝—杖)名(銘)隹(唯)～

 七・武 10/卣(牖)名(銘)隹(唯)～

 七・武 10/～余智(知)之

 七・武 11/翺(問)於大(太)公望～

 七・武 11/倉(答)～

 七・武 11/武王～

 七・武 12/倉(答)～

 七・武 13/大(太)公倉(答)～

 七・武 13/又(有)之～

 七・鄭甲 1/臧(莊)王豪(就)夫=(大夫)而與之言～

 七・鄭甲 3/王命倉(答)之～

 七・鄭甲 6/夫=(大夫)皆進～

 七・鄭乙 1/臧(莊)王豪(就)夫=(大夫)而与(與)之言～

 七・鄭乙 6/夫=(大夫)皆進～

 七・君甲 1/軋(范)戊～

 七・君甲 2/王～

 七・君甲 2/軋(范)乘～

 七・君乙 1/軋(范)戊～

 七・君乙 2/王～

 七・君乙 2/軋(范)乘～

 七・凡甲 2/翺(問)之～

 七・凡甲 8/翺(聞)之～

 七・凡甲 14/翺(聞)之～

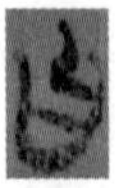 七・凡甲 20/翺(聞)之～

 七・凡甲 21/翺(聞)之～

七・凡甲 22/䎽(聞)之～

七・凡甲 26/䎽(聞)之～

七・凡甲 27/古(故)～孯(賢)

七・凡甲 28/～：百眚(姓)斎=(之所)貴唯君

七・凡乙 2/䎽(問)之～

七・凡乙 7/䎽(聞)之～

七・凡乙 9/䎽(聞)之～

七・凡乙 14/䎽(聞)之～

七・凡乙 18/䎽(聞)之～

七・凡乙 19/䎽(聞)之～

七・凡乙 20/～

七・吴 1/又(有)言～

七・吴 1/𥥍(州)逨(來)告～

七・吴 4/胃(謂)余～

七・吴 5/～：余必攷芒(亡)尔社禝(稷)

七・吴 7/倉(答)～

八・子 1/門人柬(諫)～

八・子 3/彥(言)遊～

八・子 4/～

八・顔 1/彥(顔)困(淵)䎽(問)於孔=(孔子)～

八・顔 1/孔=(孔子)～

八・顔 1/孔=(孔子)～

八・顔 5/彥(顔)困(淵)～

八・顔 6/孔=(孔子)～

八・顔 6/孔=(孔子)～

八・顔 9/彥(顔)困(淵)～

八・顔 10/孔=(孔子)～

八・成 2/詔(召)周公旦～

八・成 3/周公～

八・成 5/女(安—焉)不～日章(彰)而冰澡(消)虗(乎)

八・成 5/成王～

八・成 6/成王～

八・成 6/周公～

八・成 7/成王～

八・成 10/成王～

 八・成 14/成王～

 八・成 14/周公～

 八・成 16/乃命之～

 八・命 1/子春胃(謂)之～

 八・命 2/畣(答)～

 八・命 6/命(令)尹～

 八・命 7/畣(答)～

 八・命 10/命(令)尹～

 八・王 5/～

 八・志 2/王复(作)色～

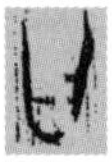 九・成甲 3/子文曌(舉)肞(?)貽(?)白(伯)珵(嬴)～

 九・成甲 4/白(伯)郢(珵—嬴)～

 九・靈 5/虎倉(答)～

 九・陳 16/名之～穿(掩)行

 九・舉 1/陡(遂)～

 九・舉 4/文王～

 九・舉 6/文訪於上(尚)父～

 九・舉 9/乃語周之先祖(祖)～

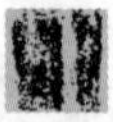 九・舉 13/文王～

 九・舉 14/文王～

 九・舉 14/上(尚)父～

 九・舉 15/文王～

 九・舉 16/上(尚)父乃言～

 九・舉 17/文王～

 九・舉 17/上(尚)父～

 九・舉 18/上(尚)父～

 九・舉 19/文王～

 九・舉 19/上(尚)父～

 九・舉 21/上(尚)父～

 九・舉 22/～：坐(從)正(政)可(何)先

 九・舉 22/壟(禹)倉(答)～

 九・舉 23/乃翻(問)於壟(禹)～

 九・舉 24/～：母(毋)忘亓(其)所不能

 九・舉 24/堯～：於(呜)虐(呼)

 九・舉 27/～李(李)正(政)估

九・舉 30/一～

九・舉 30/堯乃𦎫(就)𡉚(禹)～

九・舉 32/二～

九・舉 33/三～

九・舉 35/五～

九・邦 1/寑(寢)尹～

九・邦 4/鄴(葉)之者(諸)老皆柬(諫)～

九・邦 5/鄴(葉)公子高～

九・邦 7/鄴(葉)公子高～

九・邦 9/𦎫(就)鄒(蔡)大祝二拜頓=(頓首)～

九・邦 11/詞(辭)～

九・邦 12/～:㠯(以)鄴(葉)之遠

九・史 6/史𦔻～

九・史 6/夫子～

九・史 8/夫子～

九・卜 1/肥弔(叔)～

九・卜 1/季曾～

九・卜 2/鄝公～

九・卜 3/～𣥺(兆)少(小)鄀(沈)

九・卜 7/囦(淵)公占之～

九・卜 8/囦(淵)公占之～

二・民 10/孔=(孔子)～

四・相 4/子贛(貢)～

四・相 4/孔子～

五・弟 8/子贛(贛)～

七・凡甲 15/䎽(聞)之～

九・史 9/史𦔻～

九・史 12/夫子～

九・史 1/史𦔻～

曷

九・舉 13/此～□之□也

朁(朁、朁)

朁

六・用 11/～行冒還

朁

二・容 38/取其(亓)兩女～(朁)、𤕭

曹(曹、𣍐)

曹

 五・弟 4/～之𠂤(喪)

𣍐

 五・弟 17/子𨒅(過)～(曹)口

乃　部

乃

 一・緇 15/敬明～罰

 二・子 12/～見人武

 港甲 3/～虐(呼)曰

 二・魯 1/母(無)～遊(失)者(諸)型(刑)與悳(德)虖(乎)

 二・魯 3/毋(無)～胃(謂)丘之倉(答)非與

 二・魯 4/母(無)～不可

 二・昔 4/大(太)子～亡(無)䎽(聞)亡(無)聖(聽)

 二・容 8/堯～敓(悦)

 二・容 9/堯～爲之𡥈(教)曰

 二・容 13/～及邦子

 二・容 15/～卉(草)備(服)

 二・容 17/舜～老

 二・容 17/墨(禹)～五𧫷(讓)㠯(以)天下之臤(賢)者

 二・容 18/墨(禹)～因山陵坪(平)徑(隰)之可封邑者而緐(繁)實之

 二・容 19/～因迡㠯(以)智(知)遠

 二・容 22/墨(禹)～建鼓於廷

 二・容 23/～立墨(禹)㠯(以)爲司工(空)

 二・容 25/墨(禹)～迵(通)蔞與𧰼

 二・容 26/墨(禹)～迵(通)三江五沽(湖)

 二・容 26/墨(禹)～迵(通)豙(伊)洛

 二・容 27/墨(禹)～迵(通)經(涇)與渭

 二・容 27/墨(禹)～從灘(漢)㠯(以)南爲名浴(谷)五百

 二・容 37/～立泗(伊)尹㠯(以)爲差(佐)

 二・容 37/～執兵欽(禁)暴

 二・容 40/傑(桀)～逃之鬲山是(氏)

 二・容 28/～飭飤(食)

 二・容 28/～立句(后)褸(稷)㠯(以)爲緹

 二・容 28/～飤(食)於埜(野)

 二・容 28/五年～䝨(穰)

 二・容 29/民～賽

 二・容 29/～立咎(皋)䚫(陶)㠯(以)爲李

 二・容 29/～鞭(辨)侌(陰)昜(陽)之燹(氣)

 二・容 30/舜～欲會天埅(地)之燹(氣)而聖(聽)甬(用)之

 二・容 30/～立數㠯(以)爲樂正

 二・容 34/𠙵(皋)秀(陶)～五䝨(讓)㠯(以)天下之臤(賢)者

 二・容 36/湯～尃爲正(征)㝵(籍)

 二・容 36/民～宜㣇(怨)

 二・容 37/湯～悔(謀)戒求臤(賢)

 二・容 40/傑(桀)～逃之南菓(巢)是(氏)

 二・容 46/～出文王於邑(夏)臺(臺)之下而䎽(問)女(安—焉)

 二・容 47/文王～记(起)帀(師)㠯(以)鄉(嚮)豐喬(鎬)

 二・容 48/～降文王

 二・容 51/武王～出革車五百乘

 三・周 17/從～蠵(維)之

 三・周 42/～亂卣(乃)䆁(啐)

 三・周 47/攺(巳)日～革之

 三・彭 1/～牆(將)多昏(問)因由

 三・彭 1/～不遊(失)厇(度)

 四・曹 10/～命毀鐘型而聖(聽)邦政

 四・曹 32/～〔命〕白徒

 四・曹 52/～遊(失)亓備(服)

 四・曹 63/～自怭(過)㠯(以)敓於墓(萬)民

 五・鮑 1/～命百又(有)𤔔(嗣)曰

 五・鮑 3/～命又(有)𤔔(嗣)箸(著)集(籍)浮(薄)

 五・鮑 7/公～身命祭

 五・鮑 8/帀(師)～逯(歸)

 五・季 11/毋～肥之昏也

 五・姑 5/姑(苦)城(成)豙(家)父～盜(寧)百豫

 五・姑 8/鑾(欒)箸(書)～退

 五・姑 8/公愳(懼)～命長魚矯(矯)

 五・姑 10/公家～溺(弱)

 五・三 2/天～降材(災)

 五・三 3/天～降㬥(異)

 五・三 5/土地～垕(坼)

 五・三 5/民～囂(夭)死

 五・三 6/土地～垕(坼)

 五・三 6/民人～喪(喪)

 五・三 8/上帝～𧦧(治)邦豙(家)

 五・三 9/～無凶材(災)

 五・三 14/爲善福～逨(來)

 五・三 14/爲不善禍(禍)～或(惑)之

 港甲 4/～無凶材(災)

 六・競 13/公～出

 六・孔 8/～

 六・用 1/豫命～縈

 六・用 13/征民～貄

 七・鄭甲 3/～记(起)帀(師)

 七・鄭乙 3/～记(起)帀(師)

 七・君甲 1/王～出而見之

 七・君乙 1/王～出而見之

 七・凡甲 26/大亂～乍(作)

 七・凡甲 30/古之力～下上

 七・凡乙 19/大亂～乍(作)

 八・成 1/～訪□⧅

 八・成 16/～命之曰

 八・王 6/～許諾

 八・王 7/～命彭徒爲洛辻(卜)尹

 八・志 1/寺箸(書)～言

 九・陳 1/帀(師)徒～𤔔(亂)

 九・陳 5/牆(將)軍～許若(諾)左右司馬……

 九・陳 9/～誓(誓)敕(整)帀(師)徒

 九・陳 9/陳公～遼(就)軍執事人

 九・陳 10/～各旻(得)亓(其)行

 九・陳 14/三鼓～行

 九・陳 14/述(遂)鼓～行

 九・陳 15/……之帀(師)徒～出

 九・陳 20/～右栿

 九・舉 5/而上(尚)父～皆至

 九・舉 9/～語周之先禋(祖)曰

 九・舉 11/～违(往)

 九・舉 11/文王～卑

 九・舉 16/上(尚)父～言曰

 九・舉 23/～餌(問)於墨(禹)曰

 九・舉 30/堯～𦎫(就)墨(禹)曰

 九・舉 31/民～𦘠(盡)力

 九・邦 5/～乘埶(馹)車五輮(乘)

 九・邦 8/～魚固祝而岦=(止之)

 九・卜 2/又(有)疾～啻(適)

 九・卜 3/～沾(占)大浴(谷)

 九・卜 3/～哭

鹵

 二・子 10/又(有)～(娀)是(氏)之女也

 三・周 47/攺(巳)日～(乃)革之

 三・周 42/乃亂～(乃)𦕅(啐)

鹵(卣、卣)

卣

 三・周 1/亡(無)～(攸)利

 三・周 25/亡(無)～(攸)利

 三・周 42/利又(有)～(攸)违(往)

 七・武 10/～(牗)名(銘)隹(唯)曰

卣

 一・緇 23/塱(朋)춈(友)～〈卣(攸)〉囟(攝)

丂　部

丂

三・亙 7/恙(祥)宜(義)、利～(巧)、采(彩)勿(物)

寧

六・用 5/～事虩=(赫赫)

六・用 8/～又(有)保(寶)悳(德)

六・用 16/而綊亓(其)又(有)～

甹(㝵)

㝵

八・命 4/進可㠯(以)～(聘)柍(英)

九・陳 3/屈～(甹)與郙(巴)命(令)尹戰於墭

可　部

可

一・孔 4/丌(其)甬(用)心也牆(將)～(何)女(如)

一・孔 4/丌(其)甬(用)心也牆(將)～(何)女(如)

一・孔 5/又(有)城(成)工(功)者～(何)女(如)

一・孔 11/則智(知)不～㝵(得)也

一・孔 13/～㝵(得)

一・孔 13/不攻不～能

一・孔 17/不～不韋(畏)也

一・孔 20/釆(幣)帛之不～迲(去)也

一・孔 20/人不～觕(觸)也

一・孔 21/則㠯(以)爲不～女(如)可(何)也

一・孔 21/則㠯(以)爲不可女(如)～(何)也

一・孔 27/～(何)斯

一・緇 2/爲上～釆(望)而智(知)也

一・緇 2/爲下～頪(述)而旹(志)也

一・緇 9/上之好亞(惡)不～不訢(慎)也

一・緇 12/不～不敬也

一・緇 15/古(故)上不～㠯(以)埶(褻)型(刑)而翠(輕)䍐(爵)

一・緇 16/～言不可行

 一・緇 16/可言不～行

 一・緇 16/～行不可言

 一・緇 16/可行不～言

 一・緇 17/則行不～匿

 一・緇 18/白珪之砧(玷)尚～磨

 一・緇 18/此言之砧(玷)不～爲

 一・緇 19/此㠯(以)生不～敓(奪)志

 一・緇 19/死不～敓(奪)名

 二・子 1/～(何)古(故)㠯(以)旻(得)爲帝

 二・子 7/舜丌(其)～胃(謂)受命之民矣

 二・子 8/女(如)舜才(在)含(今)之殜(世)則～(何)若

 二・魯 2/之～(何)才

 二・魯 4/母(無)乃不～

 二・魯 6/毆(緊)亡(無)女(如)庶(庶)民～(何)

 三・周 13/～用行帀(師)

 三・周 14/～(阿)余(豫)悔

 三・周 17/～(何)咎

 三・周 18/不～貞

 三・周 25/不～涉大川

 三・周 33/往～(何)咎

 三・周 45/～㠯(以)汲

 三・中 5/敢昏(問)爲正(政)～(何)先

 三・中 8/夫先又(有)司爲之女(如)～(何)

 三・中 9/是古(故)又(有)司不～不先也

 三・中 10/女(如)之～(何)

 三・中 10/夫臤(賢)才不～穽(掩)也

 三・中 10/則民～後

 三・中 11/敢昏(問)道民興悳(德)女(如)～(何)

 三・中 23/不～不訢(慎)也

 三・中 23/不～不訢(慎)也

 三・中 25/～不訢(慎)虐(乎)

 三・亘 10/習㠯(以)不～改也

 三・彭 1/臣～(何)埶(藝)可(何)行

 三・彭 1/臣可(何)埶(藝)～(何)行

 三・彭 4/～(何)丌(其)宗(祟)

 三・彭 6/𢘓(謀)不～行

 三・彭 6/述(怵)惕之心不～長

 四・柬 10/～(何)

 四・柬 11/此～(何)

 四・柬 13/我～(何)爲

 四・柬 17/王事～(何)

 四・柬 23/大夫～(何)羕(用)𢻹(爭)

 四・相 2/～胃(謂)相邦矣

 四・相 4/虐(吾)子之酓(答)也～(何)女(如)

 五・弟 5/～迲而告也

 五・弟 8/～言䝿(乎)丌(其)信也

 五・弟 18/皆～㠯(以)爲者灰(侯)梖(相)𢀛(歡)

 五・弟附簡/未～胃(謂)悬(仁)也

 五・弟附簡/□者亓(其)言□而不～

 五・鬼 5/則～畏

 五・鬼 6/勿(物)斯～惑

 一・性 8/唯人道爲～道也

 一・性 21/凡人情爲～兑(悦)也

 一・性 24/亞(惡)之而不～非者

 一・性 24/非之而不～亞(惡)者

 一・性 31/少枉内(入)之～也

 一・性 32/～智(知)也

 一・性 35/〔唯人〕道爲～道也

 一・性 38/人之□肰(然)～與和安者

 一・性 38/弗牧不～

 一・性 39/凡人僞爲～亞(惡)也

 二・民 1/敢䎽(問)～(何)女(如)而可胃(謂)民之父母

 二・民 1/敢䎽(問)～(何)女(如)而～胃(謂)民之父母

 二・民 3/敢䎽(問)～(何)胃(謂)五至

 二・民 5/敢問～(何)胃(謂)三亡(無)

 二・民 6/不～旻(得)而䎽(聞)也

 二・民 6/不～旻(得)而視(見)也

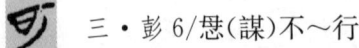

 二・民 7/～(何)志(詩)是遟

 二・民 8/牆(將)～孥(教)時(詩)矣

 二・民 10/～昊(得)而䎽(聞)弆(與)

 二・從甲 11/～胃(謂)學矣

 二・從甲 11/～言而不可行

 二・從甲 11/可言而不～行

 二・從甲 11/～行而不可言

 二・從甲 11/可行而不～言

 二・從甲 19/之人～也

 二・容 18/墨(禹)乃因山陵坪(平)陘(隰)之～封邑者而緐(繁)實之

 二・容 25/飼(始)～凥(處)

 二・容 25/飼(始)～凥(處)

 二・容 26/飼(始)～凥(處)

 二・容 26/飼(始)～凥(處)

 二・容 27/飼(始)～凥(處)

 二・容 27/飼(始)～凥(處)

 二・容 39/女(如)是而不～

 二・容 46/筥(孰)天子而～反

 二・容 47/九邦者丌(其)～逨(來)虖(乎)

 二・容 47/～

 二・容 48/百眚(姓)丌(其)～(何)辠(罪)

 三・周 21/～貞

 三・亘 7/事甬(用)吕(以)不～賡(更)也

 三・亘 10/言～先–者

 四・昭 2/君之備不～吕(以)進

 四・昭 9/大尹之言牅～

 四・内 6/止之而不～

 四・内 7/不～

 四・曹 4/今天下之君子既～智(知)已

 四・曹 5/則不～吕(以)不攸(修)政而善於民

 四・曹 6/則亦不～吕(以)不攸(修)政而善於民

 四・曹 17/不～吕(以)先复(作)悁(怨)

 四・曹 19/不～㠯(以)出豫(舍)

 四・曹 19/不～㠯(以)出戦(陳)

 四・曹 19/不～㠯(以)戳(戰)

 四・曹 20/爲和於邦女(如)之～(何)

 四・曹 22/爲和於豫(舍)女(如)～(何)

 四・曹 24/爲和於戦(陳)女(如)～(何)

 四・曹 29/必訋(召)邦之貴人及邦之～(奇)士

 四・曹 34/爲親女(如)～(何)

 四・曹 35/爲和女(如)～(何)

 四・曹 36/爲義女(如)～(何)

 四・曹 38/古(故)衛(帥)不～思牪

 四・曹 41/～㠯(以)又(有)怠(治)邦

 四・曹 48/君不～不菭(慎)

 五・競 2/是～(何)也

 五・競 5/肰(然)則～敓(奪)舁(與)

 五・競 6/～虐(乎)才(哉)

 五・季 2/青(青)昏(問)～(何)胃(謂)息(仁)之㠯(以)悳(德)

 五・季 8/君子不～㠯(以)不弝(強)

 五・姑 3/於君犾(幸)則晉邦之社晽(稷)～旻(得)而事也

 五・姑 3/不～

 五・姑 6/從事～(何)㠯(以)女(如)是

 五・姑 7/立死～戕(傷)才

 五・君 3/虗(吾)子～(何)亓(其)膳也

 五・君 3/欲(欲)迲(去)之而不～

 五・君 4/敢𦖞(闻)～胃也

 五・三 17/倗(憑)～(何)新(親)才(哉)

 五・三 22/未～㠯(以)遂

 五・鬼 5/名則～畏

 六・競 3/或～悉(愛)安

 六・競 5/～因於民者

 六・競 11/～息(仁)□□

 六・競 12/二夫～不受皇

 六・孔 2/～旻(得)聞與

六・孔 9/詥(詞)旻(得)不～人而与(歟)

六・孔 10/～名而智与(歟)

六・孔 25/民喪不～悔

六・莊 2/幾～保之

六・莊 9/～敢心之又(有)

六・壽 2/吾～改而可(何)

六・壽 2/吾可改而～(何)

六・壽 5/～(何)若

六・壽 6/逡(後)之人～(何)若

六・木 2/～㠯(以)林(麻)爲

六・木 5/此～

六・木 5/蓍～(何)㠯(以)爲

六・慎 6/不～㠯(以)㤥(疑)臨

六・用 2/不～慍

六・用 4/而亦不～

六・用 7/而弗～矣

六・用 7/慎～訢(慎)哉

六・用 8/而～飲食

六・用 11/而亦不～逃

六・用 12/則弗～悔

六・用 12/聶亓(其)睸而不～逿(復)

六・用 15/良人～思

六・用 19/而亦不～戲

六・用 19/而亦不～沽

六・天甲 8/不～㠯(以)不餌(聞)恥厇(度)

六・天乙 7/不～㠯(以)不餌(聞)恥厇(度)

七・武 1/不～旻(得)

七・武 6/毋行～悬(悔)

七・武 6/亦不～〔不〕志

七・武 8/猶～遊

七・武 8/不～求(救)

七・武 8/毋曰～慯(傷)

七・武 9/毋曰～戔(殘)

七・武 11/丌(其)道～旻(得)

七・鄭甲 3/虐(吾)牆(將)～(何)己(以)畣(答)

七・鄭乙 3/虐(吾)牆(將)～(何)己(以)畣(答)

七・君甲 8/～(何)也

七・君甲 8/君人者～(何)必安才(哉)

七・君甲 9/君人者～(何)必安才(哉)

七・君乙 7/～(何)也

七・君乙 8/君人者～(何)必安才(哉)

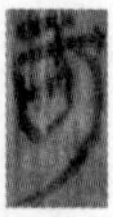
七・君乙 9/君人者～(何)必安才(哉)

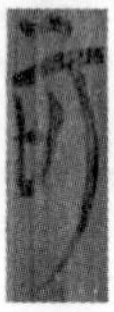
七・凡甲 7/虐(吾)女(如)之～(何)思(使)歆(飽)

七・凡甲 10/牆(將)～(何)聖(聽)

七・凡甲 10/牆(將)～(何)正(征)

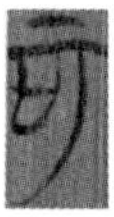
七・凡甲 10/牆(將)～(何)浧(盈)

七・凡甲 10/～(何)古(故)大而不啚(炎)

七・凡甲 19/忻(近)之～見

七・凡甲 19/操之～操

七・凡甲 26/～(何)之〈先〉智(知)

七・凡乙 6/虐(吾)女(如)之～(何)思(使)歆(飽)

七・凡乙 8/〔牆(將)〕～(何)聖(聽)

七・凡乙 8/牆(將)～(何)正(征)

七・凡乙 8/牆(將)～(何)浧(盈)

七・凡乙 8/～(何)古(故)大而不嚣(炎)

七・凡乙 14/～操

七・凡乙 19/～(何)先智(知)

七・吴 8/～(何)袋(勞)力之又(有)女(安—焉)

八・有 1/能與余相蕫(助)今～(兮)

八・子 2/於是虐(乎)～(何)侍(待)

八・顏 1/敢簖(問)～(何)女(如)

八・顏 6/敢簖(問)～(何)女(如)

八・成 13/毀之不～

八・成 14/～㠯(以)智(知)善否

八・成 14/～㠯(以)智(知)亡才(哉)

八・成 14/～胃(謂)又(有)道虐(乎)

八・成 15/～弫(期)而須也

八・命 2/亦～㠯(以)告我

八・命 4/進～(何)㠯(以)咠(屏)補(輔)我

八・王 5/禝(稷)～(何)

八・志 2/邦人亓(其)胃(謂)之～(何)

八・李 1/桐叡(且)怠(治)～(兮)

八・李 1/衆木之絽(紀)～(兮)

八・李 1/枈〈葉〉亓(其)方茖(落)～(兮)

八・李 1/迡(竢)峕(時)而傻(作)～(兮)

八・李 1/秦(榛)朸(棘)之閼(閒)～(兮)

八・李 1/砉亓(其)不還～(兮)

八・李 1 背/亢(剛)亓(其)不弍(貳)～(兮)

八・李 1 背/濅(浸)剴(毀)|～(兮)

八・李 1 背/觀虐(乎)桓(樹)之蓉(容)～(兮)

八・李 1 背/則不同～(兮)

八・李 1 背/敬而勿寨(集)～(兮)

八・李 1 背/木異類～(兮)

八・李 2/思(使)虐(吾)桓(樹)秀～(兮)

 八・李 2/民之所好～(兮)

 八・李 2/木一心～(兮)

 八・李 2/非與從風～(兮)

 八・蘭 2/～(何)困(淵)而不沽(涸)

 八・蘭 2/緩才(哉)萰(蘭)～(兮)

 八・有 1/又(有)皇(凰)𤖼(將)𨑓(起)含(今)～(兮)

 八・有 1/蒠(助)余𡥈(教)保子含(今)～(兮)

 八・有 1/囟(思)遊於忎(仁)含(今)～(兮)

 八・有 1/能與余相蒠(助)含(今)～(兮)

 八・有 1/能爲余拜楮柧含(今)～(兮)

 八・有 2/……自𧥣(誨)含(今)～(兮)

 八・有 2/又(有)怸(過)而能改含(今)～(兮)

 八・有 2/亡(無)郙又(有)風(諷)含(今)～(兮)

 八・有 2/同郙異心含(今)～(兮)

 八・有 3/大逄(路)含(今)～(兮)

 八・有 3/敧葳與楮含(今)～(兮)

 八・有 4/含(今)～(兮)

 八・有 4/鹿(麗—離)尻(居)而同欲含(今)～(兮)

 八・有 4/逈(周)流天下含(今)～(兮)

 八・有 4/𤖼(將)莫皇含(今)～(兮)

 八・有 4/又(有)不善心耳含(今)～(兮)

 八・有 4/莫不弁(變)改含(今)～(兮)

 八・有 4/女=(如女)子𤖼(將)滐(泣)含(今)～(兮)

 八・有 5/若余子力含(今)～(兮)

 八・有 5/族猨=(猨猨)必𧭹(慎)毋褮含(今)～(兮)

 八・有 5/日月卲(昭)明含(今)～(兮)

 八・有 6/也含(今)～(兮)

 八・有 6/論三夫之旁也含(今)～(兮)

 八・有 6/膠膰秀(誘)余含(今)～(兮)

 八・有 6/蜀(獨)論三夫含(今)～(兮)

 八・有 6/膠膰之腈也含(今)～(兮)

 八・有 6/論夫三夫之禣也含(今)～(兮)

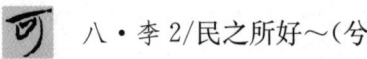

八・鸜 1/子遺余妻（鸜）栗（鷅）含（今）～（兮）

八・鸜 1/妻（鸜）栗（鷅）之止含（今）～（兮）

八・鸜 1/欲衣而亞（惡）緄（枲）含（今）～（兮）

八・鸜 1/妻（鸜）栗（鷅）之羽含（今）～（兮）

八・鸜 1/子～（何）舍=（舍余）含（今）～（兮）

八・鸜 1/子可（何）舍=（舍余）含（今）～（兮）

八・鸜 2/……～（兮）

八・鸜 2/不戠（織）而欲衣含（今）～（兮）

九・舉 3/丌（其）白墨（黑）牆（將）～智（知）也

九・舉 22/　（從）正（政）～（何）先

九・舉 24/少（小）凥（處）寺（時）～（何）先

九・邦 4/不～

九・邦 5/～（何）以帀（師）爲

九・邦 7/旃～（何）它果之或（惑）也

九・邦 12/不～畜也

九・史 4/訶㝵（得）～人而与（舉）之

九・史 6/～（何）胃（謂）八

九・史 9/～（何）胃（謂）畺

九・史 9/～（何）胃（謂）

九・史 11/不～以弗戒

奇

五・姑 2/□□埅～餌（聞）之

五・姑 10/　（惻）参埅=（埅，埅）～、埅至、姑成豙（家）父立死

于　部

于

一・孔 22/於卲（昭）～天

一・緇 19/集大命～氏（是）身

一・性 10/季（教）所㠯（以）生悳（德）～中者也

二・民 2/㠯（以）皇（橫）～天下

二・民 6/君子㠯（以）此皇（橫）～天下

二・民 11/塞～四方

二・民 12/塞～四海

二・昔 2/迣（寺）人内（入）告～君

 二・容 37/兼旻(得)～民

 二・容 45/豐禚(鎬)郙、畳、～、鹿、耆、宗(崇)、窨(密)須是(氏)

 二・容 53/㠯(以)告吝(閔)～天

 三・周 2/乳(需)～蒿(郊)

 三・周 2/乳(需)～屖(沙)

 三・周 2/乳(需)～坭(坭)

 三・周 2/乳(需)～血

 三・周 14/紒(介)～石

 三・周 17/孚～嘉

 三・周 17/王用亯(享)～西山

 三・周 24/矲(弗)經～北洍(頤)

 三・周 32/遇宔(主)～衖(巷)

 三・周 38/藏(藏)～瑣

 三・周 40/繫～金柅

 三・周 42/王畧(假)～宙(廟)

 三・周 42/一斛(握)～芺(笑)

 三・周 43/困～萃(葛)蘲(藟)

 三・周 43/～剌□

 三・周 50/鴎(鴻)漸(漸)～鮹(澗)

 三・周 50/鴎(鴻)漸～堅(阪)

 三・周 50/鴎(鴻)漸～鮹(澗)

 三・周 54/王叚(假)～宙(廟)

 三・彭 1/狗(耇)老昏(問)～彭祖曰

 三・彭 1/而訫(謐)～帝棠(嘗)

 三・彭 2/～(吁)

 三・彭 3/未則～天

 四・逸・交 2/集～中渚

 四・逸・交 3/集～中澫(瀨)

 五・鮑 4/日城(盛)～縱(縱)

 五・姑 1/虐～百豫

 五・姑 6/弝(強)～公豪(家)

 五・三 3/至～子孫

 港甲 3/三忎(年)而晝～雁(膺)生

 六・用 4/惪(德)徑～康

 六・用 5/叜勿～天

 六・用 15/宦～朝夕

 八・命 5/不㠯(以)厶(私)思厶(私)悁(怨)内(入)～王門

 九・舉 9/夫頁(寡—顧)監～下

九・舉 32/攺(施)～四或(國)

九・卜 8/戔(殘)～百邦

旨　部

旨

二・從甲 9/志槩(氣)不～

三・彭 8/狗(耇)老弍(二)拜～(稽)首曰

一・緇 17/行則～(稽)丌(其)所蔽(敝)

七・凡甲 17/□鼠(一)𠮷(以)爲天陛(地)～

七・凡甲 23/厇(宅—度)於身～(稽)之

七・凡甲 29/鼠(一)言而爲天陛(地)～

七・凡乙 16/於身～之

七・凡乙 22/爲天陛(地)～

八・李 1/旑(晉)冬之～(祁)寒

九・舉 31/百(首)丩(垢)～(黧)

九・卜 8/～(室)而惕

嘗

九・舉 3/子～𠮷(以)此謑(稽)之

巹

七・鄭甲 5/利(梨)木三～(寸)

七・鄭乙 5/利(梨)木三～(寸)

喜　部

憙(憙)

憙

五・三 6/民之所～(憙)

五・三 7/～(喜)樂無堇厇(宅)

港甲 4/上帝～(喜)之

四・采 4/嘉賓遁(道)～(喜)

四・曹 55/毃(勇)者思(使)～(喜)

四・曹 61/埇(勇)者～(喜)之

一・性 1/～(喜)惹(怒)哀悲之熨(氣)

一・性 13/～(喜)之□(淺)睪(澤)也

一・性 13/～(喜)之

一・性 14/鼎(則)鱻(鮮)女(如)也斯～(喜)

二・昔 3/割(蓋)～(喜)於内不見於外

二・昔 3/～(喜)於外不見於内

一・孔 18/～(喜)丌(其)至也

一・孔 22/虗(吾)～(喜)之

一・孔 21/虗(吾)～(喜)之

六・天甲 6/一～(喜)一忞(怒)

六・天乙 5/一～(喜)一忞(怒)

八・命 7/莫不忻(欣)～(喜)

九・成甲 2/子憂(文)甚～(喜)

九・成甲 5/～(喜)君之善而不慭(憖)

九・陳 14/君王～(喜)之女(安—焉)

壴　部

壴

八・子 1/虗(吾)子齒年長～(矣)

三・中 5/☐㠯(以)行～(矣)

三・中 8/欪(既)昏(聞)命～(矣)

三・中 11/欪(既)昏(聞)命～(矣)

三・中 15/足㠯(以)季(教)～(矣)

五・弟 6/虗(吾)見之～(矣)

五・弟 9/虗(吾)見之～(矣)

彭

三・彭 1/狗(耇)老昏(問)于～祖曰

三・彭 1/～祖曰

三・彭 2/～祖曰

三・彭 3/～祖曰

三・彭 7/～祖曰

八・王 1/～徒哭(返)詓闈(關)至(致)命

八・王 5/夫～徒罷(一)裳(勞)

八・王 7/乃命～徒爲洛辻(卜)尹

嘉

三・周 17/孚于～

四・采 4/～賓逌(道)憙(喜)

三・周 31/～豚(遯)

六・用 11/而自～樂

六・用 13/～悳(德)吉猷

九・舉 25/～悳(德)……

鼓　部

鼓(鼓、䝿、篕)

鼓

一・孔 14/吕(以)鐘～之樂

二・容 2/冥(矇)戉(工)～瑟(瑟)

二・容 48/三～而進之，三鼓而退之

二・容 48/三鼓而進之，三～而退之

四・柬 9/牆(將)～而涉之

四・柬 11/～而涉之

 四・曹 52/改(改)槀(禱)尔(爾)鼓

 七・凡乙 13/～之又(有)聖(聲)

 七・凡甲 19/～之又(有)聖(聲)

 九・陳 13/或時(持)八～五再(稱)

 九・陳 13/～㠯(以)進之

 九・陳 14/三～乃行

 九・陳 14/述(遂)～乃行

訐

 二・容 22/㠯(以)爲民之又(有)法(訟)者～(鼓)女(安—焉)

鼓

 七・君甲 3/不聖(聽)～(鼓)鐘之聖(聲)

 七・君乙 3/不聖(聽)～(鼓)鐘之聖(聲)

鼙(鞞)

鞞

 九・陳 13/～(鼙)㠯(以)歨=(止之)

鋸

 九・陳 13/～澫㠯(以)戕(壯)士

豈 部

鐖(鈛)

鈛

 四・逸・交 1/～(鐖—愷)俤(悌)君子

 四・逸・交 1/～(鐖—豈)敚(美)是好

 四・逸・交 2/～(鐖—愷)俤(悌)(君?)(子?)

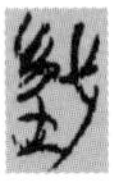 四・逸・交 3/～(鐖—豈)是好

 四・逸・交 3/～(鐖—豈)□□

 四・逸・交 4/～(鐖—豈)敚(美)是好

豆 部

豆

 八・李 1 背/深利幵～

桓

 三・彭 8/毋向～

豊　部

豊

 一・孔 5/敬宗宙(廟)之～(禮)

 一・孔 10/㠯(以)色俞(喻)於～(禮)

 一・孔 12/反内於～(禮)

 一・孔 25/智(知)言而又(有)～(禮)

 一・性 8/旹(詩)箸(書)～(禮)藥(樂)

 一・性 9/～(禮)樂

 一・性 10/豊(禮)☐情戉(或)興之也

 一・性 28/〔進〕谷(欲)□而又(有)～(禮)

 一・性 29/賓客之～(禮)必又(有)夫齊=(齊齊)之頌(容)

 一・性 29/祭祀之～(禮)必又(有)夫臍=(齊齊)之敬

 二・民 2/必達於～(禮)緳(樂)之簒(原)

 二・民 4/～(禮)亦至女(安—焉)

 二・民 4/～(禮)之所至者

 二・民 6/亡(無)軆(體)〔之〕～(禮)

 二・民 7/亡(無)軆(體)之～(禮)

 二・民 11/〔亡(無)〕軆(體)之～(禮)

 二・民 11/亡(無)軆(體)之～(禮)

 二・民 12/亡(無)軆(體)之～(禮)

 二・民 13/亡(無)軆(體)之～(禮)

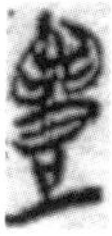 二・民 13/亡(無)軆(體)之～(禮)

 二・子 5/與之言～(禮)

 二・容 8/與之言～(禮)

 四・内 1/～(禮)是貴

 四・内 1 背/内～(禮)

 四・内附簡/則民又(有)～(禮)

 五・季 16/鳶(?)～

 五・季 17/因古莿(典)～(禮)而章之

 五・君 1/君子爲～(禮)

 五・三 12/所㠯(以)爲天～(禮)

 港甲 5/孔子訇(辭)㠯(以)～(禮)

 二・從甲 2/行之㠯(以)～(禮)也

 二・從甲 3/～(禮)則寡而爲悬(仁)

 二・從乙 4/～(禮)之綸也

 四・采 2/～又(侑)酉(酒)

 五・三 3/是胃(謂)天～(禮)

 五・三 5/皃(變)祟(常)昜(易)～(禮)

 一・緇 13/齊之㠯(以)～(禮)

 六・孔 20/餌(聞)～(禮)不券(倦)

 六・孔 21/訢亓(其)～(禮)樂

 六・天甲 3/～(禮)者

 六・天甲 3/～(禮)之於宗庿(廟)也

 六・天甲 4/古亡(無)～(禮)大瀍(廢)

 六・天乙 2/～(禮)者

 六・天乙 3/～(禮)之於宗庿(廟)也

 六・天乙 3/古亡(無)～(禮)大瀍(廢)

 七・鄭甲 4/遉(顛)退(覆)天下之～(禮)

 七・鄭乙 4/〔子〕豙(家)遉(顛)退(覆)天下之～(禮)

 七・凡甲 1/流型(形)城(成)～(體)

七·凡甲 3/流型(形)城(成)～(體)

七·凡甲 6/身～(體)不見

七·凡甲 27/敬䉃(墻)而～(履)

七·凡乙 1/流型(形)城(成)～(體)

七·凡乙 2/流型(形)城(成)～(體)

七·凡乙 5/身～(體)不見

七·吴 6/隹(唯)舍(余)一人所～(禮)

八·子 3/飤(食)而弗與爲～(禮)

豐　部

豐

三·周 51/～丌(其)芾(沛)

三·周 51/～丌(其)坿

三·周 51/～丌(其)芾(屋)

二·容 45/～禀(槗—鎬)

二·容 47/～喬(鎬)不備(服)

二·容 48/文王乃记(起)帀(師)吕(以)鄉(嚮)～喬(鎬)

二·容 48/～喬(鎬)之民䎽(聞)之

八·李 2/～芋(華)緟(重)光

八·蘭 1/苣(荑)薜茅(茂)～

虍　部

虘

一·緇 14/虘(吾)大夫龏(恭)～(且)僉(儉)

虞

一·緇 4/歎(謹)惡吕(以)～(御)民淫

虎　部

虎

三·周 25/～貝(視)驩=(眈眈)

 四・逸・交 2/若豹若～

 五・三 18/豻(狡)貎(猊)飤(食)～

 九・靈 2/～晶(三)徒出

 九・靈 2/～輮(乘)一輂＝(棧車)駟

 九・靈 2/丌(其)子～未畜(蓄)頾(髮)

 九・靈 5/～不畣(答)

 九・靈 5/～畣(答)曰

 九・靈 5/城(成)公與～逿(歸)爲洛(落?)

 二・民 2/□父母～(乎)

 二・民 3/五至～(乎)

 二・民 5/三亡～(乎)

 四・采 4/鳥(鳴)～(呼)

 四・采 5/郘杙(弋)～

虘

 一・孔 16/～(吾)以《蔦(葛)軸(覃)》㝵(得)氏初之峕(詩)

 一・孔 20/～(吾)㠯(以)《折(杕)杜》㝵(得)雀(爵)

 一・孔 21/～(吾)善之

 一・孔 21/～(吾)憙(喜)之

 一・孔 27/～(吾)奚舍之

 一・孔 22/～(吾)善之

 一・孔 22/～(吾)信之

 一・孔 22/～(吾)完(美)之

 一・孔 23/丌(其)甬(用)人則～(吾)取

 一・緇 14/～(吾)大夫龏(恭)叡(且)僉(儉)

 二・魯 3/戝(緊)～(吾)子女適命丌(其)與

 二・魯 4/或必寺(恃)～(吾)明(名)虘(乎)

 二・魯 5/或必寺(恃)～(吾)明(名)虘(乎)

 一・孔 24/～(吾)㠯(以)甘棠得宗宙(廟)之敬

 二・子 4/～(吾)昏(聞)夫舜丌(其)幼也

 一・孔 6/～(吾)敬之

 一・孔 6/～(吾)敚(悦)之

 一・孔 21/～(吾)信之

 一・孔 21/～(吾)㪽(美)之

 一・孔 22/～(吾)憙(喜)之

 二・民 11/内～悲

 二・容 41/之桑～(吾)之埜(野)

 二・容 48/～(吾)所智(知)多廌

 二・容 50/～(吾)敓而弋(代)之

 二・容 50/～(吾)伐而弋(代)之

 二・容 50/～(吾)歔(勮)天畏(威)之

 二・容 53/～(吾)歔(勮)天畏(威)之

 三・中 26/忑(恐)怠～(吾)子愳(羞)

 三・中 26/忎(願)因～(吾)子而訇(辭)

 四・采 2/母(毋)逃(過)～(吾)門

 四・采 6/狗(苟)～(吾)君母(毋)死

 四・昭 5/～(吾)不智亓(其)尔蓦(墓)

 四・昭 10/～(吾)未又(有)㠯(以)悥(憂)亓(其)子

 四・昭 10/腓欧(既)與～(吾)同車

 四・柬 5/～(吾)瘙(慄)鼠疠(病)

 四・柬 8/～(吾)所㝵(得)

 四・相 4/～(吾)見於君

 四・相 4/～(吾)子之倉(答)也可(何)女(如)

 四・曹 10/～(吾)餌(聞)此言

 四・曹 13/～(吾)欲與齊戩(戰)

 四・曹 51/～(吾)戩(戰)啻(敵)不訓(順)於天命

 四・曹 59/～(吾)有所餌(聞)之

 四・曹 64/～(吾)言氏(寔)不而女(如)

 四・曹 64/～(吾)一谷(欲)餌(聞)三弋(代)斎=(之所)

 五・競 6/～(吾)不澫(賴)二品(三)子

 五・競 8/～(吾)不智(知)亓(其)爲不善也

 五・季 11/古(故)女～(吾)子之疋肥也

五・姑 2/㠯(以)～(吾)族參(三)坿(郤)與

五・姑 4/今～(吾)亡(無)能紿(治)也

五・姑 4/～(吾)弝(強)立紿(治)衆

五・姑 5/含(今)室(主)君不適於～(吾)

五・姑 5/～(吾)毋又(有)它正公事

五・姑 5/～(吾)餌(聞)爲臣者必思君旻(得)志於吕(己)而又(有)後青(請)

五・姑 7/～(吾)子惷(圖)之

五・姑 7/～(吾)敢欲㦨(顧)𠰻(頷)㠯(以)事殜(世)哉

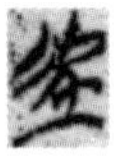
五・姑 7/～(吾)稙(直)立經(徑)行

五・君 1/～(吾)語女

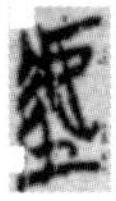
五・君 3/～(吾)子可(何)亓(其)賸也

五・君 3/～(吾)新(新)餌(聞)言於夫子

五・君 3/～是㠯(以)賸也

五・君 11/中尼與～(吾)子産篙(孰)臤(賢)

五・弟 6/～(吾)見之壴(矣)

五・弟 6/～(吾)餌(聞)而

五・弟 7/～(吾)餌(聞)父母之𠷎(喪)

五・弟 9/～(吾)見之壴(矣)

五・弟 9/～(吾)餌(聞)而未之見也

五・弟 14/～(吾)子皆能又(有)時(待)嘑(乎)

五・弟 15/～(吾)告女

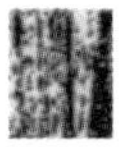
五・弟 21/▨～(吾)未見□而訐(信)㷼

五・弟 22/不～(吾)智(知)也

五・鬼 4/～(吾)因加

五・鬼 4/～(吾)弗智(知)也

五・鬼 4/～(吾)或(又)弗智(知)也

五・鬼 4/～(吾)古(故)

一・緇 23/～(吾)弗信之矣

六・競 1/～(吾)幣帛甚娧(美)於虛(吾)先君之量矣

六・競 1/虛(吾)幣帛甚娧(美)於～(吾)先君之量矣

六・競 1/～(吾)珪璧大於虗(吾)先君之

六・競 1/虗(吾)珪璧大於～(吾)先君之

六・競 2/是～(吾)亡=良祝叟(史)也

六・競 2/～(吾)敓欲敔(誅)者祝叟(史)

六・競 2/是～(吾)所望於女也

六・競 3/是信～(吾)亡良祝叟(史)

六・競 12/～(吾)子

六・競 12/神見～(吾)逕〈淫〉暴

六・孔 7/～(吾)子勿䎽(聞)

六・孔 10/～(吾)䎽(聞)之

六・孔 22/則忑(恐)舊～(吾)子

六・孔 22/～(吾)子迷言之猶忑(恐)弗智(知)

六・莊 1/～(吾)既果城(成)無鏌(鐸—射)

六・壽 2/～(吾)可改而可

七・鄭甲 3/～牆(將)可(何)㠯(以)畣(答)

七・鄭乙 3/～(吾)牆(將)可(何)㠯(以)畣(答)

七・君甲 2/～(吾)孰(焉)又(有)白玉三回而不戔才(哉)

七・君乙 2/～(吾)孰(焉)又(有)白玉三回而不戔才(哉)

七・凡甲 3/～(吾)奚奐(衡)奚從(縱)

七・凡甲 4/～(吾)奚異奚同

七・凡甲 4/～(吾)既長而或(又)老

七・凡甲 6/～(吾)奚古(故)事之

七・凡甲 6/～(吾)奚自飤(食)之

七・凡甲 7/～(吾)奚旹(時)之

七・凡甲 7/～(吾)女(如)之可(何)思(使)猷(飽)

七・凡甲 7/～(吾)奚㠯(以)爲頁(首)

七・凡甲 7/～(吾)欲旻(得)百眚(姓)之和

七・凡甲 8/～(吾)奚事之

七・凡甲 18/～(吾)能䶂(一)之

七・凡甲 28/能䶂(一)～(乎)

七・凡乙 3/～(吾)奚奐(衡)奚從(縱)

七・凡乙 3/～(吾)奚異奚同

七・凡乙 4/～(吾)既長而或(又)老

七・凡乙 5/～(吾)奚古(故)事之

七・凡乙 5/～(吾)奚自飤(食)之

七・凡乙 6/～(吾)女(如)之可(何)思(使)飢(飽)

七・凡乙 6/～(吾)奚㠯(以)爲頁(首)

七・凡乙 6/～(吾)〔欲旻(得)百眚(姓)之和〕

七・凡乙 13/～(吾)能䶂(一)虘(吾)

七・凡乙 13/虘(吾)(吾)能䶂(一)～(吾)

八・子 1/～(吾)子齒年長壴(矣)

八・子 1/元(願)～(吾)子之煮(圖)之也

八・成 5/女(安—焉)不曰日章(彰)而冰澡(消)～(乎)

八・成 5/於(嗚)～(呼)

八・成 14/可胃(謂)又(有)道～(乎)

八・命 1/命～(吾)爲楚邦

八・命 4/外臣而居～(吾)右=(左右)

八・命 4/～(吾)䎽(聞)古之善臣

八・王 2/～(吾)䶂(一)恥於告夫=(大夫)

八・王 2/～(吾)未

八・王 6/爲～(吾)謐(蔽)之

八・王 6/～(吾)谷(欲)速

八・志 3/～(吾)安尔(爾)而埶(設)尔

 八・志 3/敃(毆—抑)忑(忌)韋(諱)讃(讒)託(?)㠯(以)亞(惡)～(吾)

 八・志 5/～(吾)以尔(爾)爲遠自爲

 八・志 5/而縱不爲～(吾)爯罣

 八・志 5/～(吾)父䢂(兄)眚(甥)咎(舅)之又(有)善

 八・志 6/～(吾)欲至(致)尔(爾)於辠(罪)

 八・志 7/～(吾)無女(如)袿(社)

 八・李 1/榠(相)～(乎)官(棺)梪(樹)

 八・李 1 背/觀～(乎)梪(樹)之蓉(容)可(兮)

 八・李 1 背/思(使)～(吾)梪(樹)秀可(兮)

 九・舉 1/～(吾)䎽(聞)周宗又(有)難

 九・舉 6/～(吾)欲(達)中持(持)道

 九・邦 1/～(吾)君邉出

 九・邦 13/～(吾)敳(豈)敢㠯(以)佘(爾)𤔔(亂)邦

虢(虞)

虞

 一・緇 9/～=(赫赫)帀(師)尹

 六・用 5/寧事～=(赫赫)

虎

 二・容 2/於是～(乎)

 二・容 6/於是～(乎)

 二・容 7/於是～(乎)

 二・容 14/於是～(乎)

 二・容 14/於是～(乎)

 二・容 25/於是～(乎)

 二・容 26/於是～(乎)

 二・容 27/於是～(乎)

 二・容 46/臣敢勿事～(乎)

 二・容 46/子敢勿事～(乎)

二·容 47/文王於是～(乎)索(素)耑襮裳㠯(以)行九邦

二·容 51/武王於是～(乎)复(作)爲革車千竃(乘)

二·容 52/武王於是～(乎)素旵(冠)㒳(冕)

四·曹 20/則繇(由)丌(其)杲(本)～(乎)

四·曹 40/出師有幾～(乎)

四·曹 42/三䡇(軍)散(?)果有幾～(乎)

四·曹 43/戩(戰)有幾～(乎)

四·曹 44/欳(既)戩(戰)有幾～(乎)

四·曹 46/復敱(敗)戩(戰)有道～(乎)

四·曹 49/足㠯(以)戩(戰)～(乎)

四·曹 50/復盤(盤—便)戩(戰)有道～(乎)

四·曹 50/復盤(盤—便)戩(戰)有道～(乎)

四·曹 53/復甘戩(戰)有道～(乎)

四·曹 54/復诂(苦)戩(戰)有道～(乎)

四·曹 60/有之～(乎)

六·莊 3/四與五之間～(乎)

六·莊 3/載之塼車㠯(以)上～(乎)

六·莊 4/逾～(乎)

六·莊 6/忘夫朸(棘)述(遂)之下～(乎)

九·舉 7/亓(其)唯臤(賢)民～(乎)

九·舉 24/堯曰：於(嗚)～(呼)

九·邦 1/子～(乎),耆(胡)不㠯(以)至𠷎(命)

虡

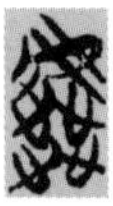
五·弟 20/子～(據)啓(乎)軾(軾)而☒

六·競 1/割(裔)疾(款)與梁(梁)丘～(據)言於公曰

六·競 13/梁(梁)丘～(據)不敢監正

六·競 9/外又(有)梁(梁)丘～(據)縈㤮(狂)

䖑

九·成甲 3/斅(穀)～(於)余(菟)爲楚邦老

⿱虎齒

六・用 6/～(脣)亡齒倉(寒)

皿 部

盂

二・容 44/貝(視)～庚(炭)亓(其)下

盛

一・孔 2/～悳(德)也

盈(溋、汈)

溋

五・三 8/唯(雖)～(盈)必虛

六・用 17/硃(積)～(盈)天之下

汈

三・周 9/又(有)孚～(盈)缶

昷

六・壽 7/～(温)恭𡍬(淑)惠

⿱酪皿

六・木 3/～酪盉(羹)不貟(酸)

六・木 4/～酪不貟(酸)

⿱酣皿

六・木 3/～甕不盍(蓋)

六・木 4/智(知)～甕不盍(蓋)

⿱蜀皿

六・天甲 8/邦君飤(食)～(蠲)

六・天乙 7/邦君飤(食)～(蠲)

五・鮑 5/～(蠲)臣售(雖)欲訐(諫)

五・鮑 3/器必～(蠲)悊(潔)

盉

六・木 3/盬(酪)～羹不貟(酸)

去 部

去(去、奆、迲)

去

五・君 6/毋欽(欽)毋～

七・君甲 6/含(今)君王𦘔(盡)～耳目之欲

八・子 5/⿱䇂口(言)遊～

⿱去土

四・曹 43/亓～(去)之不速

迲

一・孔 20/幣帛之不可～(去)也

二・容 16/祔(禍)才(災)～(去)亡

二・容 19/～(去)蠠(苛)而行柬(簡)

二・容 33/～(去)蠠(苛)匿(慝)

二・容 38/妖北～(去)丌(其)邦

二・容 41/述(遂)逃～(去)

三・彭 2/三～(去)丌(其)二

四・柬 12/而百眚(姓)迻(移)以～(去)邦家

五・競 8/此能從善而～(去)祔(過)者

五・君 3/欲(欲)～(去)之而不可

五・君 4/□困(淵)记(起)～(去)⿱竹石(席)曰

五・三 20/蹭(矰)～(去)目(以)悬(謀)

五・弟 13/不凸(曲)方目(以)～(去)人

九・卜 1/牆(將)～(去)亓(其)里

血　部

血

三・周 2/孠(需)于～

卉 2/～槩(氣)不迵(通)

卹

三・周 38/勿～(恤)

三・周 42/勿～(恤)

五・三 16/不𢇍(絶)惪(憂)～(恤)

盇

六・競 2/～敆(誅)之

六・競 3/公～戝(誅)之

六・競 11/～必死

六・木 3/盬(甕)不～

六・木 4/智(知)盬(甕)不～(蓋)

七・武 2/～㮦(祈)虐(乎)

七・吴 9/我先君～(闔)

九・舉 19/又(有)逡(後)～虐(乎)

九・邦 3/～(蓋)㒵(冠)爲王乂

畵(書)

一・緇 12/毋㠯(以)辟(嬖)御～(疾)妝(莊)后

一・緇 12/毋㠯(以)辟(嬖)士～(疾)夫=(大夫)向(卿)使(士)

丹　部

丹

二・容 6/昔堯凥(處)於～府

二・容 38/玳(飾)爲～宮

七・武 2/才(在)～箸(書)

七・武 13/奉～箸(書)

七・武 13/～箸(書)之言

七・武 15/～箸(書)之言

腹(腹)

腹

三・周 17/陵(陸)又～(腹—獲)

三・周 37/畋～(腹—獲)晶(三)狐(狐)

三・周 48/不～(腹—獲)丌(其)身

四・昭 7/不～(腹—獲)要頸之辠(罪)

四・曹 61/賞～(腹—獲)□(?)斈(孳)

四・曹 62 毋/上～(腹—獲)而上䎽(聞)命

六・競 7/青不～(腹—獲)

六・競 12/祭、正不～(腹—獲)祟

青　部

青

一・孔 11/～(情)忢(愛)也

一・孔 28/～蠅(蠅)

二・容 3/思(使)役百官而月～(請)之

二・容 20/四海(海)之内及四海(海)之外皆～(請)社(貢)

三・中 20/所滐(竭)丌(其)～(情)

四・曹 34/吕(以)觀上下之～(情)僞(僞)

五・競 4/～(請)量之吕(以)衰脊(汲)

五・季 1/～(青)昏(問)孠=(君子)之從事者於民之☒惪(德)

五・季 2/～(青)昏(問)可(何)胃(謂)恴(仁)之吕(以)惪(德)

五・季 17/皆～(青)行之

五・姑 5/虐(吾)餌(聞)爲臣者必思君㝵(得)志於邑(己)而又(有)後～(請)

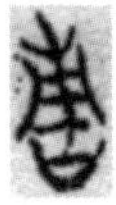
一・緇 19/～(精)智(知)

六・競 7/祝敓毋尃～(情)

六・競 7/～(請)不膢(獲)

六・競 13/～(請)祭與正

六・慎 3/古曰～

六・天甲 4/屯用～(情)

六・天甲 4/必中～(情)吕(以)罹(羅—麗)於勿(物)

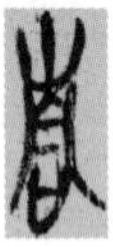
六・天乙 4/屯用～(情)

六・天乙 4/必中～(情)吕(以)罹(羅—麗)於勿(物)

七・吳 3/～(請)城(成)於楚

七・吳 4/叡(且)～(請)丌(其)行

八・顔 11/所吕(以)㝵(得)～(情)

八・顔 12/录(禄)不足則～(請)

八・顔 12/录(禄)不足則～(請)

八・成 6/～(請)餌(問)天子之正道

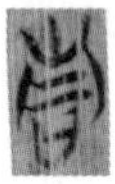
八・成 7/～(請)餌(問)亓(其)事☒

八・成 10/～(請)餌(問)亓(其)方

九・邦 11/君王(嘉)臣之～(請)命

静

一・緇 2/～(靖)龔(恭)尔立(位)

二・容 13/昔舜～(耕)於鬲(歷)丘

一・緇 6/則下之爲悬(仁)也～(爭)先

二・從甲 18/明(名)雝(難)～也

四・内 10/才(在)少(小)不～(爭)

八・顔 7/則民不～(爭)矣

八・顔 8/少(小)人～(爭)而遊(失)之

井　部

井

六・用 4/五(刑)～不行

六・用 13/兇(凶)～(刑)厲政

六・用 14/折(制)灋(法)即(節)～(刑)

六・用 16/柬亓(其)又(有)恒～

阱(汬)

汬

三・周 44/～(井)

三・周 44/攺(改)邑不攺(改)～(井)

三・周 44/往逨(來)～=(井井)

三・周 44/亦母(毋)䌰(繘)～(井)

三・周 44/～(井)普不飤(食)

三・周 44/舊～(井)亡(無)含(禽)

三・周 44/～(井)浴(谷)弞(射)豯(鮒)

三・周 45/～(井)朻(救)不飤(食)

三・周 45/～(井)𤕫(甃)

三・周 45/～(井)㓝(洌)

三・周 45/～(井)朻(救)勿寞

荆(㓝)

㓝

四・柬 12/而～(刑)之目(以)澕(旱)

四・柬 12/此爲君者之～(刑)

皀　部

即

一・孔 8/～(節)南山

一・性 33/敚(敬),勿之～也

二・容 49/武王～立(位)

二・容 50/丌(其)～(次)

三・周 5/逿(復)～命愈(渝)

六・用 14/折(制)灋(法)～(節)井(刑)

六・孔 2/言～至矣(矣)

既(既、欳、㫓)

既

一・緇 11/我～見

一・緇 24/我龜～猒(厭)

一・孔 19/～曰天也

三・周 53/遊(旅)～宋

三・亘 9/天道～載

三・彭 4/～只(躋)於天

三・彭 8/～旻(得)昏(聞)道

四・柬 4/～謐而卜之

七・吴 9/～卲(犯)

八・成 1/成王～邦(封)周公二年

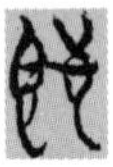
八・王 3/是言～餌(聞)於衆巳(已)

九・成甲 5/子玉之帀(師)～敗帀(師)巳(已)

九・舉 31/百洲(川)～道(導)

欳

二・民 5/五至～(既)餌(聞)之矣

二・民 7/而悳(德)～(既)塞於四海矣

二・民 13/燹(氣)〔志〕～(既)旻(得)

二・民 13/燹(氣)志～(既)從

二・容 23/墨(禹)～(既)已受命

二・容 28/句(后)禝(稷)～(既)已受命

 二・容 29/咎(皋)䄆(陶)～(既)已受命

 二・容 30/數(質)～(既)受命

 二・容 37/泗(伊)尹～(既)已受命

 二・容 45/～(既)爲金桎

 三・中 8/～(既)昏(聞)命壴(矣)

 三・中 11/～(既)昏(聞)命壴(矣)

 四・昭 1/室～(既)成

 四・昭 1/～(既)䎽(䎽)(桒?)之

 四・昭 5/須～(既)䘮女(安)從事

 四・昭 10/牉～(既)與虗(吾)同車

 四・曹 1/型～(既)城(成)矣

 四・曹 4/今天下之君子～(既)可智(知)已

 四・曹 32/～(既)戰(戰)牆(將)䡬(量)

 四・曹 40/～(既)成𠮯(教)矣

 四・曹 44/～(既)戰(戰)又(有)幾虖(乎)

 四・曹 45/～(既)戰(戰)而又(有)怠=(殆心)

 四・曹 45/此～(既)戰(戰)之幾

 四・曹 50/～(既)戰(戰)復(復)豫(舍)

 五・競 1/日～(既)

 五・競 3/～(既)祭

 五・競 4/～(既)祭之後

 五・鮑 8/～(既)至齊埅(地)

 五・姑 10/参(三)坿(郤)～(既)亡

 六・莊 1/莊王～(既)成亡(無)鍑(鐸—射)

 六・莊 1/虗(吾)～(既)果城(成)無鍑(鐸—射)

 六・莊 1 背/莊王～(既)成

 六・用 10/而諮～(既)返(及)

 六・用 12/～(既)出於口

 六・用 13/心牘之～(既)權

 六・用 17/事～(既)無社(功)

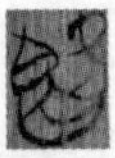
七・凡甲 1/～(既)城(成)欳(既)生

七・凡甲 1/欳(既)城(成)～(既)生

七・凡甲 1/～(既)臬(本)欳(既)槿(根)

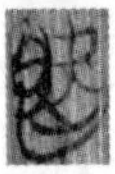
七・凡甲 1/欳(既)臬(本)～(既)槿(根)

七・凡甲 4/五～(既)並至

七・凡甲 4/虛(吾)～(既)長而或(又)老

七・凡甲 5/骨=(骨肉)之～(既)林(靡)

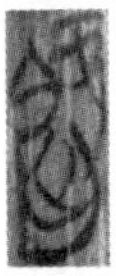
七・凡甲 6/骨=(骨肉)之～(既)林(靡)

七・凡乙 1/～(既)城(成)欳(既)生

七・凡乙 1/欳(既)城(成)～(既)生

七・凡乙 1/～(既)臬(本)欳(既)槿(根)

七・凡乙 1/欳(既)臬(本)～(既)槿(根)

七・凡乙 3/五～(既)並至

七・凡乙 4/虛(吾)～(既)長而或(又)老

七・凡乙 5/骨=(骨肉)之～(既)林(靡)

七・凡乙 11/～(既)林(靡)

八・子 5/門人～(既)荼(除)

八・顔 5/愇(回)～(既)窜(聞)命矣

八・顔 10/愇(回)～(既)窜(聞)矣

八・命 2/僕(僕)～(既)旻(得)辱貝(視)日之廷

九・靈 1/霝(靈)王～(既)立(位)

九・陳 4/女(如)～(既)至於栽(仇)人之閯(閒)

九・陳 4/～(既)斯軍

九・陳 9/～(既)聖(聽)命

九・陳 17/女(如)～(既)(灤)城女(安—焉)

九・舉 5/～(既)言

九・舉 11/～(既)見

九・舉 23/大割(害)～(既)折

九・邦 4/司馬～(既)死

 九・邦 7/邦～(既)又(有)王

 九・邦 8/～(既)言

 九・邦 9/～(既)遊(失)邦

 九・史 2/～(既)之

暋

 三・亘 5/智(知)～(既)而巟(荒)思不宎(殄)

皀　部

皀

 五・鬼 6/蔑市(師)見～

爵(𦊱)

𦊱

 一・緇 15/古(故)上不可㠯(以)埶(褻)型(刑)而翌(輕)～(爵)

食　部

養(敹)

敹

 一・性 38/又(有)亓(其)爲人之慧(快)女也弗～(養)不可

飯

 二・魯 6/公剴(豈)不～粈(粱)飤(食)肉才(哉)

 五・弟 8/飤(食)肉女(如)～土

 四・曹 2/～於土輶(簋)

飤(飤、飴)

飤

 二・容 28/乃飭～(食)

 三・周 44/𦏶(井)普不～(食)

 三・周 45/𦏶(井)朻(救)不～(食)

 三・周 45/寒湶(泉)～(食)

 三・周 50/畬(飲)～(食)衎=(衎衎)

 二・魯 6/公剴(豈)不飯粈(粱)～(食)肉才(哉)

 二・從甲 7/貝(視)上衣～(食)

 三・周 5/～(食)舊悳(德)

 四・内 9/以～(食)亞(惡)

 五・競 1/日之～(食)也

五・競 6/至於叓（吏）日～（食）

五・弟 8/～（食）肉女（如）飯土

五・弟 23/～（食）丌（其）實☐

五・三 7/凡～（食）歙（飲）無量詒（計）

五・三 13/亞（惡）盃（羹）與～（食）

五・三 18/豻貎～（食）虎

五・鬼 6/弗歙（飲）弗～（食）

二・容 3/歙（飲）而～（食）之

二・容 4/邦無～人

二・容 21/～（食）不童（重）旾（味）

二・容 28/乃～（食）於埜（野）

二・容 29/民又（有）余（餘）～（食）

四・曹 15/其～（食）足㠯（以）食之

四・曹 15/其～（食）足㠯（以）食之

四・曹 21/繡（紳）功而～（食）

四・曹 30/貴立（位）厚（重）～（食）

四・曹 32/𣌭（早）～（食）戕（供）兵

四・曹 63/毋火～（食）

五・三 12/不歙（歙）不～（食）

五・鮑 5/～（食）、色、悳

五・鮑 6/偖（煮）而～（食）人

五・鮑 7/至欲～（食）而上厚亓（其）㑹（斂）

三・周 22/不豪（家）而～（食）

四・曹 11/～不試（貳）盨（羹）☐

六・孔 14/不～（食）五穀

六・木 1/睹～（食）於鼪寵（宿）

六・木 3/睹～（食）於鼪寵（宿）

六・用 8/而可飲～（食）

六・天甲 6/～(食)吕(以)義(儀)

六・天甲 7/者(諸)医(侯)～(食)同脜(狀)

六・天甲 8/邦君～(食)蜀(蠲)

六・天甲 11/臨～(食)不語亞(惡)

六・天乙 6/～(食)吕(以)義(儀)

六・天乙 6/者(諸)医(侯)～(食)同脜(狀)

六・天乙 7/邦君～(食)蜀(蠲)

六・天乙 10/臨～(食)不語亞(惡)

七・凡甲 6/虐(吾)奚自～(食)之

七・凡甲 8/䰠(鬼)之神奚～(食)

七・凡乙 5/虐(吾)奚自～(食)之

七・凡乙 7/〔䰠(鬼)之神〕奚～(食)

八・子 2/吕(以)受嘼(戰)攻之～(食)於子

八・子 3/～(食)而弗與爲豊(禮)

九・成甲 4/～(食)是胵而弃

九・卜 4/婦人幵吕(以)歙(飲)～(食)

九・卜 7/～(食)墨

九・卜 7/叡三末～(食)墨虘(且)表

弁 2－3/篙(孰)能～(食)之

飴

七・君甲 2/又(有)～(食)田五貞(畛)

七・君乙 2/楚邦之中又(有)～(食)田五貞(畛)

飢(飴)

飴

二・從甲 19/～(飢)㝗(寒)而毋斂

五・三 15/天～(飢)必巠(來)

餓

八・子 1/丌(其)一子道～而死女(安—焉)

八・成 4/白(伯)尸(夷)、弔(叔)齊～而死於雎(雍)滜(瀆)

餂

四・曹 63/明～(謊)魂(鬼)神

歠

七・凡甲 7/虗(吾)女(如)之可(何)思(使)～(飽)

七・凡乙 6/虗(吾)女(如)之可(何)思(使)～(飽)

人　部

合(倉)

倉

二・魯 1/孔子～(答)曰

二・魯 3/毋(無)乃胃(謂)丘之～(答)非與

四・曹 7/臣是古不敢㠯(以)古～(答)

四・曹 13/敨(曹)蔑(蔑—沬)～(答)曰

四・曹 20/敨(曹)斅(蔑—沬)～(答)曰

四・曹 24/～(答)曰

四・曹 34/～(答)曰

四・曹 35/～(答)曰

四・曹 36/～(答)曰

四・曹 38/～(答)曰

四・曹 40/～(答)曰

四・曹 42/～(答)曰

四・曹 43/～(答)曰

四・曹 45/～(答)曰

四・曹 46/～(答)曰

四・曹 49/～(答)曰

四・曹 50/～(答)曰

四・曹 53/～(答)曰

四・曹 54/～(答)曰

四・曹 56/～(答)曰

四・曹 57/～(答)曰

四・曹 60/～(答)曰

四・曹 64/敨(曹)蘘(穠—沬)～(答)曰

五・季 19/訢(慎)少(小)㠯(以)～(合)大

五・君 1/肙(顏)困(淵)俈(作)而～(答)曰

二・民 1/孔子～(答)曰

四・柬 5/贇(贅)尹～(答)曰

四・柬 10/梘(相)屖中余～(答)

四・柬 11/大宰(宰)進～(答)

四・柬 13/大宰(宰)～(答)

四・柬 23/大宰～(答)曰

四・相 4/虖(吾)子之～(答)也可女

五・鮑 7/鞄(鞄—鮑)弔(叔)𦥑(牙)～(答)曰

三・中 6/中(仲)弓～(答)曰

六・競 2/公舉首～(答)之

六・競 3/高子、國子～(答)曰

六・競 4/文子～(答)曰

六・莊 2/酖(沈)尹子桱(莖)～(答)

六・莊 8/起～(答)

六・壽 2/不敢～(答)

六・壽 2/～(答)：女毀新都戚陵

六・壽 5/～(答)曰

六・壽 6/～(答)曰

六・木 2/～(答)曰

六・木 5/城公～(答)曰

七・武 11/～(答)曰

七・武 12/～(答)曰

七・武 13/大(太)公～(答)曰

七・鄭甲 3/虖(吾)牆(將)可(何)㠯(以)～(答)

七・鄭甲 3/王命～(答)之曰

七・鄭乙 3/虖(吾)牆(將)可(何)㠯(以)～(答)

七・鄭乙 3/王命～(答)之

七・吴 7/～(答)曰

八・命 2/～(答)曰

八・命 3/命求言㠯(以)～(答)

八・命 7/～(答)曰

八・王 1/王未～(答)之

八・王 6/命(令)尹～(答)

九・成甲 3/子文甚憙(喜)～(合)邦㠯(以)畬=(飲酒)

九・舉 28/非能～(合)悳(德)於殜(世)者也

九・舉 22/墨(禹)～(答)曰

九・靈 5/虎不～(答)

九・靈 5/虎～(答)曰

僉(僉、𩚵)

僉

七・凡甲 24/〔戠(察)同〕而～(險)

七・凡甲 24/戠(察)～(險)而困

七・凡乙 17/戠(察)同而～(險)

七・凡乙 17/戠(察)～(險)而困

八・顏 7/道(導)之㠯(以)～(儉)

𩚵

一・孔 3/大～(斂)材女(安—焉)

一・緇 14/虛(吾)大=(大夫)㢸(恭)虘(且)～(儉)

二・容 35/䢒(厚)悉(愛)而泊～(僉)焉

四・曹 8/必共～(儉)㠯(以)旻(得)之

二・容 21/墨(禹)肰(然)句(後)訂(始)行㠯(以)～(儉)

五・鮑 7/至欲(欲)飤而上(尚)厚亓(丌)～(斂)

六・慎 1/共(恭)～(儉)㠯(以)立身

六・慎 3 背/新(慎)子曰共(恭)～(儉)

六・孔 5/～弗見也

八・蘭 4/……年(佞)前其約～(儉)

六・用 17/～（斂）之不骨

侖

一・性 9/聖人比亓（其）頪（類）而～（論）會之

今（今、含）

今

四・曹 2/～邦𧆾（彌）小而鐘愈大

四・曹 4/～天下之君子既可智（知）已

四・曹 7～異於而（尔）言

五・鬼 1/～夫禩（鬼）神又（有）所明

三・周 35/非～之古（故）

四・昭 8/～君王或命𦝫毋見

四・曹 65/～與古亦多不同矣

五・姑 3/～虗（吾）亡（無）能紿（治）也

六・競 6/～君之貪惛𧊒（苛）匿（慝）

六・競 8/～新登思（使）吴（虞）守之

六・競 9/～内寵又割（裔）疾（款）

七・吴 9/～日

九・邦 9/～日迵（通）

含

六・莊 7/～（今）日

六・壽 5/我及～（今）

二・子 8/女（如）舜才（在）～（今）之殜（世）則可（何）若

二・容 50/～（今）受（紂）爲無道

三・中 16/～（今）女（汝）相夫

三・中 20/～（今）之君子

三・中 20/～（今）之君子

三・中 25/～（今）之君子叓（使）人

四・柬 9/～（今）夕不穀

四・柬 20/君王之瘵從～（今）日目（以）瘽（瘥）

四・柬 22/君王之疠（病）牆（將）從～（今）日目（以）已

五・競 4/～（今）此祭之㝵（得）福者也

五・競 8/～（今）内之不㝵（得）百生（姓）

五・鮑 5/～（今）豊（豎）迲（刁）佖（匹）夫而欲智（知）萬（萬）輮（乘）之邦

五・姑 5/～（今）宔（主）君不適於虗（吾）

 五・姑 6/𩠚(顧)𠯑(頷)㠯(以)至於～(今)才(哉)

 五・弟 21/～(今)之殜(世)□

 四・昭 2/䀠(將)剸(斷)於～(今)日

 五・季 8/䓣(葛)䣫～(今)語肥也㠯(以)𡰥邦𧰼(家)之述曰

 五・季 14/虘(且)夫䣫～(今)之先=(先人)𦯈(世)

 七・鄭甲 2/於～(今)而逡(後)

 七・鄭甲 2/～(今)奠(鄭)子𧰼(家)殺亓(其)君

 七・鄭甲 6/～(今)晋人䀠(將)救子𧰼(家)

 七・君甲 6/～(今)君王𦘔(盡)去耳目之欲

 七・君乙 6/～(今)君王𦘔(盡)去耳目之欲

 七・凡甲 13/～(禽)獸㝵(得)之㠯(以)鳴

 七・凡甲 13/～(禽)獸奚㝵(得)而鳴

 七・凡乙 9/～(禽)獸奚㝵(得)而鳴

 七・鄭乙 2/於～(今)而逡(後)

 七・鄭乙 6/～(今)晋〔人〕〔䀠(將)救〕子𧰼(家)

 八・有 1/又(有)皇(凰)䀠(將)记(起)～(今)可(兮)

 八・有 1/䔿(助)余季(教)保子～(今)可(兮)

 八・有 1/囟(思)遊於忎(仁)～(今)可(兮)

 八・有 1/能與余相䔿(助)～(今)可(兮)

 八・有 1/可㞼(幾)成夫～(今)可(兮)

 八・有 1/能爲余拜楮柧～(今)可(兮)

 八・有 2/……自誨(誨)～(今)可(兮)

 八・有 2/又(有)怂(過)而能改～(今)可(兮)

 八・有 2/亡(無)郗又(有)風(諷)～(今)可(兮)

 八・有 2/同郗異心～(今)可(兮)

 八・有 3/大逄(路)～(今)可(兮)

 八・有 3/敔蕆與楮～(今)可(兮)

 八・有 3/𢟪(慮)余子亓(其)速倀(長)～

 八・有 4/～(今)可(兮)

 八・有 4/鹿(麗—離)𡰥(居)而同欲～(今)可(兮)

 八・有 4/逈(周)流天下～(今)可(兮)

 八・有 4/䀠(將)莫皇～(今)可(兮)

八・有 4/又(有)不善心耳～(今)可(兮)

八・有 4/莫不弁(變)改～(今)可(兮)

八・有 4/女=(如女)子㮚(將)滐(泣)～(今)可(兮)

八・有 5/若余子力～(今)可(兮)

八・有 5/族緩=(緩緩)必䜭(慎)毋瑩～(今)可(兮)

八・有 5/日月卲(昭)明～(今)可(兮)

八・有 6/也～(今)可(兮)

八・有 6/諭三夫之旁也～(今)可(兮)

八・有 6/膠膰秀(誘)余～(今)可(兮)

八・有 6/蜀(獨)諭三夫～(今)可(兮)

八・有 6/膠膰之腈也～(今)可(兮)

八・有 6/論夫三夫之㱩也～(今)可(兮)

八・鶹 1/子遺余婁(鶹)栗(鷅)～(今)可(兮)

八・鶹 1/婁(鶹)栗(鷅)之止～(今)可(兮)

八・鶹 1/欲衣而亞(惡)絟(枲)～(今)可(兮)

八・鶹 1/婁(鶹)栗(鷅)之羽～(今)可(兮)

八・鶹 1/子可(何)舍=(舍余)～(今)可(兮)

八・鶹 1/婁(鶹)栗(鷅)翯(翩)飛～

八・鶹 2/不戠(織)而欲衣～(今)可(兮)

八・命 9/～(今)見(視)日爲楚命(令)尹

九・史 2/～(今)叓(使)子帀(師)之

舍

一・孔 27/虐(吾)奚～之

二・從甲 1/莫之～(予)也

二・從甲 2/王～(予)人邦冢(家)土墬(地)

二・從甲 14/又(有)所又(有)～(餘)而不敢晝(盡)之

一・性 11/丌(其)先後之～(敘)鼎(則)宜道也

一・性 11/或～(敘)爲之節鼎(則)叓(文)也

三・彭 5/～(余)告女(汝)貨

七・吴 6/隹(唯)～(余)一人所豊(體/禮?)

八・志 7/逡(後)～勿肰(然)

會　部

會

一・孔 23/㠯(以)樂訇而～

一・性 9/聖人比丌(其)頪(類)而侖(論)～之

二・容 9/～才(在)天埅(地)之閒

二・容 19/～天埅(地)之利

二・容 30/舜乃欲～天埅(地)之熨(氣)而聖(聽)甬(用)之

二・容 52/㠯(以)少(宵)～者(諸)侯之帀(師)於𤔲(牧)之埜(野)

四・曹 23/亓(期)～之不難

四・曹 38/忔(氣)成(盛)則昜(易)～(合)

五・三 17/智(知)人足㠯(以)～新(親)

八・成 7/弗～而自剬(斷)

倉　部

倉

二・容 1/～頡是(氏)

六・用 6/脣亡齒～

八・李 1/旚(晉)各(冬)之旨(祁)～

人　部

内

一・孔 3/丌(其)～勿(物)也

一・孔 12/反～(入)於豊(禮)

一・孔 20/丌(其)言又(有)所載而句(後)～

四・内 1 背/～豊(禮)

一・性 2/智(知)義者能～(入)〔之〕

一・性 10/里(理)丌(其)情而出～(入)之

一・性 16/亓(其)出～(入)也訓

二・昔 2/㠯(以)告逹=人=(寺人,寺人)～(入)告于君

二・昔 2/太子～(入)見

二・昔 3/外言不㠯(以)～(入)

二・容 10/～(内)女(安—焉)

二・容 32/蓁林～(入)

 二・容 39/～(入)自北門

 二・容 44/～(入)而死

 三・中 20/𩠞(難)以～(納)諫

 四・昭 1/王～(入)

 四・昭 2/君王訇(始)～(入)室

 四・昭 6/大尹～(入)告王

 四・柬 7/王～(入)

 四・柬 20/君～(入)而語儯(僕)之言於君王

 四・曹 1/敔(曹)蔑(穢—沫)～(入)見曰

 五・競 1 背/競建～之

 五・姑 9/目(以)～(内)

 五・三 11/～(入)虛毋樂

 一・緇 20/出～(入)自尔(爾)帀(師)

 二・子 12/遊於玄咎之～

 一・性 4/〔四海之〕～

 一・性 14/訐(信)肰(然)句(後)亓(其)～(入)臬(拔)人之心也敂

 一・性 23/又(有)～歓者也

 一・性 26/門～之紿(治)

 一・性 31/少枉～(入)之可也

 二・容 19/四滑(海)之～丞(及)四滑(海)之外皆請社(貢)

 二・容 41/目(以)霐四滑(海)之～

 二・民 11/亡(無)備(服)之桑(喪)～虛悲

 二・從甲 11/～亓(其)悬女(安—焉)

 二・昔 3/割憙于～

 二・昔 3/不見于～

 二・容 5/四滑(海)之～貞(廷)

 二・容 9/而橐(包)才(在)四滑(海)之～

 三・周 9/比之自～

 三・中 18/昔三弋(代)之明王又(有)四海之～

 四・曹 18/所目(以)弫(距)～

 五・競 8/含(今)～之不旻(得)百生(姓)

 五・鮑 3/犠(犧)生(牲)珪璧必～

 五・姑 9/女出～厙(庫)之繇  而龕(余)之兵

 五・三 3/外～又(有)諓(辨)

 五・三 22/四亢之～

 五・鮑 3/毋～鍪(錢)器

 六・競 3/公～安(晏)子而告之

 六・競 5/外～不廢

 六・競 9/今～寵又(有)割疾

 六・用 9/～閒讘衆

 六・天甲 9/朝不語～

 六・天甲 12/見窔而爲之～

 六・天乙 9/…不語～

 七・鄭甲 2/㠯(以)叟(没)～(入)墬(地)

 七・鄭乙 2/㠯(以)叟(没)～(入)墬(地)

 七・凡甲 25/出惻(則)或(又)～(入)

 七・凡乙 18/出惻(則)或(又)～(入)

 八・顔 1/敢䎽(問)君子之～事也又(有)道虐(乎)

 八・顔 3/☐必不才(在)㒸(兹)之～矣

 八・顔 4/☐～矣

 八・顔 5/害(蓋)君子之～事也女(如)此矣

 八・顔 5/君子之～事也

 八・顔 6/敢䎽(問)君子之～教也又(有)道虐(乎)

 八・顔 10/君子之～教也

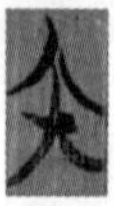 八・命 5/不㠯(以)厶(私)思〈惠〉厶(私)悁(怨)～(入)于王門

 八・命 7/四海之～

 八・命 9/必～(入)瓜(偶)之於十峉(友)又厽(三)

 九・陳 7/述(遂)～(入)王翠(卒)

 九・陳 8/女(汝)～(入)王翠(卒)

 九・陳 14/深(深)～(入)王翠(卒)

 九・史 6/～(納)与(與)賙(貨)

 九・卜 1/𠦪(兆)䭫=(頪首)～(入)止(趾)

全

 五・鮑 3/必～女(如)者(故?)

缶 部

缶

 三・周 9/又(有)孚汹(盈)～

匋(窑)

窑

二・容 13/～(陶)於河賓(濱)

缾

三・周 44/羸(羸)丌(其)～(瓶)

𦈏

一・孔 9/《～=(菁菁)者莪》

矢　部

矢

三・周 37/旻(得)黄～

一・孔 22/四～弁(反)𠬝(以)御(禦)亂

二・容 2/敉(侏)需(儒)爲～

二・容 18/不鉻(略)～

六・用 12/若～之夯(免)於弦

七・凡甲 12/忎(忻—近)之～人

矤

一・緇 12/《～(祭)公之顀(顧)命》員(云)

七・凡甲 5/箮(孰)爲～奉

七・凡乙 4/箮(孰)爲～奉

躲(弦)

弦

三・周 44/恭(井)浴～(射)豨

矰

五・三 20/～(矰)迲(去)𠬝(以)悬(悔)

侯(矦)

矦

三・周 14/利建(建)～(侯)行帀(師)

五・姑 3/者(諸)～(侯)畜我

二・容 50/至約者(諸)～(侯)

二・容 52/𠬝(以)少(宵)會者(諸)～(侯)之帀(師)於𤲞(牧)之埜(野)

二・容 53/至約者(諸)～(侯)

四・柬 10/君王尚(當)𠬝(以)䎽(問)大(太)䆠(宰)晉～(侯)

四・柬 11/者(諸)～(侯)之君之不

四・柬 14/～(侯)大(太)䆠(宰)遜

五・競 8/者(諸)～(侯)

五・弟 18/皆可㠯(以)爲者～(侯)栧(相)歍(歓)

六・天甲 7/…～(侯)量

六・天甲 7/者(諸)～(侯)飤(食)同狀

六・天乙 6/見～(侯)量

六・天乙 6/者(諸)～(侯)飤(食)同狀

七・鄭甲 2/楚邦囟(思)爲者(諸)～(侯)正

七・鄭乙 2/楚邦囟(思)爲者(諸)～(侯)正

七・君甲 4/～(侯)子三人

七・君乙 4/～(侯)子三人

九・靈 1/王敗郗(蔡)靁(靈)～(侯)於吕

卉 2/～(喉)肙(舌)宔(堵)賽(塞)

矣(矣、矣)

矣

一・孔 2/文王受命～

一・孔 2/至～

一・孔 3/衰～

一・孔 3/少(小)～

一・孔 5/至～

一・孔 6/貴𪗉(且)㬎(顯)～

一・孔 7/信～

一・孔 9/丌(其)㝵(得)录(禄)蔑畺(疆)～

一・孔 11/則丌(其)思賹(益)～

一・孔 14/兩～

一・孔 14/丌(其)四章則俞(喻)～

一・孔 27/可(何)斯雀(誚)之～

二・子 7/舜丌(其)可胃(謂)受命之民～

二・子 8/古(故)夫舜之悳(德)丌(其)城(誠)臤(賢)～

二・子 9/舊(久)～

一・孔 15/丌(其)保(報)厚～

一・性 20/丌(其)聖(聲)弁(變)鼎(則)心從之～

 一・性 32/弗旻(得)之～

 一・性 39/悬(僞)其(斯)㲋(矜)～

 一・性 39/㲋(矜)其(斯)慮～

 一・性 40/信～

 一・性殘/□人訐(信)之～

 二・民 3/丌(其)〔之〕胃(謂)民之父母～

 二・民 5/五至既䎽(聞)之～

 二・民 7/而悳(德)既塞於四海～

 二・民 8/牆(將)可季(教)時(詩)～

 二・民 9/敗(快)～

 二・民 9/厷(宏)～

 二・民 9/大～

 二・從甲 11/可胃(謂)學～

 三・彭 4/夫子之悳(德)登～

 四・相 2/可胃(謂)相邦～

 四・曹 1/型既城(成)～

 四・曹 7/今與古亦多不同～

 四・曹 33/果㑹(勝)～(疑)

 四・曹 40/既成季(教)～

 四・曹 44/是古(故)～(疑)戦(陳)敗

 四・曹 44/～(疑)戩(戰)死

 四・曹 52/毋思(使)民～(疑)

 四・曹 59/者(諸)〔侯〕㝅(寡)～

 四・曹 65/亦隹(唯)䎽(聞)夫垔(禹)、康(湯)、傑(桀)、受(紂)～

 五・競 7/天陛(地)盟(明)弃我～

 五・鮑 6/亓(其)爲䘮(災)也深～

 五・鮑 6/亓(其)爲不息(仁)厚～

 五・季 11/民能多□～

 五・季 13/民必備～

 五・季 15/言剸(則)媺(美)～

 五・季 23/肰(然)剸(則)邦坪(平)而民頫(脜)～

 五・鬼 2/此明～

 五・鬼 3/□明～

 一・緇 23/虗(吾)弗信之～

 六・競 1/虗(吾)幣帛甚媺(美)於虗(吾)先君之量～

 六・競 6/忘～

 六・孔 2/…～

 六・孔 5/智亡不亂～

 六・孔 9/不悬(仁)人弗旻(得)進～

 六・孔 24/品勿備～

 六・用 7/而弗可～

 七・君甲 8/戊行年𠦄=(七十)～

 七・君乙 8/戊行年𠦄=(七十)～

 七・吴 9/隹(唯)不思(敏)既𢓊(犯)～

 八・顏 3/□必不才(在)㒸(兹)之内～

 八・顏 4/□内～

 八・顏 5/害(蓋)君子之内事也女(如)此～

 八・顏 5/愇(回)既䎽(聞)命～

 八・顏 6/則民莫不從～

 八・顏 7/則民莫遐(遺)新(親)～

 八・顏 7/則民智(知)足～

 八・顏 7/則民不靜(爭)～

 八・顏 9/則民智(知)欽(禁)～

 八・顏 9/則丌(其)於教也不遠～

 八・顏 10/悳(德)城(成)則名至～

 八・顏 10/愇(回)既𦖞(聞)～

 八・蘭 1/雨雺(露)不隥(降)～

 八・蘭 5/蓉惻柬(簡)赩(逸)而莫之能沓(効)～

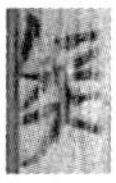 八・蘭 5/身體甠(重)䡓(輕)而目耳袋(勞)～

 八・蘭 5/宅立(位)䆛下而比㤅(擬)高～

 九・舉 16/……～

 九・史 2/睪(擇)之訢(慎)～

矣

 六・孔 2/言即至～(矣)

 六・孔 8/而亡(無)㠯(以)亯者(諸)此～(矣)

 六・孔 15/智(知)不行～(矣)

紒

 三・周 14/～(介)于石

高　部

高

 二・容 31/～山陞

 二・容 40/㠯(以)伐～神之門

 二・容 49/～下肥毳之利聿(盡)智(知)之

 四・采 2/～木

 四・柬 6/夫上帝魂(鬼)神～明

 四・柬 7/㠯(以)告安君與陵尹子～

 四・柬 8/～山深溪

 四・柬 8/王㠯(以)䎽(問)贅(釐)尹～

 四・柬 8/聚(驟)夢～山深溪

 四・柬 13/女(如)君王攸(修)郢～(郊)

 五・競 2/昔～宗祭

 五・競 4/～宗命伩(傅)鳶(說)量之㠯(以)祭

 五・君 7/毋～

五・三 9/～昜(陽)曰

六・競 3/～子

六・競 3/～子

六・用 10/胃(謂)天～而不槩

七・凡甲 9/逐～從埤

七・凡甲 11/餌(問)天管(孰)～與

七・凡甲 20/敗之則～

七・凡乙 7/逐～從埤

八・命 1/鄴(葉)公子～之子見於命(令)尹子舂(春)

八・蘭 5/宅立(位)褫下而比㤅(擬)～矣

九・邦 5/鄴(葉)公子～曰

九・邦 6/卲(昭)夫人胃(謂)鄴(葉)公子～

九・邦 7/鄴(葉)公子～曰

九・卜 4/侌(肣)～上

冂　部

市(坊、賄)

坊

二・容 18/闡(關)～(市)無賦

二・容 36/㠯(以)正(征)闡(關)～(市)

五・競 10/㠯(以)馳於倪(郳)～(市)

八・成 9/柭～(市)明之悳(德)亓(其)殜(世)也☒

賄

六・競 8/縛纏者～(市)

央

五・三 4/必禺(遇)凶～(殃)

二・子 11/遊於～臺之上

六・用 2/冒難軋(犯)～(殃)

亶　部

亶

二・從甲 5/從政～敦五悳(德)

二・從甲 12/～敦行不倦(倦)

四・曹 18/壂(城)～(郭)必攸

四・内附簡/肰(然)句(後)弆(奉)之吕(以)中～(墉)

䡈

三・周 52/～(闃)丌(其)亡(無)人

京　部

京

五・三 7/皇天弗～(諒)

五・三 7/上帝弗～(諒)

五・三 7/上帝弗～(諒)

五・三 21/～(諒)

九・靈 4/而逆之～

就(亰、遠、臺、敦)

亰

六・壽 1/競坪王～(就)奠(鄭)壽

七・鄭甲 1/臧(莊)王～(就)夫=(大夫)而與之言曰

七・鄭乙 1/臧(莊)王～(就)夫=(大夫)而與(與)之言曰

八・成 8/皆欲吕(以)亓(其)邦～(就)之

九・舉 30/堯乃～(就)墨(禹)曰

九・邦 2/～(就)卲(昭)王之亡

九・邦 3/～(就)逿(復)邦之遂(後)

九・邦 4/～(就)白公之禍(禍)

九・邦 9/～(就)鄰(蔡)大祝二拜頓=(頓首)曰

九・邦 10/～(就)王之長也

遠

二・容 7/天下之人～(就)

 四・曹 51/盤～(就)行〔▨〕

 四・曹 44/丌(其)～(就)之不尃(迫)

 九・陳 9/陳公乃～(就)軍執事人

 五・弟 13/臤(賢)者急～(就)人

臺

 八・王 5/王～(就)之曰

 八・王 6/王～(就)命(令)尹

𣀔

 三・周 47/革言晶(三)～(就)

亯　部

亯

 三・周 17/王用～(享)于西山

 五・三 4/毋～(享)𪓛(逸)女(安)

 五・三 7/㠯(以)祀不～(享)

 五・三 9/毋凶備(服)㠯(以)～(享)祀

 六・孔 8/而亡(無)㠯(以)～(享)者

 九・舉 21/～(享)而均庶

𦎫

 三・周 19/□～(敦)复(復)

 三・周 49/～(敦)艮

䈞

 二・子 13/然則厽(三)王者～(孰)爲□

 二・容 46/～(孰)天子而可反

 四・柬 13/我可爲戢(歲)女(安—焉)～(孰)

 四・柬 16/四疆皆～(孰)

 四・曹 4/～(孰)能並兼人才

 五・君 11/中(仲)尼與虗(吾)子産～(孰)臤(賢)

 五・君 12/～(孰)臤(賢)

 五・君 15/與墨(禹)～(孰)臤(賢)

 七・凡甲 4/～(孰)爲之公

 七・凡甲 4～(孰)爲之佳(封)

七・凡甲 5/～(孰)智(知)亓(其)疆(彊)

七・凡甲 5/～(孰)爲妖(箭—薦)奉

七・凡甲 11/餌(問)天～(孰)高與(歟)

七・凡甲 11/陸(地)～(孰)徯(遠)与(歟)

七・凡甲 11/～(孰)爲天

七・凡甲 11/～(孰)爲陸(地)

七・凡甲 11/～(孰)爲靁(雷)神(電)

七・凡甲 12/～(孰)爲啻(霆)

七・凡甲 14/～(孰)雲滐之

七・凡甲 14/～(孰)颼飄而迸之

七・凡乙 3/～(孰)爲之

七・凡乙 4/～(孰)爲之佳(封)

七・凡乙 4/～(孰)爲妖(箭—薦)奉

七・凡乙 5/～(孰)智(知)亓(其)疆(彊)

七・凡乙 9/～(孰)雲滐之

七・凡乙 9/～(孰)颼飄而迸之

七・吴 8/～(孰)爲帀(師)徒

卉 2/～(孰)能飤(食)之

㫗　部

厚(乇、厝)

乇

三・彭 7/氏(是)胃(謂)自～

一・孔 15/丌(其)保(報)～(厚)矣

二・容 35/～(厚)愛而泊(薄)僉(斂)女(安—焉)

五・鮑 6/亓(其)爲不惪(仁)～(厚)矣

五・鮑 7/至欲飤(食)而上～(厚)亓(其)會(斂)

六・用 10/胃(謂)地～(厚)而不達

四・曹 54/㯻(束)而～(厚)之

五・姑 3/隹(誰)不以～(厚)

九・陳 14/㠯(以)～(厚)王卒(卒)

五・姑 8/參(三)𡉏(郤)家～(厚)

厜

一・緇 2/㠯(以)眂(視)民～(厚)

畐　部

良

三・周 22/～馬由(逐)

二・從乙 4/𢙐(温)～而忠敬

三・彭 4/～

四・采 3/～人亡(無)不宜也

四・昭 9/楚邦之～臣所𥄉骨

四・柬 19/叡(且)～倀(長)子

四・曹 54/思～車良士往取之餌(耳)

四・曹 55/思良車～士往取之餌(耳)

六・競 2/是虗(吾)亡=(無)～祝叓(史)也

六・競 3/是信虗(吾)亡(無)～祝叓(史)

六・用 3/～人鼎安

六・用 12/非考夆(免)訢(慎)～台(以)家(稼)嗇(穡)

六・用 15/～人可思

七・鄭甲 5/奠(鄭)人命㠯(以)子～爲執命

七・鄭乙 5/奠(鄭)人命㠯(以)子～爲執命

八・王 5/而必～慙(慎)之

嗇　部

嗇

二・子 2/叴(舜)～於童土之田

 六・用 12/非考夋（免）訢（慎）良台（以）家（稼）～（穡）

牆

 一・孔 28/～又（有）薺（茨）

 五・三 19/埤（卑）～（牆）勿增

 七・凡甲 27/敬～而豊（履）

來　部

來（逨、逨）

逨

 一・性 15/雚（觀）～（來）武鼎（則）齊女也斯乍（作）

 三・中 18/猷（猶）～（來）☐

 四・曹 32/☐～（來）告曰

 五・競 5/害牆（將）～（來）

 五・三 6/行逹（往）視～（來）

 五・三 14/爲善福乃～（來）

 五・三 15/天飴（飢）必～（來）

 五・三 16/四方～（來）囂

 五・弟 5/少（小）子，～（來），聖（聽）余言

 三・周 35/往訐～（來）譽

 三・周 35/往訐～（來）反

 三・周 35/往訐～（來）連

 三・周 36/往訐～（來）碩

 三・周 37/丌（其）～（來）復（復）

 三・周 44/往～（來）菜=（井井）

 五・弟 15/韋～（來），虐（吾）告女

 二・容 7/褱（懷）以～（來）天下之民

 七・鄭甲 1/鄎（邊）人～（來）告

 七・鄭乙 1/鄎（邊）人～（來）告

 七・凡甲 6/亓（其）～（來）亡（無）尾（度）

 七・凡乙 5/亓（其）～（來）亡（無）尾（度）

 七・吴 1/敘（州）～（來）告曰

 七・吴 8/～（來）先王之福

 八・成 1/西行弗～(來)

 九・史 10/□又(有)民㠯(以)～(來)

逨

 三・周 9/不寍(寍)方～(來)

 三・周 9/夂(終)～(來)又它

 七・吴 4/𠷎(壽—曹?)～(來)

 二・容 47/九邦者丌(其)可～(來)虖(乎)

 二・容 47/七邦～(來)備(服)

夊 部

夋

 一・緇 3/隹(唯)尹～(允)及康(湯)

 一・緇 18/～(允)也君子

复

 三・周 22/車敓(説)～(輹)

愛

 一・孔 11/靑(情)～也

 一・孔 15/敬～丌(其)查(樹)

 一・孔 15/《甘棠》之～

竷(歁)

歁

 五・季 19/亞(惡)人勿～(陷)

 六・用 20/又(有)～=(竷竷)之絟(郤?)

夏(頣、顋、虽、邑)

頣

 一・孔 2/大～(雅)

 一・緇 4/大～(雅)員(云)

 一・性 17/卲(韶)～(夏)樂情

 四・柬 1/命龜尹羅貞於大～(夏)

 四・柬 4/大～(夏)

 五・鬼 7/訏尋～(夏)邦

顋

 二・容 22/～(夏)不敢㠯(以)暑訇(辭)

昰

一・緇 18/大～(雅)员(云)

一・緇 18/少(小)～(雅)员(云)

二・容 47/乃出文王於～(夏)臺之下而𦖞(問)女(安—焉)

五・鮑 1/又(有)～(夏)是(氏)觀亓(其)容㠯(以)叓(使)

昬

二・民 1/〔子〕～(夏)䎽(問)於孔子

二・民 3/子～(夏)曰

二・民 5/子～(夏)曰

二・民 7/子～(夏)曰

二・民 9/子～(夏)曰

夋

三・中 10/則民可～(後)

舛　部

舝

五・競 1/日之飤(食)也,～(害)爲

舜　部

舜(𡕭)

𡕭

二・子 2/～(舜)畣於童土之田

二・子 4/虛(吾)昏(聞)夫～(舜)丌(其)幼也

二・子 5/䓛(堯)之取～(舜)也

二・子 6/䓛(堯)見～(舜)之悳(德)臤(賢)

二・子 6/䓛(堯)之㝵(得)～(舜)也

二・子 6/～(舜)之悳(德)則城(誠)善□

二・子 7/～(舜)丌(其)可胃(謂)受命之民矣

二・子 7/～(舜)

二・子 8/古(故)夫～(舜)之悳(德)丌(其)城(誠)臤(賢)矣

二・子 8/女(如)～(舜)才(在)含(今)之殜(世)則可(何)若

二・容 12/見～(舜)之臤(賢)也

二・容 13/昔～(舜)靜(耕)於鬲(歷)丘

 二・容 14/吕(以)三從～(舜)於旬(畎)晦(畝)之中

 二・容 14/～(舜)於是虖(乎)訇(始)孛(娩)蓺幵椻(槈)蓌(鍤)

 二・容 14/～(舜)北面

 二・容 14/～(舜)於是虐(乎)訇(始)語堯天墬(地)人民之道

 二・容 16/昔者天墬(地)之差(佐)～(舜)而右(佑)善

 二・容 17/～(舜)乃老

 二・容 17/～(舜)又(有)子七人

 二・容 23/～(舜)聖(聽)正(政)三年

 二・容 30/～(舜)乃欲會天墬(地)之㷡(氣)而聖(聽)甬(用)之

 四・曹 2/昔㚟(堯)之卿(饗)～(舜)也

 五・君 12/～(舜)君天下

 五・君 14/與～(舜)

 五・鬼 1/昔者㚖(堯)～(舜)墨(禹)湯

 七・武 1/不智(知)黄帝、耑(顓)琂(頊)、堯、～(舜)之道在(存)虐(乎)

 九・舉 10/～(舜)台(始)大倉(合)……

 九・舉 26/～(舜)王天下

 九・舉 26/～(舜)不割(遏)亓(其)道

 九・舉 32/～(禹)奉舜童(重)悳(德)

韋　部

韋

 一・孔 17/不可不～(畏)也

 三・亘 3/～(違)生非

 三・亘 3/非生～(違)

 五・君 1/～(回)！君子爲豊(禮)

 五・君 1/～(回)不思(敏)

 五・君 9/～(回)，虽(蜀)智，人所亞(惡)也

 五・弟 4/丌(其)必此虐(乎)？～(回)！

 五・弟 15/～(回)迹(來),虐(吾)告女

 六・競 6/幣～

 六・天甲 13/中不～

 八・命 3/命勿之敢～(違)

 八・志 3/䢅(毆—抑)忎(忌)～(諱)讒(讒)詬(?)吕(以)  亞(惡)虐(吾)

弟　部

弟(弟、俤)

弟

 三・周 8/～子與(輿)㞙(尸)

 三・彭 5/父子兄～

 四・逸・多 1/睨(兄)及～淇(也)

俤

 二・民 1/幾(愷)～(悌)君子

 四・逸・交 1/戠(愷)～(悌)君子

 四・内 5/不與言人之侃(兄)之不能慈(慈)～(弟)者

 五・季 15/貺(眯—敉?)父兄子～(弟)而爯(稱)貺

桀　部

桀(桀、傑、⿰力桀)

桀

 五・鬼 2/汲(及)～、受(紂)、學(幽)、萬(厲)

 五・鬼 2 背/此吕(以)～折於鬲(歷)山

 二・容 40/～乃逃之鬲(歷)山是

傑

 二・容 35/□王天下十又六年〈世〉而～(桀)乍(作)

 二・容 40/～(桀)乃逃

 四・曹 65/君〔丌(其)〕亦隹(唯)䎽(聞)夫垦(禹)、康(湯)、～(桀)、受(紂)矣

 七・君甲 8/～(桀)、受(紂)、幽、萬(厲)

 七・君乙 8/～(桀)、受(紂)、幽、萬(厲)

⿰力桀

 五・鮑 8/～(桀)亦不爲忎(災)

乘(⿱死乇、⿱死車)

⿱死乇

 四・柬 2/～龜尹速卜

 七・君甲 2/軛(范)～

 七・君甲 2/軛(范)～曰

 七・君乙 2/軛(范)～

 七・君乙 2/軛(范)～

 九・邦 5/乃～(乘)埶(馹)車五⿱死車(乘)

⿱死車

 三・周 37/賃(負)虘(且)～(乘)

 二・容 14/尧(堯)於是虖(乎)爲車十又(有)五～(乘)

 二・容 51/武王於是虖(乎)复(作)爲革車千～(乘)

 八・成 2/～(乘)餌(聞)才(哉)

 九・邦 5/乃⿱死乇(乘)埶(馹)車五～(乘)

 九・邦 7/昔周～睪(擇)而立之

卷　六

木　部

木

一・孔 8/伐～

一・孔 10/《棣(樛)》～之告(時)

一・孔 11/《棣(樛)～》之告(時)

一・孔 12/棣(樛)～

一・孔 18/因《～苽(瓜)》之保(報)

一・孔 19/～苽(瓜)

二・魯 4/～吕(以)爲民

二・魯 4/～牆(將)死

二・容 16/卉(草)～晉長

二・容 44/加圜(圜)～於亓(其)上

四・采 2/高～

五・三 1/卉(草)～須時而句(後)奮

六・競 4/～爲成於宋

六・競 4/王命屈～昏(問)軛(范)武子之行女(安—焉)

六・木 1/競坪(平)王命王子～迈(蹠)城父

七・鄭甲 5/利(梨)～三沯(寸)

七・鄭乙 5/利(梨)～三沯(寸)

七・凡甲 9/十回(圍)之～

七・凡甲 12/卉(草)～奚旻(得)而生

七・凡甲 13/卉(草)～旻(得)之吕(以)生

七・凡乙 7/十回(圍)之～

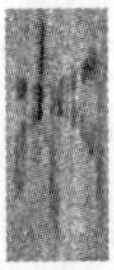
七・凡乙 9/卉(草)～奚旻(得)而生

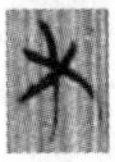
八・李 1/衆～之紹(紀)可(兮)

八・李 1/～斯獨生

八・李 1 背/亂～曾枳(枝)

八・李 1 背/～異類可(兮)

八・李 2/～一心可(兮)

八・李 2/愇(違)與(於)佗(它)～

九・陳 13/～鐸(鐸)㠯(以)记(起)

槇

六・慎 5/～樸筱執

李

二・容 29/乃立咎(皋)䖵(陶)㠯(以)爲～

八・李 1 背/索府宫～

八・李 2/㠯(以)～(理)人情

九・舉 27/五事皆～(理)

棠

一・孔 10/《甘～》之保(報)

一・孔 15/甘～

一・孔 24/虗(吾)㠯(以)《甘～》得宗宙(廟)之敬

七・鄭甲 7/與之戰於兩～

七・鄭乙 7/與之戰於兩～

九・陳 4/或(又)與晉人戰於兩～,帀(師)不慗(絶)

杜

杜 一・孔 18/《折(杕)～》則情

一・孔 20/虗(吾)㠯(以)《折(杕)～》旻(得)雀(爵)

桃

七・吴 4/孤叓(使)一介叓(使)慗(親)於～迒

椲

二・容 1/～丨是(氏)

楑

三・周 32/～(睽)

三・周 33/～(睽)低(孤)

三・周 33/～(睽)低(孤)

檐

九・陳 17/～(擔)徒、州亓(其)徒戔(衛)

梓(杍)

杍

四・逸・多 2/莫奴(如)松～(梓)

柅

三・周 40/繫于金～

枸

五・三 21/～株遉(覆)車

枋

三・亙 9/女(安—焉)又(有)～(方)

枳

四・相 3/泵(庶)人蕙(勸)於四～(肢)之褻

五・弟 23/不斴(折)丌(其)～(枝)

五・鬼 4/此兩者～(歧)虐(吾)古(故)

六・用 15/皋(罪)之～(枝)葉

七・武 9/～(枝)名(銘)隹(唯)曰

八・李 1 背/亂木曾～(枝)

桯

七・武 8/～(楹)名(銘)隹(唯)〔曰〕

欋

六・用 13/心癀之既～

楮

八・有 1/能爲余拜～柧含(今)可(兮)

八・有 3/敦(戟)萩(栽)與～含(今)可(兮)

梂

一・孔 10/《～(樛)木》之時

一・孔 11/《～(樛)木》之時

一・孔 12/～(樛)木

枌

二・容 24/壘(禹)親(親)執～玢

松

四・逸・多 2/莫奴(如)～杍(梓)

樹(敼、壴)

敼

五・季 18/膖民不～(樹)

六・用 8/～惠蓄

壴

一・孔 15/敬忢(愛)丌(其)～(樹)

八・李 1/梖(相)虐(乎)官(棺)～(樹)

八・李 1 背/觀虐(乎)～(樹)之蓉(容)可(兮)

八・李 2/思(使)虐(吾)～(樹)秀可(兮)

本(本、⿱本臼、⿱臼木)

本

一・孔 16/一～夫萬(葛)之見訶(歌)也

⿱本臼

一・孔 5/㠯(以)爲丌(其)～

三・中 23/巽華孛(學)～(本)也

⿱臼木

四・曹 20/則繇(由)丌(其)～(本)虎(乎)

七・凡甲 1/既～(本)既槿(根)

七・凡乙 1/既～(本)既槿(根)

槿

七・凡乙 1/既⿱臼木(本)既～(根)

株

五・三 21/枸～復(覆)車

根

六・天甲 6/～之㠯(以)玉斗

六・天乙 5/～之㠯(以)玉斗

⿰木寺

八・成 9/是胃(謂)～(持)市明之悳(德)亓(其)殜(世)也☒

九・舉 6/虗(吾)欲達中～(持)道

末

四・采 1/喪之～

四・曹 20/三教之～

九・卜 5/凡三族又(有)此,三～唯(雖)吉

九・卜 7/三～飤(食)墨虘(且)表

九・卜 8/三～唯(雖)敗

九・卜 9/女(如)三～唯(雖)吉

果

三・亘 10/～天下

三・亘 11/笅(作)甬(庸)又(有)～與不果

三・亘 11/笅(作)甬(庸)又(有)果與不～

三・亘 12/無不旻(得)丌(其)悥(極)而～述(遂)

四・曹 33/～㝯(勝)矣

四・曹 42/三軍戠～(裹)又(有)幾虖(乎)

四・曹 43/此戠～之幾

六・莊 1/虗(吾)既～城(成)無鍥(鐸—射)

八・成 12/欲嬰(譽)之不～

八・成 13/是擂(譴?)之不～

九・舉 21/甬(勇)㠯(以)～

九・邦 7/～之或(惑)也

機

七・武 7/户～曰

槼

六・孔 13/大爲毋～

柔

二・容 38/玳(飾)爲～(瑶)壴(臺)

朻

三・周 45/汬(井)～(救)不飤(食)

三・周 45/汬(井)～(救)勿寞

枉

二・從甲 15/爲利～事

一・性 31/少～内(入)之可也

七・武 15/〔強〕則～

八・志 3/爾亡(無)以膩(慮)～(匡)正我

柔

五・弟 3/毋又(有)～季(教)

材

一・孔 3/大僉(斂)～女(安—焉)

五・三 1/地共～

五・三 17/智(知)地足㠯(以)古(固)～

八・志 4/蟲～㠯(以)爲獻

桐

八・李 1/～叡(且)怠(治)可(兮)

朸

六・莊 4/戠於～(棘)述(遂)

八・李 1/秦(榛)～(棘)之閟(間)可(兮)

六・莊 6/忘夫～(棘)述(遂)之下虖

栽

四・曹 32/輚(車)連皆～(載)

九・陳 6/君王不智(知)怪(狂)之無～(才)

九・陳 10/君王不智(知)臣之無～(才)

築(篁、篕)

篁

二・容 38/～(築)爲璿室

篕

五・鮑 4/～(築)逞伓怌(願)

榦(槕)

槕

三・周 18/～(榦)父之蛊(蠱)

三・周 18/～(榦)母之蛊(蠱)

三・周 18/～(榦)父之蛊(蠱)

五・季 5/則邦又(有)～(榦)童

八・李 2/獸(守)勿(物)弜(強)～(幹)

卉 2/～(榦)𡖊(常)亓(其)若兹(哉)

柱

柱

一・性 28/君=(君子)執志必又有夫～=(柱柱)之心

植(植、橞)

植

一・緇 2/好是正～(直)

一・性 28/言谷(欲)～(直)而毋流

五・弟 3/～

五・弟 20/又(有)戎(農)～丌(其)槈而訶(歌)女(安—焉)

六・孔 25/衆之所～

八・李 1/亙(極)～(直)悚(速)成

橞

五・姑 7/虐～(直)立經行

楣

二・容 2/～戉(攻)鼓瑟(瑟)

牀

五・季 9/～(臧)旻(文)中(仲)又(有)言曰

五・三 10/毋虛～(壯)

槈

二・容 14/坌(舜)於是虐(乎)訂(始)孚(免)藝开～菨

五・弟 20/又(有)戎(農)植丌(其)～而訶(歌)女(安)

桱

六・莊 1/㠯(以)昏(問)酖(沈)尹子～(莖)

六・莊 2/酖(沈)尹子～(莖)答

六・莊 4/酖(沈)尹子～(莖)曰

枕(橎)

橎

一・孔 29/《角～(枕)》婦

芣

三・周 23/祠(荷)天之～

槼

六・用 10/胃(謂)天高而不～

槃(盤、鎜)

盤

四・曹 50/遉(復)～戩(戰)有道虎(乎)

四・曹 51/亡〈以〉～(便)遼(脩)行

四・曹 53/此遉(復)～戩(戰)之道

鎜

七・武 8/～(盤)名(銘)曰

槗

五・三 11/毋～深

椎

三・彭 4/或～於困(淵)

柄(樞)

樞

五・三 1/～(柄)旱(旦)毋哭

樂(樂、樊、線、遾)

樂

一・性 9/豊(禮)～

一・性 12/～丌(其)道

一・性 13/～

一・性 17/凡古～壟心

一・性 17/釐(賚)武～取

一・性 17/卲(韶)頣(夏)～(樂)情

一・性 18/哀～(樂)

一・性 19/～(樂)之敳(動)心也

一・性 20/〔凡〕～思而句(後)忻

一・性 21/桌斿(遊)～也

一・性 23/蜀(獨)居而～

一・性 31/蜀(獨)居鼎(則)習〔父〕兄之所～

一・性 31/～事谷(欲)後

一・性 36/〔哀〕～爲甚

一・性 36/耳之～聖(聲)

五・三 16/纍(喪)忌(怠)係(由)～

六・天甲 10/尻正不語～

六・天乙 9/尻正不語～

七・君甲 5/州迲(徒)之～

七・君甲 5/而不爲丌(其)～

七・君乙 4/州迲(徒)之～

七・君乙 5/而不爲丌(其)～

樊

二・容 8/與之言～(樂)

二・容 30/乃立敷(質)吕(以)爲～(樂)正

二・容 45/諺(厚)～(樂)於酉(酒)

四・内 6/亡(無)厶(私)～(樂)

四・曹 11/不聖(聽)～(樂)

五・鮑 4/乂民轤(獵)～(樂)

五・三 7/憙(喜)～(樂)無堇(限)尼(度)

五・三 11/内(入)虛毋～(樂)

一・孔 1/～(樂)亡(無)隱(隱)情

一・孔 2/丌(其)～(樂)安而犀(遲)

一・孔 14/吕(以)鐘鼓之～(樂)

一・孔 23/吕(以)～(樂)訇而會

二・子 1/又(有)吴(虞)是(氏)之～(樂)正宫(瞽)宊(瞍)之子也

五・君 11/夫子絧(治)十室之邑亦～(樂)

五・君 11/絧(治)墓(萬)室之邦亦～(樂)

六・競 11/偷爲～(樂)虖(乎)

六・孔 3/曐(斯)忠=(中心)之～(樂)

六・孔 21/訢亓(其)豊(禮)～(樂)

 六・用 1/見(視)之台(以)康～(樂)

 六・用 4/民日愈～(樂)

 六・用 11/而自嘉～(樂)

 七・武 6/安～(樂)必戒

 八・顔 13/貧而安～(樂)

 八・李 2/人因丌(其)情則～(樂)丌(其)事

 九・邦 10/古(故)爲鄴(葉)連囂(敖)與鄝(蔡)～(樂)尹

線

 二・民 2/必達於豊(禮)～(樂)之簒(原)

 二・民 4/～(樂)亦至女(安—焉)

 二・民 4/～(樂)之所至者

 二・民 4/哀～(樂)相生

 二・民 5/亡(無)聖(聲)之～(樂)

 二・民 7/亡(無)聖(聲)之～(樂)

 二・民 8/亡(無)聖(聲)之～(樂)

 二・民 10/亡(無)聖(聲)之～(樂)

 二・民 11/亡(無)聖(聲)之～(樂)

 二・民 12/亡(無)聖(聲)之～(樂)

 二・民 12/亡(無)聖(聲)之～(樂)

 二・民 13/亡(無)聖(聲)之～(樂)

遡

 四・内 6/父毋(母)所～=(樂樂)之

 四・内 6/亡(無)厶(私)～(樂)

梁(杪、秒、梨、沙)

杪

 五・三 18/死於～(梁)下

 二・魯 6/公剴(豈)不飯～(粱)飤(食)肉才(哉)

秒

 八・志 1/是楚邦之弜(強)～(利)人-

 五・鮑 1/十月而徒～(梁)成

五·鮑 1/一之日而車～(梁)成

梨

六·競 1/割(裔)疾(款)與～(梁)丘虡(據)言於公曰

六·競 8/蓳(澤)～(梁)叓(使)斂守之

六·競 9/外=又～(梁)丘虡(據)縈恚

六·競 13/～(梁)丘虡(據)不敢監正

沙

四·逸交 1/〔集于中〕～(梁)

椃

六·用 14/強君～政

杆

六·孔 14/宴凥(處)危～

櫷

六·慎 5/～筱執檀

采

三·亘 7/主～(綵)勿(物)

三·亘 8/多～(綵)勿(物)

柧

八·有 1/能爲余拜楮～含(今)可(兮)

析

三·中 20/孚怢(過)戕(干)～

休

三·彭 1/～才(哉)

杭

五·三 14/牆(將)齊勿～

榠(果、罺)

果

三·周 15/～(冥)豕(余)

五·三 19/母曰～=(冥冥)

罺

五·三 12/～鮹(澗)之邑

桎

二·容 44/從而～晷(梏)之

 二・容 45/於是虐(乎)笅(作)爲金～三千

 二・容 45/既爲金～

梏(槔、皋)

槔

 三・周 22/僮牛之～(梏)

 五・姑 9/～者(諸)廷

皋

 二・容 44/從而桎～(梏)之

 五・鬼 7/～(梏)

 卉 3/敢戟(陳)□～

檻

 七・武 7/～名(銘)曰

柙(⿸虍幸)

⿸虍幸

 四・曹 18/綞(纏—繕)～(甲)利兵

 四・曹 31/〔凡〕遳(失)車～(甲)

 四・曹 39/人之～(甲)不緊(緊)

 四・曹 39/我～(甲)必緊(緊)

 四・曹 51/綞(纏)～(甲)利兵

 九・陳 18/……徒～(甲)居逡(後)

 九・陳 18/則徒～(甲)進退

杸

 一・性 39/□也弗～(輔)不足

棨

 六・孔 3/而～(敷/布){尃}餌(聞)丌(其)訇(詞/辭)於俤(逸)人虐(乎)

板

 二・容 7/於是於恃(持)～正立

 一・緇 4/上帝～=(板板)

 六・孔 18/亓(其)行～恭哀與

⿰木曲

 七・武 3/～(曲)折而南

柍

 八・命 4/進可吕(以)甹(聘)～(英)

棶(楼)

楼

三・周 35/大訏不～(來)

槿

二・容 45/専亦㠯(以)爲～

七・凡甲 1/既臬(本)既～(根)

七・凡乙 1/既臬(本)既～(根)

檠

九・舉 2/☐～(令)䎽(聞)光剌(烈)之𣞃(族)

東　部

東

三・周 35/不利～北

三・周 57/～峉(鄰)殺牛

三・中 2/夫季是(氏)河～之城(盛)豪(家)也

二・容 20/～方之羿(旗)㠯(以)日

二・容 25/～豉(注)之沺(海)

二・容 25/～豉(注)之沺(海)

二・容 26/～豉(注)之河

二・容 31/～方爲三倍(造)

二・容 26/～豉(注)之沺(海)

四・采 1/出門以～

四・曹 1/～西七百

五・弟 18/～西南北

六・競 10/翏(聊)、聑(攝)以～

七・武 3/～面而立

七・凡甲 10/水之～湋(流)

七・凡乙 8/水之～湋(流)

七・吴 5/～海之表

 八・成 16/才(在)周之～

林 部

林(林、⿱林口)

林

 二・容 31/蓁～内(入)

 四・柬 22/命(令)尹子～餌(問)於大(太)宭(宰)子畫(之)

⿱林口

 六・競 8/山～(林)叓(使)莄(衡)守之

無

 二・容 4/邦～飤(食)人

 二・容 4/道洛(路)～殤死者

 二・容 6/不型(刑)殺而～兆(盜)惻(賊)

 二・容 18/田～剌(蔡)

 二・容 18/闡(關)市～賦

 二・容 29/～求不旻(得)

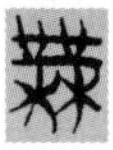 二・容 43/～萬(勵)於民

 二・容 50/含(今)受(紂)爲～道

 三・亙 1/亙(恒)先～又(有)

 三・亙 6/～胃(謂)或(域)

 三・亙 6/～胃(謂)又(有)

 三・亙 6/～胃(謂)生

 三・亙 6/～胃(謂)音

 三・亙 6/～胃(謂)言

 三・亙 7/～胃(謂)名

 三・亙 7/～胃(謂)事

 三・亙 7/不笈(作)～事

 三・亙 8/又(有)絧(治)～嬰(亂)

 三・亙 11/～夜(舍)也

 三・亙 11/～與也

 三・亙 12/丌(其)事～不逡(復)

 三・亙 12/～許亟(極)

 三・亙 12/～非丌(其)所

 三・亙 12/～不旻(得)丌(其)亟(極)而果述(遂)

 三・亙 13/～又(有)灋(廢)者

四・柬 3/～又(有)名山名溪

五・弟 13/～所又(有)余

五・三 1/槑(明)王～思

五・三 7/凡飤(食)畬(飲)～量詯(計)

五・三 9/乃～凶材(災)

五・三 18/天～不從

五・三 4/君～宔(主)臣是胃(謂)畏(危)

五・三 7/憙(喜)樂～堇(限)厇(度)

六・莊 1/虗(吾)既果城～鐸

六・用 17/事既～社

港甲 4/乃～凶祅

八・王 1/觀～愄(畏)

八・志 2/～愄(畏)

八・志 7/虗(吾)～女(如)袿(社)

九・陳 6/君王不智(知)忹(狂)之～栽(才)

九・陳 10/君王不智(知)臣之～栽(才)

九・卜 1/人～咎

九・卜 2/凥(處)宮～咎

九・卜 6/貞邦～咎

九・卜 7/亦～它色

楚

一・孔 26/陘(隰)又(有)長(萇)～

四・昭 9/天加禍於～邦

四・昭 9/～邦之良臣所晵骨

四・柬 3/欲祭於～邦者虐(乎)

四・柬 5/～邦又(有)祟(常)古(故)

四・柬 6/爲～邦之魂(鬼)神宔(主)

四・柬 17/君皆～邦之牆(將)軍

六・壽 1/禍(禍)敗因童(重)於～邦

六・壽 3/君王與～邦懼懸

 六・木 4/王子不旻(得)君～邦

 七・鄭甲 2/～邦囟(思)爲者(諸)矦(侯)正

 七・鄭乙 2/～邦囟(思)爲者(諸)矦(侯)正

 七・君甲 2/～邦之中

 七・君甲 3/君王又(有)～

 七・君甲 4/君王又(有)～

 七・君乙 2/～邦之中

 七・君乙 3/君王又(有)～

 七・君乙 4/君王又(有)～

 七・吴 3/靑(請)城(成)於～

 七・吴 9/～人爲不道

 八・子 4/魯司寇(寇)奇(寄)䇂(言)遊於逡～

 八・命 1/命虛(吾)爲～邦

 八・命 6/紿(治)～邦之正(政)

 八・命 8/亡僕(僕)之尚(掌)～邦之正(政)

 八・命 8/君王之所㠯(以)命與所爲於～邦

 八・命 9/含(今)見(視)日爲～命(令)尹

 八・志 1/是～邦之弫(強)秎(梁)人

 八・志 8/臣～邦

 九・成甲 5/君爲～邦老

 九・成乙 1/豰(穀)虖(於)余(菟)爲～邦老

 九・陳 12/～邦之古(故)車爲宔(主)女(安—焉)

 九・邦 1/天加訛(禍)於～邦

才 部

才

 二・從甲 13/不必～(在)近泥(昵)藥(樂)

二・從甲 18/行～(在)己而名才(在)人

二・從甲 18/行才(在)己而名～(在)人

三・周 7/～(在)帀(師)审(中)吉

三・周 17/又(有)孚～(在)道已明

三・周 56/取皮(彼)～(在)坹(穴)

三・中 7/舉(舉)臤(賢)～

三・中 9/唯(雖)又(有)臤(賢)～

三・中 9/敢昏(問)舉(舉)～

三・中 10/夫臤(賢)～不可穿(弇)也

三・中 15/善～(哉)昏(問)虐(乎)

三・亘 4/槩(氣)訐(信)神～(哉)

三・彭 1/休～(哉)

一・孔 12/《梂(樛)木》福斯～(在)君子

一・孔 22/王～(在)上

二・子 8/女(如)舜～(在)含(今)之殜(世)則可(何)若

二・魯 2/可(何)～(哉)

二・魯 3/此是～(哉)

二・魯 6/公剴(豈)不饭梁(粱)飤(食)肉～(哉)

二・容 2/而官丌(其)～(材)

二・容 9/會～(在)天陛(地)之閒

二・容 9/而橐(包)～(在)四海(海)之内

二・容 16/祔(禍)～(災)迲(去)亡

四・昭 3/不䄅(幸)儯(僕)之父之骨～(在)於此室之墮(階)下

四・曹 5/管(孰)能並兼人～(哉)

四・曹 10/曼(顯)～(哉)

四・曹 23/怂(過)不～(在)子才(在)頁(寡)人

四・曹 23/怂(過)不才(在)子～(在)頁(寡)人

五・君 7/亓(其)～(在)廷(庭)鼎(則)欲(欲)齊齊

五・君 8/亓(其)～(在)堂鼎(則)〼

五・季 2/孝=(君子)～(在)民之上

五・季 22/母(毋)歼～(在)逡(後)

五・季 1/翟(一)不智(知)民务(務)之女(安—焉)～(在)

五・競 6/可虐(乎)～(哉)

五・競 9/戔(幾)不二子之惪也～(哉)

 五・三 5/善～(哉)

 五・三 5/晷(三)善～(哉)

 五・三 17/天～(哉)

 五・三 17/人～(哉)

 五・三 17/匍(倗)可新(新)～(哉)

 五・三 17/叟(没)亓(其)身～(哉)

 四・内 7/若～(在)腹(腹)中攷(巧)夐(弁)

 四・内 10/～(在)小不訵(爭)

 四・内 10/～(在)大不亂(亂)

 五・姑 6/可(何)㠯(以)女(如)是亓(丌)疾與～(哉)

 五・姑 7/虘(吾)敢欲(欲)褱(顧)䜌(領)㠯(以)事殜(世)～

 五・姑 7/立死可歲(傷)～

 五・姑 4/隹(誰)欲(欲)畜(畜)女者～

 五・姑 6/褱(顧)䜌(領)㠯(以)至於含(今)～

 二・民 8/善～(哉)

 二・民 9/丌(其)～(在)誃(辯)也

 五・競 6/可虐(乎)～(哉)

 六・競 12/善～(哉)

 六・用 10/言～(在)家室

 六・用 13/又臏～(在)心

 六・天甲 10/～(在)道不語匿

 六・天乙 9/～(在)道不語匿

 七・武 2/～(在)丹箸(書)

 七・君甲 2/虗(吾)䡅(焉)又(有)白玉三回而不戔(展)～(哉)

 七・君甲 8/君人者可(何)必安～(哉)

 七・君甲 9/君人者可(何)必安～(哉)

 七・君乙 2/虗(吾)䡅(焉)又(有)白玉三回而不戔(展)～(哉)

 七・君乙 8/君人者可(何)必安～(哉)

 七・君乙 9/君人者可(何)必安～(哉)

 七・凡甲 4/五言～(在)人

 七・凡乙 3/五言～(在)人

七·吴 5/幾(豈)不左(差)～(哉)

七·吴 6/～(在)敓(波)戠(濤)之閈(間)

七·武 1/尧、舜之道～(在)虐(乎)

八·顔 3/☐必不～(在)𢇍(兹)之内矣

八·成 2/☐王～(在)鎬

八·成 2/敬之～(哉)

八·成 2/𪏁(朕)聑(聞)～(哉)

八·成 3/各～(在)亓(其)身

八·成 12/道大～(在)

八·成 14/可㠯(以)智(知)亡～(哉)

八·成 16/～(在)周之東

八·蘭 1/厇(宅)～(在)學(幽)审(中)

八·蘭 2/緩～(哉)蕑(蘭)可(兮)

九·成乙 3/言虐(乎)君子～(哉)

九·舉 27/……☐李(李)正(政)估?～(在)岂(美)

九·史 4/虐(乎)～(哉)

九·史 10/未或能～立於陛(地)之上

九·邦 6/先君之子(聚?)～(在)外

九·史 12/善～(哉)

朼

一·緇 20/～(必)見丌(其)轚(轍)

一·緇 20/～(必)〔見其敝〕

一·緇 21/～(必)見丌(其)成

九·史 3/～(必)危(危)亓(其)邦冡(家)

九·卜 5/邦～朼(必)又(有)疾

叒　部

桑

二·民 6/亡(無)備(服)之～(喪)

二·民 7/亡(無)備(服)之～(喪)

二·民 11/亡(無)備(服)之～(喪)

 二・民 12/亡(無)備(服)之～(喪)

 二・容 41/之(至)～(蒼)虛(梧)之埜(野)

 四・采 1/～之末

之 部

之

 一・孔 4/戔民而豫(裕)～

 一・孔 4/民～又(有)戚惓(患)也

 一・孔 4/上下～不和者

 一・孔 5/敬宗宙(廟)～豊(禮)

 一・孔 5/秉吝(文)～悳(德)

 一・孔 6/秉吝(文)～悳(德)

 一・孔 6/虗(吾)敬～

 一・孔 6/虗(吾)敓(悦)～

 一・孔 6/二句(后)受～

 一・孔 7/城(誠)胃(謂)～也

 一・孔 7/城(誠)命～也

 一・孔 8/皆言上～衰也

 一・孔 8/王公恥～

 一・孔 8/則言讒(讒)人～害也

 一・孔 9/《詠(祈)父》～責

 一・孔 9/多恥者丌(其)怲～啓(乎)

 一・孔 10/《闡(關)疋(雎)》～改

 一・孔 10/《梂(樛)木》～時

 一・孔 10/《灘(漢)圭(廣)》～智(知)

 一・孔 10/《鵲樔(巢)》～歸

 一・孔 10/《甘棠》～保(報)

 一・孔 10/《緑衣》～思

 一・孔 10/《鷃(燕)鷃(燕)》～情

 一・孔 11/《闡(關)疋(雎)》～改

 一・孔 11/《梂(樛)木》～時

 一・孔 11/《灘(漢)圭(廣)》～智(知)

 一・孔 11/《鵲樔(巢)》～歸

 一・孔 14/吕(以)埜(琴)𤦡(瑟)～敓(悦)

 一・孔 14/㠯(擬)好色～忑(願)

 一・孔 14/吕(以)鐘鼓～樂

 一・孔 15/《甘棠》～忢(愛)

 一・孔 16/《緑衣》～憂

 一・孔 16/《鷃(燕)鷃(燕)》～情

 一・孔 16/虗(吾)吕(以)《蓠(葛)䡞(覃)》旻(得)氏初～峕(詩)

 一・孔 16/夫萬(葛)～見訶(歌)也

 一・孔 17/酒(將)中(仲)～言

一·孔 17/《湯(揚)～水》丌(其)炁(愛)婦㓬(烈)

一·孔 17/《菜(采)萬(葛)》～炁(愛)婦

一·孔 18/因《木苽(瓜)》～保(報)

一·孔 20/幣帛～不可迲(去)也

一·孔 20/或前～而句(後)交

一·孔 21/《臧(將)大車》～囂也

一·孔 21/《審(湛)零(露)》～賹也

一·孔 21/虐(吾)善～

一·孔 21/虐(吾)憙(喜)～

一·孔 21/虐(吾)信～

一·孔 21/虐(吾)岦(美)～

一·孔 22/敓(悅)～

一·孔 22/虐(吾)善～

一·孔 22/虐(吾)憙(喜)～

一·孔 22/虐(吾)信～

一·孔 22/虐(吾)岦(美)～

一·孔 24/㠯(以)□□～古(故)也

一·孔 24/句(后)稷～見貴也

一·孔 24/則㠯(以)文武～悳(德)也

一·孔 24/虐(吾)㠯(以)《甘棠》旻(得)宗宙(廟)～敬

一·孔 25/《大田》～卒章

一·孔 26/《隉(隰)又(有)長(萇)楚》旻(得)而悬(悔)～也

一·孔 27/可(何)斯雀(誚)～矣

一·孔 27/虐(吾)奚舍～

一·孔 27/《北風》不絶人～惋(怨)

一·緇 5/隹(唯)王～功(邛)

一·緇 5/君好則民谷(欲)～

一·緇 6/則下～爲息(仁)也静(爭)先

一·緇 7/四或(國)川(順)～

一·緇 8/下土～士

一·緇 8/蔓(萬)民𡨦～

一·緇 8/下～事上也

一·緇 9/上～好亞(惡)不可不斳(慎)也

一·緇 9/民～標(表)也

一·緇 11/大臣～不皋(親)也

一·緇 11/邦家～不寧也

一·緇 12/民～蘁也

一·緇 12/晉(祭)公～寡(顧)命員(云)

一·緇 13/長民者教～㠯(以)悳(德)

一·緇 13/齊～㠯(以)豊(禮)

一·緇 13/教～㠯(以)正(政)

 一・緇 13/齊～吕(以)型(刑)

 一・緇 13/古(故)慈吕(以)悉(愛)～

 一・緇 13/信吕(以)結～

 一・緇 13/龍(恭)吕(以)立(莅)～

 一・緇 14/隹(惟)复(作)五虎(瘧)～型(刑)曰法

 一・緇 14/正(政)～不行

 一・緇 14/教～不城(成)也

 一・緇 15/番(播)型(刑)～由(迪)

 一・緇 17/言率行～

 一・緇 18/白珪～砧(玷)尚可磨

 一・緇 18/此言～砧(玷)不可爲

 一・緇 19/齊(質)而守～

 一・緇 19/齊(質)而亲(親)～

 一・緇 19/陞(略)而行～

 一・緇 21/備(服)～亡臭(斁)

 一・緇 21/人～好我

 一・緇 22/古(故)君子～春(友)也又(有)晢(香)

 一・緇 23/虐(吾)弗信～矣

 一・性 1/憙(喜)惹(怒)哀悲～熨(氣)

 一・性 1/則勿(物)取～

 一・性 2/智(知)情者能出～

 一・性 3/勿(物)取～也

 一・性 3/金石～又(有)聖(聲)也

 二・子 1/又(有)吴(虞)是(氏)～樂正宫(瞽)宑(瞍)之子也

 二・子 1/又(有)吴(虞)是(氏)之樂正宫(瞽)宑(瞍)～子也

 二・子 2/伊䢓(堯)～悳(德)則甚盟(明)舉(與)

 二・子 2/叁(舜)嗇于童土～田

 二・子 3/則～

 二・子 3/童土～莉(黎)民也

 二・子 5/䢓(堯)～取叁(舜)也

 二・子 5/從者(諸)卉(草)茅～中

 二・子 5/與～言豊(禮)

 二・子 6/叏(使)旻(得)丌(其)社禝百眚(姓)而奉守～

 二・子 6/䢓(堯)見叁(舜)～悳(德)臤(賢)

 二・子 6/古(故)讓～

 二・子 6/䢓(堯)～旻(得)叁(舜)也

 二・子 6/叁(舜)～悳(德)則城(誠)善舉(與)

 二・子 7/先王～遊

 二・子 7/叁(舜)丌(其)可胃(謂)受命～民矣

 二・子 8/古(故)夫叁(舜)～悳(德)丌(其)城(誠)臤(賢)矣

 二・子 8/采(由)者(諸)畎(畎)晦(畝)～中

 二・子 8/女(如)叁(舜)才(在)含(今)～殜(世)則可(何)若

 二・子 9/厽(三)王者～乍(作)也

 二・子 9/而(爾)昏(問)～也

 二・子 10/禼(契)～母

 二・子 10/又(有)卤(娀)是(氏)～女也

 二・子 11/觀于伊而旻(得)～

 二・子 11/遊於央臺～上

 二・子 11/取而軟(吞)～

 二・子 12/句(后)稷～母

 二・子 12/又(有)詞(邰)是(氏)～女也

 二・子 12/游于玄咎(丘)～内(汭)

 二・子 12/冬見芙攼(薊)而薦～

 二・子 12/帝～武

 二・子 13/是句(后)稷～母也

 二・子 13/厽(三)王者～乍(作)也女(如)是

 二・子 14/厽(三)天子事～

 二・魯 1/子不爲我圖(圖)～

 二・魯 2/～可(何)才

 二・魯 2/㠯(庶)民智(知)敓(説)～事䰠(鬼)也

 二・魯 3/而(爾)昏(聞)巷逄(路)～言

 二・魯 3/毋(無)乃胃(謂)丘～倉(答)非與

 二・從甲 1/䎽(聞)～曰

 二・從甲 1/昔三弋(代)～明王之又(有)天下者

 二・從甲 1/昔三弋(代)之明王～又(有)天下者

 二・從甲 1/莫～舍(予)也

 二・從甲 1/而□取～

 二・從甲 1/夫是則獸(守)～㠯(以)信

 二・從甲 2/季(教)～㠯(以)義

 二・從甲 2/行～㠯(以)豊(禮)也

 二・從甲 3/季(教)～㠯(以)型(刑)則逐

 二・從甲 3/䎽(聞)～曰

 二・從甲 5/䎽(聞)～曰

 二・從甲 8/䎽(聞)～曰

 二・從甲 9/䎽(聞)～曰

 二・從甲 11/䎽(聞)～曰

 二・從甲 12/必或智(知)～

 二・從甲 13/聞(聞)～曰

 二・從甲 13/君子～相遼(就)也

 二・從甲 15/胃(謂)～必城(成)

 二・從甲 16/㠯(以)軛(犯)賡㲹(犯)見不訓行以出～

 二・從甲 16/聞(聞)～曰

 二・從甲 17/人則啟道～

 二・從甲 17/後人則奉相～

 二・從甲 17/器～

 二・從甲 18/〔後人〕則暴毀～

 二・從甲 18/聞(聞)～曰

 二・從甲 19/～人可也

 二・從甲 19/聞(聞)～曰

 二・從甲 14/而不敢㚖(盡)～

 二・從乙 1/〔九〕曰軛(犯)人～柔(務)

 二・從乙 2/聞(聞)～曰

 二・從乙 3/聞(聞)～曰

 二・從乙 4/聞(聞)～曰

 二・從乙 4/豊(禮)～綸也

 二・從乙 4/息(仁)～宗也

 二・從乙 5/是古(故)君子男(強)行㠯(以)時(待)名～至也

 二・昔 1/君～毋(母)俤(弟)是相

 二・昔 1/大(太)子前～毋(母)俤(弟)

 二・昔 1/前～

 二・昔 1/肰(然)句(後)并聖(聽)～

 二・昔 2/卲(召)～

 二・昔 2/女(如)祭祀～事

 二・昔 4/唯邦～大柔(務)是敬

 二・容 1/～又(有)天下也

 二・容 3/㝵(教)而𢡺(誨)～

 二・容 3/歙(飲)而飤(食)～

 二・容 3/思役百官而月青(請)～

 二・容 5/四海(海)～外寽(賓)

 二・容 5/四海(海)～內貞

 二・容 5/㞷(匡)天下～正(政)十又(有)九年而王天下

 二・容 6/昔先(堯)凥(處)于丹府與藋陵～閒

二・容 7/於是虖(乎)方百里～中

二・容 7/衒(率)天下～人遼(就)

二・容 7/奉而立～

二・容 7/褱(懷)㠯(以)逨(來)天下～民

二・容 8/于是虐(乎)訂(始)語尭(堯)天陞(地)人民～道

二・容 8/與～言正(政)

二・容 8/與～言樂

二・容 8/與～言豊(禮)

二・容 9/會才(在)天陞(地)～閒

二・容 9/而橐(包)才(在)四海(海)～内

二・容 9/尭(堯)乃爲～耆(教)曰

二・容 10/天下～臤(賢)者莫之能受也

二・容 10/天下之臤(賢)者莫～能受也

二・容 10/萬邦～君

二・容 11/而臤(賢)者莫～能受也

二・容 11/於是虐(乎)天下～人

二・容 12/見夋(舜)～臤(賢)也

二・容 13/而卒立～

二・容 13/尭(堯)𦖞(聞)～而敚(美)亓(其)行

二・容 14/以三從夋(舜)於旬(畎)晦(畝)～中

二・容 14/佮(謁)而坐～

二・容 16/㠯(以)定男女～聖(聲)

二・容 16/昔者天陞(地)～差(佐)夋(舜)而右(佑)善

二・容 17/見墨(禹)～臤(賢)也

二・容 17/墨(禹)乃五罷(讓)以天下～臤(賢)者

二・容 18/肰(然)句(後)敢受～

二・容 18/墨(禹)乃因山陵坪(平)陻(隰)～可封邑者而緐(繁)實之

二・容 19/墨(禹)乃因山陵坪(平)陻(隰)之可封邑者而緐(繁)實～

二・容 19/因民～欲

二・容 19/會天陞(地)～利

二・容 19/四海(海)～内

二・容 20/四海(海)之内及四海(海)～外皆青(請)社(貢)

 二・容 20/墨(禹)肰(然)句(後)飼(始)爲～啓(號)羿(旗)

 二・容 20/東方～羿(旗)㠯(以)日

 二・容 20/西方～羿(旗)㠯(以)月

 二・容 20/南方～羿(旗)㠯(以)它(蛇)

 二・容 21/中正～羿(旗)㠯(以)澳(熊)

 二・容 21/北方～羿(旗)㠯(以)鳥

 二・容 22/以爲民～又(有)詓(訟)告者鼓女(安—焉)

 二・容 28/天下～民居奠

 二・容 25/東豉(注)～海(海)

 二・容 26/東豉(注)～海(海)

 二・容 27/東豉(注)～河

 二・容 27/北豉(注)～河

 二・容 24/脛不生～毛

 二・容 24/㠯(以)波(陂)明者(都)～澤

 二・容 25/決九河～滐

 二・容 25/東豉(注)～海(海)

 二・容 29/乃鞭(辨)侌(陰)昜(陽)～槩(氣)

 二・容 30/三年而天下～人亡(無)訟獄者

 二・容 30/灸(舜)乃欲會天陸(地)～槩(氣)而聖(聽)甬(用)之

 二・容 40/傑(桀)乃逃～南菓(巢)是(氏)

 二・容 40/湯或(又)从而攻～

 二・容 30/灸(舜)乃欲會天陸(地)之槩(氣)而聖(聽)甬(用)～

 二・容 31/救聖(聲)～紀(紀)

 二・容 34/見台(皋)咎(陶)～臤(賢)也

 二・容 34/台(皋)秀(陶)乃五䛐(讓)以天下～臤(賢)者

 二・容 35/傑(桀)不述丌(其)先王～道

 二・容 35/□是(氏)～又(有)天下

 二・容 36/天陸(地)四時～事不攸(修)

 二・容 38/不量丌(其)力～不足

 二・容 39/湯餌(聞)～

 二・容 39/秕三十仁而能～

 二・容 39/肰(然)句(後)從而攻～

二・容 40/傑(桀)乃逃～鬲(歷)山是(氏)

二・容 40/湯或(又)从而攻～

二・容 40/降自鳴攸(條)～述(遂)

二・容 40/吕(以)伐高神～門

二・容 41/～(至)桑(蒼)虐(梧)之埜(野)

二・容 41/之(至)桑(蒼)虐(梧)～埜(野)

二・容 41/湯於是虐(乎)誁(征)九州～帀(師)

二・容 41/吕(以)霃四海(海)～内

二・容 41/於是虐(乎)天下～兵大记(起)

二・容 42/受(紂)不述丌(其)先王～道

二・容 44/於是虐(乎)复(作)爲九城(成)～臺

二・容 44/思民道～

二・容 44/從而桎𠦬(梏)～

二・容 45/不聖(聽)丌(其)邦～正(政)

二・容 45/於是虐(乎)九邦畔(叛)～

二・容 46/文王餌(聞)～曰

二・容 46/受(紂)餌(聞)～

二・容 47/乃出文王于邑(夏)臺～下而餌(問)女(安—焉)

二・容 48/三鼓而進～

二・容 48/三鼓而退～

二・容 48/豐喬(鎬)～民餌(聞)之

二・容 48/豐喬(鎬)之民餌(聞)～

二・容 49/高下肥毳～利書(盡)智(知)之

二・容 49/高下肥毳之利書(盡)智(知)～

二・容 49/智(知)天～道

二・容 49/智(知)陸(地)～利

二・容 49/昔者文王～差(佐)受(紂)也

二・容 50/虐(吾)敓而弋(代)～

二・容 50/虐(吾)伐而弋(代)～

二・容 50/虐(吾)勴(勴)天畏(威)～

二・容 51/至于共絭(縢)～闕(間)

二・容 52/吕(以)少(宵)會者(諸)侯～帀(師)于畓(牧)之埜(野)

二・容 52/吕(以)少(宵)會者(諸)矦之帀(師)于嘼(牧)～埜(野)

二・容 52/而旻(得)遊(失)行于民～脣(辰)也

二・容 52/或亦记(起)帀(師)以逆～

二・容 53/虐(吾)敾(勴)天畏(威)～

三・周 6/冬(終)朝晶(三)褫(表)～

三・周 9/又(有)孚比～

三・周 9/比～自内

三・周 9/比～非(匪)人

三・周 10/外𢻹(比)～

三・周 11/自天右(佑)～

三・周 17/系而敂(扣)～

三・周 17/从乃讎(維)～

三・周 18/榦(幹)父～蛊(蠱)

三・周 18/榦(幹)母～蛊(蠱)

三・周 18/榦(幹)父～蛊(蠱)

三・周 20/不畜～

三・周 21/人～旻(得)

三・周 21/邑人～兂(災)

三・周 22/僮(童)牛～𣏃(牿)

三・周 23/芬(豶)豕～𤘅(牙)

三・周 23/𠀠(何)天～𠄖(衢)

三・周 30/𢦏用黄牛～革

三・周 30/莫～㔽(勝)(敚?)

三・周 35/非今～古(故)

三・周 47/巩(鞏)用黄牛～革

三・周 47/攺(改)日乃革～

三・周 53/旻(得)僮(童)僕(僕)～貞

三・周 56/弗遇怴(過)～

三・周 56/飛鳥羅(離)～

三・周 57/不女(如)西嚣(鄰)～酌祭

三・中 2/𢘓昏(聞)～

三・中 2/夫季是(氏)河東～城(盛)豪(家)也

三・中 4/叀(使)售(雍)也從于宨(宰)夫～後

三・中 5/爲～宗愳(謀)女(汝)

三・中 6/至敬～

三・中 8/正(政)～𠳋(始)也

三・中 8/夫先又(有)司爲～女(如)可(何)

三・中 10/女(如)～可(何)

三・中 10/人丌(其)豫(舍)～者

三・彭 7/氏(是)胃(謂)百眚(姓)～宔

三・中 11/𦥯(舉)～

三・中 13/備(服)～悉(緩)

 三・中 13/綴(緩)恖(施)而䜅放～

 三・中 16/小人～至者

 三・中 16/季(教)而叓(使)～

 三・中 18/昔三弋(代)～明王又(有)四海之内

 三・中 18/昔三弋(代)之明王又(有)四海～内

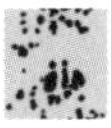 三・中 20/含(今)～君子

 三・中 20/含(今)～君子

 三・中 23/至悉(爱)～졸(卒)也

 三・中 24/～

 三・中 25/含(今)～君子叓(使)人

 三・中附簡/女(汝)蜀(獨)正～

 三・亘 2/亘(恒)燹(氣)～

 三・亘 4/生～生行

 三・亘 7/䢽(舉)天～事

 三・亘 9/亘(恒)燹(氣)～生

 三・亘 10/又恷(疑)恋(怳)言～遂(後)者季(教)比安

 三・亘 10/䢽(舉)天下～名

 三・亘 10/䢽(舉)天下～复(作)強者

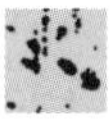 三・亘 11/～大复(作)

 三・亘 11/䢽(舉)天下～爲也

 三・亘 12/䢽(舉)天下～生同也

 三・亘 12/天下～复(作)也

 三・亘 12/䢽(舉)天下～复(作)也

 三・亘 13/㝵(得)～

 三・亘 13/甬(庸)或遊(失)～

 三・亘 13/䢽(舉)天下～名

 三・亘 13/與天下～明王

 三・彭 1/皮(彼)天～道

 三・彭 2/戒～毋喬(驕)

 三・彭 2/大䊢(匡)～婁

 三・彭 4/夫子～悳(德)登矣

 三・彭 4/古(故)君～恣(愿)

 三・彭 6/□□～恳(謀)不可行

 三・彭 6/述(怵)愓～心不可長

 四・采 1/喪～末

 四・采 2/不要～媑

 四・采 3/城上生～葦

 四・采 3/道～遠尔(邇)

 四・采 3/廛(輾)軔(轉)～賓

四・采 4/鵅(鷺)羽～白也

四・采 4/子～睇(睇)奴

四・采 5/思～

四・昭 1/卲王爲室於死沍～瀘(滸)

四・昭 1/牆(將)袼～

四・昭 1/既𤰈(𥜽?)～

四・昭 2/君～備不可㠯(以)進

四・昭 2/少(小)人～告

四・昭 3/僕(僕)～毋辱君王

四・昭 3/不㚔(幸)僕(僕)～父之骨才(在)於此室之𨻰(階)下

四・昭 3/不㚔(幸)僕(僕)之父～骨才(在)於此室之𨻰(階)下

四・昭 3/不㚔(幸)僕(僕)之父之骨才(在)於此室～𨻰(階)下

四・昭 4/㠯(以)僕(僕)～不㝵(得)

四・昭 4/並僕(僕)～父母之骨

四・昭 4/並僕(僕)之父母～骨

四・昭 4/辻(卜)命(令)尹不爲～告

四・昭 4/辻(卜)命(令)尹爲～告

四・昭 6/𦣞(龔)～腓馭(御)王

四・昭 6/大尹遇～

四・昭 7/不䑋(䑋)要(腰)頸～辠(罪)

四・昭 7/王訋(召)而余～袿(領)衺

四・昭 7/𦣞(龔)～腓被之

四・昭 7/𦣞(龔)之腓被～

四・昭 7/王命𦣞(龔)～腓毋見

四・昭 8/大尹昏(問)～

四・昭 8/老臣爲君王戰(獸)見(視)～臣

四・昭 8/或昏(昧)死言僕(僕)見腓～寒也

四・昭 9/此則僕(僕)～辠(罪)也

四・昭 9/大尹～言腓可

四・昭 9/楚邦～良臣所朁骨

四・昭 10/㐫邦人𪗔(皆)見～

四・昭 10/女(安—焉)命𦣞(龔)～腓見

四・柬 2/龜尹智(知)王～庶(炙)於日

四・柬 2/贅(釐)尹智(知)王～疠(病)

四・柬 3/尚(當)謐(蔽)而卜～

四・柬 4/牆(將)祭～

 四・柬 4/詤(蔽)而卜～

 四・柬 5/既詤(蔽)而卜～

 四・柬 5/速祭～

 四・柬 6/爲楚邦～魂(鬼)神宔(主)

 四・柬 6/不敢㠯(以)君王～身弁(變)亂魂(鬼)神之祟(常)古(故)

 四・柬 6/不敢㠯(以)君王之身弁(變)亂魂(鬼)神～祟(常)古(故)

 四・柬 7/㠯(以)君王～身殺祭

 四・柬 9/牆(將)鼓而涉～

 四・柬 10/皮(彼)聖人～子孫

 四・柬 11/鼓而涉～

 四・柬 11/～旗(旱)母(毋)帝(謫)

 四・柬 11/牆(將)命～攸(修)

 四・柬 11/者(諸)侯～君之不

 四・柬 11/者(諸)侯之君～不

 四・柬 12/而敽(刑)～以旗(旱)

 四・柬 12/此爲君者～敽(刑)

 四・柬 16/邦蕙(賴)～

 四・柬 17/大(太)宰(宰)迈而胃(謂)～

 四・柬 17/君皆楚邦～牆(將)軍

 四・柬 20/君内(入)而語僕～言於君王

 四・柬 20/君王～瘵從含(今)日㠯(以)瘉(瘥)

 四・柬 21/忎(願)䎽(聞)～

 四・柬 21/不㠯(以)亓(其)身弁(變)贅(釐)尹～祟(常)古(故)

 四・柬 22/牆(將)必智(知)～

 四・柬 22/君王～疠(病)牆(將)從含(今)日以已

 四・内 1/君子～立孝

 四・内 1/言人～君之不能㕜(使)亓(其)臣者

 四・内 1/言人之君～不能㕜(使)亓(其)臣者

 四・内 1/不與言人～臣之不能事

 四・内 2/不與言人之臣～不能事

 四・内 2/言人～臣之不能事亓(其)君者

 四・内 2/言人之臣～不能事亓(其)君者

 四・内 2/不與言人～君之不能㕜(使)亓(其)臣者

 四・内 2/不與言人之君～不能㕜(使)亓(其)臣者

 四・内 3/父～不能畜子者

 四・内 3/不與言人～子之不孝者

四·内 3/不與言人之子～不孝者

四·内 3/言人～子之不孝者

四·内 3/言人之子～不孝者

四·内 3/不與言人～父之不能畜子者

四·内 3/不與言人之父～不能畜子者

四·内 4/言人～侃(兄)之不能㥞(慈)俤(弟)者

四·内 4/言人之侃(兄)～不能㥞(慈)俤(弟)者

四·内 4/不與言人～俤(弟)之不能丞(承)侃(兄)者

四·内 4/不與言人之俤(弟)～不能丞(承)侃(兄)者

四·内 4/言人～俤(弟)之不能丞(承)侃(兄)

四·内 4/言人之俤(弟)～不能丞(承)侃(兄)

四·内 6/父毋(母)所樂樂～

四·内 6/父毋(母)所憂憂～

四·内 6/善則從～

四·内 6/不善則止～

四·内 8/嚚(隱)而任～

四·内 9/㪅(美)下～

四·内 10/民～經也

四·内 10/古(故)爲㝯(少)必聖(聽)長～命

四·内 10/爲戔(賤)必聖(聽)貴～命

四·内附簡/母(毋)忘姑姊妹而遠敬～

四·内附簡/肰(然)後奉～以中𩫖(庸)

四·曹 1/昔周室～邦魯

四·曹 2/君亓(其)煮(圖)～

四·曹 2/昔㚃(堯)～鄉(饗)舜也

四·曹 2 背/散(曹)蔑(沫)～戦(陳)

四·曹 4/今天下～君子既可智(知)已

四·曹 5/臣䎽(聞)～曰

四·曹 5/㚒(鄰)邦～君明

四·曹 6/㚒(鄰)邦～君亡道

四·曹 6/亡(無)㠯(以)取～

四·曹 7/君子旻(得)～遊(失)之

四·曹 7/君子旻(得)之遊(失)～

四·曹 8/必共(恭)㑒(儉)以旻(得)～

四·曹 8/而喬(驕)大(泰)㠯(以)遊(失)～

四·曹 8/君言亡(無)㠯(以)異於臣～言

四·曹 8/臣䎽(聞)～曰

四・曹 9/君子㠯(以)臤(賢)爯(稱)而遊(失)～

四・曹 13/臣䎽(聞)～

四・曹 14/三弋(代)～戟(陳)皆廌(存)

四・曹 14/戱(且)臣䎽(聞)～

四・曹 14/少(小)邦尻(處)大邦～閒

四・曹 15/亓(其)食足㠯(以)食～

四・曹 15/亓(其)兵足㠯(以)利～

四・曹 16/亓(其)城固足㠯(以)戟(捍)～

四・曹 16/大國新(親)～

四・曹 18/戱(且)臣～䎽(聞)之

四・曹 18/戱(且)臣之䎽(聞)～

四・曹 19/三教～末

四・曹 20/爲和於邦女(如)～可(何)

四・曹 21/《詩》於又(有)～曰

四・曹 22/民～父母

四・曹 23/君必聚羣又(有)司而告～

四・曹 23/二叄(三)子孛(勉)～

四・曹 23/〔則〕亓會(合)～不難

四・曹 25/必又(有)數大官～帀(師)

四・曹 26/攸(什)五(伍)～閒必又(有)公孫公子

四・曹 28/則民宜～

四・曹 28/戱(且)臣聞～

四・曹 29/必訋(召)邦～貴人及邦之可(奇)士

四・曹 29/必訋(召)邦之貴人及邦～可(奇)士

四・曹 30/三行～後

四・曹 31/命～毋行

四・曹 32/爲～母(毋)忍(怠)

四・曹 34/㠯(以)觀卡=(上下)～青(情)僞(僞)

四・曹 34/佖(匹)夫寡婦～獄訟

四・曹 34/君必身聖(聽)～

四・曹 35/則民新(親)～

四・曹 36/則民和～

四・曹 38/人～兵不砥礪(礪)

四・曹 39/人～虖(甲)不緊(堅)

四・曹 40/此戰(戰)～㬎(顯)道

四・曹 40/臣䎽(聞)～

四・曹 42/由邦駐(御)～

四・曹 42/此出帀(師)～幾

四・曹 43/臣䎽(聞)～

四・曹 43/此戳果～幾

四・曹 43/亓(其)迲(去)～不速

四・曹 44/亓遰(就)～不尃(迫)

四・曹 44/此戰(戰)～幾

 四・曹 45/此既戰(戰)～幾

 四・曹 47/〔死〕者收～

 四・曹 47/剔(傷)者䎽(問)～

 四・曹 50/幾莫～堂(當)

 四・曹 52/皆曰𠠷(勝)～

 四・曹 53/此復(復)盤(便)戰(戰)～道

 四・曹 53/此復(復)甘戰(戰)～道

 四・曹 54/收而聚～

 四・曹 54/𦋝(束)而厚～

 四・曹 55/思(使)良車良士往取～餌(耳)

 四・曹 55/此復(復)故(苦)戰(戰)～道

 四・曹 57/㠯(以)攻人～所亡又(有)

 四・曹 59/虐(吾)又(有)所䎽(聞)～

 四・曹 60/又(有)～虖(乎)

 四・曹 61/埇(勇)者憙(喜)～

 四・曹 61/亢者悬(悔)～

 四・曹 63/唯君亓(其)智(知)～

 四・曹 64/此先王～至道

 四・曹 64/臣䎽(聞)～

 四・曹 64/昔～明王之记(起)於天下者

 四・曹 64/昔之明王～记(起)於天下者

 港甲 5/□～悬(仁)

 五・競 1/日～食也

 五・競 1 背/競建内～

 五・競 2/群臣～皋(罪)也

 五・競 3/女(安—焉)命行先王～灋(法)

 五・競 3/糴(狄)人～伓(附)者七百邦

 五・競 4/含(今)此祭～旻(得)福者也

 五・競 4/青(請)量～㠯(以)衰胥(汲)

 五・競 4/既祭～後

 五・競 4/女(安—焉)攸(修)先王～灋(法)

 五・競 4/高宗命仪(傅)鳶(説)量～以祭

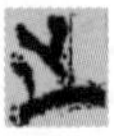 五・競 6/不遂(遷)於善而敚(奪)～

 五・競 8/含(今)内～不旻(得)百生(姓)

 五・競 8/外～爲者(諸)厌(侯)狀(笑)

 五・競 8/寡人～不剸也

五・競 9/幾(豈)不二子～慐(憂)也才(哉)

五・鮑 1/一～日而車秎(粱)城(成)

五・鮑 1/⿱殹言(殷)人～所㠯(以)弋(代)之

五・鮑 1/⿱殹言(殷)人之所㠯(以)弋(代)～

五・鮑 2/周人～所㠯(以)弋(代)之

五・鮑 2/周人之所㠯(以)弋(代)～

五・鮑 2/二厽(三)子孷(勉)～

五・鮑 3/女(如)耆(故)伽(加)～㠯(以)敬

五・鮑 4/□～

五・鮑 4/縱公～所欲

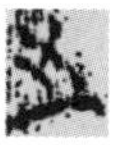
五・鮑 5/人～生厽(三)

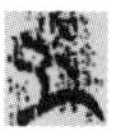
五・鮑 6/蔓(萬)輮(乘)～邦

五・鮑 6/刀(刁)～與偖(者)

五・鮑 9/鞛(鞄—鮑)弔(叔)䀠(牙)與級(隰)倗(朋)～諫

五・季 1/肥從又司～逡(後)

五・季 1/翟(一)不智(知)民矛(務)～女(安—焉)才(在)

五・季 1/售(唯)子～訇頎(脜)

五・季 1/青(請)昏(問)𡥆=(君子)～從事者於民之

五・季 1/青(請)昏(問)𡥆=(君子)之從事者於民～

五・季 2/此君子～大矛(務)也

五・季 2/青(請)昏(問)可(何)胃(謂)息(仁)～㠯(以)悳(德)

五・季 3/𡥆=(君子)才(在)民～上

五・季 3/執民～中

五・季 3/氏(是)𡥆=(君子)～恥也

五・季 4/此～胃(謂)息(仁)之㠯(以)悳(德)

五・季 4/此之胃(謂)息(仁)～㠯(以)悳(德)

五・季 5/事皆旻(得)亓(其)舊(雚)而弫(強)～

五・季 5/百眚(姓)送～㠯(以)□▨

五・季 6/丘昏(聞)～孟者昃曰

五・季 6/㠯(以)箸(書)𡥆=(君子)～悳(德)也

五・季 7/㠯(以)斤𡥆=(君子)～行也

五・季 7/𡥆=(君子)涉～

五・季 7/尖=(小人)雚～

五・季 8/㠯(以)凥(處)邦豪(家)～述曰

五・季 9/坓(丘)昏聞～

五・季 10/是古(故)臤(賢)人~居邦豪(家)也

五・季 11/毋乃肥~昏也

五・季 11/古(故)女(如)虛(吾)子~疋肥也

五・季 12/安复(作)而龘(乘)~

五・季 12/先=(先人)斎=(之所)善亦善~

五・季 13/先=(先人)之所叓(使)而行~

五・季 13/繇丘舊(雚)~

五・季 14/叡(且)夫戱含~先蒛(世)

五・季 14/三代~連(傳)叓(史)

五・季 14/幾敢不目(以)亓(丌)先=(先人)~連(傳)等(誌)告

五・季 14/古~爲邦者必以此

五・季 16/☐~必敬女賓客之事也

五・季 16/☐之必敬女賓客~事也

五・季 17/因古葥(典)豊(禮)而章~

五・季 17/皆青(請)行~

五・季 18/子~言也已至(重)

五・季 19/民~敚(美)棄亞(惡)母(女)逯(歸)

五・季 19/疋疏言而簪(蜜—密)獸(獸—守)~

五・季 20/大皋(罪)則夜~目(以)型

五・季 20/壄(中)皋(罪)則夜(赦)~目(以)罰

五・季 20/少(小)則訿(訾)~

五・季 21/□愄則民叕(?)~

五・季 21/因邦斎=(之所)臤(賢)而舉(興)~

五・季 22/大皋(罪)殺~

五・季 22/壄(中)皋(罪)型(刑)~

五・季 22/少(小)皋(罪)罰~

五・季 23/亓(丌)曲以城~

五・季 23/此孠=(君子)從事者~所啻齟也

五・姑 1/百豫反~

五・姑 1/旦夕絧(治)~

五・姑 2/□坓(郤)奇餌(聞)~

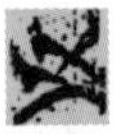
五・姑 3/於君㹨(幸)則晉邦~社秌(稷)可旻(得)而事也

五・姑 5/古(故)而反亞(惡)~

五・姑 5/唯(雖)死女(安—焉)逃~

五・姑 6/思又(有)君臣~節

五・姑 6/目(以)正上下~譌

五・姑 6/於言又(有)~

 五・姑 7/虐(吾)子耆(圖)～

 五・姑 8/取宔(主)君～衆㠯(以)不聽命

 五・姑 9/敂(拘)人於百豫㠯(以)内(入)繇(囚)～

 五・姑 9/女(汝)出内庫～繇(囚)

 五・姑 9/回而余(予)～兵

 五・君 1/言～而不義

 五・君 2/貝(視)～而不義

 五・君 2/聖(聽)～而不義

 五・君 3/～曰

 五・君 3/欲行～不能

 五・君 3/欲迲(去)～而不可

 五・君 6/聖(聲)～偮(疾)俆(徐)

 五・君 10/芫斀(贇)～徒

 五・君 11/夫子紿(治)十室～邑亦樂

 五・君 11/紿(治)蓳(萬)室～邦亦樂

 五・君 15/墨(禹)紿(治)天下～川

 五・弟 4/曹～喪

 五・弟 4/又(有)埅(地)～胃(謂)也虐(乎)

 五・弟 6/虐(吾)見～壴(矣)

 五・弟 7/虐(吾)餌(聞)父母～喪

 五・弟 9/虐(吾)見～壴(矣)

 五・弟 9/虐(吾)餌(聞)而未～見也

 五・弟 11/此～胃(謂)悬(仁)

 五・弟 12/求爲～言

 五・弟 12/求爲～行

 五・弟 21/含(今)～殜(世)□

 五・弟 22/⍁子餌(問)～曰

 五・弟 23/⍁□□～又

 五・三 1/是胃(謂)川(順)天～棠(常)

 五・三 2/敬者旻(得)～

 五・三 2/怠(怠)者遊(失)～

 五・三 2/天神～

 五・三 2/皇天牆(將)畧(興)～

 五・三 2/上帝牆(將)憎～

 五・三 3/敬～

 五・三 4/女(如)反～

 五・三 4/憂懼～閒

五・三 4/怟(疏)達～宋(次)

五・三 4/毋胃(謂)～不敢

五・三 5/毋胃(謂)～不肰(然)

五・三 5/唯福～垐(基)

五・三 6/民～所憙(喜)

五・三 7/必復(復)～㠯(以)憂喪(喪)

五・三 7/必復(復)～㠯(以)康

五・三 8/皇天～所亞(惡)

五・三 12/監川～都

五・三 12/䍃澗～邑

五・三 12/百䡘(乘)～豙(家)

五・三 12/十室～何

五・三 12/秉～不固

五・三 13/亞(惡)聖人～悬(謀)

五・三 13/天～所敗

五・三 14/舉(舆)而记(起)～

五・三 14/爲不善禍(禍)乃或(惑)～

五・三 15/毋不能而爲～

五・三 15/毋能而惖(易)～

五・三 17/敬天～㪍

五・三 17/舉(舆)地～弫

五・三 18/好昌天從～

五・三 18/好貞天從～

五・三 18/好龙天從～

五・三 18/好長天從～

五・三 18/记(起)地～

五・三 19/皇天～所棄

五・三 19/而句(后)帝～所憎

五・三 20/□～不戱(畏)

五・三 20/民～所欲

五・三 21/竿～長

五・三 22/～罡

五・三 22/四㠩(荒)～内

五・三 22/是帝～闈(關)

港甲 4/上帝憙～

五・鬼 1/天下灋(法)～

五・鬼 2/後殜(世)遂(述)～

五・鬼 2/則䰠(鬼)神～賞

五・鬼 3/天下～聖人也

五・鬼 3/天下～亂人也

五・鬼 3/女(如)㠯(以)此詰～

五・鬼 5/此～胃(謂)虐(乎)

 五・鬼 7/昔融～氏(是)帀(師)

 港甲 7/～女晏嬰也

 港甲 7/此～胃(謂)君

 一・性 4/或敂(動)～

 一・性 4/或逆～

 一・性 4/或寔(實)～

 一・性 4/或蕙(厲)～

 一・性 5/或長～

 一・性 6/凡見者～胃(謂)勿(物)

 一・性 6/快於其(己)者～胃(謂)兑(悦)

 一・性 6/勿(物)～埶(勢)者之胃(謂)埶(勢)

 一・性 6/勿(物)之埶(勢)者～胃(謂)埶(勢)

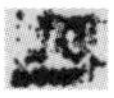 一・性 7/有爲也〔者〕～胃(謂)古(故)

 一・性 7/群善～葢也

 一・性 8/道～而已

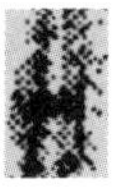 一・性 9/又(有)爲=(爲爲)～也

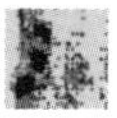 一・性 9/又(有)爲言～也

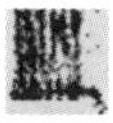 一・性 9/又(有)爲舉(舉)～也

 一・性 9/聖人比丌(其)頪(類)而侖(論)會～

 一・性 10/雚(觀)丌(其)先後而逆訓(順)～

 一・性 10/體(體)丌(其)宜(義)而節旻(文)～

 一・性 10/里(理)丌(其)情而出内(入)～

 一・性 11/或興～也

 一・性 11/堂(當)事因方而裚(制)～

 一・性 11/丌(其)先後～舍(敘)則宜道也

 一・性 11/或舍(敘)爲～節則旻(文)也

 一・性 13/憙(喜)～淺睪(澤)也

 一・性 13/憙(憙)～☐

 一・性 14/肰(然)句(後)丌(其)内(入)拔(撥)人～心也敂(厚)

 一・性 15/聖(聽)鋈(琴)瑟(瑟)～聖(聲)

 一・性 18/哭～敂(動)心也

 一・性 19/樂～敂(動)心也

 一・性 20/凡思～甬(用)心爲甚

 一・性 20/思～方也

 一・性 20/丌(其)聖(聲)弁(變)則心從～矣

 一・性 23/戔(賤)而民貴～

 一・性 24/亞(惡)～而不可非者

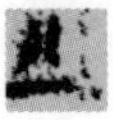 一・性 24/非～而不可亞(惡)者

 一・性 24/行～而不怤(過)

 一・性 26/門内～紿(治)

 一・性 27/〔門外〕～紿(治)

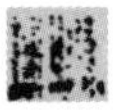 一・性 28/君子執志必又(有)夫柱=(柱柱)～心

 一・性 29/賓客～豊(禮)必又(有)夫齊=(齊齊)之頌(容)

 一・性 29/賓客之豊(禮)必又(有)夫齊=(齊齊)～頌(容)

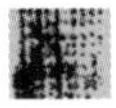 一・性 29/祭祀～豊(禮)必又(有)夫臍=(齊齊)之敬

 一・性 29/祭祀之豊(禮)必又(有)夫臍=(齊齊)～敬

 一・性 29/居喪必又(有)夫䜌=(戀戀)～哀

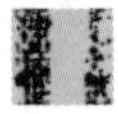 一・性 30/身必從～

 一・性 30/言及則明舉(舉)～而毋愚(僞)

 一・性 31/蜀(獨)居則習〔父〕兄～所樂

 一・性 31/少枉内(入)～可也

 一・性 31/凡憂惓(患)～事谷(欲)任

 一・性 32/弗㝵(得)～矣

 一・性 32/人～不能以愚(僞)也

 一・性 33/宜(義)～方也

 一・性 33/敬～方也

 一・性 33/勿(物)～即(節)也

 一・性 33/𢚧(仁)～方也

 一・性 33/眚(性)～方也

 一・性 33/眚(性)或生～

 一・性 35/凡甬(用)心～趮(躁)者

 一・性 35/甬(用)智～疾者

 一・性 35/甬(用)情～至〔者〕

 一・性 36/甬(用)身～弁者

 一・性 36/甬(用)力～𦘔(盡)者

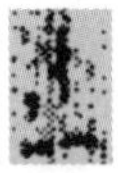 一・性 36/目～好色

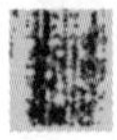 一・性 36/耳～樂聖(聲)

 一・性 36/□□～㸒(氣)也

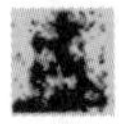 一・性 37/不〔難〕爲～死

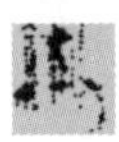 一・性 37/又(有)丌(其)爲人～傣=(傣傣)女(如)也

 一・性 37/不又(有)夫柬=(簡簡)～心則悉(采)

 一・性 37/又(有)丌(其)爲人～柬=(簡簡)女(如)也

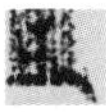 一・性 37/不又(有)夫恒惁(忻)～志則曼(慢)

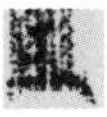 一・性 37/人～〔巧〕言利紿(詞)者

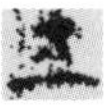 一・性 38/不又(有)夫詘=(詘詘)～心則流

 一・性 38/人～□肰(然)可與和安者

 一・性 38/不又(有)夫奮犷～情則悉(侮)

 一・性 38/又(有)丌(其)爲人～慧(快)女(如)也

 一・性 38/又(有)丌(其)爲人～

 一・性 39/慮其(斯)莫與～結

 一・性 39/慮～方也

 一・性 39/悔(謀)～方也

 一・性殘/□人訐(信)～矣

 二・民 1/民～父母

 二・民 1/敢腎(問)可(何)女(如)而可胃(謂)民～父母

 二・民 2/必達於豊(禮)綅(樂)～簒(原)

 二・民 2/必先智(知)～

 二・民 3/丌(其)〔之〕胃(謂)民～父母矣

 二・民 3/勿(物)～所至者

 二・民 3/志～〔所〕至者

 二・民 4/豊(禮)～所至者

 二・民 4/綅(樂)～所至者

 二・民 5/此～胃(謂)五至

 二・民 12/亡(無)體(體)～豊(禮)

 二・民 5/五至既餌(聞)～矣

 二・民 5/亡(無)聖(聲)～綅(樂)

 二・民 6/亡(無)備(服)～喪

 二・民 6/奚(傾)耳而聖(聽)～

 二・民 6/明目而視～

 二・民 7/此～胃(謂)三亡(無)

 二・民 7/亡(無)聖(聲)～綅(樂)

 二・民 7/亡(無)體(體)～豊(禮)

 二・民 7/亡(無)備(服)～喪

 二・民 8/亡(無)聖(聲)～綅(樂)

 二・民 9/〔亡(無)備(服)〕～喪也

 二・民 10/亡(無)聖(聲)~線(樂)

 二・民 11/〔亡(無)〕膿(體)~豊(禮)

 二・民 11/亡(無)備(服)~喪

 二・民 11/亡(無)聖(聲)~線(樂)

 二・民 11/亡(無)膿(體)~豊(禮)

 二・民 11/亡(無)膿(體)~

 二・民 12/亡(無)聖(聲)~線(樂)

 二・民 12/亡(無)備(服)~喪

 二・民 12/亡(無)聖(聲)~線(樂)

 二・民 13/亡(無)膿(體)~豊(禮)

 二・民 13/亡(無)聖(聲)~線(樂)

 二・民 13/亡(無)膿(體)~豊(禮)

 港甲 9/□好而纏~

 港甲 9/㠯(以)上下~約

 四・相 3/泵(庶)人蘿(勸)於四枳(肢)~褻(藝)

 四・相 4/不昏(問)又(有)邦~道

 四・相 4/而昏(問)相邦~道

 四・相 4/虐(吾)子~畣(答)也可(何)女(如)

 四・内 7/唯(雖)至於死從~

 四・曹 53/蔓(萬)民贑(黔)首皆欲或(又)~

 六・競 1/虐(吾)幣帛甚娓(美)於虐(吾)先君~量矣

 六・競 1/虐(吾)珪璧大於虐(吾)先君~…

 六・競 2/公舉(舉)首畣(答)~

 六・競 2/盍敀(誅)~

 六・競 3/公盍戝(誅)~

 六・競 3/公内安子而告~

 六・競 4/王命屈木昏(問)軋(范)武子~行安

 六・競 5/丌(其)祝叓(史)~爲丌(其)君祝敚也

 六・競 6/今君~貪惛(昏)蟲(苛)匿(慝)

 六・競 7/祝~多堣言

 六・競 8/今新(薪)登(蒸)思(使)吴(虞)守~

 六・競 8/蓳(澤)梁(梁)叓(使)敿(漁)守~

 六・競 8/山林叓(使)萁(衡)守~

 六・競 10/~臣

六・競 10/一丈夫執尋～幣

六・競 12/是諁(襄)逗(桓)～言也

六・競 13/公或胃(謂)～

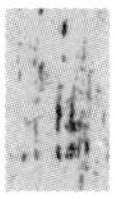
六・孔 1/雟(斯)䎽(聞)～

六・孔 3/雟(斯)忠=(中心)樂～

六・孔 4/息(仁)者是能行𦔻(聖)人～道

六・孔 4/行𦔻(聖)人～道

六・孔 5/是古(故)魚(吾)道～

六・孔 6/害君子𦔻(聖)～

六・孔 6/人～未訔(察)

六・孔 7/息(仁)人～道

六・孔 9/息(仁)爰息(仁)而進～

六・孔 10/虗(吾)聞～

六・孔 11/夫與(邪)蟡(僞)～民

六・孔 12/與(邪)蟡(僞)～民

六・孔 14/民～行也

六・孔 15/句拜四方～立㠯(以)童

六・孔 15/君子蜀～㠯(以)亓(其)所蜀

六・孔 15/規～㠯(以)亓(其)所谷

六・孔 16/安與～尻而訔(察)聞亓(其)所學

六・孔 19/完言～唇

六・孔 19/與(邪)蟡(僞)～民

六・孔 20/豹敢訌～

六・孔 22/迷言～

六・孔 22/虗(吾)子迷言～猶忎(恐)弗智

六・孔 23/生民～賜

六・孔 25/衆～所植

六・孔 25/莫～能阱也

六・孔 25/衆～所

六・孔 27/求～於中

六・孔 27/而民道～

六・莊 1/㠯(以)共春秋～祟(嘗)

六・莊 2/㠯(以)時(侍)四鄰～賓客

六・莊 2/逡(後)～人

六・莊 2/幾可保～

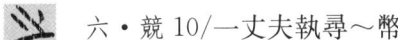

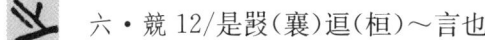

 六・莊 2/王固昏(問)～

 六・莊 3/四與五～閒虖(乎)

 六・莊 3/女四與五～閒

 六・莊 3/載～塼車上虖(乎)

 六・莊 5/王子回敚～

 六・莊 5/繙(紳)公爭～

 六・莊 6/忘夫枋(棘)述(遂)～下虖(乎)

 六・莊 6/臣不智(知)君王～牆(將)爲君

 六・莊 7/～爲君

 六・莊 7/氏(是)言棄～

 六・莊 8/君王免～

 六・莊 9/可(何)敢心～又(有)

 六・壽 1/訔(訊)～於尿(宗)廟

 六・壽 2/王固訔(訊)～

 六・壽 4/王與～語(語)少=(少少)

 六・壽 6/逡(後)～人可(何)若

 六・木 3/臧(莊)王迈(蹠)河雝～行

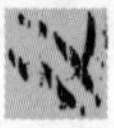 六・慎 4/民～

 六・慎 6/遠迲爲民～古

 六・慎 6/急(仁)～至

 六・用 1/思民～初生

 六・用 1/見(視)～台(以)康樂

 六・用 1/憠～台(以)兇型(刑)

 六・用 1/是善敗～經

 六・用 1/參(三)節～未旻(得)

 六・用 3/難～

 六・用 4/社～亡纏

 六・用 5/難～

 六・用 5/民～乍(作)勿(物)

 六・用 5/隹(唯)言～又(有)信

 六・用 7/咎羣言～弃

 六・用 7/亓(其)頌(容)～怍

 六・用 7/亓(其)自見(視)～泊

 六・用 7/亓(其)言～諕

 六・用 8/惦保～亟

 六・用 8/非稷～穜(種)

 六・用 8/硃(積)浧(盈)天～下

 六・用 8/而莫～能旻(得)

 六・用 10/～迡

 六・用 11/若罔(網)～未發

 六・用 11/司民～降兇

 六・用 12/若矢～夅(免)於弦

 六・用 13/隹(唯)君～賈臣

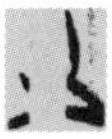 六・用 13/心牂(莊)～既權

 六・用 15/告衆～所畏忌

 六・用 15/請命～所繕

 六・用 15/而言語～所迟(起)

 六・用 15/辠(罪)～枳(枝)葉

 六・用 16/鰥～身

 六・用 16/茅～台(以)元色

 六・用 17/僉～不肎(肯)

 六・用 17/而廛(展)～亦不能

 六・用 18/聿(建)殼(設)～政

 六・用 19/又(有)泯=(泯泯)～不達

 六・用 20/又(有)但～深

 六・用 20/而又(有)弔(淑)～濮(濩)

 六・用 20/又(有)贛=(坎坎)～綌

 六・用 20/而又(有)縸=(莫莫)～夽

 六・用 20/凡民～夂(終)頪(類)

 六・用 20/古(故)君～

 六・天甲 1/天子建～吕(以)州

 六・天甲 1/邦君建～吕(以)垞

 六・天甲 1/夫=(大夫)建～吕(以)里

 六・天甲 1/士建～吕(以)室

 六・天甲 2/士象夫=(大夫)～立

 六・天甲 2/夫=(大夫)象邦君～立

 六・天甲 2/邦君象天子～

 六・天甲 3/義(儀)～兄也

 六・天甲 3/豊(禮)～於宗庿(廟)也

 六・天甲 3/義(儀)反～

 六・天甲 6/根～㠯(以)玉枓

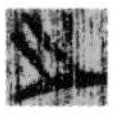 六・天甲 8/民～義(儀)也

 六・天甲 12/古見傷而爲～哲(鑿)

 六・天甲 12/見窔而爲～内

 六・天甲 12/因悳而爲～折

 六・天乙 1/凡天～建之㠯(以)州

 六・天乙 1/邦君建～㠯(以)垞

 六・天乙 1/夫=(大夫)建～㠯(以)里

 六・天乙 1/士建～㠯(以)室

 六・天乙 2/士象夫=(大夫)～立

 六・天乙 2/夫=(大夫)象邦君～立

 六・天乙 2/邦君象天子～立

 六・天乙 2/義(儀)～兄也

 六・天乙 3/豊(禮)～於宗庿(廟)也

 六・天乙 3/義(儀)反～

 六・天乙 5/根～㠯(以)玉枓

 六・天乙 7/民～義(儀)也

 六・天乙 11/古見傷而爲～哲(鑿)

 七・武 1/不智(知)黄帝、耑(顓)琂(頊)、尭(堯)、坴(舜)～道

 七・武 2/王女(如)谷(欲)寵～

 七・武 3/先王～箸(書)

 七・武 3/道箸(書)～言

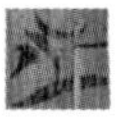 七・武 4/悬(仁)㠯(以)旻(得)～

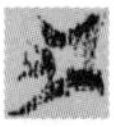 七・武 4/悬(仁)㠯(以)守～

 七・武 5/旻(得)～

 七・武 5/悬(仁)㠯(以)悬(仁)獸(守)～

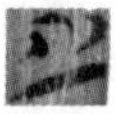 七・武 5/旻(得)～

 七・武 5/獸(守)～

 七・武 5/䎽(問)～

 七・武 6/箬(席)～四耑(端)

 七・武 6/民～反側

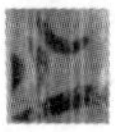 七・武 7/諬(慎)～口

 七・武 10/余智(知)～

 七・武 11/而百殜(世)不遊(失)～道

 七・武 11/又(有)～虐(乎)

 七・武 12/身則君～臣

 七・武 12/聖人～道

 七・武 12/牆(將)道～

 七・武 13/丹箸(書)～言

 七・武 13/又(有)～曰

 七・武 15/百眚(姓)～爲經

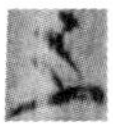 七・武 15/丹箸(書)～言

 七・武 15/又(有)～

 七・鄭甲 1/臧(莊)王稾(就)夫=(大夫)而與～言曰

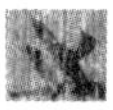 七・鄭甲 1/邑(以)邦～瘛(怲—病)邑(以)急

 七・鄭甲 3/售(雖)邦～瘛(怲—病)

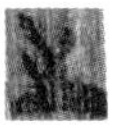 七・鄭甲 3/王命啻(答)～曰

 七・鄭甲 4/遉(顛)退(覆)天下～豊(禮)

 七・鄭甲 4/弗愄(畏)槐(鬼)神～不恙(祥)

 七・鄭甲 5/敥(掩)～城丕(基)

 七・鄭甲 6/王許～

 七・鄭甲 6/君王～记(起)此帀(師)

 七・鄭甲 6/邑(以)子冢(家)～古(故)

 七・鄭甲 7/君王必進帀(師)邑(以)辺～

 七・鄭甲 7/王安還軍邑(以)辺～

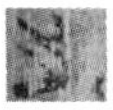 七・鄭甲 7/與～戰於兩棠

 七・鄭乙 1/臧(莊)王稾(就)夫=(大夫)而與(與)～言曰

 七・鄭乙 2/邑(以)邦～瘛(怲—病)邑(以)急

 七・鄭乙 3/售(雖)邦～瘛(怲—病)

 七・鄭乙 3/王命啻(答)～

 七・鄭乙 4/〔子〕冢(家)遉(顛)退(覆)天下～豊(禮)

 七・鄭乙 4/弗愄(畏)槐(鬼)神～不恙(祥)

 七・鄭乙 5/敥(掩)～城丕(基)

 七・鄭乙 6/王許～

 七・鄭乙 6/君王～记(起)此帀(師)

 七・鄭乙 6/邑(以)子冢(家)～古(故)

 七・鄭乙 7/君王必進帀(師)邑(以)辺～

 七・鄭乙 7/王安還軍以迟～

 七・鄭乙 7/與～戰於兩棠

 七・君甲 1/命爲君王戔～

 七・君甲 2/王乃出而見(視)～

 七・君甲 2/楚邦～中

 七・君甲 3/籔(鼓)鐘～聖(聲)

 七・君甲 3/珪玉～君

 七・君甲 4/百眚(姓)～宔(主)

 七・君甲 5/州徒～樂

 七・君甲 5/～〈先〉王斎=(之所)㠯(以)爲目觀也

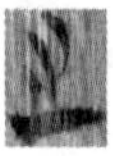 七・君甲 6/人胃(謂)～安邦

 七・君甲 6/胃(謂)～利民

 七・君甲 7/耳目～欲

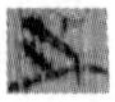 七・君甲 8/民乍(作)而囟(思)誰(應)～

 七・君乙 1/命爲君王戔～

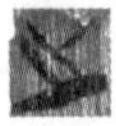 七・君乙 2/王乃出而見～

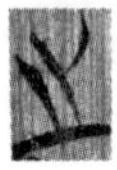 七・君乙 2/楚邦～中

 七・君乙 3/不聖(聽)籔(鼓)鐘～聖(聲)

 七・君乙 3/珪=(珪玉)～君

 七・君乙 3/百眚(姓)～宔(主)

 七・君乙 4/州徒～樂

 七・君乙 6/人胃(謂)～安邦

 七・君乙 6/胃(謂)～利民

 七・君乙 6/耳目～欲

 七・君乙 7/民乍(作)而囟思誰(應)～

 七・凡甲 2/奚逡(後)～奚先

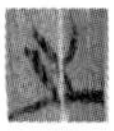 七・凡甲 2/侌(陰)昜(陽)～厇

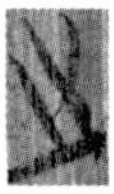 七・凡甲 2/水火～和

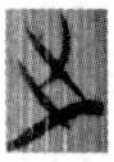 七・凡甲 2/餌(問)～曰

 七・凡甲 3/未智(知)左右～請(情)

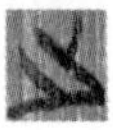 七・凡甲 4/篙(孰)爲～公

 七・凡甲 4/篙(孰)爲～佳(封)

 七・凡甲 5/骨=(骨肉)～既朸(靡)

七・凡甲 6/虐(吾)奚古(故)事～

七・凡甲 6/骨=(骨肉)～既林(靡)

七・凡甲 6/虐(吾)奚自飤(食)～

七・凡甲 7/虐(吾)奚岦(時)～

七・凡甲 7/虐(吾)女(如)～可(何)思(使)歖(飽)

七・凡甲 7/川(順)天～道

七・凡甲 8/虐(吾)欲旻(得)百眚(姓)～和

七・凡甲 8/虐(吾)奚事～

七・凡甲 8/敬天～槼(盟—明)奚旻(得)

七・凡甲 8/䰠(鬼)～神奚飤(食)

七・凡甲 8/先王～智奚備

七・凡甲 8/餌(聞)～曰

七・凡甲 9/十回(圍)～木

七・凡甲 9/日～又(有)耳

七・凡甲 10/月～又(有)軍(暈)

七・凡甲 10/水～東流

七・凡甲 10/日～台(始)出

七・凡甲 12/忻(近)～矢人

七・凡甲 13/卉(草)木旻(得)～以生

七・凡甲 13/含(禽)獸旻(得)～以嗚(鳴)

七・凡甲 13/遠～弋

七・凡甲 14/夫雨～至

七・凡甲 14/管(孰)雩出～

七・凡甲 14/夫呇(凡—風)～至

七・凡甲 14/管(孰)颭飄而迸～

七・凡甲 14/餌(聞)～曰

七・凡甲 15/坐而思～

七・凡甲 15/记(起)而甬(用)～

七・凡甲 15/餌(聞)～曰

七・凡甲 16/～〈先〉智(知)四海(海)

 七・凡甲 16/邦豙(家)～恚(圖)之

 七・凡甲 17/恚(圖)～

 七・凡甲 17/女(如)并天下而叡(担)～

 七・凡甲 17/旻(得)鼠一(一)而思～

 七・凡甲 17/若并天下而詞(治)～

 七・凡甲 19/叡(咀)～又(有)未(味)

 七・凡甲 19/鼓～又(有)聖(聲)

 七・凡甲 19/忻(近)～可見

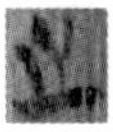 七・凡甲 19/操～可操

 七・凡甲 19/logo(握)～則遊(失)

 七・凡甲 19/敗～

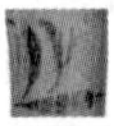 七・凡甲 20/測(賊)～則滅

 七・凡甲 20/餌(聞)～曰

 七・凡甲 21/餌(聞)～曰

 七・凡甲 22/餌(聞)～曰

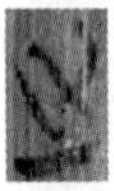 七・凡甲 23/印(仰)而視～

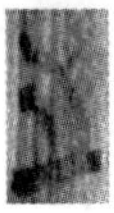 七・凡甲 23/任而癸～

 七・凡甲 23/尾(度)於身旨(稽)～

 七・凡甲 26/惻(賊)慫(盜)～复(作)

 七・凡甲 26/可～〈先〉智(知)

 七・凡甲 26/餌(聞)～曰

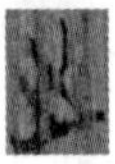 七・凡甲 28/夫此～胃(謂)少(小)城(成)

 七・凡甲 28/旻(得)而解～

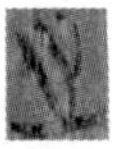 七・凡甲 29/衆鼠一(一)言而萬民～利

 七・凡甲 29/logo(握)～不浧(盈)logo(握)

 七・凡甲 29/専(敷)～亡(無)所凶(容)

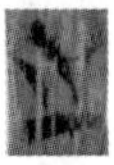 七・凡甲 30/～吕(以)智(知)天下

 七・凡甲 30/少(小)～吕(以)詞(治)邦

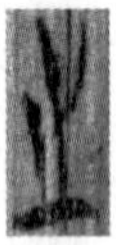 七・凡甲 30/～力古之力乃下上

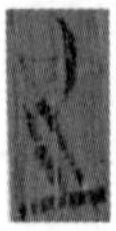 七・凡甲 30/之力古～力乃下上

 七・凡乙 1/奚逘(後)～奚先

 七・凡乙 2/水火～和

 七·凡乙 2/餌(問)～曰

 七·凡乙 3/智(知)左右～請(情)

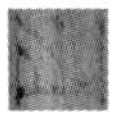 七·凡乙 3/箸(孰)爲～

 七·凡乙 4/箸(孰)爲～佳(封)

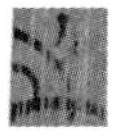 七·凡乙 4/骨=(骨肉)～

 七·凡乙 5/虗(吾)奚古(故)事～

 七·凡乙 5/骨=(骨肉)～既桹(靡)

 七·凡乙 5/虗(吾)奚自飤(食)～

 七·凡乙 6/〔虗(吾)奚旹(時)〕～

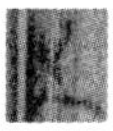 七·凡乙 6/虗(吾)女(如)～可(何)思(使)飽(飽)

 七·凡乙 6/川(順)天～道

 七·凡乙 7/先王～智奚備

 七·凡乙 7/餌(聞)～曰

 七·凡乙 7/十回(圍)～木

 七·凡乙 8/月～又(有)軍(暈)

 七·凡乙 8/水～東流

 七·凡乙 8/日～訇(始)出

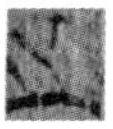 七·凡乙 9/夫雨～至

 七·凡乙 9/箸(孰)雩出～

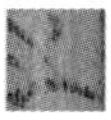 七·凡乙 9/夫呂(風)～至

 七·凡乙 9/箸(孰)颼飄而迸～

 七·凡乙 9/餌(聞)～曰

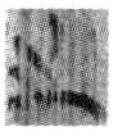 七·凡乙 10/坐而思～

 七·凡乙 12/天下而叡(抯)～

 七·凡乙 12/旻(得)鼠(一)而思～

 七·凡乙 13/叡(咀)～又(有)未(味)

 七·凡乙 13/憝～又(有)憝

 七·凡乙 13/鼓～又(有)聖(聲)

 七·凡乙 14/餌(聞)～曰

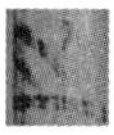 七·凡乙 15/印(仰)而視～

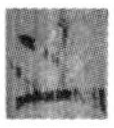 七·凡乙 15/俯而履～

 七·凡乙 16/於身旨(稽)～

 七·凡乙 16/旻(得)鼠(一)而煮(圖)～

 七·凡乙 18/餌(聞)～曰

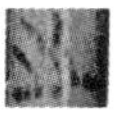 七·凡乙 19/惻(賊)徙(盜)～乍(作)

 七·凡乙 19/餌(聞)～曰

七・凡乙 20/此～胃(謂)少(小)城(成)

七・凡乙 21/旻(得)而解～

七・凡乙 22/禄(握)～不浧(盈)禄(握)

七・凡乙 22/尃(敷)～亡(無)所凶〈容〉

七・凡乙 22/大～以智(知)天下

七・凡乙 22/少(小)～以詞(治)邦

七・吴 1/非疾痀女(安—焉)加～

七・吴 1/二邑～好

七・吴 1/童(動)～

七・吴 2/繮(褓)絝(褲)～中

七・吴 3/君～𢘓(順)之

七・吴 3/君之𢘓(順)～

七・吴 3/君～志

七・吴 3/兩君～弗𢘓(順)

七・吴 4/周～胄(孽)子

七・吴 5/又(有)軒轅(冕)～賞

七・吴 5/釜(斧)戉(鉞)～惡(威)

七・吴 5/㠯(以)～前遂(後)之

七・吴 5/㠯(以)此前遂(後)～

七・吴 5/下～相敵(擠)也

七・吴 5/東海～表

七・吴 6/才(在)敓(波)戩(濤)～閑(間)

七・吴 6/咎(舅)生(甥)～邦

七・吴 7/遲(遲)速～䒨(期)

七・吴 7/奡(寡)君～業(僕)

七・吴 8/先王～福

七・吴 8/天子～霝(靈)

七・吴 8/可(何)褮(勞)力～又(有)女(安—焉)

七・吴 8/先王～福

七・吴 8/天子～霝(靈)

七・吴 8/大配姬～邑

七・吴 9/隹(唯)三大夫丌(其)辱昏(問)～

七・吴 9/悉(敝)邑～异(期)

七・吴 9/先君～臣

八・子 1/元(願)虐(吾)子～煮(圖)之也

八・子 1/元(願)虐(吾)子之煮(圖)～也

八・子 2/音(言)遊▨～也

八・子 2/㠯(以)受嘼(戰)攻～飤(食)於子

八・子 2/至宋衛～刎(間)

八·子 6/而～大難寠

八·顏 1/敢䎽(問)君子～內事也又(有)道虖(乎)

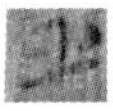
八·顏 3/▨必不才(在)㤅(兹)～內矣

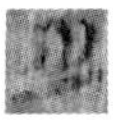
八·顏 4/俑(庸)言～信

八·顏 4/俑(庸)行～敬

八·顏 5/害(蓋)君子～內事也女(如)此矣

八·顏 5/君子～內事也

八·顏 6/敢䎽(問)君子～內教也又(有)道虖(乎)

八·顏 7/道(導)～㠯(以)僉(儉)

八·顏 7/歬(前)～㠯(以)毀(讓)

八·顏 8/而㝵(得)～

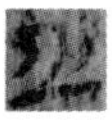
八·顏 8/少(小)人静(爭)而遊(失)～

八·顏 9/～

八·顏 9/戔(賤)不梟(肖)而遠～

八·顏 10/君子～內教也

八·成 2/敬～才(哉)

八·成 3/▨□欲明智(知)～

八·成 3/旦～䎽(聞)之也

八·成 3/旦之䎽(聞)～也

八·成 6/～正道也

八·成 6/青(請)䎽(問)天子～正道

八·成 7/是胃(謂)天子～正道

八·成 8/皆欲豫(捨)亓(其)斬(親)而新(親)～

八·成 8/皆欲㠯(以)亓(其)邦稾(就)～

八·成 9/梼(持)市明～悳(德)亓(其)殜(世)也▨

八·成 10/能㠯(以)亓(其)六賫(藏)～獸(守)取新(親)女(安—焉)

八·成 10/是胃(謂)六新(親)～約

八·成 11/先或(國)叓(變)～攸(修)也

八·成 11/外道～明者

八·成 12/欲舉(譽)～不果

八·成 13/是擂(譴?)～不果

八·成 13/毀～不可

八·成 14/夫頣(夏)曾(繒)是(氏)～道

八·成 15/民皆又(有)夬(乖)鹿(離)～心

 八・成 15/而或(國)又(有)相串(患)割(害)～志

 八・成 16/□～至

 八・成 16/才(在)周～東

 八・成 16/乃命～曰

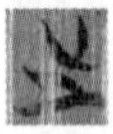 八・命 1/鄴(葉)公子高～子

 八・命 1/子春胃(謂)～曰

 八・命 2/先夫=(大夫)～風(諷)遺命

 八・命 3/儯(僕)既旻(得)辱貝(視)日～廷

 八・命 3/命勿～敢韋(違)

 八・命 3/女(如)㠯(以)䈇(僕)～觀貝(視)日也

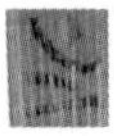 八・命 5/虐(吾)餌(聞)古～善臣

 八・命 6/絧(治)楚邦～正(政)

 八・命 7/四海～内

 八・命 8/亡儯(僕)～尚(掌)楚邦之正(政)

 八・命 8/亡儯(僕)之尚(掌)楚邦～正(政)

 八・命 8/君王～所㠯(以)命與所爲於楚邦

 八・命 9/必内(入)㑺(偶)～於十春(友)又厽(三)

 八・命 9/皆亡𡧉女(安—焉)而行～

 八・王 1/王居穌(蘇)溝～室

 八・王 1/郘昌爲～告

 八・王 1/王未倉(答)～

 八・王 2/昌爲～告

 八・王 3/□毀亞(惡)～

 八・王 4/忨(願)夫=(大夫)～母(毋)胥徒

 八・王 4/㠯(以)員(損)不穀(穀)～

 八・王 5/而必良慙(慎)～

 八・王 5/王就(就)～

 八・王 6/爲虐(吾)詍(蔽)～

 八・王 7/□言～瀆(瀆)

 八・志 1/是楚邦～弜(強)柉(梁)人

 八・志 1/以斐謞王夫=(大夫)～言

 八・志 2/邦人亓(其)胃(謂)～可(何)

 八·志 5/虐(吾)父跣(兄)眚(甥)咎(舅)~又(有)善

 八·志 7/朝记(起)而夕灋(廢)~

 八·志 7/是則聿(盡)不穀(穀)~辠(罪)也

 八·李 1/衆木~紀(紀)可(兮)

 八·李 1/旃(晉)各(冬)~旨(祁)寒

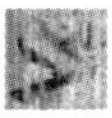 八·李 1/鸚(鳳)鳥~所寁(集)

 八·李 1/秦(榛)朸(棘)~閑(閒)可(兮)

 八·李 1 背/觀虐(乎)梪(樹)~蓉(容)可(兮)

 八·李 1 背/忎(願)歲~敂時

 八·李 2/民~所好可(兮)

 八·蘭 4/女(如)葉(蘭)~不芳

 八·蘭 5/風汗(旱)~不𦊧(罔)

 八·蘭 5/苣(萸)薛~方记(起)

 八·蘭 5/蓉惻柬(簡)浼(逸)而莫~能耆(効)矣

 八·有 6/論三夫~旁(謗)也今可(兮)

 八·有 6/膠膰~腈(精)也今可(兮)

 八·有 6/論夫三夫~祮也今可(兮)

 八·鶹 1/婁(鶹)栗(鷅)~止含(今)可(兮)

 八·鶹 1/婁(鶹)栗(鷅)~羽含(今)可(兮)

 九·成甲 1/城(成)王爲成(城)僕(濮)~行

 九·成甲 2/子玉受帀(師)出~放(蔿)

 九·成甲 4/不思老人~心

 九·成甲 5/憙(喜)君~善而不愨(悊)

 九·成甲 5/子玉~帀(師)之

 九·成甲 5/子玉之帀(師)~

 九·成乙 1/𠙵(以)子玉~未患(慣)

 九·成乙 2/子玉出~太(蔿)

 九·成乙 3/命君耆(校)~

 九·成乙 4/子玉~帀(師)既敗帀(師)巳(已)

 九·舉 13/此曷□~□也

 九·舉 33/卲(昭)大~(志)不厶(私)

 九·靈 1/取郗(蔡)~器

 九·靈 1/䖒(執)事人夾郗(蔡)人~軍門

 九·靈 2/命~適(逝)

 九·靈 3/或不能馯(御)~𠙵(以)逯(歸)

 九・靈 3/執事人許～

 九・靈 4/而逆～京

 九・靈 4/爲～惹(怒)

 九・靈 5/或爲～惹(怒)

 九・陳 1/王迈(蹠)郚(固)～行

 九・陳 1/君王女(安—焉)先居罙(深)圅(戀)～上

 九・陳 4/屈峕(旉)與鄁(巴)命(令)尹戰於墉戰於涂、漳～滸(滸)

 九・陳 4/女(如)既至於戟(仇)人～閟(間)

 九・陳 6/君王不智(知)性(狂)～無栽(才)

 九・陳 10/君王不智(知)臣～無栽(才)

 九・陳 11/執事人必善命～

 九・陳 12/喬山吕(以)退～

 九・陳 12/楚邦～古(故)車爲宔(主)女(安—焉)

 九・陳 13/鼓吕(以)進～

 九・陳 14/讙瀳(瀨)童(踵)～於逡(後)

 九・陳 14/君王憙(喜)～女(安—焉)

 九・陳 15/……～帀(師)徒乃出

 九・陳 16/名～曰穿(掩)行

 九・陳 17/紳(申)兩和而紉～

 九・舉 2/餌(聞)光剌(烈)～皺(族)

 九・舉 3/子賞吕(以)此誤(稽)～

 九・舉 4/者(古)公子訪～上(尚)父

 九・舉 7/非天～所向

 九・舉 7/莫～能旻(得)

 九・舉 7/尚(嘗)退而思～

 九・舉 8/子爲我～道

 九・舉 8/而介綾弋(代)～

 九・舉 8/天下～難事也

 九・舉 8/公亓(其)聿(盡)～

 九・舉 9/乃語周～先禝(祖)曰

 九・舉 9/若或與～

 九・舉 9/若佢(拒)～

 九・舉 10/非天子～差(佐)也

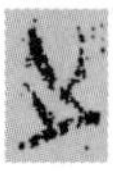 九・舉 10/請厶(私)～於天子

九・舉 16/二王～……

九・舉 22/訪～於子

九・舉 23/堯已(以)四割(害)～文(紊)爲未也

九・舉 25/諓(察)～於堯

九・舉 25/堯訇(始)甬(用)～

九・舉 28/蓞(怨)并～衆人也

九・邦 2/頮(髮)天～女

九・邦 2/亰(就)卲(昭)王～亡

九・邦 3/亰(就)退(復)邦～逡(後)

九・邦 4/亰(就)白公～禍(禍)

九・邦 4/鄴(葉)～者(諸)老皆柬(諫)曰

九・邦 6/先君～子聚

九・邦 7/君～言怹(過)

九・邦 7/盍(?)睪(擇)而立～

九・邦 8/果～或(惑)也

九・邦 8/君猶少(小)～

九・邦 8/翟(抑)瞿(懼)君～不夂(終)殜(世)俆(承)邦

九・邦 9/或旻(得)～

九・邦 10/亰(就)王～長也

九・邦 10/賞～已(以)焚宼(國)百貞(畛)

九・邦 11/賞～已(以)西畦(廣)田百貞(畛)

九・邦 11/君王(嘉)臣～青(請)命

九・邦 11/命～爲命(令)尹

九・邦 12/命～爲司馬

九・邦 12/已(以)鄴(葉)～遠，不可畜也

九・史 1/亓(其)□～

九・史 1/古(故)齊邦㣇(敝)史(吏)～子也

九・史 2/既～

九・史 2/子亓(其)身～

九・史 2/含(今)史(使)子帀(師)～

九・史 2/君～

九・史 2/睪(擇)～訢(慎)矣

九・史 4/誩旻(得)可人而与(舉)～

九・史 5/莫～能豈(豎—樹)也

九・史 5/子吕(以)氏(是)見(視)～

九・史 8/人～產₌(顏色)亓(其)爲之

九・史 8/人之產₌(顏色)亓(其)爲～

九・史 9/氏(是)～惻

九・史 10/未或能才立於墬(地)～上

九・史 11/子～史(使)行

九・史 11/子～史(事)不行

九・史 12/餌(聞)子～言大矍(懼)

九・卜 7/囦(淵)公占～曰

九・卜 7/三族～敚(奪)

九・卜 7/我周～孫₌(子孫)

九・卜 8/囦(淵)公占～曰

卉 1/卉茅～外

卉 3/筥(孰)能飤(食)～

坒

一・孔 10/《雚(漢)～(廣)》之智

一・孔 11/《雚(漢)～(廣)》之智

二・容 5/～(匡)天下之正(政)十有九年而王天下

二・容 31/湊(淒)於～(廣)川

六・慎 4/均分而～(廣)貤

帀　部

帀

二・容 38/迟(起)～(師)吕(以)伐昏(岷)山是(氏)

二・容 41/湯於是虐(乎)詳(徵)九州之～(師)

二・容 47/文王乃迟(起)～(師)吕(以)鄉(嚮)豐喬(鎬)

二・容 52/吕(以)少(宵)會者(諸)侯之～(師)於畐(牧)之埜(野)

二・容 52/或亦迟(起)～(師)吕(以)逆之

四・曹 25/必有數大官之～(師)

四・曹 40/出～(師)又(有)幾虐(乎)

四・曹 42/此出～(師)之幾

四・曹 51/反(返)～(師)牆(將)逽(復)

五・鬼 5/融(融)～(師)又(有)成氏

五・鬼 6/蔑～(師)見兇

 五・鬼 7/昔䗺(融)之氏～(師)

 三・周 7/～(師)

 三・周 7/～(師)出以聿(律)

 三・周 7/才(在)～(師)宔(中)吉

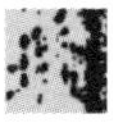 三・周 7/～(師)或舉(轝)㞎(尸)

 三・周 7/～(師)左宔(次)

 三・周 8/長子衜(帥)～(師)

 三・周 13/可用行～(師)

 三・周 14/利建医(侯)行～(師)

 五・鮑 8/～(師)乃逯(歸)

 一・緇 9/虩=(赫赫)～(師)尹

 一・緇 20/出内(入)自尔(爾)～(師)雩(虞)

 六・孔 21/君子億㠯(己)而立～(師)保

 六・壽 3/少～(師)亡(無)惎(忌)

 六・用 18/埶(設)立～(師)長

 六・天甲 13/所不學於～(師)者三

 六・天甲 13/此所不學於～(師)也

 七・武 1/～(師)上(尚)父

 七・武 1/～(師)上(尚)父

 七・武 2/～(師)上(尚)父

 七・武 3/～(師)上(尚)父

 七・鄭甲 3/牆(將)必爲～(師)

 七・鄭甲 3/乃记(起)～(師)

 七・鄭甲 6/～(師)未還

 七・鄭甲 6/君王之记(起)此～(師)

 七・鄭甲 7/君王必進～(師)㠯(以)迈之

 七・鄭甲 7/大敗晉～(師)女(安—焉)

 七・鄭乙 3/牆(將)必爲～(師)

 七・鄭乙 3/乃记(起)～(師)

 七・鄭乙 6/～(師)未還

七・鄭乙6/君王之记(起)此～(師)

七・鄭乙7/君王必進～(師)㠯(以)迈之

七・吴8/筥(孰)爲～(師)徒

九・成甲1/子旻(文)送(遏)～(師)於敔(?)

九・成甲2/子玉受～(師)出之攷(蒍)

九・成甲2/㠯(以)亓(其)善行～(師)

九・成甲5/子玉之～(師)既敗帀(師)巳(已)

九・成甲5/子玉之帀(師)既敗～(師)巳(已)

九・成甲5/子玉之～(師)之

九・成乙1/君王命余送(遏)～(師)於敔(?)

九・陳1/㠯(以)雚(觀)～(師)徒女(安—焉)

九・陳1/命～(師)徒殺取含(禽)獸(獸)雺(雉)兔

九・陳1/～(師)徒乃𤔔(亂)

九・陳2/～(師)不㡭(絶)

九・陳3/～(師)不㡭(絶)

九・陳3/～(師)不㡭(絶)

九・陳4/～(師)不㡭(絶)

九・陳4/～(師)不㡭(絶)

九・陳4/牆(將)出～(師)

九・陳5/命出～(師)徒

九・陳7/命悻(狂)梘(相)執事人敕(整)～(師)徒

九・陳7/不智(知)進～(師)徒逕(極)於王所

九・陳7/不智(知)進～(師)徒逕(極)於王所

九・陳7/而毋𣥠(止)～(師)徒虐(乎)

九・陳8/而母(毋)𣥠(止)～(師)徒

九・陳9/乃䛨(誓)敕(整)～(師)徒

九・陳11/命臣梘(相)執事人敕(整)～(師)徒

九・陳15……之～(師)徒乃出

九・邦4/必㠯(以)～(師)

九・邦5/可(何)㠯(以)～(師)爲

 九・史 2/含(今)史(使)子～(師)之

出　部

出

 一・孔 13/鵲樔(巢)～㠯(以)百兩(輛)

 一・緇 15/亓(其)～女(如)緍

 一・緇 20/～内(入)自尔(爾)帀(師)雩(虞)

 港甲 1/～言

 一・性 2/〔性〕自命～

 一・性 2/智(知)情者能～之

 一・性 4/或～〔之〕

 一・性 5/～眚(性)者

 一・性 8/亓(其)訂(始)～也皆生於〔人〕

 一・性 10/里(理)亓(其)情而～内(入)之

 一・性 14/亓(其)～於情也信

 一・性 16/亓(其)～内(入)也訓(順)

 一・性 28/～言必又(有)夫柬=(簡簡)〔之信〕

 一・性 34/情～于眚(性)

 二・魯 3/～遇子贛(貢)曰

 二・從甲 16/㠯(以)軺(犯)賡慰(犯)見不訓行㠯(以)～之

 二・昔 3/内言不㠯(以)～

 二・容 22/垔(禹)必遫(速)～

 二・容 34/述叒(稱)疾不～而死

 二・容 46/乃～文王於邑(夏)坓(臺)之下而餌(問)女(安—焉)

 二・容 51/武王乃～革車五百豒(乘)

 三・周 2/～

 三・周 4/不～迎(御)事

 三・周 7/帀(師)～㠯(以)聿(律)

 三・周 16/～門交又(有)工(功)

 三・周 55/欲易～

 三・亘 2/～生

 三・亘 4/同～而異生(性)

 三・亘 5/又(有)～於或(域)

 三・亘 5/生～於又(有)

 三・亘 5/音～於生(性)

 三・亘 5/言～於音

 三・亘 5/名～於言

 三・亘 6/事～於名

 三・亘 7/～於复(作)

三・亘 8/嬰(亂)～於人

四・采 1/～門以東

四・相 1/待時～

四・相 1/古(故)此事使～政

四・曹 19/不可㠯(以)～豫(舍)

四・曹 19/不可㠯(以)～戟(陳)

四・曹 22/三軍～

四・曹 40/～帀(師)又(有)幾虗(乎)

四・曹 40/三軍～〔乎〕競(境)必勥(勝)

四・曹 42/此～帀(師)之幾(忌)

四・曹 60/一～言三軍皆懽(歡)

四・曹 60/一～言三軍皆往

五・競 3/不～三年

五・姑 3/不㚔(幸)則取兔(免)而～

五・姑 4/唯(雖)得兔(免)而～

五・姑 9/女(汝)～內庫之繇(囚)

五・君 2/数日不～

六・競 10/～喬于里

六・競 13/公乃～

六・壽 4/壽～

六・用 9/亦不～自地

六・用 12/既～於口

七・鄭甲 5/毋敢夕門而～

七・鄭乙 5/毋敢夕門而～

七・君甲 1/王乃～而見之

七・君甲 4/一人土(杜)門而不～

七・君乙 1/王乃～而見之

七・君乙 4/一人土(杜)門而不～

七・凡甲 4/九囨(有/域)～誨

七・凡甲 10/日之訇(始)～

七・凡甲 25/～惻(則)或內(入)

七・凡乙 4/九囨(有/域)～誨

七・凡乙 8/日之訇(始)～

七・凡乙 18/～惻(則)或(又)內(入)

九・成甲 2/玉受帀(師)～之敓(蒍)

九・成乙 2/子玉～之太(蒍)

 九・靈 1/命緖(申)人室～

 九・靈 2/命人毋敢徒～

 九・靈 2/虎晶(三)徒～

 九・陳 4/牺(將)～帀(師)

 九・陳 5/命～帀(師)徒

 九・陳 15/……之帀(師)徒乃～

 九・邦 9/旻(得)爲備(服)～

 九・邦 1/虗(吾)君遏～

 九・卜 1/兆(兆)印(仰)首～止(趾)

 九・卜 2/兆(兆)女(如)印(仰)首～止(趾)

朮　部

索

 七・鄭甲 5/綻(疏)～目(以)紩

 七・鄭乙 5/綻(疏)～目(以)紩

 八・李 1 背/～府宮李

 二・容 47/文王於是唐(乎)～耑(端)襮裳目(以)行九邦

 二・容 52/武王於是虖(乎)～冕(冠)冑(冕)

 二・容 53/武王～虘(甲)目(以)申(陳)於礐(殷)蒿(郊)

 三・彭 6/遠慮甬(用)～

 一・緇 15/王言女(如)～

南

 二・容 14/子堯～面

 二・容 20/～方之羿(旗)目(以)它(蛇)

 二・容 27/墨(禹)乃從灘(漢)目(以)～爲名浴(谷)五百

 二・容 31/～方爲三侣(造)

 二・容 40/傑(桀)乃逃之～棄(巢)是(氏)

 三・周 35/利西～

 三・周 37/利西～

 四・曹 1/～北五百

 五・弟 18/東西～北

一·孔 8/即（節）～山

七·武 2/～面而立

七·武 3/柚（曲）折而～

七·武 13/大（太）公～面

生　部

生

一·性 1/凡人唯（虽）又（有）～（性）

一·性 2/情～於眚（性）

一·性 8/丌（其）紿（始）出也皆～於〔人〕

一·性 10/斈（教）所以～悳（德）于中者也

一·性 33/眚（性）或～之

二·民 4/哀樂相～

二·容 24/脛不～之毛

二·容 33/丌（其）～賜羕（養）也

二·容 36/虐（虐）疾紿（始）～

四·采 3/城上～之葦

四·逸·多 2/莫奴（如）同～

四·曹 47/善於死者爲～者

四·曹 54/思忘亓（其）死而見亓（其）～

五·鬼 5/脂（狀）若～又（有）耳不餌（聞）

五·競 7/地不～實（孽）

五·競 8/含（今）内之不旻（得）百～（姓）

五·鮑 3/犟（犧）～（牲）珪璧必全

五·鮑 5/人之～品（三）

二·子 10/～而能言

港甲 3/三忎（年）而畫于雁（膺）～

一·緇 19/此吕（以）～不可敓（奪）志

三·中 23/所吕（以）立～也

三·亘 2/出～

三·亘 2/未或玆（滋）～

三·亘 2/熨（氣）是自～

 三·亘 2/亘(恒)莫~燹(氣)

 三·亘 2/燹(氣)是自~自复(作)

 三·亘 3/~

 三·亘 3/~或(域)者同女(安—焉)

 三·亘 3/求丌(其)所~

 三·亘 3/異~異

 三·亘 3/鬼(畏)~鬼(畏)

 三·亘 3/韋(違)~非

 三·亘 3/非~韋(違)

 三·亘 3/衺(哀)~衺(哀)

 三·亘 4/~之生行

 三·亘 4/生之~行

 三·亘 4/至(濁)燹(氣)~地

 三·亘 4/清燹(氣)~天

 三·亘 4/云云相~

 三·亘 4/同出而異~(性)

 三·亘 4/因~丌(其)所慾(欲)

 三·亘 5/~出於又(有)

 三·亘 5/音出於~

 三·亘 6/~非生

 三·亘 6/生非~

 三·亘 6/無胃(謂)~

 三·亘 9/亘(恒)燹(氣)之~

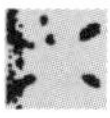 三·亘 12/擧(舉)天下之~同也

 五·弟 2/~而不因丌(其)浴(俗)

 五·弟 2/吴人~七□

 五·弟 8/死不顋(顧)~

 六·競 9/非爲媺(美)玉肴~(牲)也

 六·孔 23/~民之賜

 六·用 1/思民之初~

 六·用 18/台(以)仒(免)民~

 六·天甲 5/文~武殺

 六·天乙 5/文~武殺

 七·武 7/□~敬

 七·武 7/口~訇(詬)

七・凡甲 1/既城(成)既～

七・凡甲 2/奚旻(得)而～

七・凡甲 5/䰟(鬼)～於人

七・凡甲 6/䰟(鬼)～於人

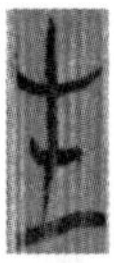
七・凡甲 9/亓(其)㚸(始)～女(如)薛(孽)

七・凡甲 12/卉(草)木奚旻(得)而～

七・凡甲 13/卉(草)木旻(得)之㠯(以)～

七・凡甲 21/鼠(一)～兩

七・凡甲 21/兩～厽(三)

七・凡甲 21/厽(三)～四

七・凡乙 1/既城(成)既～

七・凡乙 2/奚旻(得)而～

七・凡乙 4/䰟(鬼)～於人

七・凡乙 5/䰟(鬼)～於人

七・凡乙 7/亓(其)㚸(始)～女(如)薛(孽)

七・凡乙 9/卉(草)木奚旻(得)而～

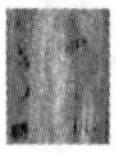
七・凡乙 18/鼠(一)～兩

七・吴 6/咎(舅)～(甥)

八・子 1/～未又(有)所奠(定)

八・李 1/木斯蜀(獨)～

八・李 1 背/幾(豈)不皆～

九・舉 13/三年不～粟

九・舉 23/則勿(物)～

九・舉 34/～行裟(勞)民

九・史 11/百～(姓)旻(得)亓(其)利

九・史 11/百～(姓)

産

五・君 11/中(仲)尼與虐(吾)子～管(孰)段(賢)

巢(㮽)

㮽

一・孔 10/《鵲～(巢)》之逯(歸)

一・孔 11/《鵲～(巢)》之逯(歸)

一・孔 13/《鵲～(巢)》出𠃌(以)百兩(輛)

𩁹　部

𩁹

三・中 23/夫行巽～𡕒(學)☐

朿　部

朿(𦃬)

𦃬

四・曹 54/～(朿)而碍(厚)之

𣗥

八・李 1/亘(極)植(直)～(速)成

八・李 2 氏(是)古(故)聖人～〈兼〉此和勿(物)

八・李 3/氏(是)古(故)聖人～〈兼〉此

柬

四・柬 1/～(簡)大王泊滹(旱)

一・性 28/出言必又(有)夫～₌(簡簡)〔之信〕

一・性 37/不又(有)夫～₌(簡簡)之心鼎(則)悉(采)

一・性 37/又(有)丌(其)爲人之～₌(簡簡)女(如)也

二・容 8/敓～(簡)以行

二・容 19/迲(去)𧓈(苛)而行～(簡)

三・中 20/𢡺𠃌(以)内～

六・用 2/～₌(簡簡)疋₌(疏疏)

六・用 7/曼₌(曼曼)～₌(簡簡)

六・用 16/～亓(其)又(有)死(恒)井(形)

八・子 1/門人～(諫)曰

八・蘭 5/蓉惻～(簡)浼(逸)而莫之能䓁(効)矣

九・邦 4/鄴(葉)之者(諸)老皆～(諫)曰

剌(刺、朿)

刺

一・孔 6/《～(烈)吝(文)》曰

一・性 30/凡交毋～(烈)

五・弟 23/～(列)虐(乎)丌(其)下

九・舉 2/光～

朿

一・性 19/亓～(刺)流女(如)也㠯(以)悲

橐 部

橐

二・容 9/而～才(在)四海(海)之内

三・周 40/～又(有)鱼

三・周 41/～又(有)鱼

三・周 41/㠯(以)芑～苽(瓜)

囗 部

囩

二・容 7/於是乎方～(圓)千里

三・亘 9/先又～(圓)

回

六・莊 5/王子～敓(奪)之

六・莊 5/王子～立爲王

七・鄭甲 3/～(圍)奠(鄭)三月

七・鄭乙 3/～(圍)奠(鄭)三月

七・君甲 1/白玉三～

七・君甲 2/白玉三～

七・君甲 3/此丌(其)一～也

七・君甲 4/此丌(其)二～也

七・君甲 6/此丌(其)三～也

七・君乙 1/白玉三～

七・君乙 2/白玉三～

七・君乙 3/此丌(其)一～也

七・君乙 4/此丌(其)二～也

 七・君乙 6/此丌(其)三～也

 七・凡甲 9/十～(圍)之木

 七・凡乙 7/十～(圍)之木

圖(圕、𢚩)

圕

 二・魯 1/子不爲我～(圖)之

𢚩

 一・緇 12/毋㠯(以)少(小)𢘓(謀)敗大～(圖)

 七・凡乙 16/㝵(得)鼠(一)而～(圖)之

 八・子 1/元(願)(吾)子止～(圖)之也

 六・用 18/番～(圖)紿衆

 五・姑 7/遠慮(慮)～(圖)逡(後)

 五・鮑 6/公弗～(圖)

 五・姑 7/遠慮(慮)～(圖)逡(後)

 六・用 14/詙丌(其)又(有)繼(絕)～(圖)

 七・凡甲 17/邦豪(家)之～(圖)之

 九・史 1/亡(無)女(如)～(圖)也

國(國、或、𡨦、囻)

國

 一・緇 1/又(有)～者章好章惡

 六・競 3/～子

 六・競 13/公～胃之

 二・民 13/它(施)及四～

或

 一・緇 5/隹(誰)秉～(國)城(成)

 一・緇 7/四～(國)川(順)之

𡨦

 九・邦 10/賞之㠯(以)焚～(國)百貞(眕)

囻

 四・曹 16/大～(國)新(親)之

因

一・孔 18/～木苽(瓜)之保(報)

一・性 11/堂(當)事～方而裚(制)之

二・容 18/墨(禹)乃～山陵坪(平)陘(隰)之可封邑者而緐(繁)實之

二・容 19/乃～迡以智(知)遠

二・容 19/～民之欲

三・中 26/恧(愿)～(因)虐(吾)子而訇(治)

三・亘 4/～生亓(其)所慾(欲)

三・亘 9/～

三・彭 1/乃牐(將)多昏(問)～由

四・昭 5/～命至俑敳(毀)室

五・季 17/～古蒴(典)豊(禮)而章之

五・季 21/～邦斎=(之所)臤(賢)而舉(興)之

五・姑 4/而～目(以)害君

五・弟 2/生而不～亓(其)浴(俗)

五・鬼 4/虐(吾)～加

六・壽 1/禍(禍)敗～童於楚邦

六・競 5/可～於民者

六・天甲 12/～悳(德)而爲之折

八・李 2/人～亓(其)情則樂亓(其)事

囟

七・凡甲 4/九～出誨

七・凡乙 4/九～出誨

一・緇 23/塱(朋)沓(友)廸〈卣(攸)〉～(攝)

四・曹 37/毋(無)～〈角(禄)〉篧(爵)

固

四・曹 13/又(有)～悬(謀)而亡(無)固城

四・曹 13/又(有)固悬(謀)而亡(無)～城

四・曹 15/亓(其)城～足以戟(捍)之

四・曹 56/曰～

五・三 6/是胃(謂)邦～

五・三 12/秉之不～

五・鬼 8/不及壂焚而正～

六・莊 2/酖(沈)尹～䛐(辭)

六・莊 2/王～昏(問)之

九・邦 8/乃魚～祝而㞢=(止之)

九・舉 33/深僓(陟)～疋(疏)

九・舉 34/中行～同

困

一・孔 9/則～天〈而〉谷(欲)反丌(其)古(故)也

三・周 1/～龙(蒙)

三・周 43/～于萃(葛)藟(藟)

七・凡乙 17/戠(察)僉(險)而～

九・卜 2/而屯(純)不～(混?)鄜(膺)

員部

員

一・緇 2/旹(詩)～(云)

一・緇 10/旹(詩)～(云)

一・緇 10/《君紳(陳)》～(云)

一・緇 12/《晉(祭)公之寡(顧)命》～(云)

一・緇 14/《吕型(刑)》～(云)

一・緇 15/《吕型(刑)》～(云)

一・緇 16/旹(詩)～(云)

一・緇 17/旹(詩)～(云)

一・緇 18/大夏(雅)～(云)

一・緇 18/少(小)夏(雅)～(云)

一・緇 18/《君奭》～(云)

一・緇 20/君紳(陳)～(云)

一・緇 21/旹(詩)～(云)

一・緇 2/旹(詩)～(云)

一・緇 22/旹(詩)～(云)

一・緇 23/旹(詩)～(云)

一・緇 24/～(云)

 港甲 1/旹(詩)～

 一・緇 1/旹(詩)～(云)

 一・緇 2/旹(詩)～(云)

 一・緇 3/《尹寡(誥)》～(云)

 一・緇 4/大夏(雅)～(云)

 一・緇 5/旹(詩)～(云)

 一・緇 6/《君牙》～(云)

 一・緇 7/旹(詩)～(云)

 一・緇 8/《吕型(刑)》～(云)

 一・緇 9/旹(詩)～(云)

 一・緇 15/《康寡(誥)》～(云)

 一・緇 13/旹(詩)～(云)

 四・曹 5/君亓(其)毋～(慎)

 六・用 14/台(以)～四戔

 七・凡甲 7/奎祭～奚逐

 七・凡乙 6/奎祭～奚逐

 八・子 2 於子～(損)

 八・王 4 吕(以)～(損)不穀(穀)之

 九・舉 18/黄帝攸(修)晶(三)～

 九・舉 18/黄帝攸(修)晶(三)～

貝 部

貝

 四・逸・交 4/□～

貨

 四・曹 17/毋悉(愛)～資子女

六・用 8/自亓(其)又(有)保～

六・用 13/非～台(以)賰(酬)

賜

六・孔 23/生民之～

九・史 6/内(納)与(與)～(貨)

資

四・曹 17/毋悉(愛)貨～子女

賢(學)

學

二・從甲 3/是𠂤(以)旻(得)～(賢)士一人

二・從甲 4/遊(失)～(賢)士一人

八・命 4/不再(稱)～(賢)

八・命 7/莫弗瞍(聞)子胃(謂)昜(陽)爲～(賢)於先夫=(大夫)

贈

一・孔 27/賓～氏(是)也

贛(贑)

贑

二・魯 3/出遇子～(貢)曰

二・魯 3/子～(貢)曰

五・君 11/子羽龠(問)於子～(貢)曰

五・君 11/子～(貢)曰

五・君 12/子～(貢)曰

五・君 15/子～(貢)曰

五・弟 1/子～(貢)

五・弟 8/子～(貢)曰

四・相 4/告子～(貢)曰

四・相 4/子～(貢)曰

四・曹53/蔓(萬)民～(黔)首皆欲(欲)或(又)之

六・用7/～=(坎坎)隵=(險險)

六・用20/又(有)～=(坎坎)之綌

賞

二・容4/於是虐(乎)不～不罰

二・容43/丌(其)政紿(治)而不～

四・曹21/而～簭(爵)又(有)悳(德)

四・曹27/毋誀(誅)而～

四・曹35/～塱(均)聖(聽)中

四・曹45/亓～讖(娍)叡(且)不中

四・曹54/𨑾(重)～泊(薄)坓(刑)

四・曹61/～膢(獲)□𦍌(孥)

四・曹62/四人皆～

五・鬼1/則㠯(以)亓(其)～善罰暴也

五・鬼2/則䰟(鬼)神之～

五・鬼3/則善者或不～而暴

九・邦10/～之㠯(以)焚𡨦(國)百貞(畛)

九・邦11/～之㠯(以)西軭(廣)田百貞(畛)

九・邦11/訠(辭)不受～

賜

五・弟22/～,不虐(吾)智(知)也

二・魯3/～

二・容33/丌(其)生～羕(養)也

二・容33/丌(其)死～肪(葬)

三・周5/或～絟(鞶)繻(帶)

三・周7/王晶(三)～命

貤(貤)

貤

二・容 6/尧(堯)戔(賤)～(貤)而告=(時時)賓(賽)

六・慎 4/均分而𡉚(廣)～

賈

六・用 13/隹(唯)君之～臣

九・成甲 3/舉(舉)肮(?)～、白(伯)理(嬴)曰

賀

二・容 39/悳(德)惠而不～

九・邦 12/女(安—焉)～(假)爲司馬

負(貭)

貭

三・周 33/見豕～(負)坔(塗)

三・周 37/～(負)虘(叡)𨍭(乘)

四・曹 21/彔(祿)母(毋)～(倍)

賓(賓、賔、宾)

賓

一・孔 27/～贈氏(是)也

二・容 13/匋(陶)於河～(濱)

四・采 4/嘉～逌(道)憙(喜)

五・季 16/☐之必敬女～客之事也

九・舉 26/三毦(苗)不～

賔

六・莊 2/𠂤(以)時(待)四笅(鄰)之～(賓)𡧍(客)

宾

二・容 5/四海之外～(賓)

三・周 40/不利～(賓)

七・吴 5/江～(濱)

七・凡甲 15/～(賓)於天下

臏

六・用 13/又(有)～(莊)才(在)心

六・用 13/心～(莊)之既權

責

一・孔 9/詠(祈)父之～(責)

賤

一・緇 10/而信丌(其)所～

一・緇 22/翌(輕)醠(絶)貧～

賦

二・容 18/闈(關)市無～

貪(貪)

貪

二・從甲 5/則～(貪)

二・從甲 15/毋暴、毋禬(虐)、毋恖(賊)、毋～(貪)

六・競 6/今君之～貪惛(昏)蠠(苛)匿

貧

一・緇 22/翌(輕)醠(絶)～賤

一・性 23/～而民聚女(安—焉)

三・彭 5/唯(雖)～必攸(修)

四・曹 3/此不～於散(美)而稟(富)於悳(德)與(歟)

五・弟 6/～戔(賤)而不約者

五・三 11/毋冡(傲)～

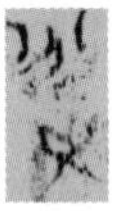
六・競 10/是皆～胡

八・顏 11/雙(豫)絞而收～

八・顏 12/雙(豫)絞而收～

八・顏 13/～而安樂

賃(貢)

貢

六・慎 3/～(任)悳(德)目(以)害

八・成 1/而王𡍮(重)亓(其)～(任)

賕(賕、贅)

賕

五・季 15/賕(眯)父兄子俤(弟)而爯(稱)～

贅

五・三 13/多亓(其)～(賕)而

貴

一・孔 24/甚～丌(其)人必敬丌(其)立(位)

四・內 1/豊(禮)是～

四・曹 21/～戔(賤)同峕(待)

四・曹 24/～又(有)棠(常)

四・曹 24/凡～人囟(使)凥(處)前立(位)一行

四・曹 29/必訋(召)邦之～人及邦之可(奇)士

五・季 20/好人勿～

五・姑 3/君～我而受(授)我衆

五・君 9/蜀(蜀—獨)～,人所亞(惡)也

五・君 9/～而罷(能)毀(讓)

五・君 9/□斯人欲(欲)亓(其)長～也賵(富)而☐

五・弟 6/賵(富)～而不喬(驕)者

五・鬼 1/此㠯(以)～爲天子

一・孔 6/～叡(且)㬎(顯)矣

一・孔 21/～也

一・孔 24/句(后)稷之見～也

一・緇 11/而賵(富)～月(已)逃(過)

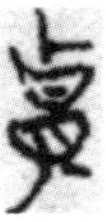
一・緇 22/而厚(重)㡭(絶)賵(富)～

二・容 5/上下～戔(賤)

四・內 10/爲戔(賤)必聖(聽)～之命

五・鮑 6/而～尹

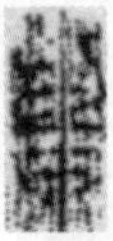
一・性 12/～亓(其)宜(義)

一・性 22/唯(雖)難不～

一・性 23/戔(賤)而民～之

七・武 10/於～賦(富)

七・凡甲 28/百眚(姓)斎=(之所)～唯君

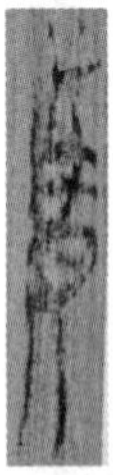
七・凡甲 28/君斎=(之所)～唯心

七・凡甲 28/心斎=(之所)～唯鼠(一)

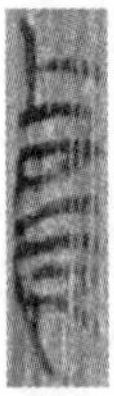
七・凡乙 20/百眚(姓)斎=(之所)～唯君

七・凡乙 20/君斎=(之所)～唯心

七・凡乙 21/心斎=(之所)～唯鼠(一)

九・史 3/則能～於墨(禹)湯(湯)

賽(賽、賓)

賽

二・容 29/民乃～

九・靈 1/緍(申)～(息)不慦

賓

二・容 6/先(堯)戔(賤)貤(貤)而旹=(時時)～(賽)

七・吴 6/卑周先王佾□～(塞)

九・舉 31/～(塞)専卆=(九十)

九・舉 26/不～(塞)亓(其)

卉 2/厌(喉)青(舌)宔(堵)～

賁

五・三 18/好～(亡)天從之

䝬

 四・曹 54/～(重)賞泊(薄)坓(型)

賸(賛)

賛

 一・孔 11/則丌(其)思～(賸)矣

 一・孔 21/《𥈸(湛)零(露)》之～(賸)也

贊(贊)

贊

 四・柬 2/～(贊)尹智(智)王之疠(病)

 四・柬 4/～(贊)尹許諾

 四・柬 4/～(贊)尹至命於君王

 四・柬 5/～(贊)尹貪(答)曰

 四・柬 8/王㠯(以)餌(問)～(贊)尹高

 四・柬 19/陸(陵)尹、～(贊)尹皆紿(治)丌言㠯(以)告大䆧(宰)

 四・柬 21/陸(陵)尹與～(贊)尹

 四・柬 21/不㠯(以)丌已身叓(弁)～(贊)尹之祟(常)古(故)

 四・柬 21/～(贊)尹

 五・君 10/芫～(贊)之徒

𧹞(𧹞)

𧹞

 五・季 20/救民㠯(以)～(𧹞)

𧹓(贍)

贍

 二・從乙 2/毋占民～(𧹓)𡍮(則)同

賡

 二・從甲 16/㠯(以)軔(犯)～悲(犯)

 三・亘 7/事甬(庸)㠯(以)不可～也

贓

 一・孔 21/《～(藏)大車》之器也

 四・曹 32/各載爾～(藏)

⿰貝由

 六・用 13/征民乃～

⿰貝童

 七・吳 9/瀍(廢)丌(其)～獻

⿰貝壽

 六・用 13/非貨台(以)～(酬)

邑　部

邑

 二・容 18/墨(禹)乃因山陵坪(平)徑(隰)之可封～者而緐(繁)實之

 三・周 4/丌(其)～人晶(三)四户

 三・周 10/～人不戒

 三・周 21/～人之烖(災)

 三・周 44/攺(改)～不攺(改)汬(井)

 五・君 11/夫子紿(治)十室之～亦樂

 五・三 12/罩鮹(濶)之～

 七・吳 1/二～

 七・吳 1/二～之好

 七・吳 8/大配(姬)之～

 七・吳 9/秀(敝)～之昇(期)

邦

 一・孔 3/～風

 一・孔 4/～風氏(是)也

 一・緇 1/萬(萬)～复(作)卪(孚)

 二・子 1/坪(平)萬～

 二・魯 1/魯～大旱

 二・魯 1/～大旱

 二・容 45/不聖(聽)丌(其)～之正(政)

 二・容 45/於是虐(乎)九～畔(叛)之

 二・容 47/九～者丌(其)可逨(來)虐(乎)

 二・容 47/文王於是虐(乎)素耑(端)禶裳㠯(以)行九～

 二・從甲 2/王舍(予)人～豕(家)土墬(地)

 二・容 4/～無飤(食)人

 二・容 10/萬～之君皆㠯(以)丌(其)邦諹(讓)於臤(賢)〔者〕

 二・容 10/萬邦之君皆㠯(以)丌(其)～諹(讓)於臤(賢)〔者〕

 二・容 13/乃及～子

 二・容 38/妖北迲(去)丌(其)～

 二・容 47/七～逨(來)備(服)

 二・從乙 1/興～豪(家)

 三・周 8/啟～丞(承)豪(家)

 三・周 13/征～

 四・昭 1/王戒～(邦)夫=(大夫)㠯(以)歙=(歙酒)

 四・昭 9/天加禍於楚～

 四・昭 9/楚～之良臣所𣪘骨

 四・昭 10/囟～人膚(皆)見之

 四・柬 3/欲祭於楚～者虖(乎)

 四・柬 5/楚～又(有)祟(常)古(故)

 四・柬 6/爲楚～之䰠(鬼)神宔(主)

 四・柬 12/而百眚(姓)迻(移)㠯(以)迲(去)～家

 四・柬 16/～蕙(賴)之

 四・柬 17/君皆楚～之牺(將)軍

 四・柬 18/～家㠯(以)軒轍(桎)

 四・柬 18/～家大澣(旱)

 四・柬 18/痐(因)瘠(資)智(知)於～

 四・相 2/可胃(謂)相～矣

 四・相 4/不昏(問)又(有)～之道

 四・相 4/而昏(問)相～之道

 四・曹 1/昔周室之～魯

 四・曹 2/今～壐(彌)小而鐘愈大

 四・曹 5/叟(鄰)～之君明

 四・曹 6/叟(鄰)～之君亡(無)道

 四・曹 10/乃命毀鐘型而聖(聽)～政

 四・曹 14/少(小)～凥(處)大邦之閼(閒)

 四・曹 14/少(小)邦凥(處)大～之閼(閒)

 四・曹 14/啻(敵)～交堅(地)

 四・曹 19/不和於～

 四・曹 20/爲和於～女(如)之可(何)

 四・曹 22/此所目(以)爲和於～

 四・曹 28/～又(有)君

 四・曹 29/必訋(召)～之貴人及邦之可(奇)士

 四・曹 29/必訋(召)邦之貴人及～之可(奇)士

 四・曹 37/甬(用)都峹(教)於～

 四・曹 41/可目(以)又(有)怠(治)～

 四・曹 42/由～駐(御)之

 四・曹 56/～豪(家)目(以)忲(宏)

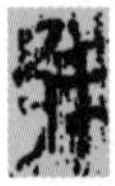 五・鮑 4/不目(以)～豪(家)爲事

 五・鮑 4/皮(疲)敝齊～

 五・鮑 6/含(今)豊(豎)逜(刁)佖(匹)夫而欲智(知)蔓(萬)輮(乘)之～

 五・鮑 7/齊～之亞(惡)死

 五・鮑 8/晉～又(有)亂

 五・季 5/則～又榑(榦)童

 五・季 8/萦(葛)戲含語肥也目(以)尻～(邦)豪(家)之述曰

 五・季 10/是古(故)臤(賢)人之居～豪(家)也

 五・季 11/氏(是)古(故)夫敀～甚難

 五・季 12/則～又稄(穫)

 五・季 15/古之爲～者必目(以)此

 五・季 18/氏古(故)臤(賢)人大於～而又嵒(劬)心

 五・季 21/因～旂=(之所)臤(賢)而舉(興)之

 五・季 22/～相懷敱(毀)

 五・季 23/肰(然)鼎(則)～坪(平)而民朖(腒)矣

 五・三 4/～家亓(其)褱(壞)

 五・三 5/～遊(失)旃(幹)祟(常)

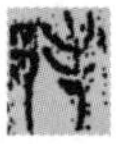 五・三 5/少(小)～則戔(殘)

 五・三 5/大～泚(過)戢(傷)

 五・三 6/是胃(謂)～固

 五・三 6/是胃(謂)～膚(呂)

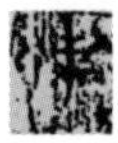 五・三 8/～四益

五・三 13/～叡(且)亡

五・鬼 2/亂～豪(家)

五・鬼 7/訮尋頣(夏)～

二・民 14/吕(以)畜蓳(萬)～

二・昔 4/唯～之大矛(務)是敬

五・姑 3/於君犾(幸)則晉～(邦)之社昕(稷)可得而事也

五・君 11/紿(治)蓳(萬)室之～亦樂

一・緇 11/～家之不寧也

五・競 8/～

六・競 4/夫子叓(使)丌(其)私叓(使)聖(聽)獄於晉～

六・競 8/舉～爲欽

六・壽 1/禍(禍)敗因童於楚～

六・壽 3/君王與楚～懼懣

六・壽 5/前各(冬)言曰～必芒(喪)

六・壽 6/君王保～

六・木 4/王子不旻(得)君楚～

六・天甲 1/～君建之吕(以)垞

六・天甲 1/～君五殜(世)

六・天甲 2/夫=(大夫)象～君之立

六・天甲 2/～君象天子之

六・天甲 4/～芒(喪)

六・天甲 4/～芒(喪)

六・天甲 5/幾殺而～正

六・天甲 8/～君飤(食)盥

六・天甲 9/～君三辟

六・天甲 12/觀～不言芒(喪)

六・天乙 1/～君建之吕(以)垞

六・天乙 1/～君五殜(世)

六・天乙 2/夫=(大夫)象～君之立

 六・天乙 2/～君象天子之立

 六・天乙 4/～芒(喪)

 六・天乙 4/～芒(喪)

 六・天乙 4/幾殺而～正

 六・天乙 7/～君飤(食)盥

 六・天乙 8/～君三辟

 六・天乙 11/觀～不言芒(喪)

 七・鄭甲 1/吕(以)～之愿(怲—病)

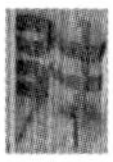 七・鄭甲 2/楚～囟(使)爲者(諸)医(侯)正

 七・鄭甲 3/售(雖)～之愿(怲—病)

 七・鄭乙 2/吕(以)～之愿(怲—病)

 七・鄭乙 2/楚～囟(使)爲者(諸)医(侯)正

 七・鄭乙 3/售(雖)～之愿(怲—病)

 七・君甲 2/楚～之中

 七・君甲 6/人胃(謂)之安～

 七・君乙 2/楚～之中

 七・君乙 6/人胃(謂)之安～

 七・凡甲 16/～豪(家)

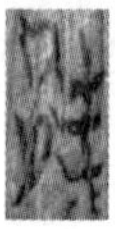 七・凡甲 22/所吕(以)攸(修)身而詞(治)～豪(家)

 七・凡甲 30/少(小)之吕(以)詞(治)～

 七・凡乙 11/～

 七・凡乙 22/少(小)之吕(以)詞(治)～

 七・吴 6/咎(舅)生(甥)之～

 七・吴 8/陣(陳)～

 八・成 1/成王既～(封)周公二年

 八・成 8/皆欲吕(以)亓(其)～稾(就)之

 八・命 1/命虛(吾)爲楚～

 八・命 6/絧(治)楚～之正(政)

八・命 8/亡僕(僕)之尚(掌)楚～之正(政)

八・命 9/君王之所吕(以)命與所爲於楚～

八・命 10/而～正(政)不敗

八・王 3/～人其澮(沮)志解體

八・志 1/是楚～之弝(強)秎(梁)人

八・志 2/～人亓(其)胃(謂)之可(何)

八・志 6/旻(得)忧(尤)於～多巳(已)

八・志 6/～人亓(其)胃(謂)我不能爯(稱)人

八・志 8/或(又)不旻(得)臣楚～

九・成甲 2/嬰(舉)～加(賀)子旻(文)

九・成甲 3/倉(合)～吕(以)酓=(飲酒)

九・成甲 5/君爲楚～老

九・成乙 1/榖(穀)虖(於)余(菟)爲楚～老

九・成乙 2/嬰(舉)～加(賀)余女(如)蜀(獨)不余見

九・靈 4/嬰(舉)～書(盡)隻(獲)

九・靈 5/王牆(將)述(墜)～弗能歨(止)

九・陳 1/楚～少(稍)安

九・陳 12/楚～之古(故)車爲宔(主)女(安—焉)

九・邦 1/天加訛(禍)於楚～

九・邦 3/而～人不爯(稱)戫(勇)女(安—焉)

九・邦 3/䯧(就)逿(復)～之逡(後)

九・邦 3/而～人不爯(稱)媺(美)女(安—焉)

九・邦 7/～既又(有)王

九・邦 8/而并是二者吕(以)～君

九・邦 8/翟(抑)瞿(懼)君之不夂(終)殜(世)怀(承)～

九・邦 9/須～君加冕(冠)

九・邦 9/既遊(失)～

九・邦 10/而～人不爯(稱)酓女(安—焉)

九・邦 12/而～人不爯(稱)還

 九・邦 13/虐(吾)敳(豈)敢已(以)尒(爾)嬰(亂)～

 九・史 1/古(故)齊～㡀(敝)史(吏)之子也

 九・史 3/朼(必)瓮(危)亓(其)～豪(家)

 九・史 11/～家已(以)徲(夷)

 九・卜 5/～朼(必)又(有)疾

 九・卜 5/貞～☐

 九・卜 6/貞卜～

 九・卜 6/貞～無咎

 九・卜 7/周～又(有)吝

 九・卜 8/亓(其)蓳(殘)于百～

 九・卜 8/大貞～亦兇

 九・卜 8/若卜貞～

 九・卜 10/兇，兆(兆)不利～貞

都

 四・曹 37/甬(用)～香(教)於邦

 五・三 12/監川之～

 六・壽 2/女毀新～戚陵

鄰(哭、器、墨)

哭

 二・從甲 4/四～(鄰)

 四・曹 6/～(鄰)邦之君亡(無)道

 一・性 39/愚(僞)斝(斯)～(鄰)矣

器

 三・周 57/東～(鄰)殺牛

 三・周 57/不女(如)西～(鄰)之酌祭

 三・周 13 不賨(富)已(以)丌(其)～(鄰)

 六・莊 2/時(侍)四～之賓客

墨

 一・性 29/凡悅人勿～(吝)

鄗

 九・陳 3/酓(熊)霝(雪?)、子林(麻)與～(巴)人戰於鵅州

 九・陳 3/屈冑(昜)與～(巴)命(令)尹戰於墉

郳(邔)

邔

 九・陳 2/先君武王與～(郳)人戳(戰)於莆(蒲)寞(騷)

郢

四・昭 9/怠(霸)君吴王身至於～

四・柬 13/女(如)君王攸(修)～高(郊)

九・邦 4/晒(將)迈(蹠)～

九・邦 5/述(遂)迈(蹠)～

郘(郙)

郙

二・容 16/～(郘)

邜

四・采 5/～

⿰舟阝

二・容 45/豐、禀(穚)、～、𨛫、于、鹿

𨛫

二・容 45/豐、禀(穚)、⿰邑舟(⿰舟阝)、～、于、鹿

⿰易阝

二・容 26/～(揚)州刣(始)可尻也

⿱戠邑

四・曹 42/三軍～果有幾虎(乎)

⿱殷邑

二・容 53/武王素虘(甲)㠯(以)申(陳)於～(殷)蒿(郊)

二・容 53/而～(殷)

五・鮑 1/～(⿱殷邑)人之所㠯(以)弋(代)之

⿰臱阝

四・曹 13/戰(獸)～(邊)城(城)系(奚)女

四・曹 17/所㠯(以)弡～(邊)

⿰糴阝

五・競 3/～(狄)人之伓(背)者

⿰里阝

六・競 10/出喬于～

⿰枼阝

八・命 1/～(葉)公子高之子見於命(令)尹子害(春)

九・邦 4/～(葉)之者(諸)老皆柬(諫)曰

九・邦 4/～(葉)公子高曰

九・邦 5/卲(昭)夫人胃(謂)～(葉)公子高

九・邦 7/～(葉)公子高曰

九・邦 10/古(故)爲～(葉)連囂(敖)與鄴(蔡)樂尹

九・邦 12/𠂤(以)～(葉)之遠

郙

八・有 2/亡(無)～又(有)風(諷)含(今)可(兮)

八・有 2/同～異心含(今)可(兮)

八・有 2/又(有)～……

鄴

九・陳 3/戰於～咎

邶

九・卜 3/曰掛(兆)少(小)～(沈)

鄳

九・卜 2/而屯(純)不困～(膺)

鄨

九・卜 2/～公曰

郘

九・陳 1/王迈(蹠)～之行

鄐

九・靈 1/王敗～(蔡)霝(靈)灰(侯)於吕

九・靈 1/取～(蔡)之器

九・靈 1/𩁹(執)事人夾～(蔡)人之軍門

九・邦 8/～(蔡)大祝㞢(止)

九・邦 9/𦎫(就)～(蔡)大祝二拜頓=(頓首)曰

九・邦 9/～(蔡)大女(安—焉)

九・邦 10/古(故)爲鄴(葉)連囂(敖)與～(蔡)樂尹

㽞 部

鄉

二・容 47/文王乃记(起)帀(師)𠂤(以)～(嚮)

巷(鄁、衖、衕)

鄁

四・采 1/宫～(巷)

衖

二・魯 3/而(爾)昏(聞)～(巷)逄(路)之言

三・周 32/遇宔(主)于～(巷)

衕

一・緇 1/亞(惡)亞(惡)女(如)亞(惡)～白(伯)

楚系簡帛字形合編系列五種

俞紹宏　主編

上海博物館藏楚簡字形合編

下

徐加躍　賀一平　編著

上海古籍出版社

 六・莊 7/含(今)～

 六・用 4/民～愈樂

 七・武 2/䜣(祈)三～

 七・武 12/武王齋七～

 七・鄭甲 1/不彀(穀)～欲㠯(以)告夫=(大夫)

 七・鄭乙 1/不彀(穀)～欲㠯(以)告夫=(大夫)

 七・君甲 1/敢告於見(視)～

 七・君乙 1/敢告於見(視)～

 七・凡甲 9/～之又(有)耳

 七・凡甲 10/～之台(始)出

 七・凡乙 8/～之台(始)出

 七・吳 7/敢告叚(假)～

 七・吳 9/今～

 七・吳 9/自睹～㠯(以)逞(往)

 七・吳 9/必五六～

 八・成 5/女(安—焉)不曰～章(彰)而冰澡(消)虐(乎)

 八・命 2/箮(僕)既旻(得)辱見(視)～之

 八・命 3/女(如)㠯(以)箮(僕)之觀見(視)～也

 八・命 9/含(今)見(視)～爲楚命(令)尹

 八・命 10/箮(僕)㠯(以)此胃(謂)見(視)～十又厽(三)亡箮(僕)

 八・王 2/述～

 八・蘭 1/～月遊(失)時

 八・有 5/～月卲(昭)明今可(兮)

 九・成甲 1/一～而⿱蟲必(畢)

 九・成甲 2/三～而⿱蟲冏(畢)

 九・成乙 1/一～而⿱蟲各(畢)

 九・成乙 2/三～而⿱蟲月(畢)

 九・成乙 3/君一～而不……

 九・舉 4/～耑(短)而殜(世)恩(悃?困)……

 九・舉 19/葡(服)～行

 九・舉 21/□～行

 九・舉 21/～行虐(乎)

 九・舉 21/此～行也

 九・舉 24/～月閟(比?)閇(閒)

 九・邦 9/今～迵(通)

時(旹、𡔷)

旹

 一・孔 10/梂(樛)木之～(時)

 一・孔 11/梂(樛)木之～(時)

 一・孔 25/又(有)兔不奉(逢)～(時)

二·容 3/古(故)堂(當)是～(時)也

二·容 6/堯戔(賤)貤(貤)而～(時)時賓(賽)

二·容 36/堂(當)是～(時)

二·容 36/天埅(地)四～(時)之事不攸(修)

四·内 8/～(時)昧

四·曹 20/毋民穫(獲)～(時)

五·鮑 7/至亞(惡)何(苛)而上不～(時)叓(使)

五·三 1/天共～(時)

五·三 1/卉木須～(時)而句(後)奮

五·三 15/聚(驟)敓(奪)民～(時)

五·三 16/敓(奪)民～(時)㠯(以)土攻(功)

五·三 16/敓(奪)民～(時)㠯(以)水事

五·三 16/敓(奪)民～(時)㠯(以)兵事

五·三 17/智(知)天足㠯(以)川(順)～(時)

港甲 4/解于～(時)

七·凡甲 7/虐(吾)奚～(時)之

八·成 1/四～(時)

㝵

二·容 16/堂(當)是～(時)也

二·容 48/文王～(持)故㝵(時)而𡥈(教)民㝵(時)

二·容 48/文王時(持)故～(時)而𡥈(教)民時

二·容 49/文王㝵(持)故㝵(時)而𡥈(教)民～(時)

四·相 1/～(待)出

六·天甲 12/～(時)言而殜(世)行

八·李 1 背/忎(願)戠(歲)之敔～(時)

八·蘭 1/日月遊(失)～(時)

早(㬪)

㬪

三·中 14/～(早)叓(使)不行

四·曹 32/牆(將)～(早)行

四·曹 32/～(早)食葉(供)兵

昧

四・内 8/旹(時)、～(昧)、社(攻)、縈(禜)、行，祝於五祀

六・孔 26/不昧(味)～酉(酒)肉

睹

六・木 1/～飤(食)於鼪寬(宿)

六・木 3/～飤(食)於鼪寬(宿)

晉

一・緇 6/～各(冬)耆(祁)寒

二・容 16/卉(草)木～長

四・柬 10/君王尚(當)以餌(問)大(太)宰(宰)～医(侯)

五・鮑 8/～人戣(伐)齊

五・鮑 8/～邦又(有)亂

五・姑 3/於君䄜(幸)則～邦之社陎(稷)可得而事也

六・競 4/夫子叓(使)丌(其)私叓(使)聖(聽)獄於～邦

七・鄭甲 6/～人涉

七・鄭甲 6/含(今)～人䣾(將)救子豪(家)

七・鄭甲 7/大敗～帀(師)女(安—焉)

七・鄭乙 6/～人涉

七・鄭乙 6/含(今)～〔人〕〔䣾(將)救〕子豪(家)

七・鄭乙 7/大敗～〔帀(師)女(安—焉)〕

七・吴 6/～☐

九・陳 4/或(又)與～人戰於兩棠

晏

六・競 12/～子

港甲 7/之女～嬰也

昃(吳)

吳

二・昔 1/大(太)子～聖(聽)

五・季 6/丘昏(聞)之孟者～曰

六・用 9/而焚丌(其)反～

八・志 1/反～(側)亓(其)口舌

暲

七・凡甲 5/亓(其)智愈～(彰)

七・凡甲 11/系(奚)古(故)少(小)雁～敓

七・凡乙 11/亓(其)智愈～(彰)

昏

一・性 14/～(聞)訶(歌)要(謠)

一・性 25/～(聞)道反己

二・子 9/子羔～(問)於孔子曰

二・子 9/而(爾)～(問)之也

二・容 38/记(起)帀(師)以伐～(岷)山是(氏)

三・周 34/～(婚)佝(媾)

三・中 5/敢～(問)爲正(政)可(何)先

三・中 9/敢～(問)舉(舉)才女(如)之可(何)

三・中 11/既～(聞)命壴(矣)

三・亘 3/～=(混混)不寍(寧)

五・季 1/青(請)～(問)

五・季 2/青(請)～(問)可(何)胃(謂)息(仁)之㠯(以)悳(德)

五・季 6/丘～(聞)之孟者旲(昃)曰

五・季 9/異於丘斎=(之所)～(聞)

五・季 9/垦(丘)～(聞)之

五・季 11/毋乃肥之～(問)也是(寔)左(差)虖(乎)

五・季 18/丘也～(聞)孚=(君子)☐

二・子 4/虗(吾)～(聞)夫舜丌(其)幼也

二・魯 3/而(爾)～(聞)衖(巷)逄(路)之言

三・中 2/☐憝～(聞)之

三・中 6/雔(雍)也弗～(聞)也

三・中 8/既～(聞)命壴(矣)

三・中 11/敢～(問)道民興悳(德)女(如)可(何)

三・中 15/～(聞)民忢(懋)

 三・中 15/～(聞)唇(乎)

 三・彭 1/狗(耈)老～(問)于彭祖曰

 四・昭 8/大尹～(聞)之

 四・昭 8/或～(聞)死言僕(僕)見脾之寒也

 四・相 2/敢～(問)民事

 四・相 4/不～(問)又(有)邦之道

 四・相 4/而～(問)相邦之道

 五・競 1/公～(問)二大夫

 五・競 2/習(召)祖已而～(問)女(安—焉)

 五・弟 11/窮(宰)我～(問)君子

 三・彭 1/乃䐢(將)多～(問)因由

 三・彭 2/～(問)

 三・彭 2/女(汝)孳孳尃(布)～(問)

 三・彭 3/敢～(問)爲人

 三・彭 8/既得～(聞)道

 六・競 4/王命屈木～問軋(范)武子之行女(安—焉)

 六・競 12/則未𣅀(得)與～(聞)

 六・莊 1/㠯(以)～(問)酖(沈)尹子桱(莖)

 六・莊 2/王固～(問)之

 七・吴 8/寡(寡)君～(問)左右

 七・吴 9/隹(唯)三大夫丌(其)辱～(問)之

 八・命 7/請～(問)亓(其)古(故)

晦(晦、朙)

晦

 三・亘 9/先又(有)～(晦)

 五・鬼 8/𢈪(顔)色深～(晦)

朙

 五・三 1/～(晦)毋訶(歌)

旱(旱、淖)

旱

 二・魯 1/魯邦大～

 二・魯 1/邦大～

淖

 四・柬 1/柬(簡)大王泊～(旱)

𣅀

 八・有 1/可～(幾)城(成)夫含(今)可(兮)

昌

 五・三 10/毋爲人～(倡)

 五・三 18/好～天從之

 六・用 10/～

 八・成 15/童(重)光亓(其)～也

 八・王 1/郘～爲之告

 八・王 2/～爲之告

暑(㞑、㞋)

㞑

 一・緇 6/日～(暑)雨

㞋

 二・容 22/頣(夏)不敢目(以)～(暑)訇(辭)

 八・志 4/或不能節～

㬎(𬀩)

𬀩

 一・孔 6/不(丕)～(顯)隹(維)悳(德)

 一・孔 6/貴叡(且)～(顯)矣

 二・從乙 1/～(顯)訋懽(勸)信

 四・曹 38/戳(戰)有～(顯)道

 四・曹 40/此戳(戰)之～(顯)道

 五・鬼 8/而志行～(顯)明

昔

 二・子 1/～者而弗殜(世)也

 二・從甲 1/～三弋(代)之明王之又(有)天下者

 二・昔 1/～者君老

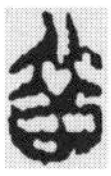 二・容 6/～尭(堯)凥(處)於丹府

 二・容 13/～坴(舜)静(耕)於鬲丘

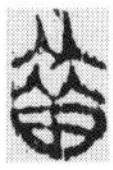 二・容 16/～者天陛(地)之差(佐)坴(舜)而右(佑)善

 二・容 49/～者文王之差(佐)受(紂)也

 三・中 18/～三弋(代)之明王又(有)四海之内

 二・容 16/～者天陛(地)之差(佐)夋(舜)而右(佑)善

 二・容 49/～者文王之差(佐)受(紂)也

 三・中 18/～三弋(代)之明王又(有)四海之内

 四・曹 1/～周室之邦魯

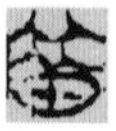 四・曹 2/～粇(堯)之鄉(饗)夋(舜)也

 五・君 10/□～者中(仲)尼窾(箴)徒三人

 五・鬼 1/～者先(堯)夋(舜)壐(禹)湯

 五・鬼 7/～融之氏帀(師)

 七・吴 3/～上天不中(衷)

 八・成 16/～者又(有)神□

 九・舉 6/～埜(我)㝵(得)中

 九・舉 10/～者

 九・邦 7/～周

 卉 2/～足安(焉)寘(奠)

昊

 一・孔 6/《～=(昊天)又(有)成命》

朁

 四・昭 9/楚邦之良臣所～骨

暵

 六・用 12/聶丌(其)～而不可逿(復)

昪

 六・天甲 11/古(故)龜又(有)五～(忌)

 六・天乙 11/古(故)龜又(有)五～(忌)

 七・吴 9/启(以)㝅(賢)多～(期)

 七・吴 9/帣(敝)邑之～(期)

旦　部

旦

 五・姑 1/～(旦)夕絧(治)之

 五・三 1/檑(柄)～(旦)毋哭

 八・成 2/訠(召)周公～曰

 八・成 3/～之韰(聞)之也

倝　部

倝(旃、𠦝)

旃

二・容 24/面～鯌

五・三 5/邦遊(失)～(幹)祟(常)

港甲 6/～言則律

六・木 1/城公～友

七・君甲 2/虗(吾)～又(有)白玉三回而不戔(展)才(哉)

七・君乙 2/虗(吾)～又(有)白玉三回而不戔(展)才(哉)

八・李 1/～(晉)各(冬)之旨(祁)寒

九・邦 7/千君～(焉)可(何)它(施)

九・邦 10/臣～……

𠦝

七・君甲 9/先君霝(靈)王～〈倝(乾)〉涂(溪)云薾(爾)

七・君乙 9/先君霝(靈)王～〈倝(乾)〉涂(溪)云薾(爾)

朝

二・昔 1/大(太)子～君

二・容 5/肣(禽)獸(兽)～

二・容 21/～不車逆

三・周 6/夂(終)～晶(三)褫之

五・弟 14/君子道～(朝)

六・用 15/宧于～夕

六・天甲 9/～不語内

七・武 13/奉丹箸(書)㠯(以)～

八・志 6/～记(起)而夕瀌(廢)之

㫃　部

旗(羿)

羿

二・從甲 15/事必有～(旗)𠟭(則)悤(惻)

 二・容 20/墨(禹)肰(然)句(後)訇(始)爲之唐(號)～(旗)

 二・容 20/東方之～(旗)目(以)日

 二・容 20/西方之～(旗)目(以)月

 二・容 20/南方之～(旗)目(以)它(蛇)

 二・容 21/中正之～(旗)目(以)澳(熊)

 二・容 21/北方之～(旗)目(以)鳥

 五・競 10/亡～(旗)庑(宅)

 七・吴 7/毋敢又(有)遟(遲)速之～(旗)

 八・成 15/可～(期)而須也

 九・陳 3/女(安—焉)昊(得)亓(其)緩(猿)～(旗)

遊(遊、遳、斿)

遊

 二・子 7/先王之～

 二・子 11/～於央臺之上

 二・子 12/～於玄咎(丘)之内(汭)

 五・君 6/凡目毋～

 五・弟 4/子～曰

 七・武 8/溺於宋(淵)猶可～

 八・子 1/耆(言)～

 八・子 3/耆(言)～曰

 八・子 4/魯司寇(寇)奇(寄)耆(言)～於逡楚

 八・子 5/耆(言)～去

 八・有 1/囟(思)～於忎(仁)

遳

 五・三 21/善～(游)者

斿

 一・性 21/▨～(遊)樂□

 一・性 21/～聖(聲)也

 一・性 21/戲(戲)～心也

旅(遊)

遊

 三・周 53/～(旅)

三·周 53/～(旅)貞吉

三·周 53/～(旅)贏(瑣)贏(瑣)

三·周 53/～(旅)既宋

三·周 53/～(旅)焚丌(其)宋

三·周 53/～(旅)

四·相 3/㠯(以)備䡇(軍)～(旅)

族(族、𣄰)

族

二·容 41/於是啓(乎)㚅(叛)宗鹿(戮)～

五·姑 1/姑(苦)城(成)豙(家)父以亓(其)～參(三)𡉚(郤)正(征)百豫

五·姑 2/㠯(以)虗(吾)～參(三)𡉚(郤)與

八·有 5/～䛐₌(䛐䛐)必䛐(慎)毋㽣含(今)可(兮)

九·卜 5/凡三～又(有)此

九·卜 8/三～句(鉤)

九·卜 8/三～句(鉤)

九·卜 9/三～是卒(瘁)

九·卜 9/女(如)三～□

𣄰

九·舉 2/聑(聞)光剌(烈)之～(族)

晶　部

曐(星)

星

五·競 1/～皃(變)子

三·中 19/日月～晷(辰)猷(猶)差

參(曑、晶、厽)

曑

六·用 1/～節之未旻(得)

五·三 1/是胃(謂)～(三)悳(德)

五·三 5/～(三)善才(哉)

五·姑 1/姑(苦)城(成)豙(家)父㠯(以)亓(其)族～(三)𡉚(郤)正(征)百豫

五·姑 2/㠯(以)虗(吾)族～(三)𡉚(郤)與

五·姑 6/～(三)𡉚(郤)中立

五·姑 6/害～(三)𡉚(郤)

五・姑 8/～(三)垟(郤)家厚

五・姑 10/惻(賊)～(三)垟(郤)

五・姑 10/～(三)垟(郤)既亡

晶

三・周 1/□六～(三)

厽

八・命 6/十又～(三)亡箁(僕)

八・命 10/箁(僕)目(以)此胃(謂)視日十又～(三)亡箁(僕)

七・凡甲 21/兩生～(三)

九・靈 2/虎～(三)徒出

九・舉 18/黄帝攸(修)～(三)員

晨

三・中 19/日月星～(辰)猷(猶)差

六・莊 9/不目(以)～(辱)釹(斧)壴

月　部

月

一・孔 8/十～

二・民 11/日逑(就)～相(將)

二・容 3/思役百官而～青(請)之

二・容 20/西方之羿(旗)目(以)～

四・采 1/疋皇～

五・鮑 1/九～敘(除)洛(路)

五・鮑 1/十～而徒礿(梁)城(成)

七・鄭甲 3/回(圍)奠(鄭)三～

七・鄭乙 3/回(圍)奠(鄭)三～

七・凡甲 10/～之又(有)軍(暈)

七・凡甲 25/百勿(物)不死女(如)～

七・凡乙 8/～之又(有)軍(暈)

七・凡乙 18/咸百勿(物)不死女(如)～

八・蘭 1/日～遊(失)時

八・有 5/日～卲(昭)明今可(兮)

九・舉 24/日～閟閉(閒)

脠

五・弟 1/～陞(陵)季=(季子)僑(僑)而弗𤔲(受)

 五・弟 1/～陸(陵)季=(季子)亓(其)天民也虖(乎)

 五・弟 2/～陸(陵)季子

有 部

有

 一・性 6/～爲也〔者〕之胃(謂)古(故)

 五・三 6/上帝是～(祐)

 五・三 13/身叡(且)～疠(病)

 五・三 13/不～大禍(禍)必大恥

 五・三 20/魂(鬼)神是～(祐)

明 部

明

 三・亙 2/而未或～

 三・亙 5/～明天行

 三・亙 9/女(安—焉)又(有)～

 三・亙 13/與天下之～王

 三・亙 13/～君

 三・亙 13/～士

 一・孔 17/東方未～又(有)利訂(詞)

 一・孔 25/少(小)～

 一・緇 15/敬～乃罰

 一・性 30/言及鼎(則)～嬰(舉)之而毋愚(僞)

 二・民 6/～目而視之

 二・民 12/屯(純)惪(德)同～

 二・從甲 1/昔三弋(代)之～王之又(有)天下者

 二・容 17/貝(視)不～

 二・容 24/吕(以)波(陂)～者(都)之澤

 三・周 17/又(有)孚才(在)道已～

 三・周 45/王～

 三・中 18/昔三弋(代)之～王又(有)四海之内

 四・柬 6/夫上帝魂(鬼)神高～

 四・曹 5/嚣(鄰)邦之君～

 四・曹 51/～日洒(將)戰(戰)

 四・曹 52/～日复(復)戰(陳)

 四・曹 60/～惁(慎)吕(以)戒

 四・曹 64/昔之～王之记(起)於天下者

 五・三 3/天命孔～

 五・鬼 1/今夫魂(鬼)神又(有)所～

 五・鬼 1/又(有)所不～

 五・鬼 2/此～矣

 五・鬼 3/口～矣

 五・鬼 4/魂(鬼)神不～

 五・鬼 5/所～又(有)所不明

 五・鬼 5/所明又(有)所不～

 五・鬼 8/而志行㬎(顯)～

 六・競 9/～悳(德)觀行

 六・用 19/不卲(昭)亓(其)甚～

 八・顏 10/敢𡪢(問)至～〈名〉

 八・成 3/☐□欲～智(知)之

 八・成 9/桍(持)市～之悳(德)亓(其)殜(世)也☐

 八・成 11/外道之～者

 八・有 5/日月卲(昭)～含(今)可(兮)

 九・舉 21/亟(極)吝(文)倀(長)～

 九・舉 29/～則保或(國)

 卉 2/安(焉)能聰～

囧 部

𥂗(盟、昷、𦋝)

盟

 五・競 7/天埅(地)～(明)弃我矣

昷

 二・子 2/伊堯之悳(德)則甚～(明)舉(與)

 五・季 10/～(猛)鼎(則)亡新(新)

 二・子 7/道不奉～(盟)

 六・壽 4/～戢(歲)

𦋝

 一・孔 7/褱(懷)尔(爾)～(明)悳(德)

 七・凡乙 4/系(奚)古(故)神～(明)

 七・凡甲 8/勳敬天之～(明)系(奚)㝵(得)

 五・三 1/～(明)王無思

夕 部

夕

 四・柬 9/含(今)～不穀

 五・姑 1/旦～紿(治)之

 六・競 3/安子～

 六・用 15/宧于朝～

 七・鄭甲 5/毋敢～門而出

 七・鄭乙 5/毋敢～門而出

 八・志 7/朝记(起)而～瀌(廢)之

夜(夜、亦)

夜

 二・昔 4/發(廢)命不～(赦)

 三・亘 11/無～(舍)也

亦

 二・民 8/迺(夙)～(夜)讋(基)命又(宥)簪(密)

 五・季 10/殀(夙)罌(興)～(夜)寤(寐)

 五・季 20/大辠(罪)鼎(則)～(夜)之㠯(以)埅(型)

 五・季 20/墜(中)辠(罪)鼎(則)～(夜)之㠯(以)罰(罰)

 五・弟 22/殀(夙)興～(夜)𥧥(寐)

夢

 三・亘 2/若溉=(寂寂)～=(夢夢)

 四・柬 8/聚(驟)～高山深溪

 四・柬 9/王～晶(三)閨未啟

 四・柬 10/～若此

外

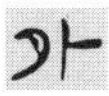 一・性 1/及亓(其)見於～

 二・昔 3/割(蓋)憙(喜)於内不見於～

 二・昔 3/憙(喜)於～不見於内

 二・昔 3/恖(愠)於～不見於内

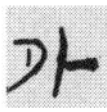 二・昔 3/～言不以内(入)

 二・容 5/四母(海)之～宓(賓)

 二・容 20/四母(海)之内及四母(海)之～皆青(請)社(貢)

 三・周 10/～𢽾(比)之

 三・亘 8/女(安—焉)又(有)～

 五・競 8/～之爲者(諸)医(侯)狀(笑)

 五・三 3/～内又(有)詨(辨)

 六・競 5/～内不廢

 六・競 9/～又(有)梨(梁)丘虡(據)縈性(狂)

 六・用 14/敡武於～

 八・成 11/～道之明者

 八・命 4/～臣而居虛(吾)右=(左右)

 八・李 1/剸(摶)～疋(疏)审(中)

 九・邦 6/在～……

 九・卜 9/又(有)咨於～

 卉 1/卉(草)茅之～

夙(𡖊)

 五・季 10/～(夙)罌(興)夜(夜)寐(寐)

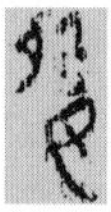 五・弟 22/～(夙)興夜(夜)牀(寐)

多 部

多

 五・季 4/濡言～難

 五・三 11/而～亓(其)言

 一・孔 2/～言後

 一・孔 2/～言

 一・孔 3/～言難而惋(怨)退(懟)者也

 一・孔 6/〔济济〕～士

 一・孔 8/～恣(疑)矣

 一・孔 9/～耻者亓(其)恷之虐(乎)

 一・緇 19/古(故)君子～餌(聞)

 一・緇 19/～旹(志)

 二・容 48/虛(吾)所智(知)～廌

 三・亘 8/～采(綵)勿(物)

 三・彭 1/乃牆(將)～昏(問)因由

 三・彭 7/～柔(務)者多惪(憂)

 三・彭 7/多柔(務)者～惪(憂)

 四・逸・多 1/～=新=(多薪多薪)

 四・逸・多 1/～=人=(多人多人)

 四・逸・多 2/～=新=(多薪多薪)

 四・逸・多 2/～=人=(多人多人)

 四・曹 46/𡚸(卒)谷(欲)少㠯(以)～

 四・曹 62/𠀀=(一人)又(有)～

 四・曹 65/今與古亦～不同矣

五・競 5/言曰～

五・季 11/民能～□

五・弟 15/隹～餌(聞)而不沓(友)臤(賢)

五・弟 16/～餌(聞)鼎(則)貮(惑)

五・弟 16/～見鼎(則)⧄

六・競 7/祝之～堣言

六・競 10/丌(其)人數～已

六・孔 11/亓(其)述～方女(安—焉)

六・壽 6/君王所改～=(多多)

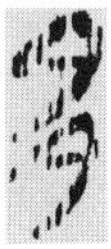
六・用 1/～險㠯(以)難成

六・用 19/民道紷(繁)～

七・吴 9/㠯(以)臤(賢)～异(期)

八・志 6/㝵(得)忧(尤)於邦～已

卉 2/～宙(廟)頁(寡)情

毌　部

毌(串)

串

八・成 15/而或(國)又(有)相～(患)割(害)之志

马　部

甬

一・孔 4/丌(其)～(用)心也晒(將)可(何)女(如)

一・緇 14/既(苗)民非～(用)霝

三・周 12/～(用)涉大川

三・亘 13/～(庸)又(有)求而不悬(慮)

四・曹 37/～(用)都𠂤(教)於邦

四・曹 56/三善𦘔(盡)～(用)不皆(棄)

一・孔 4/丌(其)～(用)心也晒(將)可(何)女(如)

一・孔 23/丌(其)～(用)人則虗(吾)取

一・性 4/丌(其)～(用)心各異

一・性 20/凡思之～(用)心爲甚

一・性 27/～(用)心谷(欲)悳(德)而毋岳

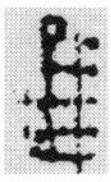
一・性 35/凡～(用)心之趮(躁)者

一・性 35/～(用)智之疾者

一・性 35/～(用)情之至〔者〕

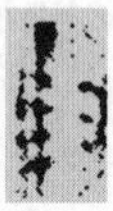
一・性 36/～(用)身之叓(弁)者

一・性 36/～(用)力之孝(盡)者

二・容 30/叁(舜)乃欲會天陛(地)之燹(氣)而聖(聽)～(用)之

三・彭 6/遠情(慮)～(用)素

四・内 1/炁(愛)是～(用)

三・亘 7/事～(用)以不可賡(更)也

三・亘 11/笾(作)～(庸)又(有)果與不果

三・亘 12/～(庸)或

三・亘 13/～(庸)或遊(失)之

六・慎 4/斝(襄)得～於殜(世)

七・凡甲 15/迟(起)而～(用)之

七・吴 7/古(故)～(用)吏(使)丌(其)三臣

九・舉 15/於是～(用)腈女(安—焉)

九・舉 21/～(勇)㠯(以)果

九・舉 25/圥(堯)訇(始)～(用)之

九・卜 3/～(用)尻(處)宫

卤 部

卤(卣)

卣

一・緇 23/堋(朋)舂(友)～(攸)囟(攝)

三・周 1/亡(無)～(攸)利

三・周 20/不利又(有)～(攸)往

三・周 21/亡(無)～(攸)利

三・周 22/利又(有)～(攸)往

三・周 25/亡(無)～(攸)利

三・周 28/亡(無)～(攸)利

三・周 30/勿用又(有)～(攸)往

三・周 37/又(有)～(攸)往

三・周 40/又(有)～(攸)往

三・周 42/利又(有)～(攸)往

七・武 10/～(牖)名(銘)隹(唯)曰

栗

八・鷗 1/子遺余婁(鷗)～(鶫)含(今)可(兮)

八・鶹 1/婁(鶹)～(鷅)之止含(今)可(兮)

八・鶹 1/婁(鶹)～(鷅)之羽含(今)可(兮)

八・鶹 1/婁(鶹)～(鷅)翯(翩)飛含(今)

粟

九・舉 13/三年不生～

齊　部

齊

一・緇 13/～之𠇷(以)豊(禮)

一・緇 13/～之𠇷(以)型(刑)

一・緇 19/～(質)而守之

一・緇 19/～(質)而𡦹(親)之

一・性 29/賓客之豊(禮)必又(有)夫～=(齊齊)之頌(容)

四・曹 13/虗(吾)欲與～戰

五・競 1/爲～

五・鮑 4/皮(疲)敝～邦

五・鮑 7/～邦之亞(惡)死

五・鮑 8/晉人戣(伐)～

五・鮑 8/既至～隉(地)

五・君 8/亓(其)才(在)廷(庭)鼎(則)欲(欲)～=(齊齊)

五・三 1/弦望～個(宿)

五・三 3/～=(齊齊)節=(節節)

五・三 14/牆(將)～勿杇(刳)

六・競 1/～競(景)公疥虘(且)瘧(瘧)

八・成 4/白(伯)𡰥(夷)、弔(叔)～餓(餓)而死於雒(雍)滓(瀆)

九・史 1/古(故)～邦㡀(敝)叓(吏)之子也

朿　部

𣗥(棶)

棶

三・周 35/大訐(蹇)不～(來)

克　部

克

一・緇 11/女(如)亓(其)弗～見

三・周 4/不～訟

三・周 5/不～訟

四・曹 14/又(有)～正(政)而亡克戦(陳)

四・曹 14/又(有)克正(政)而亡～戦(陳)

四・曹 14/或𠂤(以)～

四・曹 38/勿兵𠂤(以)～

四・曹 38/勿兵𠂤(以)～奚女(如)

四・曹 60/如晒(將)弗～

六・用 14/～轞戎事

录　部

录(彔、宲)

录

一・孔 9/丌(其)旻(得)～(禄)蔑畺(疆)矣

五・弟 10/𠂤(以)新(新)受～(禄)

一・孔 11/則𠂤(以)丌(其)～(禄)也

二・容 32/於是於訂(始)籊(爵)而行～(禄)

八・顔 10/身絧(治)大則〈則大〉～(禄)

八・顔 12/～(禄)不足則青(請)

八・顔 12/～(禄)不足則青(請)

八・蘭 2/尻宅(宅)幽～(麓)

彔

四・曹 21/～(禄)毋賃(負)

四・曹 50/𡦃(勝)劓(則)～(禄)籊(爵)有棠(常)

宲

六・慎 5/□□□～

禾　部

禾

二・民 13/上下～(和)同

二・容 7/四向陎～(和)

七・凡甲 20/鼿(一)言而～不賒(窮)

七・凡乙 14/鼿(一)言而～不賒(窮)

秀

二・容 34/㕣(皋)～(陶)乃五叚(讓)昌(以)天下之臤(賢)者

五・君 7/頸而～

八・李 2/思(使)虗(吾)梪(樹)～可(兮)

八・有 6/膠膰～(誘)余今可(兮)

穜

二・容 21/～(舂)不毇米

二・容 53/巤(絕)～(種)悉(侮)眚(姓)

六・木 2/昌(以)～(種)杺(麻)

穟(褭)

褭

四・曹 1/散(曹)～(穟—沬)内(入)見曰

四・曹 7/散(曹)～(穟—沬)曰

四・曹 64/～(穟—沬),虗(吾)言氏(是)不(否)

四・曹 64/菽(曹)～(穟—沬)盒(答)曰

八・蘭 4/信莿(蘭)其～(蔑)也

穆

四・采 1/宫～

一・緇 17/～=(穆穆)文王

稷

稷

一・孔 24/句(后)～之見貴也

二・子 12/句(后)～之母

二・子 13/是句(后)～之母也

六・用 8/非～之糧(種)

采

二・子 8/～者(諸)畂畮(畝)之中

穫

五・季 12/剸(則)邦又(有)～(穫)

四・曹 20/毋民～(獲)旹(時)

三・周 20/不靜(耕)而～(穫)

穅(康)

康

二・民 8/城(成)王不敢～

四・曹 37/或～目(以)會

五・三 7/必退(復)之目(以)～

五・三 11/倿(作)毋～

一・緇 3/隹(惟)尹夋及～(湯)咸又(有)一悳(德)

一・緇 15/～享(誥)員(云)

四・曹 65/亦隹(唯)餌(聞)夫墨(禹)、～(湯)、傑(桀)、受(紂)矣

六・用 1/貝(視)之台(以)～樂

六・用 4/悳(德)徑于～

六・用 11/台(以)民乍(作)～

年

一・緇 7/墨(禹)立厽(三)～

二・容 5/坒(匡)天下之正(政)十又(有)九～而王天下

二・容 6/三十又(有)七～而民夂(終)

二・容 18/墨(禹)聖(聽)正(政)三～

二・容 23/舜聖(聽)正(政)三～

二・容 28/五～乃嘐(穰)

二・容 30/三～而天下之人亡(無)訟獄者

二・容 35/〔敀〕王天下十又(有)六～〈世〉而傑(桀)乍(作)

三・周 24/十～勿用

四・曹 12/還～而餌(問)於散(曹)斅(蔑—沫)曰

 五・鬼 2/長～又(有)䂿(譽)

 五・鬼 3/長～而叟(没)

 五・競 3/不出三～

 五・弟 5/登～不死(恒)至

 六・孔 18/行～

 七・君甲 8/君王唯(雖)不長～

 七・君甲 8/戊行～𠦃₌(七十)矣

 七・君乙 7/君王唯(雖)不長～

 七・君乙 8/戊行～𠦃₌(七十)矣

 八・子 1/虗(吾)子齒～長壴(矣)

 八・成 1/成王既邦(封)周公二～

 八・蘭 4/……～(佞)寿(前)其約會(儉)

 九・舉 5/隹(惟)七～

 九・舉 13/三～不生粟

 九・舉 13/五～亡(無)涷餌者

 九・舉 30/五～而天下正

秋

 六・莊 1/㠯(以)共春～之嘗(嘗)

 六・用 10/春～還連

 五・鮑 7/而走(上)～亓(其)埅(型)

秦

 八・李 1/～(榛)朸(棘)之閖(間)可(兮)

 一・孔 29/涉～(溱)

兼

 四・曹 4/筥(孰)能并～人

 四・曹 12/～恖(愛)萬民

 四・曹 48/不～畏

香　部

香(⿱林日)

⿱林日

一・緇 22/古(故)君子之春(友)也又(有)~(向)

米　部

糂(⿱宀香)

⿱宀香

一・孔 21/《~(糂—湛)零(露)》之賹(賹)也

糧

五・鮑 3/百~篁

糓(⿰米呈)

⿰米呈

二・容 21/穜(舂)不~(糓)米

精

六・慎 1/~法吕(以)巽埶

八・成 4/~☒

糃

六・用 14/~(揚)武於外

⿰米童

六・用 8/非稷之~(穜)

臼　部

舀

港甲 6/~民唯睪

臽

九・卜 2/是胃(謂)臽(陷)~(沈)

凶　部

凶

三・周 4/夊(終)~

三・周 7/不䐗(臧)~

三・周 7/~

三・周 8/貞~

三・周 9/逡(後)夫~

三・周 10/~

 三•周 14/～

 三•周 24/～

 三•周 24/征～

 三•周 24/貞～

 三•周 26/～

 三•周 28/貞～

 三•周 29/夫子～

 三•周 29/貞～

 三•周 38/又(有)～

 三•周 39/中又(有)～

 三•周 40/見～

 三•周 41/已(起)～

 三•周 44/～

 三•周 47/征～

 三•周 52/～

 三•周 56/～

 三•周 58/征～

 五•三 4/必禺(遇)～央(殃)

 五•三 9/乃無～材(災)

 五•三 9/毋～備(服)目(以)亯(享)祀

 五•三 14/是奉(逢)～朔(辥)

 港甲 4/乃無～袚

兇

 六•用 1/慝之台(以)～荎(刑)

 六•用 11/司民之降～

 六•用 13/～井(刑)厲政

 七•武 4/谷(欲)[illegible](勝)義則～

 七•武 14/欲[illegible](勝)志則～

 九•卜 8/大貞邦亦～

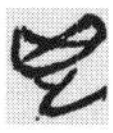 九•卜 10/～,跳(兆)不利邦貞

林　部

林

 一•緇 14/～(靡)人不歛(斂)

 六•木 2/目(以)種～(麻)

 六•木 2/可(何)目(以)～(麻)爲

 六•木 4/王子不智(知)～(麻)

 七・凡甲 5/骨=(骨肉)之既～(靡)

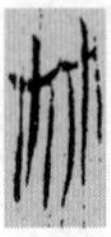 七・凡甲 6/骨=(骨肉)之既～(靡)

 七・凡乙 5/骨=(骨肉)之既～(靡)

 七・凡乙 11/骨=(骨肉)之既～(靡)

 九・陳 3/畬(熊)霝(雪?)、子～(麻)與郙(巴)人戰於駱州

 九・陳 20/乃右～(麻)左𣏟(麻)

 九・陳 20/乃右𣏟(麻)左～(麻)

 九・陳 20/右～(麻)左……

⿱⿰厶司𣏟

 八・鶹 1/欲衣而亞(惡)～(枲)含(今)可(兮)

⿰⿱𣏟乂戈

 四・曹 43/此～果之幾

 五・弟 1/□而轂～(散)

耑　部

耑

 二・容 47/文王於是虐(乎)素～(端)𧝎裳吕(以)行九邦

 四・曹 30/句(苟)見～(短)兵

 五・季 19/降(?)～(端)吕(以)比

 三・亘 9/先又(有)～(短)

 六・競 7/古(故)丌(其)祝叓(史)裚(製)蔑～(端)折

 六・天甲 11/不言～(短)

 六・天乙 11/不言～(短)

 七・武 1/～(顓)琂(頊)

 七・武 2/～(端)備(服)曼(冕)

 七・武 6/笞(席)之四～(端)

 七・武 6/右～(端)曰

 七・武 6/笞(席)逡(後)左～(端)曰

 七・武 6/逡(後)右～(端)曰

七・凡甲 14/～(端)𡖊(文)

七・凡甲 20/言记(起)於鼠(一)～(端)

七・凡甲 25/言记(起)於鼠(一)～(端)

七・凡乙 10/～(端)𡖊(文)

七・凡乙 14/於鼠(一)～(端)

七・凡乙 18/言记(起)於鼠(一)～(端)

九・舉 4/日～(短)而殜(世)恩

瓜 部

瓜(苽)

苽

一・孔 18/因《木～(瓜)》之保

一・孔 19/木～(瓜)

三・周 41/目(以)芑橐～(瓜)

㼌

八・命 9/必内(入)～之於十舂(右)又三

宀 部

家(家、豙)

家

一・緇 11/邦～之不寧也

豙

三・中 3/丌(其)～(家)

四・柬 12/而百眚(姓)迻(移)以迲(去)邦～(家)

四・柬 18/邦～(家)以軒(杌)輗(陧)

四・柬 18/邦～(家)大澣(旱)

五・鮑 4/不目(以)邦～(家)爲事

三・中 2/夫季是(氏)河東之城(盛)～(家)也

五・季 8/萦(葛)戠含(今)語肥也目(以)尻邦～(家)之述曰

五・三 8/上帝乃□□～(家)

五・季 10/是古(故)臤(賢)人之居邦～(家)也

五・三 4/邦～(家)亓(其)褱(壞)

五・三 12/百乘之～(家)

五・鬼 2/亂邦～(家)

二・從甲 2/王舍(予)人邦～(家)土隆(地)

二・從乙 1/興邦～(家)

四・曹 56/邦～(家)㠯(以)忞(忶)

五・姑 1/姑(苦)城(成)～(家)父事敕(厲)公

五・姑 1/姑(苦)城(成)～(家)父以亓(其)族參(三)坓(郤)正(征)百豫

五・姑 2/告姑(苦)城(成)～(家)父曰

五・姑 3/姑(苦)城(成)～(家)父曰

五・姑 5/姑(苦)城(成)～(家)父乃盜(寧)百豫

五・姑 6/弫(強)於公～(家)

五・姑 6/胃(謂)姑(苦)城(成)～(家)父曰

五・姑 7/姑(苦)城(成)～(家)父曰

五・姑 8/參(三)坓(郤)～(家)厚

五・姑 9/姑(苦)城(成)～(家)父専(捕)長魚鬻(矯)

五・姑 10/坓(郤)奇坓(郤)至姑(苦)城(成)～(家)父立死

五・姑 10/公～(家)乃溺(弱)

三・周 8/啟邦异(承)～(家)

三・周 52/埕(坿)丌(其)～(家)

三・周 22/不～(家)而飤(食)

六・用 10/言才(在)～(家)室

六・用 12/非考(巧)夂(免)訢(慎)良台(以)～(稼)嗇(穡)

九・史 3/㧊(必)危(危)亓(其)邦～(家)

九・史 11/邦～(家)㠯(以)徲(夷)

七・凡甲 22/所㠯(以)攸(修)身而訇(治)邦～(家)

七・鄭乙 1/〔奠(鄭)〕子～(家)芒(喪)

七・鄭乙 2/奠(鄭)子～(家)殺亓(其)君

七・鄭甲 1/奠(鄭)子～(家)芒(喪)

宅(㡯、厇、垞)

㡯

八・蘭 1/～(宅)才(在)學(幽)审(中)

八・蘭 2/屍～(宅)幽录(麓)

五・三 6/凡～(宅)官於人

五・三 6/～(宅)人於官

卉 2/厌(喉)昏(舌)～賽(塞)

厇

七・凡甲 3/天隆(降)五～(度)

七・凡甲 6/亓(其)逨(來)亡(無)～(度)

七・凡甲 23/母(毋)遠逑(求)～(度)

七・凡乙 3/天隆(降)五～(度)

七・凡乙 5/亓(其)逨(來)亡(無)～(度)

七・凡乙 15/母(毋)遠逑(求)～(度)

八・蘭 5/～立(位)竅(隱)下而比惁(擬)高矣

二・容 18/～(宅)不工

三・彭 1/乃不遊(失)～(宅)

四・曹 51/則(測)戕(死)～(度)戕(傷)

五・三 7/憙(喜)樂無堇～(宅)

五・三 8/宮室迣(過)～(宅)

五・三 11/毋～(宅)山

五・三 12/各謚(慎)亓(其)～(宅)

二・容 2/長者酥～(宅)

二・容 3/～(宅)亘者鮁(漁)澤

五・競 10/亡羿(旗)～(宅)

 五・姑 7/伐～(宅)遁逜

 六・天甲 7/與卿夫=(大夫)同恥～(度)

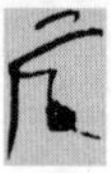 六・天乙 7/卿夫=(大夫)同恥～(度)

 六・天甲 8/不可㠯(以)不聒(聞)恥～(度)

 六・天乙 7/不可㠯(以)不聒(聞)恥～(度)

厇

 六・天甲 1/邦君൶(建)之㠯(以)～(都)

 六・天乙 1/邦君൶(建)之㠯(以)～(都)

室

 二・容 38/篁(築)爲璿～

 四・昭 1/卲(昭)王爲～於死浞之滤(滸)

 四・昭 1/～欥(既)成

 四・昭 2/君王訇(始)内(入)～

 四・昭 3/不欶(幸)僕(僕)之父之骨才(在)於此～之墮(階)下

 四・昭 5/因命至俑毀(毀)～

 四・曹 1/昔周～之邦魯

 五・君 11/夫子紿(治)十～之邑亦樂

 五・君 11/紿(治)薑(萬)～之邦亦樂

 五・三 8/宮～逃(過)厇(度)

 五・三 12/十～之何

 五・三 12/宮～汙池

 五・三 13/～虘(且)弃

 六・用 10/言才(在)家～

 六・天甲 1/不言～

 六・天乙 1/不言～

 八・王 1/王居穌(蘇)瀳之～

 九・史 7/……美宔～

 九・靈 1/命繕(申)人～出

向

 一・緇 12/毋以辟士𧗿(疾)大夫～(卿)使(士)

 三・彭 8/毋～桓

 四・柬 1/王～日而立

 五・競 7/則攸(修)者(諸)～(鄉)里

 二・容 7/四～阩禾(和)

 六・慎 6/氏(是)㠯(以)君=(君子)～方智(知)道

 九・舉 7/非天之所～

 九・舉 9/天䒑=(之所)～

宛

 五・鮑 5/百眚(姓)皆～(怨)偃

 五・姑 1/～行正諂(訊)弫(強)

 一・緇 6/少(小)民隹(唯)日～(怨)

 一・緇 6/少(小)民亦隹(唯)日～(怨)

 一・緇 12/則大臣不～(怨)

寍(寍)

寍

 一・緇 11/邦家之不～(寧)也

 三・周 9/不～(寧)方逨(來)

 三・亘 3/昏=(混混)不～(寧)

 五・季 6/☐～(寧)𦝼肥也

 五・姑 5/姑(苦)城(成)冡(家)父乃～(寧)百豫

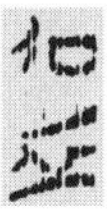 七・武 8/～(寧)溺於宋(淵)

 七・吴 6/～(寧)心敄(撫)惪(憂)

 六・用 5/～(寧)事虩=(赫赫)

 六・用 16/而綊丌(其)又(有)～(寧)

 九・邦 11/果～(寧)禍(禍)

定

 二・容 16/㠯(以)～男女之聖(聲)

 三・中 12/☐～

 四・昭 7/君王至於～各(冬)而被褢=(𧜵衣)

 五・君 6/～貝(視)是求

 六・用 19/～又(有)絽(紀)

 七・武 14/不敬則不～(正)

安(安、女)

安

一・性 38/人之□肰(然)可與和～者

二・民 3/志亦至～(焉)

二・民 4/豊(禮)亦至～(焉)

二・民 4/缐(樂)亦至～(焉)

二・民 4/哀亦至～(焉)

二・容 35/厚愛而泊(薄)僉(斂)～(焉)

三・周 5/～貞吉

四・柬 7/㠯(以)告～君與陵尹子高

四・内 7/古(故)父毋(母)～

五・季 3/而民不備～(焉)

五・季 18/田肥民鼎(則)～

港甲 5/孙～□

七・武 6/～樂必戒

七・鄭甲 7/王～(焉)還軍㠯(以)辺之

八・顔 13/貧而～(安)樂

八・顔 14/而母(毋)谷(欲)㝵(得)～(焉)

八・志 3/虛(吾)～尔(爾)而埶(設)尔(爾)

九・陳 1/楚邦少(稍)～(安)

九・舉 12/……～共(恭)㠯(以)⍁

卉 2/昔(措)足～寘(奠)

卉 2/～能聰明

女

一・性 12/是㠯(以)敬～(焉)

一・性 23/貧而民聚～(焉)

一・孔 2/亓(其)樂～而屖(遲)

一・孔 3/雚(觀)人谷(俗)～(焉)

一・孔 3/大僉(斂)材～(焉)

一・孔 8/少又(有)怍(佞)～(焉)

五・競 2/䀢(召)祖已而昏(問)～(焉)

五・競 3/～(焉)命行先王之灋(法)

五・競 4/～(焉)攸(修)先王之灋(法)

一・緇 21/君子不自蒥(留)～(焉)

二・從甲 11/内(納)丌(其)悬(身)～(焉)

二・從甲 18/必求備～(焉)

二・容 10/自内～(焉)

二・容 10/余穴䞨(窺)～(焉)

二・容 10/㠯(以)求臤(賢)者而璺(讓)～(焉)

二・容 22/㠯(以)爲民之又(有)詀(訟)告者鼓～(焉)

二・容 32/～(焉)㠯(以)行正(政)

二・容 41/戔(殘)群～(焉)備(服)

二・容 47/乃出文王於㙑(夏)臺之下而䎽(問)～(焉)

二・容 50/天牆(將)戣(誅)～(焉)

二・容 53/天将戣(诛)～(焉)

三・中 8/夫民～舊而至(重)䙴(遷)

三・亘 1/又(有)或～(焉)又(有)燹(氣)

三・亘 1/又(有)燹(氣)～(焉)又(有)又(有)

三・亘 1/又(有)又(有)～(焉)又(有)訂(始)

三・亘 1/又(有)訂(始)～(焉)有往者

三・亘 3/亘(恒)～(焉)

三・亘 3/生或(域)者同～(焉)

三・亘 7/乍(作)～(焉)又(有)事

三・亘 8/又(有)人～(焉)又(有)不善

三・亘 8/～(焉)又(有)外

三・亘 8/～(焉)又(有)大

三・亘 8/～(焉)

三・亘 9/～(焉)又(有)枋(方)

三・亘 9/～(焉)又(有)明

三・亘 9/～(焉)又(有)長

三・亘 10/怃言之迻(後)者季(教)比～(焉)

四・昭 5/須畝(既)祫～(安)從事

四・昭 9/又～(安)

四・昭 10/～(安)命龏(龔)之腓見

 四・柬 7/～敢殺祭

 四・柬 13/戢(歲)～(焉)管(熟)

 四・曹 5/不肰(然)恚〈忎(恐)〉亡～(安—焉)

 四・曹 8/肰(然)而古亦又(有)大道～(安—焉)

 四・曹 17/疆陛(地)毋先而必取□～(安—焉)

 五・季 1/翟(一)不智(知)民矛(務)之～(安)才(在)

 五・季 4/民䁐(望)亓(其)道而備～(安—焉)

 五・季 12/～(焉)笁(作)而鼐(乘)之

 五・姑 4/型(刑)莫大～(焉)

 五・姑 5/唯(雖)死～(焉)逃之

 五・君 2/身毋逋(動)～(安)

 五・弟 6/☐～(安)

 五・弟 16/☐□～(安)夂(終)

 五・弟 17/夫～(安)能王人

 五・弟 20/又(有)戎(農)植丌(其)槈而訶(歌)～(安)

 五・弟 24/☐～(安)□也☐

 五・三 4/毋亯(享)揺(逸)～(安)

 五・鬼 4/亓(其)力能至(致)～(焉)而弗爲虐(乎)

 五・鬼 4/啻(意)亓(其)力古(固)不能至(致)～(焉)虐(乎)

 六・競 3/或可忢(愛)～(焉)

 六・競 3/～(晏)子

 六・競 3/～(晏)子

 六・競 4/王命屈木昏(問)軛(范)武子之行～(焉)

 六・競 6/而湯清者與旻(得)蕙(萬)福～(焉)

 六・競 13/～(晏)子辭

 六・競 13/～(晏)子許若(諾)

 六・孔 11/亓(其)述(術)多方～(焉)

 六・孔 16/～(焉)與之凥而昔(察)翻(問)亓(其)所學

 六・孔 24/君子流亓(其)觀～(焉)

 六・莊 7/臣牆(將)或至～(焉)

 六・用 3/良人鼑(貞)～(焉)

 港甲 8/目(以)爲㠯執子國～(焉)

七・鄭甲 7/大敗晉帀(師)～(焉)

七・鄭乙 7/王～(焉)還軍吕(以)迈之

七・君甲 6/人胃(謂)之～(安)邦

七・君甲 8/君人者可(何)必～(安)才(哉)

七・君甲 9/君人者可(何)必～(安)才(哉)

七・君乙 6/人胃(謂)之～(安)邦

七・君乙 8/君人者可(何)必～(安)才(哉)

七・君乙 9/君人者可(何)必～(安)才(哉)

七・吴 1/非疾痼～(焉)加之

七・吴 8/可(何)袋(勞)力之又(有)～(焉)

八・子 1/丌(其)一子道餓而死～(焉)

八・子 3/☐牆(將)～(焉)迼(往)

八・成 5/～(焉)不曰日章(彰)而冰澡(消)虖(乎)

八・成 10/能吕(以)亓(其)六贒(藏)之獸(守)取新(親)～(焉)

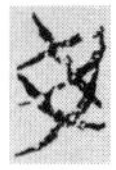
八・成 12/吕(以)進則遏(傷)～(焉)

八・命 9/皆亡憨～(焉)而行之

八・命 10/尚善～(焉)敳(樹)

八・蘭 2/方時(時)～(焉)复(作)

九・卜 1/而它(他)方～(焉)適

九・陳 13/楚邦之古(故)車爲宔(主)～(焉)

九・陳 1/君王少～(安)

九・陳 1/吕(以)雚(觀)帀(師)徒～(焉)

九・陳 3/～(焉)旻(得)亓(其)鰀(猿)羿(旗)

九・陳 12/陳公恇(狂)～(焉?)

九・陳 14/君王憙(喜)之～(焉)

九・陳 15/牆(將)軍逡(後)出～(焉)

九・陳 17/女(如)既(灤)城～(焉)

九・舉 8/寡人不能戋(一)～(焉)

九・舉 15/於是甬(用)䏋～(焉)

九・靈 4/或弃亓(其)策～(焉)

九・靈 4/城(成)公懼亓(其)又(有)取～(焉)

九・靈 5/而或欲旻(得)～(焉)

 九・舉 30/气(乞)～(安?)亓(其)進(往)疋(疏)汌(川)记(起)浴(谷)

 九・邦 2/亡名～(焉)

 九・邦 3/而邦人不爯(稱)甬戈(勇)～(焉)

 九・邦 4/而邦人不爯(稱)媄(美)～(焉)

 九・邦 10/而邦人不爯(稱)還～(焉)

 九・邦 10/而邦人不爯(稱)畬(貪?)～(焉)

 九・邦 12/～(焉)睱(假)爲司馬

富(賨、稟、賵、覔)

賨

 一・緇 22/而厚(重)媏(絶)～(富)貴

 一・緇 11/而～(富)貴月〈已〉逃(過)

稟

 四・曹 3/此不貧於散(美)而～(富)於德與(歟)

賵

 五・鬼 2/～(富)又(有)天下

覔

 三・周 12/不～(富)吕(以)亓(其)噐(鄰)

 三・彭 8/毋故～(富)

 五・弟 6/～(富)貴而不喬(喬—驕)者

 五・君 9/蜀(蜀)～(富)

 五・君 9/□斯人欲(欲)亓(其)長貴也～(富)而⌀

實

 一・孔 9/～咎於其也

 二・容 19/壘(禹)乃因山陵坪(平)隆(隰)之可封邑者而緐(繁)～之

 三・周 24/自求口～

 四・采 3/壅(輾)軔(斷)(轉)之～

 四・相 3/～官蒼(倉)

 四・相 3/吕(以)～實(府)庫

 五・弟 23/飤(食)亓～⌀

容(容、⿱宀公、⿱宀凶)

容

 五・鮑 1/又(有)虽(夏)是(氏)觀亓(其)～㠯(以)叓(使)

 五・鮑 1/皆爲亓(其)～

 五・鮑 1/觀亓(其)～

 五・鮑 2/爲亓(其)～

 五・鮑 2/觀亓(其)～

⿱宀公

 一・緇 9/(從)～又(有)祟(常)

 港甲 1/丌(其)～(容)不改

 四・昭 8/辠(罪)亓(其)～(容)於死

 四・曹 24/車閒～(容)俉(伍)

 四・曹 24/俉(伍)閒～(容)兵

⿱宀凶

 七・凡甲 29/尃(敷)之亡(無)所～(容)

 七・凡乙 22/尃(敷)之亡(無)所～(容)

寶(寳、賲)

寳

 四・曹 56/民有～(寶)

賲

 五・三 9/☐～(寶)

宦

 六・用 15/～于朝夕

宰(⿱宀⿰辛刂、⿱宀⿰辛刅)

⿱宀⿰辛刂

 四・柬 13/大(太)～(宰)倉(答)

 四・柬 14/胃(謂)大(太)～(宰)

 四・柬 17/大(太)～(宰)迈而胃(謂)之

 四・柬 19/贅尹皆⿰糹司(紿)丌(其)言以告大(太)～(宰)

 四・柬 20/大(太)～(宰)胃(謂)陵尹

 四・柬 21/大(太)～(宰)言

 四・柬 22/命(令)尹子林餌(問)於大(太)～(宰)子歨(之)

 四·柬 23/大(太)～(宰)倉(答)曰

 四·柬 10/君王尚(當)㠯(以)餌(問)大(太)～(宰)晉侯

 四·柬 11/大(太)～(宰)進倉(答)

 四·柬 13/～(太)～(宰)

 四·柬 14/医(侯)大(太)～(宰)遜

 四·柬 23/命(令)尹胃(謂)大(太)～(宰)

 五·弟 11/～(宰)我昏(問)君子

窡

 三·中 4/叓(使)售(雍)也從於～(宰)夫之後

 三·中 1/季逗(桓)子叓(使)中(仲)弓爲～(宰)

守

 一·緇 19/齊(質)而～之

 二·子 6/史(使)皆得丌(其)社禝百眚(姓)而奉～之

 三·彭 8/忑(恐)弗能～

 六·競 8/今新(薪)登(蒸)思(使)吴(虞)～之

 六·競 8/薹(澤)梁(梁)叓(使)敏～之

 六·競 8/山林叓(使)莫(衡)～之

寵

 六·競 9/今内～又(有)割(裔)疾(款)

宜(宜、㝖)

宜

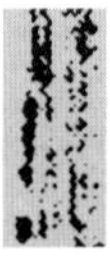 一·性 5/～(義)也

 一·性 7/～(義)也者

 一·性 10/體(體)丌(其)～(義)而節曼(文)之

 一·性 11/丌(其)先後之舍(敘)鼎(則)～道也

 一·性 12/貴丌(其)～(義)

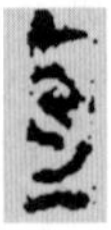 一·性 13/丌(其)訇(詞)～道也

 一·性 24/達於～(義)者也

 一·性 33/～(義)之方也

 一·性 33/～(義)

一・性 34/唯～(義)道爲近中(忠)

三・亘 7/恙(詳)～(義)利

宐

二・容 36/民乃～(宜)肙(怨)

三・中 16/☐～(宜)

四・采 3/良人亡(無)不～(宜)也

四・曹 28/則民～(宜)之

宿(佰、迺、寬)

佰

二・容 28/～(宿)於埜(野)

三・周 37/～(宿)吉

五・三 1/弦望齊～(宿)

迺

二・民 8/～(夙)夜碁(基)命又(宥)
誻(密)

寬

六・木 1/睹飤(食)於鼪～(宿)

六・木 3/睹飤(食)於鼪～(宿)

寑(寑、寢、寖、㝡)

寑

九・邦 1/～(寢)尹曰

寢

四・曹 11/不晝～

寖

二・容 2/而～(寢)丌(其)兵

㝡

六・天甲 11/不言～(寢)

六・天乙 10/不言～(寢)

寡(㝷)

㝷

一・孔 9/巽～(寡)悳(德)古(故)也

一・緇 12/晉(祭)公之～(顧)命員
(云)

一・緇 17/古(故)君子～(顧)言而行

二・從甲 3/豊(禮)則～(寡)而爲悬(仁)

二・容 36/衆～(寡)不聖(聽)訟

四・曹 6/池胉語～(寡)人曰

四・曹 34/佖(匹)夫～(寡)婦之獄訟

四・曹 51/怂(過)不才(在)子才(在)～(寡)人

四・曹 59/者(諸)〔侯〕～(寡)矣

五・競 6/不諦忞(恕)～(寡)人

五・競 8/～(寡)人之不剸也

五・鮑 2/～(寡)人牆(將)倘佝

五・君 6/爯(稱)亓(其)衆～(寡)

五・弟 16/～(寡)餌(聞)則沽(孤)

五・弟 16/～(寡)見則肆

五・三 14/而～(寡)亓(其)息(憂)

六・用 5/見前～(顧)逡(後)

六・天甲 7/～(顧)還身

六・天甲 7/～(顧)還脊(肩)

六・天甲 7/～(顧)還〔面〕

六・天乙 6/～(顧)還身

六・天乙 6/～(顧)還脊(肩)

六・天乙 7/～(顧)還面

七・凡甲 18/能～(寡)言

七・吴 8/～(寡)君餌(問)左右

七・吴 7/～(寡)君一人

九・成甲 3/～(顧)寺(持)舟(舟)𩚃=(飲酒)
或釋"須"

九・舉 8/～(寡)人不能戈(一)女(安—焉)

九・舉 9/夫～(顧)監于下

九・舉 35/五曰：惹(怒)而不～(寡)

卉 2/多宙(廟)～(寡)情

客

六・莊 2/時(侍)四鄰之賓～

一・性 29/賓～之豊(禮)必又(有)夫齊=(齊齊)之頌(容)

四・柬 17/牆(將)爲～告

五・競 7/昔先君～(格)王

五・季 16/☐之必敬女(如)賓～之事也

九・成甲 2/～於子旻(文)

寒

三・周 45/～湶(泉)飤(食)

四・昭 8/或昏(聞)死言僕(僕)見脾之～也

一・緇 6/晉冬耆(祁)～

害(害、𡩈、𡨦、𦊿)

害

一・孔 8/則言讒(讒)人之～也

一・性 31/句(苟)毋～

二・從甲 8/而不智(知)則奉(逢)𢦏(災)～

五・競 5/～牆(將)𨑓(來)

五・姑 4/而因以～君

五・姑 6/～參(三)𨙻(郤)

五・姑 8/牆(將)大～

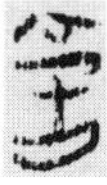
六・孔 1/～(曷)臤(賢)者是能辠(罪)☐

六・孔 6/～(曷)君子耴(聽)之

七・武 9/曰亞(胡)～

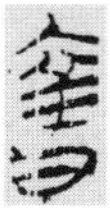
八・顏 5/～(蓋)君子之内事也女(如)此矣

 九・史 9/～(曷)鹿而不敬

書

 一・孔 7/～

 一・孔 10/～

 三・中 20/三～(害)近與矣

 三・中 22/～(害)□者不

 四・柬 13/君王母(毋)敢哉(災)～(害)

 四・曹 10/～(曷)又(有)弗遊(失)

 四・曹 9/～(曷)又(有)弗得

萬

 五・競 1/～(曷)爲

罶

 五・鮑 6/公弗煮(圖)必～(害)公身

宋

 一・緇 23/～人又(有)言曰

 六・競 4/木爲成於～

 八・子 2/至～衛之刎(間)

宗

 二・從乙 4/㤅(仁)之～也

 二・容 41/於是虖(乎)舜(樊—叛)～鹿(戮)族

 二・容 46/豐、鎬(鄗)、郜(郝)、𦤦、于、鹿、耆～

 三・周 33/陞(陞)～𩐁(噬)肤(膚)

 五・競 2/昔高～祭

 五・競 4/高～命攸(傅)鳶(說)量之以祭

 一・孔 5/敬～宙(廟)之豊(禮)

 一・孔 24/虐(吾)以《甘棠》得～宙(廟)之敬

 三・中 5/爲之～思(謀)女(汝)

 三・彭 4/可(何)丌(其)～(崇)

 五・三 10/毋威(滅)～

九・舉 1/虐(吾)鼪(聞)周～又(有)難

宔

一・性 3/凡眚(性)爲～(主)

一・性 8/爲～(主)

三・周 51/遇丌(其)𡰥(夷)～(主)

四・柬 6/爲楚邦之禠(鬼)神～(主)

五・季 14/肰(然)丌(丌)～(主)人亦曰

五・姑 4/欲㠯(以)長𦘦(建)～(主)君而迕(御)難

五・姑 5/含(今)～(主)君不逌於虐(吾)

五・姑 8/取～(主)君之衆㠯(以)不聽命

三・周 32/遇～于衖(巷)

三・彭 7/氏(是)胃(謂)百眚(姓)之～(主)

五・三 4/君無～(主)臣是胃(謂)𢀛(危)

七・君甲 4/百眚(姓)之～(主)

七・君乙 3/百眚(姓)之～(主)

九・陳 13/巽(選?)楚邦之古(故)車爲～(主)女(安—焉)

九・史 7/……美～(主)室
或釋"宙(宮)"

宩

三・周 7/帀(師)右(左)～(次)

三・周 53/遊(旅)既～(次)

三・周 53/遊(旅)焚丌～(次)

五・三 4/毋訽(詬)政卿於神～(次)

五・三 4/怟(僁)逡(達)之～(次)

实

三・亘 5/智㫖(既)而𣱼思不～(殄)

宎

五・三 15/～(俯)見(視)埅(地)利

宑

二・子 1/～〈宑(瞽)〉宊(瞍)子也

宊

二・子 1/宑〈宑(瞽)〉～(瞍)子也

寙

五・季 10/～(嚴)鼎(則)遊(失)衆

宼

五・君 8/亓(其)才(在)~(庭)鼎(則)欲(欲)齊=(齊齊)

第

五・君 10/~(弟)徒五人

寈

一・性 27/凡身谷(欲)~(靜)而毋童(遣)

三・亙 1/㞆、~(靜)、虛

三・亙 1/~(靜)大寈(靜)

三・亙 1/寈(靜)大~(靜)

三・亙 2/虛~(靜)爲式(一)

三・亙 2/~(靜)同而未或明

四・相 1/~(靜)㠯(以)寺(待)時

八・蘭 5/身體貹(重)~(輕)而目耳裳(勞)矣

寀

二・容 37/於是虖(乎)有諳(喑)、聾、皮(跛)、瞑、瘦(癭)、~(瘖)、婁(僂)始记(起)

寞

三・周 45/桊(井)朻勿~

九・陳 2/先君武王與郘(鄖)人戰(戰)於蕭(蒲)~(騷)

宅

八・成 12/~(沌)虖(乎)

𡨦

八・命 4/則戠(職)爲民窮(仇)~(讎)

𡫥

二・子 1/叓(使)亡(無)又(有)少(小)大忌(肥)~

八・子 6/而之大難~

𡪨

五・弟附簡/考(巧)言~(令)色

七・凡甲 27/~(令)聖(聲)好色

寉

四・昭 1/~人峕=(止之)曰

 四・昭 2/～人弗敢𡉚(止)

㝫

 八・李 1/鸚(鳳)鳥之所～(集)

 八・李 1 背/敬而勿～(集)可(兮)

寘

 弁 2/昔(措)足安(焉)～

𡪞

 一・孔 3/多言難而～(怨)退者也

𡫳

 一・孔 19/《木苽(瓜)》又(有)～(藏)忎(願)而未旻(得)達也

𡫼

 九・陳 7/不智(知)亓(其)敓卒(卒)～(淩)行

亶

 九・舉 5/坺(墜)我周～(懼)朏(祚)

𡬠

 七・武 2/王女(如)谷(欲)～(觀)之

宮　部

宮

 七・君甲 4/～妾㠯(以)十百婁(數)

 七・君乙 4/～妾㠯(以)十百婁(數)

 八・李 1 背/索府～李

 二・容 38/□爲丹～

 四・采 1/～穆

 四・采 1/～郙(巷)

 四・采 1/～旿(訏)

 四・采 1/～祝

 五・三 8/～室迡(過)厇(度)

 五・三 12/～室汙池

 九・卜 2/凥(處)～無咎

 九・卜 3/凥(處)～

吕　部

吕

 一・緇 8/《～型(刑)》員(云)

 一・緇 14/《～型(刑)》員(云)

 一・緇 15/《～型(刑)》員(云)

 九・靈 1/王敗郗(蔡)霝(靈)灰(侯)於～

 九・舉 1/坪₌者(古)公見大(太)公室(望)於～

躳

 三・周 1/不又(有)～(躬)

 三・周 49/艮丌(其)～(躬)

 三・周 54/飌丌(其)～(躬)

 五・姑 1/～與士尻(處)埍(館)

 八・蘭 3/不～(躬)又(有)折

穴 部

穴(穴、空)

穴

 二・容 10/余～䞨(窺)𡚸(安—焉)

空

 三・周 56/取皮(彼)才(在)～(穴)

罙(穼、垩、窨)

穼

 八・成 13/㠯(以)睪(澤)～(深)沯☒

 五・季 11/～(深)佝

 九・陳 19/～(深)卉(草)

 九・陳 1/先居～(深)䜌(巒)之上

垩

 九・陳 14/～(深?)内(入)王卒(卒)

窨

 九・卜 4/兆(兆)屯(純)～(深)

窺(䞨)

䞨

 二・容 10/余穴～(窺)𡚸(安—焉)

 六・孔 15/～(窺)之㠯(以)丌(其)所谷(欲)

穿

 三・中 10/夫臤(賢)才不可～(弇)也

穾

六・天甲 12/見～而爲之内

竈(窾)

窾

七・吴 1/～(州)逨(來)告曰

竆(竆、窮、躳)

竆

六・孔 24/品勿(物)不～(窮)

窮

七・凡甲 20/鼠(一)言而禾不～(窮)

七・凡乙 14/鼠(一)言而禾不～(窮)

躳

八・命 1/君王～(窮)亡人

㝱　部

寐(寐、脒)

寐

五・季 7/尖=(小人)母(毋)～(寐)

五・季 10/舛(夙)釁(興)夌(夜)～(寐)

脒

五・弟 22/舛(夙)興夌(夜)～(寐)

疒　部

疾(疾、瘩)

疾

一・性 35/甬(用)智之～者

三・周 15/貞～

三・周 30/又(有)～礪(厲)

四・曹 44/亓(其)埅(敞)節不～

二・容 34/述(遂)爯(稱)～不出而死

二・容 36/虐(虐)～討(始)生

二・容 49/思民不～

三・周 21/亡(無)忘又(有)～

四・内 8/父毋(母)又(有)～

五・姑 6/亓(其)～與才(哉)

六・壽 4/壽告又(有)～

七・吴 1/非～⿸疒囟(瘟)女(安—焉)加之

九・舉 32/墨(禹)裒(奮)中～志

九・卜 2/又(有)～乃啻(適)

九・卜 5/邦朼(必)又(有)～

⿸疒吝

六・競 10/約疛～(疾)

病(⿸疒方、⿸疒⿱方心、⿱方心)

⿸疒方

四・柬 2/龜尹智(知)王之庶(炙)於日而～(病)汆(疥)

四・柬 8/不穀(穀)瘵(懆)甚～(病)

四・柬 2/贅尹智(知)王之～(病)

四・柬 5/虗(吾)瘵(懆)鼠～(病)

四・柬 22/君王之～(病)牆(將)從含(今)日㠯(以)已

⿸疒⿱方心

五・三 13/身戲(且)有～(病)

⿱方心

一・孔 9/多恥者丌(其)～(病)之虐(乎)

八・志 4/然㠯(以)譹(流)言相～(謗)

疥(⿸疒盍)

⿸疒盍

六・競 1/齊競(景)公～(疥)虘(且)⿸疒⿱虍口(瘧)

六・競 2/公～(疥)虘(且)⿸疒⿱虍口(瘧)

瘧(⿸疒⿱虍口)

六・競 1/齊競公⿸疒盍(疥)虘(且)～(瘧)

六・競 2/公⿸疒盍(疥)虘(且)～(瘧)

六・競 2 背/競(景)公～(瘧)

⿸疒关

六・競 1/割(裔)～(款)與梁(梁)丘虡(據)言於公曰

六・競 9/今内寵又(有)割(裔)～(款)

六・競 13/命割(裔)～(款)不敢監祭

疛

六・競 10/約～疾

瘖(唫)

唫

二・容 2/於是虎(乎)～聾執羣(燭)

二・容 37/於是唐(乎)有～(喑)、聾、皮(跛)、瞑、瘦(瘻)、寀(瞀)、婁(僂)始记(起)

瘻(瘦)

瘦

二・容 2/～(瘻)者煮盧(鹽)

二・容 37/於是唐(乎)有諗(喑)、聾、皮(跛)、瞑、～(瘻)、寀(瞀)、婁(僂)始记(起)

瘥(瘯)

瘯

四・柬 20/從含(今)日㠯(以)～(瘥)

痐

四・柬 18/～瘠智(知)於邦

七・吴 1/非疾～(瘟)女(安—焉)加之

瘠

四・柬 18/痐～智(知)於邦

瘵

四・柬 5/虐(吾)～

四・柬 8/不穀(穀)～甚疠(病)

四・柬 20/君王之～

瘰

二・容 37/乃執兵欽(禁)～(暴)

冖　部

冠(昷)

昷

二・容 52/武王於是虐(乎)素～(冠)弁(冕)

四・内 8/～(冠)不介

六・孔 5/～(冠)弗見也

九・邦 3/盍(蓋)～(冠)爲王乂

九・邦 9/須邦君加～(冠)弁

冃　部

同

一・緇 20/庶言～

一・性 25/～方而交

一・性 26/不～方而交

一・性 26/不～兑(悦)而交

二・民 12/屯(純)悳(德)～明

二・民 13/上下禾(和)～

二・從乙 2/母(毋)占民瞻(斂)則～

三・亙 2/寈(靜)～

三・亙 3/生或(域)者～女(安—焉)

三・亙 4/～出而異生(性)

三・亙 12/舉(舉)天下之生～也

四・逸・多 2/莫奴(如)～生

四・逸・多 2/莫奴(如)～父毋(母)

四・昭 10/脽欿(既)與虗(吾)～車

四・曹 7/〔□〕不～矣

四・曹 21/貴戔(賤)～坓(待)

四・曹 58/所㠯(以)～死

六・孔 17/皆～亓(其)口

六・天甲 7/者(諸)医(侯)飤(食)～脜(狀)

六・天甲 7/與卿夫=(大夫)～恥厇(度)

六・天乙 6/者(諸)医(侯)飤(食)～脜(狀)

六・天乙 7/卿夫=(大夫)～恥厇(度)

七・凡甲 4/虗(吾)奚異奚～

七・凡甲 24/戠(察)神而～

七・凡乙 3/虗(吾)奚異奚～

七・凡乙 17/戠(察)神而～

七・凡乙 17/戠(察)～而僉(險)

八・李 1 背/則不～可(兮)

八・有 2/～郗異心含(今)可(兮)

八・有 4/鹿(麗—離)尻(居)而～欲含(今)可(兮)

九・舉 34/中行固～

九・史 4/丞(恒—極)䎽(聽)～

冃　部

冕(㒵)

㒵

二・容 52/武王於是虖(乎)素昱(冠)～(冕)

冑(胄)

胄

一・緇 11/我弗～(迪)耶(聖)

由

三・彭 1/乃廼(將)多昏因～

一・緇 15/珝(播)型(刑)之～(迪)

三・周 22/良马～(逐)

三・周 32/亡馬勿～(逐)

六・用 6/亓(其)～能不沽

䌛

一・孔 16/虐(吾)㠯(以)《蕈(葛)～(覃)》旻(得)氏初之訔(詩)

冒

二・容 15/蘁(箬)若(箬)～(帽)

四・曹 60/毋～㠯(以)追(陷)

六・用 2/～難軋(犯)央

六・用 11/暫行～還

㒳　部

兩

二・容 38/取丌(其)～女曶(琰)蠡(琬)

三・亘 11/～者不灋(廢)

一・孔 13/《鵲(鵲)樔(巢)》出㠯(以)百～(輛)

一・孔 14/～矣

五・鬼 4/此～者枳(歧)虐(吾)古(故)

七・鄭甲 7/與之戰於～棠

七・鄭乙 7/與之戰於～棠

七・凡乙 18/鼠(一)生～

七・吴 3/～君之弗忈(順)

七・凡甲 21/鼠(一)生～

九・陳 4/或(又)與晉人戰於～棠

九・陳 17/紳(申)～和而紉之

网　部

网(罔、⿱罒口)

罔

六・用 11/若～(網)之未發

⿱罒口

八・蘭 5/風汗(旱)之不～(罔)

羅(羅、罹)

羅

三・周 56/飛鳥～(離)之

四・柬 1/命龜尹～貞於大頣(夏)

罹

六・天甲 4/必中青(情)㠯(以)～(羅—麗)於勿(物)

六・天乙 4/必中青(情)㠯(以)～(羅—麗)於勿(物)

罡

五・三 22/之～

八・李 1/剸(剸)外～(疏)审(中)

八・成 11/少～(疏)於身

巾　部

帶(⿰糸帶)

⿰糸帶

三・周 5/或賜繇(鞶)～(帶)

四・柬 2/～(帶)

二・容 51/～(帶)虖(甲)蟇(萬)人

二・容 51/～(帶)虖(甲)三千

常(裳)

裳

二・容 47/文王於是唇(乎)索(素)耑襪～㠯(以)行九邦

席(⿱竹石)

⿱竹石

五・君 4/☐困(淵)记(起)迲(去)～(席)曰

 六・競 12/違～(席)曰

 六・天甲 9/～(席)

 六・天乙 8/天子四辟延(筵)～(席)

 七・武 6/～(席)之四耑(端)

 七・武 6/～(席)逡(後)左耑(端)曰

 七・凡甲 14/坐不下～(席)

 七・凡乙 10/坐不下～(席)

巿　部

布

 六・競 10/一丈夫執尋之幣、三～之玉

帛　部

帛

 二・魯 2/女(如)母(毋)炁(愛)珪璧㡀(幣)～於山川

 二・魯 4/女(若)天(夫)母(毋)炁(愛)圭(珪)璧㡀(幣)～於山川

 一・孔 20/㡀(幣)～之不可迲(去)也

 一・性 13/㡀(幣)～

 六・競 1/虗(吾)㡀(幣)～甚娧(美)於虗(吾)先君之量矣

白　部

白

 一・孔 26/北(邶)《～(柏)舟》

 一・緇 1/亞₌(惡惡)女(如)亞(惡)《巷～(伯)》

 一・緇 18/～珪之砧(玷)尚可磨

 三・彭 6/心～身澤(釋)

 四・采 4/鴼(鷺)羽之～也

 四・曹 32/乃〔命〕～徒

 五・弟 19/巨(蘧)～(伯)玉侍(侍)虐(乎)子

 七・君甲 1/～玉三回

 七・君甲 2/～玉三回

 七・君乙 1/～玉三回

 七・君乙 2/～玉三回

 七・凡甲 18/人～(泊)爲戠(察)

 七・凡甲 18/系(奚)㠯(以)智(知)丌(其)～(泊)

 七・凡乙 13/～

 七・吴 6/亦隹(唯)吴～(伯)父

 八・成 4/～(伯)𡰥(夷)、𠦑(叔)齊餓(餓)而死於雝(雍)漳(瀆)

 九・成甲 3/遠(蔿)～(伯)珵(嬴)猶約(幼)

 九・成甲 3/～(伯)珵(嬴)曰

 九・成甲 4/～(伯)𤧈(嬴)曰

 九・舉 3/丌(其)～墨(黑)𤖯(將)可智(知)也

 九・邦 4/𩫖(就)～公之禍(禍)

 九・卜 5/女(如)～女(如)黄

 九・卜 6/毋～毋赤

㡀　部

㡀(⿱彐㡀、⿴衣⿱彐㡀)

⿱彐㡀

 一・孔 20/～(幣)帛之不可迲(去)也

 二・魯 2/女(如)母(毋)㤅(愛)珪璧～(幣)帛於山川

 二・魯 4/女(若)天(夫)母(毋)㤅(愛)圭(珪)璧～(幣)帛於山川

 一・性 13/～(幣)帛

 六・競 1/虐(吾)～(幣)帛甚娧(美)於虐(吾)先君之量矣

 六・競 6/～(幣)韋

 六・競 10/一丈夫執尋之～(幣)、三布之玉

 七・吴 9/～(敝)邑之帋(期)

 九・史 1/古(故)齊邦～(敝)叓(吏)之子也

⿴衣⿱彐㡀

 三・周 44/隹(唯)～(敝)縷

敝(幣)

幣

 五・鮑 4/皮(疲)～(敝)齊邦

卷　八

人　部

人

一・孔 3/雚(觀)～谷(俗)女(安—焉)

一・孔 6/乍〈亡〉競隹(维)～

一・孔 8/則言讒(讒)～之害也

一・孔 9/則㠯(以)～益也

一・孔 15/及丌(其)～

一・孔 16/思古～也

一・孔 20/～不可㹢(觸)也

一・孔 23/夂(終)虖(乎)不猒(厭)～

一・孔 23/丌(其)甬(用)～則虛(吾)取

一・孔 24/甚貴丌(其)～必敬丌(其)立(位)

一・孔 24/敓(悦)丌(其)～必好丌(其)所爲

一・孔 24/亞(惡)丌(其)～者亦肰(然)

一・孔 25/腸=(陽陽)少(小)～

一・孔 27/《北風》不𢇍(絶)～之怨(怨)

一・孔 29/《青蠅(蠅)》智(知)惓(患)而不智(知)～

一・緇 3/弔(淑)～君子

一・緇 3/上～悥(疑)則百眚(姓)惑

一・緇 8/一～又(有)慶

一・緇 10/大～不昪(親)丌(其)所臤(賢)

一・緇 14/麻(靡)～不斂

一・緇 20/〔淑〕～君子

一・緇 21/～之好我

一・緇 21/少(小)～剴(豈)能好丌(其)庀(匹)

一・緇 23/～隹(雖)曰不利

一・緇 23/宋～又(有)言曰

一・緇 23/～而亡(無)亘(恒)

一・性 1/凡～唯(虽)又(有)生(性)

一・性 8/唯～道爲可道也

一・性 9/聖～比丌(其)頪(類)而侖(論)會之

一・性 14/肰(然)句(後)丌(其)内(入)拔(撥)～之心也敂(厚)

一・性 17/〔皆教其〕～者也

一・性 21/凡～情爲可兑(悦)也

一・性 29/凡悦～勿罜(隱)〔也〕

一・性 32/～之不能㠯(以)懸(僞)也

一・性 37/又(有)丌(其)爲～之㑘㑘女(如)也

一・性 37/又(有)丌(其)爲～之柬(簡)柬(簡)女(如)也

一・性 37/～之〔巧〕言利訇(詞)者

一・性 38/～之□肰(然)可與和安者

一・性 38/又(有)丌(其)爲～之慧(快)女(如)也

一・性 38/又(有)丌(其)爲～之

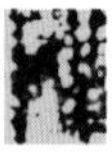
一・性 39/凡～懸₌(僞爲)可亞(惡)也

一・性 39/～不丯(慎)

二・子 7/～子也

二・子 9/皆～子也

二・子 12/乃見～武

二・從甲 2/王舍(予)～邦冡(家)土埅(地)

二・從甲 3/善～

二・從甲 3/是㠯(以)得堅(賢)士一～

二・從甲 4/遊(失)堅(賢)士一～

二・從甲 17/～則啟道之

二・從甲 17/後～則奉相之

二・從甲 17/丌(其)叓(使)～

二・從甲 17/少(小)～

二・從甲 18/是㠯(以)曰少(小)～惕(易)得而難叓(事)也

二・從甲 18/丌(其)叓(使)～

二・從甲 18/行才(在)己而名才(在)～

二・從甲 19/之～可也

二・從甲 19/君子不㠯(以)流言䵤(傷)～

二・從乙 1/〔九〕曰軦(犯)～之柔(務)

二・從乙 3/少(小)～藥(樂)則悘(疑)

二・昔 2/㠯(以)告逵(寺)～

二・容 4/邦無飤(食)～

二・容 7/衒(率)天下之～邍(就)

二・容 8/⿱(舜)於是虐(乎)訂(始)語先(堯)天陛(地)～民之道

二・容 11/於是虐(乎)天下之～

二・容 12/先(堯)又(有)子九～

二・容 17/⿱舜又(有)子七～

二・容 30/三年而天下之～亡(無)訟獄者

二・容 33/聖～

二・容 33/墨(禹)又(有)子五～

二・容 48/一～爲亡(無)道

二・容 51/縛(帶)虖(甲)蠆(萬)～

三・周 4/利用見大～

三・周 4/丌(其)邑～晶(三)四户

三・周 7/丈～吉

三・周 10/比之非(匪)～

三・周 10/邑～不戒

三・周 21/～之旻(得)

三・周 21/邑～之烖(災)

三・周 28/婦～吉

三・周 32/見啞(惡)～

三・周 35/利見大～

三・周 36/利見大～

三・周 42/利見大～

三・周 52/鼳(闃)丌(其)亡(無)～

三・周 54/利見大～

三・中 3/子又(有)臣蠆(萬)～

三・中 10/～丌(其)豫(舍)之者

三・中 12/讇₌(讇讇)肰(狷)～

三・中 16/君子無所肰(厭)～

三・中 25/含(今)之君子叓(使)～

三・亙 8/又(有)～女(安—焉)又(有)不善

三・亙 8/䜌(亂)出於～

三・彭 2/天埅(地)與～

三・彭 2/畬(余)告女(汝)～綸(論)

三・彭 3/敢昏(問)爲～

四・采 1/碩～

四・采 2/牆(將)光(美)～

四・采 3/牧～

四・采 3/葛～

港甲 2/牛敓丌(其)～

 四・采 3/良～亡(無)不宜也

 四・采 4/北埜(野)～

 四・逸・多 1/鮮我二～

 四・逸・多 1/多=～=(多人多人)

 四・逸・多 2/多=～=(多人多人)

 四・昭 1/穉(稚)～㞢=(止之)曰

 四・昭 2/少(小)～之告

 四・昭 2/尔必㞢(止)少(小)～

 四・昭 2/穉(稚)～弗敢㞢(止)

 四・昭 10/由(囟—思)邦～膚(皆)見之

 四・柬 10/皮(彼)聖～之子孫

 四・柬 14/一～不能詞(治)正(政)

 四・柬 16/逗者又(有)𧭈(暍)～

 四・柬 19/～牆(將)芺(笑)君

 四・柬 19/君聖～

 四・柬 22/爲～

 四・内 1/古(故)爲～君者

 四・内 1/言～之君之不能叓(使)丌(其)臣者

 四・内 1/不與言～之臣之不能事

 四・内 2/古(故)爲～臣者

 四・内 2/言～之臣之不能事丌(其)君者

 四・内 2/不與言～之君之不能叓(使)丌(其)臣者

 四・内 2/古(故)爲～父者

 四・内 2/言～之

 四・内 3/不與言～之子之不孝者

 四・内 3/古(故)爲～子者

 四・内 3/言～之子之不孝者

四・内 3/不與言～之父之不能畜子者

四・内 4/古(故)爲～侃(兄)者

四・内 4/言～之侃(兄)之不能慭(慈)俤(弟)者

四・内 4/不與言～之俤(弟)之不能丞(承)侃(兄)者

四・内 4/古(故)爲～俤(弟)者

四・内 4/言～之俤(弟)之不能丞(承)侃(兄)

四・内 10/從～觀(勸)

四・相 2/□□□□□～

四・曹 4/筥(孰)能并兼～

四・曹 6/昔池舶語寡～曰

四・曹 24/凡貴～甶(囟—思)尻(處)前立(位)一行

四・曹 26/五～㠯(以)敔(伍)

四・曹 29/必訋(召)邦之貴～及邦之可(奇)士

四・曹 31/諜(諜)～逨(來)告曰

四・曹 33/親(親)衒(率)鹡(勝)叓(使)～

四・曹 36/能紿(治)百～

四・曹 36/叓(使)倀(長)百～

四・曹 38/～之兵不砥礪(礪)

四・曹 39/～之虖(甲)不緊(堅)

四・曹 39/～叓(使)士

四・曹 39/～叓(使)夫=(大夫)

四・曹 39/～叓(使)牆(將)軍

四・曹 51/寡～

四・曹 57/㠯(以)攻～之所亡(無)又(有)

四・曹 62/四～皆賞

五・競 3/糶(狄)～之伓(附)者七百邦

五・競 6/不諦忞(恕)㝠(寡)～

五・競 8/㝠(寡)～之不剸也

五・競 10/二～也

五・鮑 1/鬙(殷)～之所㠯(以)弋(代)之

五・鮑 2/周～之所㠯(以)弋(代)之

五・鮑 2/寡～牆(將)迿㑭

五・鮑 5/～之生品(三)

五・鮑 6/～之与

五・鮑 6/而飤(食)～

五・鮑 8/晉～戣(伐)齊

五・季 10/是古(故)臤(賢)～之居邦豙(家)也

五・季 14/肰(然)丌(其)宔(主)～亦曰

五・季 18/氏古(故)臤(賢)～大於邦而又(有)㫚(劬)心

五・季 19/亞(惡)～勿歓(貢)

五・季 20/～勿貴

五・季 22/臤(賢)～

五・姑 9/敂(拘)～於百豫

五・君 4/斯～欲(欲)亓(其)

五・君 9/～所亞(惡)也

五・君 9/～所亞(惡)也

五・君 9/～所亞(惡)也

五・君 9/□斯～欲(欲)亓(其)長貴也賔(富)而〼

五・君 10/〼昔者中(仲)尼箴(箴)徒三～

五・君 10/窮徒五～

五・君 11/非子～

五・弟 2/吴～生七昪口

五・弟 9/～而下峕(臨)

五・弟 13/遠(就)～

五・弟 13/不凵(曲)方吕(以)迲(去)～

五・弟 17/夫女(安)能王～

五・弟 21/未見善事～而忌饑

五・弟 23/⧄□□之～

五・三 6/凡宅(托)官於～

五・三 6/宅(托)～於官

五・三 6/民～乃桑(喪)

五・三 10/毋爲～昌(倡)

五・三 12/出欲殺～

五・三 13/亞(惡)聖～之思(謀)

五・三 17/天才(哉)～才(哉)

五・三 17/智(知)～足吕(以)會新(親)

五・三 19/瀳(廢)～勿璺(興)

五・鬼 2/焚聖～殺訐(諫)者

五・鬼 3/天下之聖～也

五・鬼 3/天下之畟(亂)～也

六・競 9/亞(惡)聖～

六・競 10/丌(其)～婁(數)多已

六・孔 3/餌(聞)亓(其)司(辭)於徲(失)～崖(乎)

六・孔 4/悬(仁)者是能行耶(聖)～之道

六・孔 4/行耶(聖)～之道

六・孔 6/～之未訔(察)

六・孔 7/急(仁)～之道

六・孔 7/異於～不宜

六・孔 8/唯非急(仁)～也

六・孔 9/不急(仁)～弗㝵(得)進矣

六・孔 9/訇(辭)㝵(得)不可～而与

六・孔 10/唯急(仁)～也

六・孔 11/此与(邪)急(仁)～弍(二)者也

六・孔 17/皆求異於～

六・孔 20/女(如)夫見～不猒(厭)

六・莊 2/逡(後)之～

六・壽 6/逡(後)之～可(何)若

六・用 3/良～鼎(貞)女(安—焉)

六・用 6/凡龏～

六・用 6/非～是龏(恭)

六・用 10/裳(勞)～亡赴

六・用 13/而㠯(紀)於～

六・用 15/良～可思

六・用 18/～亡(無)彣(文)

七・武 8/與丌(其)溺於～

七・武 8/溺於～不可求(救)

七・武 12/聖～之道

七・鄭甲 1/鄒(邊)～埊(來)告

七・鄭甲 3/奠(鄭)～青(請)丌(其)古(故)

七・鄭甲 5/奠(鄭)～命㠯(以)子良爲執命

七・鄭甲 6/晉～涉

七・鄭甲 7/含(今)晉～㴝(將)救子豪(家)

七・鄭乙 1/鄾(邊)～逨(來)告

七・鄭乙 3/奠(鄭)～情(請)亓(其)古(故)

七・鄭乙 5/奠(鄭)～命㠯(以)子良爲執命

七・鄭乙 6/晉～涉

七・君甲 4/医(侯)子三～

七・君甲 6/～胃(謂)之安邦

七・君甲 7/～㠯(以)君王爲戹(所)㠯(以)囂(傲)

七・君甲 8/君～者可(何)必安才(哉)

七・君甲 9/殄(戮)死於～手

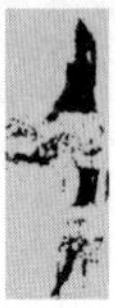
七・君甲 9/君～者可(何)必安才(哉)

七・君乙 4/医(侯)子三～

七・君乙 4/一～土(杜)門而不出

七・君乙 6/～胃(謂)之安邦

七・君乙 6/～㠯(以)君王爲囂(傲)

七・君乙 8/君～者可(何)必安才(哉)

七・君乙 9/殄(戮)死於～手

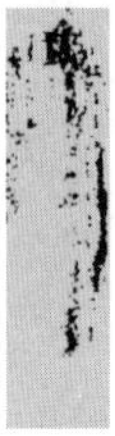
七・君乙 9/君～者可(何)必安才(哉)

七·凡甲2/民～流型（形）

七·凡甲4/五言才（在）～

七·凡甲5/䰟（鬼）生於～

七·凡甲6/䰟（鬼）生於～

七·凡甲10/亓（其）～审（中）

七·凡甲12/忎（忻—近）之矢（施）～

七·凡甲16/是古（故）聖～尻〈凥—處〉於亓（其）所

七·凡甲18/～白（泊）爲戠（察）

七·凡甲24/～死復（復）爲人

七·凡甲24/人死復（復）爲～

七·凡乙2/民～流型（形）

七·凡乙3/五言才（在）～

七·凡乙4/䰟（鬼）生於～

七·凡乙5/䰟（鬼）生於～

七·凡乙8/亓（其）～审（中）

七·凡乙11/是古（故）聖～尻〈凥—處〉於亓（其）所

七·凡乙17/～死復（復）爲人

七·凡乙17/人死復（復）爲～

七·吳6/隹（唯）舍（余）一～所豊（禮）

七·吳7/㝠（寡）君一～

七・吴 8/吴～

七・吴 9/楚～爲不道

八・子 1/門～朿(諫)曰

八・子 5/門～既荼(除)

八・顔 8/少(小)～靜(爭)而遊(失)之

八・命 1/君王竆(窮)亡～

八・命 8/坐(坐)畜(友)五～

八・命 8/立畜(友)七～

八・命 10/坐(坐)畜(友)亡(無)一～

八・命 10/立畜(友)亡(無)一～

八・命 11/坐(坐)畜(友)三～

八・命 11/立畜(友)三～

八・王 3 邦～其滬(沮)志解體

八・王 4 ⧄□廛能進後～

八・志 1/是楚邦之弝(強)秎(梁)～

八・志 2 邦～亓(其)胃(謂)之可(何)

八・志 4/所㠯(以)辠(罪)～

八・志 6/邦～亓(其)胃(謂)我不能爯(稱)人

八・志 6/邦人亓(其)胃(謂)我不能爯(稱)～

八・李 2/氏(是)古(故)聖～兼此和勿(物)

八・李 2/㠯(以)李(理)～情

八・李 2～因亓(其)情則樂亓(其)事

八・李 3/氏(是)古(故)聖～兼此

九・成甲 1/不散(戮)一～

九・成甲 2/漸(斬)三～

九・成甲 4/不思老～之心

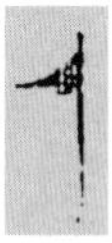
九・成乙 2/不散(戮)一～

九・成乙 2/漸(斬)三～

九・靈 1/命紳(申)～室出

九・靈 1/斅(執)事～夾郗(蔡)人之軍門

九・靈 1/㝬(執)事人夾郗(蔡)～之軍門

九・靈 1/命～毋敢徒出

九・靈 2/㝬(執)事～志=(止之)

九・靈 3/㝬(執)事～許之

九・陳 2/先君武王與邷(鄖)～戩(戰)於莆(蒲)寞(騷)

九・陳 3/酓(熊)靁(雪?)、子林(麻)與郙(巴)～戰於駱州

九・陳 4/或(又)與晉～戰於兩棠

九・陳 4/女(如)既至於栽(仇)～之闕(閒)

九・陳 7/命恇(狂)楒(相)執事～敎(整)帀(師)徒

九・陳 9/陳公乃遧(就)軍執事～

九・陳 11/命臣楒(相)執事～敎(整)帀(師)徒

九・陳 11/執事～必善命之

九・陳 11/五～於吾(伍)

九・陳 11/十～於行

九・舉 8/寡～不能弌(一)女(安—焉)

九・舉 14/敬～而新(親)道

九・舉 28/藴(怨)并之衆～也

九・邦 3/而邦～不爯(稱)献(勇)女(安—焉)

九・邦 3/而邦～不爯(稱)媺(美)女(安—焉)

九・邦 5/卲(昭)夫～胃(謂)鄴(葉)公子高

九・邦 10/而邦～不爯(稱)畬(貪?)女(安—焉)

九・邦 12/而邦～不爯(稱)還

九・史 4/詞(始)旻(得)可～而与(舉)之

九・史 8/～之産=(顔色)亓(其)爲之

九・卜 1/卜,～無咎

九・卜 4/婦～幵㠯(以)歙(飲)飤(食)

僮

三・周 1/～(童)龙(蒙)

三・周 22/～(童)牛之梏(牿)

 三・周 26/～(僮)

 三・周 53/旻(得)～(童)僕(僕)之貞

 三・周 53/喪(喪)丌(其)～(童)僕(僕)

保

 一・孔 9/天～

 一・孔 10/《甘棠》之～(報)

 一・孔 15/丌(其)～(報)厚矣

 一・孔 18/因《木苽(瓜)》之～(報)

 三・彭 2/訢(慎)夂(終)～勞

 六・孔 21/君子億吕(己)而立帀(師)～

 六・莊 2/幾可～之

 六・壽 6/君王～邦

 六・用 8/惊～之亟

 六・用 8/自亓(其)又(有)～(寶)貨

 六・用 8/寧又(有)～(寶)悳(德)

 七・鄭甲 2/牆(將)～丌(其)態(恭)炎(嚴)

 七・鄭乙 2/牆(將)～丌(其)態(恭)炎(嚴)

 八・有 1/董(助)余孝(教)～子今可(兮)

 九・舉 29/明則～或(國)

仁(㤅、𢗘、忎、𡰥)

㤅

 二・從甲 3/豊(禮)則寡而爲～(仁)

 二・從甲 5/四曰～(仁)

 二・從甲 6/不～(仁)則亡(無)吕(以)行正(政)

 二・從甲 11/内亓(其)～女(安)

 二・從乙 4/～(仁)之宗也

 二・從乙 6/～(仁)而不智則

 五・君 1/吕(以)依於～(仁)

 五・弟 11/此之胃(謂)～(仁)

 一・緇 7/百眚(姓)吕(以)～(仁) 

 五・鬼 1/～(仁)義聖智

 五・鮑 6/亓(其)爲不～(仁)厚矣

 五・季 2/青(請)昏(問)可(何)胃(謂)～(仁)之吕(以)悳(德)

 五・季 4/此之胃(謂)～(仁)之吕(以)悳(德)

 五・三 22/臨民吕(以)～(仁)

窻

 一・性 39/～(仁)之方也

忎

 一・緇 6/上好～(仁)

 一・緇 6/則下之爲～(仁)也靜(爭)先

 一・緇 22/則好～(仁)不臤(堅)

 一・性 24/臆(篤)於～(仁)者也

 一・性 25/攸(修)身近至～(仁)

 一・性 33/～(仁)之方也

 一・性 33/～(仁)

 一・性 34/唯眚(性)炁(愛)爲近～(仁)

 一・性 34/唯亞(惡)不～(仁)爲〔近義〕

 二・子 10/～(娠)而畫(劃)於伓(背)而生

 八・有 1/囟(思)遊於～(仁)今可(兮)

 五・弟附簡/未可胃(謂)～(仁)也

 六・競 11/可(何)～(仁)

 六・孔 3/上不皐〈皋(親)〉～(仁)

 六・孔 4/皐〈皋(親)〉～(仁)者是能行𦔻(聖)人之道

 六・孔 4/女(如)子〈夫〉皐〈皋(親)〉～(仁)

 六・孔 5/～(仁)亓(其)女(如)此也

 六・孔 6/繇(由)～(仁)與(歟)

 六・孔 6/女(如)夫～(仁)人之未訾(察)

六・孔 7/～(仁)人之道

六・孔 8/唯非～(仁)人也

六・孔 9/～(仁)爰(援)息(仁)而進之

六・孔 9/息(仁)爰(援)～(仁)而進之

六・孔 9/不～(仁)人弗旻(得)進矣

六・孔 10/唯～(仁)人□□也

六・孔 11/此与(與)～(仁)人弍(二)者也

六・慎 6/～(仁)之至

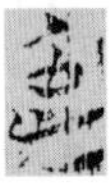
七・武 4/～(仁)目(以)旻(得)之

七・武 4/～(仁)目(以)獸(守)之

七・武 5/不～(仁)目(以)旻(得)之

七・武 5/～(仁)目(以)獸(守)之

七・武 5/不～(仁)

七・武 5/不～(仁)

八・顔 11/所目(以)凥(處)～(仁)也

𡰥

一・孔 21/《～(尸)鴼(鳩)》虗(吾)信之

一・孔 22/《～(尸)鴼(鳩)》曰

二・容 39/秖三十～(尸)而能之

三・周 51/遇丌(其)～(夷)宔(主)

五・鬼 3/鴎(雎)～(夷)而死

二・民 8/䰠(威)我(儀)～=(遲遲)

二・民 11/䰠(威)我(儀)～=(遲遲)

港・戰 5/□之～

八・成 4/……白(伯)～(夷)、雪(叔)齊餓而死於售(雍)滓(瀆)

层

三・中 14/妥～☐

伋

五・競 9/～(隰)倗(朋)

伊

 二・子 2/～𦀚(堯)之悳(德)則甚盟(明)舉(與)

 二・子 11/觀於～而得之

倩

 五・君 7/毋～

佖

 四・曹 34/～(匹)夫㝠(寡)婦之獄訟

 五・鮑 5/～(匹)夫而欲智(知)萬(萬)黨(乘)之邦

 五・三 16/必𦥑(喪)丌(其)～(匹)

 八・王 6/命須逡(後)～(蔽)

僑(儋)

儋

 五・弟 1/胥(脡)陸(陵)季₌(季子)～(僑)而弗叜(受)

倗(倗、偑、匔、塱)

倗

 七・凡甲 27/和～(朋)和燹(氣)

偑

 五・競 1/級(隰)～(朋)與鞛(鞄—鮑)弔(叔)𨟻(牙)從

 五・競 2/與級(隰)～(朋)曰

 五・競 5/汲(隰)～(朋)㑒(答)曰

 五・競 9/伋(隰)～(朋)𢍰(與)鞛(鞄—鮑)弔(叔)𨟻(牙)皆拜

 五・競 10/～(朋)堂(黨)

 五・競 10/㙯(遱)～(朋)

 五・鮑 9/鞛(鞄—鮑)弔(叔)𨟻(牙)與級(隰)～(朋)之諫

匔

 五・三 17/～(倗)可(何)新(新)才

塱

 三・周 14/～(朋)故(盍)噩(簪)

何(何、坷)

何

 五・鮑 7/至亞(惡)～(苛)而上不時貞(使)

坷

 三・彭 8/毋～(倚?)臤(賢)

伾

 九・陳 15/～(背)軍而戟(陳)

九・舉 9/天所=(之所)～(背)

備

一・緇 9/長民者衣～(服)不改

一・緇 21/～(服)之亡(無)臭(懌)

二・民 6/亡(無)～(服)之喪

二・民 7/亡(無)～(服)之喪

二・民 11/亡(無)～(服)之喪

二・民 12/亡(無)～(服)之喪

二・民 13/亡(無)～(服)〔之〕甕(喪)

二・民 13/亡(無)～(服)〔之〕甕(喪)

二・容 6/甚緩而民～(服)

二・從甲 18/必求～女(安—焉)

二・容 15/乃卉(草)～(服)

二・容 41/戔(殘)群女(安—焉)～(服)

二・容 47/七邦逨(來)～(服)

二・容 47/豐喬(鎬)不～(服)

三・中 13/～(服)之悉(緩)

四・昭 1/殜(喪)～(服)曼(絻)廷

四・昭 2/君之～不可目(以)進

四・相 1/～丌(其)另(強)

四・相 3/目(以)～軍遊(旅)

四・曹 33/不恙(義)則不～(服)

五・鮑 7/又(有)嗣(司)祭～(服)毋(無)紋(黼)

五・季 3/而民不～(服)女(安—焉)

五・季 4/民貹(望)亓(丌)道而～(服)女(安—焉)

五・季 13/民必～(服)矣

五・三 8/衣～(服)辿(過)折(制)

五・三 9/毋凶～(服)目(以)亯(享)祀

五・三 13/唯憙是～(服)

 四・曹 52/乃遊(失)亓(其)～(服)

 六・孔 7/衣～(服)

 六・孔 19/衣～(服)好□

 六・孔 24/品勿(物)～矣

 六・壽 5/介～(服)名

 六・愼 5/送(遵)畎～(服)畮(畝)

 七・武 2/耑(端)～(服)曼(冕)

 七・凡甲 8/先王之智奚～

 七・凡乙 7/先王之智奚～

 八・蘭 2/～坙(修)庶戒

 九・舉 19/～(服)日行

 九・舉 21/先(堯)王天下,～(服)方

 九・舉 29/教媺(美)民～(服)

 九・舉 29/～(服)深死(恒)至(重)

 九・邦 9/㝵(得)爲～(服)出

佗(佗、沱)

佗

 八・李 2/愇(違)與(於)～(它)木

沱

 五・季 6/〔▨〕寍(寧)～肥也

依

 五・君 1/㠯(以)～於急(仁)

敚(敚、㒫)

敚

 二・昔 3/舉(與)～(美)灋(廢)亞(惡)

 二・容 14/先(堯)餌(聞)之而～(美)亓(其)行

 三・周 24/觀我～(微)頤

 四・曹 3/此不貧於～(美)而㝵(富)於悳(德)與

 五・季 13/則～(微)言也已

 五・季 19/民之～(美)弃亞(惡)母(女)逯(歸)

七・武 1/畜(抑)～(豈)喦(喪)不可旻(得)而訨(睹)虐(乎)

七・武 2/奿(逾)堂(堂)～(階)

完

一・孔 16/見丌(其)～(美)必谷(欲)反丌(其)本

一・孔 21/虐(吾)～(美)之

一・孔 22/虐(吾)～(美)之

一・性 12/君=(君子)～(美)亓(其)情

一・性 22/又(有)～(美)情者也

四・内 9/㠯(以)食亞(惡)～(美)下之□

五・季 15/言鼎(則)～(美)矣

九・舉 27/正(政)牆(將)才(在)～(微)

四・采 2/牆(將)～(美)人

六・孔 14/好叚～(美)㠯(以)爲…

六・孔 19/～(美)言之虐(乎)

作(偖、叏)

偖

五・君 1/意(顔)囦(淵)～(作)而倉(答)曰

五・君 5/凡色毋惪、毋佻、毋～(作)、毋誎、毋 ☐

五・三 10/毋～(作)大事

五・三 11/～(作)毋康

五・鬼 6/隹(惟)玆(玆)～章(彰)

五・鬼 7/蚩蚘(尤)～(作)兵

八・李 1/氾(竢)時(時)而～(作)可(兮)

叏

二・容 42/湯王天下卅=(三十)又一傑(世)而受(紂)～(作)

侵(戠)

戠

三・周 13/利用～(侵)伐

僨

五・鬼 7/𩏂(癹)昜(揚)豢(縢)～

六・用 9/～言

代

五・季 14/三～之連(傳)叏(史)

便

四・曹 18/㠯(以)事亓(其)～連(嬖)

四・曹 35/毋辟(嬖)於～俾(嬖)

俾

二・容 3/凡民～敝者

八・顔 10/名至必～(卑)身

四・曹 25/毋(無)～(裨)大夫

四・曹 35/毋辟(嬖)於便～(嬖)

任

一・性 31/凡憂惓(患)之事谷(欲)～

四・内 6/嚚(憐)而～

倪

五・競 9/㠯(以)駝(馳)於～(郳)市

使

一・緇 12/毋以辟士書(疾)夫=(大夫)向(卿)～(士)

徐

五・君 6/聖(聲)之僭～

倀

四・柬 19/叡(且)良～(長)子

四・曹 18/所㠯(以)爲～(長)也

四・曹 25/凡又(有)司衙(率)～(長)

四・曹 28/卒又(有)～(長)

四・曹 28/是古(故)～(長)必訋(召)邦之貴人及邦之可(奇)士

四・曹 35/毋～(長)於父䏁(兄)

四・曹 36/叏(使)～(長)百人

八・有 3/慮(慮)余子亓(其)速～(長)含(今)可(兮)

九・舉 21/砭(極)吝(文)～(長)明

九・卜 4/～(丈)夫罙(深)㠯(以)伏匿

佻

 五・君 5/毋～

僞(僞、⿱爲心)

僞

 八・子 2/於妝(偃)～

⿱爲心

 一・性 30/言及則明舉(舉)之而毋～(僞)

 一・性 39/～(僞)斯器(隱)矣

 二・從乙 1/則～(僞)不章

 四・曹 34/目(以)觀卡=(上下)之青(情)～(僞)

 五・三 2/母(毋)爲～(僞)慮(詐)

佝

 三・周 34/昏～

 五・季 11/罙(深)～

傷(剔、⿰昜戈)

剔

 四・曹 32/亓(其)逞(將)衡(帥)聿(盡)～(傷)

 四・曹 45/～(傷)者弗𦖞(問)

 四・曹 47/～(傷)者𦖞(問)之

 四・曹 51/則(測)戕(死)尾(度)～(傷)

⿰昜戈

 二・從甲 19/君子不目(以)流言～(傷)人

 五・姑 7/立死可(何)～(傷)才(哉)

 五・三 5/大邦𨑥(過)～(傷)

俑

 四・昭 5/因命至～毀(毀)室

 八・顔 4/～(庸)言之信

 八・顔 4/～(庸)行之敬

係

 二・從乙 1/十曰口惠而不～

 三・周 16/～少子

 三・周 16/～丈夫

 三・周 17/～而敂(扣)之

 三・周 30/～賸(遯)

 五・三 16/(喪)(怠)～樂

伐(伐、戣)

伐

 一・孔 8/～木

 二・容 38/(起)帀(師)㠯(以)～(岷)山是(氏)

 二・容 40/㠯(以)～高神之門

 二・容 50/虐(吾)～而弋(代)之

 五・姑 7/～尼逌(達)适

 五・三 14/方縈(營)勿～

 三・周 13/利用(侵)～

 六・天甲 5/武(德)～

 六・天乙 5/武直(德)～

戣

 五・鮑 8/晉人～(伐)齊

佾

 七・吴 5/卑(俾)周先王～

但

 六・用 20/又(有)～之深

侜

 九・成甲 3/須寺(持)～(舟)=(飲酒)

伏

 九・卜 4/(丈)夫(深)㠯(以)～匿

仇(戴、敹、敍)

戴

 六・天甲 6/～(仇)(讎)戔(殘)亡

 六・天乙 5/～(仇)(讎)戔(殘)亡

 九・陳 4/女(如)既至於～(仇)人之(閒)

敹

 一・緇 22/君子(好)～(仇)

敍

 一・緇 10/執我～=(仇仇)

咎

 六・用 7/～羣言之弃

 六・用 17/用亡(無)～隹(唯)浧(盈)

 一・孔 9/實～於其也

 一・性 39/又(有)怨(過)鼎(則)～

 二・子 12/遊於玄～(丘)之内(汭)

 二・容 29/乃立～(皋)䖃(陶)㠯(以)爲李

 二・容 29/～(皋)䖃(陶)既已受命

 二・容 34/見咎(皋)～(陶)之臤(賢)也

 三・周 2/亡(無)～

 三・周 7/亡(無)～

 三・周 7/亡(無)～

 三・周 7/亡(無)～

 三・周 8/亡(無)～

 三・周 9/亡(無)～

 三・周 9/亡(無)～

 三・周 11/亡(無)～

 三・周 15/亡(無)～

 三・周 16/亡(無)～

 三・周 17/可(何)～

 三・周 18/攷亡(無)～

 三・周 21/亡(無)～

 三・周 25/亡(無)～

 三・周 28/亡(無)～

 三・周 32/亡(無)～

 三・周 32/亡(無)～

 三・周 33/礪(厲)亡(無)～

 三・周 33/往可(何)～

 三・周 37/亡(無)～

 三・周 38/亡(無)～

 三・周 39/中行亡(無)～

 三・周 40/亡(無)～

 三・周 41/礪(厲)亡(無)大～

 三・周 41/亡(無)～

 三・周 42/往亡(無)～

 三・周 45/亡(無)～

 三・周 47/亡(無)～

 三・周 48/亡(無)～

 三・周 51/亡(無)～

 三・周 54/亡(無)～

 三・周 55/亡(無)～

 三・彭 6/舍(余)告女(汝)～

 四・采 4/～比

 七・吴 6/～(舅)生(甥)之邦

 八・志 5/虗(吾)父雔(兄)眚(甥)～(舅)之又(有)善

 九・陳 3/戰於鄴～

 九・卜 1/卜人無～

 九・卜 2/凥(處)宫無～

 九・卜 6/貞邦無～

 九・卜 8/亡(無)大～

 九・卜 9/亦亡(無)大～

 三・中 20/丌(其)～

倦(倦、卷)

倦

 二・從甲 12/章(敦)行不～(倦)

 六・孔 20/聞豊(禮)不～

卷

 一・孔 4/民之又(有)慼～(倦)也

 一・孔 29/《～(卷)而(耳)》不智(知)人

 一・性 31/凡悥(憂)～(患)之事谷(欲)任

 三・中 17/悳(德)斈(教)不～(倦)

 四・相 1/牧丌(其)～(倦)

弔

 五・鮑 9/鞊(鞄—鮑)～(叔)舀(牙)與級(隰)倗(朋)之諫

 六・用 16/嚨(恭)～(淑)㠯(以)成

 六・用 20/而又(有)～(淑)之濮(淺)

 六・壽 7/昷(温)恭～(淑)惠

伓

 二・子 10/忎(娠)而晝於～(背)而生

 三・周 48/艮丌(其)～(背)

 二・從乙 3/思(懼)㘸(則)～(背)

 五・競 3/鄰人之～(背)者七百邦

 五・鮑 4/篙(埶)逞～(背)忑(願)

佤

 三・周 33/楑～(孤)

 三・周 33/楑～(孤)

宊

 一・緇 2/爲上可～(望)而智(知)也

㤅

 八・顔 7/犇(前)吕(以)尃(博)～〈忎(愛)〉

仪

 五・競 4/高宗命～(傅)鳶(説)量之

伽

 五・鮑 3/～(加)之吕(以)敬

傣

 一・性 37/又亓(其)爲人之～=(節節)女也

律

 一・孔 29/《涉秦》丌(其)约(絶)～而士

伍(俉)

俉

 四・曹 24/車閥(閒)宏(容)～(伍)

佶

 二・容 31/方爲三～

 二・容 31/東方爲三～

 二・容 31/西方爲三～

 二・容 31/南方爲三～

 二・容 31/北方爲三～

俤

 二・民 1/幾(愷)～(悌)君子

 二・昔 1/君子之母～(弟)是相

 二・昔 1/太子犇(前)之母～(弟)

 二・昔 1/太子母～(弟)

 四・逸・交 1/戔(愷)～(悌)君子

 四・逸・交 2/戔(愷)～(悌) (君?) (子?)

 四・内 4/言人之伬(兄)之不能㸚(慈)～(弟)者

 四・内 4/不與言人之～(弟)之不能丞(承)伬(兄)者

 四・内 4/古爲人～(弟)者

 四・内 4/言人之古爲人～(弟)者之不能丞(承)伬(兄)

 四・内 5/言㸚(慈)～(弟)

 四・内 6/與～(弟)言

 四・内 10/～(弟),民之經也

 五・季 15/賕(眯)父兄子～(弟)而爯(稱)賕

侍(侍、侳)

侍

 八・子 2 於是虐(乎)可(何)～(待)

侳

 五・弟 19/巨白玉～(侍)虐(吾)子

佁

 五・鮑 2/迿～者叀(吏)

 五・鮑 2/忘亓(丌)迿～也

 五・鮑 2/寡人𤖼(將)迿～

倗

 五・競 9/雋芋(華)～子㠯(以)駝(馳)於伬(郳)市

偖

 五・鮑 6/～(煮)而飤(食)人

傒(傜)

傜

 五・三 9/～(傒)子是胃(謂)忘神

僣

 五・君 6/聖(聲)之～俆

侒

 七・凡甲 26/厒(危)～(安)廌(存)忘(亡)

 七・凡乙 19/～(安)廌(存)忘(亡)

傣

五・競 2/又(有)驡(雉)刟(雊)於~(彝)寿(前)

僬

五・競 9/~芋(華)倗子㠯(以)駝(馳)於倪(郳)市

僰

五・競 10/賙公𠶷(告)而~

儀

二・從甲 12/隹(唯)殜(世)不~(識)

儶

一・孔 3/専~(觀)人谷女(安—焉)

依

六・孔 18/不訾(察)不~

侓

八・王 6/命須亓(其)~(盡)

㒑

六・天甲 9/~(懷)民則㠯(以)悳(德)

六・天乙 8/~(懷)民則㠯(以)悳(德)

佢

九・舉 9/若~(拒)之

倭

九・舉 17/黃帝~光

九・舉 14/湯~善見(視)詞

倆

九・陳 20/……~申(陣)逘(後)

九・陳 20/或~申(陳)前

估

九・舉 27/ ……□李(李)正(政)~

伀

六・競 11/丌左右相~(容)自善

德

六・孔 21/君子~㠯(己)而立帀(師)保

佫

六・孔 8/竊又(有)此~(貌)也

傷

六・天甲 12/古見～而爲之祈

六・天乙 11/古見～而爲之祈

俘

六・孔 7/覘(頌—容)～(貌)不求異於人

僓

六・用 9/則行口～(儥)言

七　部

真

六・用 3/良人～安

匕　部

印

四・柬 14/王～(仰)而叹(呼?)而泣

五・三 15/～〈仰〉天事君

七・凡甲 23/～(仰)而旯(視)之

七・凡乙 15/～(仰)而旯(視)之

六・孔 26/～(仰)天而戁(歎)曰

九・卜 1/兆(兆)～(仰)首出止(趾)

九・卜 2/兆(兆)女(如)～(仰)首出止(趾)

艮

三・周 48/～

三・周 48/～丌(其)足

三・周 48/～丌(其)䟣(膜)

三・周 49/～丌(其)躳

三・周 49/～丌(其)𩠐(輔)

三・周 49/𦎧(敦)～

从　部

從(從、坐、㚇)

從

一・性 17/〔非其〕聖(聲)而～之也

 二・民13/㤅(氣)志既～

 二・子5/～者(諸)卉(草)茅之中

 二・從甲5/～正(政)章(敦)五悳(德)

 二・從甲8/～正(政)又(有)七幾(機)

 二・從甲10/～正(政)所𢦏(務)三

 二・從甲19/～事而母(毋)說(詢)

 二・從乙1/～命則正不勞

 二・從乙3/～正(政)不紿(治)則亂

 二・容14/目(以)三～舜於旬(畎)晦(畝)之中

 二・容27/墨(禹)乃～灘(漢)目(以)南爲名浴(谷)五百

 二・容27/～灘(漢)目(以)北爲名浴(谷)五百

 二・容39/肰(然)句(後)～而攻之

 二・容40/湯或(又)～而攻之

 二・容40/湯或(又)～而攻之

 二・容44/不～命者

 二・容44/～而桎𨏩(梏)之

 三・周5/或～王事

 三・周17/～乃嚻(維)之

 三・中4/叓(使)售(雍)也～於宰(宰)夫之後

 三・中12/𢤱(難)爲～正

 四・采2/奚言不～

 四・昭5/須欪(既)袼攴(安)～事

 四・柬20/君王之瘵～含(今)日以瘥(瘥)

 四・柬22/君王之疠(病)牐(將)～含(今)日目(以)已

 四・内7/～之

 四・内10/～人觀(勸)

 五・競1/級(隰)俚(朋)與鞄(鞄—鮑)弔(叔)䀠(牙)～

 五・競8/此能～善而迲(去)祧(過)者

 五・季1/肥～又(有)司之逡(後)

 五・季1/青(請)昏(問)孠=(君子)之～事者於民之☐悳(德)

五・季 23/此孥=(君子)～事者之所啻[illegible]也

五・姑 5/不思(使)～己立(莅)於廷

五・姑 6/～事可(何)㠯(以)女(如)是

五・弟 14/□～

五・三 18/好昌天～之

五・三 18/好貞天～之

五・三 18/好龙天～之

五・三 18/好長天～之

五・三 18/天無不～

七・武 4/義雾(勝)谷(欲)則～

七・武 14/志雾(勝)欲則～

七・凡甲 4/虐(吾)奚奥(衡)奚～(縱)

七・凡甲 9/逐高～埤(卑)

七・凡甲 9/至遠～迩(邇)

七・凡甲 9/必～夺(寸)台(始)

七・凡乙 3/虐(吾)奚奥(衡)奚～

七・凡乙 7/逐高～埤

七・凡乙 7/至(致)遠～迩(邇)

八・顏 6/則民莫不～矣

八・李 2 非與～風可(兮)

九・陳 11/敓(令)～灋(法)

一・緇 8/不～亓(其)所㠯(以)命

一・緇 8/而～亓(其)所行

一・緇 17/言～行之

坐

一・性 20/亓(其)聖(聲)弁(變)鼎(則)心～(從)之矣

一・性 25/下交旻(得)衆近～(從)正(政)

一・性 30/身必～(從)之

 四・内 6/善則～(從)之

 四・内 8/如～(從)邑(己)记(起)

 九・舉 22/～(從)正(政)可(何)先

从

 四・曹 29/～(從)졸(卒)

 四・曹 37/毋～(從)䡇(軍)

并

 二・容 3/亡(無)～

 二・容 26/～里、干

 四・昭 4/邑(以)僕(僕)之不旻(得)～僕(僕)之父母之骨厶自塼

 四・曹 4/篙(孰)能～兼人

 七・凡甲 17/女(如)～天下而䖒(抯)之

 七・凡甲 17/若～天下而詞(治)之

 七・凡甲 27/～(屏)㷊(氣)而言

 七・凡乙 12/若～天下

 九・舉 28/萏(怨)～之衆人也

 九・邦 8/而～是二者邑(以)邦君

比　部

比

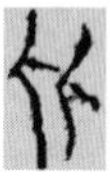 一・性 9/聖人～丌(其)頪(類)而侖(論)會之

 三・周 9/～

 三・周 9/又(有)孚～之

 三・周 9/～之自内

 三・周 9/～之非(匪)人

 三・周 10/顯～

 三・周 10/～亡(無)首

 三・亘 10/恷言之逡(後)者夅(教)～女(安—焉)

 四・采 4/峇～

 五・季 19/降(?)耑邑(以)～

 五・季 22/逡=(後之)殜(世)～𢿢(亂)

 五・君 4/智而～信

 八・蘭 5/宅立(位)廄下而～㥩(擬)高矣

北 部

北

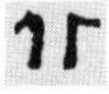 一・孔 26/～(邶)《白(柏)舟》

 一・孔 27/～風

 二・容 14/舜～面

 二・容 21/～方之羿(旗)㠯(以)鳥

 二・容 27/～敨(注)之河

 二・容 28/從灘(漢)㠯(以)～爲名浴(谷)五百

 二・容 31/～方爲三佶

 二・容 38/妖～迲(去)亓(其)邦

 二・容 39/内(入)自～門

 三・周 24/蕟(弗)經于～洍(頤)

 三・周 35/不利東～

 四・采 4/～埜(野)人

 四・曹 1/南～五百

 五・弟 18/東西南～

 七・武 3/不舁(與)～面

 七・武 13/武王～面

宂

 七・武 6/民之反～(側)

丘 部

丘

 一・孔 21/备(邃—宛)～

 一・孔 22/《备(邃—宛)～》曰

 二・魯 3/毋(無)乃胃(謂)～之合(答)非與

 三・周 55/馥(涣)亓(其)～

 五・季 6/～昏(聞)之孟者昊(昃)曰

 五・季 9/異於～斎=(之所)昏(聞)

 五・季 13/繇(由)～舊(觀)之

 五・季 18/～也昏(聞)孠=(君子)⧄

 五・弟 20/至老～

 五・三 12/陞～毋訶(歌)

 二・容 13/昔叄(舜)靜(耕)於鬲～

六・競 1/割(裔)疾(款)與梨(梁)～虞(據)言於公曰

六・競 9/外=(外褻)又(有)梨(梁)～虞(據)

六・競 13/梨(梁)～虞(據)不敢監正

四・采 2/嬰(妻)～之敔

五・季 9/～(丘)昏(聞)之

虛

三・亘 1/～

三・亘 1/～大(太)虛

三・亘 1/虛大(太)～

三・亘 2/～清爲弌(一)

三・亘 10/舉(舉)天下之名～詎(樹)

五・三 8/唯(雖)溢(盈)必～

五・三 10/毋～牀(壯)

五・三 11/内(入)～毋樂

五・三 20/慙(慎)獸(守)～□

乑　部

眾

一・性 25/下交旻(得)～近從正(政)

二・從甲 8/滷(嚴)則遊(失)～

二・從甲 10/信則得～

二・容 36/～真(寡)不聖(聽)訟

二・容 42/夫是目(以)旻(得)～而王天下

五・季 10/㕎(嚴)剔(則)遊(失)～

五・季 22/～必亞(惡)

五・姑 3/君貴我而受(授)我～

五・姑 4/虛(吾)弜(強)立絧(治)～

五・姑 8/取宔(主)君之～目(以)不聽命

五・姑 10/不用其～

五・君 6/爯(稱)亓(其)～真(寡)

五・弟 10/夫㠯(以)～軋(犯)雞(難)

六・競 8/～…

六・孔 15/君子死(恒)㠯(以)～福

六・孔 25/～之所植

六・孔 25/～之所…

六・用 9/内閒譋(獨)～

六・用 15/告～之所畏忌

六・用 17/莫～而覭(迷)

六・用 17/韓(違)～誚(孽)諫

六・用 17/～敳(樹)惠蓄

六・用 18/番耆(圖)綌～

六・天甲 10/聚～不訢(語)悤(逸)

六・天乙 9/聚～不訢(語)悤(逸)

七・凡甲 20/鼠(一)言而又(有)～

七・凡甲 29/～鼠(一)言而萬民之利

七・凡乙 14/鼠(一)言而又(有)～

八・王 3 是言既餌(聞)於～巳(已)

八・李 1/～木之絽(紀)可(兮)

八・李 1 背/胃(謂)群～鳥

八・蘭 3/親～秉志

九・舉 28/葍(怨)并之～人也

聚

二・從甲 6/不惠則亡(無)㠯(以)～民

四・柬 8/～(驟)夢高山深溪

四・曹 23/君必～羣又(有)司而告之

四・曹 54/收而～之

五・三 15/～（驟）敚（奪）民時

六・孔 26/隹（唯）～卬〈仰〉天而𢜔（嘆）曰

六・天甲 10/～衆不誩（語）𢘓（逸）

六・天乙 9/～衆不誩（語）𢘓（逸）

一・性 23/貧而民～女（安—焉）

𡈼　部

徵（敊、峕）

敊

三・周 54/～（徵）馬藏（藏）

峕

四・采 3/訐（衍）～（徵）

四・采 33/～（徵）和

朢（朢）

朢

五・季 4/民～（望）亓（丌）道而備女（安—焉）

六・壽 7/民𨑳賶（瞻）～（望）

𡈼

五・鬼 7/湝（沈）～念惟

八・成 13/丌（其）䭾（狀）䯂（驕）～（淫）

六・孔 17/興道𡥈（學）～（淫）

重　部

重（𡍬、𥃃）

𡍬

五・季 18/子之言也已～（重）

四・曹 30/貴立（位）～（重）飤（食）

四・曹 45/亓（其）詎（誅）～（重）戱（且）不諓（察）

八・成 1/而王～（重）亓（其）貢（任）

一・緇 22/而～（重）𢇁（絶）㝈（富）貴

三・中 8/夫民安舊而～（重）䙴（遷）

三・亘 4/～（重）𤇾（气）生𡐦（地）

九・舉 23/金～(重)不湝(流)

九・舉 29/備(服)深死(恒)～

𧵳

八・蘭 5/身體～(重)害(輕)而目耳袋(勞)矣

四・曹 54/～(重)賞泊(薄)荎(刑)

量

二・容 38/不～丌(其)力之不足

五・三 7/凡飤(食)畬(飲)無～詯(計)

五・競 4/青(請)～之𠂤(以)衰脊(汲)

五・競 4/高宗命仪(傅)鳶(説)～之𠂤(以)祭

六・競 1/虗(吾)㡀(幣)帛甚娩(美)於虗(吾)先君之～矣

六・天甲 7/…医(侯)～

六・天乙 6/見医(侯)～

監

二・子 11/又(有)鷃(燕)～(銜)卵而階(措)者(諸)丌(其)前

五・三 12/～川之都

六・競 13/命割(裔)疾(款)不敢～祭

六・競 13/梁(梁)丘虡(據)不敢～正

九・舉 9/夫頁(顧)～于下

臨(臨、𠱠)

臨

四・柬 1/王自～卜

五・季 4/𠂤(以)～民

五・三 22/～民𠂤(以)悬(仁)

五・弟 9/猷(猶)下～也

六・壽 3/～昜(陽)

六・慎 6/不可𠂤(以)～

六・天甲 11/～飤(食)不証(語)亞(惡)

六・天甲 11/～𠁁(兆)

 六・天甲 11/～城不〔言毀〕

 六・天乙 10/～飤(食)不詁(語)亞(惡)

 六・天乙 10/～𠦬(兆)

 六・天乙 11/～城不言毀

 九・史 12/～事而矍(懼)

⿰⿱人口⿱人口

 五・弟 9/人而下～(臨)

身　部

身

 一・緇 19/集大命于氏(是)～

 五・鮑 6/公弗煮(圖)必𧭹(害)公～

 四・柬 6/不敢㠯(以)君王之～弁(變)亂䰡(鬼)神之祟(常)古(故)

 四・柬 7/㠯(以)君王之～殺祭

 四・柬 21/不㠯(以)丌(其)～弁(變)贅尹之祟(常)古(故)

 五・君 2/～毋𨑗(動)女(安—焉)

 五・君 7/～毋䠶(偃)

 三・周 48/不䑋(獲)丌(其)～

 五・三 11/毋䐗(逸)亓(其)～

 五・鬼 2/～不叟(没)

 五・競 5/又(有)𢝊(憂)於公～

 五・競 5/公～爲亡(無)道

 五・競 9/公～爲亡(無)道

 二・容 22/～言

 二・容 35/～力㠯(以)勞百眚(姓)

 三・彭 6/心白～澤(釋)

 四・曹 34/君必～聖(聽)之

 四・曹 9/㠯(以)亡道再(稱)而叟(没)～遠(就)𠔀(世)

 五・鮑 7/公乃～命祭

 五・三 3/亓(其)～不叟(没)

 五・三 13/～戱(且)有疠(病)

 五・三 17/叟(没)亓(其)～才(哉)

 四・曹 40/我君～進

 四・曹 65/㠯(以)及亓(其)～

 一・性 25/攸(修)～者也

 一・性 25/攸(修)～近至㤌(仁)

 一・性 27/凡～谷(欲)青(静)而毋遣(譴)

 一・性 30/～必從之

 一・性 36/甬(用)～之弁者

 三・彭 1/而𦥑(舉)於朕～

 四・昭 9/皀(霸)君吴王～至於郢

 六・競 3/～爲新

 六・慎 1/共(恭)僉(儉)㠯(以)立～

 六・慎 3/勿㠯(以)坏(培)～

 六・用 6/氒(厥)～是戔(衛)

 六・用 16/鯀之～

 六・天甲 2/～不孠(免)

 六・天甲 2/～不孠(免)

 六・天甲 3/～不㑒(免)

 六・天甲 6/洛尹行～和二

 六・天甲 7/𡧍(寡)還～

 六・天乙 2/～不孠(免)

 六・天乙 2/～不孠(免)

 六・天乙 2/～不孠(免)

 六・天乙 5/洛尹行～和二

 六・天乙 6/𡧍(寡)還～

 七・武 5/及於～

 七・武 12/～則君之臣

七・君甲 8/言(然)不敢睪(懌)～

七・君乙 8/言(然)不敢睪(懌)～

七・凡甲 6/～豊(體)不見

七・凡甲 18/夂(終)～自若

七・凡甲 22/所㠯(以)攸(修)～而詞(治)邦豙(家)

七・凡甲 23/厇(宅—度)於～旨(稽)之

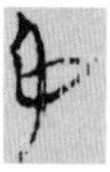
七・凡乙 5/～豊(體)不見

七・凡乙 13/夂(終)～自若

七・凡乙 16/於～旨(稽)之

八・顏 6/攸(修)～㠯(以)先

八・成 3 各才(在)亓(其)～

八・成 4/不辱丌(其)～

八・成 11/少𤴓(疏)於～

八・蘭 5/～體駐(重)青(輕)而目耳
袋(勞)矣

八・顏 10/名至必俾(卑)～

九・舉 31/～鯩(鱗)䱜(錯)

九・舉 34/弃(棄)～

九・史 2/子亓(其)～之式(貳)也

⿰身幺

五・君 7/身毋～(偃)

肙　部

殷(⿱殷邑)

⿱殷邑

二・容 53/武王素虖(甲)㠯(以)申(陳)於～(殷)蒿(郊)

五・鮑 1/～(殷)人之所㠯(以)弋(代)之

衣　部

衣

一・孔 16/《緑～》之憂

 一・緇 1/好頿(美)女(如)好《紂(緇)~》

 一・緇 9/長民者~備(服)不改

 一・緇 20/句(苟)又(有)~

 三・周 57/需又(有)~緻(袽)

 四・昭 10/或□(褏?)□~

 五・三 8/~備(服)逃(過)折(制)

 五・三 9/毋衿(錦)~交(絞)祖

 一・孔 10/《緑~》之思

 二・容 21/~不褻散(美)

 二・從甲 7/視上~飤(食)

 六・孔 7/~備(服)此中

 六・孔 19/~備(服)好煮(圖)

 六・木 2/㠯(以)爲~

 八・鶹 1/欲~而亞(惡)䋚(臬)含(今)可(兮)

 八・鶹 2/不戠(織)而欲~含(今)可(兮)

 九・邦 7/毋~䆲虗(乎)

表

 二・容 22/~鞁(皮)尃

 七・吴 5/東海之~

 九・卜 7/三末飤(食)墨虘(且)~

裏

 三・彭 2/若纅(表)與~

衽

 四・昭 7/王訋(召)而余之~(領)衺

裣

 四・昭 7/亓(其)~貝(視)

衿(衿、⿰口衾)

衿

 五・三 9/毋~(錦)衣交(絞)祖

⿰口衾

 五・姑 6/㬥(顧)~(頷)㠯(以)至於含(今)才

 五・姑 7/虗(吾)敢欲㬥(顧)~(頷)㠯(以)事殜(世)才(哉)

褱(褢)

褱

二・容 7/～(懷)㠯(以)逨(來)天下之民

三・周 53/～(懷)丌(其)次

五・三 4/邦家亓(其)～(壞)

一・孔 7/～(懷)尔(爾)㗚(明)悳(德)

一・緇 21/厶(私)惠不～(懷)悳(德)

褎

四・昭 7/王訋(召)而余之衽(領)～

被(衷)

衷

四・昭 6/～(被)襦=(襦衣)

四・昭 6/～(被)襦=(襦衣)

四・昭 7/～(被)襦=(襦衣)

四・昭 7/鼻(龔)之脽～(被)之

褻(褺)

褺

四・曹 11/居不～(褻)㝵(文)

二・容 21/衣不～(褻)敚(美)

四・相 3/豪(庶)人蘸(勸)於四枳(肢)之～(褻)

袒

五・三 9/毋衿(錦)衣交(絞)～

衰(䘮)

䘮

一・孔 3/～(衰)矣

一・孔 8/皆言上之～(衰)也

五・競 4/青(請)量之㠯(以)～(衰)湑(汲)

五・鮑 2/遟(堋)亓(其)所㠯(以)～(衰)菦(亡)

卒(烝)

烝

一・孔 25/大田之～(卒)章

一・緇 6/～(卒)勞百眚(姓)

二・昔 4/君～(卒)

三・中 23/至恖(愛)之～(卒)也

二・容 13/而～(卒)立之

四・昭 5/～(卒)吕(以)夫=(大夫)㱃(㱃酒)於坪(平)澫

四・内 8/不～(卒)立

四・曹 28/～(卒)又(有)倀(長)

四・曹 29/从(从)～(卒)

四・曹 46/～(卒)谷少吕〈乞(氣)〉多

四・曹 48/不～(卒)則不死(恒)

九・陳 7/不智(知)亓(其)敢～(卒)夌(凌)行

九・陳 7/述(遂)内(入)王～(卒)

九・陳 8/女(汝)内(入)王～

九・陳 14/吕(以)厚王～(卒)

九・陳 14/㴱(深)内(入)王～(卒)

九・卜 6/毋～(卒)吕(以)易

製(裚)

裚

一・性 11/堂(當)事因方而～(製)之

二・容 21/～(製)表鞁尃

六・競 7/古(故)丌(其)祝叓(史)～(製)蔑耑折祝之

勞(⿱炏衣)

⿱炏衣

四・曹 34/君毋憚(憚)自～(勞)

衰

三・亘 3/～生衰

三・亘 3/衰生～

⿱戚衣

五・姑 6/～(顣)喙(頌)吕(以)至於含(今)才(哉)

五・姑 7/虛(吾)敢欲～(顣)喙(頌)吕(以)事殜(世)才(哉)

⿱幾衣

五・弟 15/丌(其)緄(組)～虐(乎)

五・弟 21/☐虛(吾)未見□而訐(信)～

五・弟 21/未見善事人而忌～

裘 部

裘(求)

求

一・緇 10/皮(彼)~我則

二・容 10/㠯(以)~臤(賢)者而遐(讓)女(安—焉)

二・容 29/無~不旻(得)

二・容 37/湯乃悔(謀)戒~臤(賢)

五・弟 12/~爲之言

五・弟 12/~爲之行

五・弟 22/㠯(以)~餌(聞)

三・周 16/隓(隨)~又(有)得

一・性 31/凡孝(教)者~丌(其)〔心爲難〕

三・周 24/自~口實

三・亘 3/~丌(其)所生

三・亘 3/~慾(欲)自復(復)

三・亘 13/甬(庸)又(有)~而不患(?)

五・君 6/定視是~

二・從甲 18/必~備女(安—焉)

六・孔 17/皆~異於人

六・孔 27/~之於中

八・命 3 命~言㠯(以)倉(答)

七・武 8/溺于人不可~(救)

老 部

老

三・中 3/道女(汝)思~

三・中 7/~=(老老)慈幼

三・中 8/若夫~=(老老)慈幼

三・彭 1/狗(耇)~昏(問)于彭祖曰

三・彭 3/狗(耇)~曰

三・彭 8/狗(耇)~弍(二)拜旨(稽)首曰

二・容 17/夋(舜)乃～

四・昭 3/僕(僕)牆(將)埮亡～□

四・昭 8/～臣爲君王獸(守)見(視)之臣

五・鮑 3/～𡥈(弱)不型(刑)

五・弟 5/耇～不逡(復)壯

五・弟 20/至～丘

二・昔 1/昔者君～

七・凡甲 5/既長而或(又)～

七・凡乙 4/既長而或(又)～

八・顔 11/～₌(老老)而𢘓(慈)學(幼)

八・顔 12/～₌(老老)而𢘓(慈)學(幼)

九・成甲 4/不思～人之心

九・成甲 5/君爲楚邦～

九・成乙 1/㱿(穀)虖(於)余(菟)爲楚邦～

九・邦 4/鄴(葉)之者(諸)～皆柬(諫)曰

耆

一・緇 6/晉冬～(祁)寒

耇

五・弟 5/～老不逡(復)壯

⿱耂古

五・鮑 3/必全女～(故)

九・舉 1/～(古)攻見大(太)公望(望)於呂隆(隧)

九・舉 2/～(古)公……

九・舉 3/～(古)公子訪之上(尚)父

九・邦 1/～(胡)不𠂤(以)至畝(命)

壽

四・采 1/祝君～

六・壽 1/奠(鄭)～

 六・壽 2/奠(鄭)～忍(辭)

 六・壽 3/奠(鄭)～

 六・壽 4/～告又(有)疾

 六・壽 4/～出

 七・吴 4/～(州)逨(來)

考

 一・孔 8/～(巧)言

 五・弟附簡/～(巧)言窒(令)色

 四・内 8/～(孝)子

 四・内 8/君子吕(以)城(成)丌(其)～(孝)

 四・内 9/～(孝)子事父毋(母)

 六・用 12/舵非～(巧)兮(免)

 六・用 15/而～(巧)於左右

孝

 一・孔 26/《翏(蓼)莪》又(有)～志

 二・容 13/～羕(養)父母

 二・容 31/～唇

 四・内 1/君子之立～

 四・内 3/不與言人之子之不～者

 四・内 3/言人之子之不～者

 四・内 5/言～父

 四・内 7/～而不諫

 四・内 7/不城(成)～

 四・内 7/君子～子

 六・壽 6/辱於～(老)夫

毛　部

毛

 二・容 24/脛不生之～

蠢 部

蠢

 二·容 49/高下肥～之利𦘔(盡)智(知)之

尸 部

居

 一·性 16/丌(其)～節也舊(久)

 一·性 23/蜀(獨)～而樂

 一·性 28/～凥(處)谷(欲)娩(逸)葛(易)而毋曼(慢)

 一·性 29/～喪必又(有)夫𢑴=(戀戀)之哀

 一·性 30/蜀(獨)～鼎(則)習〔父〕兄之所樂

 二·容 28/天下之民～奠

 四·采 5/～

 四·曹 11/～不褺㝵(文)

 五·季 10/是古(故)臤(賢)人之～邦豪(家)也

 五·君 1/弗能少～也

 五·三 8/唯(雖)成弗～

 五·三 11/～毋悊(滯)

 六·壽 4/～洛(路)以須

 七·吳 5/䛕(噬)敢～我江寽(濱)

 八·命 4/外臣而～虗(吾)右=(左右)

 九·陳 1/先～罙(深)䜌(戀)之上

 九·陳 18/……徒𡩜(甲)～逡(後)

凥(腒)

腒

 四·昭 6/龏(龔)之～駸(御)王

 四·昭 6/僕(僕)遇～

 四·昭 6/～介趣君王

 四·昭 7/龏(龔)之～被之

 四·昭 7/王命龏(龔)之～毋見

 四·昭 8/僕(僕)見～之寒也

 四·昭 9/今君王或命～毋見

 四·昭 9/大尹之言～可

 四·昭 10/～欭(既)與虗(吾)同車

 四・昭 10/女(安—焉)命龏(龔)之～見

尼

 三・中 8/中(仲)～曰

 三・中 10/中(仲)～

 三・中 28/中(仲)～

 五・君 10/☐昔者中(仲)～篠(箴)徒三人

 五・君 11/中(仲)～與虛(吾)子産管(孰)臤(賢)

屖

 一・孔 2/丌(其)樂女(安)而～(遲)

 四・曹 22/幾(愷)～(悌)君子

屍(殜)

殜

 三・周 8/弟子舉～(尸)

 三・周 7/帀(師)或舉(輿)～(尸)

尾

 三・周 30/豚(遯)丌(其)～礪(厲)

屈

 六・競 4/王命～

 九・陳 3/～旹(㟅)與鄗(巴)命(令)尹戰於墟

屡

 四・柬 9/王吕(以)告槮(相)～(徙)與中余(舍)

 四・柬 10/槮(相)～(徙)中余(舍)倉(答)

 四・柬 15/送進羿槮(相)～(徙)、中余(舍)與五連少(小)子及龍臣皆逗

履

 二・子 12/～吕(以)祈

 七・吴 8/鍪(踐)～陳(陳)墜(地)

 二・容 9/～墜(地)詎(戴)天

舟　部

舟

 一・孔 26/北(邶)《白(柏)～》悶

俞

 一・孔 10/吕(以)色～(喻)於豊(禮)

 一・孔 14/丌(其)四章則～(喻)矣

 一・孔 18/吕(以)～(喻)丌(其)惋(怨)者也

一·孔 20/丌(其)隱(隱)志必又(有)
吕(以)～(喻)也

六·慎 1/忠𤔲吕(以)反～

朕

三·彭 1/而舉(舉)於～身

三·彭 3/毦=(毦毦)舍(余)～孳

三·彭 8/～孳不㽘(敏)

六·用 10/而莫執～𦧇(舌)

航(艕)

艕

六·莊 3/㲃(抑)四～(航)吕(以)逾
虐(乎)

六·莊 4/四～(航)吕(以)逾

方　部

方

一·孔 17/《東～未明》又(有)利訂
(詞)

一·緇 22/丌(其)惡也又(有)～

一·性 11/堂(當)事因～而㓝(制)之

一·性 20/思之～也

一·性 25/同～而交

一·性 26/不同～而交

一·性 33/宜(義)之～也

一·性 33/敬之～也

一·性 33/悬(仁)之～也

一·性 33/眚(性)之～也

一·性 39/慮之～也

一·性 39/悔(謀)之～也

二·民 2/四～又(有)敗

二·民 11/塞于四～

二·從甲 4/～(謗)亦坙(反)是

二·容 6/於是虐(乎)～百里之中

二·容 7/於是虐(乎)～囩(圓)千里

二·容 20/東～之𣃔(旗)吕(以)日

二·容 20/西～之𣃔(旗)吕(以)月

二·容 20/南～之𣃔(旗)吕(以)它
(蛇)

二・容 21/北～之羿(旗)㠯(以)鳥

二・容 31/～爲三借

二・容 31/東～爲三借

二・容 31/西～爲三借

二・容 31/南～爲三借

二・容 31/北～爲三借

三・周 9/不寍(寧)～逨(來)

四・柬 13/～若肰(然)里

五・弟 13/不凸(曲)～㠯(以)迲(去)人

五・三 8/是胃(謂)～芋(華)

五・三 14/～縈(營)勿伐

五・三 16/四～逩(來)囂

五・競 7/遠者不～

六・孔 11/亓(其)述術多～女(安—焉)

六・孔 15/句拜四～之立(位)㠯(以)童(動)

六・慎 4/時(時)悳(德)而～義

六・慎 6/氏(是)㠯(以)君=(君子)向～智道

六・用 2/事非與又(有)～

六・用 7/則～繇

八・成 10/青(請)餌(問)亓(其)～

八・李 1/喿(巢)亓(其)～茖(落)可(兮)

八・蘭 2/～時(時)女(安—焉)复(作)

八・蘭 2/浧(馨)訛(謐)迡而達餌(聞)于四～

八・蘭 5/荁(荑)薛之～记(起)

九・舉 21/備～亟(恒)吝倀(長)明

九・卜 1/而它(他)～女(安—焉)適

儿　部

兑

一・緇 7/則民至(致)行己以～(悦)上

一・性 1/寺(待)～(悦)而句(後)行

一・性 5/～(悦)也

一・性 6/快於其(己)者之胃(謂)～(悦)

一・性 12/～(悦)丌(其)季(教)

一・性 21/凡人情爲可～(悦)也

一・性 26/不同～(悦)而交

兄　部

兄(兄、倪、䟘)

兄

五・季 15/眛(眯)父～子俤(弟)而爯(稱)眛

三・彭 5/父子～弟

倪

四・内 4/古(故)爲人～(兄)者

四・内 4/言人之～(兄)之不能㤅(慈)俤(弟)者

四・内 4/不與言人之俤(弟)之不能丞(承)～(兄)者

四・内 4/言人之俤(弟)之不能丞(承)～(兄)

四・内 5/與～(兄)言

四・内 6/言丞(承)～(兄)

䟘

四・曹 35/毋倀(長)於父～(兄)

四・曹 42/父～(兄)不廌

五・三 11/毋恥父～(兄)

四・逸・多 1/～(兄)及弟斯(也)

四・逸・多 1/莫奴(如)～(兄)

六・天甲 3/義(儀)之～(兄)也

六・天乙 2/義(儀)之～也

八・志 5/虛(吾)父～(兄)眚(甥)咎(舅)之又(有)所善

兒　部

弁(㝑)

㝑

一・孔 8/少(小)～(弁)

一・孔 22/四矢～(反)㠯(以)御(禦)亂

五・三 5/～(變)棠(常)易(易)豊(禮)

五・三 10/毋～(變)事

四·内 7/若才(在)腹(腹)中攷(巧)～(變)

四·柬 6/不敢目(以)君王之身～(變)𤔔(亂)䰠(鬼)神之祟(常)古(故)

四·柬 21/不目(以)亓已身～(變)贅(贅)尹之祟(常)古(故)

一·性 20/亓(其)聖(聲)～(變)鼎(則)心從之矣

一·性 20/亓(其)心～(變)

一·性 36/甬(用)身之～(弁)者

五·競 1/星～(弁)

八·成 11/先或(國)～(變)之攸(修)

八·有 4/莫不～(變)改含(今)可(兮)

二·從甲 17/則～戠之

先 部

先(先、选)

先

一·緇 6/則下之爲息(仁)也靜(爭)～

一·性 9/雚(觀)亓(其)～後而逆訓(順)之

一·性 11/亓(其)～後之舍(敘)鼎(則)宜道也

二·民 2/必～智(知)之

二·子 7/～王之遊

二·從乙 1/弇(掩)戒～簉(匿)

二·容 35/傑(桀)不述亓(其)～王之道

二·容 42/受(紂)不述亓(其)～王之道

三·中 5/敢昏(問)爲正(政)可(何)～

三·中 7/～又(有)司

三·中 8/夫～又(有)司爲之女(如)可(何)

三·中 9/是古(故)又(有)司不可不～也

三·亘 1/亘(恒)～無又(有)

三·亘 3 背/亘(恒)～

三·亘 8/～者又(有)善

三·亘 8/～又(有)宔(中)

三・亘 8/～又(有)少(小)

三・亘 8/～又(有)矛(柔)

三・亘 9/～又(有)园(圓)

三・亘 9/～又(有)晦(晦)

三・亘 9/～又(有)耑(短)

三・亘 10/言名～者又(有)怣(疑)

四・相 1/～亓(其)欲

四・曹 17/不可以～复(作)悁(怨)

四・曹 17/疆陛(地)毋～而必取□女(安—焉)

四・曹 64/此～王之至道

五・競 3/女(安—焉)命行～王之灋(法)

五・競 4/女(安—焉)攸(修)～王之灋(法)

五・競 2/昔～君客(格)王

六・競 1/虛(吾)帣(幣)帛甚娧(美)於虛(吾)～君之量矣

六・競 1/虛(吾)珪璧大於虛(吾)～君之…

六・孔 16/～…

六・壽 2/～王亡(無)所逯(歸)

六・木 2/虛(吾)～君

六・木 3/～君

七・武 3/夫～王之箸(書)不弆(與)北面

七・君甲 6/～王爲此

七・君乙 9/～君霝(靈)王

七・君甲 9/～君霝(靈)王

七・君乙 5/～王斎=(之所)吕(以)爲目觀也

七・君乙 6/～王爲此

七・君乙 9/～君霝(靈)王

七・凡甲 2/系(奚)逡(後)之系(奚)～

七・凡甲 8/～王之智系(奚)備

七・凡乙 1/系(奚)逡(後)之系(奚)～

七・凡乙 7/～王之智系(奚)備

七・凡乙 11/～智(知)四海(海)

七・凡乙 19/可～智(知)

七・吴 5/卑(俾)周～王佾

七・吴 8/～王

七・吴 8/～王之福

七・吴 8/～王

七・吴 9/～君之臣

七・吴 9/事～王

七・吴 9/我～君盍(闔)☐〔廬〕

八・顔 2/～【又(有)】司

八・顔 6/攸(修)身㠯(以)～

八・顔 13/～凥(處)忠也

八・顔 13/～凥(處)

八・成 11/～或(國)叓(變)之攸(修)也

八・命 2/～大夫之風(諷)(諫)遺命

八・命 6/～大夫訽(司)命(令)尹

八・命 7/子胃(謂)昜(陽)爲𡤼(賢)於～大夫

九・陳 1/～居罙(深)䜌(戀)之上

九・陳 2/～君武王與邵(鄖)人戰(戰)於莆(蒲)寞(騷)

九・陳 2/～君文……

九・舉 9/乃語周之～禃(祖)曰

九・舉 16/夫～四帝

九・舉 22/坐(從)正(政)可(何)～

九・舉 24/少(小)尻(處)寺(時)可(何)～

九・邦 6/～君之子聚(?)在外……

选

三・周 18/～(先)甲晶(三)日

見　部

見

一・孔 16/～丌(其)岂(美)必谷(欲)反(返)丌(其)本

一・孔 16/夫萬(葛)之～訶(歌)也

一・孔 23/～善而孝

一・孔 24/句(后)稷之～貴也

一・性 1/及丌(其)～於外

一・性 6/凡～者之胃(謂)勿(物)

二・子 6/䢵(堯)～叁(舜)之悳(德)臤(賢)

二・子 12/冬～芺玫(薊)而薦之

二・子 12/乃～人武

二・從甲 11/～善行

二・從甲 16/邑(以)軛(犯)賡軛(犯)～不訓行以出之

二・昔 2/大(太)子内(入)～

二・昔 3/割(蓋)憙(喜)於内不～於外

二・昔 3/憙(喜)於外不～於内

二・昔 3/恩(慍)於外不～於内

二・容 12/～叁(舜)之臤(賢)也

二・容 17/～墨(禹)之臤(賢)也

二・容 33/～㕣(皋)咎(陶)之臤(賢)也

三・周 1/～金夫

三・周 4/利用～大人

三・周 32/～啞(惡)人

三・周 32/～車遏(轍)

三・周 33/～豕僨(負)奎(塗)

 三・周 35/利～大人

 三・周 36/利～大人

 三・周 40/～凶

 三・周 42/利～大人

 三・周 51/日中～芨(瞞)

 三・周 51/日中～斗

 三・周 54/利～大人

 四・昭 8/王命龏(龔)之腓毋～

 四・昭 8/或昏(昧)死言儧(僕)～腓之寒也

 四・昭 9/今君王或命腓毋～

 四・昭 10/囟(思)邦人麆(皆)～之

 四・昭 10/女(安)命龏(龔)之腓～

 四・相 4/虗(吾)～於君

 四・曹 1/散(曹)蔑(穠—沫)内(入)～曰

 四・曹 24/後則～亡

 四・曹 30/句(苟)～耑(短)兵

 四・曹 54/思(使)忘亓(其)死而～亓(其)生

 五・競 7/天不～禹(害)

 五・鮑 5/或(又)不旻(得)～

 五・姑 1/吕(以)～亞(惡)於敕(厲)公

 五・弟 6/虗(吾)～之壴(矣)

 五・弟 9/虗(吾)～之壴(矣)

 五・弟 9/虗(吾)䎽(聞)而未之～也

 五・弟 16/冥(寡)～則肆

 五・弟 16/多～鼎刂(則)☐

 五・弟 21/☐虗(吾)未～□而訐(信)褩

 五・弟 21/未～善事人而忌褩

 五・鬼 5/又(有)目不～

 五・鬼 6/蔑帀(師)～兇

六・競 12/神～虘(吾)逕〈淫〉暴

六・競 13/～折

六・莊 5/繙(紳)公子皇～王

六・壽 4/王復～奠(鄭)壽

六・用 19/又昧丌(其)不～

六・天甲 12/古(故)～傷而爲之暂(鏨)

六・天甲 12/～窔而爲之内

七・武 7/～亓(其)前

七・君甲 1/敢告於～〈視〉日

七・君甲 2/王乃出而～之

七・君乙 1/敢告於～〈視〉日

七・君乙 1/王乃出而～之

七・凡甲 6/身豊(體)不～

七・凡甲 16/達～百里

七・凡甲 19/忻(近)之可～

七・凡乙 5/身豊(體)不～

七・凡乙 11/達～百里

八・子 5/司寇(寇)牆(將)～我

八・成 14/皆～章(彰)于天

八・命 1/鄴(葉)公子高之子～於命(令)尹子春

九・成甲 4/蜀(獨)不余～

九・舉 1/耆(古)攻～大(太)公室(望)於吕

九・舉 11/既～

視(貝、覞、眡)

貝

一・緇 10/未～(見)聖

一・緇 11/女(如)丌(其)弗克～(見)

一・緇 11/我既～(見)

一・緇 20/枇(必)～(見)丌(其)鬠

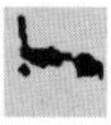
一・緇 20/枇(必)～(見)〔丌(其)㡀(敝)〕

一・緇 21/枇(必)～(見)丌(其)成

二・民 7/不可旻(得)而～(見)也

二・民 6/明目而～(見)之

二・從甲 7/～(見)上衣飤(食)

二・容 9/是吕(以)～(視)臤(賢)

二・容 17/～(視)不明

二・容 44/～(寘)盂炭丌(其)下

三・周 25/虎～(視)韡=(眈眈)

四・昭 3/辻(卜)命(令)尹陞(陳)眚爲～(視)日

四・昭 7/亓(其)衮(裣)～(視)

四・昭 8/老臣爲君王戰(獸)～(視)之臣

五・君 2/～(視)之而不義

五・君 2/目勿～(視)也

五・君 6/正～(視)

五・君 6/定～(視)是求

五・三 6/行逹(往)～(視)逨(來)

五・三 15/府(俯)～(視)地利(理)

六・孔 1/孔〔子〕～(見)季趄(桓)子

六・孔 5/冠弗～(見)也

六・孔 5/嗇(儉)弗～(見)也

六・孔 5/迅弗～(見)也

六・孔 13/～(見)於君子

六・孔 20/女(如)夫～(見)人不猒(厭)

六・用 1/～(視)之台(以)康樂

六・用 5/～(視)歬(前)㒵(顧)逡(後)

六・用 7/亓(其)自～(視)之泊

六・天甲 7/～(視)百正

六・天甲 7/～(視)目恒

六・天乙 6/～(視)厌(侯)量

六・天乙 6/～(視)百正

六・天乙 7/～(視)目恒

六・天乙 11/古～(見)傷而爲之晢(鑿)

七・凡甲 23/印(仰)而～(視)之

七・凡乙 15/印(仰)而～(視)之

七・武 2/牆(將)𠨑(以)箸(書)～(見)

七・武 7/～(見)而(邇)所弋(代)

八・命 2/儯(僕)既旻(得)辱～(視)日之廷

八・命 3/女(如)𠨑(以)𦗏(僕)之觀～(視)日也

八・命 5/我不能𦖞(貫)壁而～(視)聖(聽)

八・命 9/含(今)～(視)日爲楚命(令)尹

八・命 10/𦗏(僕)𠨑(以)此胃(謂)～(視)日十又厽(三)亡𦗏(僕)

八・有 5/～(視)毋以三諓……

九・舉 14/文王曰：請～𡈼

九・舉 14/湯倿善～(見)□

九・史 5/子𠨑(以)氏(是)～(見)之

九・史 8/爲～(見)亓(其)所谷(欲)而……

䞇

一・緇 21/～(示)我周行

眡

一・緇 1/㠯(以)～(示)民厬(厚)

觀

三・周 24/～頤

三・周 24/～我敚頤

四・曹 34/㠯(以)～上下之青(情)憍(僞)

五・鮑 1/又虽(夏)是～亓(丌)容㠯(以)叓(使)

五・鮑 1/～亓(丌)容

五・鮑 2/～亓(其)容

二・子 11/～於伊而㝵(得)之

一・性 9/～亓(其)先逄(後)而逆訓(順)之

一・性 15/～埊(來)武鼎(則)齊女也斯(斯)乍(作)

一・性 15/～☐

四・内 10/從人～肰(然)則孝(免)於戾

六・競 9/明德～行

六・孔 12/亦㠯(以)亓(其)勿審(密)二逃者以～於民

六・孔 24/君子流亓(其)～女(安—焉)

六・天甲 12/～邦不言喪

六・天乙 11/～邦不言喪

七・君甲 5/之〈先〉王斎=(之所)㠯(以)爲目～也

七・君乙 5/先王斎=(之所)㠯(以)爲目～也

八・命 3/女(如)㠯(以)筐(僕)之～貝(視)日也

八・王 1/～無愢(畏)

八・李 1 背/～虐(乎)梪(樹)之蓉(容)可(兮)

親(親、辠、𢡱)

親

二・容 24/墨(禹)～(親)執枌(畚)耜(耜)

四・曹 27/君女(如)～(親)衒(率)

四・曹 33/～(親)衒(率)𢦏(勝)叓(使)人

四・曹 33/吏(使)人不～(親)則不繛(敦)

四・曹 33/爲～(親)女(如)可(何)

八・蘭 3/～(親)衆秉志

辠

一・緇 10/大人不～(親)丌(其)所臤(賢)

一・緇 19/齊(質)而～(親)之

一・緇 13/則民又(有)～(親)

一・緇 11/大臣之不～(親)也

𢡱

二・昔 3/能事丌(其)～(親)

七・吴 4/孤叓(使)一介叓(使)～(親)於桃迆

覜(眺)

眺

二・容 6/而無～(盜)惻(賊)

覒(眊)

眊

一・緇 14/～(苗)民非甬(用)靇

九・舉 26/三～(苗)不賓

覲(䪏、賯)

䪏

一・緇 7/百眚(姓)邑(以)㥁(仁)～

賯

三・周 52/晶(三)歲(歲)不～(覲)

㕟

一・緇 23/而惡不～(著)也

賊

五・弟 16/多餌(聞)鼎(則)～(惑)

賟

 四・曹 31/～(諜)人逨(來)告曰

覺

 一・性 19/～肰(然)邑(以)夂(終)

賻

 五・競 10/～公吾(告)而鑋

規

 六・孔 15/～(規)之邑(以)亓(其)所谷(欲)

欠　部

欽(欽、欽)

欽

 二・子 12/～

 三・周 26/～(感)

 三・周 26/～(感)亓(其)脊(腓)

 三・周 27/～(感)丌(其)拇

 三・周 26/～(感)亓(其)拇

 三・周 27/～(感)頌(輔)夾(頰)肙(舌)

 六・競 8/舉邦爲～

欽

 二・容 37/乃執兵～(禁)暴

 三・周 26/～(感)亓(其)脊(腓)

 五・季 19/毋～(欽)遠

 五・君 6/毋～(欽)毋去

 六・天甲 8/凡天子～(歆)燹(氣)

 六・天乙 7/凡天子～(歆)燹(氣)

 八・顔 9/則民智(知)～(禁)矣

 八・顔 9/退者智(知)～(禁)

欲(欲、慾)

欲

 二・魯 4/丌(其)～雨或甚於我

 二・魯 5/丌(其)～雨或甚於我

 三・亘 4/因生亓(丌)所～

 三・彭 2/戁(難)易訢～

 二・容 12/而～邑(以)爲逡(後)

二・容17/而～㠯(以)爲逡(後)

二・容19/因民之～

二・容30/䑞(舜)乃～會天隆(地)之㷼(氣)而聖(聽)甬(用)之

二・容34/而～㠯(以)爲逡(後)

四・柬3/～祭於楚邦者虖(乎)

四・相1/先丌(其)～

四・曹2/～〈歠〉於土型(鉶)

四・曹13/虐(吾)～與齊戰

四・曹53/蒐(萬)民贛(黔)首皆～或(又)之

五・鮑4/縱公之所～

五・鮑5/臣唯(雖)～訐(諫)

五・鮑5/含(今)豈(豎)逕(刁)佖(匹)夫而～智(知)蒐(萬)輮(乘)之邦

五・鮑7/至～飤(食)而上厚亓(其)睿(斂)

五・季20/凡～勿尝

五・姑4/隹(誰)～畜(畜)女(汝)者才(哉)

五・姑4/～㠯(以)長圭(建)宔君而䢔(御)難(難)

五・姑6/鑾箸(書)～乍(作)難(難)

五・姑7/虐(吾)敢～㥀(顧)唫(頷)㠯(以)事殜(世)才

五・君3/～行之不能

五・君3/～迲(去)之而不可

五・君4/斯人～亓(其)好

五・君8/亓(其)才(在)定(庭)鼎(則)～齊=(齊齊)

五・君9/□斯人～亓(其)長貴也貴(富)而☐

五・三12/～殺人

五・三20/民之所～

港甲6/不～

七・武13/志㚔(勝)～則昌

七・武14/～㚔(勝)志則喪

七・武14/志㚔(勝)～則從

七・武14/～㚔(勝)志則兇(凶)

七・鄭甲1/不㱿(穀)日～㠯(以)告夫=(大夫)

七・鄭乙1/不㱿(穀)日～㠯(以)告夫=(大夫)

七・君甲7/耳目之～

七・君乙 6/耳目之～

七・凡甲 7/虗(吾)～旻(得)百眚(姓)之和

七・凡甲 23/女(如)～戠(察)鼠(一)

七・凡乙 15/女(如)～戠(察)鼠(一)

八・成 3/☒□～明智(知)之

八・成 8/皆～篠(捨)亓(其)新(親)而新(親)之

八・成 8/皆～吕(以)亓(其)邦稾(就)之

八・成 12/虗(吾)～嬰(舉)之

八・志 6/虗(吾)～至(致)尔(爾)於辠(罪)

八・有 4/鹿(麗—離)尻(居)而同～今可(兮)

八・鶹 1/～衣而亞(惡)綵(枭)今可(兮)

八・鶹 2/不戠(織)而～衣含(今)可(兮)

九・靈 5/而或～旻(得)女(安—焉)

九・舉 6/虗(吾)～達中柎(持)道

九・舉 32/又(有)～而弗達

慾

三・亘 3/求～(欲)自復

三・亘 5/逿(復)亓(其)所～(欲)

歌(訶)

訶

一・孔 2/丌(其)～(歌)紳而葛

一・性 14/昏(聞)～(歌)要(謠)

五・弟 20/又(有)戎(農)植其(其)槈而～(歌)女(安—焉)

五・三 1/明毋～(歌)

五・三 12/陞(升)丘毋～(歌)

一・孔 16/夫萬(葛)之見～(歌)也

歖

五・弟 11/斯善～(矣)

五・弟 17/善～(矣)

五・弟 18/皆可吕(以)爲者医(矦)梍(相)～(矣)

故

四・曹 54/復～(苦)戰(戰)有道虎(乎)

四・曹 55/此復～(苦)戰(戰)之道

⿰去欠

三・周 14/堋(朋)～(盍)臸(簪)

三・周 55/～(去)昜(逖)出

軟

二・子 11/取而～(吞)之

⿰韋欠

五・季 19/亞(惡)人勿～(韇)

六・用 20/又(有)～=(坎坎)之絟

㱃　部

㱃

二・容 3/～(飲)而飤(食)之

五・三 7/凡飤(食)～(飲)無量詯(計)

五・三 12/不～(飲)

九・卜 4/婦人幵(淺)㠯(以)～(飲)飤(食)

五・鬼 6/弗～(飲)弗飤(食)

六・用 8/而可～(飲)飤(食)

⿱㱃曰

二・從乙 4/～悬(誨)而共(恭)孙(遜)

三・周 33/陞(陞)宗～(噬)肤(膚)

七・吴 5/～敢居我江沔(濱)

九・陳 9/乃～(誓)敇(整)帀(師)徒

次　部

次

三・周 53/褱(懷)丌(其)～(資)

卷　九

頁　部

頁

六・競 2/公舉～會(答)之

七・凡甲 7/虗(吾)奚吕(以)爲～(首)

七・凡乙 6/虗(吾)奚吕(以)爲～(首)

八・命 6/黲(黔)～(首)蔓(萬)民

顔(㡯)

㡯

五・鬼 8/～(顔)色深毐(晦)

頌

一・性 12/好亓(其)～(容)

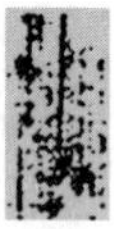
一・性 29/賓客之豊(禮)必又(有)夫齊=(齊齊)之～(容)

二・從甲 6/君子不悉(緩)則亡(無)吕(以)～(容)百眚(姓)

四・内 8/行不～

六・用 7/亓(其)～(容)之作

六・用 16/纏亓(其)又(有)戬(威)～(容)

六・孔 7/～(容)貌不求異於人

顛(遉)

遉

三・周 24/曰～(顛)頤

三・周 25/～(顛)頤

七・鄭甲 4/奠(鄭)子冡(家)～(顛)遉(覆)天下之豊(禮)

七・鄭乙 4/奠(鄭)〔子〕豙(家)～(顛)復(覆)天下之豊(禮)

頯(頁)

頁

三・周 38/藏(藏)于～(頯)

頸

四・昭 7/不㬊(獲)要(腰)～之皋(罪)

五・君 7/～而秀

碩

三・周 36/往訐逨(來)～

四・采 1/～人

願(忈)

忈

一・孔 14/忞(擬)好色之～(願)

一・孔 19/《木苽(瓜)》又(有)寑(藏)～(願)而未旻(得)達也

三・彭 4/可(何)丌(其)余古(固)君之～(願)良〔□〕父子兄弟

三・中 26/～(願)因虐(吾)子而訽(辭)

八・李 1 背/～(愿)戠(歲)之敂時

顧(顋)

顋

五・鮑 4/弗～(顧)前後

五・弟 8/死不～(顧)生

順(𢘓)

𢘓

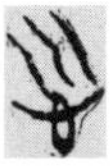
七・吴 3/君之～(順)之

七・吴 3/兩君之弗～(順)

頪(𩐅)

𩐅

三・彭 7/一侌(命)四～(頪)

三・彭 7/三侌(命)四～(頪)

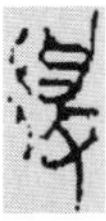
三・彭 7/一侌(命)三～(頪)

頡

二・容 1/倉～是(氏)

頪

 一・性 9/聖人比丌(其)～(類)而侖(論)會之

 一・性 34/悉(愛)～(類)七

 一・性 34/智～(類)五

 一・性 34/亞(惡)～(類)三

 二・容 30/乍(作)爲六～(律)

 五・鬼 6/～(類)獸非鼠

 六・用 20/凡民之夂(終)～(類)

 八・李 1 背/木異～(類)可(兮)

顯

 三・周 10/～(顯)比

⿰木頁

 一・緇 2/爲下可～(類)而旹也

⿰爿頁

 一・緇 1/孯(好)～(美)女(如)孯(好)紂(緇)衣

 一・緇 18/則民不能大其～(美)而少(小)其亞(惡)

⿰矣頁

 三・周 14/母(毋)～(疑)堲(倗)敆(盍)噩(簪)

⿰犮頁

 九・靈 2/丌(其)子虎未畜(蓄)～(髮)

 九・邦 2/～(髮)天之女

百　部

百

 三・周 10/比亡(無)～(首)

 三・周 57/需丌(其)～(首)

 三・彭 8/狗(耇)老弍(二)拜旨(稽)～(首)曰

 四・曹 53/蠆(萬)民贛(黔)～(首)皆欲或(又)之

 五・弟 3/毋又(有)～(首)猷(猶)

 五・三 13/懥(怒)爲～(首)

 六・愼 5/～(首)沓(戴)茅芙

九・舉 31/～(首)丩(垢)旨(盩)

九・卜 1/𠧞(兆)卬(仰)～(首)出止(趾)

九・卜 2/𠧞(兆)女(如)卬(仰)～(首)出止(趾)

䭫

五・季 1/售(唯)子之詒(貽)～(羞)

五・季 23/肰(然)𠜳(則)邦坪(平)而民～(脜)矣

䤆

二・容 2/長者～厇(宅)

面　部

面

二・容 14/子尭(堯)南～

二・容 14/叁(舜)北～

二・容 24/～䣓(皯)䱜(皵)

五・季 5/☑面

六・天乙 7/冡(寡)還～

七・武 2/南～而立

七・武 3/不舁(與)北～

七・武 3/西～而行

七・武 3/東～而立

七・武 13/大(太)公南～

七・武 13/武王北～

䩉(頌)

頌

三・周 27/欽～(䩉)夾肎(舌)

三・周 49/艮丌(其)～(䩉)言又(有)舍(舒)

首　部

𩠐

九・邦 3/三戬(戰)而三～(捷)

五・鬼 2 背/而受(紂)～於只(岐)袿(社)

六・莊 4/緍(紳)公子皇～皇子

六・慎 5/首～(戴)茅芙

頡

五・三 16/是胃(謂)～(稽)

県　部

縣

六・天甲 6/立𠃌(以)～

六・天乙 6/立𠃌(以)～

須　部

須

四・昭 5/～欨(既)袼女(安—焉)從事

五・三 1/卉(草)木～時而句(後)奮

二・容 46/審(密)～是(氏)

六・壽 4/居逄(路)𠃌(以)～

八・成 15/可羿(期)而～也

八・王 6/命～亓(其)律(儘)

八・王 6/命～逡(後)詠(蔽)

九・邦 9/～邦君加冕(冠)弁

彡　部

弱(溺)

溺

五・鮑 3/老～(弱)不埊(刑)

文　部

文(文、旻)

文

一・孔 7/命此～王

一・孔 7/～王唯(雖)谷(欲)已

一・孔 21/～王

一・孔 22/～王

一・孔 24/則𠃌(以)～武之悳(德)也

一・緇 1/𢽳(儀)型(刑)～王

一・緇 17/穆=(穆穆)～王

 二・容 46/～王䎽(聞)之曰

 二・容 46/乃出～王於邑(夏)臺之下而䎽(問)女(安—焉)

 二・容 47/～王曰

 二・容 47/～王於是唇(乎)素耑(端)𧝎裳㠯(以)行九邦

 二・容 47/～王乃记(起)帀(師)以鄉(嚮)豐喬(鎬)

 二・容 48/乃降～王

 二・容 49/昔者～王之差(佐)受(紂)也

 二・容 49/～王堋(崩)

 四・采 1/又(有)～又(有)斂

 六・競 4/～子畣(答)曰

 六・天甲 5/～侌(陰)夫武昜(陽)

 六・天甲 5/信～旻(得)事

 六・天甲 5/～生武殺

 六・天甲 5/～生武殺

 六・天乙 4/～侌(陰)而武昜(陽)

 六・天乙 4/信～旻(得)事

 六・天乙 4/～直

 六・天乙 5/～生武殺

 九・陳 2/先君～

 九・舉 4/～王曰

 九・舉 5/～王訪於上(尚)父曰

 九・舉 11/～王乃卑(俾)

 九・舉 13/～王曰

 九・舉 14/～王曰

 九・舉 15/～王曰

 九・舉 17/～王曰

 九・舉 19/～王曰

 九・舉 23/尭(堯)㠯(以)四割(害)之～(紊)爲未也

旻

 一・孔 1/～(文)亡(無)隱(隱)言

 一・孔 2/～王受命矣

 一・孔 3/丌(其)言～(文)

 一・孔 5/秉～(文)之悳(德)

 一・孔 6/秉～(文)之悳(德)

 一・孔 6/《剌(烈)～(文)》曰

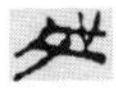 一・孔 8/《少(小)～(旻)》多恷=(疑矣)

髟　部

髼

九・卜 3/是胃(謂)～

后　部

后

一・緇 12/毋㠯(以)辟御䇞(疾)妝(莊)～

司　部

司

二・昔 4/尔(爾)～

四・曹 25/凡又(有)～衒(率)倀(長)

五・季 1/肥從又(有)～之逡(後)

二・容 23/乃立垩(禹)㠯(以)爲～工

三・中 7/先又(有)～

三・中 8/夫先又(有)～爲之女(如)可(何)

三・中 9/是古(故)又(有)～不可不先也

四・曹 23/君必聚羣又(有)～而告之

六・用 11/～民之降兇

八・子 4/魯～寇(寇)奇(寄)詹(言)遊於逡楚

八・子 4/～寇(寇)牆(將)見我

八・子 5/而～寇(寇)不至

八・子 5/～

八・顏 2/又(有)～

八・顏 12/又(有)～

八・命 6/受～馬

九・陳 5/左右～馬進於牆(將)軍

九・陳 5/牆(將)軍乃許若(諾)左右～馬

九・邦 4/䎽(聞)命(令)尹、～馬既死

九・邦 12/命之爲～馬

九・邦 12/女(安—焉)畏(假)爲～馬

詞(詒、詞)

詒

四・柬 12/能～(治)者

四・柬 14/一人不能～(治)正(政)

詞

一・孔 17/《東方未明》又(有)利～(詞)

一・緇 4/不～(辭)丌(其)所能

二・子 12/又(有)～(郚)是(氏)之女也

三・亙 1/又(有)～(始)女(安—焉)又(有)遣(往)者

港甲 5/孔子～(辭)吕(以)豊(禮)

六・競 13/安(晏)子～(辞)

六・孔 9/～(治)旻(得)不可人而與

七・凡甲 17/若并天下而～(治)之

七・凡甲 22/所吕(以)攸(修)身而～邦豪(家)

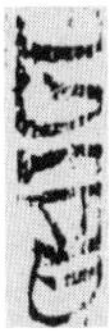
七・凡甲 30/少(小)之吕(以)～(治)邦

七・凡乙 22/少(小)之吕(以)～(治)邦

八・顔 5/又(有)余(餘)則～(辭)

八・顔 12/又(有)余(餘)則～(辭)

九・邦 11/～(辭)不受賞

九・邦 11/～(辭)曰

九・邦 12/命之爲命(令)尹,～(辭)

九・邦 12/命之爲司馬,～(辭)

九・史 4/古䎽(教)於～(始)虐(乎)才(哉)

九・史 4/～(始)旻(得)可(何)人而与(舉)之

卩　部

卲

一・孔 15/《甘棠》之悉(愛)吕(以)～公☐

一・孔 16/☐～公也

一・孔 22/於～(昭)于天

一・緇 7/(故)長民者章志吕(以)～(昭)百眚(姓)

二・昔 2/～(召)之

 四・昭 1/～(昭)王爲室於死沄之滸(滸)

 四・昭 5/～(昭)王迈(蹠)逃珤

 一・性 17/～(韶)頣(夏)樂惪(意)

 六・用 19/不(昭)～亓(其)甚明

 八・有 5/日月～(昭)明含(今)可(兮)

 九・舉 33/～(昭)大之(志)不厶(私)

 九・邦 2/𩫏(就)～(昭)王之亡

 九・邦 5/～(昭)夫人胃(謂)鄴(葉)公子高

厀(⿰桼止)

⿰桼止

 五・鮑 8/雩(雨)坪(平)陛(地)至～(膝)退(復)

色　部

色

 一・孔 10/㠯(以)～俞(喻)於豊(禮)

 一・孔 14/㤅(擬)好～之忎(願)

 一・性 36/目之好～

 四・柬 16/王又(有)埜(野)～

 四・柬 17/复(作)～而言於廷

 五・鮑 5/飤(食)、～、悳(憂)

 五・君 5/凡～毋悳(憂)

 五・弟附簡/考(巧)言窒(令)～

 五・鬼 8/庴(顔)～深晦(晦)

 六・用 16/茅之台(以)元～

 八・志 2/王复(作)～曰

 九・史 6/幽～与(與)酉(酒)

 九・卜 7/亦無它～

⿱曰色

 六・孔 13/～不僕

炮

九・卜 2/～龜亓(其)又(有)吝

卯　部

卿

四・柬 7/～爲

五・三 4/毋詢(詬)政～於神宋(次)

三・周 2/光～(亨)

三・周 12/～(亨)

三・周 16/元～(亨)利貞

三・周 18/元～(亨)

三・周 20/元～(亨)利貞

三・周 23/～(亨)

三・周 26/～(亨)

三・周 28/～(亨)

三・周 30/～(亨)

三・周 42/～(亨)

三・周 53/少(小)～(亨)

三・周 54/～(亨)

四・曹 2/昔䒦(堯)之～(饗)叁(舜)也

二・容 47/文王乃记(起)帀吕(以)～(嚮)

六・天甲 7/與～夫=(大夫)同恥厇(度)

六・天乙 7/～夫=(大夫)同恥厇(度)

辟　部

辟

四・曹 35/毋～(嬖)於便俾(嬖)

四・曹 37/毋～(避)皋

四・曹 25/母(毋)牆(將)䡴(軍)必有數辟(嬖)夫=(大夫)

六・用 11/氒(厥)～台(以)民乍(以)康

六・天甲 8/天子四～

六・天甲 9/邦君三～

六・天甲 9/夫=(大夫)二～

六・天甲 9/士一～

六・天乙 8/天子四～

六・天乙 8/邦君三～

六・天乙 8/夫=(大夫)二～

六・天乙 8/士一～

勹　部

旬

二・容 14/㠯(以)三從垒(舜)於～(畎)畮(畝)之中

六・競 13/～又五

苟　部

敬

一・孔 5/～宗寚(廟)之豊(禮)

一・孔 6/虗(吾)～之

一・孔 24/虗(吾)㠯(以)《甘棠》旻(得)宗寚(廟)之～

一・孔 24/甚貴丌(其)人必～丌(其)立(位)

一・緇 11/則忠～不足

一・緇 12/不可不～也

一・緇 15/～明乃罰

一・緇 16/～尔(爾)威義(儀)

一・性 12/是㠯(以)～女(安—焉)

二・從甲 5/五曰～

二・從甲 7/不～則事亡(無)城(成)

二・從甲 10/～

二・從乙 4/恩(温)良而忠～

二・昔 4/唯邦之大𥎦(務)是～

三・中 6/～之

三・中 21/忠與～

四・内附簡/母(毋)忘姑姊妹而遠～之

五・鮑 3/伽(加)之㠯(以)～

 五・季 3/～壂(城)亓(其)悳(德)㠯(以)臨民

 五・季 16/☐之必～女(如)賓客之事也

 五・三 2/～者昃(得)之

 五・三 15/敄(務)䢉(農)～戒

 五・三 17/～天之攴(敌)

 五・季 7/君子～壂(城)亓(其)悳(德)

 一・孔 15/～忎(愛)亓(其)壴(樹)

 一・性 29/祭祀之豊(禮)必又(有)夫臍=(齊齊)之～

 一・性 33/～之方也

 一・性 33/～

 六・天甲 9/事䰧(鬼)則行～

 六・天乙 8/事䰧(鬼)則行～

 七・武 7/☐生～

 七・武 14/～𠖼(勝)怠(怠)則吉

 七・武 14/怠(怠)𠖼(勝)～則烕(滅)

 七・武 14/不～則不定(正)

 七・武 15/而～者萬殜(世)

 八・顏 1/～又(有)

 八・顏 2/～又(有)

 八・顏 4/偁(庸)行之～

 八・成 2～之才(哉)

 八・李 1 背/～而勿寨(集)可(兮)

 九・舉 14/～人而新(親)道

 九・史 8/此所㠯(以)遊(失)～

 九・史 8/～也者

 九・史 9/害(曷)鹿而不～

鬼 部

鬼(鬼、䰧)

鬼

 二・魯 2/庶民智(知)敓(說)之事～(鬼)也

二・民 8/～(威)我(儀)𡰥=(遲遲)

二・民 11/～(威)我(儀)𡰥=(遲遲)

二・民 13/～(威)我(儀)異=(翼翼)

三・亘 3/～(畏)生鬼(畏)

三・亘 3/鬼(畏)生～(畏)

禨

四・柬 6/爲楚邦之～(鬼)神宔(主)

四・柬 6/敢㠯(以)君王之身弁(變)亂～(鬼)神之祟(常)古(故)

四・柬 6/夫帝=(上帝)～(鬼)神高明

四・曹 63/明餹(謊)～(鬼)神

五・鬼 2/則～(鬼)〔神之罰〕

五・鬼 4/～(鬼)神不明

五・競 7/則訢者(諸)～(鬼)神曰

五・三 8/～(鬼)神禋祀

五・三 20/～(鬼)神是有(祐)

五・鬼 1/今夫～(鬼)神又(有)所明

五・鬼 2/則～(鬼)神之賞

五・季 18/能爲～(鬼)

六・壽 1/懼～(鬼)神㠯(以)爲妄(怒)

六・天甲 9/事～(鬼)則行敬

六・天乙 8/事～(鬼)則行敬

七・鄭甲 2/女(如)上帝～神㠯(以)爲惹(怒)

七・鄭甲 4/弗愄(畏)～神之不恙(祥)

七・鄭乙 4/弗愄(畏)～神之不恙(祥)

七・君甲 7/～(鬼)亡(無)不能也

七・君乙 7/～(鬼)亡(無)不能也

七・凡甲 5/～(鬼)生於人

七・凡甲 6/～(鬼)生於人

七・凡甲 8/～(鬼)之神奚飤(食)

七・凡乙 4/～(鬼)生於人

七・凡乙 5/～(鬼)生於人

九・陳 12/又(有)所胃(謂)～(威)

由　部

畏

六・用 15/告衆之所～忌

二・容 50/虘(吾)勴(勴)天～(威)之

二・容 53/虘(吾)勴(勴)天～(威)之

四・曹 48/不兼(嚴)～則不勝(勝)

五・三 4/君無宔(主)臣是胃(謂)～(危)

五・鬼 5/則可～(畏)

戭

六・用 16/纏亓(其)又(有)～(威)頌(容)

禺

五・三 4/必～(遇)凶央(殃)

厶　部

厶

一・緇 21/～(私)惠不褱(懷)悳(德)

四・昭 4/㠯(以)僕(僕)之不旻(得)并僕(僕)之父母之骨～(私)自塼

四・柬 19/～(私)訧(辯)

四・内 6/亡(無)～(私)㦣(樂)

四・内 6/(無)～(私)悳(憂)

四・曹 12/而亡又(有)～(私)也

六・競 4/夫子㕜(使)丌(其)～㕜(史)聖(聽)獄於晉邦

 六・競 4/叀(使)丌(其)～(私)視叀(史)進

 八・命 5/不㠯(以)～(私)思〈惠〉厶(私)悁(怨)内(入)于王門

 八・命 5/不㠯(以)厶(私)思〈惠〉～(私)悁(怨)内(入)于王門

 九・舉 10/請～(私)之於夫子

 九・舉 33/卲(昭)大之(志)不～(私)

山　部

山

 一・孔 8/即(節)南～

 二・魯 2/女(如)母(毋)炁(愛)珪璧甬(幣)帛於～川

 二・魯 4/女(若)天〈夫〉母(毋)炁(愛)圭(珪)璧甬(幣)帛於～川

 二・魯 4/夫～

 二・容 18/墨(禹)乃因～陵坪(平)隆(隰)之可封邑者而緐(繁)實之

 二・容 23/～陵不尻(疏)

 二・容 38/迈(起)帀(師)㠯(以)伐昏(岷)～是(氏)

 二・容 40/傑(桀)乃逃之鬲(歷)～是(氏)

 四・柬 3/無又(有)名～名溪

 四・柬 8/高～深溪

 四・柬 8/聚(驟)夢高～深溪

 二・容 31/高～隆

 三・周 17/王用亯(享)于西～

 三・中 19/～又(有)堋(崩)

 四・曹 2/非～非澤

 五・三 11/毋尾(度)～

 五・鬼 2 背/此㠯(以)桀折於鬲～

 六・競 8/～替(林)叀(使)莫(衡)守之

 九・陳 12/喬～㠯(以)退之

崗(阬)

阬

 五・三 10/毋剸(斷)～(崗)

叠

 五・鬼 3/遂(送)～(嵍)公者

广　部

府(府、𡪞)

府

 二・容 6/昔先(堯)尻(處)於丹～與藋陵之閒(間)

 五・三 15/～(俯)見(視)地利(理)

 八・李 1 背/索～宮李

賨

四・相 3/㠯(以)實～(府)庫

庭

五・君 8/亓(其)才(在)～(庭)鼎(則)欲(欲)齊=(齊齊)

庫

五・姑 9/女(汝)出内～之繇(囚)

四・相 3/㠯(以)實賨(府)～

廛

四・釆 3/～(輾)軔(轉)之實

五・季 3/而～(廛)亓(其)行

一・緇 18/～(展)也大城(成)

六・用 17/而～(展)之亦不能

八・王 4 ☐☐～能進逡(後)人

廉(廛)

廛

三・周 12/～(廉)

三・周 12/～(廉)君子

三・周 12/鳴～(廉)

三・周 12/萯～(廉)

三・周 13/鳴～(廉)

庶(戾、泵)

戾

二・昔 1/～(庶)醑進

一・緇 20/～(庶)言同

四・柬 2/龜尹智(知)王之～(炙)於日而疠(病)疥(疥)

四・内 8/不～(庶)語

八・蘭 2/備坙(修)～(庶)戒

九・舉 21/亯(享)而均～

泵

二・魯 2/～(庶)民智(知)敚(説)之事魂(鬼)也

二・魯 6/毆(繄)亡(無)女(如)～(庶)民可(何)

四・相 3/～(庶)人

廟(宙)

宙

一・孔 5/清～(廟)

一・孔 5/敬宗～(廟)之豊(禮)

一・孔 24/虗(吾)㠯(以)《甘棠》㝵(得)宗～(廟)之敬

一・性 12/☒～(廟)所㠯(以)㱃(文)節也

三・周 42/王畧(假)于～(廟)

三・周 54/王叚(假)于～(廟)

六・壽 1/繇之於宗～(廟)

六・天甲 3/豊(禮)之於宗～(廟)也

六・天乙 3/豊(禮)之於宗～(廟)也

廣(室)

室

七・吳 5/㠯(以)～(廣)東浮(海)之表

厂　部

同

五・君 7/毋～

展

四・逸交 1/㠯(以)自爲～(長)

匽

三・亘 1/～(樸)、䇫(靜)、虛

三・亘 1/～(樸),大匽(樸)

三・亘 1/匽(樸),大～(樸)

危　部

危(峞、厃、佮)

峞

四・曹 63/弗琗～(危)陞(地)

五・季 20/凡遊(失)勿～(危)

九・史 3/朼(必)～(危)亓(其)邦豪(家)

六・孔 14/宴尻(處)～杆

六・莊 8/繒(紳)公～(危)拜

厃

七・凡甲 2/奚㝵(得)而不～(危)

七・凡甲 26/～(危)侒(安)廌(存)忘(亡)

七・凡乙 2/奚旻(得)而不～(危)

𠆩

一・緇 16/則民言不～(危)行

一・緇 16/行不～(危)言

石　部

石

二・魯 4/～㠯(以)爲膚

二・魯 4/～牆(將)焦

三・周 14/汻(介)于～

一・性 3/金～之又(有)聖(聲)也

磧(硩)

硩

六・用 8/～(積)浧(盈)天之下

磨

一・緇 18/白珪之砧尚可～

礪(𥕢、𥗬)

𥕢

三・周 5/貞(貞)～(厲)

三・周 18/亡咎,～(厲),夂(終)吉

三・周 25/～(厲),吉

三・周 30/～(厲)

三・周 30/～(厲)

三・周 33/～(厲),亡(無)咎

三・周 38/又～(厲),亡(無)咎

三・周 41/～(厲),亡(無)大咎

三・周 49/～(厲)

三・周 50/少子～(厲)

三・周 53/貞～(厲)

三・周 57/～(厲)

𥗬

三・周 22/又～(礪)利巳

四・曹 39/人之兵不砥～(礪)

四・曹 39/我兵必砥～(礪)

砥

四・曹 39/人之兵不～礛(礪)

四・曹 39/我兵必～礛(礪)

砧

一・緇 18/白珪之～(玷)尚可磨

一・緇 18/此言之～(玷)不可爲

⿰石斗

八・李 1/～亓(其)不還可(兮)

長　部

長

一・孔 26/陘(隰)又(有)～(萇)楚

一・緇 3/下難智(知)則君～〔勞〕

一・緇 6/古(故)～民者章志㠯(以)卲(昭)百眚(姓)

一・緇 9/～民者衣備(服)不改

一・緇 13/～民者䜭(教)之㠯(以)悳(德)

一・性 5/或～之

一・性 6/～眚(性)者

二・容 2/～者酥氒(宅)

二・容 8/敚和㠯(以)～

二・容 16/卉(草)木晉～

三・周 8/～子銜(帥)帀(師)

三・亙 9/女(安—焉)又(有)～

三・彭 1/受命兼(永)～

三・彭 6/述(怵)惕之心不可～

博三・彭 8/氏(是)胃(謂)不～

四・内 10/古(故)爲尐(少)必聖(聽)～之命

五・姑 4/欲㠯(以)～建宔(主)君而迮(御)難

五・姑 8/公思(懼)乃命～魚矯(矯)

五・姑 9/～魚矯(矯)典自公所

五・姑 9/姑(苦)城(成)豙(家)父尃(捕)～魚矯(矯)

五・姑 10/㠯(以)睪(釋)～魚矯(矯)

五・君 9/□斯人欲(欲)亓(其)～貴也貢(富)而〼

五・弟 19/～

五・三 18/好～天從之

五・三 21/竿之～

五・鬼 2/～年又(有)Ⅹ(譽)

五・鬼 3/～年而叟(没)

五・鮑 3/田纆～

六・用 18/秝(設)立帀(師)～

七・武 4/義𡘋(勝)怠則～

七・武 8/祔(禍)湝(將)～

七・凡甲 4/虗(吾)既～而或(又)老

七・凡乙 4/虗(吾)既～而或(又)老

七・君甲 8/君王唯(雖)不～年

七・君乙 7/君王唯(雖)不～年

八・子 1/虗(吾)子齒年～壴(喜—矣)

八・成 1/～(常)事必至

八・蘭 4/㛍(美)後亓(其)不～

九・邦 2/戰於～

九・邦 10/𦎫(就)王之～也

勿 部

勿

四・曹 38/～兵㠯(以)克

四・曹 38/～兵㠯(以)克奚女(如)

一・孔 3/丌(其)内～(物)也尃(博)

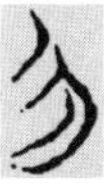
一・緇 19/君子言又(有)～(物)

一・性 5/～(物)也

一・性 6/凡見者之胃(謂)～(物)

 一・性 6/～(物)之埶(勢)者之胃(謂)埶(勢)

 一・性 29/凡悅人～𨺅(隱)〔也〕

 一・性 31/已鼎(則)～復(復)言也

 一・性 33/～(物)之即(節)也

 二・容 46/臣敢～事虗(乎)

 二・容 46/子敢～事虗(乎)

 三・周 1/～用取女

 三・周 8/小人～用

 三・周 21/～藥又(有)菜

 三・周 24/十年～用

 三・周 30/～用又(有)卣(攸)往

 三・周 32/喪馬～由(逐)

 三・周 38/～卹(恤)

 三・周 40/～用取(娶)女

 三・周 42/～卹(恤)

 三・周 45/汬(井)朻(救)～寞

 三・周 57/～用

 三・亘 7/主采(綵)～(物)

 三・亘 8/多采(綵)～(物)

 五・季 15/⧄亞(惡)～叓(使)

 五・季 15/先人斎₌(之所)瀌～记(起)

 五・季 20/好人～貴

 五・季 20/凡欲(欲)～裳(常)

 五・季 19/亞(惡)人～歓(饕)

 五・季 20/凡遊(失)～佹(危)

 五・君 2/口～言也

 五・鬼 6/～(物)斯可惑

 五・三 11/善～威(滅)

 五・三 11/不恙(祥)～爲

 五・三 14/思道(?)而～救

 五・三 14/方縈(營)～伐

 五・三 14/牆(將)𦦂(興)～殺

 五・三 14/牆(將)齊～杭(抗)

 五・三 19/埤(卑)牅(牆)～增

五・三 19/瀌(廢)人～譽(興)

一・性 1/寺(待)～(物)而句(後)乍(作)

一・性 1/鼎(則)～(物)取之

一・性 3/～(物)也

一・性 3/～(物)取之也

二・民 3/～(物)之所至者

五・君 2/目～見(視)也

五・君 2/耳～聖(聽)也

六・競 9/～而祟者也

六・孔 3/品～(物)

六・孔 7/虗(吾)子～餌(聞)

六・孔 12/亓(其)～(物)

六・孔 12/亦㠯(以)亓(其)～

六・孔 24/品～(物)備矣

六・慎 3/～㠯(以)坏(培)身

六・用 5/叟～于天

六・用 5/民之乍(作)～(物)

六・天甲 4/乇用～(物)

六・天甲 5/必中青(情)㠯(以)罹(羅)於～(物)

六・天乙 4/乇用～(物)

六・天乙 4/必中青(情)㠯(以)罹(羅—麗)於～(物)

七・凡甲 1/㕣(凡—品)～(物)流型(形)

七・凡甲 3 背/㕣(凡)～(物)流型(形)

七・凡甲 22/則百～(物)不遊(失)

七・凡甲 23/百～(物)具遊(失)

七・凡甲 25/百～(物)不死女(如)月

七・凡乙 1/㕣(凡—品)～(物)流型(形)

七・凡乙 15/則百～(物)不遊(失)

七・凡乙 15/則百～(物)具遊(失)

 七・凡乙 18/咸百～(物)不死女(如)月

 八・命 3/命～之敢韋(違)

 八・志 7/逡(後)舍～肰(然)

 八・李 1 背/敬而～寨(集)可(兮)

 八・李 2/獸(守)～(物)㢣(強)榦(幹)

 八・李 2/氏(是)古(故)聖人棘此和～(物)

 八・蘭 1/夬(決)迲(去)選～(物)

 八・蘭 5/蕑(蘭)又(有)異～(物)

 九・舉 9/～又(有)所總

 九・舉 23/則～(物)生

昜

 二・容 29/乃鞭(辨)侌(陰)～(陽)之燹(氣)

 五・三 3/～(陽)而幽

 五・三 3/幽而～(陽)

 五・三 9/高～(陽)曰

 五・鬼 7/癹(發)～(揚)僨

 五・鬼 8/㝱(寡)䎽(聞)垦(祟)～(湯)

 六・壽 3/臨～(陽)

 六・用 4/～(陽)則或昜(陽)

 六・用 4/昜(陽)則或～(陽)

 六・天甲 5/文侌(陰)而武～(陽)

 六・天乙 4/文侌(陰)而武～(陽)

 七・凡甲 2/侌(陰)～(陽)之尿

 七・凡乙 1/侌(陰)～(陽)〔之尿〕

 八・命 7/子胃(謂)～(陽)爲擘(賢)於先夫=(大夫)

 八・顔 5/所㠯(以)～(揚)信也

而 部

而

 一・孔 2/丌(其)訶(歌)紳(引)～蕁

 一・孔 2/丌(其)思深～遠

一・孔 3/多言難～惋(怨)退(懟)者也

一・孔 4/戔(殘)民～豫(裕)之

一・孔 19/《木苽(瓜)》又(有)藏(藏)忑(願)～未得達也

一・孔 23/㠯(以)樂訂(始)～會

一・孔 23/㠯(以)道交見善～孝(教)

一・孔 25/智(知)言～又(有)豊(禮)

一・孔 26/《陘(隰)又(有)長(萇)楚》得～㥑(悔)之也

一・孔 28/《牆又(有)薺(茨)》慙(慎)簪(蜜)～不智(知)言

一・孔 29/《青蠅(蠅)》智(知)惓(患)～不智(知)人

一・孔 29/《涉秦(溱)》丌(其)絶律～士

二・子 1/昔者～弗殜(世)也

二・子 6/叓(使)皆得丌(其)社禝百眚(姓)～奉守之

二・子 9/～丌(其)父戔(賤)而不足再(稱)也與

二・子 9/而丌(其)父戔(賤)～不足再(稱)也與

二・子 9/～(爾)昏(問)之也

二・子 10/奎三忎(年)～晝於伓(背)而生

二・子 10/奎三忎(年)而晝於伓(背)～生

二・子 11/觀於伊～旻(得)之

二・子 12/各(冬)見芙攼(薊)～薦之

三・中 8/夫民安舊～重遷

三・中 10/舉(舉)～(爾)所智(知)

三・中 10/～(爾)所不智(知)

三・中 13/緩(緩)悠(施)～忩(遜)放(赦)之

三・中 16/孝(教)～叓(使)之

三・中 26/忑(愿)因虐(吾)子～訂(治)

一・孔 2/丌(其)樂安～屖(遲)

一・孔 10/童～皆臤(賢)於丌(其)初者也

一・孔 20/丌(其)言又(有)所載～句(後)内

一・孔 20/或寿(前)之～句(後)交

一・孔 22/訽(洵)又(有)情～亡(無)望

一・孔 28/亞(惡)～不叓(慣)

二・子 10/生～能言

二・子 11/又(有)鼶(燕)監(銜)卵～階(措)者(諸)丌(其)前

二・子 11/取～軟(吞)之

港甲 3/三忎(年)～晝於雁(膺)生

 三・彭 1/～惥(舉)於朕身

 三・彭 1/～詸(謚)于帝祟(嘗)

 五・弟 1/□～毄戕(散)

 五・弟 1/娫陵季=(季子)僑～弗受

 五・弟 2/生～不因其浴(俗)

 五・弟 4/嬰(亂)節～悘(哀)聖(聲)

 五・弟 5/可逵～告也

 五・弟 6/貧戔(賤)～不約者

 五・弟 6/貴(富)貴～不喬(驕)者

 五・弟 6/虐(吾)餌(聞)～〔未之見也〕

 五・弟 9/事～弗受者

 五・弟 9/虐(吾)餌(聞)～未之見也

 五・弟 9/人～下䛠(臨)

 五・弟 15/隹多餌(聞)～不香(友)臤(賢)

 五・弟 20/又(有)戎(農)植亓(其)槈～訶(歌)攴(安—焉)

 五・弟 20/子虞(據)唇(乎)軾(軾)～☒

 五・弟 21/☒虐(吾)未見芋(華)～訐(信)者

 五・弟 21/未見善事人～忌者

 五・弟附簡/□者亓(其)言□～不可

 二・魯 3/～(爾)昏(聞)衖(巷)逄(路)之言

 二・子 5/或㠯(以)旻(文)～遠

 二・子 8/□～和

 二・子 8/～叀(使)君天下而爯(稱)

 二・子 8/而叀(使)君天下～爯(稱)

 二・子 14/～厽(三)天子事之

 一・孔 9/《黄鳴》則困～谷(欲)反丌(其)古也

 三・周 17/係～敂(扣)之

 四・柬 1/王向日～立

 四・柬 2/龜尹智(知)王之庶(炙)於日～疠(病)疥(疥)

 四・柬 3/尚(當)詸～卜之於

 四・柬 4/詸～卜之

 四・柬 5/既詸～卜之

 四・柬 9/酒(將)鼓～涉之

 四・柬 11/鼓～涉之

 四・柬 12/～戳(刑)之㠯(以)滯(旱)

 四・柬 12/～百眚(姓)迻(移)㠯(以)迲(去)邦家

 四・柬 14/王卬(仰)～叺(呼?)而泣

 四・柬 14/王卬(仰)而叺(呼?)～泣

 四・柬 14/～百眚(姓)㠯(以)㡭(絶)

 四・柬 17/大(太)宰(宰)进～胃(謂)之

 四・柬 17/复(作)色～言於廷

 四・柬 20/君内(入)～語僕之言於君王

 一・緇 1/則民咸扐(力)～型(刑)不刺

 一・緇 2/爲上可宎(望)～智(知)也

 一・緇 2/爲下可䢷(述)～旹(志)也

 一・緇 8/～從丌(其)所行

 一・緇 10/～信丌(其)所賤

 一・緇 11/～貴(富)貴已逃(過)

 一・緇 15/古(故)上不可㠯(以)埶(褻)型(刑)～翠(輕)䂀(爵)

 一・緇 17/則民𧮸(慎)於言～歡(謹)於行

 一・緇 17/古(故)君子𩑋(顧)言～行

 一・緇 18/則民不能大丌(其)頮(美)～少(小)丌(其)亞(惡)

 一・緇 19/齊(質)～守之

 一・緇 19/齊～𡦹(親)之

 一・緇 19/陸(略)～行之

 一・緇 22/～遠者不忞(疑)

 一・緇 22/～厚(重)𢇍(絶)貴(富)貴

 一・緇 23/～惡₌(惡惡)不㞕(著)也

 一・緇 23/人～亡(無)亘(恒)

 一・性 8/道之～已

 一・性 9/聖人比丌(其)頪(類)～侖(論)會之

 一・性 9/觀丌(其)先遂(後)～逆訓(順)之

 一・性 10/體(體)丌(其)宜(義)～節旻(文)之

 一・性 10/里(理)丌(其)情～出内(入)之

 一・性 11/堂(當)事因方～裚(制)之

 一・性 16/羕(咏)思～歏(動)心

 一・性 17/〔非其〕聖(聲)～從之也

 一・性 20/〔凡〕樂思～句(後)忻

 一・性 22/未言～信

 一・性 22/未季(教)～民恒

 一・性 23/～民愄(畏)

 一・性 23/戔(賤)～民貴之

 一・性 23/貧～民聚女(安—焉)

 一・性 23/蜀(獨)居～樂

 一・性 24/亞(惡)之～不可非者

 一・性 24/非之～不可亞(惡)者

 一・性 24/行之～不怂(過)

 一・性 25/同方～交

 一・性 26/不同方～交

 一・性 26/〔同悅〕～交

 一・性 26/不同兑(悅)～交

 一・性 27/凡身谷(欲)萅(靜)～毋遣(譴)

 一・性 27/甬(用)心谷(欲)悳(德)～毋憍(僞)

 一・性 27/慮谷(欲)淵～毋異

 一・性 27/退谷(欲)纁(肅)～毋翌(輕)

 一・性 28/〔進〕谷(欲)□～又(有)豊(禮)

 一・性 28/言谷(欲)植(直)～毋流

 一・性 28/居凥(處)谷(欲)娩(逸)葛～毋曼(慢)

 一・性 30/言及鼎(則)明𦦙(舉)之～毋憍(僞)

 一・性 39/肰(然)～丌(其)怂(過)不亞(惡)

 二・從甲 8/～不智(知)奉(逢)烖(災)害

 二・從甲 11/可言～不可行

 二・從甲 11/可行～不可言

 二・從甲 14/又(有)所又(有)畬(余)～不敢𦘦(盡)之

 二・從甲 14/又(有)所不足～不敢弗

 二・從甲 15/不季(教)～殺

 二・從甲 17/君子難𢔶(得)～惕(易)貞(事)也

二・從甲 19/鉛(飢)滄～母(毋)畝

二・從甲 18/是以曰少(小)人惕(易)旻(得)～難叏(事)也

二・從甲 18/行才(在)己～名才(在)人

二・從乙 1/十曰口惠～不係

二・從乙 4/恩(愠)良～忠敬

二・從乙 6/悬(仁)～不智

三・周 20/不靜(耕)～穫(穫)

三・亙 2/～未或明

三・亙 4/焚₌(紛紛)～

三・亙 5/智瞖(既)～巟思不实

三・亙 11/～能自爲也

三・亙 13/甬(庸)又(有)求～不悬(慮)

五・競 2/翌(召)祖已～昏(問)女(安—焉)

五・競 6/不遷(遷)於善～敓(奪)之

五・競 8/此能從善～迲(去)祂(過)者

五・競 9/记(起)～言曰

五・競 10/誥(告)～爨

五・鬼 2 背/～受(紂)首於只(岐)袿(社)

五・鬼 3/鴟层(夷)～死

港甲 9/□好～纏之

三・周 22/不豪(家)～飤(食)

三・亙 4/同出～異生(性)

四・内 6/嘿(憐)～任

二・容 1/皆不受(授)丌(其)子～受(授)臤(賢)

二・容 1/～上悉(愛)下

二・容 2/～一丌(其)志

二・容 2/～寑丌(其)兵

二・容 2/～官丌(其)才(材)

二・容 3/香(教)～甚(誨)之

二・容 3/畬(飲)～飤(食)之

二・容 3/思(使)役百官～月青(請)之

二・容 5/坣(匡)天下之正(政)十又(有)九年～王天下

 二・容 6/三十又(有)七年～民夂(終)

 二・容 6/兂(堯)戔(賤)貤(貤)～峕=(時時)賓(賽)

 二・容 6/不藿(勸)～民力

 二・容 6/不型(刑)殺～無䟽(盜)惻(賊)

 二・容 6/甚緩～民備(服)

 二・容 7/奉～立之

 二・容 9/～槖(包)才(在)四湝(海)之内

 二・容 9/～立爲天子

 二・容 10/㠯(以)求臤(賢)者～㲻(讓)女(安—焉)

 二・容 11/～臤(賢)者莫之能受也

 二・容 12/～欲㠯(以)爲逘(後)

 二・容 13/～卒立之

 二・容 14/兂(堯)䎽(聞)之～敚(美)亓(其)行

 二・容 14/㫃(謁)～坐之

 二・容 16/昔者天陛(地)之差(佐)叁(舜)～右(佑)善

 二・容 17/～欲㠯(以)爲逘(後)

 二・容 19/墨(禹)乃因山陵坪(平)隉(隰)之可封邑者～緐(繁)實之

 二・容 19/迲(去)蠠(苛)～行柬(簡)

 二・容 19/～遠者自至

 二・容 29/～聖(聽)亓(其)訟獄

 二・容 30/三年～天下之人亡(無)訟獄者

 二・容 30/叁(舜)乃欲會天陛(地)之㷉(氣)～聖(聽)甬(用)之

 二・容 32/於是於(乎)訂(始)篧(爵)～行录(禄)

 二・容 34/～欲㠯(以)爲逘(後)

 二・容 34/述(遂)爯(稱)疾不出～死

 二・容 35/〔啟〕王天下十又(有)六年〈世〉～傑(桀)复(作)

 二・容 35/厚愛～泊(薄)僉(斂)女(安—焉)

 二・容 39/悳(德)惠～不假

 二・容 39/秜三十仁～能之

 二・容 39/女(如)是～不可

 二・容 39/肰(然)句(後)從～攻之

 二・容 40/湯或(又)從～攻之

 二・容 40/湯或(又)從～攻之

 二・容 42/夫是㠯(以)旻(得)衆～王天下

 二・容 42/湯王天下三十又(有)一傑(世)～受(紂)复(作)

 二・容 43/丌(其)政絧(治)～不賞

 二・容 43/官～不簭(爵)

 二・容 43/～絧(治)亂不□

 二・容 44/不能述(遂)者内(墜)～死

 二・容 44/從～桎挈(梏)之

 二・容 46/簹(孰)天子～可反

 二・容 47/乃出文王於邑(夏)臺之下～餌(問)女(安—焉)

 二・容 48/三鼓～進之

 二・容 48/三鼓～退之

 二・容 48/文王時(持)故時～季(教)民時

 二・容 50/虐(吾)敓～弋(代)之

 二・容 50/虐(吾)伐～弋(代)之

 二・容 52/～㝵(得)遊(失)行於民之唇(辰)也

 二・容 53/～畳(殷)

 四・相 4/～昏(問)相邦之道

 四・曹 2/今邦慇(彌)小～鐘愈大

 四・曹 3/～改(撫)又(有)天下

 四・曹 3/此不貧於散(美)～稟(富)於惪與(歟)

 四・曹 5/則不可㠯(以)不攸(修)政～善於民

 四・曹 6/則亦不可㠯(以)不攸(修)政～善於民

 四・曹 7/今異於～(尔)言

 四・曹 7/肰(然)～古亦又(有)大道女(安—焉)

 四・曹 8/～喬(驕)大(泰)㠯(以)遊(失)之

 四・曹 9/君子㠯(以)臤(賢)爯(稱)～遊(失)之

 四・曹 9/㠯(以)亡道爯(稱)～叟(没)身遼(就)薨(死)

 四・曹 10/乃命毀鐘型～聖(聽)邦政

 四・曹 12/～亡又(有)厶(私)也

 四・曹 12/還年～餌(問)於敔(曹)皾(蔑—沫)曰

 四・曹 13/又(有)固悬(謀)～亡(無)固城

 四・曹 14/又(有)克正(政)～亡(無)克戦(陳)

 四・曹 17/疆陛(地)毋先～必取□女(安—焉)

 四・曹 21/繡(陳)攻(功)～食

 四・曹 21/～賞篭(爵)又(有)悳(德)

 四・曹 23/君自必聚羣又(有)司～告之

 四・曹 27/毋誼(誅)～賞

 四・曹 27/～攺(改)亓(其)牆(將)

 四・曹 37/不牪～或뿌(興)

 四・曹 45/既戩(戰)～又(有)忍=(殆心)

 四・曹 54/收～聚之

 四・曹 54/纍(束)～厚之

 四・曹 54/思(使)忘亓(其)死～見亓(其)生

 四・曹 62/毋上膭(獲)～上螒(聞)命

 四・曹 64/虐(吾)言氏(寔)不～女(如)

 二・從甲 1/～□取之

 二・從甲 2/～民或弗義

 二・從甲 4/是古(故)君子訢(慎)言～不訢(慎)事

 二・從甲 19/從事～母(毋)說(訩)

 二・從乙 4/諮恖(誨)～共(恭)孫(遜)

 五・鮑 1/十月～徒杪(梁)城(成)

 五・鮑 6/～貴尹

 五・鮑 6/～飤(食)人

 五・鮑 7/～走(尚)穆亓(其)型(刑)

 五・鮑 7/至欲飤(食)～上厚亓(其)會(斂)

 五・鮑 7/至亞(惡)何(苛)～上不時叏(使)

 五・君 1/産(顏)困(淵)伎(作)～會(答)曰

 五・君 1/言之～不義

 五・君 2/貝(視)之～不義

 五・君 2/聖(聽)之～不義

 五・君 2/達(動)～不義

 五・君 3/欲迲(去)之～不可

五・君 4/智～比信

五・君 7/〔䠋（頸）〕～秀

五・君 9/貴～罷（能）鋆（讓）

五・君 9/□斯人欲亓（其）長貴也貭（富）～〼

五・三 1/卉（草）木須時～句（後）奮

五・三 2/訢（誉）～不訢（誉）

五・三 2/已～不已

五・三 3/昜（陽）～幽

五・三 3/幽～昜（陽）

五・三 5/佱（過）～改

五・三 11/～多亓（其）言

五・三 13/～寡亓（其）悳（憂）

五・三 14/嬰（興）～记（起）之

五・三 14/思道～勿救

五・三 15/毋不能～爲之

五・三 15/毋能～㥶（易）之

五・三 17/～

五・三 19/～句（后）帝之所憎

五・鬼 3/長年～叟（没）

五・鬼 3/則善者或不賞～暴

五・鬼 4/亓（其）力能至（致）女（安—焉）～弗爲虐（乎）

五・鬼 6/又（有）足～

五・鬼 8/～志行㬎（顯）明

五・鬼 8/不及埾（遇）焚～正固

五・鮑 1/一之日～車秎（梁）城（成）

五・鮑 5/含（今）豈（豎）迅（刁）佖（匹）夫～欲智（知）萬（萬）黧（乘）之邦

二・從甲 3/豊（禮）則寡～爲息（仁）

三・亘 12/無不得丌（其）悘（極）～果述（遂）

四・昭 7/君王至於定冬～被褱＝（褊衣）

四・昭 7/王訋（召）～余之衽（領）裒

四・内附簡/母（毋）忘姑姊妹～遠敬之

五・季 3/～民不備女（安—焉）

五・季 3/～廛亓（其）行

五・季 4/民贌(望)亓(其)道～備女(安—焉)

五・季 5/事皆旻(得)亓(其)舊(雚)～弜(強)之

五・季 12/安复(作)～甗(乘)之

五・季 13/～行之

五・季 15/賕(眯)父兄子俤(弟)～爯(稱)賕

五・季 17/因古莂(典)豊(禮)～章之

五・季 18/氏(是)古(故)臤(賢)人大於邦～又(有)咢(劬)心

五・季 19/疋言～簹(蜜)戰(獸—守)之

五・季 21/因邦斎=(之所)臤(賢)～毀(興)之

五・季 23/肰(然)則邦坪(平)～民頋(脜)矣

二・民 1/敢籲(問)可(何)女(如)～可胃(謂)民之父母

二・民 6/奚(傾)耳～聖(聽)之

二・民 6/不可旻(得)～餌(聞)也

二・民 6/明目～貝(視)之

二・民 7/不可旻(得)～貝(見)也

二・民 7/～悳(德)既塞於四海矣

二・民 10/可旻(得)～籲(聞)舁(與)

一・性 1/寺(待)勿(物)～句(後)乍(作)

一・性 1/寺(待)兑(悦)～句(後)行

一・性 1/寺(待)習～句(後)壐(奠)

四・内 6/止之～不可

四・内 7/孝～不諫

五・姑 3/於君犾(幸)則晉邦之社眎(稷)可旻(得)～事也

五・姑 3/不犾(幸)則取夆(免)～出

五・姑 3/君貴我～受(授)我衆

五・姑 4/～因吕(以)害君

五・姑 4/唯(雖)得夆(免)～出

五・姑 4/欲吕(以)長聿(建)宔(主)君～迮(御)難

五・姑 5/古(故)～反亞(惡)之

五・姑 5/虘(吾)餌(聞)爲臣者必思君旻(得)志於吕(己)～又(有)逡(後)青(請)

五・姑 9/回～余(予)之兵

一・性 19/凡惪(憂)思～句(後)悲

六・競 3/公内安(晏)子～告之

六・競 4/塼情～不惡

六・競 6/～湯清者與旻(得)蕙(萬)福女(安—焉)

六・競 9/勿～祟者也

六・孔 3/上不皋〈皋(親)〉悬(仁)～粲専

六・孔 8/～亡(無)目(以)亯(享)者

六・孔 9/悬(仁)爰(援)悬(仁)～進之

六・孔 9/訶(辭)旻(得)不可人～與

六・孔 10/可名～智與

六・孔 16/安與之凥(處)～訔(察)餌(問)亓(其)所學

六・孔 21/孝=(君子)德吕(己)～立帀(師)保

六・孔 24/～亡(無)城(成)悳(德)

六・孔 26/隹聚卬(仰)天～艱(嘆)曰

六・孔 27/～民道之

六・壽 2/虐(吾)可攺(改)～可

六・慎 3/中凥(處)～不皮

六・慎 4/均分～坒(廣)貤

六・慎 4/悳(德)～方義

六・用 4/～亦不可

六・用 5/～亦弗能弃

六・用 7/～弗可矣

六・用 8/～可畬(飲)飤(食)

六・用 8/～莫之能旻(得)

六・用 9/～焚丌(其)反昃(側)

六・用 10/～諮既返

六・用 10/胃(謂)天高～不槧

六・用 10/胃(謂)陸(地)厚～不達

六・用 10/～莫執朕聒(舌)

六・用 11/～自嘉樂

六・用 11/～亦不可逃

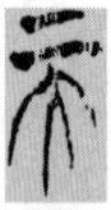
六・用 12/瞜～不可逿(復)膪(舌)

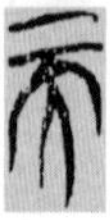
六・用 13/～旨(忌)於人

六・用 14/～難亓(其)又(有)惠

六・用 15/～考於左右

六・用 15/埶～不難

六・用 15/～言語斎=(之所)起

六・用 16/～綒亓(其)又(有)寧

六・用 17/莫衆～覘

六・用 17/～廛之亦不能

六・用 19/～亦不可䖒

六・用 19/～亦不可沽

六・用 19/～散亓(其)甚章

六・用 19/～

六・用 20/～又(有)弔(淑)之渼(淺)

六・用 20/～又(有)繤=(莫莫)之侌(陰)

六・天甲 5/幾殺～邦正

六・天甲 12/古見傷～爲之晢

六・天甲 12/見窔～爲之内

六・天甲 12/時言～殜(世)行

六・天甲 12/因悳(德)～爲之折

六・天乙 4/幾殺～邦正

六・天乙 4/文侌(陰)～武昜(陽)

六・天乙 11/古見傷～爲之晢

七・武 1/啻(意—抑)散(豈)喪(喪)不可旻(得)～訨(睹)唇(乎)

七・武 2/南面～立

七・武 3/西面～行

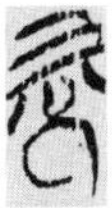
七・武 3/柚(曲)折～南

七・武 3/東面～立

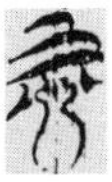
七・武 7/貝(視)～(爾)所弋(代)

七・武 10/立(位)難旻(得)～惕(易)遳(失)

七・武 10/士難旻(得)～惕(易)肇(外)

七・武 11/～百殜(世)不遊(失)之道

七・武 13/武王北面～遉(復)䎽(問)

七・武 15/～敬者萬殜(世)

七・武 15/不逆～訓(順)城(成)

七・鄭甲 1/臧(莊)王豪(就)夫=(大夫)～與之言曰

七・鄭甲 2/於含(今)～遂(後)

七・鄭甲 4/～威(滅)炎於下

七・鄭甲 5/毋敢夕門～出

七・鄭乙 1/臧(莊)王豪(就)夫=(大夫)～與(與)之言曰

七・鄭乙 2/於含(今)～遂(後)

七・鄭乙 5/毋敢丁門～出

七・君甲 1/又(有)白玉三回～不戔

七・君甲 1/王乃出～見(視)之

七・君甲 2/虗(吾)飢(焉)又(有)白玉三回～不戔(展)才(哉)

七・君甲 4/天(一人)土(杜)門～不出

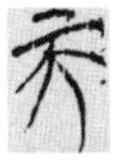
七・君甲 5/～天下莫不語(御)

七・君甲 5/～不爲丌(其)樂

七・君甲 7/民乍(作)～囟(思)讙(應)之

七・君乙 1/君王又(有)白玉三回～不戔(展)

七・君乙 1/王乃出～見之

七・君乙 2/虘(吾)䖒(焉)又(有)白玉三回～不戔(展)才(哉)

七・君乙 4/～〔天下〕莫不語

七・君乙 4/一人土(杜)門～不出

七・君乙 5/～不爲亓(其)樂

七・君乙 7/民乍(作)～囟(思)譍(應)之

七・凡甲 1/奚旻(得)～城(成)

七・凡甲 1/奚旻(得)～不死

七・凡甲 1/奚𩑋(顧)～鳴

七・凡甲 2/奚旻(得)～固

七・凡甲 2/奚旻(得)～不厃(危)

七・凡甲 2/奚旻(得)～生

七・凡甲 3/奚遊(失)～死

七・凡甲 3/又(有)旻(得)～城(成)

七・凡甲 4/虘(吾)既長～或(又)老

七・凡甲 10/可(何)古(故)大～不罯(炎)

七・凡甲 12/土奚旻(得)～坪(平)

七・凡甲 12/水奚旻(得)～清

七・凡甲 12/卉(草)木奚旻(得)～生

七・凡甲 13/～智(知)名

七・凡甲 13/亡(無)耳～䎽(聞)聖(聲)

七・凡甲 13/含(禽)獸奚旻(得)～鳴

七・凡甲 14/筥(孰)颼飄～迸之

七・凡甲 15/坐～思之

七・凡甲 15/𨑨(起)～甬(用)之

七・凡甲 15/至情～智(知)

七・凡甲 17/女(如)并天下～戱(抯)之

七・凡甲 17/旻(得)鼠一(一)～思之

七・凡甲 17/若并天下～詞(治)之

七・凡甲 20/鼠一(一)言～禾不賒(窮)

七・凡甲 20/鼠一(一)言～又(有)衆

七・凡甲 22/所吕(以)攸(修)身～詞(治)邦豪(家)

七・凡甲 23/印(仰)～視之

七・凡甲 23/任～癸之

七・凡甲 24/戠(察)智(知)～神

七・凡甲 24/戠(察)神～同

七・凡甲 24/〔戠(察)同〕～僉(險)

七・凡甲 24/戠(察)僉(險)～困

七・凡甲 24/戠(察)困～遉(復)

七・凡甲 27/敔牖(墻)～豊(履)

七・凡甲 27/并(屏)㷼(氣)～言

七・凡甲 28/旻(得)～解之

七・凡甲 28/旻(得)～解之

七・凡甲 29/衆鼠一(一)言～萬民之利

七・凡甲 29/鼠一(一)言～爲天埅(地)旨

七・凡乙 1/奚旻(得)～城(成)

七・凡乙 1/奚旻(得)～不死

七・凡乙 1/奚㝵(顧)～鳴

七・凡乙 2/奚旻(得)～固

七・凡乙 2/奚旻(得)～不厓(危—詭)

七・凡乙 2/奚旻(得)～生

七・凡乙 2/奚遊(失)～死

七・凡乙 2/又(有)旻(得)～城(成)

七・凡乙 4/虗(吾)既長～或(又)老

七・凡乙 8/可(何)古(故)大～不誖

七・凡乙 9/奚旻(得)～清

七・凡乙 9/卉(草)木奚旻(得)～生

七・凡乙 9/含(禽)獸奚旻(得)～鳴

七・凡乙 9/筥(孰)颺飄～迸之

七・凡乙 10/坐～思之

七・凡乙 12/天下～叡(抯)之

七・凡乙 12/旻(得)鼠(一)～思之

七・凡乙 14/鼠(一)言～禾不賹(窮)

七・凡乙 14/鼠(一)言～又(有)衆

七・凡乙 15/印(仰)～貝(視)之

七・凡乙 15/宥(府)～履之

七・凡乙 16/旻(得)鼠(一)～煮(圖)之

七・凡乙 17/情～智(知)

七・凡乙 17/戠(察)智(知)～神

七・凡乙 17/戠(察)神～同

七・凡乙 17/戠(察)同～僉(斂)

七・凡乙 17/戠(察)僉(斂)～困

七・凡乙 17/戠(察)困～退(復)

七・凡乙 21/旻(得)～解之

七・吴 1/～慙(慎)蠿(絶)我二邑之好

七・吴 2/君～或言

七・吴 5/～反志下之相敵(擠)也

 八・子 1/丌(其)一子道餓～死焉

 八・子 3/飤(食)～弗與爲豊(禮)

 八・子 5/～司寇(寇)不至

 八・子 6/～之大難寵

 八・顏 1/敬又(有)  ～【先】又(有)司

 八・顏 7/或迪～教

 八・顏 8/☐～旻(得)之

 八・顏 8/少(小)人静(爭)～遊(失)之

 八・顏 9/戔(賤)不枭(肖)～遠之

 八・顏 11/老=(老老)～丝(慈)學(幼)

 八・顏 11/敓(豫)絞～收貧

 八・顏 12/老=(老老)～丝(慈)學(幼)

 八・顏 12/雙(豫)絞～收貧

 八・顏 13/☐ 屰(素?)行～信

 八・顏 13/貧～安樂

 八・顏 14/～母(毋)谷(欲)旻(得)女(安—焉)

 八・成 1/～王垩(重)亓(其)貢(任)

 八・成 3/～

 八・成 4/白(伯)层(夷)、吾(叔)齊戗(餓)～死於雎(雍)滓(瀆)

 八・成 5/女(安—焉)不曰日章(彰)～冰澡(消)虖(乎)

 八・成 7/弗遡(朝)～自至

 八・成 7/弗審(密)～自周

 八・成 7/弗會～自剌(斷)

 八・成 8/皆欲緣(捨)亓(其)新(親)～新(親)之

 八・成 10/～臤(賢)者

八・成 15/可羿(期)～須也

八・成 15/～或(國)又(有)相串(患)割(害)之志

八・命 4/外臣～居虗(吾)右=(左右)

八・命 5/非～所已(以)畐(復)

八・命 5/我不能聑(貫)壁～見(視)聖(聽)

八・命 9/皆亡恩女(安—焉)～行之

八・命 10/～邦正(政)不敗

八・王 5/～必良蜇(慎)之

八・志 3/虗(吾)安尔(爾)～埶(設)尔

八・志 5/～(爾)縱不爲虗(吾)再(稱)睪

八・志 6/朝记(起)～夕瀌(廢)之

八・李 1/竝(竢)時(時)～隻(作)可(兮)

八・李 1 背/敬～勿寨(集)可(兮)

八・蘭 2/可(何)湫(湛)～不沽(涸)

八・蘭 2/攸(摇)茖(落)～猷(猶)不遊(失)氒(厥)芳

八・蘭 2/涅(馨)訛(謐)逗～達餌(聞)于四方

八・蘭 5/蓉惻柬(簡)鯢(逸)～莫之能酓(効)矣

八・蘭 5/身體駐(重)害(輕)～目耳裻(勞)矣

八・蘭 5/宅立(位)竅下～比忩(擬)高矣

八・有 2/又(有)怴(過)～能改今可(兮)

八・有 4/鹿(麗—離)尻(居)～同欲今可(兮)

八・鸛 1/欲衣～亞(惡)緄(臬)含(今)可(兮)

八・鸛 2/不戠(織)～欲衣含(今)可(兮)

九・成甲 1/一日～蠭(畢)

九・成甲 2/三日～嘼(畢)

九・成甲 5/憙(喜)君之善～不殹

九・成乙 1/一日～䜌(畢)

九・成乙 2/三日～䜌(畢)

九・成乙 3/飤(食)是脏～弃

九・靈 4/～逆之京

九・靈 5/～或欲旻(得)女(安—焉)

九・陳 2/不戰(戰)～時=(待之)

九・陳 7/～㞢(止)帀(師)徒虖(乎)

九・陳 7/～毋㞢(止)帀(師)徒虖(乎)

九・陳 8/～母(毋)㞢(止)帀(師)徒

九・陳 15/伓(背)軍～戦(陳)

九・陳 17/紳(申)兩和～紉之

九・舉 1/～不

九・舉 4/日耑(短)～殜(世)恩

九・舉 5/～上(尚)父乃皆至

九・舉 7/尚(嘗)退～思之

九・舉 8/～介絳(接)弋(代)之

九・舉 14/敬人～新(親)道

九・舉 14/毋自信～信□

九・舉 21/～潛(浸)㠯(以)成

九・舉 21/亯(享)～均庶

九・舉 21/遠～方達

九・舉 30/五年～天下正

九・舉 32/膰(繁?)～𦘒(盡)力

九・舉 32/又(有)欲～弗達

九・舉 33/又(有)社(功)～弗登(伐)

九・舉 35/惹(怒)～不真(顧)

九・邦 3/三戰(戰)～三皆(捷)

九・邦 3/～邦人不爯(稱)甬(勇)女(安—焉)

九・邦 3/～邦人不爯(稱)媺(美)女(安—焉)

九・邦 7/𥁕(?)睪(擇)～立之

九・邦 8/～并是二者㠯(以)邦君

九・邦 8/乃魚固祝～𡳿=(止之)

九・邦 10/～邦人不爯(稱)畬女(安—焉)

九・邦 12/～邦人不爯(稱)還

九・史 4/訽(始)旻(得)可(何)人～与(舉)之

九・史 8/人之𢊁=(顏色)～爲之

九・史 8/爲見(視)亓(其)所谷(欲)～

九・史 9/害(曷)鹿～不敬

九・史 12/臨事～矍(懼)

九・卜 1/～它(他)方女(安—焉)適

九・卜 2/～屯(純)不困(混?)鄺(膺)

九・卜 8/旨(室)～惕

豕　部

豕

三・周 23/芬(豶)～之酉(牙)

三・周 33/見～賃(負)坴(塗)

三・周 40/羸(羸)～孚是蜀(獨)

豢

二・容 28/逡(復)穀～土

豨

三・周 44/荥(井)浴弜(射)～

𢑚　部

𧱩

五・弟 16/𡨦(寡)見則～(肆)

豸　部

豹

四・逸・交 2/若～若虎

⿰豸孚

五・三 18/～貌飤(食)虎

貌

五・三 18/⿰豸孚～飤(食)虎

⿰豸膚

三・周 45/𦬕(井)～

易　部

易

三・周 55/欲～出

三・彭 2/戁(難)～欯欲

六・孔 8/～佁(貌)也

九・卜 6/毋卒(卒)㠯(以)～

象　部

象

五・鬼 6/～皮(彼)獸鼠

六・天甲 2/士～夫=(大夫)之立

六・天甲 2/夫=(大夫)～邦君之立

六・天甲 2/邦君～天子之

六・天乙 2/士～夫=(大夫)之立

六・天乙 2/夫=(大夫)～邦君之立

六・天乙 2/邦君～天子之立

豫(⿰舍象、⿰𠂤象、⿰余象、⿰金象、⿱⿰舍象又、⿰舍攵)

⿰舍象

四・曹 19/不可㠯(以)出～(舍)

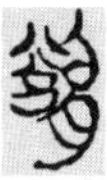
四・曹 19/不和於～(舍)

四・曹 22/爲和於～(舍)女(如)可(何)

四・曹 23/所㠯(以)爲和於～(舍)

⿰台象

三・周 24/～尔霝(靈)龜

四・曹 43/⿰車戈(陳)未～(舍)

四・曹 50/既戰(戰)返(復)～(舍)

六・用 1/～命乃縈

⿰谷象

一・孔 4/與戔(殘)民而～之

三・中 10/人丌(其)～之者

⿰⿱谷土象

五・姑 1/虐于百～(豫)

五・姑 1/姑(苦)城(成)豕(家)父以亓(其)族參(三)坏(郤)正(征)百～(豫)

五・姑 5/姑(苦)城(成)豕(家)父乃寍(寧)百～(豫)

五・姑 9/敂(拘)人於百～(豫)以内(入)繇(囚)之

⿱⿰谷象又

八・顔 12/～(豫)絞(交)而收貧

⿰谷攵

八・顔 11/～(豫)絞(交)而收貧

卷　十

馬　部

馬

 三・周 22/良～由(逐)

 三・周 32/㐌(喪)～勿由(逐)

 三・周 54/拯～藏(藏—壯)

 九・陳 5/左右司～進於酒(將)軍

 九・陳 5/酒(將)軍乃許若(諾)左右司～

 九・邦 4/餌(聞)命(令)尹、司～既死

 九・邦 12/命之爲司～

 九・邦 12/女(安—焉)暇(假)爲司～

駟

 九・靈 2/虎韲(乘)一鞏=(棧車)～

驅

 三・周 10/王晶(三)～

馳(駝)

駝

 五・競 9/吕(以)～(馳)於倪(郳)市

駬(駐)

駐

 四・柬 16/婺(發)～(駬)迈(蹠)四疆

廌　部

廌

 一・緇 5/古(故)心吕(以)僼(體)多～(存)

 二・容 48/虐(吾)所智(知)多～

 四・曹 42/父跬(兄)不～(存)

四・曹 14/三代之戟(陳)皆～(存)

四・曹 41/《周等(誌)》是～(存)

六・天甲 8/夫=(大夫)永(承)～(薦)

六・天乙 8/夫=(大夫)永(承)～(薦)

七・凡甲 26/厃(危)侒(安)～(存)忘(亡)

七・凡乙 19/侒(安)～(存)忘(亡)

薦

二・子 12/冬見芺攷(蓟)而～之

灋(灋、金)

二・從乙 2/不膚～嬴(盈)亞(惡)則民不惋(怨)

二・昔 3/興敚(美)～(廢)亞(惡)

五・季 15/先人斎=(之所)～(廢)勿记(起)

五・三 19/～(廢)人勿舋(興)

五・競 3/女(安—焉)命行先王之～(法)

五・競 4/女(安—焉)攸(修)先王之～(法)

五・鬼 1/天下～(法)之

三・亘 11/兩者不～(廢)

三・亘 13/無又(有)～(廢)者

三・亘 5/隹(惟)退(復)㠯(以)不～(廢)

六・慎 1/精～(法)㠯(以)巽埶(藝)

六・用 14/折(制)～(法)即(節)井(刑)

六・天甲 4/古(故)亡(無)豊(禮)大～(廢)

六・天乙 3/古(故)亡(無)豊(禮)大～(廢)

七・吴 9/～(廢)丌(其)疃獻

八・志 7 朝记(起)而夕～(廢)之

九・陳 11/畬(令)從～(法)

金

一・緇 14/隹(唯)复(作)五虎(虐)之型(刑)曰～〈金(灋)〉

鹿 部

鹿(鹿、麇)

鹿

二・容 41/於是虗(乎)舁(樊—叛)宗～(戮)族

二・容 45/豐、蒿(穚)、郝、䍐、于、～、耆、宗

五・鬼 6/毁折～戔(踐)

六・天甲 10/男女不語～(麗)

六・天乙 10/男女不語～(麗)

八・成 15/民皆又(有)夬(乖)～(麗—離)之心

八・有 4/～(麗—離)尻(居)而同欲含(今)可(兮)

九・史 9/害(曷)～而不敬

麇

一・孔 23/～鳴

麋

三・周 6/夂(終)朝(朝)晶(三)～之

兔 部

兔

一・孔 23/～蘆(苴)

一・孔 25/又(有)～

九・陳 1/命帀(師)徒殺取含(禽)獸(獸)菫(雉)～

逸(娩)

娩

一・性 28/居尻(處)谷(欲)～(逸)葛(易)而毋曼(慢)

五・三 4/毋言(享)～(逸)女(安)

五・三 11/毋～(逸)亓(其)身

八・蘭 5/柬(簡)～(逸)而莫之能香(效)矣

毚

一・性 26/谷(欲)亓(其)～(逸)也

二・容 38/取其(亓)兩女晉(琰)、～(琬)

一・孔 8/《少(小)～(宛)》亓(其)言不亞(惡)

六・壽 3/殺左尹～、少帀(師)亡(無)惎(忌)

犬　部

狗

三・彭 1/～(耇)老昏(問)于彭祖曰

三・彭 8/～(耇)老弍(二)拜旨(稽)首曰

四・采 6/～(苟)虗(吾)君母(毋)死

三・彭 3/～(耇)老曰

龙

三・周 1/困～(蒙)

三・周 1/僮(童)～(蒙)

三・周 1/㪟(毄)～(蒙)

狀(䐗、䫉)

䐗

二・容 17/女(如)是～(狀)也

二・容 39/丌(其)喬(驕)大(泰)女(如)是～(狀)

二・容 49/女(如)是～(狀)也

六・天甲 7/者(諸)医(侯)飤(食)同～

六・天乙 6/者(諸)医(侯)飤(食)同～

九・舉 15/於是甬(用)～(將)女(安—焉)

䫉

八・成 13/丌(其)～(狀)嗇(驕)坙(淫)

犮

五・三 18/好～天從之

六・天甲 11/不言～(拔)

六・天乙 11/不言～(拔)

戾

四・内 10/肰(然)則孛(免)於～

二・從甲 10/誂則遠～

六・用 2/埶(邇)君埶(邇)～

六・用 3/遠君遠～

獵(𨎬)

𨎬

五・鮑 4/乂民～(獵)樂

六・用 14/克～(獵)戎事

獻

二・容 5/魚鼈(鱉)～

七・吴 9/瀌(廢)亓(其)贐～

八・志 4/蟲(掄)材㠯(以)爲～

猶(猷)

猷

一・孔 4/《㞢(詩)》亓(其)～(猶)坪(平)門

一・孔 19/～(猶)又悁(怨)言

一・孔 21/亓(其)～(猶)軺與

一・緇 24/不我告～

三・周 14/～(猶)豸(余)

三・周 25/亓(其)～攸=(攸攸)

三・中 18/～(猶)逩(賫)

三・中 19/日月星晨(辰)～(猶)差

三・亘 9/隹(惟)一㠯(以)～(猶)一

三・亘 9/隹(惟)退(復)㠯(以)～(猶)退(復)

五・弟 3/毋又有首～(猶)

五・弟 9/～(猶)上臨也

五・鬼 6/口□～(猶)時

六・孔 22/虗(吾)子迷言之～(猶)忑(恐)弗智知

六・用 11/亞(惡)～㤅(愛)

六・用 13/嘉悳(德)吉～

七・武 8/～(猶)可遊

七・吴 5/～(猶)不能㠯(以)牧民

八・志 2/或～(猶)走趣(趨)事王

八・蘭 2/攸(摇)茖(落)而～(猶)不遊(失)氒(厥)芳

九・成甲 3/遠(蔿)白(伯)珵(嬴)～(猶)約(弱)

九・邦 8/君～(猶)少(小)之

猈

九・卜 2/是胃（謂）～

狐（鼬瓜）

鼬瓜

三・周 37/畋腹（獲）晶（三）～（狐）

獲（隻）

隻

八・志 2/縱不～（獲）辠（罪）

九・靈 4/舉（舉）邦盡（盡）～（獲）

猒

一・孔 23/夂（終）虎（乎）不～（厭）人

一・緇 24/我龜既～（厭）

二・從甲 12/時（持）善不～（厭）

三・中 12/謂₌（謂謂）～（狷）人

三・亘 1/自～（狷）不自忍

三・中 16/君子亡（無）所～（狷）人

八・王 5/命（令）尹子春～（厭）

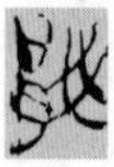
六・孔 20/女（如）夫見人不～（厭）

猏

一・性 38/不又（有）夫畜（奮）～之意（情）鼎（則）悉

狀

五・競 8/外之爲者灰（矦）～（笑）

與

二・容 3/□棄不～

襲

三・周 44/亦母（毋）～恭（井）

犾　部

獄

二・從甲 8/～則興

二・容 29/而聖（聽）丌（其）訟～

二・容 30/三年而天下之人亡（無）訟～者

 四・曹 34/佖(匹)夫夏(寡)婦之～訟

 六・競 4/夫子吏(使)丌(其)厶(私)吏(史)聖(聽)～於晉邦

 九・史 7/与(舉)～詻(訟)

鼠　部

鼠

 五・鬼 6/頪獸(獸)非～

 五・鬼 6/象皮獸(獸)～

鼪

 六・木 1/睹(暑)飤(食)於～宿

 六・木 3/睹(暑)飤(食)於～宿

⿰鼠爰

 九・陳 3/女(安—焉)⿱旦又(得)亓(其)～(猿)羿(旗)

⿰鼠膚

 三・周 45/汬(井)～(抒)

能　部

能

 一・孔 3/隹(惟)～夫

 一・孔 12/不亦～改虖(乎)

 一・孔 13/不攻不可～

 一・緇 4/言丌(其)所不～

 二・子 1/古(故)～⿰糸司(治)天下

 二・子 10/生而～言

 二・從甲 13/肰(然)句(後)～立道

 二・昔 3/～事丌(其)⿱新糸(親)

 二・容 9/⿺辶畢(畢)～丌(其)事

 二・容 10/天下之臤(賢)者莫之～受也

 二・容 29/喬(驕)～(態)訇(始)复(作)

 二・容 39/秕三十𡰥(仁)而～之

 二・容 44/～述(遂)者述(遂)

 二・容 44/不～述(遂)者内(墜)而死

二・容 11/而臤(賢)者莫之～受也

三・亘 11/而～自爲也

三・彭 8/忎(恐)弗～守

四・柬 12/～詞(治)者

四・柬 14/一人不～詞(治)正(政)

四・内 1/言人之君之不～叓(使)丌(其)臣者

四・内 1/不與言人之臣之不～事

四・内 2/言人之臣之不～事丌(其)君者

四・内 2/不與言人之君之不～叓(使)丌(其)臣者

四・内 3/父之不～畜子者

四・内 3/不與言人之父之不～畜子者

四・内 4/言人之倪(兄)之不～慈(慈)俤(弟)者

四・内 4/不與言人之俤(弟)之不～丞(承)倪(兄)者

四・内 4/言人之俤(弟)之不～丞(承)倪(兄)

四・曹 4/篙(孰)～并兼人

四・曹 28/又智(知)舍(舍)又(有)～

四・曹 36/～絧(治)百人

四・曹 36/～絧(治)三軍

五・競 8/此～從善而迲(去)祡(過)者

五・季 11/民～多□

五・季 18/～爲䰟(鬼)

五・季 22/句(苟)～固(固)獸(獸—守)☐

五・君 1/弗～少居也

五・君 3/欲行之不～

五・弟 11/女(汝)～新(慎)紿(始)與終

五・弟 14/虗(吾)子皆～又(有)時(待)虖(乎)

五・弟 17/夫安～王人

五・三 15/毋不～而爲之

五・三 15/毋～而惖(易)之

五・鬼 4/亓(其)力～至(致)女(安—焉)而弗爲虖(乎)

五・鬼 4/啻(意)亓(其)力古(固)不~至(致)女(安—焉)虐(乎)

五・姑 3/㠯(以)我爲~絅(治)

五・姑 4/今虛(吾)亡(無)~絅(治)也

五・姑 4/㠯(以)不~事君

一・緇 4/不詞(辭)丌(其)所~

一・性 2/智(知)情者~出之

一・性 2/智(知)義者~内(入)〔之〕

一・性 32/人之不~㠯(以)𢡺(僞)也

一・緇 18/則民不~大丌(其)頖(美)而少(小)丌(其)亞(惡)

一・緇 21/隹(惟)君子~好丌(其)庀(匹)

一・緇 21/少(小)人剴(豈)~好丌(其)庀(匹)

六・孔 1/害(蓋)臤(賢)者是~皐〈睪(親)〉㤚(仁)

六・孔 4/皐〈睪(親)〉㤚(仁)者是~行聖人之道

六・孔 25/莫之~阩也

六・壽 3/不~

六・壽 3/女(如)不~

六・用 5/而亦弗~弃

六・用 6/亓(其)由~不沽

六・用 8/而莫之~㝵(得)

六・用 17/而廛之亦不~

六・用 20/民亦弗~望

七・君甲 7/民又(有)不~也

七・君甲 7/䰟(鬼)亡(無)不~也

七・君乙 7/民又(有)不~也

七・君乙 7/䰟(鬼)亡(無)不~也

七・凡甲 18/~頁(寡)言虗(乎)

七・凡甲 18/虛(吾)~𠬝(一)之

七・凡甲 22/～戠(察)鼠(一)

七・凡甲 22/女(如)不～戠(察)鼠(一)

七・凡甲 26/心女(如)～雺(勝)心

七・凡乙 13/～寡(寡)言虐(乎)

七・凡乙 13/虐(吾)～鼠(一)虐(吾)

七・凡乙 15/女(如)不～戠(察)鼠(一)

七・凡乙 19/心女(如)～雺(勝)心

七・吴 5/猷(猶)不～吕(以)牧民

八・成 10/～吕(以)亓(其)六贇(藏)之獸(守)取新(親)女(安—焉)

八・命 2/忎(恐)不～

八・命 5/我不～聛(貫)壁而見(視)聖(聽)

八・王 4/▨□廛～進後人

八・志 4/或(又)不～節晜(暑)

八・志 6/邦人亓(其)胃(謂)我不～爯(稱)人

八・蘭 5/蓉惻柬(簡)滗(逸)而莫之～斊(效)矣

八・有 1/～與余相蕫(助)含(今)可(兮)

八・有 1/～爲余拜楮柧含(今)可(兮)

八・有 2/又(有)怹(過)而～改含(今)可(兮)

八・顔 9/或迪而教▨吕(以)～

九・靈 3/不～吕(以)它器

九・靈 3/或(又)不～馯(御)之吕(以)逯(歸)

九・靈 5/王牺(將)述(墜)邦弗～耑(止)

九・舉 7/莫之～旻(得)

九・舉 8/寡(寡)人不～弌(一)女(安—焉)

九・舉 13/亓(其)民～相分畬(餘)

九・舉 24/母(毋)忘亓(其)所不～

九・舉 28/非～畲(合)悳(德)於殜(世)者也

九・舉 32/天下～(乃)亟(恒—極)

九・史 3/則～貴於壟(禹)湯(湯)

九・史 5/莫之～豈(豎—樹)也

九・史 10/未或(有)～才(哉)

火　部

火

四・曹 63/毋～食□

七・凡甲 2/水～之和

七・凡乙 2/水～之和

然

四・采 5/丝(兹)信～

五・季 15/～□⧄

七・凡甲 27/不遊(失)亓(其)所～

八・志 4/～㠯(以)譴(讒)言相忘(謗)

炭

二・容 44/視(寘)盂～丌(其)下

燭

二・容 2/於是虗(乎)唫聾執～(燭)

焚

三・周 53/遊(旅)～丌(其)宋

三・亘 4/～=(紛紛)

五・三 10/毋～(煩)古(姑)謱

五・鬼 2/～聖人殺訐(諫)者

五・鬼 8/不及壐(遇)～而正固

六・用 9/而～丌(其)反昃(側)

九・邦 10/賞之㠯(以)～或(國)百貞(眕)

焦(𤓉)

𤓉

二・魯 4/石𤖀(將)～(焦)

災(灾、材)

灾

 三・周 21/邑人之～(災)

 三・周 56/是胃(謂)亦～(災)褙(眚)

材

 五・三 2/天乃隥(降)～(災)

 五・三 9/乃無凶～(災)

 五・三 14/天～(災)繿₌(繩繩)

 港甲 4/乃無凶～(災)

煙(垔、甑)

垔

 二・子 11/～(娠)厽(三)忎(年)而畫於伓(背)而生

 二・子 11/～(娠)三年而畫於膺

 三・中附簡/▨～孔₌(孔子)曰

甑

 五・三 8/魂(鬼)神～(禋)祀

 八・蘭 5/宅立(位)～(垔)下而比㤅(擬)高矣

光

 三・周 2/～卿(亨)

 八・李 2/豐芋(華)緟(重)～

 八・成 15/童(重)～亓(其)昌也

 九・舉 2/餌(聞)～剌(烈)之𦳢(族)

 九・舉 17/黄帝倰～

威

 五・季 22/▨～(滅)遫(速)毋死(恒)

 五・三 10/毋～(滅)宗

 五・三 11/善勿～(滅)

 六・天甲 11/不言～(滅)

 六・天乙 10/不言～(滅)

 七・武 14/怠(怠)雱(勝)敬則～(滅)

 七・鄭甲 4/而～(滅)炎(嚴)於下

焚

五・姑 9/長魚翯～自公所

焊

一・性 18/哭之敳(動)心也隶(滜)～(?)

焌(夋)

夋

六・木 3/盤(酪)盉(羹)不～(酸)

六・木 4/盤(酪)不～(酸)

曠

四・柬 16/逗者又～(暍)人

炎　部

炎

七・鄭甲 2/洒(將)保丌(其)龏(恭)～

七・鄭甲 5/而烕(滅)～於下

七・鄭乙 2/洒(將)保丌(其)龏(恭)～

赤

九・卜 6/毋白毋～

焱　部

塋

八・有 5/族䐞=(䐞䐞)必繇(慎)毋～含(今)可(兮)

大　部

大

二・民 9/～矣

二・昔 1/～(太)子朝君

二・昔 1/～(太)子昊(昃)聖(聽)

二・昔 1/～(太)子寿(前)之毋(母)俤(弟)

二・昔 4/～(太)子乃亡(無)舋(聞)亡(無)聖(聽)

二・昔 1/～(太)子再三

二・昔 1/～(太)子母俤(弟)

二・昔 2/～(太)子内(入)見

二・昔 4/唯邦之～矛(務)是敬

 二・容 16/肣(禽)獸(兽)肥～

 二・容 30/天下～和均

 二・容 39/丌(其)喬(驕)～(泰)女(如)是牄(狀)

 二・容 41/於是虐(乎)天下之兵～记(起)

 二・容 51/三軍～軦(犯)

 三・周 2/利涉～川

 三・周 4/利用見～人

 三・周 4/不利涉～川

 三・周 8/～君子又(有)命

 三・周 12/甬(用)涉～川

 三・周 14/～又(有)得

 三・周 18/利涉～川

 三・周 22/～

 三・周 22/利涉～川

 三・周 25/不可涉～川

 三・周 35/利見～人

 三・周 35/～訐不逨(來)

 三・周 36/利見～人

 三・周 42/利見～人

 三・周 42/用～牲

 三・周 54/利見～人

 三・周 55/癹(涣)丌(其)～唐(號)

 三・周 58/利涉～川

 三・周 58/利涉～川

 三・亘 1/廙(樸)～(太)廙(樸)

 三・亘 1/清～(太)清

 三・亘 1/虚～(太)虚

 三・亘 8/女(安—焉)又(有)～

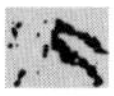 三・亘 11/之～复(作)

 四・逸・交 4/皆(偕)少皆(偕)～

 四・昭 6/～尹遇之

 四・昭 6/～尹内(入)告王

 四・昭 8/～尹昏(聞)之

 四・昭 9/～尹之言腓可

 四・柬 1/柬(簡)～王泊旟(旱)

 四・柬 4/～頣(夏)

 四・柬 10/君王尚(當)㠯(以)齧(問)～(太)宰(宰)晉侯

 四・柬 11/～(太)宰(宰)進啚(答)

 四・柬 13/～(太)宰(宰)

 四・柬 14/胃(謂)～(太)宥(宰)

 四・柬 14/侯～(太)宥(宰)遜

 四・柬 16/～雨

 四・柬 17/～(太)宥(宰)迈而胃(謂)之

 四・柬 18/必三軍又(有)～事

 四・柬 18/邦家～瀌(旱)

 四・柬 20/～(太)宥(宰)胃(謂)陵尹

 四・柬 21/～(太)宥(宰)言

 四・柬 22/命(令)尹子林䎽(問)於～(太)宥(宰)子峕(之)

 四・柬 23/～(太)宥(宰)倉(答)曰

 四・内 10/才(在)～不亂

 四・曹 1/魯臧(莊)公牆(將)爲～鐘

 四・曹 8/亦又(有)～道焉

 四・曹 16/緈(敬)紀於～或(國)

 四・曹 46/三軍～敗不豯(勝)

 五・季 2/此君子之～矛(務)也

 五・季 18/氏(是)古(故)臤(賢)人～於邦而又(有)畧(劬)心

 五・季 19/訢(慎)少(小)目(以)倉(合)～

 五・季 20/～辠(罪)剔(則)夌(夜)之目(以)埅(刑)

 五・季 21/～辠(罪)敍(殺)之

 五・姑 8/牆(將)～害

 五・三 3/是胃(謂)～蔵(慼)

 五・三 5/～邦泚(過)戢(傷)

 五・三 7/是胃(謂)～巟(荒)

 五・三 10/毋復(作)～事

 五・三 13/不有～禍(禍)必大恥

 五・三 13/不有大禍(禍)必～恥

 一・孔 2/～顕(雅)

 一・孔 3/～僉(斂)材女(安—焉)

 一・孔 21/贓(將)～車

 一・孔 25/～田

 二・子 1/叀(使)亡(無)又(有)少(小)～肥竁(脆)

 二・子 7/王則亦不～淒

 二・魯 1/魯邦～旱

 二・魯 1/邦～旱

 三・周 22/秎(利)涉～川

 三・周 41/礪(厲)亡(無)～咎

 三・周 54/利涉～川

 四・柬 1/命龜尹羅貞於～顕(夏)

三・彭 2/～坐(匡)之蕢

四・柬 13/～(太)宰(宰)倉(答)

四・柬 19/釐尹皆紿(紿)丌(其)言以告～(太)宰(宰)

四・柬 23/～夫可(何)羕(用)敉(爭)

四・曹 2/今邦慁(彌)小而鐘愈～

四・曹 8/而喬(驕)～(泰)以遊(失)之

四・曹 14/少(小)邦凥(處)～邦之閒

四・曹 25/必又(有)數～官之帀(師)

一・緇 4/～頣(雅)員(云)

一・緇 10/～人不皋(親)丌(其)所臤(賢)

一・緇 11/～臣之不皋(親)也

一・緇 12/古(故)君不與少(小)悔(謀)～

一・緇 12/則～臣不夗(怨)

一・緇 12/毋以少(小)悔(謀)敗～惷(圖)

一・緇 18/則民不能～丌(其)頒(美)而少(小)丌(其)亞(惡)

一・緇 18/～虽(雅)員(云)

一・緇 18/廛(展)也～城(成)

一・緇 19/集～命于氏(是)身

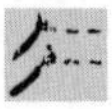
六・競 1/虐(吾)珪璧～於虐(吾)先君之

六・孔 13/～爲毋臯

六・天甲 4/古(故)亡(無)豊(禮)～灋(廢)

六・天甲 4/亡(無)義(儀)～諵(孽)

六・天乙 3/古(故)亡(無)豊(禮)～灋(廢)

六・天乙 3/亡(無)義(儀)～諵(孽)

七・武 9/祧(禍)牆(將)～

七・武 11/～(太)公望

七・武 11/～(太)公望

七・武 12/～(太)公望

七・武 12/～

七・武 13/～(太)公南面

七・武 13/～(太)公倉(答)曰

七・鄭甲 7/～敗晉帀(師)女(安—焉)

七・鄭乙 7/～敗晉〔帀(師)女(安—焉)〕

七・凡甲 10/可(何)古(故)～而不焸(炎)

 七·凡甲 26/～𤔔(亂)乃㥄(作)

 七·凡甲 29/～之㠯(以)智(知)天下

 七·凡乙 8/可(何)古(故)～而不𦉪

 七·凡乙 19/～𤔔(亂)乃㥄(作)

 七·凡乙 22/～之㠯(以)智(知)天下

 七·吴 8/～㚤(姬)之邑

 八·子 6/而之～難𥨪

 八·顔 10/身綯(治)～則〈則大〉录(禄)

 八·成 12/道～才(在)

 八·有 3/～洛(路)含(今)可(兮)

 九·舉 1/者(古)公見～(太)公室(望)於吕

 九·舉 10/𡍪(舜)台(始)～𣅀

 九·舉 23/～割(害)既折(制)

 九·舉 30/天下～水

 九·舉 33/卲(昭)～之(志)不厶(私)

 九·邦 9/～祝峕(止)

 九·邦 9/㝭(就)鄒(蔡)～祝

 九·邦 9/鄒(蔡)～

 九·史 6/～鐘貞(鼎)

 九·史 12/𦖞(聞)子之言～𢥞(懼)

 九·卜 3/不沾(占)～汙

 九·卜 3/乃沾(占)～浴(谷)

 九·卜 8/～貞邦亦兇(凶)

 九·卜 8/亡(無)～咎

 九·卜 9/亦亡(無)～咎

夾

 六·競 8/約～者闈(闞)

 二·容 25/於是虖(乎)～州、𣽥(涂)州𡥈(始)可尻(處)

 三·周 27/欽(感)頌(酺)～䑛(舌)

 九·靈 1/䡊(執)事人～郗(蔡)人之軍門

夷(㚔)

㚔

 九·陳 1/命帀(師)徒殺取含(禽)獸(獸)～(雉)兔

亦 部

亦

 一·孔 9/～又(有)以也

 一・孔 12/不～能攺(改)虗(乎)

 一・孔 13/不～智(知)亘(恒)啓(乎)

 一・孔 13/不～又(有)遚(送—媵)虗(乎)

 一・孔 24/亞(惡)丌(其)人者～肰(然)

 一・性 18/哭～悲

 一・性 20/鼎(則)丌(其)聖(聲)～肰(然)

 二・子 7/～紀

 二・子 7/王則～不大淒

 二・子 9/毆(抑)～城(誠)天子也與

 二・從甲 4/方(謗)～堅(坂)是

 二・容 32/～₌(亦亦)迵₌(迵迵)

 二・容 45/専(溥)～(夜)吕(以)爲槿(淫)

 二・容 52/或～记(起)帀(師)吕(以)逆之

 三・周 44/～母(毋)韄(繘)菜(井)

 三・周 56/是胃(謂)～犮(災)禬(眚)

 三・中 2/～

 四・柬 23/臣者～又(有)㪍(耕)啓(乎)

 四・相 4/不～墜(歎)啓(乎)

 四・曹 6/則～不可吕(以)不攸(修)政而善於民

 四・曹 7/～又(有)大道焉

 四・曹 9/～天命

 四・曹 65/今與古～肰(然)

 四・曹 65/～隹(唯)餌(聞)夫壐(禹)、康(湯)、傑(桀)、受(紂)矣

 五・鮑 8/日旚(差)～不爲忎(災)

 五・鮑 8/公蠚～不爲戠(害)

 五・季 12/先人斎₌(之所)善～善之

 五・季 14/肰(然)其(其)宔(主)人～曰

 五・君 11/夫子紿(治)十室之邑～樂

 五・君 11/紿(治)蘲(萬)室之邦～樂

 港甲 9/～曰

 一・緇 6/少(小)民～隹(惟)日夗(怨)

 一・緇 10/～不我力

 二・民 3/志～至女(安—焉)

 二・民 4/豊(禮)～至女(安—焉)

 二・民 4/緿(樂)～至女(安—焉)

二・民 4/哀～至女(安—焉)

六・競 8/祝～亡嗌

六・孔 12/～㠯(以)亓(其)勿

六・用 2/～力孝(勉)㠯(以)毋忘

六・用 3/～不埶(邇)於惻(賊)

六・用 4/而～不可

六・用 5/而～弗能弃

六・用 9/～不出自地

六・用 11/而～不可逃

六・用 17/而廛之～不能

六・用 19/而～不可叡

六・用 19/而～不可沽

六・用 20/民～弗能望

七・武 11/～又(有)不浧(盈)於十言

七・武 6/～不可〔不〕志

七・凡甲 21/天下～亡(無)鼠一(一)又(有)

七・吴 2/～唯君是望

七・吴 6/～隹(唯)吴白(伯)父

八・命 2～可㠯(以)告我

八・蘭 5/夫～商(適)亓(其)戠(歲)也

九・陳 8/母(毋)～善虐(乎)

九・史 9/子～氏(是)之惻

九・卜 7/～無它色

九・卜 7/～不㡭(絶)

九・卜 8/大貞邦～兇(凶)

九・卜 9/～亡(無)大咎

夨　部

吴

二・子 1/又(有)～(虞)是(氏)之樂正

二・容 5/又(有)～(無)迵(通)

四・昭 9/息(霸)君～王身至於郢

五・弟 2/～人生七旹☐

六・競 8/今新(薪)登(蒸)思(使)～(虞)守之

七・吴 3/道㠯(以)告～

七・吴 3 背/～命

七・吴 6/～白(伯)父

七・吴 8/～人

七・吴 9/～走陞(陳)

夭　部

夭

五・競 7/天不見～

喬

二・容 1/～結是(氏)

二・容 29/～(驕)能(態)訂(始)复(作)

二・容 38/丌(其)～(驕)大(泰)女(如)是牂(狀)

二・容 47/豐～(鎬)不備(服)

二・容 48/文王乃记(起)帀(師)以鄉(嚮)豐～(鎬)

二・容 48/豐～(鎬)之民䎽(聞)之

四・曹 8/而～(驕)大(泰)㠯(以)遊(失)之

五・季 4/～鼎(則)洖

五・弟 6/賲(富)貴而不～(驕)者

五・鬼 6/我(俄)曰叡(虘)～䖒(乎)

三・彭 2/戒之毋～(驕)

六・競 10/出～(驕)于郢(里)

九・陳 12/～山㠯(以)退之

幸(犾)

犾

四・昭 3/不～(幸)僕(僕)之父之骨才(在)於此室之𨻰(階)下

五・姑 3/～(幸)鼎(則)晋邦之坛(社)䄷(稷)可旻(得)而事也

五・姑 3/不～(幸)鼎(則)取含(免)而出

交　部

交

一・孔 20/或前之而句(後)～

 一・孔 23/㠯(以)道～見善而孝

 一・性 25/上～近事君

 一・性 25/下～旻(得)衆近從正(政)

 一・性 26/同方而～

 一・性 26/不同方而～

 一・性 26/〔同悦〕而～

 一・性 26/不同兑(悦)而～

 一・性 30/凡～毋剌(烈)

 三・周 16/出門～又(有)工(功)

 三・周 33/～孚

 四・曹 17/天下～墬(地)

 五・三 9/毋衿(錦)衣～(絞)祖

 四・逸・交 2/～=(交交)鳴鷋(烏)

 四・逸・交 3/～=(交交)鳴鷋(烏)

絞

 八・顔 11/敓(豫)～而收貧

 八・顔 12/雙(豫)～而收貧

夲 部

睪(睪、臭)

睪

 一・性 13/憙(喜)之淺～(澤)也

 五・姑 10/弫(強)門夫=(大夫)衒(衛)㠯(以)～長魚翯

 港甲 6/舀民唯～

 七・君甲 8/言(然)不敢～(懌)身

 七・君乙 8/言(然)不敢～(懌)身

 八・成 13/㠯(以)～(澤)罙嗇☐

 八・志 5/而縱不爲虐(吾)爯(稱)～(擇)虐(吾)父眭(兄)甥(甥)咎(舅)之又(有)所善

 九・邦 7/盍(蓋)～(擇)而立之

九・史 2/～(擇)之訢(慎)矣

臭

一・緇 21/備(服)之亡(無)～(斁)

六・孔 14/～尻(處)危杅

執(執、⿸虍⿰幸殳)

執

一・緇 10/～我戠=(仇仇)

一・性 28/君子～志必又(有)夫柱=(柱柱)之心

二・容 2/於是虖(乎)唫(喑)聾～燭

二・容 24/墨(禹)親～枌(畚)汜(耜)

二・容 37/乃～兵欽(禁)暴

三・周 8/秎(利)～言

三・周 26/～亓(其)陸(墮)

三・彭 1/句是～心不忘

四・柬 15/母(毋)敢～篡籔(筬)

五・季 3/～民之中

六・競 10/一丈夫～尋之幣、三布之玉

六・慎 5/樸筱～樝

七・鄭甲 5/奠(鄭)人命㠯(以)子良爲～命

七・鄭乙 5/奠(鄭)人命㠯(以)子良爲～命

九・靈 2/告～事人

九・靈 3/～事人許之

九・陳 6/命性(狂)梘(相)～事人敉(整)帀(師)徒

九・陳 9/陳公乃遼(就)軍～事人

九・陳 10/命臣梘(相)～事人敉(整)帀(師)徒

九・陳 11/～事人必善命之

⿸虍⿰幸殳

九・靈 1/～(執)事人夾郜(蔡)人之軍門

九・靈 2/～(執)事人志=(止之)

亢　部

亢

八・李 1 背/～(剛)亓(其)不弍(貳)可(兮)

夲　部

暴(暴、曝)

暴

二・從甲 15/母(毋)～

五・鬼 1/則㠯(以)亓(其)賞善罰～也

五・鬼 3/則善者或不賞而～

六・競 12/神見虗(吾)逕(淫)～

曝

二・從甲 18/則～(暴)

夰　部

奡

五・三 11/毋～(傲)貧

昊

一・孔 6/～=(昊天)又(有)成命

亣　部

奚

一・孔 27/虗(吾)～舍之

二・民 6/～(傾)耳而聖(聽)之

四・采 2/～言不從

四・曹 13/餌(問)戟(陳)～女(如)

四・曹 13/獸(守)鄾(邊)城～女(如)

四・曹 38/勿兵㠯(以)克～女(如)

四・曹 56/善攻者～女(如)

四・曹 57/善獸(守)者～女(如)

五・鮑 6/肰(然)則～女(如)

五・季 13/古(故)子目(以)此言爲～女

七・凡甲 1/～旻(得)而城(成)

七・凡甲 1/～旻(得)而不死

七・凡甲 1/～夏(顧)而鳴

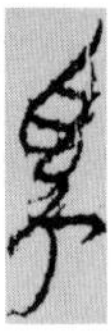
七・凡甲 1/～逡(後)之奚先

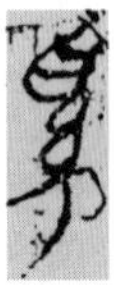
七・凡甲 2/奚逡(後)之～先

七・凡甲 2/～旻(得)而固

七・凡甲 2/～旻(得)而不厓(危—詭)

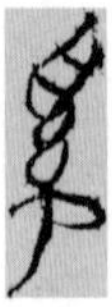
七・凡甲 2/～旻(得)而生

七・凡甲 3/正～遊(失)而死

七・凡甲 3/～奐(衡)奚從(縱)

七・凡甲 4/奚奐(衡)～從(縱)

七・凡甲 4/虐(吾)～異奚同

七・凡甲 4/虐(吾)奚異～同

七・凡甲 5/～古(故)神褺(盟—明)

七・凡甲 5/亓(其)夬(慧)～啻(適)

七・凡甲 6/～古(故)事之

七・凡甲 6/～自飤(食)之

七・凡甲 7/～告(時)之銍

七・凡甲 7/祭員～逐虐(乎)

七・凡甲 7/虐(吾)～㠯(以)爲頁(首)

七・凡甲 8/虐(吾)～事之

七・凡甲 8/敬天之槼(盟—明)～旻(得)

七・凡甲 8/䰟(鬼)之神～飤(食)

七・凡甲 8/先王之智～備

七・凡甲 11/～古(故)少(小)雁暲豉(著)

七・凡甲 12/土～旻(得)而坪(平)

七・凡甲 12/水～旻(得)而清

七・凡甲 12/卉(草)木～旻(得)而生

七・凡甲 13/含(禽)獸～旻(得)而鳴

七・凡甲 18/～胃(謂)少(小)敵(徹)

七・凡甲 18/～㠯(以)智(知)丌(其)白(泊)

七・凡乙 1/～旻(得)而城(成)

七・凡乙 1/～旻(得)而不死

七・凡乙 1/～亰(顧)而鳴

七・凡乙 1/～逡(後)之奚先

七・凡乙 1/奚逡(後)之～先

七・凡乙 2/～旻(得)而固

七・凡乙 2/～旻(得)而不厃(危)

七・凡乙 2/～旻(得)而生

七・凡乙 2/～遊(失)而死

七・凡乙 3/～臭(衡)奚從(縱)

七・凡乙 3/奚臭(衡)～從(縱)

七・凡乙 3/虗(吾)～異奚同

七・凡乙 3/虗(吾)奚異～同

七・凡乙 4/～古(故)神累(盟—明)

七・凡乙 5/夬(慧)～奆(適)

七・凡乙 5/虗(吾)～古(故)事之

七・凡乙 5/虗(吾)～自飤(食)之

七・凡乙 6/祭員～逐虗(乎)

七・凡乙 6/虗(吾)～吕(以)爲頁(首)

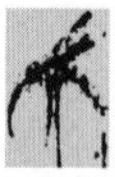
七・凡乙 7/〔䰟(鬼)之神〕～飤(食)

七・凡乙 7/先王之智～備

七・凡乙 8/～

七・凡乙 9/～旻(得)而清

七・凡乙 9/卉(草)木～旻(得)而生

七・凡乙 9/含(禽)獸～旻(得)而鳴

夫　部

夫

一・孔 3/隹(惟)能～

一・孔 7/此命也～

一・孔 16/～萬(葛)之見訶(歌)也

二・子 4/虘(吾)昏(聞)～叁(舜)丌(其)幼也

二・子 8/古(故)～叁(舜)之悳(德)

二・魯 3/女(若)～政型(刑)與悳(德)㠯(以)事上天

二・魯 4/～山

二・魯 4/～川

二・從甲 1/～是則獸(守)之㠯(以)信

二・容 19/～是㠯(以)逮(近)者敚(悅)紿(治)

二・容 42/～是㠯(以)旻(得)衆而王天下

三・周 1/見金～

三・周 9/逡(後)～凶

三・周 16/遊(失)丈～

三・周 16/係丈～

三・周 28/～子凶

三・周 33/遇元～

三・周 50/～征不復(復)

三・中 2/～季是(氏)河東之城(盛)豙(家)也

三・中 3/～

三・中 4/㕜(使)售(雍)也從於宰(宰)～之後

三・中 6/～祭

三・中 8/若～老=(老老)慈幼

三・中 8/～先又(有)司爲之女(如)可(何)

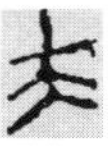
三・中 8/～民安舊而至(重)罨(遷)

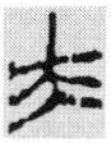
三・中 10/～臤(賢)才不可穿(掩)也

三・中 16/含(今)女(汝)相～

 三·中 23/～行

 三·中 23/～甕(喪)

 三·中附簡/～子唯又(有)與(舉)

 四·柬 6/～上帝禮(鬼)神高明

 四·柬 12/～唯(雖)母(毋)滍(旱)

 四·曹 19/是古(故)～戦(陳)者

 四·曹 34/佖(匹)～頁(寡)婦之獄訟

 四·曹 65/亦隹(唯)䎽(聞)～墨(禹)、康(湯)、傑(桀)、受(紂)矣

 五·鮑 5/含(今)豈(豎)迢(刁)佖(匹)～而欲智(知)墓(萬)竈(乘)之邦

 五·季 6/～箸=(書者)

 五·季 7/～時(詩)也者

 五·季 7/～義者

 五·季 11/氏(是)古(故)～敀(迫)邦甚難

 五·季 14/虘(戲)～戱含(今)之先茻(世)

 五·君 1/肩(顏)囦(淵)時(侍)於～子

 五·君 1/～子曰

 五·君 3/虛(吾)新(新)䎽(聞)言於～子

 五·君 4/～子

 五·君 11/～子紿(治)十室之邑亦樂

 五·君 13/～

 五·弟 4/莫我智(知)也～

 五·弟 10/～吕(以)衆軺(犯)鄞(難)

 五·弟 12/有～言也

 五·弟 14/肰(然)鼎(則)～二厽(三)子者

 五·弟 17/～女(安)能王人

 五·鬼 1/今～禮(鬼)神又(有)所明

 三·彭 4/～子之悳(德)登矣

 一·性 28/君子執志必又(有)～柱=(柱柱)之心

 一·性 28/出言必又(有)～柬=(簡簡)〔之信〕

 一·性 29/賓客之豊(禮)必又(有)～齊=(齊齊)之頌(容)

 一·性 29/祭祀之豊(禮)必又(有)～臍=(齊齊)之敬

 一·性 29/居桑(喪)必又(有)～戀=(戀戀)之哀

一・性 37/不又(有)～柬(簡簡)之心鼎(則)悉(采)

一・性 37/不又(有)～恒悉(忻)之志鼎(則)曼(慢)

一・性 38/不又(有)～詘=(詘詘)之心鼎(則)流

一・性 38/不又(有)～奮犲(作)之情鼎(則)悉(侮)

六・競 4/～子㕜(使)丌(其)厶(私)㕜(史)聖(聽)獄於晉邦

六・競 9/公退武～

六・競 10/～婦皆祖

六・競 10/一丈～執敦(尋)之帀(幣)、三布之玉

六・競 10/唯是～

六・競 12/二～何不受皇

六・孔 2/～子曰

六・孔 3/～子曰

六・孔 3/～士

六・孔 6/女(如)～㤅(仁)人之未訾(察)

六・孔 10/～子曰

六・孔 11/～與(邪)蝺(僞)之民

六・孔 19/～子曰

六・孔 20/女(如)～見人不猒(厭)

六・莊 6/忘～朸述之下虐(乎)

六・壽 6/於孝～

六・天甲 5/文侌(陰)～〈而〉武昜(陽)

九・舉 8/～立民

九・舉 8/～頁(顧)監于下

九・舉 16/～先四帝

九・邦 5/卲(昭)～人胃(謂)鄴(葉)公子高

九・史 5/廈(且)～□

九・史 6/～子曰

九・史 8/～子曰

九・史 12/～子曰

九・卜 4/倀(丈)～罙(深)㠯(以)伏匿

 九・卜 6/～

立 部

立

 一・孔 24/甚貴丌(其)人必敬丌(其)～(位)

 一・孔 27/子～

 一・緇 2/靜(靖)龔(恭)尔～(位)

 一・緇 7/墨(禹)～厽(三)年

 一・緇 13/龍(恭)㠯(以)～(莅)之

 二・從甲 13/肰(然)句(後)能～道

 二・容 7/奉而～之

 二・容 7/於是於(乎)㞢(持)板正～

 二・容 9/而～爲天子

 二・容 13/而卒～之

 二・容 23/乃～墨(禹)㠯(以)爲司工

 二・容 28/乃～句(后)褉(稷)㠯(以)爲経

 二・容 29/乃～咎(皋)魤(陶)㠯(以)爲李

 二・容 30/乃～數(質)㠯(以)爲樂正

 二・容 37/乃～泗(伊)尹㠯(以)爲差(佐)

 二・容 38/～爲玉閨(門)

 二・容 40/～於中□

 二・容 49/武王即～(位)

 三・中 23/所㠯(以)～生也

 三・中 24/一日㠯(以)善～

 三・中 24/一日㠯(以)不善～

 四・柬 1/王向日而～

 四・内 1/君子之～孝

 四・内 8/不琗(卒)～

 四・曹 24/凡貴人甶(囟—思)凥(處)前～(位)一行

 四・曹 30/□～(位)垔(重)食

 五・季 8/則不～

 五・姑 6/參(三)垿(郤)中～

 五・姑 7/虐(吾)㮋(直)～經(徑)行

 五・姑 4/虐(吾)弝(強)～紿(治)衆

 五・姑 7/～死何戝(傷)才(哉)

五・姑 9/不思(使)從己～(莅)於廷

五・姑 10/垰(郤)奇垰(郤)至姑(苦)城(成)豕(家)父～死

五・三 10/皇句(后)曰～

六・孔 15/句(後)拜四方之～(位)目(以)童(動)

六・孔 21/君子僡邑(己)而～帀(師)保

六・莊 5/王子回～爲王

六・慎 1/共(恭)會(儉)目(以)～身

六・慎 1/臤(堅)弜(強)目(以)～志

六・用 18/埶(邇)～帀(師)長

六・用 19/進退敓～

六・天甲 2/士象夫=(大夫)之～

六・天甲 2/夫=(大夫)象邦君之～

六・天甲 6/～目(以)縣

六・天乙 2/士象夫=(大夫)之～

六・天乙 2/夫=(大夫)象邦君之～

六・天乙 2/邦君象天子之～

六・天乙 6/～目(以)縣

七・武 2/南面而～

七・武 3/東面而～

七・武 10/～難旻(得)而惕(易)遊(失)

七・鄭甲 4/毋目(以)城(成)名～於上

七・凡甲 3/天陸(地)～夊(終)立怠(始)

七・凡甲 3/天陸(地)立夊(終)～怠(始)

七・凡乙 3/天陸(地)～夊(終)立怠(始)

七・凡乙 3/天陸(地)立夊(終)～怠(始)

八・命 8/～沓(友)七人

八・命 10/～沓(友)亡一人

八・命 11/～沓(友)三人

八・蘭 5/宅～(位)敂下而比惫(擬)高矣

九・靈 1/霝(靈)王既～(位)

九・舉 8/夫～民

九・邦 7/盍(蓋)睪(擇)而～之

 九・史 10/～於陞(地)之上

⿰立巳

 二・容 24/墨(禹)親(親)執枌(畚)～(耜)

 六・慎 3/賃悳(德)㠯(以)～

 八・李 1/～(竢)時(時)而复(作)可(兮)

⿰立己

 七・吴 9/今日隹(唯)不悬(敏)既～矣

岦

 二・容 7/於是於～(持)板正立

⿱尚立

 一・性 11/～(當)事因方而裚(製)之

 二・容 3/古(故)～(當)是峕(時)也

 二・容 16/～(當)是曺(時)也

 二・容 36/～(當)是峕(時)

 四・曹 50/幾莫之～(當)

 五・季 23/～(當)亓(其)凸(曲)㠯(以)坓(城)之

 五・姑 7/唯(雖)不～(當)殜(世)

 五・競 10/僝(倗)～(黨)羣(群)戰(獸)

 六・孔 17/禁言不～(當)亓(其)所

並 部

並

 二・昔 1/肰(然)句(後)～聖(聽)之

 三・周 45/～受丌(其)福

 七・凡甲 4/五燹(氣)～至

 七・凡乙 3/五燹(氣)～至

替(普)

普

 三・周 44/㭍(井)～(替)

囟 部

囟

 四・昭 10/～(思—使)邦人膚(皆)見之

 四・曹 24/凡貴人～(思—使)尻(處)歬(前)立(位)一行

 六・壽 1/～

 七・鄭甲 2/楚邦～(使)爲者(諸)灰(侯)正

 七・鄭甲 4/袦(禍)牆(將)必～(思—使)子豖(家)

 七・鄭乙 2/楚邦～(使)爲者(諸)灰(侯)正

 七・鄭乙 4/我牆(將)必～(思—使)子豖(家)

 七・鄭乙 5/～子豖(家)利(梨)木三脊(寸)

 七・君甲 7/民乍(作)而～(思)誰(應)之

 七・君乙 7/民乍(作)而～(思)誰(應)之

 八・有 1/～(使)遊於忎(仁)含(今)可(兮)

 九・成甲 1/王～(使)子旻(文)斈(校)子玉

思

 一・孔 2/丌(其)～深而遠

 一・孔 10/《綠衣》之～

 一・孔 11/則丌(其)～賹(益)矣

 一・孔 16/～古人也

 一・性 16/羕(咏)～而斀(動)心

 一・性 19/凡悥(憂)～而句(後)悲

 一・性 20/〔凡〕樂～而句(後)忻

 一・性 20/凡～之甬(用)心爲甚

 一・性 20/～之方也

 二・昔 4/唯哀悲是～

 二・容 3/～役百官而月青(請)之

 二・容 20/～民母(毋)惑(惑)

 二・容 44/～民道之

 二・容 49/～民不疾

 三・周 55/非台(夷)所～

 三・中 3/～老其家

 三・亙 5/智旣(既)而巟(荒)～不宎(殄)

 四・采 1/子奴(如)～我

 四・采 5/～之

 四・曹 30/～(使)爲前行

 四・曹 31/～(使)爲前行

 四・曹 36/～(使)銜(帥)

 四・曹 38/古(故)銜(帥)不可～(使)牪

 四・曹 52/毋～(使)民矣(疑)

 四・曹 54/～(使)忘亓(其)死而見亓(其)生

 四・曹 54/～(使)良車良士往取之餌(耳)

 四・曹 55/～(使)亓(其)志记(起)

 四・曹 55/戫(勇)者～(使)憙(喜)

 四・曹 55/斘悳者～(使)旹(悔)

 五・姑 1/不～(使)反

 五・姑 1/～又(有)君臣之節

 五・姑 5/虛(吾)𦖞(聞)爲臣者必～(使)君得志於吕(己)而又(有)後青(請)

 五・姑 5/不～(使)從己立(莅)於廷

 五・三 1/㝵(明)王無～

 五・三 14/～道(?)而勿救

 六・競 8/今斬(薪)登(蒸)～(使)吴(虞)守之

 六・用 1/～民之初生

 六・用 15/可～

 七・鄭甲 5/～(使)子豖(家)利(梨)木三晷(寸)

 七・凡甲 7/虛(吾)女(如)之可(何)～(使)飤(飽)

 七・凡甲 15/坐而～之

 七・凡甲 17/旻(得)鼠(一)而～之

 七・凡乙 6/虛(吾)女(如)之可(何)～(使)飤(飽)

 七・凡乙 10/坐而～之

 七・凡乙 12/旻(得)鼠(一)而～之

 七・吴 9/不～丌(其)先君之臣

八・命 5/不㠯(以)厶(私)～〈惠〉厶(私)悁(怨)内(入)于王門

八・志 4/尔(爾)～(使)我旻(得)忧(尤)於邦多巳(已)

八・李 1 背/～(使)虗(吾)桓(樹)秀可(兮)

九・成甲 4/不～老人之心

九・舉 7/尚(嘗)退而～之

慮(慮、慮)

慮

一・性 39/罣弇(斯)～矣

一・性 39/～弇(斯)莫与之結

一・緇 17/古(故)言則～丌(其)所夂(終)

五・三 15/～(慮)事不成

慮

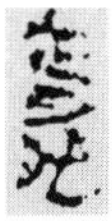
一・性 27/～(慮)谷(欲)淵而毋異

三・彭 6/遠～(慮)甬(用)素

五・姑 7/遠～(慮)煮(圖)逡(後)

八・有 3/～(慮)余子丌(其)速倀(長)含(今)

心　部

心

一・孔 4/丌(其)甬(用)～也牆(將)可(何)女(如)

一・孔 4/丌(其)甬(用)～也牆(將)可(何)女(如)

一・孔 22/丌(其)義(儀)一氏(兮)～女(如)結也

一・緇 13/則民又(有)免～

一・緇 13/則民又(有)劵(遜)～

三・周 45/爲我～寒

三・周 48/丌(其)～不悸

三・周 49/礪(厲)同(痛)～

一・緇 5/民㠯(以)君爲～

一・緇 5/古(故)～㠯(以)僼(體)廌(廢)

三・彭 1/句(耇)是(氏)執～不忘

三・彭 6/述(怵)惕之～不可長

 三・彭 6/～白身澤(釋)

 一・性 1/～亡(無)正(定)志

 一・性 4/亓(其)甬(用)～各異

 一・性 14/肰(然)句(後)亓(其)内(入)臬(拔)人之～也敂(厚)

 一・性 16/羕(咏)思而敵(動)～

 一・性 17/凡古樂龍～

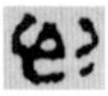 一・性 18/是古(故)亓(其)～不遠

 一・性 18/哭之敵(動)～也

 一・性 19/樂之敵(動)～也

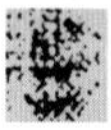 一・性 20/凡思之甬(用)～爲甚

 一・性 20/亓(其)聖(聲)弁(變)鼎(則)～從之矣

 一・性 20/亓(其)～弁(變)

 一・性 21/戲(戲)斿(遊)～也

 一・性 23/又(有)～愄(畏)者也

 一・性 27/甬(用)～谷(欲)悳(德)而毋□

 一・性 28/孯=(君子)執志必又(有)夫桂=(柱柱)之～

 一・性 32/〔求其〕～又(有)爲(僞)也

 一・性 35/凡甬(用)～之趮(趮)者

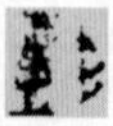 一・性 37/不又(有)夫柬=(簡簡)之～鼎(則)悉(采)

 一・性 38/不又(有)夫詘=(詘詘)之～鼎(則)流

 四・逸・交 3/隹(唯)～是藇

 四・逸・交 4/隹(唯)～是萬(勵)

 四・曹 18/必又(有)戬(戰)～以獸(守)

 五・季 18/氏古(故)臤(賢)人大於邦而又咎(劬)～

 六・孔 3/暈(斯)忠=(中～)樂之

 六・莊 8/必㠯(以)氏(是)～

 六・莊 9/可敢～之又

 六・用 1/～目伋言

 六・用 6/階～懷惟

 六・用 7/～

 六・用 9/隹(唯)～自惻(賊)

 六・用 13/又(有)臏才(在)～

 六・用 13/～臏之既權

七・凡甲 26/～不劵(勝)心

七・凡甲 26/心不劵(勝)～

七・凡甲 26/～女(如)能劵(勝)心

七・凡甲 26/心女(如)能劵(勝)～

七・凡乙 19/～不劵(勝)心

七・凡乙 19/心不劵(勝)～

七・凡乙 19/～女(如)能劵(勝)心

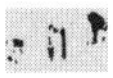
七・凡乙 19/心女(如)能劵(勝)～

七・吴 6/寍(寧)～敄(撫)惪(憂)

七・凡甲 28/君斎=(之所)貴唯～

七・凡乙 20/君斎=(之所)貴唯～

八・成 15/民皆又(有)夬(乖)鹿(離)之～

八・李 2/木一～可(兮)

八・有 2/同郙(俸)異～含(今)可(兮)

八・有 4/又(有)不善～耳今可(兮)

九・成甲 4/不思老人之～

情

一・孔 1/樂亡(無)隱(隱)～

一・孔 10/《鷃(燕)鷃(燕)》之～

一・孔 11/～藎(愛)也

一・孔 16/《鷃(燕)鷃(燕)》之～

一・孔 18/《折(杕)杜》則～

一・孔 22/韵(洵)又(有)～而亡(無)望

一・性 2/訂(始)者近～

一・性 2/智(知)～者能出之

一・性 10/里(理)丌(其)～而出内(入)之

一・性 11/豊(禮)〔作於〕～

一・性 12/君子岂(美)丌(其)～

一・性 14/丌(其)出於～也信

 一・性 17/卲(韶)頣(夏)樂～

 一・性 18/皆至丌(其)～也

 一・性 21/凡人～爲可兑(悦)也

 一・性 21/句(茍)𠃉(以)丌(其)～

 一・性 22/又(有)㒵(美)～者也

 一・性 35/甬(用)～之至〔者〕

 一・性 38/不又(有)夫奮𢓜(作)之～鼎(則)悉(侮)

 一・緇 2/則民～不弋(忒)

 六・競 4/墫～而不㥶

 七・鄭甲 3/奠(鄭)人～(請)丌(其)古(故)

 七・鄭乙 3/奠(鄭)人～(請)丌(其)古(故)

 七・凡甲 15/至～而智(知)

 七・凡乙 17/～而智(知)

 八・李 2/𠃉(以)李(理)人～

 八・李 2/人因亓(其)～則樂亓(其)事

 八・李 2/遠亓(其)～

志

 一・孔 1/㝍(詩)亡(無)𨼆(隱)～

 一・孔 8/言不中～者也

 一・孔 20/丌(其)𨼆(隱)～必又(有)𠃉(以)俞(喻)也

 一・孔 26/翏(蓼)莪又(有)孝～

 一・孔 19/□～

 一・緇 6/古(故)長民者章～𠃉(以)卲(昭)百眚(姓)

 一・緇 19/此𠃉(以)生不可敓(奪)～

 二・從甲 9/～𣅀(氣)不旨

 二・從乙 6/不武則～不達

 二・容 2/而一丌(其)～

三・周 27/～

五・鬼 8/而～行㬎(顯)明

四・曹 55/思亓(其)～记(起)

四・曹 59/亓(其)～者寡矣

四・曹 61/吕(以)懽(勸)亓(其)～

一・性 1/心亡(無)正(定)～

一・性 28/孠=(君子)執～必又(有)夫柱=(柱柱)之心

一・性 37/不又(有)夫恒惢(忻)之～則曼(慢)

二・民 3/～亦至女(安—焉)

二・民 3/～之〔所〕至者

二・民 7/可(何)～(詩)是迡

二・民 10/㤅(氣)～不愇(違)

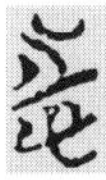
二・民 13/㤅(氣)～既從

五・姑 5/虐(吾)餌(聞)爲臣者必思君得～於吕(已)而又(有)逡(後)青(請)

六・慎 1/臤(堅)弜(強)吕(以)立～

六・慎 2/弜(強)吕(以)庚～

六・慎 5/不纍(贏)其～

六・用 18/记(起)事乍(作)～

七・武 6/亦不可〔不〕～

七・武 10/毋堇(謹)弗～

七・武 13/～𠘨(勝)欲則利

七・武 14/欲𠘨(勝)～則喪

七・武 14/～𠘨(勝)欲則從

七・武 14/欲𠘨(勝)～則兇(凶)

七・吴 3/則君之～也

七・吴 5/而反～下之相𢾊(擠)也

八・成 15/而或(國)又(有)相串(患)割(害)之～

八・王 3/邦人其滬(沮)～解體

 八・蘭 3/親衆秉～

 九・舉 32/壐(禹)衷(奮)中疾～

 九・史 12/不～(識)所爲

忿

 七・武 9/危於～連(戾)

悳

 一・孔 2/盛～(德)也

 一・孔 5/王～(德)也

 一・孔 5/秉旻(文)之～(德)

 一・孔 6/秉旻(文)之～(德)

 一・孔 6/不(丕)㬎(顯)隹(唯)～(德)

 一・孔 7/褱(懷)尔(爾)累(明)～(德)

 一・孔 9/㝥(寡)～(德)古也

 一・緇 3/咸又(有)一～(德)

 一・緇 7/又(有)(梏)～(德)行

 一・緇 13/季(教)之目(以)～(德)

 一・緇 21/厶(私)惠不褱(懷)～(德)

 港甲 1/民～(德)一

 二・子 2/伊㭃(堯)之～(德)則甚昷(明)舉(與)

 二・子 6/㭃(堯)見夋(舜)之～(德)叚(賢)也

 二・子 6/夋(舜)之～(德)𠟭(則)塦(城)善□

 二・子 8/古夫夋(舜)之～(德)

 二・魯 1/母(毋)乃遊(失)者(諸)型(刑)與～(德)虐(乎)

 二・魯 2/不智(知)型(刑)與～(德)

 二・魯 3/女(如)夫政坓(型)與～(德)目(以)事上天

 三・彭 4/夫子之～(德)登矣

 一・孔 24/則目(以)文武之～(德)也

 二・從甲 5/從正(政)𦎫(敦)五～(德)

 二・從甲 5/五～(德)

 二・容 39/～（德）惠而不賢

 二・容 1/亓（其）～（德）酋清

 二・容 50/成～（德）者

 二・容 32/曰～（德）遫（速）蒷（哀）☐

 三・中 11/敢昏（問）道民興～（德）女（如）可（何）

 三・中 13/唯（雖）又（有）孝（孝）～（德）

 三・中 17/～（德）季（教）不巻（倦）

 一・孔 2/《大顕（雅）》盛～（德）也

 四・曹 3/此不貧於散（美）而寡（富）於～與（歟）

 四・曹 21/而賞篧（爵）又（有）～

 五・季 2/☐～（德）

 五・季 2/青（請）昏（問）可胃（謂）㤅（仁）之目（以）～（德）

 五・季 4/敬壂（城）亓（其）～（德）目（以）臨民

 五・季 4/此之胃（謂）㤅（仁）之目（以）～（德）

 五・季 6/目（以）箸（書）孠₌（君子）之～（德）也

 五・季 7/君子敬壂（城）亓（其）～（德）

 五・三 1/是胃（謂）參（三）～

 五・三 22/君子不慙（慎）亓（其）～（德）

 一・性 10/季（教）所目（以）生～（德）于中者也

 一・性 16/嗣（紿）亓（其）～（德）

 一・性 23/又（有）～（德）者也

 一・性 26/目（以）～（德）者也

 一・性 27/甬（用）心谷（欲）～（德）而毋☐

 三・周 5/飤（食）舊～（德）

 三・周 28/不死（恒）丌（其）～（德）

 三・周 28/死（恒）丌（其）～（德）

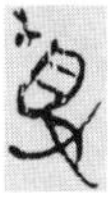 六・競 9/明～（德）觀行

 六・孔 24/而亡（無）城（成）～（德）

 六・慎 3/賃～（德）目（以）害

六・慎 4/時(時)～(德)而方義

六・用 2/爯(稱)秉纆(重)～(德)

六・用 3/丨亓(其)又(有)成～(德)

六・用 4/～(德)徑于康

六・用 8/寍(寧)又(有)保～(德)

六・用 9/台(以)忘民～(德)

六・用 13/嘉～(德)吉猷

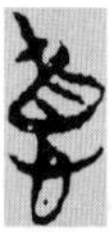
六・天甲 5/文～(德)

六・天甲 5/武～(德)伐

六・天甲 9/傻(懷)民則㠯(以)～(德)

六・天甲 12/因～(德)而爲之折

六・天乙 8/傻(懷)民則㠯(以)～(德)

八・子 2/尨(偃)也攸(修)丌(其)～(德)行

八・顔 10/～(德)城(成)則名至矣

八・成 9/持(持)市明之～(德)亓(其)殜(世)也⧅

八・蘭 3/蔌(蘭)斯秉～(德)

九・舉 25/嘉～(德)

九・舉 28/非能倉(合)～(德)於殜(世)者也

九・舉 32/壐(禹)奉垒(舜)童(重)～(德)

慎(慙、訢、新、言)

慙

四・曹 60/明～(慎)㠯(以)戒

四・曹 48/君不可不～(慎)

五・三 12/各～(慎)亓(其)尼(度)

五・三 20/～(慎)獸(守)虛□

五・三 22/君子不～(慎)亓(其)悳(德)

七・吴 1/～(慎)𢇍(絶)我二邑之好

八・王 5/而必良～(慎)之

一・孔 28/《牆又(有)薺(茨)》～(慎)䆁(密)而不智(知)言

訢

一・緇 16/弔(淑)～(慎)尔(爾)止

一・緇 17/則民～(慎)於言而歎(謹)於行

三・彭 2/～(慎)夂(終)保勞

二・從甲 4/是古(故)君子～(慎)言而不訢(慎)事

二・從甲 4/是古(故)君子訢(慎)言而不～(慎)事

五・弟 11/女(汝)能～(慎)訂(始)與夂(終)

一・性 16/丌(其)反善遉(復)訂(始)也～(慎)

五・季 19/～(慎)少(小)㠯(以)會(合)大

六・慎 1/～(慎)子曰

六・慎 3 背/～(慎)子曰共(恭)僉(儉)

六・用 7/慎可～(慎)哉

六・用 12/非考(巧)仐(免)～(慎)良台(以)家(稼)嗇(穡)

九・史 2/睪(擇)之～(慎)矣

訢

一・緇 9/上之好亞(惡)不可不～(慎)也

二・容 1/～(神)戎(農)是(氏)

二・容 39/於是虐(乎)～(慎)戒陞(徵)臤(賢)

三・中 20/聿(盡)丌(其)～(慎)者

三・中 23/不可不～(慎)也

三・中 23/不可不～(慎)也

三・中 25/可不～(慎)虐(乎)

六・孔 21/～(慎)亓(其)豊(禮)樂

九・陳 16/必～(慎)

九・陳 17/必～(慎)

言

 一・性 39/～(慎)

 一・性 39/人不～(慎)

忠

 一・緇 11/則～敬不足

 三・中 21/吕(以)～與敬

 三・中 22/上下相逿(復)吕(以)～

 一・孔 26/～

 六・慎 1/～疐吕(以)反(返)俞

 六・天甲 13/～誨(謀)

 八・顔 13/先凥(處)～也

 二・從乙 4/恩(温)良而～敬

 九・舉 4/日耑(短)而殜(世)～

快

 一・性 6/～於其(已)者之胃(謂)兑(悦)

念(念、悆)

念

 五・鬼 7/湝(沈)翌～惟

悆

 二・從甲 15/毋暴、毋禠(虐)、毋惻、毋～(貪)

戁

 三・中 12/～(難)爲從正

 三・中 20/～(難)吕(以)内(納)諫

 三・中 21/唯丌(其)～(難)也

 三・彭 2/～(難)易訡欲

 四・内附簡/□□亡～

 五・弟 4/子～(嘆)曰

 六・孔 26/隹聚卬(仰)天而～(嘆)曰

忻(忻、㤆)

忻

一·性 20/〔凡〕樂思而句(後)～

二·容 25/垔(禹)迥(通)淮與～(沂)

五·三 1/天亞(惡)女(如)～

八·命 7/莫不～憙(喜)

七·凡甲 19/～(近)之可見

㤆

七·凡甲 12/～(忻—近)之矢人

慧

一·性 38/又(有)丌(其)爲人之～(快)女(如)也

悊

五·三 11/居毋～

恕(忞)

忞

六·天甲 6/一憙一～(怒)

六·天乙 5/一憙一～(怒)

九·舉 35/～(怒)而不寡(寡)

五·競 6/不諦～(恕)寡(寡)人

慈(慈、𢘽)

慈

一·緇 13/古(故)～目(以)悉(愛)之

三·中 7/老=(老老)～幼

三·中 8/若夫老=(老老)～幼

𢘽

四·内 4/言人之倪(兄)之不能～(慈)俤(弟)者

四·内 5/言～(慈)俤(弟)

八·顔 3/☐必不才(在)～(兹)之内矣

八·顔 11/老=(老老)而～(慈)學(幼)

八·顔 12/老=(老老)而～(慈)學(幼)

恩

五·姑 9/公～(忍)

慶

一・緇 8/一人又(有)～

三・周 51/又(有)～懇(譽)

九・舉 3/又(有)～

寒

三・周 45/爲我心～

惟

五・鬼 7/湝(沈)坙念～

六・用 6/階心懷～

傷

七・武 8/毋曰可(何)～

懷

五・季 22/邦相～(懷)豉(毁)

六・用 6/階心～惟

愨

九・成甲 5/憙(喜)君之善而不～

恭

九・陳 12/又(有)所胃(謂)～

懼(懼、愳)

懼

五・三 4/憂～之閒

六・壽 1/～䰟(鬼)神以爲妄(怒)

六・壽 3/君王與楚邦～戁(難)

九・靈 4/城(成)公～亓(其)又(有)取女(安—焉)

九・陳 10/帀(師)徒虗(皆)～

愳

二・從乙 3/～(懼)皇(則)伓

五・姑 8/公～(懼)乃命長魚矞(矯)

愛(悉、慇)

悉

一・孔 17/《湯(揚)之水》丌(其)～(愛)婦悡(烈)

一・孔 27/䢜丌(其)所～(愛)

一・緇 13/古(故)慈𠂤(以)～(愛)之

二・魯 2/女毋～(愛)珪(圭)璧㡀(幣)帛於山川

二・魯 3/女夫毋～(愛)圭璧㡀(幣)帛於山川

六・競 3/或可～(愛)女(安—焉)

一・孔 17/《菜(采)萬(葛)》之～(愛)婦☐

三・中 23/至～(愛)之卒(卒)也

四・曹 17/毋～(愛)貨資子女以事其伎(便)連(嬖)

二・容 1/亓(其)悳(德)酉清而上～下

四・内 1/～(愛)是甬(用)

二・容 35/厚～而泊㑹(斂)女(焉)

四・曹 12/☐兼～(愛)萬(萬)民

一・性 34/～(愛)頪(類)七

一・性 34/售(唯)眚～爲𨑹(近)㤅(仁)

八・志 7/唯我～(愛)尔(爾)

九・舉 35/不～(愛)亓(其)

慇

六・用 11/亞(惡)猷～(愛)𤔔(亂)節

怩

五・三 4/～(偦)逵(達)之宋

悉

一・性 38/則～

二・容 53/𢇍(絶)穜(種)～(侮)眚(姓)

三・中 15/☐昏民～

三・彭 7/□□者不𠂤(以)多～(懋)者多惪(憂)

懇

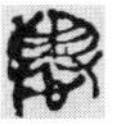
三・周 51/又(有)慶～

三・周 53/此丌(其)所取～

三・中 7/惑佔(過)～辠(罪)

惂(愮)

愮

一・性 19/濬深䏣(鬱)～(陶)

息

四・昭 9/～(霸)君吴王身至於郢

懽

三・中 22/則民～(歡)丞(承)孚(學)

二・從乙 1/㬎(濕)訜～(勸)信

二・容 6/不～(勸)而民力

四・相 3/百攻～(勸)於事

四・相 3/泵(庶)人～(勸)於四枳(肢)之褺(藝)

四・曹 60/一出言三軍皆～(歡)

四・曹 61/以(以)～(勸)亓志

急

五・弟 5/㝅(賢)者～

七・鄭甲 2/㠯(以)邦之㤁(怲—病)㠯(以)～

七・鄭乙 2/㠯(以)邦之㤁(怲—病)㠯(以)～

㥛(惡、悪)

惡

一・性 37/不又(有)夫～恧之志鼎(則)曼

悪

三・亘 12/無不旻(得)亓(其)～而果述

愈(愈、悆)

愈

三・周 5/退(復)即佘(命)～

三・周 15/成又～

三・周 16/官又～

三・彭 7/氏(是)胃(謂)昇(嗌)～

四・曹 2/今邦㢊(彌)少(小)而鐘～大

六・競 11/～爲樂虖(乎)

六・用 4/民日～樂

七・凡甲 5/亓(其)智～暲(障)

七・凡乙 11/亓(其)智～暲(彰)

⿱僉心

四・柬 2/笄嵆(義)～(愈)迖

愚

三・中 26/～

悈

一・性 37/不又(有)夫柬=(柬柬)之心鼎(則)～(悈)

怠(⿰糹怠、⿰⺈怠、⿰亻怠、⿰言怠)

⿰糹怠

四・曹 33/戒㝒(勝)～(怠)

四・曹 41/可㠯(以)又(有)～(治)邦

四・曹 52/爲之母(毋)～(怠)

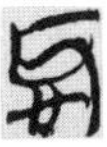
二・從甲 9/正(政)𠩺=(之所)～(怠)也

四・曹 33/既戰(戰)牆(將)斆爲之～(治)

四・曹 41/可㠯(以)又(有)～(治)邦

五・季 18/～曰

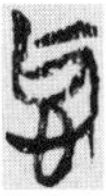
六・壽 2/奠(鄭)壽～(辭)

六・莊 2/酖(沈)尹固～(辭)

⿰⺈怠

三・中 26/忎(恐)～(貽)虐(吾)子愳(羞)

五・三 2/～(怠)者遊(失)之

七・武 3/～(怠)㝒(勝)義則亡(喪)

七・武 4/義㝒(勝)～(怠)則長

⿰亻怠

七・武 14/敬㝒(勝)～(怠)則吉

七・武 14/～(怠)㝒(勝)敬則威(滅)

謥

 七・凡甲 3/天埅(地)立夂(終)立～(始)

 七・凡乙 3/天埅(地)立夂(終)立～(始)

 七・凡甲 25/夂(終)則或～(始)

 七・凡乙 18/夂(終)則或～(始)

惰(隓)

隓

 三・中 18/毋自～(惰)也

怫(𦒉)

𦒉

 三・周 24/～(怫)經于北洍

 三・周 24/～(怫)頤

 三・周 25/～(怫)尻

忘

 一・孔 6/於虖(乎)歬(前)王不～

 三・周 20/亡(無)～

 三・周 20/亡(無)～

 三・周 21/亡(無)～又(有)疾

 三・周 21/亡(無)～

 三・周 39/～虐(號)

 三・彭 1/句(耇)是(氏)埶心不～

 四・相 1/政母(毋)～所飼(治)事

 四・曹 54/思～亓(其)死而見亓(其)生

 五・鮑 2/～亓(其)迿佾也

 五・三 9/傒子是胃(謂)～神

 四・内附簡/母(毋)～姑姊妹而遠敬之

 六・競 6/～矣

 六・莊 6/～夫枎述之下虖(乎)

 六・用 2/亦力孠(勉)㠯(以)毋～

 六・用 9/台(以)～民悳(德)

 七・凡甲 26/厔(危)侫(安)廌(存)～(亡)

 七・凡乙 19/侫(安)廌(存)～(亡)

九・舉 24/母(毋)～亓(其)所不能

憧

三・中 4/售(雍)也～愚

悸

一・性 15/鼎(則)～女(如)也斯難(歎)

三・周 48/丌(其)心不～

惑(惑、㥾、賊)

惑

一・緇 3/上人㑒(疑)則百眚(姓)～

五・鬼 6/勿(物)斯可～

一・緇 4/則民不～

一・緇 22/此㠯(以)迩(邇)者不～

三・中 10/～(赦)怟(過)惥(與)辠(罪)

三・中 7/～(赦)怟(過)惥(與)辠(罪)

六・孔 27/此㠯(以)不～

㥾

二・容 20/思民母(毋)～(惑)

賊

五・弟 16/多餌(聞)鼎(則)～(惑)

惛(惛、惽)

惛

六・競 6/今君之貪～(昏)蚤(苛)匿(慝)

惽

二・從乙 3/𢝊(憂)㥁(則)～(惛)

悁(悁、寃)

悁

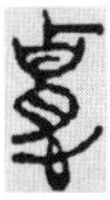
一・孔 27/《北風》不匃(絕)人之～(怨)

二・從甲 5/敘(除)十～(怨)

二・從乙 2/則民不～(怨)

四・曹 17/不可㠯(以)先复(作)～(怨)

八・命 5/不㠯(以)厶(私)思〈惠〉厶(私)～(怨)内(入)于王門

悹

一・孔 19/猷(猶)又(有)～(怨)言

一・孔 18/吕(以)俞丌(其)～(怨)者也

一・孔 3/多言難而～(怨)退(懟)者也

烈

一・孔 17/《湯(揚)之水》丌(其)忢(愛)婦～(烈)

怒(惹、藘)

惹

一・性 1/憙(喜)～(怒)哀悲之氣(气)

九・靈 4/爲之～(怒)

九・靈 5/或爲之～(怒)

六・壽 1/懼魂(鬼)神吕(以)爲～(怒)

七・鄭甲 3/女(如)上帝魂(鬼)神吕(以)爲～(怒)

七・鄭乙 3/女(如)上帝〔魂(鬼)〕〔神〕吕(以)爲～(怒)

藘

五・三 13/唯～(怒)是備(服)

五・三 13/～(怒)爲百(首)

慍(恩)

恩

二・從乙 4/～(慍)良而忠敬

二・昔 3/～(慍)於外不見於内

六・競 5/～(温)聖

惡

一・緇 1/又(有)國者章好章～

一・緇 4/斁(謹)～吕(以)慮(禦)民淫

一・緇 22/丌(其)～也又(有)方

憎

五・三 2/上帝牆(將)～之

五・三 19/而句(后)帝之所～

悔(悬、啓)

悬

一・孔 26/陘(隰)又(有)長(萇)楚旻(得)而～(悔)之也

 三・周 14/可⿱亼示(余)～(悔)

 三・周 14/遟(遲)又(有)～(悔)

 三・周 19/亡(無)～(悔)

 三・周 26/亡(無)～(悔)

 三・周 27/亡(無)～(悔)

 三・周 28/～(悔)亡

 三・周 32/～(悔)⿱亡山(亡)

 三・周 33/～(悔)亡

 三・周 38/～(悔)亡

 三・周 43/迖(逐)～(悔)又⿱母心(悔)

 三・周 43/迖(逐)⿱母心(悔)又～(悔)

 五・三 20/蹭迲(去)㠯(以)～(悔)

 九・舉 6/殜=(世世)毋又(有)遂(後)～(悔)

 九・舉 32/～㠯(以)袋(勞)民

 二・從乙 4/諮～(悔)而共(恭)孫(遜)

 六・用 12/則弗可～(悔)

⿱母日

 四・曹 55/⿱尸子(孳—蕞)者思～(悔)

悶

 一・孔 26/北(邶)《白(柏)舟》～

悲

 一・性 1/憙(喜)惹(怒)哀～之気(氣)

 一・性 18/凡〔至樂〕必～

 一・性 18/哭亦～

 一・性 19/丌(其)柬(烈)流女(如)也㠯(以)～

 一・性 19/凡悳(憂)思而句(後)～

 二・民 11/内虐(恕)巽～

 二・昔 4/唯哀～是思

惻

 二・容 6/不型(刑)殺而無覜(盜)～(賊)

 二・容 42/～(賊)逃(盜)

 三・彭 7/惻者自～(賊)也

 五・姑 10/～(賊)參(三)𡋤(郤)

 五・鬼 2/～(賊)百眚(姓)

 二・從甲 15/母(毋)～(賊)

 二・從甲 15/則～(賊)

 六・用 3/亦不埶(邇)於～

 六・用 9/隹(唯)心自～(賊)

 七・鄭甲 4/惡(戕)～(賊)丌(其)君

 七・鄭乙 4/惡(戕)～(賊)丌(其)君

 七・凡甲 25/出～(賊)或(又)内(入)

 七・凡甲 26/～(賊)怨(盜)之复(作)

 七・凡乙 18/出～(賊)或(又)内(入)

 七・凡乙 19/～(賊)怨(盜)之复(作)

 八・蘭 3/戔(殘)～(賊)

 八・蘭 5/蓉～(則)柬(簡)娩(逸)而莫之能耆(効)矣

 九・史 9/子亦氏(是)之～

恙

 三・亘 7/～(祥)宜(義)利

 五・三 3/是胃(謂)不～(祥)

 五・三 11/不～(祥)毋爲

 七・鄭甲 4/弗愄(畏)魂(鬼)神之不～(祥)

 七・鄭乙 4/弗愄(畏)魂(鬼)神之不～(祥)

怲(悥)

悥

 二・從甲 8/～皇(則)亡新(親)

 七・鄭甲 1/㠯(以)邦之～(怲—病)㠯(以)忍(急)

 七・鄭甲 3/售(雖)邦之～(怲—病)

七・鄭乙 2/吕(以)邦之～(怲—病)吕(以)忍(急)

七・鄭乙 3/售(雖)邦之～(怲—病)

忡(冬)

冬

三・周 12/君子又(有)～(忡)

感

一・孔 4/民之又(有)～惓(患)也

憂(㥑)

㥑

四・昭 10/虐(吾)未又(有)吕～(憂)亓(其)子

五・競 5/又(有)～(憂)於公身

五・競 9/幾(豈)不二子之～(憂)也才(哉)

五・君 5/凡色毋～(憂)

五・三 4/～(憂)懼之閒

五・三 7/必逿(復)之吕(以)～(憂)龔(喪)

五・三 14/而㝱(寡)亓(其)～(憂)

五・三 16/不㡭(絶)～(憂)卹(恤)

一・性 19/凡～(憂)思而句(後)悲

四・内 6/亡(無)厶(私)～(憂)

一・孔 16/《緑衣》之～(憂)

三・彭 7/□□者不吕(以)多忎(懋)者多～(憂)

三・周 41/又(有)～(憂)自天

一・性 31/凡～(憂)惓(患)之事谷(欲)任

二・從甲 16/～(憂)則□

二・從乙 3/～則䯍(昏)

七・吴 6/寍(寧)心敦～(憂)

息

五・鮑 5/飤(食)、色、～

忧

六・用 4/悳好弃(棄)～(尤)

八・志 6/旻(得)～(尤)於邦多巳(已)

惲(䁴)

䁴

四・曹 34/君毋～(惲)自裻(勞)

恐(忎)

三・中 26/～(恐)怣虐(吾)子𢝊(羞)

三・彭 8/～(恐)弗能守

六・競 7/則～逘(後)敔(誅)於貞(史)者

六・孔 22/則～(恐)舊(尤)虐(吾)子

六・孔 22/虐(吾)子迷言之猶～(恐)弗智

七・武 5/武王䎽(聞)之～(恐)愳(懼)

八・命 1/～(恐)不能

四・曹 5/不肰(然)～(恐)亡女(安—焉)

患

九・成甲 4/君王胃(謂)子玉未～(慣)

九・成乙 1/启(以)子玉之未～(慣)

惕(惖、悳)

惖

二・從甲 17/君子難旻(得)而～(易)㕜(事)也

二・從甲 18/是以曰少(小)人～(易)旻(得)而難㕜(事)也

四・曹 46/少則～(易)䡅(察)

四・曹 46/圪(氣)成(盛)則～(易)會(合)

三・彭 6/述(怵)～之心不可長

五・三 5/䢅(變)祟(常)～(易)豊(禮)

五・三 15/毋能而～之

七・武 10/立(位)難旻(得)而～逹(失)

七・武 10/士難旻(得)而～雈(外)

九・卜 8/旨(室)而～

悳

五・鮑 6/～(易)䛷(牙)

惎(忎、悬)

忎

六・孔 13/此言不～

八・志 3/～(忌)韋(諱)

悬

六・平 3/殺左尹宛、少帀(師)亡(無)～(忌)

恥

二・從乙 3/～則軛(犯)

五・季 3/氏(是)孠=(君子)之～也

五・三 11/毋～父䏲(兄)

五・三 13/不有大禍(禍)必大～

一・孔 8/王公～之

一・孔 9/多～者亓(其)怲之虐(乎)

六・天甲 7/與卿夫=(大夫)同～尾(度)

六・天甲 8/～尾(度)

六・天乙 7/卿夫=(大夫)同～庀(度)

六・天乙 7/～尾(度)

八・王 2 虗(吾)鼠(一)～於告夫=(大夫)

憐(𢡟)

𢡟

一・性 39/悬(僞)斝(斯)～(吝)矣

四・内 6/～(隱)而任之

四・曹 5/～(鄰)邦之君明

怍(作、憈)

作

六・用 7/亓(其)頌(容)之～

憈

五・三 2/毋爲悬(僞)～(詐)

忍

三・亘 1/自猒(厭)不自～

六・競 7/～皋(罪)虐(乎)

憖

九・靈 1/繙(申)賽(息)不～

𢗬

二・子 1/叏(使)亡又少(小)大～(肥)寠

忎

 二·子10/䡅(娠)厽(三)～(年)而畫於伓(背)而生

 港甲3/三～(年)而畫于雁(膺)生

𢗗

 五·鮑6/亓(其)爲～(𢦏)也深矣

 五·鮑8/日旌(作)亦不爲～(𢦏)

𢗴

 四·曹56/邦豙(家)㠯(以)～

𢘓

 一·性21/唯～(過)不亞(惡)

 一·性32/不～(過)直〼

 一·性39/肰(然)而丌(其)～(過)不亞(惡)

 一·性39/又(有)～(過)鼎(則)咎

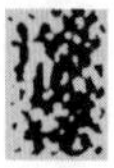 一·性40/〔斯〕又(有)～(過)

 三·中7/惑(赦)～(過)恩(與)辠(罪)

 三·中10/惑(赦)～(過)恩(與)辠(罪)

 三·中19/民亡(無)不又(有)～(過)

 三·中20/孚～(過)𢦒析

 四·曹23/～(過)不才(在)子才(在)㝈(寡)人

 四·曹63/乃自～(過)以敓(悦)於墓(萬)民

 五·三5/～而攺(改)新(新)

 七·吴3/隆(降)～於我

 八·有2/又(有)～(過)而能改今可(兮)

 九·邦7/君之言～(過)

𢙇

 一·孔19/《木苽(瓜)》又(有)寢(藏)～(願)而未旻(得)達也

 三·彭4/古君之～(願)良□

 一·孔14/㠯(疑)好色之～(願)

 三·中26/～(願)因虗(吾)子而訡(辭)

 四·柬21/～(願)䎽(聞)之

 五·鮑4/簹(筥)逞伓～(願)

 八・王 4/～(願)夫=(大夫)之母(毋)徒

 八・李 1 背/～(願)歲之啟時

忼

 一・孔 9/丌(其)～之虖(乎)

 八・志 4/然 㠯(以)讒(讒)言相～(謗)

恁

 一・孔 8/少(小)又～(仁)女(安—焉)

悤

 八・命 9/皆亡～女(安—焉)而行之

忩

 一・緇 13/則民又(有)～=(遜心)

 三・中 13/緩(緩)偲(施)而～(遜)放(赦)之

㤺

 三・亙 10/～言之

㤮

 三・中附簡/幾不又～(狂)也

 六・競 9/外=(外褻)又(有)梨(梁)丘虡(據)縈～(狂)

 九・陳 6/君王不智(知)～(狂)之無栽(才)

 九・陳 6/命～(狂)楒(相)執事人敕(整)帀(師)徒

 九・陳 12/陳公～(狂)安巽楚邦之古(故)

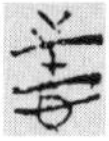 九・陳 14/命陳公～(狂)寺=(治之)

 九・陳 14/陳公～(狂)

㣻

 一・性 37/不又夫惡～之志鼎(則)曼

 五・弟 12/言行相～

悦

 一・性 26/不同～(悦)而交

 一・性 29/凡～(悦)人勿罼(吝)

一・性 36/～(悦)爲甚

悟

一・孔 26/《浴(谷)風》～

悆

三・中 13/縵(緩)～(施)而急(遜)放(赦)之

愋

二・從甲 5/一曰～(緩)

二・從甲 5/孝=(君子)不～(緩)㘸(則)亡(無)目(以)頌(容)百姓

愄

二・從甲 8/～(威)㘸(則)民不道

一・性 23/□而民～(畏)

一・性 23/又心～(畏)者也

一・性 30/毋～(畏)

五・季 9/～(威)鼎(則)民不道

五・季 21/□=～=

七・吴 5/釜(斧)戉(鉞)之～

八・王 1/觀無～(畏)

八・志 2/無～(畏)

悳

二・從甲 16/目(以)軋(犯)賡～見

惎

二・容 3/𠫓(教)而～(誨)之

愇

二・民 10/燹(氣)志不～

惐

七・鄭甲 4/～(戕)惻(賊)丌(其)君

七・鄭乙 4/～(戕)惻(賊)丌(其)君

悆

七・凡甲 23/母(毋)遠～厇(度)

七・凡乙 15/母(毋)遠～乇(度)

窸

一・性 4/或～(節)之

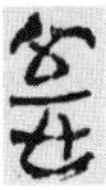
一・性 5/～(節)眚者

㣭

三・中 20/～(盡)丌(其)訢(慎)者三

㫋

二・子 12/顋(履)㠯(以)～(祈)禱

蕙

一・性 4/或～(厲)之

一・性 5/～(厲)眚者

四・柬 16/邦～之

六・競 6/而湯清者與旻(得)～(萬)福女(焉)

𢠇

三・周 4/憲(憶)～(惕)

𢚾

五・鮑 3/器必蠲(蠲)～(潔)

𢤧

一・性 30/言及鼎(則)明嬰(舉)之而毋～(僞)

一・性 32/人之不能㠯(以)～(僞)也

一・性 39/～(僞)斝(斯)罴矣

四・曹 34/㠯(以)觀上下之情～(僞)

五・三 2/毋爲～(僞)慮(詐)

𠊗

五・鮑 5/百眚(姓)皆宛(怨)～

𢝹

七・凡甲 26/惻(賊)～(盜)之复(作)

𢡟

一・性 26/㠯(以)～(猷)者也

⿱齊心

一・性 15/觀《峑(賚)》《武》鼎(則)～女也斯复(作)

懕

四・曹 2/今邦～(彌)少(小)而鐘愈大

⿱新心

七・吴 4/～(親)於桃

⿱篤心

一・性 33/～(篤),悬(仁)之方也

⿱害心

三・周 4/～(憶)悤(惕)

⿱羽⿱害心

五・鮑 6/必～(害)公身

⿱⿰身宮心

一・性 39/～(仁)之方也

⿱⿰镸攵心

六・競 4/塼(敷)情而不～

⿱固心

六・壽 2/王～(固)訡(訊)之

⿰忄定

六・用 8/～保之亟

愼

六・用 7/～可訢(慎)哉

慝

六・用 1/～(匿)之台(以)兇型(刑)

⿰忄盍

六・用 2/不可～

⿱聑心

六・用 4/～(懾)好弃忧

恭

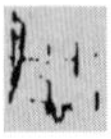

六・孔 18/亓(其)行板～哀與

憮

六・用 2/非～於福

忌

六・用 15/告衆之所畏～

𢡑

七・鄭甲 2/𤖼(將)保丌(其)～炎(嚴)

七・鄭乙 2/𤖼(將)保丌(其)～炎(嚴)

𢡑

九・邦 1/～䰟□□□□

卷十一

水 部

水

一・孔 17/《湯(揚)之～》丌(其)㤅(愛)婦恝(烈)

一・孔 29/河～

二・魯 4/～目(以)爲膚

二・魯 5/～牆(將)沽(涸)

二・容 23/～棨(潦)不湝

二・容 53/土玉～酉(酒)

五・三 16/敓(奪)民時目(以)～事

七・凡甲 2/～火之和

七・凡甲 10/～之東流

七・凡甲 12/～奚旻(得)而清

七・凡甲 24/～逿(復)於天

七・凡乙 2/～火之和

七・凡乙 8/～之東流

七・凡乙 17/～逿(復)於天

九・舉 30/天下大～

河

一・孔 29/～水

二・容 13/匋(陶)於～賓(濱)

二・容 24/決九～

二・容 27/東豉(注)之～

二・容 27/北豉(注)之～

三・中 2/夫季是(氏)～東之城(盛)豙(家)也

六・木 3/臧(莊)王迈(蹠)～澭(雍)之行

九・舉 30/疋(疏)～爲九

江

二・容 26/埅(禹)乃迵(通)三～五沽(湖)

七・吴 5/～宵(濱)

九・舉 30/埅(禹)疋(疏)～爲三

沱

二・容 45/或(又)爲酉(酒)～(池)

四・曹 6/昔～舶語頁(寡)人曰

五・三 12/宫室汙～(池)

涂(涂、涻)

涂

九・陳 4/戰於～、漳之滤(滸)

涻

二・容 25/於是虎(乎)夾州、～(涂)州鈶(始)可凥(處)

溺

二・容 36/強～(弱)不紿(治)諹

五・姑 10/公豙(家)乃～(弱)

七・武 8/與亓(其)～於人

七・武 8/～於人

七・武 8/寧～於宋(淵)

渭

二・容 27/埅(禹)乃迵(通)經(涇)與～

漢(灘)

一・孔 10/《～(漢)圭(廣)》之智

一・孔 11/《～(漢)圭(廣)》之智鼎(則)智不可旻(得)也

二・容 27/埅(禹)乃從～(漢)𠙵(以)南爲明(名)浴(谷)五百

二・容 28/從～(漢)𠙵(以)北爲明(名)浴(谷)五百

洛

 二・容 26/壟(禹)乃迵(通)沠(伊)、～

 六・天甲 6/～尹行身和二

 六・天乙 5/～尹行身和二

 八・王 7/乃命彭徒爲～卜(卜)尹

沾

 九・卜 3/凥(處)不～(占)大汙

 九・卜 3/乃～(占)大浴(谷)

漳

 九・陳 4/戰於涂、～之濾(滸)

漸

 九・成甲 2/～(斬)三人

 九・成乙 2/～(斬)三人

 三・周 50/鳿(鴻)～于陞(阪)

 三・周 50/鳿(鴻)～于陸

 三・周 50/～(漸)

 三・周 50/鳿(鴻)～(漸)于鰌(澗)

深

 一・孔 2/丌(其)思～而遠

 一・性 19/濬～脊(鬱)蓞(陶)

 四・采 4/王音～浴(谷)

 四・柬 8/高山～溪

 四・柬 8/聚(驟)夢高山～溪

 五・鮑 6/亓(其)爲志(災)也～矣

 五・三 11/毋椯(揣)～

 五・鬼 8/庴(顏)色～晦(晦)

 六・用 20/又但之～

 八・李 1/～利幵豆

 九・舉 29/備(服)～亙(恒)垩(重)

 九・舉 33/～傽(陟)固疋(疏)

淮

二・容 25/墨（禹）乃迵（通）～與𣲖（沂）

泗

二・容 37/乃立～（伊）尹㠯（以）爲差（佐）

二・容 37/～（伊）尹㲹（既）已受命

灉（澅）

五・三 10/毋～（灉—壅）川

寖（寑、浸）

寑

八・李 1 背/～（浸）𣪠（毁）｜可（兮）

浸

一・性 18/哭之𢿦（動）心也～焊（?）

渚

四・逸・交 2/集于中～

洨

三・周 11/氒（厥）孚～（交）女（如）

沽

二・容 26/墨（禹）乃迵（通）三江五～（湖）

五・鮑 5/公～弗察人之生（性）三

五・弟 16/㝐（寡）𦖞（聞）則～（孤）

二・魯 5/水𨟻（將）～（涸）

六・用 6/亓（其）由能不～（涸）

六・用 19/而亦不可～

洍

三・周 24/𦤎（怫）經于北～

海（㴖）

㴖

三・中 18/昔三弋（代）之明王又（有）四～（海）之内

二・容 5/四～（海）之外宾（賓）

二・容 5/四～（海）之内貞

二・容 9/而𣝗（包）才（在）四～（海）之内

二・容 19/四～（海）之内及四～（海）之外皆青（請）社（貢）

二・容 20/四海(海)之内及四～(海)之外皆青(請)社(貢)

二・容 25/東豉(注)之～(海)

二・容 26/東豉(注)之～(海)

二・容 26/東豉(注)之～(海)

二・容 41/吕(以)霐四～(海)之内

二・民 7/而悳(德)既塞於四～(海)矣

二・民 12/塞于四～(海)

七・凡甲 15/練(陳)於四～(海)

七・凡甲 16/之〈先〉智(知)四～(海)

滔

五・三 7/是胃(謂)～皇

湝

二・容 23/水縈(潦)不～

二・容 24/剴逕～流

潮(泔)

泔

五・三 16/是胃(謂)～

涓(涓)

涓

三・周 58/～(涓)丌(其)輪

波

二・容 24/吕(以)～(陂)明者(都)之澤

浮

五・鮑 3/乃命又(有)嗣(司)箸集(祚)～

測

七・凡甲 20/～之則滅

洌(䴡)

䴡

三・周 45/汬(井)～(洌)

清

一・孔 5/～窗(廟)

一・孔 21/～

二・容 1/丌(其)悳(德)酉～

三・亘 4/～燹(氣)生天

六・競 6/而湯～者與旻（得）蔓（萬）福安

七・凡甲 12/水奚旻（得）而～

七・凡乙 9/奚旻（得）而～

淵（困、宋）

困

一・性 27/慮谷（欲）～（淵）而毋異

三・彭 4/或椎於～（淵）

五・君 1/彥（顏）～（淵）時（侍）於夫子

五・君 1/彥（顏）～（淵）倠（作）而倉（答）曰

五・君 2/彥（顏）～（淵）退

五・君 3/彥（顏）～（淵）時（侍）於夫子

五・君 4/☒～（淵）㞷（起）迲（去）筶（席）曰

五・弟 20/彥（顏）～（淵）馭（御）

七・凡甲 15/下番（播）於～（淵）

七・凡乙 10/下番（播）於～（淵）

八・顏 1/彥（顏）～（淵）䎽（問）於孔=（孔子）曰

八・顏 1/彥（顏）～（淵）

八・顏 3/彥（顏）～（淵）

八・顏 5/彥（顏）～（淵）曰

八・顏 6/彥（顏）～（淵）

八・顏 9/彥（顏）～（淵）曰

九・卜 7/～（淵）公占之曰

宋

七・武 8/寍（寧）溺於～（淵）

澤（澤、臯）

澤

二・容 13/魚（漁）於靁（雷）～

二・容 24/㠯（以）波（陂）明者（都）之～

四・曹 2/非山非～

二・容 3/厇（宅）亖者鮫（漁）～

皋

三・彭 6/心白身～(釋)

淫

一・緇 4/數(謹)惡㠯(以)盧(禦)民～

滸(滹)

四・昭 1/卲(昭)王爲室於死涎之～(滸)

九・陳 4/戰於涂、漳之～(滸)

滎

二・容 23/水～(潦)不湝

瀆(𣽬)

𣽬

八・成 4/白(伯)𡰥(夷)、弔(叔)齊餓(餓)而死於雝(雍)～(瀆)

八・王 7☐言之～(瀆)

九・舉 23/～(瀆—篤)則智(知)城(成)

九・舉 30/㠯(以)～(瀆)天下

九・舉 31/夬(決)～(瀆)三百

九・卜 4/～(瀆)

澗(鮹)

鮹

三・周 50/䲨(鴻)漸于～(澗)

五・三 12/罙～(澗)之邑

津(瀘)

瀘

二・容 51/涉於孟～(津)

淦

六・用 4/～(陰)則或淦(陰)

六・用 4/淦(陰)則或～(陰)

淒(澓)

澓

二・容 31/～(濟)於㞷(廣)川

四・曹 43/行阪～(濟)墜(障)

三・周 58/未～(濟)

沈(湆、⿰木冰、⿲木木水)

湆

五・鬼 7/～(沈)㞢(抑)念惟

⿰木冰

六・用 16/～吝(文)惠武

⿲木木水

八・蘭 2/可(何)～而不沽(涸)

潛

九・舉 21/而～(浸)㠯(以)成

汙

五・三 12/宫室～池

九・卜 3/不沾(占)大～

湯

一・孔 17/《～(揚)之水》丌(其)炁(愛)婦烈(烈)

二・容 35/～是之又(有)天下

二・容 36/～乃尃爲正(征)笈(籍)

二・容 37/～乃悔(謀)戒求臤(賢)

二・容 39/～䎽(聞)之

二・容 40/～或(又)從而攻之

二・容 40/～或(又)從而攻之

二・容 41/～於是虗(乎)諓(徵)九州之帀(師)

二・容 42/～王天下三十又(有)一傑(世)而受(紂)复(作)

五・鬼 1/昔者先(堯)叁(舜)墨(禹)～

六・競 6/而～清者與旻(得)蠆(萬)福女(安—焉)

九・舉 14/～倿善貝(視)訋

九・舉 17/～行三记(起)

二・容 25/墨(禹)乃迵(通)蔞與～

湑(浞)

浞

四・昭 1/卲(昭)王爲室於死～(湑)之滸(滸)

滷

二・從甲 8/～(嚴)䀿(則)遊(失)衆

滄

四・柬 1/王～(汗)至

二・從甲 19/鉛(饑)～而毋飠

澡

八・成 5/女(安—焉)不曰日章(彰)而冰～(消)虗(乎)

汗

八・蘭 1/……～(旱)

八・蘭 2/……～(旱)其不雨

八・蘭 4/風～(旱)之不罔(罔)

汲

三・周 45/可以～

五・競 2/～(隰)儨(朋)曰

五・競 5/～(隰)儨(朋)畣(答)曰

泣(泣、深)

泣

四・柬 14/王卬(仰)天合而～

深

八・有 4/女=(如女)子牆(將)～(泣)今可(兮)

滅

七・凡甲 20/測(賊)之則～

泯

六・用 19/又(有)～=(泯泯)之不達

溢(豰)

豰

九・靈 4/至轂(穀)～(溢)

九・邦 2/戰於～(溢)

𣸣

七・凡甲 14/箮(孰)雲～之

七・凡乙 9/箮(孰)雲～之

沙

四・逸・交 1/□□(中?)～(梁)

泊

二・容 35/厚愛而～(薄)僉(斂)女(安一焉)

四・柬 1/柬(簡)大王～澭(旱)

四・曹 54/貾(重)賞～(薄)坓(刑)

六・用 7/亓(其)自見之～

浗

五・季 4/喬鼑(則)～

浭(溲)

溲

二・子 7/則亦不大～(浭)

泒

二・容 26/墨(禹)乃迵(通)～(伊)、洛

浧(浧、溋)

浧

三・亘 4/信～(盈)天墜(地)

六・競 9/番～(盈)藏莒

六・用 8/硃(積)～(盈)天之下

七・武 11/亦又(有)不～(盈)於十言

七・凡甲 10/𤖕(將)可(何)～(盈)

七・凡甲 29/捸(握)之不～(盈)捸(握)

七・凡乙 8/𤖕(將)可(何)～(盈)

七・凡乙 22/捸(握)之不～(盈)捸(握)

八・蘭 2/～(馨)訛(謠)迡而達䎽(聞)于四方

溋

六・用 17/用亡(無)咎隹(唯)～(盈)

淆(泾)

泾

五・弟 8/酓(飲)酉(酒)女(如)～(淆)

浦

五・季 4/～言多難

滐

二・容 25/決九河之～

 三・中 19/川又～

 三・中 20/子所～丌(其)青(情)

 九・陳 17/女(如)既～城女(安—焉)

滅

 三・亘 2/若～=(寂寂)夢=(夢夢)

澫

 四・逸・交 3/集于中～

 四・昭 5/王遲(徙)尻(居)於坪(平)～

 四・昭 5/卒(卒)吕(以)夫=(大夫)歓=(飲酒)於坪(平)～

 五・競 6/虗(吾)不～(賴)二厽(三)子

 八・王 1/王居穌(蘇)～之室

 九・陳 13/鋸～(瀨)

溼

 二・容 24/剴～湝流

滭

 四・柬 1/柬大王泊～(旱)

 四・柬 11/此所胃(謂)之～(旱)母

 四・柬 12/而䎖(刑)之吕(以)～(旱)

 四・柬 12/夫唯母(毋)～(旱)而百眚(姓)迻吕(以)迲(去)邦豪(家)

 四・柬 18/邦豪(家)大～(旱)

瀘

 五・鮑 5/～(鹽)肰(然)牆(將)薨(亡)

澳

 二・容 21/审(中)正之羿(旗)吕(以)～(熊)

淲

 六・用 6/繼(絶)原(源)流～(澌)

濮

 六・用 20/而又(有)弔(淑)之～(淺)

裟

 六・競 2/二子～

林　部

流(瀘、瀘)

瀘

一・性 19/丌(其)朿(烈)～(流)女(如)也吕(以)悲

一・性 28/言谷(欲)植(直)而毋～(流)

一・性 38/不又(有)夫詘詘之心鼎(則)～(流)

二・從甲 19/君子不吕(以)～(流)言戢(傷)人

瀘

二・容 24/𧯛湛湝～(流)

六・孔 24/君子～(流)亓(其)觀女(安—焉)

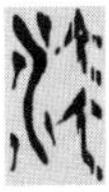
六・用 6/繼(絕)原(源)～(流)澌(澌)

七・凡甲 1/吕(品)勿(物)～(流)型(形)

七・凡甲 1/～(流)型(形)城(成)豊(體)

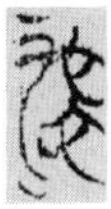
七・凡甲 2/民人～(流)型(形)

七・凡甲 3/～(流)型(形)城(成)豊(體)

七・凡甲 3 背/吕(品)勿(物)～(流)型(形)

七・凡甲 10/水之東～(流)

七・凡乙 1/吕(品)勿(物)～(流)型(形)

七・凡乙 1/～(流)型(形)城(成)豊(體)

七・凡乙 2/民人～(流)型(形)

七・凡乙 2/～(流)型(形)城(成)豊(體)

七・凡乙 8/水之東～(流)

八・有 4/逧(周)～(流)天下今可(兮)

九・舉 23/金至(重)不～(流)

涉

一・孔 29/～秦(溱)

二・容 51/～於孟鴻(津)

 三・周 22/利～大川

 三・周 25/不可～大川

 三・周 25/利～大川

 四・柬 9/牆(將)鼓而～之

 四・柬 11/鼓而～之

 五・季 7/君=(君子)～(涉)之

 三・周 2/利～大川

 三・周 4/不利～大川

 三・周 12/甬(用)～大川

 三・周 18/利～大川

 三・周 54/利～大川

 三・周 58/利～大川

 三・周 58/利～大川

 七・鄭甲 6/晉人～

 七・鄭乙 6/晉人～

く　部

く(甽、畎)

甽

 二・子 8/采者(諸)～(畎)畮(畝)之中

畎

 六・慎 5/送(遵)～備(服)畮(畝)

川　部

川(川、汌)

川

 一・緇 7/四或(國)～(順)之

 二・魯 2/女毋恶(愛)珪(圭)璧帤(幣)帛於山～

 二・魯 4/帤(幣)帛於山～

 二・魯 4/夫～，水㠯(以)爲膚

 二・容 31/湱(淒)於坣(廣)～

 三・周 2/利涉大～

 三・周 4/不利涉大～

 三・周 12/甬(用)涉大～

 三・周 18/利涉大～

 三・周 22/利涉大～

 三・周 25/不可涉大～

 三・周 25/利涉大～

 三・周 54/利涉大～

 三・周 58/利涉大～

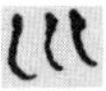 三・周 58/利涉大～

 三・中 19/～又(有)滐

 五・君 15/墨(禹)絧(治)天下之～

 五・三 1/是胃(謂)～(順)天之嵩(常)

 五・三 10/毋濬(瀸—壅)～

 五・三 12/監～之都

 五・三 17/智(知)天足启(以)～(順)旹(時)

 五・三 18/～(順)天旹=(之時)

 六・競 7/女(如)～(順)言弇亞(惡)㖖

 七・凡甲 7/～(順)天之道

 七・凡乙 6/～(順)天之道

𢀖

 九・舉 30/气(乞)女亓(其)逩(往)疋(疏)～(川)记(起)浴(谷)

 九・舉 31/百～(川)皆道(導)

 九・舉 31/百～(川)既道(導)

巟

 三・亘 5/智(知)啓(既)而～(荒)思不宎(殄)

 四・曹 61/～者恳(悔)之

 五・三 7/是胃(謂)大～(荒)

 五・三 22/四～(荒)之内

侃

 一・緇 16/不～(愆)〔於儀〕

州

 二・容 25/於是虖(乎)夾～、湌(涂)州刣(始)可凥(處)

 二・容 25/於是虖(乎)夾州、湌(徐)～刣(始)可凥(處)

二・容 25/於是虐(乎)競～、簹(莒)州訂(始)可尻(處)也

二・容 25/於是虐(乎)競州、簹(莒)～訂(始)可尻(處)也

二・容 26/於是虖(乎)並～訂(始)可尻(處)也

二・容 26/於是虐(乎)䣙(荆)～、鄒(揚)州訂(始)可尻(處)也

二・容 26/於是虐(乎)䣙(荆)州、鄒(揚)～訂(始)可尻(處)也

二・容 27/於是於(乎)敘(豫)～訂(始)可尻(處)也

二・容 27/於是虖(乎)叡～訂(始)可尻(處)也

二・容 41/湯於是虐(乎)誁(徵)九～之帀(師)

六・天甲 1/天子書(建)之以～

六・天乙 1/凡天子書(建)之以～

七・君甲 4/～辻(徒)之樂

七・君乙 4/～辻(徒)之樂

九・陳 3/禽(熊)霝(雪?)、子林(麻)與郙(巴)人戰於駱～

九・陳 17/檐(擔)徒、～亓(其)徒戔(衛)

泉　部

泉(泉、湶)

泉

二・容 33/□夓(亂)～所曰聖人

湶

三・周 45/寒～(泉)飤(食)

灥　部

厵(原)

原

六・用 6/繼(絶)～(源)澅(流)淲(澌)

永　部

羕

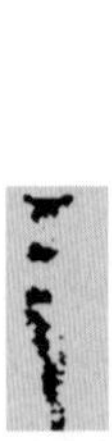
一・性 6/～(养)眚(性)者

一・性 16/～(咏)思而𢽳(動)心

二・容 13/孝～(養)父母

二・容 16/祅(妖)～(祥)不行

二・容 33/丌(其)生賜～(養)也

二・容 37/～㝵(得)於民

三・彭 1/受命～(永)長

三・周 9/元～(永)貞

三・周 47/元～(永)貞

三・周 48/利～(永)貞

四・柬 23/大夫可(何)～(用)㪍(爭)

谷　部

谷(谷、㕣、浴)

谷

一・孔 9/則困天〈而〉～(欲)反丌(其)古(故)也

一・孔 16/見丌(其)完(美)必～(欲)反(返)

一・緇 4/〔故君民者章好以示民〕～(欲)

一・性 26/～(欲)丌(其)䜌(宛)也

一・性 27/～(欲)丌(其)折也

一・性 27/凡身～(欲)青(靜)而毋遣(譴)

一・性 27/甬(用)心～(欲)悳(德)而毋□

一・性 27/慮～(欲)㴱而毋異

一・性 27/退～(欲)繡(肅)而毋翌(輕)

一・性 28/〔進〕～(欲)□而又(有)豊(禮)

一・性 28/言～(欲)植(直)而毋流

一・性 28/居凥(處)～(欲)䖝(逸)葛(易?)而毋曼(慢)

一・性 31/凡慐(憂)惓(患)之事～(欲)任

一・性 31/樂事～(欲)後

四・曹 46/卒(卒)～(欲)少㠯〈乞(氣)〉多

四・曹 64/虗(吾)一～(欲)䎽(聞)三弋(代)之所

一・孔 3/雚(觀)人～(俗)女(安—焉)

一・孔 7/文王唯(雖)～(欲)已

六・孔 15/䙵(規)之㠯(以)亓(其)所～(欲)

七・武 2/王女(如)～(欲)䚕(觀)之

七・武 4/義㝯(勝)～(欲)則從

七・武 4/～(欲)雾(勝)義則兇

七・武 9/惡迷道於脂(嗜)～(欲)

八・顔 14/而母(毋)～(欲)旻(得)女(安—焉)

八・王 6 虗(吾)～(欲)速

九・史 8/爲見(視)亓(其)所～(欲)而

台

一・緇 5/君孚(好)則民～(欲)之

浴

二・容 27/壘(禹)乃從灘(漢)目(以)南爲名～(谷)五百

二・容 28/從灘(漢)目(以)北爲名～(谷)五百

二・容 31/目(以)衟(衛)於溪～(谷)

三・周 44/恭～(谷)弦(射)豨(鮒)

四・采 4/王音深～(穀)

五・弟 2/生而不因丌(其)～(俗)

一・孔 26/～(谷)風

九・卜 3/乃沾(占)大～(谷)

谿(溪)

溪

二・容 31/目(以)衟(衛)於～(谿)谷

四・柬 3/無又(有)名山名～

四・柬 8/高山深～

四・柬 8/聚(驟)夢高山深～

七・君甲 9/𠦝(乾)～

七・君乙 9/𠦝(乾)～

濬

一・性 19/～深贅(鬱)螽(陶)

仌 部

冰

八・成 5/女(安—焉)不曰日章(彰)而～澡(消)虗(乎)

凍

九・舉 13/五年亡(無)～餌者

冬(各)

各

一・緇 6/晉～(冬)耆(祁)寒

二・容 22/～(冬)不敢吕(以)蒼(寒)飼(辭)

四・昭 7/君王至於定～(冬)而被褱=(褈衣)

一・性 2/～(終)者近義

二・子 12/～見芙攼(蓟)而薦之

六・壽 5/湔(前)～(冬)言曰邦必喪

八・李 1/旂(晉)～(冬)之旨(祁)寒

雨　部

雨

一・孔 8/～亡(無)政(正)

一・緇 6/日暑～

二・魯 4/女(如)天不～

二・魯 4/丌(其)欲～或甚於我

二・魯 5/女(如)天不～

四・柬 16/大～

二・魯 5/丌(其)欲～或甚於我

三・周 34/遇～則吉

三・周 38/蜀(獨)行遇～

七・凡甲 14/夫～之至

七・凡乙 9/夫～之至

八・蘭 1/～零(露)不墜(降)矣

八・蘭 2/……汗(旱)丌(其)不～

靁(䨓、靐)

䨓

二・容 13/魚於～(雷)澤

靐

七・凡甲 11/篙(孰)爲～神(電)

霝(霛、霝)

霛

一・緇 14/䍃(苗)民非甬(用)～(命)

霝

三・周 24/豫(舍)尔～(靈)龜

七・君甲 9/先君～(靈)王

七・君乙 9/先君～(靈)王

七・吴 8/天子之～(靈)

七・吴 8/天子之～(靈)

九・靈 1/～(靈)王既立(位)

九・靈 1/王敗郗(蔡)～(靈)矦(侯)於吕

露(零)

零

一・孔 21/《睿(湛)～(露)》之貴(賹)也

八・蘭 1/雨～(露)不隆(降)矣

九・陳 19/霜～(露)

霰(雫)

雫

三・周 38/遇雨女(如)～又(有)礪(厲)

雩

一・緇 20/出内(入)自尔(爾)帀(師)～(虞)

五・鮑 8/～(雨)垩(旁)埅(地)至𦃃(膝)退(復)

需

二・容 2/敉(侏)～(儒)爲矢

三・周 57/～又(有)衣絘(袽)

三・周 57/～丌(其)首

霜

九・陳 19/罙(深)卉(草)～零(露)

霢

二・容 41/吕(以)～四海(海)之内

霝

九・陳 3/畬(熊)～(雪?)

四・采 3/～氏

雲 部

雲(云)

云

三・亘 4/～=(云云)相生

七・君甲9/先君靈王乾溪～萺(命)

七・君乙9/先君靈王乾溪～萺(命)

霒(侌)

侌

二・容29/乃支(變)～(陰)昜(陽)之髊(氣)

六・天甲5/文～(陰)夫武昜(陽)

六・天乙4/文～(陰)夫武昜(陽)

七・凡甲2/～(陰)昜(陽)之叧

七・凡乙1/～(陰)昜(陽)〔之叧〕

魚　部

魚

二・魯4/～吕(以)爲民

二・魯5/～𤖼(將)死

二・容5/～蠤(鱉)獻

二・容13/～(漁)於靁(雷)澤

三・周40/橐又(有)～

三・周41/橐亡(無)～

五・姑8/公愳(懼)乃命長～矞(矯)

五・姑9/長～矞(矯)典自公所

五・姑9/姑(苦)城(成)豙(家)父尃(捕)長～矞(矯)

五・姑10/吕(以)睪(釋)長～矞(矯)

六・孔5/是古(故)～(吾)道之

六・孔5/～

鰥

六・用16/～之身

鮮

四・逸・多1/斯～我二人

鯌

二・容24/面軌～

九・舉31/身鯩(鱗)～(錯)

鯩

九・舉31/身～(鱗)鯌(錯)

燕　部

燕（鬟）

鬟

一・孔 10/《～＝（燕燕）》之情

一・孔 16/《～＝（燕燕）》之情

二・子 11/又（有）～（燕）監（銜）卵而鬟（措）者（諸）亓（其）前

龍　部

龍

一・性 17/凡古樂～（隆）心

四・柬 15/中余（舍）與五連少（小）子及～（寵）臣皆逗（屬）

一・緇 13/～（恭）以（以）立（莅）之

七・君甲 5/君王～（隆）亓（其）祭

七・君乙 5/君王～（隆）亓（其）祭

飛　部

飛

三・周 56/～鳥羅（離）之

六・用 5/征虫～鳥

八・鶹 1/婁（鶹）栗（鷅）翯（翩）～今

九・陳 19/則鳶（雁）～

非　部

非

一・緇 14/毘（苗）民～甬（用）霝（命）

一・性 24/亞（惡）之而不可～者

一・性 24/～之而不可亞（惡）者

二・魯 3/毋（無）乃胃（謂）丘之合（答）～與

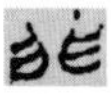
三・周 10/比之～（匪）人

三・周 20/亓（其）～復（復）又（有）眚（眚）

三・周 35/～今之古（故）

三・周 55/～台（夷）所思

三・亙 3/韋（違）生～

三・亙 6/或（域）～或（域）

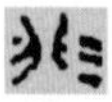
三・亙 6/又（有）～又（有）

三・亙 6/生～生

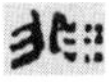 三・亘 6/音～音

 三・亘 6/言～言

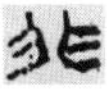 三・亘 6/名～

 三・亘 7/事～事

 三・亘 12/無～丌(其)所

 四・曹 1/～山非澤

 四・曹 2/非山～澤

 四・曹 63/～所吕(以)𤕝(教)民

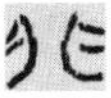 五・君 11/～子人

 五・鬼 6/頪(類)獸(獸)～鼠

 六・競 9/～爲媺(美)玉肴生(牲)也

 六・孔 8/唯～悬(仁)人也

 六・用 2/事～與又(有)方

 六・用 2/～憮於福

 六・用 6/～人是龏(恭)

 六・用 8/～稷之糧

 六・用 12/～考(巧)佥(免)

 六・用 13/～貨台(以)購

 七・吴 1/～疾痌女(安—焉)加之

 七・吴 8/吕(以)陻(陳)邦～它也

 八・成 11/～天子

 八・命 5/～而所吕(以)𧰼(復)

 八・李 2/～與從風可(兮)

 九・舉 7/～天之所向

 九・舉 10/～天子之差(佐)也

 九・舉 28/～能佮(合)悳(德)於殜(世)者也

卷十二

乙　部

孔

五・三 3/天命～明

二・民 1/□昰(夏)䎽(問)於～子

六・孔 1/～〔子〕見季逗(桓)子

乳

三・周 2/～

三・周 2/～于蒿(郊)

三・周 2/～于屖(沙)

三・周 2/～于坭(泥)

三・周 2/～于血

不　部

不

一・緇 14/教之～城(成)也

一・緇 17/則行～可匿

一・性殘/☐□智□者～□

三・周 4/～利涉大川

三・周 4/～出御事

三・周 4/～克訟

三・周 7/～𦝠(臧)凶

三・周 9/～寍(寧)方逨(來)

三・周 10/亡(無)～利

三・周 10/邑人～戒

三・周 11/吉亡(無)～利

三・周 12/亡(無)～利

三・周 12/～䁐(富)㠯(以)亓(其)礐(鄰)

三・周 13/亡(無)～利

三・周 14/～夂(終)日

 三・周 15/亘(恒)～死

 三・周 18/～可貞

 三・周 28/～亘(恒)丌(其)悳(德)

 三・周 31/亡(無)～利

 三・周 35/～利東北

 三・周 35/大訐～逨(來)

 三・周 39/餌(聞)言～夂(終)

 三・周 40/～利寅(賓)

 三・周 42/又(有)孚～終

 三・周 44/攺(改)邑～攺(改)汬(井)

 三・周 44/汬(井)普～飤(食)

 三・周 45/汬(井)朻(救)～飤(食)

 三・周 48/～艧(獲)丌(其)身

 三・周 48/～

 三・周 48/～陞(拯)丌(其)隓(隨)

 三・周 48/丌(其)心～悸

 三・周 50/～夂(終)

 三・周 50/夫征～遉(復)

 三・周 52/晶(三)戢(歲)～覿

 三・周 57/～女(如)西署(鄰)之酌祭

 三・彭 3/～智(知)所終

 三・彭 6/□=之悬(謀)～可行

 三・彭 6/述(怵)惕之心～可長

 三・彭 7/□者～以

 三・彭 8/氏(是)胃(謂)～長

 三・彭 8/朕孳～男(敏)

 四・柬 6/～敢㠯(以)君王之身弁(變)亂禵(鬼)神之祟(常)古(故)

 四・柬 8/～瑴(穀)瘙(慄)甚疠(病)

 四・柬 9/含(今)夕～瑴(穀)

 四・柬 11/者(諸)灰(侯)之君之～能詢(祠)者

 四・柬 14/一人～能詞(治)正(政)

 四・柬 21/～㠯(以)丌(其)身弁(變)贅(釐)尹之祟(常)古(故)

 五・鬼 4/禵(鬼)神～明

 五・鬼 5/脜(狀)若生又(有)耳～餌(聞)

 一・孔 1/丌(其)又(有)～王虐(乎)

 一・孔 4/上下之～和者

 一・孔 6/～(丕)濕(顯)隹(維)悳(德)

 一・孔 6/於虐(乎)𡵂(前)王～忘

 一・孔 8/言～中志者也

 一・孔 8/丌(其)言～亞(惡)

 一・孔 11/則智(知)～可㝵(得)也

 一・孔 12/～亦能改虖(乎)

 一・孔 12/～

 一・孔 13/～攻不可能

 一・孔 13/不攻～可能

 一・孔 13/～亦智(知)亘(恒)虐(乎)

 一・孔 13/～亦又(有)遷虖(乎)

 一・孔 17/～可不韋(畏)也

 一・孔 17/不可～韋(畏)也

 一・孔 20/幣帛之～可迲(去)也

 一・孔 20/人～可㹕(觸)也

 一・孔 21/則㠯(以)爲～可女(如)可(何)也

 一・孔 23/夂(終)虖(乎)～猒(厭)人

 一・孔 25/又(有)兔～奉(逢)時

 一・孔 25/少(小)明～……

 一・孔 27/《北風》～㡭(絶)人之悁(怨)

 一・孔 27/～

 一・孔 28/亞(惡)而～㡭(絶)

 一・孔 28/《牆又(有)薺(茨)》慙(慎)簪(密)而～智(知)言

 一・孔 29/《青蠅(蠅)》智(知)卷(患)而～智(知)人

 二・子 7/道～奉盟(盟)

 二・子 7/王則亦～大洓

 二・子 9/而丌(其)父戔(賤)而～足爯(稱)也與

 二・魯 1/～爲我圖(圖)之

 二・魯 2/～智(知)型(刑)與悳(德)

 二・魯 4/母(無)乃～可

 二・魯 4/女(如)天～雨

 二・魯 5/女(如)天～雨

 二・魯 6/公剴(豈)～饭粱(粱)飤(食)肉才(哉)

 三・中 9/是古(故)又(有)司～可不先也

三·中 9/是古(故)又(有)司不可～先也

三·中 9/售(雍)也～㥮(敏)

三·中 10/夫臤(賢)才～可穿(掩)也

三·中 10/而(爾)所～智(知)

三·中 12/～及丌(其)城(成)

三·中 14/㬻(早)叓(使)～行

三·中 17/型(刑)正(政)～悥(緩)

三·中 17/悳(德)孝(教)～巻(倦)

三·中 19/民亡(無)～又(有)怸(過)

三·中 22/害□者～

三·中 23/～可不誓(慎)也

三·中 23/不可～誓(慎)也

三·中 23/～可不誓(慎)也

三·中 23/不可～誓(慎)也

三·中 24/一日㠯(以)～善立

三·中 25/可～誓(慎)虐(乎)

三·中 25/～聿(盡)丌(其)□

三·中附簡/幾(豈)～又(有)怔(狂)也

三·彭 5/五絽(紀)～工

五·弟 2/生而～因其浴(俗)

五·弟 5/登年～亘(恒)至

五·弟 5/耇老～逷(復)壯

五·弟 6/貧戔(賤)而～約者

五·弟 6/富(富)貴而～喬(驕)者

五·弟 8/死～顋(顧)生

五·弟 13/～凸(曲)方㠯(以)迲(去)人

五·弟 13/君子亡(無)所～足

五·弟 15/佳多餌(聞)而～䀠(友)臤(賢)

五·弟 18/～綺□☐

五·弟 22/～虐(吾)智(知)也

五·弟 23/～斮(折)其枳(枝)

二·容 1/皆～受(授)丌(其)子而受(授)臤(賢)

二·容 4/於是虐(乎)～賞不罰

二·容 4/於是虐(乎)不賞～罰

二·容 4/～型(刑)不殺

 二・容 6/～蘿(勸)而民力

 二・容 12/聖(聽)～聰

 二・容 18/尾(宅)～工(空)

 二・容 22/各(冬)～敢已(以)蒼(寒)訇(辭)

 二・容 43/(其)政絅(治)而～賞

 二・容 43/官而～篧(爵)

 三・彭 1/句(耇)是(氏)執心～忘

 三・彭 1/乃～遴(失)尾(度)

 四・相 4/～昏(問)又(有)邦之道

 四・相 4/～亦壁虐(乎)

 五・君 2/見(視)之而～義

 五・君 2/聖(聽)之而～義

 五・君 1/言之而～義

 五・君 2/適(動)而～義

 五・君 3/欲法(去)之而～可

 一・緇 1/則民咸莽(服)而型(刑)～刲

 一・緇 11/則忠敬～足

 一・緇 2/則民情～弋(忒)

 一・緇 2/則君～悕(疑)丌(其)臣

 一・緇 2/臣～或(惑)於君

 一・緇 3/丌(其)義(儀)～弋(忒)

 一・緇 4/則民～惑

 一・緇 4/言丌(其)所～能

 一・緇 4/～訶(辭)丌(其)所能

 一・緇 4/則君～勞

 一・緇 8/～從丌(其)所已(以)命

 一・緇 9/上之好亞(惡)～可不訢(慎)也

 一・緇 9/上之好亞(惡)不可～訢(慎)也

 一・緇 9/長民者衣備(服)～改

 一・緇 10/大人～畁(親)丌(其)所臤(賢)

 一・緇 10/女(如)～我旻(得)

 一・緇 10/亦～我力

 一・緇 11/大臣之～㬎(親)也

 一・緇 11/邦家之～寧也

 一・緇 12/～可不敬也

 一・緇 12/不可～敬也

 一・緇 12/古(故)君～與少(小)悔(謀)大

 一・緇 12/則大臣～夗(怨)

 一・緇 14/麻(靡)人～歛(斂)

 一・緇 14/正(政)之～行

 一・緇 15/古(故)上～可以埶(褻)型(刑)而翌(輕)爵(爵)

 一・緇 16/可言～可行

 一・緇 16/可行～可言

 一・緇 16/則民言～舍(危)行

 一・緇 16/行～舍(危)言

 一・緇 16/～侃(愆)〔於儀〕

 一・緇 17/則民～能大亓(其)頪(美)而少(小)亓(其)亞(惡)

 一・緇 18/此言之砧(玷)～可爲

 一・緇 19/此㠯(以)生～可敓(奪)志

 一・緇 19/死～可敓(奪)名

 一・緇 21/ㄙ(私)惠～褱(懷)惪(德)

 一・緇 21/君子～自萺(留)女(安—焉)

 一・緇 22/此㠯(以)迩(邇)者～惑

 一・緇 22/而遠者～恙(疑)

 一・緇 22/則孬(好)息(仁)～臤(堅)

 一・緇 23/而惡₌(惡惡)～屢(著)也

 一・緇 23/人隹(雖)曰～利

 一・緇 24/～我告猷

 港甲 1/亓(其)容～改

 三・周 1/～又(有)躳(躬)

 三・周 5/～克訟

 三・周 20/～靜(耕)而穮(穫)

 三・周 20/～畜之

 三・周 22/～豥(家)而飤(食)

 三・周 25/～可涉大川

 五・競 8/虗(吾)不智(知)亓(其)爲～善也

 五・競 8/寡人之～剩也

 五・鮑 3/老竧(弱)～型(刑)

 五・鮑 5/或(又)～旻(得)見

 五・鮑 6/亓(其)爲～㥯(仁)厚矣

 五・鮑 7/至亞(惡)何(苛)而上～時叓(使)

 五・鮑 8/日旐(作)亦～爲烖(災)

 五・鮑 8/公蠹亦～爲戠(害)

 二・從甲 6/～共(恭)則亡(無)㠯(以)敘(除)辱

 二・從甲 6/～惠則亡(無)㠯(以)聚民

 二・從甲 6/～㥯(仁)則亡(無)㠯(以)行正(政)

 二・從甲 9/丌(其)事～

 二・從甲 11/君子～言

 二・從甲 4/是古(故)君子訢(慎)言而～訢(慎)事

 二・從甲 12/𦎧(敦)行～佚(倦)

 二・從甲 12/時(持)善～猒(厭)

 二・從甲 12/唯(雖)殜(世)～儠(識)

 二・從甲 13/～必才(在)近㞠(昵)藥(樂)

 二・從甲 14/又(有)所又(有)畬(余)而～敢聿(盡)之

 二・從甲 14/又(有)所～足而不敢弗

 二・從甲 14/又(有)所不足而～敢弗

 二・從乙 1/十曰口惠而～係

 二・從乙 6/㥯(仁)而～智則……

 五・鮑 3/老竧(弱)～型(刑)

 五・鮑 4/～㠯(以)邦豥(家)爲事

 一・性 3/善～善

 一・性 3/所善所～善

 一・性 3/弗鉤(扣)～鳴

一・性 18/是古(故)丌(其)心～遠

一・性 21/唯怂(過)～亞(惡)

一・性 21/～𠃊(以)〔其〕情

一・性 22/唯(雖)難～貴

一・性 24/亞(惡)之而～可非者

一・性 24/非之而～可亞(惡)者

一・性 24/行之而～怂(過)

一・性 26/～同方而交

一・性 26/～同兑(悦)而交

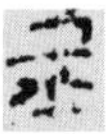
一・性 32/人之～能𠃊(以)憍(僞)也

一・性 32/～怂(過)直(十)

一・性 34/唯亞(惡)～息(仁)爲〔近義〕

一・性 36/～〔難〕爲之死

一・性 37/～又(有)夫柬=(簡簡)之心則悉(采)

一・性 37/～又(有)夫恒惁(忻)之志則曼(慢)

一・性 38/～又(有)夫詘=(詘詘)之心則流

一・性 38/～又(有)夫奮犴之情則悉(侮)

一・性 38/弗牧～可

一・性 39/弗杈(輔)～足

一・性 39/肰(然)而丌(其)怂(過)～亞(惡)

一・性 39/人～訔(慎)

二・從甲 11/可言而～可行

二・從甲 5/君子～悆(緩)則亡(無)𠃊(以)頌(容)百眚(姓)

二・從甲 7/～敬則事亡(無)城(成)

二・從甲 8/而～智(知)則奉(逢)𢦏(災)害

二・從甲 8/恳(威)則民～道

二・從甲 9/志槩(氣)～旨

二・從甲 11/可行而～可言

二・從甲 11/君子～行

二・從甲 15/～攸(修)不武〈戒〉

 二・從甲 15/不攸(修)〜武〈戒〉

 二・從甲 15/〜𡥈(教)而殺

 二・從甲 16/㠯(以)𨊠(犯)賡𢘉(犯)見〜訓(順)行㠯(以)出之

 二・從甲 19/君子〜㠯(以)流言𢧵(傷)人

 二・從乙 1/從命則正〜勞

 二・從乙 2/則𢥞(僞)〜章

 二・從乙 2/〜膚灋羸(盈)亞(惡)則民不悁(怨)

 二・從乙 2/不膚灋羸(盈)亞(惡)則民〜悁(怨)

 二・從乙 3/從正(政)〜絧(治)則亂

 二・從乙 6/〜武則志不遾

 二・從乙 6/不武則志〜遾

 二・昔 3/割(蓋)憙(喜)於内〜見於外

 二・昔 3/憙(喜)於外〜見於内

 二・昔 3/恩(慍)於外〜見於内

 二・昔 3/内言〜㠯(以)出

 二・昔 3/外言〜㠯(以)内(入)

 二・昔 4/癹(廢)命〜夜(赦)

 二・昔 4/〜䎽(聞)不命(令)

 二・昔 4/不䎽(聞)〜命(令)

 二・容 12/〜㠯(以)亓(其)子爲後

 二・容 3/□棄〜與

 二・容 4/不型(刑)〜殺

 二・容 6/〜型(刑)殺而無覜(盜)惻(賊)

 二・容 8/敚(悦)故㠯(以)〜逆

 二・容 16/䖒(癘)役(疫)〜至

 二・容 16/祆(妖)羕(祥)〜行

 二・容 17/見(視)〜明

 二・容 17/聖(聽)〜聰

 二・容 17/〜㠯(以)亓(其)子爲逡(後)

 二・容 18/〜㝵(得)已

 二・容 18/〜折(制)革

二・容 18/～釰(刃)金

二・容 18/～鉻(略)矢

二・容 21/衣～褻敚(美)

二・容 21/飤(食)～童(重)杳(味)

二・容 21/朝～車逆

二・容 21/穜(種)～穀米

二・容 21/盥(羹)～折骨

二・容 22/頣(夏)～敢㠯(以)晷訋(辭)

二・容 23/山陵～凥(疏)

二・容 23/水滎(潦)～湝

二・容 24/脛～生之毛

二・容 29/無求～旻(得)

二・容 33/～㠯(以)丌(其)子爲後

二・容 34/述(遂)爯(稱)疾～出而死

二・容 35/傑(桀)～述丌(其)先王之道

二・容 36/強溺(弱)～紿(治)諹

二・容 36/衆戛(寡)～聖(聽)訟

二・容 36/天隆(地)四時之事～攸(修)

二・容 38/～量丌(其)力之不足

二・容 38/不量丌(其)力之～足

二・容 39/悳(德)惠而～暇

二・容 39/女(如)是而～可

二・容 42/受(紂)～述丌(其)先王之道

二・容 43/而紿(治)亂～□

二・容 44/～能述(遂)者内(墜)而死

二・容 44/～從命者

二・容 45/～聖(聽)丌(其)邦之正(政)

二・容 47/豐喬(鎬)～備(服)

二・容 49/思民～疾

二・容 52/受(紂)～智(知)丌(其)未又(有)成正(政)

三・周 1/～利爲寇(寇)

三・周 20/～利又(有)卣(攸)往

三・亘 1/自猒(厭)～自忍

三・亘 3/～蜀(獨)又(有)與也

三・亘 3/昏=(混混)～寍(寧)

三・亘 5/隹(惟)𨓏(復)㠯(以)～灋(廢)

三・亘 5/智(知)暨(既)而巟(荒)思～宎(殄)

三・亘 7/～复(作)無事

三・亘 7/事甬(用)以～可賡(更)也

三・亘 8/又(有)人女(安—焉)又(有)～善

三・亘 10/習㠯(以)～可改也

三・亘 11/丌(其)𥨪尨(蒙)～自若

三・亘 11/复(作)甬(庸)又(有)果與～果

三・亘 11/兩者～灋(廢)

三・亘 12/丌(其)事無～𨓏(復)

三・亘 12/無～旻(得)丌(其)㥛(極)而果述(遂)

三・亘 13/甬(庸)又(有)求而～㥯(慮)

四・采 2/～要之媑

四・采 2/奚言～從

四・采 3/良人亡(無)～宜也

四・昭 2/君之備～可㠯(以)進

四・昭 2/～𣥐(止)

四・昭 3/～䟗(幸)僕(僕)之父之骨才(在)於此室之𨸏(階)下

四・昭 4/㠯(以)僕(僕)之～旻(得)

四・昭 4/让(卜)命(令)尹～爲之告

四・昭 4/君～爲僕(僕)告

四・昭 5/虗(吾)～智(知)亓(其)尔𦽶(墓)

四・昭 6/～腹(獲)要頸之辠(罪)

四・内 1/言人之君之～能㚤(使)丌(其)臣者

四・内 1/～與言人之臣之不能事

四・内 1/不與言人之臣之～能事

四・内 2/言人之臣之～能事丌(其)君者

四・内 2/～與言人之君之能㚤(使)丌(其)臣者

四・内 2/不與言人之君之～能㚤(使)丌(其)臣者

四・内 3/父之～能畜子者

 四・内 3/～與言人之子之不孝者

 四・内 3/不與言人之子之～孝者

 四・内 3/言人之子之～孝者

 四・内 3/～與言人之父之不能畜子者

 四・内 3/不與言人之父之～能畜子者

 四・内 4/言人之伿(兄)之～能㤅(慈)俤(弟)者

 四・内 4/～與言人之俤(弟)之不能丞(承)伿(兄)者

 四・内 4/不與言人之俤(弟)之～能丞(承)伿(兄)者

 四・内 4/言人之俤(弟)之～能丞(承)伿(兄)

 四・内 6/～善則止之

 四・内 6/止之而～可

 四・内 7/～可

 四・内 7/孝而～諫

 四・内 7/～城(成)

 四・内 7/～城(成)孝

 四・内 7/～飤(食)若才(在)腹中

 四・内 8/冕(冠)～介

 四・内 8/行～頌

 四・内 8/～翚(卒)立

 四・内 8/～叐(庶)語

 四・内 10/才(在)少(小)～静(爭)

 四・内 10/才(在)大～亂

 四・曹 2/亡又(有)～民

 四・曹 3/此～貧於散(物)而亰(富)於惪與(歟)

 四・曹 5/則～可㠯(以)不攸(修)政而善於民

 四・曹 5/則不可㠯(以)～攸(修)政而善於民

 四・曹 5/～肰(然)

 四・曹 6/則亦～可㠯(以)不攸(修)政而善於民

 四・曹 6/則亦不可㠯(以)～攸(修)政而善於民

 四・曹 6/～肰(然)

 四・曹 7/今與古亦多～同矣

 四・曹 7/臣是古(故)～敢㠯(以)古(故)畣(答)

 四・曹 9/～肰(然)

 四・曹 10/～晝寢

四・曹 11/～歙=(飲酒)

四・曹 11/～聖(聽)樂

四・曹 11/居～褻(襲)𠭁(文)

四・曹 11/食～貳(貳)盨(羹)

四・曹 17/～可𠂤(以)先复(作)悁(怨)

四・曹 18/～和於邦

四・曹 19/～可𠂤(以)出豫(舍)

四・曹 19/～和於豫(舍)

四・曹 19/～可𠂤(以)出戦(陳)

四・曹 19/～和於戦(陳)

四・曹 19/～可𠂤(以)戰(戰)

四・曹 20/君必～已

四・曹 23/𢛳(過)～才(在)子才(在)皃(寡)人

四・曹 23/〔則〕亓(期)會(合)之～難

四・曹 33/～親則不緯(專)

四・曹 33/不親則～緯(專)

四・曹 33/～和則不咠(輯)

四・曹 33/不和則～咠(輯)

四・曹 33/～慦(義)則不備(服)

四・曹 33/不慦(義)則～備(服)

四・曹 34/又(有)智(知)～足

四・曹 35/亡(無)所～中

四・曹 37/～牪(奔)

四・曹 38/古(故)銜(帥)～可思(使)牪

四・曹 38/牪則～行

四・曹 39/人之兵～砥礪(礪)

四・曹 39/人之虖(甲)～緊(堅)

四・曹 42/父跬(兄)～廌(存)

四・曹 44/亓(其)𡊨(去)之～速

四・曹 44/亓(其)遼(就)之～尃(迫)

四・曹 44/亓(其)坒(啟)節～疾

四・曹 45/亓(其)賞識(娍)叡(且)～中

四・曹 45/亓(其)諠(誅)𡍮(重)叡(且)不～訬(察)

 四・曹 46/不兼(嚴)畏〔則〕～雾(勝)

 四・曹 48/是古(故)倀(長)～可不慙(慎)

 四・曹 48/是古(故)倀(長)不可～慙(慎)

 四・曹 48/～죶(卒)則不亘(恒)

 四・曹 48/不죶(卒)則～亘(恒)

 四・曹 48/～和則不葺(輯)

 四・曹 48/不和則～葺(輯)

 四・曹 48/～兼(嚴)畏〔則〕不雾(勝)

 四・曹 51/虘(吾)戰(戰)啻(敵)～訓(順)於天命

 四・曹 56/三善㶳(盡)甬(用)～皆(替)

 四・曹 64/虘(吾)言氏(寔)～而女(如)

 五・競 3/～出三年

 五・競 6/～遂(遷)於善而敓(奪)之

 五・競 6/虘(吾)～瀵(賴)二品(三)子

 五・競 6/～諦恖(恕)頁(寡)人

 五・競 7/天～見禹(害)

 五・競 7/地～生㝵(孽)

 五・競 7/近臣～訐(諫)

 五・競 7/遠者～方

 五・競 8/虘(吾)～智(知)亓(其)爲不善也

 五・競 8/含(今)内之～旻(得)百生(姓)

 五・競 9/幾(豈)～二子之惪(憂)也才(哉)

 五・季 1/翟(一)～智(知)民矛(務)之女(安—焉)才(哉)

 五・季 3/而民～備女(安—焉)

 五・季 8/君子～可㠯(以)不弜(強)

 五・季 8/君子不可㠯(以)不弜(強)

 五・季 8/則～立

 五・季 9/悬(威)則民～道

 五・季 10/好型(刑)則～羊(祥)

 五・季 14/幾敢～㠯(以)亓(其)先=(先人)之連(傳)等(誌)告

 五・季 15/肰(然)則民进～善

 五・季 18/賥民～鼓(樹)

 五・姑 1/～思(使)反(返)

 五・姑 3/～犾(幸)則取夊(免)而出

 五・姑 3/隹(誰)～㠯(以)厚

 五・姑 3/～可

 五・姑 4/～義

 五・姑 4/㠯(以)～能事君

 五・姑 5/含(今)宔(主)君～適於虐(吾)

 五・姑 5/～思(使)從己立(莅)於廷

 五・姑 7/唯(雖)～堂(當)殜(世)

 五・姑 8/取宔(主)君之衆㠯(以)～聖(聽)命

 五・姑 10/～用其衆

 五・君 1/韋～瑉(敏)

 五・君 2/貝(視)之而～義

 五・君 3/欲行之～能

 五・弟附簡/□者亓(其)言□而～可

 五・三 2/訮(忌)而～訮(忌)

 五・三 2/已而～已

 五・三 3/亓(其)身～叟(没)

 五・三 3/是胃(謂)～恙(祥)

 五・三 5/毋胃(謂)之～敢

 五・三 5/毋胃(謂)之～肰(然)

 五・三 5/古(故)祟(常)～利

 五・三 7/㠯(以)祀～亯(享)

 五・三 11/～恙(祥)勿爲

 五・三 12/～歓(飲)

 五・三 12/～飤(食)

 五・三 12/秉之～固

 五・三 13/～陸(墮)祭祀

 五・三 13/～有不禍(禍)必大恥

 五・三 14/弗feature～隍(隕)

 五・三 14/爲～善禍(禍)乃或(惑)之

 五・三 15/百事～述(遂)

 五・三 15/慮事～成

 五・三 15/毋～能而爲之

 五・三 16/～幽(絶)悫(憂)卹(恤)

五・三 17/～攸(修)亓(其)成

五・三 18/天無～從

五・三 20/□之～戁(畏)

五・三 22/君子～䜣(慎)亓(其)悳(德)

五・鬼 1/又(有)所～明

五・鬼 2/身～叟(没)

五・鬼 3/則善者或～賞而暴

五・鬼 4/啇(意)亓(其)力古(固)～能至(致)女(安—焉)虐(乎)

五・鬼 5/所明又(有)所～明

五・鬼 5/又(有)口～鳴

五・鬼 5/又(有)目～見

五・鬼 5/又(有)足～迦(趨)

五・鬼 8/～及壆(遇)焚而正固

港甲 6/～欲

二・民 6/～可旻(得)而䎽(聞)也

二・民 6/～可旻(得)而貝(見)也

二・民 8/城(成)王～敢康

二・民 10/燹(氣)志～愇(違)

六・競 1/俞(逾)戠(歲)～已

六・競 2/俞(逾)戠(歲)～已

六・競 4/尃(敷)情而～䏋

六・競 5/外内～登(廢)

六・競 7/則言～聖(聽)

六・競 7/青(請)～隻(獲)

六・競 12/二夫何～受皇

六・競 12/祭、正～䑆(獲)祟

六・競 13/命割(裔)疾(款)～敢監祭

六・競 13/梁(梁)丘虞(據)～敢監正

六・孔 3/上～皐〈皋(親)〉息(仁)

六・孔 5/智亡(無)～亂矣

六・孔 7/頌(容)谷(貌)～求異於人

六・孔 7/～□也

六・孔 9/～息(仁)人弗旻(得)進矣

六・孔 9/詞(辭)旻(得)～可人而與

六・孔 13/色～僕(樸)

六・孔 13/出言～忎(忌)

六・孔 14/～飤(食)五穀(穀)

六・孔 14/剴(豈)～難虐(乎)

六・孔 15/智(知)～行矣

六・孔 15/～□拜㡭(絶)吕(以)爲吕(己)

六・孔 17/垩(禁)言～堂(當)亓(其)所

六・孔 18/～察不偯

六・孔 18/不察～偯

六・孔 20/女(如)夫見人～猒(厭)

六・孔 20/餌(問)豊(禮)～券(倦)

六・孔 22/廬(斯)～迮

六・孔 24/品勿(物)～窮

六・孔 25/民喪～可悬(侮)

六・孔 26/役～奉芻

六・孔 26/～眛(味)酉(酒)肉

六・孔 27/此吕(以)～惑

六・莊 6/臣～智(知)君王之牆(將)爲君

六・莊 7/～穀(穀)吕(以)笑繙(紳)公

六・莊 8/繙(紳)公事～穀(穀)

六・莊 9/～吕(以)昏〈辱〉釳(斧)䢅(鑕)

六・壽 2/～敢倉(答)

六・壽 3/～能

六・壽 3/女(如)～能

六・壽 4/～叓(事)

六・木 3/盤(酪)盉(羹)～貟(酸)

六・木 3/盬(甕)～盍(蓋)

六・木 4/盬(甕)～盍(蓋)

六・木 4/盤(酪)～貟(酸)

六・木 4/王子～智(知)柿(麻)

六・木 4/王子～旻(得)君楚邦

六・木 4/或(又)～旻(得)

六・慎 3/中尻(處)而～皮

六・慎 5/～纍(嬴)其志

六・慎 6/～可㠯(以)奚(疑)臨

六・用 2/～可恷

六・用 3/亦～埶(邇)於惻(賊)

六・用 4/五井(刑)～行

六・用 4/而亦～可

六・用 6/亓(其)由能～沽

六・用 9/禍(禍)～降自天

六・用 9/亦～出自地

六・用 10/胃(謂)天高而～槩

六・用 10/胃(謂)地厚而～達

六・用 11/而亦～可逃

六・用 12/聶亓(其)睬而～可遉(復)

六・用 13/～㠯(忌)於天

六・用 15/埶(邇)而～難

六・用 17/僉之～骨

六・用 17/而㞋(展)之亦～能

六・用 19/而亦～可觑

六・用 19/而亦～可沽

六・用 19/又昧丌(其)～見

六・用 19/～〈而〉卲(昭)亓(其)甚明

六・用 19/又泯=(泯泯)之～達

六・天甲 2/身～夊(免)

六・天甲 2/身～夊(免)

六・天甲 3/身～夊(免)

六・天甲 3/～腈(精)爲腈(精)

六・天甲 3/～媺(美)爲媺(美)

六・天甲 3/腈(精)爲～

六・天甲 4/媺(美)爲～媺(美)

六・天甲 8/～可㠯(以)不餌(聞)恥厇(度)

六・天甲 8/不可㠯(以)～餌(聞)恥厇(度)

六・天甲 9/朝～訢(語)内

六・天甲 10/才(在)道～訢(語)匿

六・天甲 10/凥(處)正(政)～訢(語)樂

六・天甲 10/畬(尊)且(俎)～折(制)事

六・天甲 10/聚衆～訢(語)怠(逸)

六・天甲 10/男女～訢(語)鹿(麗)

六・天甲 10/堋(朋)習(友)～訢(語)分

六・天甲 11/臨飤(食)～訢(語)亞(惡)

六・天甲 11/臨垗(兆)～言嬰(亂)

六・天甲 11/～言帰(寢)

六・天甲 11/～言烕(滅)

六・天甲 11/～言犮(拔)

六・天甲 11/～言耑(短)

六・天甲 11/臨城～〔言〕毀

六・天甲 12/觀邦～言㞷(喪)

六・天甲 13/是胃(謂)中～韋

六・天甲 13/所～季(學)於帀(師)者三

六・天甲 13/此所～季(學)於帀(師)也

六·天乙2/身～夊(免)

六·天乙2/身～夊(免)

六·天乙2/身～夊(免)

六·天乙3/～腈(精)爲腈(精)

六·天乙3/～媺(美)爲媺(美)

六·天乙3/腈(精)爲～腈(精)

六·天乙3/媺(美)爲～媺(美)

六·天乙7/～可目(以)不餌(聞)恥乇(度)

六·天乙7/不可目(以)～餌(聞)恥乇(度)

六·天乙9/～語内

六·天乙9/衽(貢)～語戰(戰)

六·天乙9/才(在)道～詁(語)匿

六·天乙9/凥(處)正(政)～詁(語)樂

六·天乙9/畬(尊)且(組)～折(制)事

六·天乙9/聚衆～詁(語)悤(逸)

六·天乙10/女～詁(語)鹿(麗)

六·天乙10/堋(朋)春(友)～詁(語)分

六·天乙10/臨飤(食)～詁(語)亞(惡)

六·天乙10/臨垗(兆)～言嬰(亂)

六·天乙10/～言帰(寢)

六·天乙10/～言烕(滅)

六·天乙11/～言犮(拔)

六·天乙11/～言耑(短)

六·天乙11/臨城～言毁

六·天乙11/觀邦～言芒(喪)

七·武1/～智(知)

七·武1/～可旻(得)

七·武3/～弆(與)北面

七·武5/～息(仁)

七·武 5/～悬(仁)

七·武 5/～悬(仁)

七·武 6/亦～可〔不〕志

七·武 7/諫～遠

七·武 8/～可求(救)

七·武 11/亦又(有)～浧(盈)於十言

七·武 11/而百殜(世)～遊(失)之道

七·武 12/君～祈

七·武 14/～敬則不定

七·武 14/不敬則～定

七·武 15/～逆而訓(順)城(成)

七·鄭甲 1/～敩(穀)日欲㠯(以)告夫=(大夫)

七·鄭甲 4/弗愄(畏)禮(鬼)神之～恙(祥)

七·鄭乙 1/～敩(穀)日欲㠯(以)告夫=(大夫)

七·鄭乙 4/弗愄(畏)禮(鬼)神之～恙(祥)

七·君甲 1/又(有)白玉三回而～戔(展)

七·君甲 2/虐(吾)釻(焉)又(有)白玉三回而～戔(展)才(哉)

七·君甲 3/～聖(聽)鼓(鼓)鐘之聖(聲)

七·君甲 4/兲(一人)土(杜)門而～出

七·君甲 5/而天下莫～語(御)

七·君甲 5/而～爲丌(其)樂

七·君甲 7/民又(有)～能也

七·君甲 7/禮(鬼)亡(無)～能也

七·君甲 8/君王唯(雖)～長年

七·君甲 8/言(然)～敢睪(懌)身

七·君乙 1/君王又(有)白玉三回而～戔(展)

七·君乙 2/虐(吾)釻(焉)又(有)白玉三回而～戔(展)才(哉)

七·君乙 3/～聖(聽)鼓(鼓)鐘之聖(聲)

七・君乙 4/一人土(杜)門而～出

七・君乙 5/而〔天下〕莫～語(御)

七・君乙 5/而～爲丌(其)樂

七・君乙 7/民又(有)～能也

七・君乙 7/禔(鬼)亡(無)～能也

七・君乙 7/君王唯(雖)～長年

七・君乙 8/言(然)～敢睪(懌)身

七・凡甲 1/奚旻(得)而～死

七・凡甲 2/奚旻(得)而～厃(危—詭)

七・凡甲 6/身豊(體)～見

七・凡甲 10/可(何)古(故)大而～罯(炎)

七・凡甲 14/坐～下箬(席)

七・凡甲 16/箸(書)～與事

七・凡甲 20/鼠(一)言而禾～膾(窮)

七・凡甲 21/天下亡(無)～又(有)

七・凡甲 22/則百勿(物)～遊(失)

七・凡甲 22/女(如)～能戠(察)鼠(一)

七・凡甲 25/百勿(物)～死女(如)月

七・凡甲 26/心～秀(勝)心

七・凡甲 27/～遊(失)亓(其)所然

七・凡甲 29/掾(握)之～浧(盈)掾(握)

七・凡乙 1/奚旻(得)而～死

七・凡乙 2/奚旻(得)而～厃(危)

七・凡乙 5/身豊(體)～見

七・凡乙 8/可(何)古(故)大而～罯

 七・凡乙 10/坐～下筶(席)

 七・凡乙 11/箸(書)～與事

 七・凡乙 14/鼠一(一)言而禾～賒(窮)

 七・凡乙 15/則百勿(物)～遊(失)

 七・凡乙 15/女(如)～能戠(察)鼠一(一)

 七・凡乙 18/咸百勿(物)～死女(如)月

 七・凡乙 19/心～㝵(勝)心

 七・凡乙 22/掾(握)之～浧(盈)掾(握)

 七・吴 3/敢～芒(亡)

 七・吴 3/昔上天～中(衷)

 七・吴 4/刲(荆)爲～道

 七・吴 5/～能

 七・吴 5/幾(豈)～左(差)才(哉)

 七・吴 9/隹(唯)～思(敏)既卲(莅)矣

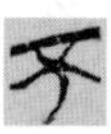 七・吴 9/楚人爲～道

 七・吴 9/～思丌(其)先君之臣

 七・吴 9/～共承(承)王事

 八・子 5/而司寇(寇)～至

 八・顔 3/☐必～才(在)䍃(兹)之内矣

 八・顔 6/則民莫～從矣

 八・顔 7/則民～静(爭)矣

 八・顔 9/戔(賤)～喿(肖)而遠之

 八・顔 9/則丌(其)於教也～遠矣

 八・顔 12/录(禄)～足則青(請)

 八・顔 12/录(禄)～足則青(請)

 八・成 4/～辱丌(其)身

 八・成 5/女(安—焉)～曰日章(彰)而冰澡(消)虐(乎)

 八・成 12/欲䛠(譽)之～果

 八・成 13/是攂(讄?)之～果

 八・成 13/毀之～可

 八・命 1/忈(恐)～能

 八・命 4/～爯(稱)孯(賢)

 八・命 5/～吕(以)厶(私)思〈惠〉厶(私)悁(怨)内(入)于王門

 八・命 5/我～能毌(貫)壁而貝(視)聖(聽)

 八・命 7/莫～忻(欣)憙(喜)

 八・命 10/而邦正(政)～敗

 八・王 4/吕(以)員(損)～嗀(穀)之

 八・志 2/縱～隻(獲)辠(罪)

 八・志 4/或～能節晜(暑)

 八・志 5/而縱～爲虐(吾)爯(稱)睪(擇)

 八・志 6/邦人亓(其)胃(謂)我～能爯(稱)人

 八・志 7/是則𦘔(盡)～嗀(穀)之辠(罪)也

 八・李 1/砢亓(其)～還可(兮)

 八・李 1 背/埅(剛)亓(其)～弍(貳)可(兮)

 八・李 1 背/幾(豈)～皆生

 八・李 1 背/則～同可(兮)

 八・蘭 1/雨䨞(露)～陛(降)矣

 八・蘭 2/……汗(旱)其～雨

 八・蘭 2/可(何)淵而～沽(涸)

 八・蘭 2/攸(搖)茖(落)而猷～遊(失)氒(厥)芳

 八・蘭 3/～艑有折

 八・蘭 4/絖後其～長

 八・蘭 4/女(如)蕑(蘭)之～芳

 八・蘭 5/風汗(旱)之～罔(罔)

 八・有 4/又(有)～善心耳今可(兮)

 八・有 4/莫～弁(變)攺(改)今可(兮)

 八・鷗 2/～戠(織)而欲衣今可(兮)

 九・成甲 1/～散(戮)一人

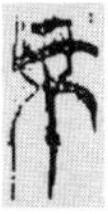 九・成甲 4/蜀(獨)～余見

 九・成甲 4/～思老人之心

 九・成甲 5/憙(喜)君之善而～慗(悊)

九・成乙 2/～散(翏)一人

九・成 3/君一日而～……

九・靈 1/繡(申)賽(息)～慭

九・靈 3/～能㠯(以)它器

九・靈 3/或～能馯(御)之㠯(以)逯(歸)

九・靈 5/虎～倉(答)

九・陳 1/～戩(戰)而時=(待/治?之)

九・陳 2/帀(師)～㡭(絶)

九・陳 3/帀(師)～㡭(絶)

九・陳 3/帀(師)～㡭(絶)

九・陳 4/帀(師)～㡭(絶)

九・陳 4/帀(師)～㡭(絶)

九・陳 6/君王～智(知)㞷(狂)之無栽(才)

九・陳 7/～智(知)進帀(師)徒逐(極)於王所

九・陳 7/～智(知)亓(其)敵卒(卒)夌(凌)行

九・陳 10/君王～智(知)臣之無栽(才)

九・陳 11/行戚～成

九・陳 14/～㞢(止)

九・舉 1/而～……

九・舉 8/寡人～能弌(一)女(安—焉)

九・舉 13/五□～□

九・舉 13/三年～生粟

九・舉 19/……～智(知)亓(其)所巠(極)

九・舉 23/金至(重)～湋(流)

九・舉 23/玉則～剒(戠)

九・舉 24/母(毋)忘亓(其)所～能

九・舉 26/三眊(苗)～賓

九・舉 26/舜～割(遏)亓(其)道

九・舉 26/～賽(塞)亓(其)……

九・舉 33/卲(昭)大之(志)～厶(私)……

九・舉 34/死行～祭

九・舉 34/夂(終)行～……

九・舉 35/惹(怒)而～戛(寡)

九・舉 35/～悉(愛)亓(其)……

九・邦 1/耇(胡)～㠯(以)至僉(命)

九・邦 3/而邦人～爯(稱)甬(勇)女(安—焉)

九・邦 4/而邦人～爯(稱)媺(美)女(安—焉)

九・邦 4/～可

九・邦 5/～旻(得)王

九・邦 8/鼆(抑)瞿(懼)君之～夂(終)殜(世)俙(承)邦

九・邦 10/而邦人～爯(稱)畬(貪?)女(安—焉)

九・邦 11/未尚(嘗)～許

九・邦 11/訶(辭)～受賞

九・邦 12/～可畜也

九・邦 12/～取亓(其)折(制)

九・邦 12/而邦人～爯(稱)還

九・史 5/～亓(其)難与(與)言也

九・史 9/害(曷)鹿而～敬

九・史 10/鼠(一)或～免又(有)謂(禍)不(否)

九・史 10/鼠(一)或不免又(有)謂(禍)～(否)

九・史 11/……～可㠯(以)弗戒

九・史 11/子之史(事)～行

九・史 12/～志(識)所爲

九・史 12/尧(希)～……

九・卜 2/而屯(純)～困(混?)瘳(膺)

九・卜 3/凥(處)～沾(占)大汙

九・卜 7/亦～㡭(絕)

九・卜 10/卝(兆)～利邦貞

卉 2/舊立(位)～抾(捲)

卉 2/血燹(氣)～迵(通)

卉 3/～智(知)亓若兹(哉)

三・周 50/夫征～復(復)

至　部

至

一・孔 18/憙(喜)丌(其)～也

 三·周 2/～(致)寇(寇)至

 三·周 2/至(致)寇(寇)～

 三·周 37/～寇(寇)至

 三·周 37/至寇(寇)～

 三·周 44/气～亦母(毋)龑荥(井)

 三·中 6/～敬之☐

 三·中 16/小人之～者

 三·中 23/～忎(愛)之卒(卒)也

 五·鮑 8/既～齊陛(地)

 一·孔 2/～矣

 一·孔 5/～矣

 二·民 2/吕(以)～(致)五至

 二·民 2/吕(以)～(致)五～

 二·民 3/敢䎽(問)可(何)胃(謂)五～

 二·民 3/五～虖(乎)

 二·民 3/勿(物)之所～者

 二·民 3/志亦～女(安—焉)

 二·民 4/志之〔所〕～者

 二·民 4/豊(禮)亦～女(安—焉)

 二·民 4/豊(禮)之所～者

 二·民 4/線(樂)亦～女(安—焉)

 二·民 4/線(樂)之所～者

 二·民 4/哀亦～女(安—焉)

 二·民 5/此之胃(謂)五～

 二·民 5/五～既䎽(聞)之矣

 二·從甲 19/行隂(險)～命

 二·從乙 3/紿(治)也～塱(則)也

 二·從乙 5/吕(以)歨(時—待)明(名)之～也

 二·容 16/戩设(役)不～

 二·昔 2/□～命于閽=(閽門)

 二·容 51/～於共、豢(滕)之阏(間)

 二·容 19/而遠者自～

 二·容 50/～結者(諸)医(侯)

 二·容 53/～約者(諸)医(侯)

 四·昭 2/～閨

 四・昭 5/因命～俑敳(毁)室

 四・昭 7/君王～於定各(冬)而被褱=(襦衣)

 四・昭 9/息(霸)君吴王身～於郢

 四・柬 1/王滄(滭)～紼(帶)

 四・柬 4/贇(贇)尹～命於君王

 四・内 7/唯(雖)～於死從之

 四・曹 64/此先王之～道

 五・競 6/～於叀(吏)日飤(食)

 五・鮑 7/齊邦～亞(惡)死

 五・鮑 7/～欲(欲)飤(食)而上厚亓(其)畬(斂)

 五・鮑 7/～亞(惡)何而上不峕(時)叀(使)

 五・鮑 8/既～齊墬(地)

 五・姑 6/褱(顧)豢(領)㠯(以)～於含(今)才(哉)

 五・姑 10/惻参垿=(郤,郤)奇(錡)、垿(郤)～、姑(苦)成豪(家)父立死

 五・弟 5/登年不死(恒)～

 五・弟 20/～老丘

 五・三 3/～於孫=(孙子)

 五・三 20/～型(型)忌(怠)忞(哀)

 五・鬼 4/亓(其)力能～女(安—焉)而弗爲虐(乎)

 五・鬼 4/啻(意)亓(其)力古(故)不能～女(安—焉)虐(乎)

 一・性 18/皆～丌(其)情也

 一・性 25/攸(修)身近～悬(仁)

 一・性 35/甬(用)情之～〔者〕

 一・緇 7/則民～(致)行己㠯(以)兑(悦)上

 六・競 11/古(故)死丌(其)牆(將)～

 六・競 12/㠯(以)～於此

 六・孔 2/言即～矣(矣)

 六・莊 7/臣牆(將)或～女(安—焉)

 六・慎 6/悬(仁)之～

 七・凡甲 4/五既(㷉—氣)並～

 七・凡甲 9/～遠從迩(邇)

 七・凡甲 9/足牆(將)～千里

七・凡甲 14/夫雨之～

七・凡甲 14/夫吕(風)之～

七・凡甲 15/～情而智(知)

七・凡甲 16/～聖(聽)千里

七・凡甲 25/～則或(又)反

七・凡乙 3/五既(㵒—氣)並～

七・凡乙 7/～遠從迩(邇)

七・凡乙 7/足牆(將)～千里

七・凡乙 9/夫雨之～

七・凡乙 9/夫吕(風)之～

七・凡乙 11/～聖(聽)千里

七・凡乙 18/～則或(又)反

七・吴 8/孤也敢～先王之福

八・子 2/～宋衞(衛)之𨳌(閒)

八・子 5/而司寇(寇)不～

八・顔 10/敢䎽(問)～明〈名〉

八・顔 10/悳(德)城(成)則名～矣

八・顔 10/名～必俾(卑)身

八・成 1/長(常)事必～

八・成 7/弗遡(朝)而自～

八・成 16/☐之～

八・王 1/彭徒𢍏(樊—返)𧨭闡(關)～(致)命

八・王 2/徒自闡(關)～(致)命

八・志 6/虐(吾)欲～(致)尔(爾)於辠(罪)

九・靈 4/～股(㪅)澂(溢)

九・陳 4/女(如)既～於戕(仇)人之閒(閒)

九・舉 5/而上(尚)父乃皆(階/偕?)～

九・邦 1/耇(胡)不⺋(以)～龠(命)

九・邦 5/～,未㝵(得)王

臺

二・子 11/遊於央～之上

二・容 38/氏(飾)爲桼(瑤)~

二・容 44/於是虐(乎)迮(作)爲九城(成)之~

二・容 47/乃出文王於邑(夏)~之下而䎽(問)女(安—焉)

西　部

西

二・容 20/~方之羿(旗)目(以)月

二・容 31/~方爲三佸

三・周 17/王用亯(享)于~山

三・周 35/利~南

三・周 37/利~南

三・周 57/不女(如)~畧(鄰)之酌祭

五・弟 18/東~南北

四・曹 1/東~七百

六・競 10/自古(姑)、蚤(尤)目(以)~

七・武 3/~面而行

八・顏 3/畜(顏)困(淵)~

八・成 1/~行弗迹(來)

九・邦 11/賞之目(以)~鞋(廣)田百貞(畛)

鹵　部

鬻

八・命 6/~(黔)頁(首)萬(萬)民

鹽　部

鹽(盬、滷、瀘)

盬

二・容 3/瘦(瘦)者煮~(鹽)

滷

二・從甲 8/~則遊(失)衆

瀘

五・鮑 5/~(鹽)肰酒(將)薨(亡)

户　部

户(户、床)

户

三・周 5/丌(其)邑人晶(三)四~

床

 三・周 52/閨(闕)亓(其)～(户)

門 部

門(門、閨)

門

 一・孔 4/訔(詩)亓(其)猷坪(平)～與

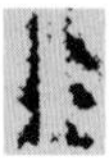 一・性 26/～内之紿(治)

 二・容 2/㚔(跛)皇(躃)獸(守)～

 二・容 40/内(入)自北～

 二・容 40/㠯(以)伐高神之～

 四・采 1/出～㠯(以)東

 四・采 2/母(毋)逃(過)虛(吾)～

 五・姑 10/弝(強)～大夫衒(率)

 七・鄭甲 5/毋敢夕～而出

 七・鄭乙 5/毋敢夕～而出

 七・君甲 4/天(一人)土(杜)～而不出

 七・君乙 4/一人土(杜)～而不出

 八・子 1/～人朿(諫)曰

 八・子 5/～人既荼(除)

 八・命 5/不㠯(以)厶(私)思〈惠〉厶(私)悁(怨)内(入)于王～

 九・靈 1/繦(執)事人夾郗(蔡)人之軍～

閨

 二・容 38/立爲玉～(門)

閔

 九・陳 16/女(如)～

 九・陳 16/女(如)逆～

閨

 三・周 52/～(闕)亓(其)床(户)

 四・昭 1/牆(將)迈(蹠)～

 四・昭 3/至～

 四・柬 9/王夢晶(三)～未啟

閣(闇)

闇

 二・昔 2/至命於～門

闢(闢)

闢

九・卜 1/是胃(謂)～(闢)

開(閞)

閞

九・陳 16/女(如)～咊(術)

閟

六・用 3/～言自闈(關)

九・舉 24/日月～(比?)閑(閒)

閒(閑、閖、刅)

閑

二・容 6/與藋墜(陵)之～(閒)

六・莊 3/四與五之～(閒)虖(乎)

六・莊 3/女四與五之～(閒)

六・用 9/内～(閒)譌衆

九・陳 4/女(如)既至於戕(仇)人之～(閒)

九・舉 24/日月閟(比?)～(閒)

七・吴 6/才(在)敀(波)戠(濤)之～

閖

二・容 9/會才(在)天墬(地)之～(閒)

二・容 51/至於共、紊(縢)之～(閒)

五・三 4/悥(憂)懼之～(閒)

四・曹 14/小邦尻(處)大邦之～(閒)

四・曹 24/車～(閒)宊(容)伍

四・曹 24/伍～(閒)宊(容)兵

四・曹 26/攴(十)五之～(閒)必有公孫公子

四・逸・交 3/～(閒)卟㥂(謀)訂(始)

四・逸・交 4/～(閒)卟㥂(謀)訂(始)

八・李 1/秦(榛)朸(棘)之～(閒)可(兮)

刅

八・子 2/至宋衛(衛)之～(閒)

闗(闡)

闡

一・孔 10/《～(闗)疋(雎)》之改

一・孔 10/～(闗)疋(雎)

一・孔 11/《～(闗)疋(雎)》之改

二・容 18/～(闗)市無賦

二・容 36/㠯(以)正(征)～(闗)市

五・三 22/是帝之～(闗)

六・競 8/約夾者～(闗)

六・用 3/閟言自～(闗)

八・王 1/彭徒羿(樊—返)諹～(闗)至(致)命

八・王 2/徒自～(闗)至(致)命

耳　部

耳

五・君 2/～勿聖(聽)也

五・鬼 5/又(有)～不䎽(聞)

一・性 36/～之樂聖(聲)

二・民 6/奚～而聖(聽)之

七・君甲 6/～目之欲

七・君乙 6/～目之欲

七・凡甲 10/日之又(有)～

七・凡甲 13/亡(無)～而䎽(聞)

八・蘭 5/身體駐(重)害(輕)而目～裟(勞)矣

八・有 4/又(有)不善心～今可(兮)

八・志 5/虛(吾)㠯(以)尔(爾)爲遠目～

聖(聖、耶、耴)

聖

二・容 31/救～(聲)之紀(紀)

二・容 33/～人

四・柬 10/皮(彼)～人之子孫

四・柬 19/君～人

 五・三 13/亞(惡)～人之悬(謀)

 五・鬼 1/息(仁)義～智

 五・鬼 2/焚～人殺訐(諫)者

 五・鬼 3/天下之～人也

 一・性 9/～人比丌(其)頪(類)而侖(論)會之

 一・緇 11/未見～

 二・容 17/～(聽)不聰

 二・容 12/☐～(聽)不聰

 二・容 18/壐(禹)～(聽)正(政)三年

 二・容 29/而～(聽)丌(其)訟獄

 二・容 23/鲞(舜)～(聽)正(政)三年

 二・容 30/鲞(舜)乃欲會天陀(地)之燹(氣)而～(聽)甬(用)之

 二・容 36/衆㝔(寡)不～(聽)訟

 二・容 45/不～(聽)丌(其)邦之正(政)

 四・曹 10/乃命毀鐘型而～(聽)邦政

 四・曹 11/不～(聽)樂

 四・曹 34/君必身～(聽)之

 四・曹 35/賞皇(均)～(聽)中

 五・鮑 1/～(聽)亓(其)言

 五・鮑 2/～(聽)言

 五・姑 8/取宔(主)君之衆己(以)不～命

 五・君 2/～(聽)之而不義

 五・君 2/耳勿～(聽)也

 五・君 6/～(聲)之佸俆

 五・三 15/～(聽)亓(其)縈(營)

 一・性 15/～(聽)銮(琴)恋(瑟)之聖(聲)

 二・民 6/奚(傾)耳而～(聽)之

 二・昔 1/大(太)子昃～(聽)

 二・昔 1/肰(然)句(後)並～(聽)之

 二・昔 4/大(太)子乃亡(無)䎽(聞)亡(無)～(聽)

 四・内 10/古(故)爲寽(少)必～(聽)長之命

 四・内 10/爲戔(賤)必～(聽)貴之命

 五・弟 5/～(聽)余言

 五・弟 19/臆=(悙悙)女也亓(其)～(聽)

 一・孔 3/亓(其)～(聲)善

 一・性 3/金石之又(有)～(聲)也

 二・容 16/目(以)定男女之～(聲)

 五・弟 4/𤔔(亂)節而悥(哀)～(聲)

 一・性 14/～(聲)

 一・性 14/䎽(聞)芺(笑)～(聲)

 一・性 15/聖(聽)䥈(琴)瑟(瑟)之～(聲)

 一・性 17/〔非其〕～(聲)而從之也

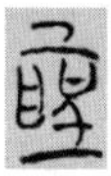 一・性 20/亓(其)～(聲)弁(變)鼎(則)心從之矣

 一・性 20/鼎(則)亓(其)～(聲)亦肰(然)

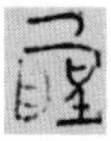 一・性 21/□旃(遊)～(聲)也

 一・性 36/耳之樂～(聲)

 二・民 5/亡(無)～(聲)之線(樂)

 二・民 7/亡(無)～(聲)之線(樂)

 二・民 8/亡(無)～(聲)之線(樂)

 二・民 10/亡(無)～(聲)之線(樂)

 二・民 11/亡(無)～(聲)之線(樂)

 二・民 12/亡(無)～(聲)之線(樂)

 二・民 12/亡(無)～(聲)之線(樂)

 二・民 13/亡(無)～(聲)之線(樂)

 六・競 4/夫子㱿(使)亓(其)私㱿(史)～(聽)獄於晉邦

 六・競 5/恩～

 六・競 7/則言不～(聽)

 六・競 9/亞(惡)～人

 七・武 12/～人之道

 七・君甲 3/不～餀(鼓)鐘之聖(聲)

 七・君甲 3/餀(鼓)鐘之～

七・君乙 3/不～敳(鼓)鐘之聖(聲)

七・君乙 3/不聖(聽)敳(鼓)鐘之～

七・凡甲 10/牆(將)可(何)～

七・凡甲 13/亡(無)耳而䎽(聞)～

七・凡甲 16/至～千里

七・凡甲 16/是古(故)～人尻〈凥—處〉於亓(其)所

七・凡甲 19/鼓之又(有)～

七・凡甲 27/室～好也

七・凡乙 8/〔牆(將)〕可(何)～

七・凡乙 11/至～千里

七・凡乙 11/是古(故)～人尻〈凥—處〉於亓(其)所

七・凡乙 13/鼓之又(有)～

八・命 5/我不能耼(貫)壁而貝(視)～(聽)

八・李 2/氏(是)古(故)～人棘此和勿(物)

八・李 3/氏(是)古(故)～人棘此

九・陳 9/既～(聽)命

九・陳 10/陳公遉(復)～(聽)命於君王

九・史 4/丞(恒—極)～同

耶

一・緇 11/我弗胄(迪)～(聖)

䎱

六・孔 4/仁者是能行～(聖)人之道

六・孔 4/行～(聖)人之道

六・孔 6/害君子～(聽)之

聰

二・容 12/聖(聽)不～

卉 2/安(焉)能～明

聞(䎽、䎿)

䎽

 二・容 47/乃出文王於昰(夏)臺之下而～(問)女(安—焉)

 四・柬 8/王㠯(以)～(問)贅(鳌)尹高

 四・柬 10/君王尚(當)㠯(以)～(問)大(太)宰(宰)晉侯

 四・柬 22/命(令)尹子林～(問)於大(太)宰(宰)子㞢(之)

 四・曹 12/還年而～(問)於散(曹)斆(蔑—沫)曰

 四・曹 13/～(問)戦(陳)奚女(如)

 四・曹 13/臣～(聞)之

 四・曹 23/牆(莊)公或～(問)

 四・曹 35/臧(莊)公或～(問)

 四・曹 36//臧(莊)公或～(問)

 四・曹 43/臧(莊)公或～(問)曰

 四・曹 44/臧(莊)公或～(問)曰

 四・曹 45/剔(傷)者弗～(問)

 四・曹 46/臧(莊)公或～(問)曰

 四・曹 47/剔(傷)者～(問)之

 四・曹 50/臧(莊)公或～(問)曰

 四・曹 53/臧(莊)公或～(問)曰

 四・曹 53/臧(莊)公或～(問)曰

 四・曹 55/臧(莊)公或～(問)曰

 四・曹 59/臧(莊)公或～(問)曰

 五・季 1/季庚子～(問)於孔子曰

 五・君 4/敢～(問)可(何)胃(謂)也

 五・君 11/子羽～(問)於子贛(貢)曰

 二・昔 4/不～(聞)不命

 二・從甲 1/～(聞)之曰

 二・從甲 3/～(聞)之曰

 二・從甲 5/～(聞)之曰

 二・從甲 8/～(聞)之曰

 二・從甲 9/～(聞)之曰

 二・從甲 11/～(聞)之曰

 二・從甲 13/～(聞)之曰

 二・從甲 16/～(聞)之曰

 二・從甲 18/～(聞)之曰

 二・從甲 19/～(聞)之曰

 二・從乙 2/～(聞)之曰

 二・從乙 3/～(聞)之曰

 二・從乙 4/～(聞)之曰

 二・從乙 5/君子～(聞)善言

 二・容 13/堯～(聞)之而敚(美)丌(其)行

 二・容 39/湯～(聞)之

 二・容 46/文王～(聞)之曰

 二・容 46/受(紂)～(聞)之

 二・容 48/豐喬(鎬)之民～(聞)之

 二・容 50/～(昏)者(諸)百眚(姓)

 二・容 53/～(昏)者(諸)百眚(姓)

 三・周 38/～(闻)言不夂(終)

 四・柬 8/王邑(以)～(問)贅(贅)尹高

 四・柬 10/君王尚邑(以)～(問)大宥(宰)晉医(侯)

 四・柬 21/忑(願)～(聞)之

 四・曹 5/臣～(聞)之曰

 四・曹 8/臣～(聞)之曰

 四・曹 10/虛(吾)～(聞)此言

 四・曹 13/臣～(聞)之

 四・曹 14/叡(且)臣～之

 四・曹 18/叡(且)臣之～(聞)之

 四・曹 28/叡(且)臣～之

 四・曹 40/臣～(聞)之

 四・曹 42/臧(莊)公或～曰

 四・曹 42/臣～(聞)之

 四・曹 59/臧(莊)公或～(問)曰

 四・曹 62/毋上(尚)脜(獲)而上～(聞)命

 四・曹 64/虛(吾)一谷(欲)～(聞)三弋(代)之所

 四・曹 64/臣～(聞)之

 四・曹 65/亓(其)亦唯～(聞)夫墨(禹)、湯、傑(桀)、受(紂)矣

 五・君 3/虛(吾)新(新)～(聞)言於夫子

 五・弟 6/虛(吾)～(聞)而

 五・弟 7/虗(吾)～(聞)父母之峕(喪)

 五・弟 9/虗(吾)～(聞)而未之見也

 五・弟 15/隹多～(聞)而不各(友)臤(賢)

 五・弟 16/㝠(寡)～(聞)則沽(孤)

 五・弟 16/多～(聞)鼎(則)惑(惑)

 五・弟 22/☐子～(聞)之曰

 五・弟 22/目(以)求～(聞)

 五・鬼 5/腈(狀)若生又(有)耳不～(聞)

 五・鬼 8/㝠(寡)～(聞)罡昜(湯)

 一・緇 19/古(故)君子多～(聞)

 二・昔 4/大(太)子乃亡(無)～(聞)亡(無)聖(聽)

 二・昔 4/不～(聞)不命(令)

 六・孔 1/量(斯)～之

 六・孔 2/可旻(得)～(聞)與

 六・孔 3/～亓(其)訇(辭)於徍(失)人啓(乎)

 六・孔 7/虗(吾)子勿～(聞)

 六・孔 10/虗(吾)～(聞)之

 六・孔 16/女(安—焉)與之凥(處)而訾(察)～(問)亓(其)所學

 六・孔 18/民舊(久)～(聞)學

 六・孔 20/～(聞)豊(禮)不券(倦)

 六・木 5/王子～(問)城公

 六・用 17/順(羞)～(聞)亞(惡)悬(謀)

 六・天甲 8/不可目(以)不～(聞)恥厇(度)

 六・天乙 7/不可目(以)不～(聞)恥厇(度)

 七・凡甲 8/～(問)之曰

 七・凡甲 13/亡(無)耳而～(聞)聖(聲)

 七・凡甲 14/～(問)之曰

 七・凡甲 15/～(問)之曰

 七・凡甲 20/～(問)之曰

 七・凡甲 21/～(問)之曰

 七・凡甲 22/～(問)之曰

 七・凡甲 26/～(問)之曰

 七・凡乙 7/～(問)之曰

 七・凡乙 9/～(問)之曰

 七・凡乙 14/～(問)之曰

 七・凡乙 18/～(問)之曰

 七・凡乙 19/～(問)之曰

 八・蘭 2/浧(馨)訛(謐)迡而達～(聞)于四方

 八・成 3/旦之～(聞)之也

 八・成 6/青(請)～(問)天子之正道

 八・成 7/青(請)～(問)亓(其)事☐

 八・成 10/青(請)～(問)亓(其)方

 八・命 4/虗(吾)～(聞)古之善臣

 八・命 7/莫弗～(聞)

 七・凡甲 2/～(問)之曰

 七・凡甲 11/～(問)天筸(孰)高與(歟)

 七・凡乙 2/～(問)之曰

 八・成 2/簏～(聞)才(哉)

 八・王 3/是言既～(聞)於衆巳(已)

 九・舉 1/虗(吾)～(聞)周宗又(有)難

 九・舉 2/～(聞)光剌(烈)之皾(族)

 九・舉 15/文王曰：請～(問)亓(其)……

 九・舉 23/乃～(問)於墨(禹)曰

 九・邦 4/～(聞)命(令)尹、司馬既死

 九・史 12/……～(聞)子之言大戄(懼)

䎽

 一・性 14/～(聞)芺(笑)耶(聲)

 二・民 5/五至欧(既)～(問)之矣

 二・民 10/可旻(得)而～(聞)弆(與)

 五・姑 2/□埅(郤)奇～(聞)之

 五・姑 5/虗(吾)～(聞)爲臣者必思君旻(得)志於㠯(己)而又(有)後青(請)

 二・民 1/〔子〕㒸(夏)～(問)於孔子

 二・民 1/敢～(問)可(何)女(如)而可胃(謂)民之父母

 二・民 3/敢～(問)可(何)胃(謂)五至

 二・民 5/敢～可(何)胃(謂)三亡(無)

 七・武 1/王～(問)於帀(師)上(尚)父曰

 七・武 5/武王～(聞)之忈(恐)愳(懼)

 七・武 11/～(問)於大(太)公䀢(望)曰

 七・武 12/㠯(以)～(聞)虐(乎)

 七・武 13/逿(復)～(問)

 八・顔 1/彥(顔)困(淵)～(問)於孔=(孔子)曰

 八・顔 1/敢～(問)君子之内事也又(有)道虐(乎)

 八・顔 1/敢～(問)可(何)女(如)

 八・顔 5/愇(回)既～(聞)命矣

 八・顔 5/敢～(問)君子之内教也又(有)道虐(乎)

 八・顔 6/敢～(問)可(何)女(如)

 八・顔 10/愇(回)既～(聞)矣

 八・顔 10/敢～(問)至明〈名〉

 九・成乙 3/～(聞)……

聾

 二・容 2/於是虐(乎)唫(喑)～執燭

 二・容 37/於是虐(乎)又(有)詮(喑)、～、皮(跛)、瞑、瘦(癭)、寀(瞀)、婁(僂)始记(起)

聶

 六・用 12/～亓(其)睸而不可逿(復)

 七・吴 6/～周子孫

𦕓

 八・命 5/我不能～(貫)壁而視聖(聽)

𦣞　部

𦣞(頤)

頤

三・周 24/～

三・周 24/觀～

三・周 24/觀我𢼸(微)～

三・周 24/曰遉(顛)～

三・周 24/䍿(弗)～

三・周 25/遉(顛)～

三・周 25/䌛(由)～

配

七・吴 8/大～(姬)之邑

手　部

手

七・君甲 9/⿰歹翏(戮)死於人～

七・君乙 9/⿰歹翏(戮)死於人～

拇

三・周 26/欽(感)亓(其)～

三・周 27/欽(感)丌(其)～

三・周 37/繲(解)亓(其)～

操

七・凡甲 19/～之可操

七・凡甲 19/操之可～

七・凡乙 14/可～

攘(禳)

禳

二・容 47/文王於是虐(乎)索(素)耑～(攘)裳㠯(以)行九邦

揊

八・成 13/是～(讀)之不果

拜

一・性 12/～▨

五・競 9/伋(隰)倗(朋)舁(與)鞄(鮑)弔(叔)齒(牙)皆～

三・彭 8/狗(耇)老式(二)～旨(稽)首曰

六・孔 13/大爲毋～

六・孔 15/句～四方之立(位)吕(以)童(動)

六・孔 15/不僭(?)～

六・孔 15/㡭(絶)吕(以)爲吕(己)～

六・莊 8/縉(紳)公危(跪)～

八・有 1/能爲余～楮柧今可(兮)

九・邦 9/辜(就)鄒(蔡)大祝二～頓=(頓首)曰

承(丞、佲)

丞

三・周 8/啟邦～(承)豪(家)

三・周 28/或～(承)丌(其)憩(羞)

三・中 22/則民蘿(勸)～(承)孚(學)

四・内 4/不與言人之俤(弟)之不能～(承)倪(兄)者

四・内 4/言人之俤(弟)之不能～(承)倪(兄)

四・内 6/言～(承)倪(兄)

六・天甲 8/夫=(大夫)～(承)鷹(薦)

六・天乙 8/～(承)鷹(薦)

七・吴 9/不共～(承)王事

卉 1/没(役)敢～行

佲

九・邦 8/翟(抑)瞿(懼)君之不夂(終)殜(世)～(承)邦

握(抎)

抎

七・凡甲 19/～(握)之則遊(失)

七・凡甲 29/～(握)之不涅(盈)

七・凡甲 29/掾(握)之不涅(盈)～(握)

七・凡乙 14/～

七・凡乙 22/～(握)之不涅(盈)掾(握)

七・凡乙 22/掾(握)之不涅(盈)～(握)

失(遊)

遊

一・緇 10/𤕫(教)此㠯(以)～

二・魯 1/毋(無)乃～(失)者(諸)型(刑)與悳(德)虖(乎)

二・從甲 4/～(失)掔(賢)士一人

二・從甲 8/滷(鹽—嚴)則～(失)衆

二・容 52/而𣅀(得)～(失)行於民之唇(辰)也

三・周 10/～(失)前盦(禽)

三・周 16/～(失)丈夫

三・周 16/～(失)少(小)子

三・亘 13/甬(庸)或～(失)之

三・彭 1/乃不～(失)厇(度)

三・彭 5/唯(雖)福必～(失)

四・曹 7/君子𣅀(得)之～(失)之

四・曹 8/而喬(驕)大(泰)㠯(以)～(失)之

四・曹 9/君子㠯(以)臤(賢)爯(稱)而～(失)之

四・曹 10/害(曷)又(有)弗～(失)

四・曹 31/～(失)車虖(甲)

四・曹 52/乃～(失)亓(其)備(服)

五・季 10/鹵(嚴)鼎(則)～(失)衆

五・季 20/凡～(失)勿危(危)

五・三 2/怠(怠)者～(失)之

五・三 5/邦～(失)旝(幹)祟(常)

五・三 8/～(失)於媺(美)

五・三 12/毋~(失)亓(其)道

六・孔 3/餌(聞)亓(其)訇(辭)於~(失)人虐(乎)

七・武 9/惡~(失)道於脂(嗜)谷(欲)

七・武 10/立(位)難旻(得)而惕(易)~(失)

七・武 11/而百殜(世)不~(失)之道

七・凡甲 3/奚~(失)而死

七・凡甲 19/掾(握)之則~(失)

七・凡甲 22/則百勿(物)不~(失)

七・凡甲 23/百勿(物)具~(失)

七・凡甲 27/不~(失)亓(其)所然

七・凡乙 2/奚~(失)而死

七・凡乙 15/則百勿(物)不~(失)

七・凡乙 15/則百勿(物)具~(失)

八・蘭 1/日月~(失)時

八・蘭 2/攸(搖)茖(落)而猷不~(失)乑(厥)芳

八・顏 8/少(小)人靜(爭)而~(失)之

九・舉 5/子~(失)上(尚)父

九・舉 28/~(失)也

九・邦 9/既~(失)邦

九・史 7/此所㠯(以)~(失)敬

抶

弁 2/舊立(位)不~(捲)

女 部

女

一・緇 1/孚(好)頫(美)~(如)孚(好)《紂(緇)衣》

一・緇 1/亞(惡)亞(惡)~(如)亞(惡)《巷白(伯)》

 一・緇 10/～(如)不我旻(得)

 一・緇 15/王言～(如)絲

 一・緇 15/丌(其)出～(如)緍

 一・緇 15/王言～(如)索

 一・性 14/鼎(則)犇(鮮)～(如)也斯憙(喜)

 一・性 15/鼎(則)悸～(如)也斯難(歎)

 一・性 15/鼎(則)懠(齊)～(如)也斯复(作)

 一・性 16/葨(喟)～(如)也

 一・性 19/□□～(如)也

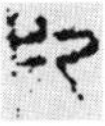 一・性 19/丌(其)柬(烈)流～(如)也目(以)悲

 一・性 37/又(有)丌(其)爲人之俴=(節節)～(如)也

 一・性 37/又(有)丌(其)爲人之柬(簡)柬(簡)～(如)也

 一・性 38/又(有)丌(其)爲人之慧(快)～(如)也

 二・民 1/敢䎽(問)可(何)～(如)而可胃(謂)民之父母

 二・昔 2/～(如)祭祀之事

 二・容 16/目(以)定男～之聖(聲)

 二・容 17/～(如)是脜(狀)也

 二・容 38/取丌(其)兩～晉(琰)蠡(琬)

 二・容 39/丌(其)喬(驕)大(泰)～(如)是脜(狀)

 二・容 39/～(如)是而不可

 二・容 49/～(如)是脜(狀)也

 三・周 1/勿用取～

 三・周 11/氒(厥)孚洨(交)～(如)

 三・周 11/㥎～(如)

 三・周 26/取～吉

 三・周 38/～(如)雺又(有)礪(厲)

 三・周 40/～藏(藏)

 三・周 40/勿用取(娶)～

 三・周 50/～逯(歸)吉

 三・周 57/不～(如)西郘(鄰)之酌祭

 三・彭 2/～(汝)孳=(孳孳)尃(布)昏(問)

 三・彭 2/畬(余)告～(汝)人綸(論)

 三・彭 5/畬(余)告～(汝)□

 三・彭 6/舍(余)告～(汝)咎

 四・柬 4/～(如)褱(表)

 四・柬 5/～(如)褱(表)

 四・柬 13/～(如)君王攸(修)郢高(郊)

 四・相 4/虐(吾)子之倉(答)也可(何)～(如)

 四・相 4/～(如)諂

 四・曹 13/餌(問)戟(陳)奚～(如)

 四・曹 13/獸(獸)鄭(邊)城奚～(如)

 四・曹 17/毋怣(愛)貨資子～

 四・曹 20/爲和於邦～(如)之可(何)

 四・曹 22/爲和於豫(舍)～(如)可(何)

 四・曹 24/爲和於戟(陳)～(如)可(何)

 四・曹 27/君～(如)親衛(率)

 四・曹 33/爲親～(如)可(何)

 四・曹 35/爲和～(如)可(何)

 四・曹 36/爲義～(如)可(何)

 四・曹 38/勿兵目(以)克奚～(如)

 四・曹 56/善攻者奚～(如)

 四・曹 57/善戰(守)者奚～(如)

 五・鮑 3/～(如)耆(故)

 五・鮑 7/肰(然)則奚～(如)

 五・季 11/古(故)～虐(吾)子之疋肥也

 五・季 13/古(故)子目(以)此言爲奚～

 五・季 16/□之必敬～賓客之事也

 五・姑 4/隹(誰)欲畜～(汝)者(諸)才(哉)

 五・姑 6/從事可(何)目(以)～(如)是

 五・姑 9/～(汝)出内庫之繇(囚)

 五・君 1/虐(吾)語～(汝)

 五・弟 8/飤(食)肉～(如)飯土

 五・弟 8/畬(飲)酉(酒)～(如)淫

 五・弟 10/□～(汝)弗智(知)也虐(乎)

 五・弟 11/～(汝)能訢(慎)計(始)與夂(終)

五・弟 15/虘(吾)告～(汝)

五・弟 19/瞕=(惇惇)～(如)也其聖(聽)

五・弟 19/子迻(路)進(往)庴子喌=(噩噩)～(如)也女(如)戜(誅)

五・弟 19/子迻(路)進(往)庴子喌=(噩噩)女(如)也～(如)戜(誅)

五・三 1/天亞(惡)～(如)忻

五・三 3/男～又(有)節

五・三 4/～(如)反之

五・鬼 3/～(如)吕(以)此詰之

港甲 7/之～晏嬰也

一・孔 4/丌(其)甬(用)心也牆(將)可(何)～(如)

一・孔 4/丌(其)甬(用)心也牆(將)可(何)～(如)

一・孔 5/又(有)城(成)工(功)者可(何)～(如)

一・孔 21/則吕(以)爲不可～(如)可(何)也

一・孔 22/丌(其)義(儀)一氏(兮)心～(如)結也

一・孔 27/～(如)此

二・子 8/～(如)夋(舜)才(在)含(今)之殜(世)則可(何)若

二・子 10/又(有)廼(娀)是(氏)之～也

二・子 12/又(有)詞(邰)是(氏)之～也

二・子 13/厽(三)王者之乍(作)也～(如)是

二・魯 2/～(如)母(毋)悉(愛)珪璧幣帛於山川

二・魯 3/戱(緊)虘(吾)子～(如)違命丌(其)與

二・魯 3/～(若)夫政型(刑)與悳(德)吕(以)事上天

二・魯 3/～(若)天(夫)母(毋)悉(愛)圭(珪)璧幣帛於山川

二・魯 4/～(如)天不雨

二・魯 5/～(如)天不雨

二・魯 6/毆(緊)亡(無)～(如)袠(庶)民可(何)

三・中 3/有臣萬人道～(汝)

三・中 5/爲之宗悬(謀)～(汝)

三・中 6/～(汝)智(知)者

三・中 8/夫先又(有)司爲之～(如)可(何)

三・中 10/～(如)之可(何)

 三・中 11/敢昏(問)道民興悳(德)～(如)可(何)

 三・中 16/含(今)～(汝)相夫

 三・中 21/～(汝)隹(惟)吕(以)

 三・中附簡/～(汝)蜀(獨)正之

 六・競 2/是虗(吾)所望於～(汝)也

 六・競 7/～(如)川(順)言弇亞(惡)虖(乎)

 六・孔 4/～(如)子〈夫〉皋〈皋(親)〉息(仁)

 六・孔 5/息(仁)亓(其)～(如)此也

 六・孔 6/～(如)夫息(仁)

 六・孔 16/～(如)此者

 六・孔 20/～(如)夫見人不猒(厭)

 六・孔 22/皇亓(其)～(如)

 六・莊 3/～(如)四與五之閒

 六・莊 6/～(如)臣智(知)君王

 六・壽 2/～(如)毀新都戚陵

 六・壽 3/～(如)不能

 六・壽 6/～(如)我旻(得)免

 六・天甲 10/男～(如)不語鹿(麗)

 六・天乙 10/～(如)不語鹿(麗)

 九・成乙 2/舉(舉)邦加(賀)余～(如)

 九・靈 4/～(汝)蜀(獨)亡(無)旻(得)

 九・陳 4/～(如)既至於戟(仇)人之閼(閒)

 九・陳 8/～(汝)内(入)王卒(卒)

 九・陳 16/～(如)閔

 九・陳 16/～(如)逆閔

 九・陳 16/～(如)開陎(術)

 九・陳 16/～(如)戉(攻)陎(術)

 九・陳 16/～(如)御追

 九・陳 17/～(如)既濼城女(安—焉)

 九・舉 19/習～(汝)智(知)埶(設)皆紀

 九・邦 2/頫(髮)天之～

 九・史 1/亡(無)～(如)煮(圖)也

 九・卜 2/粆(兆)～(如)印(仰)首出止(趾)

 九・卜 5/～(如)白女(如)黄

 九・卜 5/女(如)白～(如)黄

 九・卜 6/～(如)□□□□□□□□□

 九・卜 9/～(如)三末唯(雖)吉

 九・卜 9/～(如)三族□□□□□□□

妻

 五・姑 9/與亓(其)～

婦

 一・孔 17/《湯(揚)之水》丌(其)炁(愛)～烈(烈)

 一・孔 17/《菜(采)萬(葛)》之炁(愛)～☐

 一・孔 29/《角幡》～

 四・曹 34/伀(匹)夫奡(寡)～之獄訟

 三・周 28/～人吉

 三・周 50/～孕而

 六・競 10/夫～皆祖

 九・卜 4/～人幵㠯(以)歙(飲)飤(食)

母

 二・子 10/禼(契)之～

 二・子 12/句(后)稷之～

 二・子 13/是句(后)稷之～也

 三・周 18/榦(榦)～之蛊(蠱)

 四・昭 3/僕(僕)之～(毋)辱君王

 四・昭 4/并僕(僕)之父～之骨厶(私)自塼

 四・柬 11/之澣(旱)～(毋)帝(謫)

 四・曹 22/民之父～

 四・曹 20/～毋穫(獲)民旹(時)

 五・季 7/尖=(小人)～(毋)寣(寐)

 五・季 19/民之散(美)弃亞(惡)～(女)逯(歸)

 三・周 14/～(毋)頬(疑)

 三・周 44/亦～(毋)龔(繘)汬(井)

 四・采 2/～(毋)逃(過)虗(吾)門

 四・采 6/狗(苟)虗(吾)君～(毋)死

 四・昭 8/王命龏(龔)之脽～(毋)見

 四・昭 9/今君王或命脽～(毋)見

 四・柬 12/夫唯(雖)～(毋)潓(旱)

 四・柬 13/君王～(毋)敢烖(災)害

 四・柬 15/～(毋)敢執篥籔

 四・内附簡/～(毋)忘姑姊妹而遠敬之

 四・曹 17/疆陛(地)～先而必取□焉

 四・曹 17/～悉(愛)貨資子女

 四・曹 20/～穫(獲)民旹(時)

 四・曹 20/～敓(奪)民利

 四・曹 21/录(禄)～(毋)僨(負)

 四・曹 25/～(毋)牆(將)軍必又(有)數辟(嬖)大夫

 四・曹 25/～(毋)俾(嬖)大夫

 四・曹 27/～(毋)誼(誅)而賞

 四・曹 27/～(毋)辠百眚(姓)

 四・曹 29/～(毋)退(復)歬(前)祟(常)

 四・曹 31/命之～(毋)行

 四・曹 34/君～(毋)憚(憚)自勞

 四・曹 35/～(毋)辟(嬖)於便俾(嬖)

 四・曹 35/～(毋)倀(長)於父貹(兄)

 四・曹 37/～(毋)从(从)軍

 四・曹 37/～(毋)辟(避)辠(罪)

 四・曹 52/戰(戰)～(毋)怠(殆)

 四・曹 52/～(毋)思(使)民矣(疑)

 四・曹 58/所以爲～(毋)退

 四・曹 60/～(毋)冒㠯(以)追(陷)

 四・曹 63/～(毋)火食

 四・曹 64/虐(吾)訵(寔)不而～(如)

 五・三 15/～(毋)不能而爲之

 五・三 15/～(毋)能而㑥(易)之

 五・三 19/～(毋)曰果=(冥冥)

 五・季 11/～(毋)乃肥之昏也

 五・季 19/～(毋)欽(欽)遠

 五·季 19/～(毋)□逐

 五·季 21/～(毋)訐(信)玄曾

 五·三 1/櫓(平)旦～(毋)哭晦毋訶(歌)

 五·三 1/櫓(平)旦毋哭晦～(毋)訶(歌)

 五·三 2/～(毋)爲憑(僞)麆(怍)

 五·三 4/～(毋)詢(詬)政卿於神宊(次)

 五·三 4/～(毋)亯(享)浼(逸)女(安—焉)

 五·三 4/～(毋)胃(謂)之不敢

 五·三 5/～(毋)胃(謂)之不肰(然)

 五·三 9/～(毋)凶備(服)㠯(以)亯(享)祀

 五·三 9/～(毋)衿(錦)衣交(絞)祖

 五·三 10/～(毋)爲角言

 五·三 10/～(毋)爲人昌(倡)

 五·三 10/～(毋)侳(作)大事

 五·三 10/～(毋)㓷(殘)祟(常)

 五·三 10/～(毋)雍(壅)川

 五·三 10/～(毋)剸(斷)陓(洿)

 五·三 10/～(毋)烕(滅)宗

 五·三 10/～(毋)虛牀(壯)

 五·三 10/～(毋)□敌

 五·三 10/～(毋)㝸(變)事

 五·三 10/～(毋)焚(煩)古(姑)謱

 五·三 10/～(毋)恥父跸(兄)

 五·三 11/～(毋)㬥(傲)貧

 五·三 11/～(毋)芺(笑)型(刑)

 五·三 11/～(毋)椯(揣)深

 五·三 11/～(毋)尾(度)山

 五·三 11/～(毋)浼(逸)亓(其)身

 五·三 11/居～(毋)悊(滯)

 五·三 11/侳(作)～(毋)康

 五·三 11/内(入)虛～(毋)樂

 五·三 12/陞(登)丘～(毋)訶(歌)

 五·三 12/～(毋)遊(失)亓(其)道

二・魯 1/～(毋)乃遊(失)者(諸)型(刑)與悳(德)虐(乎)

二・魯 2/女(如)～(毋)悉(愛)珪璧敝(幣)帛於山川

二・魯 3/～(毋)乃冐(謂)丘之合(答)非與

二・魯 3/女(若)天(夫)～(毋)悉(愛)圭(珪)璧敝(幣)帛於山川

二・魯 4/～(無)乃不可

三・中 18/～(毋)自隓(惰)也

三・彭 8/～(毋)故貢(富)

六・用 2/亦力孛(勉)㠯(以)～(毋)忘

六・用 14/～(毋)事縸=(莫莫)

八・王 4/忨(願)夫=(大夫)之～(毋)徒

九・陳 7/而～呰(止)帀(師)徒虐(乎)

九・陳 8/而～(毋)呰(止)帀(師)徒

九・陳 8/～(毋)亦善虐(乎)

九・舉 6/殜=(世世)～又(有)逡(後)悬(悔)

九・舉 14/～(毋)自而信

九・舉 24/～(毋)忘亓(其)所不能

九・卜 6/～(毋)白毋赤

九・卜 6/毋白～(毋)赤

九・卜 6/～翠(卒)㠯(以)易

姑

四・内附簡/母(毋)忘～姊妹而遠敬之

五・姑 1/～(苦)城(成)豙(家)父

五・姑 1/～(苦)城(成)豙(家)父

五・姑 2/告～(苦)城(成)豙(家)父曰

五・姑 3/～(苦)城(成)豙(家)父曰

五・姑 5/～(苦)城(成)豙(家)父

五・姑 6/冐(謂)～(苦)城(成)豙(家)父

五・姑 7/～(苦)城(成)豙(家)父曰

五・姑 9/～(苦)城(成)豙(家)父

五・姑 10/坾(郤)奇、坾(郤)至、～(苦)城(成)豙(家)父立死

威

一・緇 16/敬尔(爾)～義(儀)

一・緇 23/囟(攝)㠯(以)～義(儀)

姊

四・内附簡//母(毋)忘姑～(姊)妹而遠敬之

妹

四・内附簡//母(毋)忘姑～(姊)妹而遠敬之

奴

四・采 1/子～(如)思我

四・采 4/子之睇(睇)～

四・逸・多 1/莫～(如)藿葦

四・逸・多 2/莫～(如)同生

四・逸・多 2/莫～(如)松杍(梓)

四・逸・多 2/莫～(如)同父毋(母)

四・逸・多 1/莫～(如)䚷(兄)

嬍(𡟰、頫)

𡟰

二・容 21/衣不褻(襲)～(美)

五・三 8/遊(失)於～(美)

六・競 1/虛(吾)㡀(幣)帛甚～(美)於虛(吾)先君之量矣

六・競 9/非爲～(美)玉肴生也

六・天甲 3/不～(美)爲𡟰(美)

六・天甲 3/不𡟰(美)爲～(美)

六・天甲 4/不(美)～(美)爲𡟰(美)

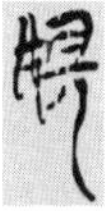
六・天甲 4/不𡟰(美)爲～(美)

六・天乙 3/不～(美)爲𡟰(美)

六・天乙 3/不𡟰(美)爲～(美)

六・天乙 3/～(美)爲不𡟰(美)

六・天乙 3/𡟰(美)爲不～(美)

九・舉 29/教～(美)民備(服)

九・邦 4/而邦人不爯(稱)～(美)女(安—焉)

四・逸・交 1/戠(𧯃—豈)～(美)是好

四・逸・交 3/戠(𧯃—豈)～(美)是好

四・逸・交 4/戠(𧯃—豈)～(美)是好

頔

一・緇 1/孚(好)～(美)女(如)孚(好)《紂(緇)衣》

好(好、孚)

好

五・季 10/～型(刑)剸(則)不羊(祥)

五・季 10/～殺剸(則)乍(作)𤔔(亂)

五・季 19/～人勿貴

港甲 9/□～而纏之

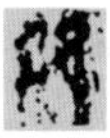
一・性 3/～亞(惡)

一・性 36/目之～色

一・孔 12/～

一・孔 14/𢘓(擬)～色之忨(願)

一・孔 24/敓(悅)丌(其)人必～丌(其)所爲

一・性 12/～丌(其)頌(容)

二・從甲 8/～型(刑)則民乍(作)亂

三・周 30/～豚(遯)

四・逸・交 1/君子相～

四・逸・交 4/戠(𧯃—豈)娓(美)是～

四・逸・交 1/戠(𧯃—豈)娓(美)是～

四・逸・交 3/戠(𧯃—豈)娓(美)是～

四・逸・交 4/君子相～

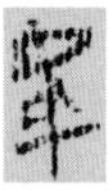
五・君 5/斯人欲(欲)亓(其)～

五・三 18/～昌天從之

五・三 18/～貢天從之

五・三 18/～尨天從之

五・三 18/～長天從之

 六・用 4/愳(懾)～弃忧

 七・凡甲 27/室聖(聲)～也

 七・吴 1/二邑之～

 八・李 2/民之所～可(兮)

孖

 一・緇 1/～(好)頫(美)女(如)孖(好)《紂(緇)衣》

 一・緇 1/孖(好)頫(美)女(如)～(好)《紂(緇)衣》

 一・緇 1/又(有)國者章～(好)章惡

 一・緇 2/～(好)是正植(直)

 一・緇 5/君～(好)則民谷(欲)之

 一・緇 6/上～(好)息(仁)

 一・緇 8/上～(好)

 一・緇 9/上之～(好)亞(惡)不可不訢(慎)也

 一・緇 21/人之～(好)我

 一・緇 21/隹(惟)君子能～(好)丌(其)庀(匹)

 一・緇 21/少(小)人剴(豈)能～(好)丌(其)庀

 一・緇 22/君子～(好)敇(逑)

 一・緇 22/則～(好)息(仁)不臤(堅)

 六・孔 14/～(好)礿完(美)已(以)爲□

 六・孔 19/衣備(服)～惹(圖)

 六・孔 26/～罠

如(如、如)

如

 四・内 8/～從吕(己)迟(起)

如

 四・曹 60/～(如)牆(將)弗克

嬰

 港甲 7/之女晏～也

妝(妝、妝)

妝

一・緇12/毋已(以)辟御書～(莊)后

妝

八・子2/～(偃)也攸(修)丌(其)悳(德)行

八・子2/於～(偃)

媿(愧)

愧

七・鄭甲4/弗～禨(鬼)神之不恙(祥)

七・鄭乙4/弗～禨(鬼)神之不恙(祥)

要

一・性14/昏(聞)訶(歌)～(謠)

婁

二・容2/～(僂)者坆(仕)數

二・容37/於是虐(乎)又(有)諠(喑)、聾(聾)、皮(跛)、瞑、瘦(瘻)、寀(瞀)、～(僂)始记(起)

四・采2/～(婁)坓(丘)之

八・鶹1/子遺余～(鶹)栗(鷅)今可(兮)

八・鶹1/～(鶹)栗(鷅)之止今可(兮)

八・鶹1/～(鶹)栗(鷅)之羽今可(兮)

八・鶹1/～(鶹)栗(鷅)翏(翩)飛今

三・彭2/大筆(匡)之～

六・競10/丌(其)人～(數)多已

妾

七・君甲4/宮妾已(以)十百～

七・君乙4/宮妾已(以)十百～

妥

三・中14/～(委)埊(蛇)又(有)成

妖

二・容38/～北迲(去)亓(其)邦

娷

四・采2/不要之～

毋　部

毋

二・昔 1/君之～(母)俤(弟)是相

二・昔 1/大(太)子前之～(母)俤(弟)

二・昔 1/～(母)俤(弟)（遜）退

二・容 13/孝羕(養)父～(母)

四・逸・多 2/莫奴(如)同父～(母)

四・内 6/父～(母)所(樂樂)之

四・内 6/父～(母)所(憂憂)之

四・内 7/古(故)父～(母)安

四・内 8/父～(母)又(有)疾

四・内 9/考(孝)子事父～(母)

五・弟 7/虗(吾)(聞)父～之(喪)

五・弟 8/莫新(親)唇(乎)父～(母)

四・内 6/君子事父～(母)

二・民 1/民之父～(母)

二・民 1/敢(問)可(何)女(如)而可胃(謂)民之父～(母)

二・民 2/民〔之〕父～(母)虖(乎)

二・民 3/丌(其)〔之〕胃(謂)民之父～(母)矣

二・民 12/爲民父～(母)

一・緇 12/～㠯(以)少(小)悔(謀)敗大煮(圖)

一・緇 12/～㠯(以)辟御書妝(莊)后

一・緇 12/～㠯(以)辟士書大夫向(卿)使(士)

二・從甲 15/～暴

二・從甲 15/～(虐)

二・從甲 15/～(賊)

二・從甲 15/～念(貪)

二・從甲 19/鉛(饑)滄而～欽

二・從甲 19/從事而～說(訥)

二・從乙 2/～占民(斂)則同

二・容 20/思(使)民～惑(惑)

三・彭 2/戒之～喬(驕)

三・彭 8/～(臤—賢)

 三・彭 8/～向桓

 四・相 1/政～忘所訂(治)事

 四・曹 5/君亓(其)～員(悁)

 四・曹 37/～(無)因〈角(禄)〉簅(爵)

 四・曹 62/～上(尚)腹(獲)而上(尚)餌(聞)命

 五・鮑 3/～内(入)錢(殘)器

 五・鮑 7/又(有)罰(司)祭備(服)～(無)紋(黼)

 五・季 17/～逆百事

 五・姑 5/虗(吾)～又(有)它正公事

 五・姑 7/句(苟)義～售(舊—久)

 五・姑 9/與亓(其)妻,與亓(其)～(母)

 五・季 22/☐威𨗳(速)～死(恒)

 五・君 2/身～適(動)女(安—焉)

 五・君 5/凡色～悥(憂)

 五・君 5/～佻

 五・君 5/～偯(怍)

 五・君 5/～謠(謡)

 五・君 5/～☐

 五・君 6/～昊(昃)睍(睇)

 五・君 6/凡目～遊

 五・君 6/～欽(欽)毋去

 五・君 6/毋欽(欽)～去

 五・君 7/胷(肩)～婁(癸)

 五・君 7/～同

 五・君 7/身～躯(偃)

 五・君 7/～僨(倩)

 五・君 7/行～垦(蹶)

 五・君 7/～敹(摇)

 五・君 7/足～支(偏)

 五・君 7/～高

 五・弟 3/～又(有)柔季(教)

 五・弟 3/～又(有)首猷(猶)

 一・性 27/凡身谷(欲)青(静)而～遣(譴)

 一・性 27/甬(用)心谷(欲)悳(德)而～□

 一・性 27/慮谷(欲)淵而～異

 一・性 27/退谷(欲)繡(肅)而～

 一・性 28/言谷(欲)植(直)而～流

 一・性 28/居尻(处)谷(欲)頫(逸)葛(易?)而～曼(慢)

 一・性 30/言及鼎(則)明舉(舉)之而～悬(僞)

 一・性 30/凡交～剌(烈)

 一・性 30/凡於道逄(路)～愄(畏)

 一・性 30/～蜀(獨)言

 一・性 31/句(苟)～害

 七・武 6/～行可悬(悔)

 七・武 8/～曰可(何)悬(傷)

 七・武 9/～曰可(何)戔(殘)

 七・武 10/～堇(謹)弗志

 七・武 10/～

 七・鄭甲 4/～吕(以)城(成)名立於上

 七・鄭甲 5/～敢夕門而出

 七・鄭乙 5/～敢夕門而出

 七・凡甲 23/～遠逑(求)

 七・凡乙 15/～遠逑(求)厇(宅—度)

 七・吴 7/～敢又(有)遟(遲)速之羿(期)

 六・競 7/～溥(敷)青(情)忍辠(罪)虖(乎)

 六・孔 13/大爲～槩

 八・顏 14/而～(毋)谷(欲)旻(得)女(安—焉)

 八・有 5/族孫=(孫孫)必繇(慎)～罃今可(兮)

 八・有 5/貝(視)～吕(以)三諻

 九・邦 7/～寵虖(乎)

 九・靈 1/命人～敢徒出

民　部

民

 一・緇 1/則～咸莽(服)

 一・緇 1/昌(以)眂(視)～厚

 一・緇 2/則～情不弋(忒)

 一・緇 4/歎(謹)惡昌(以)慮(禦)～淫

 一・緇 4/則～不惑

 一・緇 5/～昌(以)君爲心

 一・緇 5/君昌(以)～爲僼(體)

 一・緇 5/君好則～谷(欲)之

 一・緇 6/少(小)～隹(惟)日夗(怨)

 一・緇 6/少(小)～亦隹(惟)日夗(怨)

 一・緇 6/古(故)長～者章志昌(以)卲(昭)百眚(姓)

 一・緇 7/則～至(致)行己昌(以)兑(悦)上

 一・緇 8/蔓(萬)～㝠之

 一・緇 9/～之標(表)也

 一・緇 9/～具尔(爾)詹(瞻)

 一・緇 9/長～者衣備(服)不改

 一・緇 10/～此昌(以)緮(煩)

 一・緇 12/～之藍也

 一・緇 13/長～者⿱爻言(教)之昌(以)悳(德)

 一・緇 13/則～又(有)豈(勸)心

 一・緇 13/則～又(有)免心

 一・緇 13/則～又(有)䢅(親)

 一・緇 13/則～伓=(不背)

 一・緇 13/則～又(有)㢿(遜)心

 一・緇 14/㲒(苗)～非甬(用)霝

 一・緇 16/則～言不⿱危(危)行

 一・緇 17/則～不能大其頖(美)而少(小)其亞(惡)

 港甲 1/～悳(德)一

 港甲 9/～好而纆之

四・曹 2/亡又(有)不～

四・曹 28/則～宜之

五・弟 1/旣(延)陛(陵)季=(季子)亓(其)天～也

一・孔 4/戔～而豫(裕)之

一・孔 16/～眚(性)古(固)肰(然)

一・孔 20/～眚(性)古(固)肰(然)

一・孔 24/～眚(性)古(固)肰(然)

一・孔 4/～之又(有)慼惓(患)也

二・子 3/童土之莉(黎)～也

二・魯 4/木㠯(以)爲～

二・魯 5/魚㠯(以)爲～

二・魯 6/毆(緊)亡(無)女(如)泵(庶)～可(何)

三・中 8/夫～安舊而至(重)舉(遷)

三・中 10/則～可𢓚(後)

三・中 11/敢昏(問)道～興悳(德)女(如)可(何)

三・中 15/昏(聞)～忞(懋)

三・中 19/～亡(無)不又(有)𢙍(過)

三・中 22/則～懽(歡)丞(承)孛(學)

四・内 10/～之經也

五・弟 2/亓(其)天～也唐

二・容 3/凡～俾(卑)敝者

二・容 6/不蘁(勸)而～力

二・容 6/甚緩而～備(服)

二・容 7/褢(懷)㠯(以)逨(來)天下之～

二・容 8/舜於是唐(乎)飼(始)語尭(堯)天埅(地)人～之道

二・容 19/因～之欲

二・容 20/思～母(毋)窸(惑)

二・容 22/㠯(以)爲～之又(有)詓(訟)告者鼓女(安—焉)

二・容 28/天下之～居奠

二・容 29/～又(有)余(餘)飤(食)

 二・容 29/～乃賽

 二・容 36/～乃宜死(怨)

 二・容 37/兼旻(得)於～

 二・容 43/無萬(勵)於～

 二・容 44/思～道之

 二・容 48/豐喬(鎬)之～餌(聞)之

 二・容 48/文王時(持)故時而爭(教)～時

 二・容 49/思～不疾

 二・容 52/而旻(得)遊(失)行於～之唇(辰)也

 四・曹 5/則不可目(以)不攸(修)政而善於～

 四・曹 6/則亦不可目(以)不攸(修)政而善於～

 四・曹 12/兼炁(愛)萬(萬)～

 四・曹 20/毋穫(獲)～旹(時)

 四・曹 20/毋敓(奪)～利

 四・曹 22/～之父母

 四・曹 35/則～新(親)之

 四・曹 35/則～和之

 四・曹 37/凡又(有)司衙(率)倀(長)～者

 四・曹 49/所目(以)同死於～

 四・曹 52/毋思(使)～矣(疑)

 四・曹 56/～又(有)寶(保)

 四・曹 61/萬(萬)～

 四・曹 63/目(以)敓(悦)於萬(萬)～

 四・曹 63/非所目(以)季(教)～

 五・鮑 4/殘～轍(獵)樂

 五・季 2/孴=(君子)才(在)～之上

 五・季 9/執～之中

 五・季 11/難～能多一矣

 五・季 13/～必備(服)矣

 五・季 15/肰(然)則(則)～进不善

 五・季 18/田肥～鼎(則)女(安)

 五・季 18/脞～不敱(樹)

 五・季 19/～之敚(美)弃亞(惡)母(女)逯(歸)

 五・季 20/救～𠂤(以)辯(辯)

 五・季 23/肰(然)鼎(則)邦坪(平)而～頙(脜)矣

 港甲 6/舀～唯罢

 一・性 22/未孝(教)而～恒

 一・性 23/而～愄(畏)

 一・性 23/戔(賤)而～貴之

 一・性 23/貧而～聚女(安—焉)

 二・民 1/～之父母

 二・民 1/敢䎽(問)可(何)女(如)而可胃(謂)～之父母

 二・民 1/～〔之〕父母虖(乎)

 二・民 3/亓(其)〔之〕胃(謂)～之父母矣

 二・民 12/爲～父母

 二・子 7/壟(舜)亓(其)可胃(謂)受命之～矣

 二・魯 2/冡(庶)～智(知)敓(説)之事䰡(鬼)也

 四・内附簡/則～又(有)豊(禮)

 五・季 1/青(請)昏(問)孳=(君子)之從事者於～之▨悳(德)

 五・季 3/執～之中

 五・季 3/而～不備(服)女(安—焉)

 五・季 21/〔不〕褱(威)鼎(則)～𧰼(?)之

 五・三 1/～共力

 五・三 5/～乃嚚(夭)死

 五・三 6/嬰(興)～事

 五・三 6/～之所憙(喜)

 五・三 6/～人乃𩁹(喪)

 五・三 15/聚(驟)敚(奪)～時

 五・三 16/敚(奪)～時𠂤(以)土攻(功)

 五・三 16/敚(奪)～時𠂤(以)水事

 五・三 16/敓(奪)～時㠯(以)兵事

 五・三 20/～之所欲

 五・三 22/臨～㠯(以)急(仁)

 五・三 22/～莫弗新(親)

 六・競 5/可因於～者

 六・孔 11/夫與(邪)蟡(僞)之～

 六・孔 12/與(邪)蟡(僞)之～

 六・孔 12/審(密)二逃者㠯(以)觀於～

 六・孔 13/此與(邪)～也

 六・孔 13/此與(邪)～

 六・孔 14/～之行也

 六・孔 15/此～□

 六・孔 17/此与(邪)～也

 六・孔 18/行年～舊(久)

 六・孔 19/與(邪)蟡(僞)之～

 六・孔 23/生～之賜

 六・孔 25/～喪不可悬(侮)

 六・孔 27/而～道之

 六・壽 7/～疋賠(瞻)望

 六・慎 4/～之

 六・慎 6/爲～之古

 六・用 1/思～之初生

 六・用 4/～日愈樂

 六・用 5/～之乍(作)勿(物)

 六・用 9/台(以)忘～悳(德)

 六・用 11/台(以)～乍(作)康

 六・用 11/司～之降兇

 六・用 13/征～乃貤(繇)

六・用 14/恒～趲敗

六・用 14/而難亓(其)又(有)惠～

六・用 18/台(以)夰(免)～生

六・用 19/～道紛(繁)多

六・用 20/～亦弗能望

六・用 20/凡～之夂(終)頪(類)

六・天甲 8/～之義(儀)也

六・天甲 9/褱(懷)～則目(以)悳(德)

六・天乙 7/～之義(儀)也

六・天乙 8/褱(懷)～則目(以)悳(德)

五・季 1/翟(一)不智(知)～矛(務)之女(安)才(在)

二・從甲 1/～皆目(以)爲義

二・從甲 2/而～或弗義

二・從甲 6/不惠則亡(無)目(以)聚～

二・從甲 8/畏(威)則～不道

二・從甲 8/罰則～逃

二・從甲 9/好型(刑)則～复(作)亂

二・從乙 2/母(毋)占～贍(斂)則同

二・從乙 2/不膚(敷)灋(法)羸(盈)亞(惡)則～不怕(怨)

四・相 2/敢昏(問)～事

七・武 6/～之反側

七・武 15/吏～

七・君甲 6/胃(謂)之利～

七・君甲 7/～又(有)不能也

七・君甲 7/～乍(作)而囟(思)誰(應)之

七・君乙 6/胃(謂)之利～

七・君乙 7/～又(有)不能也

七・君乙 7/～乍(作)而囟(思)誰(應)之

七・凡甲 2/～人流型

七・凡甲 29/衆鼠(一)言而萬～之利

七・凡乙 2/～人流型

七・吴 5/牧～

八・成 15/～皆又(有)夬(乖)鹿(離)之心

八・命 4/則戠(職)爲～窮(仇)甯(讎)

八・命 6/黷(黔)頁(首)蔓(萬)～

八・李 2/～之所好可(兮)

八・顔 7/則～不静(爭)矣

八・顔 6/則～莫不從矣

八・顔 7/則～莫遡(遺)新(親)矣

八・顔 7/則～智(知)足矣

八・顔 9/則～智(知)欽(禁)矣

九・舉 7/亓(其)唯臤(賢)～虖(乎)

九・舉 8/夫立～

九・舉 13/亓(其)～能相分舍(餘)

九・舉 29/教媺(美)～備(服)

九・舉 31/墨(禹)史(使)～吕(以)二和

九・舉 31/～乃聿(盡)力

九・舉 32/吕(以)袋(勞)～

九・舉 34/生行袋(勞)～

九・史 10/又(有)～吕(以)來

丿 部

乂

四・采 3/～也遡(遺)夬

五・鮑 4/～民轠樂

九・邦 3/盍(蓋)昪(冠)爲王～

弗

一・性 3/～鉤(扣)不鳴

一・性 32/～㝵(得)之矣

一・性 38/～牧不可

一・性 39/～杸(輔)不足

二・子 1/昔者而～殜(世)也

三・周 56/～遇㤄(過)之

三・彭 8/忎(恐)～能守

四・昭 2/寣人～敢峕(止)

五・競 3/～行者死

五・鮑 4/～覞(顧)歬(前)逡(後)

五・鮑 5/公～詰

五・鮑 5/公沽～詧(察)

五・鮑 6/公～煮(圖)

五・三 6/建五官～散(措)

五・三 7/皇天～京(諒)

五・三 7/上帝～京(諒)

五・三 7/上帝～京(諒)

五・三 8/唯(雖)成～居

五・三 8/上帝～京(諒)

五・三 14/～杸不隉(隕)

五・三 22/民莫～新(親)

三・中 6/售(雍)也～昏(聞)也

四・曹 9/害(曷)又(有)～得

四・曹 10/害(曷)又(有)～遊(失)

四・曹 45/死者～收

四・曹 45/戥(傷)者～翻(問)

四・曹 60/女牆(將)～克

四・曹 63/～琗危地

五・君 1/～能少居也

五・弟 1/贬(延)陸(陵)季₌(季子)僑(僑)而～受

五・弟 9/事而～受者

五・弟 10/⧄女～智（知）也虐（乎）

五・弟 17/～王

三・中 9/～智（知）舉（舉）也

四・曹 8/君～𦘔（盡）

五・鬼 4/亓（其）力能至（致）女（安—焉）而～爲虐（乎）

五・鬼 4/虐（吾）～智（知）也

五・鬼 4/虐（吾）或（又）～智（知）也

五・鬼 6/～畬（飲）弗飤（食）

五・鬼 6/弗畬（飲）～飤（食）

一・緇 16/君子～言

一・緇 16/君子～行

二・從甲 14/又（有）所不足而不敢～

一・緇 11/女（如）丌（其）～克見

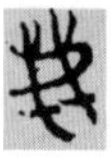
一・緇 11/我～胄（迪）耶（聖）

一・緇 23/虐（吾）～信之矣

二・從甲 2/而民或～義

六・孔 5/冠～見也

六・孔 5/畲（儉）～見也

六・孔 5/□～見也

六・孔 9/不悬（仁）人～旻（得）進矣

六・孔 12/唯又（有）□～遠

六・孔 22/猶忑（恐）～智（知）

六・壽 6/臣～智（知）

六・用 5/而亦～能弃

六・用 7/則方繇而～可矣

六・用 12/則～可悔

六・用 20/民亦～能望

七・武 10/毋堇（謹）～志

七・武 12/則～道

七・武 14/～〔強〕則枉

七・鄭甲 4/～愄(畏)䰠(鬼)神之不恙(祥)

七・鄭乙 4/～愄(畏)䰠(鬼)神之不恙(祥)

七・吴 3/兩君之～𢘓(順)

八・子 3/飤(食)而～與爲豊(禮)

八・成 1/西行～逨(來)

八・成 7/～逷(朝)而自至

八・成 7/～審(密)而自周

八・成 7/～會而自剸(斷)

八・命 7/莫～餌(聞)

九・靈 5/王䢵(將)述(墜)邦～能患(止)

九・舉 32/又(有)欲而～遺(違)

九・舉 33/又(有)社(功)而～癹(廢)

九・邦 2/是古(故)～智(知)也

九・史 11/……不可以～戒

卉 2/民古(故)～敬

厂　部

弋

二・從甲 1/昔三～(代)之明王之又(有)天下者

三・中 18/昔三～(代)之明王

五・鮑 1/𣪊(殷)人之所㠯(以)～(代)之

五・鮑 2/周人之所㠯(以)～(代)之

一・緇 2/則民情不～(忒)

一・緇 3/丌(其)義(儀)不～(忒)

二・容 50/虐(吾)敓(奪)而～(代)之

二・容 50/虐(吾)伐而～(代)之

四・曹 14/三～(代)之戦(陳)皆廌(存)

四・曹 64/虐(吾)一谷(欲)餌(聞)三～(代)之所

五・姑 10/鑾(欒)箸(書)～(弑)敕(厲)公

六・用 4/逌相～(代)耕

六・用 4/逌相～(代)耕

 七・武 7/見(視)而所～(代)

 七・凡甲 13/遠之～

 九・舉 8/而介緌～(代)之

乁 部

也

 一・孔 2/寺(時)～

 一・孔 2/坪(平)悳(德)～

 一・孔 2/盛悳(德)～

 一・孔 3/～

 一・孔 3/多言難而惰(怨)退(懟)者～

 一・孔 3/丌(其)内勿(物)～尃(博)

 一・孔 4/丌(其)甬(用)心～牐(將)可(何)女(如)

 一・孔 4/民之又(有)慼惓(患)～

 一・孔 4/丌(其)甬(用)心～牐(將)可(何)女(如)

 一・孔 5/王悳(德)～

 一・孔 7/城(誠)胃(謂)之～

 一・孔 7/城(誠)命之～

 一・孔 7/此命～夫

 一・孔 7/此命～

 一・孔 8/皆言上之衰～

 一・孔 8/言不中志者～

 一・孔 8/則言讒(讒)人之害～

 一・孔 9/實咎於其～

 一・孔 9/巽亰(寡)悳(德)古(故)～

 一・孔 9/亦又(有)以～

 一・孔 9/則困天〈而〉谷(欲)反丌(其)古(故)～

 一・孔 9/則目(以)人益～

 一・孔 10/童而皆臤(賢)於丌(其)初者～

 一・孔 11/青(情)忢(愛)～

 一・孔 11/則目(以)丌(其)录(祿)～

一・孔 11/則智(知)不可旻(得)～

一・孔 16/卲(召)公～

一・孔 16/思古人～

一・孔 16/吕(以)丌(其)蜀(獨)～

一・孔 16/一本夫萬(葛)之見訶(歌)～

一・孔 17/不可不韋(畏)～

一・孔 18/吕(以)俞(喻)丌(其)惋(怨)者～

一・孔 18/憙(喜)丌(其)至～

一・孔 19/既曰天～

一・孔 19/《木苽(瓜)》又(有)臧(藏)忎(願)而未旻(得)達～

一・孔 20/尚(幣)帛之不可迲(去)～

一・孔 20/丌(其)隱(隱)志必又(有)吕(以)俞(喻)～

一・孔 20/人不可角(觸)～

一・孔 21/貴～

一・孔 21/《牆(將)大車》之囂～

一・孔 21/則吕(以)爲不可女(如)可(何)～

一・孔 21/《審(湛)零(露)》之賹～

一・孔 22/丌(其)義(儀)一氏(兮)心女(如)結～

一・孔 24/吕(以)□□之古(故)～

一・孔 24/句(后)稷之見貴～

一・孔 24/則吕(以)文武之悳(德)～

一・孔 26/《陘(隰)又(有)長(萇)楚》旻(得)而悬(悔)之～

一・緇 15/～

二・子 1/又(有)吴(虞)是(氏)之樂正宫(瞽)宑(瞍)之子～

二・子 1/昔者而弗殜(世)～

二・子 1/善與善相受～

二・子 2/鈞(均)～

二・子 3/童土之莉(黎)民～

二・子 4/虛(吾)昏(聞)夫叁(舜)丌(其)幼～

二・子 5/秮(堯)之取叁(舜)～

 二・子 6/䒣(堯)之㝵(得)叁(舜)～

 二・子 7/人子～

 二・子 9/厽(三)王者之乍(作)～

 二・子 9/皆人子～

 二・子 9/而丌(其)父戔(賤)而不足爯(稱)～與

 二・子 9/殹(抑)亦城(誠)天子～與

 二・子 9/而(爾)昏(問)之～

 二・子 10/是壐(禹)～

 二・子 11/又(有)迺(娀)是(氏)之女～

 二・子 11/～

 二・子 12/是离(契)～

 二・子 12/又(有)詞(邰)是(氏)之女～

 二・子 13/是句(后)稷(稷)之母～

 二・子 13/厽(三)王者之乍(作)～女(如)是

 二・魯 2/泵(庶)民智(知)敓(説)之事褢(鬼)～

 三・中 2/夫季是(氏)河東之城(盛)豙(家)～

 三・中 4/叓(使)售(雍)～從於䆃(宰)後

 三・中 4/售(雍)～憧

 三・中 6/售(雍)～弗昏(聞)也

 三・中 6/售(雍)也弗昏(聞)～

 三・中 8/正(政)之訇(始)～

 三・中 9/是古(故)又(有)司不可不先～

 三・中 9/售(雍)～不悬(敏)

 三・中 9/弗智(知)舉(舉)～

 三・中 10/夫臤(賢)才不可穿(掩)～

 三・中 18/毋自隓(惰)～

 三・中 21/唯丌(其)戁(難)～

 三・中 23/至恋(愛)之졸(卒)～

 三・中 23/所吕(以)城(成)死～

 三・中 23/不可不訢(慎)～

三・中 23/巽華孯(學)沯(本)～

三・中 23/所㠯(以)立生～

三・中 23/不可不訢(慎)～

三・中附簡/正～

三・中附簡/幾(豈)不又(有)㞷(狂)～

一・性 5/勿(物)～

一・性 5/古(故)～

一・性 5/宜(義)～

一・性 5/埶(勢)～

一・性 6/習～

一・性 6/道～

一・性 6/有爲～〔者〕之胃(謂)古(故)

一・性 10/季(教)所㠯(以)生悳(德)于中者～

一・性 11/或興之～

一・性 11/亓(其)先逡(後)之舍(敘)鼎(則)宜道～

一・性 11/或舍(敘)爲之節鼎(則)𤔲(文)～

一・性 12/所㠯(以)𤔲(文)節～

一・性 13/所㠯(以)爲信與登(徵)～

一・性 13/亓(其)訇(詞)宜道～

一・性 13/㥙(憙)之淺罿～

一・性 14/亓(其)出於情～信

一・性 14/肰(然)句(後)亓(其)内(入)臬(拔)人之心～敂(厚)

一・性 14/鼎(則)𩇯(鮮)女(如)～斯㥙(喜)

一・性 15/鼎(則)悸女(如)～斯難(歎)

一・性 15/鼎(則)懠(齊)女(如)～斯𢓐(作)

一・性 16/萛(喟)女(如)～

一・性 16/亓(其)居節～舊(久)

一・性 16/亓(其)反善遉(復)訇(始)～訢(慎)

一・性 16/亓(其)出内(入)～訓(順)

一・性 17/〔非其〕聖(聲)而從之～

一・性 17/〔皆教其〕人者～

 一・性 18/皆至丌(其)情～

 一・性 18/丌(其)眚(性)相近～

 一・性 18/哭之斆(動)心～

 一・性 19/□□女(如)～

 一・性 19/樂之斆(動)心～

 一・性 19/丌(其)朿(烈)流女(如)～目(以)悲

 一・性 20/思之方～

 一・性 21/斿(遊)聖(聲)～

 一・性 21/㦰(戲)斿(遊)心～

 一・性 22/又(有)㒳(美)情者～

 一・性 22/眚(性)善者～

 一・性 23/又(有)心愄(畏)者～

 一・性 23/又(有)悳(德)者～

 一・性 23/又(有)道者～

 一・性 24/又(有)内斆者～

 一・性 24/達於宜(義)者～

 一・性 24/䏁(篤)於悬(仁)者～

 一・性 25/者～

 一・性 25/攸(修)身者～

 一・性 26/目(以)道者～

 一・性 26/目(以)古(故)者～

 一・性 26/目(以)悳(德)者～

 一・性 26/目(以)猷(猷)者～

 一・性 26/谷(欲)丌(其)𧕚(宛)～

 一・性 27/谷(欲)丌(其)折～

 一・性 31/少柽内(入)之可～

 一・性 31/已鼎(則)勿退(復)言～

 一・性 32/〔求其〕心又(有)爲(僞)～

 一・性 32/人之不能目(以)憍(僞)～

 一・性 32/可智(知)～

 一・性 33/宜(義)之方～

 一・性 33/敬之方～

 一・性 33/勿(物)之即(節)～

 一・性 33/㤅(仁)之方～

 一・性 33/眚(性)之方～

 一・性 35/〔唯人〕道爲可道～

 一・性 36/□□之㤼(氣)～

 一・性 37/又(有)丌(其)爲人之傣=(節節)女(如)～

 一・性 37/又(有)丌(其)爲人之柬(簡)柬(簡)女(如)～

 一・性 38/又(有)丌(其)爲人之慧(快)女(如)～

 一・性 39/～

 一・性 39/凡人㤐=(僞爲)可亞(惡)～

 一・性 39/慮之方～

 一・性 39/悔(謀)之方～

 二・容 1/之又(有)天下～

 二・容 3/古(故)堂(當)是時～

 二・容 10/天下之臤(賢)者莫之能受～

 二・容 11/而臤(賢)者莫之能受～

 二・容 12/見坴(舜)之臤(賢)～

 二・容 16/堂(當)是時～

 二・容 17/女(如)是牂(狀)～

 二・容 17/見墨(禹)之臤(賢)～

 二・容 25/於是虐(乎)競州、篖(簾)州飤(始)可尻(處)～

 二・容 26/於是虖(乎)並州飤(始)可尻(處)～

 二・容 26/於是虐(乎)䣅(荆)州、鄒(揚)州飤(始)可尻(處)～

 二・容 27/於是於(乎)敘(豫)州飤(始)可尻(處)～

 二・容 27/於是虖(乎)叡州飤(始)可尻(處)～

 二・容 33/丌(其)生賜羕(養)～

 二・容 34/見㕣(皋)咎(陶)之臤(賢)～

 二・容 49/昔者文王之差(佐)受(紂)～

 二・容 49/女(如)是牂(狀)～

 二・容 52/而得遊(失)行於民之唇(辰)～

 四・内 6/反此亂～

 四・内 10/民之經～

 五・季 2/此君子之大敄(務)～

五・季 8/～

五・季 10/是古(故)臤(賢)人之居邦豪(家)～

五・季 16/⧄之必敬女(如)賓客之事～

五・季 18/子之言～已至(重)

五・季 18/丘～昏(聞)孝=(君子)⧄

五・季 23/此孝=(君子)從事者之所啻韶～

五・姑 3/於君犾(幸)則晉邦之社䄸(稷)可旻(得)而事～

五・姑 4/今虗(吾)亡(無)能絧(治)～

五・姑 6/爲此殜(世)～

五・姑 7/亡道正～

五・君 1/弗能少居～

五・君 2/口勿言～

五・君 2/目勿見(視)～

五・君 2/耳勿聖(聽)～

五・君 3/虗(吾)子可(何)亓(其)膧(惰)～

五・君 3/虗(吾)是目(以)膧(惰)～

五・君 4/敢䎽(聞)可(何)胃(謂)～

五・君 9/人所亞(惡)～

五・君 9/人所亞(惡)～

五・君 9/人所亞(惡)～

五・君 9/□斯人欲(欲)亓(其)長貴～貣(富)而⧄

五・君 14/肰(然)鼎(則)臤(臤—賢)於墨(禹)～

五・弟 24/⧄女(安)□～⧄

五・君弟附簡/未可胃(謂)悬(仁)～

五・鬼 1/則目(以)亓(其)賞善罰暴～

五・鬼 3/天下之聖人～

五・鬼 3/天下之𤔔(亂)人～

五・鬼 4/虗(吾)弗智(知)～

五・鬼 4/虗(吾)或(又)弗智(知)～

一・緇 6/則下之爲悬(仁)～静(爭)先

一・緇 11/大臣之不㒸〈𥄫(親)〉～

一・緇 12/邦家之不寍(寧)～

一・緇18/𡏒(展)～大城(成)

一・性1/眚(性)～

一・性3/勿(物)～

一・性3/眚(性)～

一・性3/埶(勢)～

一・性3/勿(物)取之～

一・性3/金石之又(有)聖(聲)～

二・從甲1/莫之舍(予)～

二・從甲2/行之㠯(以)豊(禮)～

二・從甲3/善人～

二・從甲9/正(政)之所怠(殆)～

二・從甲13/君子之相遼(就)～

二・從甲17/君子難㝵(得)而惕(易)史(事)～

二・從甲18/是㠯(以)曰少(小)人惕(易)㝵(得)而難史(事)～

二・從甲18/名難靜(爭)～

二・從甲19/之人可～

二・從乙4/～

二・從乙4/豊(礼)之龠～

二・從乙5/是古(故)君子㝻(強)行㠯(以)待名之至～

三・彭7/賊者自賊～

四・相4/虗(吾)子之畣(答)～可(何)女(如)

五・競8/虗(吾)不智(知)亓(其)爲不善～

五・鮑1/返(及)亓(其)蕘(喪)～,皆爲亓(其)容

五・弟1/𨑸(延)陵(陵)季=(季子)亓(其)天民～唇(乎)

五・弟2/其(其)天民～唇(乎)

五・弟4/☒□風～

五・弟4/莫我智(知)～夫

五・弟4/又陛(地)之胃(謂)～唇(乎)

 五・弟 5/可逹而告～

 五・弟 8/可言虐(乎)丌(其)信～

 五・弟 9/虐(吾)䎽(聞)而未之見～

 五・弟 9/猷(猶)下臨～

 五・弟 10/⧄女弗智(知)～虐(乎)

 五・弟 11/⧄□～

 五・弟 12/⧄～

 五・弟 12/有夫言～

 五・弟 19/膧=(惇惇)女～丌聖(聽)

 五・弟 19/子逄(路)迬(往)虐(乎)子
噐=(噩噩)女(如)～

 港甲 7/之女晏嬰～

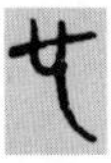 一・緇 2/爲上可㝐(望)而智(知)～

 一・緇 2/爲下可頫(述)而旹(志)～

 一・緇 8/下之事上～

 一・緇 9/上之好亞(惡)不可不詽
(慎)～

 一・緇 9/民之標(表)～

 一・緇 11/大臣之不皋(親)～

 一・緇 12/民之蕝～

 一・緇 14/教之不城(成)～

 一・緇 18/夋(允)～君子

 一・緇 20/丌(其)義(儀)一～

 一・緇 22/古(故)君子之沓(友)～又
(有)晳(香)

 一・緇 22/丌(其)惡～又(有)方

 一・緇 23/而惡=(惡惡)不麆(著)～

 一・性 4/丌(其)眚(性)一～

 一・性 4/季(教)史(使)肰(然)～

 一・性 5/兑(悦)～

 一・性 7/宜(義)～者

 一・性 7/群善之蕝～

 一・性 7/習～者

 一・性 7/又(有)吕(以)習丌(其)眚(性)～

 一・性 7/道～

 一・性 8/道四述(術)～

 一・性 8/唯人道爲可道～

 一・性 8/丌(其)訂(始)出～皆生於〔人〕

 一・性 9/又(有)爲=(爲爲)之～

 一・性 9/又(有)爲言之～

 一・性 9/又(有)爲舉(舉)之～

 三・亘 3/不蜀(獨)又(有)與～

 三・亘 7/事甬(用)吕(以)不可賡(更)～

 三・亘 10/習吕(以)不可改～

 三・亘 11/舉(舉)天下之爲～

 三・亘 11/無夜(舍)～

 三・亘 11/無與～

 三・亘 11/而能自爲～

 三・亘 12/舉(舉)天下之生同～

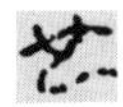 三・亘 12/天下之复(作)～

 三・亘 12/舉(舉)天下之复(作)～

 四・采 3/良人亡不宜～

 四・采 3/乂～遺夬(玦)

 四・采 4/丌(其)～

 四・采 4/駱(鷺)羽之白～

 四・曹 2/昔堯之鄉(饗)舜～

 四・曹 12/而亡又(有)厶(私)～

 四・曹 18/所吕(以)爲倀(長)～

 五・鮑 2/忘亓(其)迿俰～

 五・鮑 6/亓(其)爲恙(災)～深矣

 五・鮑 8/是戠(歲)～

 五・競 1/日之食～

 五・競 2/群臣之辠(罪)～

 五・競 2/是可(何)～

 五・競 4/含(今)此祭之旻(得)福者～

 五・競 9/眞(寡)人之不剶～

 五・競 9/幾(豈)不二子之勳(憂)～才(哉)

 五・競 10/二人～

 五・季 3/氏(是)孯=(君子)之恥～

 五・季 6/☐寍(寧)㞋肥～

 五・季 6/㠯(以)箸(書)孯=(君子)之悳(德)～

 五・季 7/夫時(詩)～者

 五・季 7/㠯(以)斤孯=(君子)之行～

 五・季 8/萦(葛)戲含(今)語肥～

 五・季 11/毋乃肥之昏～

 五・季 11/古(故)女虐(吾)子之疋肥～

 五・季 14/言～已

 二・民 6/不可旻(得)而翻(聞)～

 二・民 7/不可旻(得)而見(見)～

 二・民 8/商～

 二・民 9/〔亡(無)備(服)〕之喪～

 二・民 9/亓(其)才(在)諓(辯)～

 四・昭 8/或昏(聞)死言僕(僕)見膞之寒～

 四・昭 9/此則僕(僕)之辠(罪)～

 五・弟 22/不虐(吾)智(知)～

 六・競 2/是虐(吾)亡=(無)良祝叓(史)～

 六・競 2/是虐(吾)所望於女～

 六・競 3/是言～

 六・競 5/亓(其)祝叓(史)之爲亓(其)君祝敓～

 六・競 9/勿而祟者～

 六・競 9/非爲媺(美)玉肴生(牲)～

 六・競 12/是壤(襄)逗(桓)之言～

 六・孔 5/悬(仁)亓(其)女(如)此～

 六・孔 5/冠弗見～

 六・孔 5/畬(僉)弗見～

 六・孔 5/□弗見～

 六・孔 8/～

 六・孔 8/竊又此佲(貌)～

 六・孔 8/唯非悬(仁)人～

六・孔 10/唯悬(仁)人～

六・孔 11/此与悬(仁)人迖(二)者～

六・孔 13/此與(邪)民～

六・孔 14/民之行～

六・孔 16/者～

六・孔 17/此与(邪)民～

六・孔 25/莫之能瀍(廢)～

六・孔 26/～

六・天甲 3/義(儀)之琞(兄)～

六・天甲 3/豊(禮)之於宗庿(廟)～

六・天甲 8/民之義(儀)～

六・天甲 13/此所不學於帀(師)～

六・天乙 2/義(儀)之琞(兄)～

六・天乙 3/豊(禮)之於宗庿(廟)～

六・天乙 7/民之義(儀)～

七・君甲 3/此丌(其)一回(違)～

七・君甲 4/此丌(其)二回(違)～

七・君甲 5/之〈先〉王㪽=(之所)㠯(以)爲目觀～

七・君甲 6/此丌(其)三回(違)～

七・君甲 7/民又(有)不能～

七・君甲 7/醜(鬼)亡(無)不能～

七・君甲 8/可～

七・君乙 3/此丌(其)一回(違)～

七・君乙 4/此丌(其)二回(違)～

七・君乙 5/先王㪽=(之所)㠯(以)爲目觀～

七・君乙 6/此丌(其)三回(違)～

 七・君乙7/民又(有)不能～

 七・君乙7/魂(鬼)亡(無)不能～

 七・君乙8/可～

 七・凡甲27/室聖(聲)好～

 七・吴3/則君之志～

 七・吴5/下之相敓(擠)～

 七・吴8/孤～可(何)袋(勞)力之又(有)女(安—焉)

 七・吴8/孤～敢至(致)先王之福

 七・吴8/㠯(以)陞(陳)邦非它～

 七・吴9/皆乑(敝)邑之异(期)～

 八・子1/元(願)虐(吾)子之煮(圖)之～

 八・子2/畜(言)遊〼之～

 八・子2/妝(偃)～攸(修)丌(其)悳(德)行

 八・顏1/敢韰(問)君子之内事～又(有)道啓(乎)

 八・顏2/所㠯(以)爲樂～

 八・顏5/所㠯(以)信～

 八・顏5/害(蓋)君子之内事～女(如)此矣

 八・顏5/君子之内事～

 八・顏6/敢韰(問)君子之内教～又(有)道啓(乎)

 八・顏9/則丌(其)於教～不遠矣

 八・顏10/君子之内教～

 八・顏11/所㠯(以)尻(處)急(仁)～

 八・顏12/所㠯(以)取新(新—親)～

 八・顏13/先尻(處)忠～

 八・成3/旦之䎽(聞)之～

 八・成6/之正道～

 八・成9/栫(持)市明之悳(德)亓(其)殜(世)～〼

 八・成11/先或(國)叏(變)之攸(修)～

 八・成15/童光亓(其)昌～

 八・成15/可羿(旗—期)而須～

 八・命3/女(如)㠯(以)䈏(僕)之觀貝(視)日～

八・志 7/是則(盡)不㲉(穀)之皋(罪)～

八・蘭 4/信蓃(蘭)其蔑～

八・蘭 5/天道其逃(越)～

八・蘭 5/夫亦商(適)其戢(歲)～

八・有 6/～今可(兮)

八・有 6/論三夫之旁～今可(兮)

八・有 6/膠膰之腈～今可(兮)

八・有 6/論夫三夫之禱～今可(兮)

九・舉 3/丌(其)白墨(黑)牆(將)可智(知)～

九・舉 8/天下之難事～

九・舉 10/勿又(有)所總～

九・舉 10/非天子之差(佐)～

九・舉 13/此曷□之□～

九・舉 21/此日行～

九・舉 23/先(堯)吕(以)四割(害)之文(紊)爲未～

九・舉 28/遊(失)～

九・舉 28/蓿(怨)并之衆人～

九・舉 28/非能倉(合)惪(德)於殜(世)者～

九・邦 2/是古(故)弗智(知)～

九・邦 8/果之或(惑)～

九・邦 10/章(就)王之長～

九・邦 12/不可畜～

九・史 1/菑～

九・史 1/古(故)齊邦㡀(敝)史(吏)之子～

九・史 1/亡(無)女(如)煮(圖)～

九・史 2/式～

九・史 5/莫之能豈(豎—樹)～

九・史 5/不亓(其)難与(與)言～

九・史 6/……～

 九・史 8/敬～者

氏　部

氏

 一・孔 4/邦風～(是)也

 一・孔 5/～(是)也

 一・孔 5/～(是)也

 一・孔 16/虗(吾)㠯(以)《蕅(葛)覃(覃)》旻(得)～初之峕(詩)

 一・孔 22/丌(其)義(儀)一～(兮)心女(如)結也

 一・緇 19/集大命于～(是)身

 三・彭 7/～(是)胃(謂)益愈

 三・彭 7/～(是)胃(謂)自厚

 三・彭 7/～(是)胃(謂)百眚(姓)之宔(主)

 三・彭 7/～(是)胃(謂)散(遭)映(殃)

 三・彭 8/～(是)胃(謂)不長

 三・彭 8/～(是)胃(謂)𢇍(絶)綠(輟)

 一・孔 27/賓贈～(是)也

 一・孔 27/中(仲)～

 四・采 3/𩆜～

 四・曹 64/虗(吾)言～(是)不(否)

 五・季 3/～(是)孯=(君子)之恥也

 五・季 11/～(是)古(故)夫攺邦甚難

 五・季 18/～(是)古(故)臤(臤—賢)人大於邦而又(有)㤅(㤅)心

 五・鬼 5/䗍(融)帀(師)又(有)成～

 五・鬼 7/昔䗍(融)之～帀(師)

 六・莊 7/～(是)言弃之

 六・莊 8/必㠯(以)～(是)心

 六・慎 6/～(是)㠯(以)君=(君子)向方智(知)道

 七・凡甲 24/～古(故)陳爲新

 七・凡乙 17/～古(故)陳爲新

 九・史 5/子㠯(以)～(是)見(視)之

 九・史 9/子亦～(是)之惻

氒

 三・周 11/～(厥)孚洨(交)女(如)

六・用 6/～(厥)身是戔(衛)

六・用 11/冒還～(厥)辟

八・蘭 2/攸(搖)茖(落)而猷不遊(失)～(厥)芳

氏　部

氏

二・容 53 背/訟(容)城(成)～〈氏〉

八・李 2/～〈氏(是)〉古(故)聖人棘此和勿(物)

八・李 3/～〈氏(是)〉古(故)聖人棘此

戈　部

戎

二・容 1/訢(神)～(農)是(氏)

二・容 39/陞(徵)自～述(遂)

三・周 38/莫(暮)譽(夜)又(有)～

六・用 14/克轍～事

賊

三・彭 7/賊者自～也

戰(戰、戩)

戰

四・曹 13/虗(吾)欲與齊～

七・鄭甲 7/與之～於兩棠

七・鄭乙 7/與之～於兩棠

九・陳 3/～於鄴

九・陳 3/～於郚州

九・陳 3/屈宑(粤)與郙(巴)命(令)尹～於墉

九・陳 4/～於涂、漳之滸(滸)

九・陳 4/或(又)與晉人～於兩棠

九・邦 2/～於皶(濫)

九・邦 2/～於溈(梁)

九・邦 2/～於長

戩

四・曹 18/必又(有)～(戰)心目(以)守

四・曹 19/不可目(以)～(戰)

四・曹 31/盥(明)日牆(將)～(戰)

 四・曹 28/所㠯(以)～(戰)

 四・曹 32/既～(戰)牆(將)敭(撓)

 四・曹 38/～(戰)又(有)㬎(顯)道

 四・曹 40/此～(戰)之㬎(顯)道

 四・曹 43/～(戰)有幾虎(乎)

 四・曹 44/此～(戰)之幾

 四・曹 44/疑～(戰)死

 四・曹 44/既～(戰)有幾虎(乎)

 四・曹 45/既～(戰)而又(有)怠=(怠心)

 四・曹 45/此既～(戰)之幾

 四・曹 46/復敗(敗)～(戰)有道虎(乎)

 四・曹 49/足㠯(以)～(戰)虎(乎)

 四・曹 50/復盤(便)～(戰)有道虎(乎)

 四・曹 50/既～(戰)復豫(豫—舍)

 四・曹 51/明日牆(將)～(戰)

 四・曹 51/虐(吾)～(戰)啻不訓於天命

 四・曹 51/牆(將)返(復)～(戰)

 四・曹 53/此返(復)盤(便)～(戰)之道

 四・曹 53/返(復)甘～(戰)有道虎(乎)

 四・曹 53/此返(復)甘～(戰)之道

 四・曹 54/返(復)故(故)～(戰)有道虎(乎)

 四・曹 55/此復故(故)～(戰)之道

 六・天甲 10/～(戰)

 六・天乙 9/社(貢)不語～(戰)

 九・陳 2/不～(戰)而時=(待之)

 九・陳 2/先君武王與郘(郿)人～(戰)於莆(蒲)寞(騷)

 九・邦 3/三～(戰)而三旹(捷?)

或

 三・周 5/～從王事

 三・周 5/～賜緌(鞶)縛(帶)

 三・周 7/帀(師)～舉(輿)殍(尸)

 三・周 28/～丞(承)丌(其)恧(羞)

 五・三 14/爲不善禍(禍)乃～(惑)之

 五・鬼 3/則善者～不賞而暴

 五・鬼 4/虗(吾)～(又)弗智(知)也

 三・亘 1/～(域)乍(作)

 三・亘 1/又(有)～女(安—焉)又(有)氣

 三・亘 2/而未～明

 三・亘 2/未～茲(滋)生

 三・亘 3/～(域)

 三・亘 3/生～(域)者同女(安—焉)

 三・亘 5/又(有)出於～(域)

 三・亘 6/～(域)非或(域)

 三・亘 6/或(域)非～(域)

 三・亘 6/無胃(謂)～(域)

 三・亘 12/甬(庸)～

 三・亘 13/甬(庸)～遊(失)之

 一・緇 2/臣不～(惑)於君

 二・魯 5/丌(其)欲雨～甚於我

 二・容 40/湯～(又)從而攻之

 二・容 40/湯～(又)從而攻之

 二・容 45/～(又)爲酉(酒)池

 二・容 52/～亦记(起)帀(師)吕(以)逆之

 四・昭 8/～昏(聞)死言儯(僕)見脽之寒也

 四・昭 8/今君王～命脽毋見

 四・昭 10/～□(被?)□衣

 四・曹 14/～吕(以)克

 四・曹 14/～吕(以)亡

 四・曹 23/臧(莊)公～(又)韰(問)

 四・曹 35/臧(莊)公～(又)韰(問)

 四・曹 37/不牪而～興

 四・曹 37/～康吕(以)〔兇〕

 四・曹 42/臧(莊)公～(又)韰(問)曰

 四・曹 43/臧(莊)公～(又)韰(問)曰

 四・曹 44/臧(莊)公～(又)韰(問)曰

 四・曹 53/臧(莊)公～(又)韰(問)曰

 四・曹 53/萬民黸(黔)首皆欲～(又)之

 四・曹 53/臧(莊)公～(又)韰(問)曰

 四・曹 55/臧(莊)公～(又)韰(問)曰

四・曹 59/臧(莊)公～(又)餌(問)曰

四・曹 64/～者少(小)道與(歟)

五・競 10/～(又)以曑(豎)逓(刁)弃(與)惖(易)舀(牙)爲相

五・鮑 5/～(又)不旻(得)見

港甲 8/目(以)爲邑執子～安

四・曹 36/臧(莊)公～(又)餌(問)

四・曹 46/臧(莊)公～(又)餌(問)曰

四・曹 50/臧(莊)公～(又)餌(問)曰

一・性 4/～歞(動)之

一・性 4/～逆之

一・性 4/～室(實)之

一・性 4/～蔥(厲)之

一・性 4/～出〔之〕

一・性 5/～長之

一・性 11/～興之也

一・性 11/～舍(敘)爲之節鼎(則)曼(文)也

一・性 33/眚(性)～生之

一・孔 20/～荓(前)之而句(後)交

二・子 5/～目(以)曼(文)而遠

二・魯 4/丌(其)欲雨～甚於我

二・魯 4/～必寺(待)虐(吾)乎明(名)虐(呼)

二・魯 5/～必寺(待)虐(吾)乎明(名)虐(呼)

二・從甲 2/而民～弗義

二・從甲 12/必～智(知)之

三・彭 4/～(又)椎(墜)於囦(淵)

六・競 3/～可悉(愛)女(安—焉)

六・莊 7/臣牆(將)～至女(安—焉)

六・木 4/～不旻(得)

六・用 4/淦(陰)則～淦(陰)

六・用 4/昜(陽)則～昜(陽)

七・凡甲 5/虐(吾)既長而～老

 七・凡甲 25/出惻(則)～内(入)

 七・凡甲 25/夂(終)則～詥(始)

 七・凡甲 25/至則～反

 七・凡乙 4/虗(吾)既長而～老

 七・凡乙 18/出惻(則)～内(入)

 七・凡乙 18/夂(終)則～詥(始)

 七・凡乙 18/至則～反

 七・吴 1/～童(動)之

 七・吴 2/君而～言

 七・吴 5/～又(有)釜(斧)戉(鉞)之愄(威)

 八・顔 7/～迪而教

 八・成 11/先～(國)叓(變)之攸(修)也

 八・成 15/而～(國)又(有)相串(患)割(害)之志

 八・志 2/～猶走趣(趨)事王

 八・志 4/～不能節晜(暑)

 六・競 3/～子

 六・競 13/公～胃(謂)之

 一・緇 5/隼(誰)秉～(國)成

 一・緇 7/四～(國)川(順)之

 九・靈 3/～不能馯(御)之目(以)逯(歸)

 九・靈 4/～弃亓(其)策女(安—焉)

 九・靈 5/～爲之惹(怒)

 九・靈 5/而～欲旻(得)女(安—焉)

 九・陳 13/～時(持)八鼓五爯(稱)

 九・陳 20/～偏申(陳)前

 九・舉 8/～目(以)興

 九・舉 8/～目(以)亡

 九・舉 9/若～與之

 九・舉 29/明則保～(國)

 九・舉 32/攺(施)于四～(國)

 九・邦 8/果之～(惑)也

 九・邦 9/～旻(得)之

 九·史 10/未～能才立於墜(地)之上

 九·史 10/鼠(一)～不免又(有)諿(禍)不(否)

戮(翏)

翏

 七·君甲 9/～戮死於人手

 七·君乙 8/～戮死於人手

戈

 四·采 5/郘～(戈)虎

武

 一·孔 24/則㠯(以)文～之悳(德)也

 一·性 15/觀逨(賚)～

 一·性 17/釐(賚)～樂取

 二·子 12/乃見人～

 二·子 12/帝之～

 二·從乙 6/不～則志不達

 二·容 49/～王即立(位)

 二·容 49/～王曰

 二·容 50/～王於是虖(乎)复(作)爲革車千乘

 二·容 51/～王乃出革車五百乘

 二·容 52/～王於是虖(乎)素晃(冠)㝃(冕)

 二·容 53/～王素虘(甲)㠯(以)申(陳)於鬯(殷)蒿(郊)

 四·曹 63/軫(振)～

 六·競 4/王命屈木昏(問)軋(范)～子之行安

 六·競 9/公退～夫

 六·用 7/擇葬(恭)又(有)～

 六·用 14/敡(揚)～於外

 六·用 16/流吝惠～

 六·天甲 5/文侌(陰)夫～昜(陽)

 六·天甲 5/信～旻(得)田

 六·天甲 5/～悳(德)伐

 六·天甲 5/文生～殺

 六·天乙 4/文侌(陰)而～昜(陽)

六・天乙 4/信～旻(得)田

六・天乙 5/～直伐

六・天乙 5/文生～殺

七・武 11/～王曰

七・武 12/～王

九・陳 2/先君～王與郘(鄖)人戰(戰)於莆(蒲)寞(騷)

二・從甲 15/不攸(修)不～〈戒〉

戠

八・命 4/則～(職)爲民窮(仇)窗(讎)

八・鶹 2/不～(織)而欲衣今可(兮)

戕

九・陳 12/尖=(小人)牆(將)㠯(以)～(壯)士

戔

一・孔 4/～(殘)民而豫(裕)之

二・子 9/而丌(其)父～(賤)而不足爯(稱)也與

二・容 5/上下貴～(賤)

二・容 6/先(堯)～(賤)貤(馳)而旹=(時時)賓(賽)

二・容 41/～(殘)群女(安—焉)備(服)

四・内 10/爲～(賤)必聖(聽)貴之命

五・弟 6/貧～(賤)而不約者

五・三 4/救(求)利～(殘)亓(其)新(親)

五・三 5/少(小)邦則～(殘)

五・鬼 6/毀折鹿～(踐)

四・曹 21/貴～(賤)同峕(等)

一・性 23/～(賤)而民貴之

六・用 6/～亓(其)又(有)綸絽(紀)

六・用 14/台員四～(踐)

六・天甲 6/戴(仇)戬(讎)～(殘)亡

六・天乙 5/戴(仇)戬(讎)～(殘)亡

七・武 9/毋曰可(何)～(殘)

七・君甲 1/又(有)白玉三回而不～

七・君甲 1/命爲君王～之

 七・君甲 2/虗(吾)馭(焉)又(有)白玉三回而不～才(哉)

 七・君乙 1/君王又(有)白玉三回而不～

 七・君乙 1/命爲君王～之

 七・君乙 2/虗(吾)馭(焉)又(有)白玉三回而不～才(哉)

 八・顔 9/～(賤)不喿(肖)而遠之

 八・蘭 3/……～(殘)惻(賊)

⿰工戈

 二・容 2/楫～(攻)鼓瑟(瑟)

⿰干戈

 三・中 20/含(今)之君=(君子)孚怸(過)～(干)析

 四・曹 16/其城固足㠯(以)～(捍)之

⿱乂戈

 三・周 22/班車～(衛)

 六・孔 17/墭輂～(衛)

 六・用 6/氒(厥)身是～(衛)

 九・陳 17/州(周)亓(其)徒～(衛)

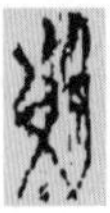 四・逸・交 2/㠯(以)自爲～(衛)

⿰申戈

 四・曹 2 背/散(曹)蔑(沫)之～(陳)

 四・曹 13/餌(問)～(陳)奚女

 四・曹 14/有克正而亡克～(陳)

 四・曹 14/三代之～(陳)皆廌(存)

 四・曹 19/不可㠯(以)出～(陳)

 四・曹 19/不和於～(陳)

 四・曹 19/是故夫～(陳)者

 四・曹 24/爲和於～(陳)如可(何)

 四・曹 43/三簞(軍)未成～(陳)

 四・曹 44/是古(故)矣(疑)～(陳)敗(敗)

 四・曹 52/明日復～(陳)

 九・陳 15/伓(背)軍而～(陳)

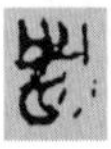 卉 3/敢～(陳)□斈(較)

⿰其戈

 四・曹 32/暴(早)食～(供)兵

⿰余戈

 一・緇 10/執我～=(仇仇)

⿰棘戈

六・天甲 6/～(仇)戠(讎)戔(殘)亡

六・天乙 5/～(仇)戠(讎)戔(殘)亡

⿰豆戈

二・容 50/天𨟻(將)～(誅)女(安—焉)

二・容 53/天𨟻(將)～(誅)女(安—焉)

五・弟 19/子逄(路)迬(往)虐(乎)子䀠=(䀠䀠)女(如)也女(如)～(誅)

六・競 3/公盍～(誅)之

⿰吾戈

二・從甲 17/則～之

六・莊 4/～(敔—禦)於朸(棘)述(遂)

⿰医戈

二・魯 3/～(殹)虐(吾)子女適命丌(其)與

六・孔 14/～(殹—抑)與(邪)民之行也

⿰而戈

四・曹 55/～(勇)者思(使)憙(喜)

⿰台戈

五・弟 10/士～(治)吕(以)力則組

⿰彖戈

三・周 13/利用～(侵)伐

⿰昜戈

二・從甲 19/君子不吕(以)誋(流)言～(傷)人

五・姑 7/立死可(何)～(傷)才(哉)

五・三 5/大邦𨒪(過)～(傷)

六・競 8/禮(詛)爲亡(無)～(傷)

⿰害戈

五・鮑 8/公𧖴亦不爲～(害)

⿺匸⿰医戈

二・容 16/～(癘)役(役—疫)不至

五・季 8/萦(葛)～含(今)語肥也

五・季 14/叡(且)夫～含(今)之先䒞(世)烈

⿰舞戈

四・曹 51/則(測)～(死)尼(度)斅(傷)

戥

六・用 16/纏亓(其)又(有)～(威)頌(容)

戱

五・三 20/☐□之不～(畏)

㦸

一・性 21/～(戲)斿心也

𢨂(𢧄、𢨐)

𢧄

六・天甲 6/戴(仇)～(讎)戔(殘)亡

六・天乙 5/戴(仇)～(讎)戔(殘)亡

𢨐

七・吴 6/才(在)敓(波)～(濤)之閖(間)

戉 部

戉

七・吴 5/釜(斧)～(鉞)之愄(威)

戚

九・陳 11/行～不成

我 部

我(我、埊)

我

一・緇 10/皮(彼)求～則

一・緇 10/女(如)不～旻(得)

一・緇 10/執～戠₌(仇仇)

一・緇 10/亦不～力

一・緇 11/～既見

一・緇 11/～弗胄(迪)耶(聖)

一・緇 21/人之好～

一・緇 21/硯(示)～周行

一・緇 24/～龜既猒(厭)

一・緇 24/不～告猷

二・魯 5/丌(其)欲雨或甚於～

二・民 8/䰠(威)～(儀)㞡₌(遲遲)

二・民 11/䰠(威)～(儀)㞡₌(遲遲)

二・民 13/䰠(威)～(儀)異₌(翼翼)

 二・魯 4/丌(其)欲雨或甚於～

 三・周 24/觀～散(微)頤

 三・周 45/爲～心寨

 四・采 1/子奴(如)思～

 四・逸・多 1/鮮～二人

 四・曹 39/～兵必砥礶(礪)

 四・曹 39/～虖(甲)必緊(堅)

 四・曹 39/～叓(使)大夫

 四・曹 39/～叓(使)牺(將)軍

 四・曹 40/～君身進

 五・競 7/天陛(地)盟(明)弃～矣

 五・姑 3/者(諸)医(侯)畜～

 五・姑 3/君貴～而受(授)我衆

 五・姑 3/君貴我而受(授)～衆

 五・姑 3/𠂤(以)～爲能紿(治)

 五・弟 4/莫～智(知)也夫

 五・弟 11/寣(宰)～昏(問)君子

 五・鬼 5/～(俄)曰叡(虐)茖唇(乎)

 五・鬼 6/～(俄)曰叡(虐)喬唇(乎)

 二・魯 1/子不爲～圕(圖)之

 四・柬 13/～可(何)爲

 六・壽 5/～及含(今)

 六・壽 6/女(如)～旻(得)孛(免)

 七・鄭乙 4/～牺(將)必囟(思—使)子豙(家)

 七・吴 1/而慙(慎)㡭(絶)～二邑之好

 七・吴 3/隆(降)怺(禍)於～

 七・吴 5/醬(噬)敢居～江宭(濱)

 七・吴 9/～先君盍(闔)〔閭〕☐

 八・子 5/司寇(寇)牺(將)見～

 八・命 2/亦可𠂤(以)告～

 八・命 4/進可(何)𠂤(以)咠(屏)補(輔)～

 八・命 5/～不能聃(貫)壁而貝(視)聖(聽)

 八・志 3/尔(爾)亡(無)𠂤(以)膚(慮?)枉(匡)正～

 八・志 4/尔(爾)思(使)～旻(得)忧(尤)於邦多巳(已)

八・志 6/邦人亓(其)胃(謂)～不能爯(稱)人

八・志 7/唯～忈(愛)尔(爾)

九・舉 5/䡅(載)～天下

九・舉 5/㚢(遂/墜?)～周亶(懼)姐(祚)

九・舉 6/昔～㝵(得)中

九・舉 7/子爲～之道

九・卜 7/～周之孫=(子孫)

七・鄭甲 4/～牆(將)必囟(思—使)子豙(家)

⿱我土

九・舉 6/昔～(我)㝵(得)中

義(義、⿱義心)

義

一・孔 22/丌(其)～(儀)一氏(兮)

一・緇 3/丌(其)～(儀)不弋(忒)

一・緇 16/敬尔(爾)威～(儀)

一・緇 17/於幾(緝)～(熙)止

一・緇 20/丌(其)～(儀)一也

一・緇 23/卣(攝)㠯(以)戓(威)～(儀)

一・性 2/各(終)者近～

一・性 2/智(知)～者能内(入)〔之〕

二・從甲 1/民皆㠯(以)爲～

二・從甲 2/舂(教)之㠯(以)～

二・從甲 2/而民或弗～

二・容 9/竺(篤)～與信

五・季 7/夫～者

五・姑 4/不～

五・姑 7/句(苟)～毋舊(久)

五・君 1/言之而不～

五・君 2/貝(視)之而不～

五・君 2/聖(聽)之而不～

 五・君 2/遦(動)而不～

 五・鬼 1/悬(仁)～聖智

 四・曹 36/爲～女(如)可(何)

 六・慎 4/悳(德)而方～

 六・天甲 3/～(儀)之雉(兄)也

 六・天甲 3/～(儀)反之

 六・天甲 4/亡(無)～(儀)大讃(孽)

 六・天甲 6/飤(食)邑(以)～(儀)

 六・天乙 2/～(儀)之雉(兄)也

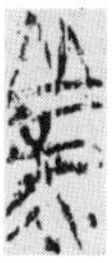 六・天乙 3/～(儀)反之

 六・天乙 3/亡(無)～(儀)大讃(孽)

 六・天乙 6/飤(食)邑(以)～(儀)

 七・武 4/雾(勝)～則喦(喪)

 七・武 4/～雾(勝)怠則長

 七・武 4/～雾(勝)谷(欲)則從

 七・武 4/谷(欲)雾(勝)～則兇

 六・天甲 8/民之～(儀)也

 六・天乙 7/民之～(儀)也

⿱我心

 四・柬 2/犿～(義)愈(愈)迗

 四・曹 33/不～(義)則不備(服)

琴　部

琴(⿱亞金、⿱亓金)

⿱亞金

 一・孔 14/吕(以)～(琴)惡(瑟)之敚(悅)褺(擬)好色之忈(願)

⿱亓金

 一・性 15/聖(聽)～(琴)惡(瑟)之聖(聲)

瑟(亞、亓、亓)

亞

一・性 15/聖(聽)銮(琴)～(瑟)之聖(聲)

二・容 2/㝔(相)戉(攻)鼓～(瑟)

亓

一・孔 14/㠯(以)銮(琴)～(瑟)之敓(悦)㤥(擬)好色之忎(願)

亓

七・君甲 3/竽～(瑟)奐(衡)於耑(前)

七・君乙 3/竽～(瑟)奐(衡)於耑(前)

乚部

直

一・性 32/不⾔(過)～(十)

六・天乙 4/文～(德)絧(治)

六・天乙 5/武～(德)伐

六・天乙 5/月=(日月)～(得)亓(其)甫(輔)

亡部

亡(亡、蕘)

一・孔 1/旹(詩)～(無)隱(隱)志

一・孔 1/樂～(無)隱(隱)情

一・孔 1/吝(文)～(無)隱(隱)言

一・孔 8/雨～(無)政(正)

一・孔 22/訇(洵)又(有)情而～(無)望

一・緇 5/君㠯(以)〔民〕～

一・緇 21/備(服)之～(無)臭(斁)

一・緇 23/人而～(無)亘(恒)

一・性 1/心～(無)正(定)志

二・子 1/史(使)～(無)又(有)少(小)大肥竄(脆)

二・從甲 5/君子不叒(緩)則～(無)㠯(以)頌(容)百眚(姓)

二・魯 6/毆(緊)～(無)女(如)泵(庶)民可(何)

二・從甲 6/不共(恭)則～(無)㠯(以)敘(除)辱

二・從甲 6/不惠則～(無)㠯(以)聚民

二・從甲 7/不㤙(仁)則～(無)㠯(以)行正(政)

二・從甲 7/不敬則事～(無)城(成)

二・從甲 8/怲(猛)則～新(親)

二・從甲 15/命～(無)時

二・昔 4/大(太)子乃～(無)䎽(聞)亡(無)聖(聽)

二・昔 4/大(太)子乃亡(無)䎽(聞)～(無)聖(聽)

二・容 3/～並

二・容 16/䄄(禍)才(災)迲(去)～

二・容 30/三年而天下之人～(無)訟獄者

二・容 46/唯(雖)君～(無)道

二・容 46/唯(雖)父～(無)道

二・容 48/一人爲～(無)道

二・容 53/受(紂)爲～(無)道

三・周 1/～(無)卣(攸)利

三・周 2/～(無)咎

三・周 5/～(無)禬(眚)

三・周 5/～(無)成

三・周 7/～(無)咎

三・周 7/～(無)咎

三・周 7/～(無)咎

三・周 8/～(無)咎

三・周 9/～(無)咎

三・周 9/～(無)咎

三・周 10/～(無)不利

三・周 10/比～(無)首

三・周 11/～(無)咎

三・周 11/吉～(無)不利

三・周 12/～(無)不利

三・周 13/～(無)不利

三・周 15/～(無)咎

三・周 16/～(無)咎

三・周 18/攺～(無)咎

三・周 19/～(無)𢘅(悔)

三・周 20/～(無)忘

三・周 20/～(無)忘

三・周 21/～(無)咎

三・周 21/～(無)忘又(有)疾

三・周 21/～(無)忘

三・周 21/～(無)卣(攸)利

三・周 25/～(無)卣(攸)利

三・周 25/～(無)咎

三・周 26/貞吉～(無)𢘅(悔)

三・周 27/～(無)𢘅(悔)

三・周 28/～(無)咎

三・周 28/～(無)卣(攸)利

三・周 28/昬(悔)～(無)
三・周 31/～(無)不利
三・周 32/～(無)咎
三・周 32/～(無)咎
三・周 33/礪(厲)～(無)咎
三・周 33/昬(悔)～(無)
三・周 37/～(無)所往
三・周 37/～(無)咎
三・周 38/～(無)咎
三・周 38/誫(臀)～(無)肤(膚)
三・周 38/昬(悔)～(無)
三・周 39/中行～(無)咎
三・周 40/～(無)咎
三・周 40/誫(臀)～肤(膚)
三・周 41/礪(厲)～(無)大咎
三・周 41/橐～(無)魚
三・周 41/～(無)咎
三・周 42/往～(無)咎
三・周 44/～(無)憃(喪)亡(無)旻(得)
三・周 44/亡(無)憃(喪)～(無)旻(得)
三・周 44/舊汬(井)～(無)洽(禽)
三・周 45/～(無)咎
三・周 47/晦～(無)
三・周 47/～(無)咎
三・周 48/～(無)咎
三・周 49/昬(悔)～(無)
三・周 51/～(無)咎
三・周 52/𪐓(闃)丌(其)～(無)人
三・周 54/昬(悔)～(無)
三・周 54/昬(悔)～(無)
三・周 54/～(無)咎
三・周 55/～(無)咎
港甲 2/～(無)初又(有)夂(終)
四・采 3/蠶～
四・采 3/良人～(無)不宜也
四・内 6/～(無)厶(私)樊(樂)
四・内 6/～(無)厶(私)惪(憂)
四・曹 2/～(無)又(有)不民
四・曹 5/悉〈忎(恐)〉～焉
四・曹 6/叜(鄰)邦之君～(無)道
四・曹 6/～(無)㠯(以)取之
四・曹 8/〔～〕(無)㠯(以)異於臣之言
四・曹 9/㠯(以)～(無)道爯(稱)而叟(没)身遼(就)𦵏(死)
四・曹 10/㠯(以)～(無)道爯(稱)

四・曹 12/而～又(有)厶(私)也

四・曹 13/又(有)固恳(謀)而～(無)固城

四・曹 14/又(有)戛(克)正(政)而～(無)戛(克)軙(陣)

四・曹 14/或吕(以)～

四・曹 24/逡(後)則見～

四・曹 34/～(無)所不中

四・曹 51/～〈以〉盤(便)邅(脩)行

四・曹 57/吕(以)攻人之所～又(有)

五・弟 13/君子～(無)所不足

五・三 13/邦叡(且)～

三・中 16/君子～(無)所猒(狷)人

三・中 19/民～(無)不又(有)怸(過)

四・内附簡/□～(無)戁(難)

五・競 6/公身爲～(無)道

五・競 9/公身爲～(無)道

五・競 10/～(無)羿(旗)厇(宅)

五・季 10/昷(猛)則～(無)新(親)

五・姑 1/敹(厲)公～(無)道

五・姑 4/今虐(吾)～(無)能紿(治)也

五・姑 7/～道正也

五・姑 9/公恩(愠)～告弜(強)門夫=(大夫)

五・姑 10/参(三)坴(郤)既～

二・民 2/吕(以)行三～(無)

二・民 5/敢問可(何)胃(謂)三～(無)

二・民 5/三～(無)虗(乎)

二・民 5/～(無)聖(聲)之緌(樂)

二・民 5/～(無)膿(體)〔之〕豊(禮)

二・民 6/～(無)備(服)之喪

二・民 7/此之胃(謂)三～(無)

二・民 7/～(無)聖(聲)之緌(樂)

二・民 7/～(無)膿(體)之豊(禮)

二・民 7/～(無)備(服)之喪

二・民 8/～(無)聖(聲)之緌(樂)

二・民 10/～(無)聖(聲)之緌(樂)

二・民 11/～(無)備(服)之桑(喪)

二・民 11/～(無)聖(聲)之緌(樂)

二・民 11/～(無)膿(體)之豊(禮)

二・民 11/～(無)膿(體)之

二・民 12/～(無)聖(聲)之緌(樂)

二・民 12/～(無)膿(體)之豊(禮)

 二・民 12/～(無)備(服)之喪

 二・民 12/～(無)聖(聲)之緐(樂)

 二・民 13/～(無)膿(體)之豊(禮)

 二・民 13/～(無)備(服)〔之〕爨(喪)

 二・民 13/～(無)聖(聲)之緐(樂)

 二・民 13/～(無)膿(體)之豊(禮)

 二・民 13/～(無)備(服)〔之〕爨(喪)

 四・昭 3/儹(僕)牆(將)埮～老□

 六・競 2/是虐(吾)～(無)₌良祝吏(史)也

 六・競 3/是信虐(吾)～(無)良祝吏(史)

 六・競 8/禮(詛)爲～(無)慰(傷)

 六・競 8/祝亦～(無)森(益)

 六・孔 5/智(知)～(無)不嚻(亂)矣

 六・孔 8/而～(無)吕(以)亯(享)者

 六・孔 24/而～城(成)惪(德)

 六・莊 1/臧(莊)王既成～(無)鎮(鐸—射)

 六・壽 2/先王～(無)所歸

 六・壽 3/少帀(師)～(無)碁

 六・用 4/社之～(無)繇

 六・用 6/虞(唇)～齒倉(寒)

 六・用 10/勞人～(無)赴(徒)

 六・用 17/用～(無)咎隹(唯)温(盈)

 六・用 18/人～(無)旻(文)

 六・天甲 4/古～(無)豊(禮)大瀍(廢)

 六・天甲 4/～(無)義大詎(孽)

 六・天甲 6/戴(仇)戬(讎)戔(殘)～

 六・天乙 3/古～(無)豊(禮)大瀍(廢)

 六・天乙 3/～(無)義大詎(孽)

 六・天乙 5/戴(仇)戬(讎)戔(殘)～

 七・君甲 7/魂(鬼)～(無)不能也

 七・君乙 7/魂(鬼)～(無)不能也

 七・凡甲 6/亓(其)浆(來)～(無)厇(度)

 七・凡甲 13/～(無)耳而餌(聞)聖(聲)

 七・凡甲 21/天下～(無)不又(有)

 七・凡甲 21/～(無)鼠(一)

 七・凡甲 21/天下亦～(無)鼠(一)又(有)

 七・凡甲 21/～(無)戠(察)道

 七・凡甲 29/尃(敷)之～(無)所凶(容)

 七・凡乙 5/亓(其)逨(來)～(無)厇(度)

 七・凡乙 22/尃(敷)之～(無)所凶〈容〉

 八・成 14/可㠯(以)智(知)～(無)才(哉)

 八・命 1/君王窮(窮)～人

 八・命 6/十又厽(三)～箧(僕)

 八・命 8/～僕(僕)之尚(掌)楚邦之正(政)

 八・命 9/皆～女(安—焉)而行之

 八・命 9/迻(坐)砮(友)～一人

 八・命 10/立砮(友)～一人

 八・命 10/箧(僕)㠯(以)此胃(謂)貝(視)日十又厽(三)～箧(僕)

 八・志 3/尔(爾)～(無)㠯(以)臧枉(匡)正我

 八・有 2/～(無)郗又(有)風(諷)今可(兮)

 九・靈 4/女(汝)蜀(獨)～(無)㝵(得)

 九・舉 8/或㠯(以)～

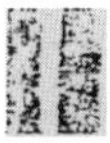 九・舉 13/五年～(無)涷餌者

 九・邦 2/～名女

 九・邦 2/䯧(就)卲(昭)王之～

 九・史 1/～(無)女(如)憃(圖)也

 九・卜 8/～(無)大咎

 九・卜 9/亦～(無)大咎

莣

 五・鮑 1/汲(及)亓(其)～(亡)也

 五・鮑 2/�st(堋)亓(其)所㠯(以)～(亡)

 五・鮑 2/遟(堋)亓(其)所㠯(以)衰～(亡)

 五・鮑 5/瀘(鹽—奄)肰(然)牆(將)～(亡)

乍(乍、复)

乍

 一・孔 6/～〈亡〉競隹(维)人

 二・子 9/厽(三)王者之～(作)也

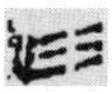 二・子 13/厽(三)王者之～(作)也女(如)是

 一・性 1/峕(待)勿(物)而句(後)～(作)

 五・姑 6/鑾(樂)箸(書)欲～(作)難

 三・亙 1/或(域)～(作)

 三・亙 2/又(有)～(作)行

 六・用 5/民之～(乍)勿(物)

 六・用 11/台(以)民～(作)康

 六・用 18/记(起)事～(作)志

 七・君甲 7/民～(作)而囟(思)誰(應)之

 七・君乙 7/民～(作)而囟(思)誰(應)之

复

 三・亙 2/熨(氣)是自生～(作)

 七・凡甲 26/大嬰(亂)乃～(作)

 七・凡甲 26/惻(賊)慫(盜)之～(作)

 七・凡甲 26/大嬰(亂)乃～(作)

 七・凡乙 19/惻(賊)慫(盜)之～(作)

 七・凡乙 19/大嬰(亂)乃～(作)

 八・志 2/王～(作)色曰

 八・蘭 2/方時(時)女(安—焉)～(作)

望(望、室、朢、斉、覍)

望

 一・孔 22/訇又(有)情而亡(無)～

 五・三 1/弦～齊佰(宿)

 六・用 20/民亦弗能～

 七・吴 2/唯君是～

室

 九・舉 1/者(古)攻見大(太)公～(望)於吕

朢

 七・武 11/大(太)公～(望)

 七・武 11/大(太)公～(望)

 七・武 12/大(太)公～(望)

 七・武 13/大(太)〔公〕～(望)奉丹箸(書)吕(以)朝

弃

一・緇 2/爲上可～(望)而智(知)也

覓

六・競 2/是虗(吾)所～(望)於女也

匸　部

匿

一・緇 17/則行不可～

二・容 33/迲(去)蛩(苛)～(慝)

六・競 6/今君之貪惛蛩(苛)～(慝)

六・天甲 10/才(在)道不訨(語)～

六・天乙 9/才(在)道不訨(語)～

九・卜 4/倀(丈)夫罙(深)㠯(以)伏～

區

九・史 7/～(驅)輊(騁)畋邋(獵)

匹(庀)

庀

一・緇 21/隹(唯)君子能孚(好)其～(匹)

一・緇 21/少(小)人敳(豈)能孚(好)丌(其)～(匹)

匚　部

匡(筐)

筐

三・彭 2/大～(匡)之婁

固

二・從甲 5/～(固)三折

五・季 22/句能～(固)獸(獸—守)☐

六・莊 2/酖(沈)尹～(固)㝵(辭)

六・莊 2/王～(固)昏(問)之

曲　部

曲(乚)

乚

五・季 23/亓(其)～(曲)㠯(以)城(成)之

五・弟 13/不～(曲)方㠯(以)迲(去)人

九・邦 3/☐～陞

弓　部

弓

三・中 1/季逭(桓)子叓(使)中(仲)～爲窜(宰)

三・中 1/中(仲)～㠯(以)告孔子曰

三・中 5/中(仲)～曰

三・中 6/中(仲)～盒(答)曰

三・中 8/中(仲)～曰

三・中 9/中(仲)～曰

三・中 10/中(仲)～曰

三・中 16 背/中(仲)～

三・中 17/中(仲)～曰

三・中 20/中(仲)～曰

三・中 25/中(仲)～曰

三・中 27/中(仲)～曰

彊(弫)

弫

二・容 36/～(強)溺(弱)不紿(治)諹

三・亘 10/舉(舉)天下之复(作)～(強)者

五・季 5/事皆昮(得)亓(其)舊而～(強)之

五・季 9/孠=(君子)～(強)鼎(則)遻(遺)

五・姑 1/行正(政)訙(迅)～(強)

五・姑 4/虗(吾)～(強)立紿(治)衆

五・姑 6/～(強)於公冡(家)

五・姑 9/～(強)門大夫

五・姑 10/～(強)門大夫衒(率)

六・慎 1/臤(堅)～(強)㠯(以)立志

六・慎 2/～(強)㠯(以)庚志

六・慎 5/古(故)曰～(強)

六・用 14/～(強)君梳政

六・天甲 13/～(強)行

 八・志 1/是楚邦之～(強)秎(梁)人

發

 五・競 3/～迮(作)者死

弡

 四・曹 17/所㠯(以)～(拒)鄒(邊)

 四・曹 18/所㠯(以)～(拒)内

 五・三 17/礐(興)隉(地)之～

 六・用 13/攻亓(其)若～

弦 部

弦

 五・三 1/～望齊佰(宿)

 六・用 12/若矢之夅(免)於～

系 部

孫

 二・從乙 4/諮悬(悔)而共(恭)～(遜)

 四・曹 25/公～公子

 四・曹 26/攴(什)五(伍)之閒必又(有)公～公子

 港甲 5/～安□

繇

 三・周 25/～(由)頤

 四・曹 20/則～(由)丌(其)杲(本)虎(乎)

 四・曹 42/～(由)邦駥(御)之

 五・季 13/～(由)丘菅(觀)之

 五・姑 9/㠯(以)入,～(由)之

 五・姑 9/女出内庫之～

 五・弟 10/～(由)! 夫㠯(以)衆軋(犯)難(難)

 五・弟 17/夫女(安)能王人～

 六・孔 6/～(由)息(仁)與(歟)

 六・用 7/則方～而弗可矣

卷十三

糸　部

經

二・容 27/垔(禹)乃迵(通)～(涇)與渭

三・周 24/甕(弗)～于北洍(頤)

三・周 25/甕(弗)～

三・彭 2/若～與緯

四・内 10/民之～也

五・姑 7/虗(吾)㯖(直)立～(徑)行

六・用 1/是善敗之～

六・用 1/是善敗之～

七・武 15/百眚(姓)之爲～

絞

八・顔 11/雙(豫)～而收貧

八・顔 12/雙(豫)～而收貧

緯

三・彭 2/若經與～

紀(紀、綒)

紀

四・曹 16/繲(敬)～於大國

四・曹 26/是胃(謂)軍～

九・舉 20/習女智(知)埶(設)皆～

綒

二・子 7/亦～

二・容 31/救聖(聲)之～(紀)

 三・彭 5/五～(紀)必(畢)周

 三・彭 5/五～(紀)不工

 六・用 6/戔亓(其)又(有)綸～(紀)

 六・用 19/定又(有)～(紀)

 八・李 1/衆木之～(紀)可(兮)

絕(𢇍、𢇛)

𢇍

 五・三 16/不～(絕)惪(憂)卹(恤)

 一・孔 27/北風不～(絕)人之悁(怨)

 一・孔 29/涉秦(溱)丌(其)～律而士

𢇛

 一・緇 22/翌(輕)～(絕)貧賤

 一・緇 22/而厚(重)～(絕)貢(富)貴

 二・容 53/～(絕)穜(種)丞(侮)眚(姓)

 三・彭 8/氏(是)胃(謂)～(絕)綠(輟)

 四・柬 14/而百眚(姓)㠯(以)～(絕)

 六・孔 15/～(絕)㠯(以)爲己兼(?)

 七・吴 1/慙(慎)～(絕)

 九・陳 2/帀(師)不～(絕)

 九・陳 3/帀(師)不～(絕)

 九・陳 3/帀(師)不～(絕)

 九・陳 4/帀(師)不～(絕)

 九・陳 4/帀(師)不～(絕)

繼

 六・用 6/～(絕)原(源)流淲(澌)

 六・用 14/設亓(其)又(有)～(絕)惹(圖)

緈

 七・吴 2/～綺

續(賡)

賡

 二・從甲 16/㠯(以)軓(範)～(續)愳見

 三・亘 7/甬㠯(以)不可～(續)也

縕(緼)

緼

二・容 28/乃立句(后)禝(稷)吕(以)爲～(盈)

九・陳 10/吕(以)～(盈)帀(師)徒

縱

五・鮑 4/～公之所欲

五・鮑 4/日城(盛)于～

八・志 1/～不隻(獲)辠(罪)

八・志 5/而～不爲虘(吾)爯(稱)罣

級

五・鮑 9/鞀(鞄—鮑)弔(叔)酉(牙)與～(隰)倗(朋)之諫

五・競 1/～(隰)倗(倗)與鞀(鞄—鮑)弔(叔)酉(牙)從

八・子 1/豙(家)眚(姓)甚～(急)

約

二・容 50/至～者(諸)医(侯)

二・容 53/至～者(諸)医(侯)

五・弟 6/貧戔(賤)而不～者

六・競 8/～夾者閘(關)

六・競 10/是皆貧肪(苦)～(疛)疾

港甲 9/吕(以)上下之～

八・成 10/是胃(謂)六新(親)之～

八・蘭 4/……年(佞)前其～酓(儉)

九・成甲 3/遠(蔦)白(伯)珵(嬴)猶～(幼)

纏(纆)

纆

四・曹 18/～(繕)虖(甲)利兵

四・曹 51/～(繕)虖(甲)利兵

結

一・性 39/慮其(斯)莫與之～

一・孔 22/心女(如)～也

一・緇 13/信吕(以)～之

二・容 1/喬～是(氏)

七・凡甲 21/四城(成)～

縳

六・競 8/～纚者師(市)

終(夂、絡)

夂

一・孔 23/～(終)虗(乎)不猒(厭)人

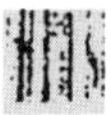
一・性 19/覽(戚)肰(然)吕(以)～(終)

二・容 6/三十又(有)七年而民～(終)

三・彭 2/訢(慎)～(終)保勞

三・彭 3/不智(知)所～(終)

五・弟 11/女(汝)能訢(慎)訂(始)與～(終)

一・緇 17/古(故)言則慮丌(其)所～(終)

五・弟 16/⧄□女(安)～(終)

三・周 2/～(終)吉

三・周 4/～(終)凶

三・周 4/～(終)吉

三・周 5/～(終)吉

三・周 5/～(終)朝晶(三)襃之

三・周 9/～(終)逨(來)又(有)它吉

三・周 14/不～(終)日

三・周 18/～(終)吉

三・周 39/䎽(聞)言不～(終)

三・周 42/又(有)孚不～(終)

三・周 50/不～(終)

三・周 57/～(終)日戒

港甲 2/亡(無)初又(有)～(終)

六・用 20/凡民之～(終)頪(類)

七・凡甲 3/天陸(地)立～(終)立憩(始)

七・凡甲 18/～(終)身自若

七・凡甲 25/～(終)則或(又)詒(始)

七・凡乙3/天墜(地)立～(終)立憩(始)

七・凡乙13/～(終)身自若

七・凡乙18/～(終)則或(又)詞(始)

九・舉34/～(終)行不

九・邦8/翟(抑)瞿(懼)君之不～(終)殜(世)俆(承)邦

絡

三・中24/所孚(學)皆～(終)

緁

三・周38/丌(其)行～(萋)疋(且)

三・周41/丌(其)行～(萋)疋(且)

緑

一・孔10/《～衣》之思

一・孔16/《～衣》之惪(憂)

緇(紂)

紂

一・緇1/孝(好)頮(美)女(如)孝(好)《～(緇)衣》

紳(紳、緧、緧)

紳

一・孔2/丌(其)訶(歌)～(引)而葛(逖)

九・陳17/～(申)兩和而紉之

緧

四・曹36/～(紳)攻(功)走(上)臤(臤—賢)

六・莊4/～(申)公子皇肖皇子

六・莊8/～(申)公事不彀(穀)

緧

四・曹21/～(紳)功而食

六・莊5/～(申)公爭之

六・莊5/～(申)公子皇見王

六・莊5/～(申)公

六・莊6/～(申)公曰

六・莊 7/不嗀(縠)目(以)笑～(申)公

六・莊 8/～(申)公危(跪)拜

六・木 1/過～(申)

九・靈 1/～(申)賽(息)不憖

九・靈 1/命～(申)人室出

九・靈 2/～(申)城(成)公㝗、丌(其)子虎未畜(蓄)頒(髮)

組(綅)

綅

五・弟 15/丌(其)～(組)㙯虐(乎)

綸

二・從乙 4/豊(禮)之～也

三・彭 2/舍(余)告女(汝)人～(論)

六・用 6/戔亓(其)又(有)～綌(紀)

纋

三・彭 2/若～(表)與裏

縷

三・周 45/隹䍙縷～

繩

九・陳 20/申(陳)逡(後)若～

縈(縈、縈)

縈

五・三 14/方～(營)勿伐

五・三 15/聖(聽)亓(其)～(營)

縈

四・内 8/旹(時)、昧、社(攻)、～(縈)、行

六・競 9/～(營)性(狂)公

六・用 1/豫命乃～

縢(絭)

絭

二・容 51/至於共～(縢)之閒(間)

 五・鬼 7/𧾩(發)昜(揚)～(縢)價

緐(緐、緮)

緐

 二・容 19/墨(禹)乃因山陵坪(平)隆(隰)之可封邑者而～(繁)實之

緮

 一・緇 10/民此㠯(以)～(煩)

 六・用 19/民道～(繁)多

絚

 三・周 28/㪅(叡)～(恒)貞(貞)凶

 三・周 28/不～亓(其)悳(德)

緍

 一・緇 15/亓(其)出女(如)～

總

 九・舉 9/勿又(有)所～

綤

 三・周 57/需又(有)衣～

繫(繫、繇)

繫

 三・周 40/～于金柅

繇

 七・凡甲 15/～(繫)於四海

紉

 九・陳 17/紳(申)兩和而～之

綌

 六・用 18/番悹(圖)～衆

 六・用 20/又(有)贛=(坎坎)之～

 九・陳 12/又(有)所胃(謂)～(裕)

絁

 五・季 3/～(施)䜴(教)於百眚(姓)

紋

 五・鮑 7/又(有)𤔲(嗣)祭備毋～(黼)

⿰糹司

 二・子 1/古(故)能～(治)天下

 二・容 19/夫是㠯(以)建(近)者敓(悦)～(治)

 二・容 36/強溺(弱)不～(治)諹

 二・容 43/丌(其)政～(治)而不賞

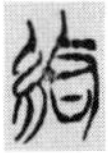 二・容 43/而～(治)爂(亂)不□

 二・從甲 16/君子藥(樂)則～(治)正(政)

 二・從乙 1/～(治)正(政)教

 二・從乙 3/從正(政)不～(治)則亂

 二・從乙 3/～(治)已至

 五・姑 3/㠯(以)我爲能～(治)

 五・姑 4/今虗(吾)亡(無)能～(治)也

 五・姑 4/虗(吾)弜(強)立～(治)衆

 四・柬 19/陸(陵)尹、贅(釐)尹皆～(治)丌(其)言㠯(以)告大窨(宰)

 四・曹 36/能～(治)百人

 四・曹 36/能～(治)三畬(軍)

 五・姑 1/旦夕～(治)之

 五・君 11/夫子～(治)十室之邑亦樂

 五・君 11/～(治)萬(萬)室之邦亦樂

 五・君 15/垦(禹)～(治)天下之川

 五・君 16/子～(治)時(詩)箸(書)

 一・性 16/～(治)亓(其)悳(德)

 六・天甲 5/文悳(德)～(治)

 六・天乙 5/文直(德)～(治)

 八・顔 10/身～(治)大則〈則大〉录(禄)

 八・命 6～楚邦之正(政)

 九・舉 29/智(知)臤(賢)正(政)～(治)

 三・亘 8/又(有)～(治)無䜌(亂)

紝

 七・鄭乙 5/～索㠯(以)紃

綧

四・曹 33/叓(使)人不親(親)則不～(敦)

緆

五・鮑 3/畂(晦)纆～(短)

繳

五・競 10/迶(驅)逨(逐)畋～(弋)

䌛

三・周 5/或賜～(鞶)䋰(帶)

綄

八・蘭 4/～逡(後)其不長

緟

港甲 9/□好而～(重)之

六・用 2/爯(稱)秉～(重)悳(德)

八・李 2/豐芋(華)～(重)光

繲(繲、緯)

繲

三・周 37/～

三・周 37/～丌(其)拇

緯

四・曹 16/～(敬)紀於大或(國)

纆

五・鮑 3/畂(晦)～緆(短)

五・鮑 3/田～長

謑

七・武 7/～(慎)之口

八・有 5/族䙳=(䙳䙳)必～(慎)毋瑩今可(兮)

儇

二・容 44/加～(圜)木於亓(其)上

絎

三・彭 8/氏(是)胃(謂)㡭(絶)～

七・吴 2/纘(祼)～

繾

五・三 14/天材(栽)～=(繾繾)

纍(纝)

纝

六・慎 5/不～(嬴)其志

䋚

六・用 16/而～亓(其)又(有)寍(寧)

縸

六・用 14/毋事～=(莫莫)

六・用 20/而又(有)～=(莫莫)之侌(陰)

𦁲

六・競 8/縛～者昳(市)

紻

七・鄭甲 5/綖(疏)索㠯(以)～

七・鄭乙 5/綖(疏)索㠯(以)～

繕

六・用 15/請命之所～

繬

六・用 4/社之亡(無)～

纏

六・用 16/～亓(其)又(有)戢(威)頌(容)

緁

九・舉 8/而介～弋(代)之

績

九・舉 20/四正受～(任)

素　部

素

二・容 47/文王於是虖(乎)～耑(端)襮裳㠯(以)行九邦

緩(緩、縵、繸)

緩

二・容 1/軒～(轅)是(氏)

二・容 6/甚～而民備(服)

 八・蘭 2/～才(哉)菓(蘭)可(兮)

⿰糸⿱爰土

 八・顏 2/所㠯(以)爲～(緩)也

 九・陳 11/命梖(相)敷(輔)～(援)

⿰糸⿱爰心

 三・中 13/～(緩)佖(弛)而巻(悉)放(服)之

 三・中 17/型正不～(緩)

綽

 八・蘭 3/～遠行道

絲 部

絲

 一・緇 15/王言女(如)～

虫 部

虫

 八・蘭 3/螻蛾(蟻)～蛇

 六・用 5/征～飛鳥

蜀(蜀、昷)

蜀

 一・孔 16/㠯(以)丌(其)～(獨)也

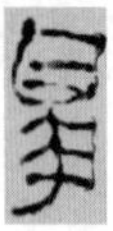 一・性 23/～(獨)居而樂

 一・性 30/～(獨)居鼎(則)習〔父〕兄之所樂

 一・性 30/毋～(獨)言

 三・周 38/～(獨)行遇雨

 三・周 40/羸(羸)豕孚是～(獨)

 三・中附簡/女(汝)～(獨)正之

 三・亘 3/不～(獨)又(有)與也

 八・李 1/木斯～(獨)生

昷

 五・君 9/～(獨)智

 五・君 9/～(獨)貴

五・君 9/～(獨)貭(富)

六・孔 15/君子～(獨)之𠂤(以)亓(其)所虽(獨)

六・孔 15/君子虽(獨)之𠂤(以)亓(其)所～(獨)

八・有 6/～(獨)論三夫今可(兮)

蠲(𧕺)

𧕺

五・鮑 3/器必～(蠲)㓗(潔)

五・鮑 5/公弗詰～

六・天甲 8/邦君飤(食)～(蠲)

六・天乙 7/邦君飤(食)～(蠲)

蚩

五・鬼 7/～蚘(尤)倀(作)兵

蚘

五・鬼 7/蚩～(尤)倀(作)兵

六・競 10/自姑～(尤)𠂤(以)西

螻

八・蘭 3/～蛾(蟻)虫(蟲)蛇

蝸

六・孔 11/夫與(邪)～之民

六・孔 12/與(邪)～之民

六・孔 19/與(邪)～之民

蛾

八・蘭 3/螻～(蟻)虫蛇

蜜(𧩼、𧭊)

𧩼

一・孔 28/誫(慎)～(密)而不智(知)言

二・民 8/迺(夙)夜㝵(基)命又(宥)～(密)

五・季 19/疋言而～獸(獸—守)之

𧭊

二・容 46/豐、禧、郙、𨛜、于、鹿、耆(?)、宗、～(密)須是(氏)

六・孔 12/亦𠂤(以)亓(其)勿～(密)二逃者𠂤(以)觀於民

 八・成 7/弗～(密)而自周

𧊒

 二・容 3/厇(宅)～者鮍(漁)槖(澤)

蟋

 一・孔 11/青(情)～(愛)也

 一・孔 15/□及丌(其)人敬～(愛)丌(其)查(树)

 一・孔 15/《甘棠》之～(愛)目(以)卲公□

䖵 部

蠶

 四・采 3/～亡

䖬

 二・容 19/迲(去)～(苛)而行柬(簡)

 二・容 33/迲(去)～(苛)匿(慝)

 六・競 6/今君之貪昏～(苛)匿(慝)

蛮

 五・鮑 8/公～亦不爲戠(害)

蝨

 三・周 50/畲(飲)飤(食)～=(衎衎)

蟲 部

蟲

 八・志 4/～材目(以)爲獻

蠱(蛊)

蛊

 三・周 18/～(蠱)

 三・周 18/榦(榦)父之～(蠱)

 三・周 18/榦(榦)母之～(蠱)

 三・周 18/榦(榦)父之～(蠱)

風 部

風

 一・孔 3/邦～

一・孔 4/邦～氏(是)也

一・孔 26/浴(谷)～

一・孔 27/北～

五・弟 4/☐□～也

八・命 2/先夫=(大夫)之～(諷)諱遺命

八・李 2/非與從～可(兮)

八・蘭 4/～汗(旱)之不啚(圖)

八・有 2/亡(無)郗又(有)～(諷)今可(兮)

颸

七・凡甲 14/筥(孰)～飄而迸之

七・凡乙 9/筥(孰)～飄而迸之

飄

七・凡甲 14/筥(孰)颸～而迸之

七・凡乙 9/筥(孰)颸～而迸之

它　部

它

二・民 12/～(施)及子孫

二・民 13/～(施)及四國

二・容 20/南方之羿(旗)𠃧(以)～(蛇)

三・周 9/夂(終)逨(來)又(有)～吉

五・姑 5/䖒(吾)毋又(有)～正公事

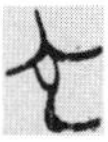
七・吴 8/𠃧(以)陞(陳)邦非～也

九・靈 3/不能𠃧(以)～器

九・邦 7/旓(焉?)可(何)～(施)

九・卜 1/而～(他)方女(安—焉)適

九・卜 7/亦無～色

蛇

八・蘭 3/螻蛾(蟻)虫～

𡰪

三・中 14/妥(委)～(蛇)又(有)成

𡨋

五・競 7/墬(地)不生～(辥)

龜　部

龜

 三・周 24/豫(豫)尔需(靈)～

 四・柬 1/命～尹羅貞於大頣(夏)

 四・柬 2/～尹智(知)王之庶(炙)於日而疠(病)疥(疥)

 四・柬 2/乘～尹速卜

 四・曹 52/返(及)尔～簹(筮)

 一・緇 24/我～既猒(厭)

 六・天甲 11/古(故)～又(有)五异(忌)

 六・天乙 11/古(故)～又(有)五异(忌)

 九・卜 2/卜,炮(火?)～亓(其)又(有)吝

黽　部

鼈(蟞)

蟞

 二・容 5/魚～(鱉)獻

蠅(𧓍)

𧓍

 一・孔 28/青～(蠅)

卵　部

卵

 二・子 11/又(有)鷃(燕)監(銜)～

 四・逸・交 3/闕(閒)～思(謀)刣(始)

 四・逸・交 4/闕(閒)～思(謀)刣(始)

二　部

二(二、弍)

二

 一・孔 6/～句(后)受之

 二・從甲 5/～曰共(恭)

 三・周 2/九～

 三・周 4/九～

 三・周 7/九～

 三・周 9/六～

 三・周 12/六～

 三・周 14/六～

 三・周 16/六～

 三・周 18/九～

三・周 20/六～

三・周 22/九～

三・周 24/六～

三・周 26/六～

三・周 28/九～

三・周 30/六～

三・周 32/九～

三・周 35/六～

三・周 37/九～

三・周 40/九～

三・周 44/九～

三・周 47/六～

三・周 48/六～

三・周 50/六～

三・周 53/六～

三・周 54/九～

三・周 58/九～

三・彭 2/三迲(去)丌(其)～

四・逸・多 1/鲜我～人

四・曹 23/～参(三)子孚(勉)之

四・曹 25/進必又(有)～牆(將)軍

五・競 1/公昏(問)～大夫

五・競 6/虐(吾)不澫(賴)～品(三)子

五・競 9/幾(豈)不～子之慐(憂)也才(哉)

五・競 10/～人也

五・鮑 2/～品(三)子孚(勉)之

五・弟 14/肰(然)𠟭(則)夫～厽(三)子者

六・競 3/～大夫

六・競 12/～夫可不受皇

六・孔 2/～道者

六・孔 12/～逃者吕(以)觀於民

六・天甲 2/士～殜(世)

六・天甲 6/洛尹行身和～

六・天甲 9/夫=(大夫)～辟

六・天乙 1/士～殜(世)

六・天乙 5/洛尹行身和～

六・天乙 8/夫=(大夫)～辟

六・競 2/～子豯

七・君甲 4/此丌(其)～回(違)也

七・君乙 4/此丌(其)～回(違)也

七・吴 1/～邑

七・吴 1/～邑之好

八・成 1/成王既邦(封)周公～年

九・舉 13/□五□一□～正

九・舉 16/～王之……

九・舉 31/壘(禹)史(使)民吕(以)～和

九・舉 32/～曰

九・邦 8/而并是～者吕(以)邦君

 九・邦 9/豪(就)鄰(蔡)大祝～拜頓=(頓首)曰

弍

 三・彭 8/狗老～(二)拜旨(稽)百(首)曰

 八・李 1 背/亢(剛)亓(其)不～(貳)可(兮)

 九・史 2/子亓(其)身之,～(二)也

亟

 六・用 8/惋保之～

恒(死、歪、逊、恶)

死

 一・孔 13/不亦智(知)～(恒)虐(乎)

 一・緇 23/人而亡(無)～(恒)

 三・周 2/利用～(恒)

 三・周 15/～(恒)不死

 三・周 28/～

 三・周 28/叡(叡)～(恒)自(貞)凶

 三・周 29/叡(叡)～(恒)

 三・亘 1/～(恒)先無又(有)

 三・亘 2/～(恒)莫生燹(氣)

 三・亘 2/～(恒)燹(氣)之生

 三・亘 3/或～(恒)安

 三・亘 3 背/～(恒)先

 三・亘 9/～(恒)燹(氣)之生

 三・彭 1/售(唯)～(恒)□

 四・曹 48/不巹(卒)則不～(恒)

 五・三 17/～(恒)道必呈(涅)

 五・季 22/☐威逋(速)毋～(恒)

 五・弟 5/登年不～(恒)至

 六・孔 15/君子～(恒)吕(以)衆福

 六・用 16/柬亓(其)又(有)～(恒)井(形)

 八・李 1/～(極)植(直)棘(速)成

 九・舉 21/～(極)吝(文)倀(長)明

 九・舉 29/備(服)深～(恒)至(重)……

 九・舉 32/天下能(乃)～(極)

 九・史 4/～(極)取同

歪

 六・天甲 7/見目～(恒)

六・天乙 7/見目～(恒)

九・舉 19/……不智(知)亓(其)所～(極)

逐

九・陳 7/不智(知)進帀(師)徒～(極)於王所

悉

一・性 22/未孝(教)而民～(恒)

六・用 14/～(恒)民趯敗

竺

二・容 9/～(篤)義與信

凡(凡、㕣)

凡

一・性 1/～人唯(虽)又(有)生(性)

一・性 3/～眚(性)爲宔(主)

一・性 4/～眚(性)

一・性 5/～敨(動)眚(性)者

一・性 6/～見者之胃(謂)勿(物)

一・性 17/～古樂龏心

一・性 17/～〔至樂〕必悲

一・性 19/～𢝊(憂)思而句(後)悲

一・性 20/～思之甬(用)心爲甚

一・性 21/～人情爲可兑(悦)也

一・性 27/～身谷(欲)青(靜)而毋遣(譴)

一・性 29/～悦人勿罿(隱)〔也〕

一・性 30/～交毋剌(烈)

一・性 30/～於道逄(路)毋愄(畏)

一・性 31/～𢝊(憂)惓(患)之事谷(欲)任

一・性 31/～孝(教)者求亓(其)〔心爲難〕

一・性 35/～甬(用)心之趮(躁)者

一・性 39/～人𢡺=(僞爲)可亞(惡)也

二・容 3/～民俾(卑)敊(末)者

三・亘 7/～

四・曹 21/～畜群臣

四・曹 24/～貴人囟(使)尻(處)前立(位)一行

 四・曹 25/～又(有)司衙(率)倀(長)民者

 五・季 20/～遊(失)勿危(危)

 五・君 5/～色毋憂(憂)

 五・君 6/～目毋遊

 五・三 6/～宅官於人

 五・三 7/～飤(食)歙(飲)無量詯

 五・三 13/～若是者

 六・用 6/～龏(恭)人

 六・用 20/～民之夂(終)頪(類)

 六・天甲 1/～天子七殜(世)

 六・天甲 8/～天子欽㷶(氣)

 六・天乙 1/～天子建之吕(以)州

 六・天乙 1/～天子七殜(世)

 六・天乙 7/～天子欽㷶(氣)

 九・卜 5/～三族又(有)此

⿱凡口

 二・從甲 9/～(凡)此七者

 五・季 20/～(凡)欲(欲)勿甞(常)

 七・凡甲 1/～(凡)勿(物)流型(形)

 七・凡甲 3 背/～(凡)勿(物)流型(形)

 七・凡甲 14/夫～(風)之至

 七・凡乙 1/～(凡)勿(物)流型(形)

 七・凡乙 9/夫～(風)之至

土　部

土

 二・子 2/叒(舜)嗇於童～之田

 二・子 3/童～之莉(黎)民也

 二・從甲 2/王舍(予)人邦豪(家)～埅(地)

 五・弟 8/飤(食)肉女(如)飯～

 一・緇 8/下～之士

 二・容 28/逿(復)穀豢～

 二・容 53/～玉水酉(酒)

 四・曹 2/飯於～輜(簋)

 四・曹 2/欲〈歠〉於～型(鉶)

 五・三 5/～地乃坓(坼)

 五・三 6/～地乃坓(坼)

 五・三 16/敓(奪)民時吕(以)～攻(功)

地(陀)

陀

 二・從甲 2/王舍(予)人邦豙(家)土～(地)

 二・容 8/叜(舜)於是虗(乎)訂(始)語堯天～(地)人民之道

 二・容 9/履～(地)戠(戴)天

 二・容 9/會才(在)天～(地)之閒

 二・容 16/昔者天～(地)之差(佐)叜(舜)而右(佑)善

 二・容 19/會天～(地)之利

 二・容 30/叜(舜)乃欲會天～(地)之熨(氣)

 二・容 36/天～(地)四岦(時)之事不攸(修)

 二・容 49/智(知)～(地)之利

 三・亙 1/未又(有)天～(地)

 三・亙 4/垩(濁)熨(氣)生～(地)

 三・亙 4/信浧(盈)天～(地)

 三・亙 4/詧=(察察)天～(地)

 三・彭 2/天～(地)與人

 四・曹 17/啻(敵)邦交～(地)

 四・曹 17/疆～(地)毋先而必取□焉

 四・曹 63/弗琗危～(地)

 五・競 7/～(地)不生宯(孽)

 五・競 7/天～(地)盟(明)弃我矣

 五・鮑 8/既至齊～(地)

 五・鮑 8/雩(雨)坪(平)～(地)至紤(漆)逿(復)

 五・弟 4/又(有)～(地)之胃(謂)也虗(乎)

 五・三 1/～(地)共材

 五・三 5/土～(地)乃坓(坼)

 五・三 6/土～(地)乃坓(坼)

 五・三 15/府(俯)視～(地)利(理)

 五・三 17/興(興)～(地)之弡

五・三 17/智(知)～(地)足㠯(以)古(固)材

五・三 18/记(起)～(地)之

六・用 9/亦不出自～(地)

六・用 10/胃(謂)～(地)厚而不達

七・鄭甲 2/㠯(以)叟(没)内(入)～(地)

七・鄭乙 2/㠯(以)叟(没)内(入)～(地)

七・凡甲 3/天～(地)立夂(終)立憩(始)

七・凡甲 11/～(地)箮(孰)徫(遠)與(歟)

七・凡甲 11/箮(孰)爲～(地)

七・凡甲 17/〼⿰鼠一(一)㠯(以)爲天～(地)旨

七・凡甲 29/⿰鼠一(一)言而爲天～(地)旨

七・凡乙 3/天～(地)立夂(終)立憩(始)

七・凡乙 22/爲天～(地)旨

七・吴 8/諓(踐)履陲(陳)～(地)也

九・史 10/未或能才立於～(地)之上

堣

六・競 7/祝之多～言

坪

一・孔 2/～(平)悳(德)也

二・子 1/～(平)萬邦

一・孔 4/㕜(詩)丌(其)猷～(平)門與

四・昭 5/翠(卒)㠯(以)夫=(大夫)歙(歙酒)於～(平)滿

五・鮑 8/雩(雨)～(平)埅(地)至絜(膝)退(復)

五・季 23/肰(然)⿰鼎刂(則)邦～(平)而民䏘(脜)矣

二・容 18/墨(禹)乃因山陵～(平)徑(隰)之可封邑者而緐(繁)實之

四・昭 5/翠(卒)㠯(以)夫=(大夫)歙(歙酒)於～(平)滿

六・壽 1/競～(平)王豪(就)奠(鄭)壽

六・木 1/競～(平)王命王子木迈(蹠)城父

七·凡甲 12/土奚旻(得)而～(平)

九·舉 1/～耇(古)攻見大(太)公宔(望)於呂

均(均、𡊄)

均

六·慎 4/～分而㞷(廣)貤

九·舉 21/亯(享)而～庶

𡊄

四·曹 35/賞～(均)聖(聽)中

二·容 30/天下大和～(均)

壚

二·容 1/～遲是

坴

五·競 1/〼□～

基(坖)

坖

五·三 5/唯福之～(基)

七·鄭甲 5/敎(掩)之城～(基)

七·鄭乙 6/敎(掩)之城～(基)

圪

四·曹 46/～(氣)成(盛)𥁰(則)惕(易)會(合)

壁

八·命 5/我不能聑(貫)～而貝(視)聖(聽)

堂(堂、坣)

堂

五·君 8/亓(其)才～鼑(則)〼

坣

七·武 2/瘉(逾)～(堂)散(階)

坐(㘴、侳、逪)

㘴

二·容 14/斺(謁)而～(坐)之

六·天甲 6/天子～(坐)㠯(以)巨

六·天乙 5/天子～(坐)

侳

七·凡甲 14/～(坐)不下箬(席)

七・凡甲 15/～(坐)而思之

七・凡乙 10/～(坐)不下笿(席)

七・凡乙 10/～(坐)而思之

逩

八・命 8/～(坐)沓(友)五人

八・命 9～(坐)沓(友)亡一人

八・命 11/～(坐)沓(友)三人

封(坓、佳)

坓

二・容 18/墬(禹)乃因山陵坪(平)侄(隰)之可～(封)邑者而緐(繁)實之

佳

七・凡甲 4/箮(孰)爲之～(封)

七・凡乙 4/箮(孰)爲之～

墨

六・用 3/訢亓(其)又(有)审(中)～

九・舉 3/亓(其)白～(黑)晒(將)可智(知)也

九・卜 7/飤(食)～

九・卜 7/三末飤(食)～馭(且)表

型(型、畱、埜)

型

一・緇 1/則民咸㚆(服)而～(刑)不刌

一・緇 1/𢘓(儀)～(刑)文王

一・緇 8/《吕～(刑)》員(云)

一・緇 13/齊之以～(刑)

一・緇 14/隹(惟)乍(作)五虐(瘧)之～(刑)曰法

一・緇 14/《吕～(刑)》員(云)

一・緇 14/折(制)以～(刑)

一・緇 15/古(故)上不可以埶(褻)～(刑)而翌(輕)𣪕(爵)

一・緇 15/番(播)～(刑)之由(迪)

一・緇 15/吕～(刑)員(云)

 二·魯 1/母（無）乃遊（失）者（諸）～（刑）與悳（德）虖（乎）

 二·魯 2/不智（知）～（刑）與悳（德）

 二·從甲 3/諮（教）之吕（以）～（刑）則逐

 二·容 4/不～（刑）不殺

 二·容 6/不～（刑）殺而無覜（盜）惻（賊）

 三·中 17/～（刑）正（政）不悉（緩）

 四·曹 1/～既城（成）矣

 四·曹 2/欲〈歛〉於土～（鉶）

 四·曹 10/乃命毀鐘～而聖（聽）邦政

 五·鮑 3/老溺（弱）不～（刑）

 五·鮑 7/而走（尚）穆亓（其）～（刑）

 五·三 11/毋芺（笑）～（刑）

 五·季 10/好～（型）鼽（則）不羊

 五·季 20/大辠（罪）鼽（則）夌（夜）之吕（以）～（刑）

 五·季 22/墮（中）辠（罪）～（刑）之

 五·姑 4/～（刑）莫大女（安—焉）

 五·三 20/至～（刑）吕（以）哀

 六·天甲 4/～，屯用青，邦喪

 六·天甲 9/斷～（刑）則吕（以）袞（哀）

 六·天乙 3/～

 六·天乙 8/斷～（刑）則吕（以）袞（哀）

 七·凡甲 1/昷（品）勿（物）瀶（流）～（形）

 七·凡甲 1/瀶（流）～（形）城（成）豊（體）

 七·凡甲 2/民人瀶（流）～（形）

 七·凡甲 3/瀶（流）～（形）城（成）豊（體）

 七·凡甲 3 背/昷（品）勿（物）瀶（流）～（形）

 七·凡乙 1/昷（品）勿（物）瀶（流）～（形）

 七·凡乙 1/瀶（流）～（形）城（成）豊（體）

 七·凡乙 2/民人瀶（流）～（形）

 七·凡乙 2/瀶（流）～（形）城（成）豊（體）

罚

 七·吴 4/～（荆）爲不道

堥

二・魯 2/政～(刑)與

二・魯 3/女(若)夫政～(刑)與悳(德)㠯(以)事上天

四・曹 21/～(型)罰又(有)辠(罪)而賞篧(爵)又(有)德

四・曹 54/瞗(重)賞泊(薄)～(刑)

六・用 1/匴(匿)之台(以)兇(凶)～(刑)

城

一・緇 18/廛(展)也大～(成)

一・緇 14/教之不～(成)也

一・緇 17/㠯(以)～(成)丌(其)信

二・子 6/叜(舜)之悳(德)則～(誠)善□

二・子 8/古(故)夫叜(舜)之悳(德)丌(其)～(誠)臤(賢)矣

二・子 9/啟(抑)亦～(誠)天子也與

二・容 44/於是虐(乎)复(作)爲九～(成)之臺

四・内 7/不～(成)□

四・内 7/不～(成)孝

四・内 8/君子㠯(以)～(成)丌(其)考(孝)

四・曹 13/獸(獸—守)鄒(邊)～奚女(如)

四・曹 13/又(有)固悬(謀)而亡固～

四・曹 15/亓(其)～固足㠯(以)戟(捍)之

四・曹 18/～亭(郭)必攸(修)

四・曹 56/曰～

五・季 23/亓(其)凵(曲)㠯(以)～(城)之

五・姑 7/姑(苦)～豕(家)父曰

二・容 53 背/訟(容)～(成)氏(氏)

一・孔 5/又(有)～(成)工(功)者可(何)女(如)

一・孔 6/昊天又(有)～(成)命

一・孔 7/～(誠)胃(謂)之也

一・孔 7/～(誠)命之也

三・中 2/夫季是(氏)河東之～(盛)豕(家)也

三・中 9/又(有)～(成)

三・中 12/不及丌(其)～(成)

三・中 23/所㠯(以)～(成)死也

 四・曹 1/型既～(成)矣

 四・采 3/～上生之葦

 五・弟 10/袋(勞)㠯(以)～(城)事

 二・民 8/～(成)王不敢康

 五・季 3/敬～(城)亓(其)悳(德)㠯(以)臨民

 五・季 7/君子敬～(城)亓(其)悳(德)

 五・鮑 1/十月而徒秎(梁)～(成)

 五・鮑 1/一之日而車秎(梁)～(成)

 五・鮑 4/日～(盛)于縱(縱)

 二・從甲 7/不敬則事亡(無)～(成)

 二・從甲 15/胃(謂)之必～(成)

 六・孔 24/而亡(無)～(成)悳(德)

 六・莊 1/吾既果～(成)無鎞(鐸—射)

 六・木 1/競坪(平)王命王子木迈～父

 六・木 1/～公𠃌(乾)𤓰(遇)

 六・木 2/～公记(起)

 六・木 5/王子䎽(問)～公

 六・木 5/～公倉(答)曰

 六・天甲 11/臨～不

 六・天乙 11/臨～不言毀

 七・武 15/不逆而訓(順)～(成)

 七・鄭甲 4/毋㠯(以)～(成)名立於上

 七・鄭甲 5/斂(掩)之～丕(基)

 七・鄭乙 5/斂(掩)之～丕(基)

 七・凡甲 1/奚旻(得)而～(成)

 七・凡甲 1/流型～(成)豊(體)

 七・凡甲 1/既～(成)既生

七・凡甲 3/流型～(成)豊(體)

七・凡甲 3/又(有)旻(得)而～(成)

七・凡甲 21/四～(成)結

七・凡甲 28/夫此之胃(謂)少(小)～(成)

七・凡乙 1/奚旻(得)而～(成)

七・凡乙 1/流型(形)～(成)豊(體)

七・凡乙 1/既～(成)既生

七・凡乙 2/流型(形)～(成)豊(體)

七・凡乙 2/又(有)旻(得)而～(成)

七・凡乙 20/此之胃(謂)少(小)～(成)

七・吴 3/青(請)～(成)於楚

四・柬 3/～(成)于膚中者

八・顔 10/悳(德)～(成)則名至矣

八・有 1/可几(幾)～(成)夫今可(兮)

九・成甲 1/城(成)王爲～(城)僕(濮)之行

九・靈 2/繡(申)～(成)公裒

九・靈 4/～(成)公懼亓(其)又(有)取女(安—焉)

九・靈 5/～(成)公與虎逯(歸)爲袼(落?)

九・陳 17/女(如)既渫～女(安—焉)

九・舉 23/滓(瀆—篤)則智(知)～(成)

增

五・三 19/埤(卑)牘(牆)勿～

埤

七・凡甲 9/逐高從～

七・凡乙 7/逐高從～

五・三 14/～(卑)牘(牆)勿增

坿

三・周 51/豊丌(其)～

三・周 52/～丌(其)豕(家)

塞

二・民 7/而悳(德)既～於四海矣

 二・民 11/～于四方

 二・民 12/～于四海

毀(毀、剈)

 二・從甲 18/〔後人〕則暴～(毀)之

 四・昭 5/因命至俑～(毀)室

 四・曹 10/乃命～(毀)鐘型而聖(聽)邦政

 五・季 22/邦相懷～(毀)

 五・鬼 6/～折鹿戔(踐)

 六・壽 2/女～(毀)新都戚陵

 六・天甲 12/臨城不〔言〕～(毀)

 六・天乙 11/臨城不言～(毀)

 八・成 13/～(毀)之不可

 八・王 3/☑～(毀)亞(惡)之

剈

 八・李 1 背/寖(浸)～(毀)丨可(兮)

堋(堋、塱)

堋

 三・中 25/所孚(學)皆～

 三・中 19/山又(有)～(崩)

 二・容 49/文王～(崩)

 六・天甲 10/～(朋)晳(友)不〔語分〕

 六・天乙 10/～(朋)友不語分

塱

 一・緇 23/～(朋)峇(友)卣〈卣(攸)〉囟(攝)

墓(莫)

莫

 四・昭 5/虐(吾)不智(知)亓(其)尔～(墓)

圭(圭、珪)

圭

 二・魯 3/女(若)天(夫)母(毋)悉(愛)～(珪)璧幣(幣)帛於山川

珪

 二・魯 2/女毋悉(愛)～(圭)璧幣(幣)帛於山川

 五・鮑 3/犧(犧)生(牲)～(圭)璧

一·緇 18/白～(圭)之砧(玷)

六·競 1/虗(吾)～璧大於虗(吾)先君之

塗(𡋯)

𡋯

三·周 33/見豕賃(負)～(塗)

𡊨(𡊨、陸)

𡊨

五·姑 1/姑成豥(家)父㠯(以)亓(其)族參(三)～(郤)正(征)百鐱(豫)

五·姑 2/□□～(郤)奇䎽(聞)之

五·姑 2/㠯(以)虗(吾)族參(三)～(郤)與

五·姑 6/參(三)～(郤)中立

五·姑 6/害參(三)～(郤)

五·姑 8/參(三)～(郤)豥(家)䛐(厚)

五·姑 10/惻參(三)～(郤)

五·姑 10/～(郤)至

五·姑 10/參(三)～(郤)

陸

一·緇 19/行又(有)～(格)

坭

三·周 2/孠(嗣)于～(泥)

𡎫

一·緇 1/～(儀)型(刑)文王

𡒄

八·蘭 2/備～(修)庶戒

埇

四·曹 61/～(勇)者憙(喜)之

垚

九·舉 5/～我周亶(懼)咀(祚)

垚

八·志 3/㠯(以)～亞(惡)虗(吾)外臣

㙂

九·邦 2/要王於～(隨)寺(待)

塊

九·陳 3/屈昚(粤)與郙(巴)命(令)尹戰於～

笙

三・周 22/大～(畜)

埴

五・姑 1/躳與士凥(處)～(館)

坙

四・曹 44/亓(其)～(敔)節不疾

埮

四・昭 3/僕(僕)牆(將)～亡老□

逕

五・三 5/土陛(地)乃～(坼)

五・三 6/土陛(地)乃～(坼)

坸

二・容 29/乃立咎(皋)～(陶)㠯(以)爲李

二・容 29/咎(皋)～(陶)既已受命

塼

四・昭 4/并僕(僕)之父母之骨厶(私)自～

六・競 4/～情而不怟

罣

一・性 29/凡悅人勿～(叟)

屖

三・周 2/孠(嗣)于～(沙)

墪

四・相 4/不亦～(歉)虐(乎)

壓

五・季 20/～(中)辠(罪)劃(則)麥(夜)之㠯(以)罰(罰)

五・季 22/～(中)辠(罪)型(刑)之

六・競 9/番浧～(藏)菖

壘

五・鬼 8/不及～焚而正固

坏

六・慎 3/勿㠯(以)～身

垣

六・孔 7/異於人不～

塼

六・莊 3/載之～(專)車㠯(以)走(上)虖(乎)

⿰土僉

六・孔 17/～輩戔(衛)

⿱⿰章次土

九・陳 18/申(陣)於～(坎)

垚　部

堯(⿰圥圥、圥)

⿰圥圥

二・子 2/伊～(堯)之悳(德)則甚盟(明)舉(與)

二・子 5/～(堯)之取⿱夋土(舜)也

二・子 6/～(堯)見⿱夋土(舜)之悳(德)臤(賢)

二・子 6/～(堯)之㝵(得)⿱夋土(舜)也

四・曹 2/昔～(堯)之鄉(饗)⿱夋土(舜)也

圥

二・容 6/昔～(堯)尻(處)於丹府與藋陵之閒

二・容 6/～(堯)戔(賤)⿰貝它(貤)而旹=(時時)賽(賽)

二・容 8/⿱夋土(舜)於是⿱虍口(乎)訂(始)語～(堯)天陛(地)人民之道

二・容 8/～(堯)乃敓(悅)

二・容 8/～(堯)

二・容 9/～(堯)乃爲之斈(教)曰

二・容 10/～(堯)㠯(以)天下叚(讓)於臤(賢)者

二・容 12/～(堯)又(有)子九人

二・容 13/以～(堯)爲善興臤(賢)

二・容 13/～(堯)䎽(聞)之而𢼸(美)亓(其)行

二・容 14/～(堯)於是虖(乎)爲車十又(有)五乘

二・容 14/子～(堯)南面

五・鬼 1/昔者～(堯)、⿱夋土(舜)、⿱禹土(禹)、湯

七・武 1/不智(知)黄帝、耑(顓)⿰王吉(頊)、～(堯)、⿱夋土(舜)之道才(存)⿱虍口(乎)

九・舉 17/～(堯)……

九・舉 21/～(堯)王天下,備方

九・舉 22/～(堯)……

九・舉 23/～(堯)㠯(以)四割(害)之文(紊)爲未也

九・舉 24/～(堯)曰

九・舉 30/壘(禹)事～(堯)

九・舉 30/～(堯)乃𡨄(就)壘(禹)曰

堇　部

堇

三・周 22/利～(艱)貞

五・三 7/憙(喜)樂無～(限)尾(度)

七・武 7/皇=(皇皇)隹(惟)～(謹)口

七・武 10/毋～弗志

里　部

里

一・性 10/～(理)丌(其)情而出内(入)之

二・容 7/於是虖(乎)方百～之中

二・容 7/於是虖(乎)方园(圓)千～

二・容 26/並～(灑)干(澗)

四・柬 13/方若肰(然)～

五・競 4/則攸(修)者(諸)向(鄉)～

六・天甲 1/夫=(大夫)建之以～

六・天乙 1/夫=(大夫)建之以～

七・凡甲 15/每(謀?)於千～

七・凡甲 16/至聖(聽)千～

七・凡甲 16/達見百～

七・凡乙 7/足牆(將)至千～

七・凡甲 9/足牆（將）至千～

七・凡乙 11/至聖（聽）千～

七・凡乙 11/達見百～

九・卜 1/牆（將）迲（去）亓（其）～

野（埜）

埜

二・容 28/乃飤（食）於～（野）

二・容 28/佰（宿）於～

二・容 41/之桑（蒼）虗（梧）之～（野）

二・容 52/㠯（以）少（小）會者医（侯）之帀（師）於畆（畮）之～埜（野）

四・采 1/～（野）又（有）蒙（葛）

四・采 4/北～（野）人

四・柬 16/王又（有）～（野）色

六・用 11/璺（舉）箄（竿）於～（野）

奎

一・性 17/～（賚）、武樂取

田　部

田

一・孔 25/大～

二・子 2/叄（舜）嗇於童土之～

二・容 18/～無剶（蔡）

五・鮑 3/～纆長

五・季 18/～肥民鼎（則）女（安）

六・天甲 5/信武旻（得）～

六・天乙 4/信武旻（得）～

七・君甲 3/又（有）飴（飢）～五貞（畛）

七・君乙 2/楚邦之中又（有）飴（飢）～五貞（畛）

畮（畂、畆、畝）

畂

六・慎 5/送畎備（服）～（畝）

畆

二・子 8/采（由）者（諸）畖（畎）～（畝）之中

二・容 14/㠯（以）三從叄（舜）於旬（畎）～（畝）之中

二・容 52/㠯（以）少（小）會者（諸）矦（侯）之帀（師）於～（畝）之埜（野）

畝

五・鮑 3/～纆端(短)

畔

二・容 45/於是虐(乎)九邦～(叛)之

畜

四・曹 21/凡～羣臣

二・民 14/吕(以)～萬(萬)邦

三・周 20/不～之

三・周 30/～臣妾

四・内 3/父之不能～子者

四・内 3/不與言人之父之不能～子者

四・内 5/言～子

五・姑 4/隹(誰)欲～女(汝)者(諸)才(哉)

五・姑 3/者(諸)医(侯)～我

八・子 3/是嘼(戰)攻～之也

九・靈 2/繡(申)城(成)公虔、丌(其)子虎未～(蓄)頒(髮)

九・邦 12/不可～也

畿

九・舉 32/～而妻(盡)力

畱

二・容 26/於是虐(乎)～(荆)州、鄒(揚)州刣(始)可尻(處)也

四・昭 1/既～(畱)(栞?)之

疇(隯)

隯

三・周 17/從乃～(疇)之

畕　部

畺(畺、畺、疆)

畺

一・孔 9/丌(其)旻(得)录(禄)蔑～(疆)矣

畺

九・史 9/可(何)胃(謂)～(彊)

疆

四・曹 17/～陛(地)毋先而必取□女(安—焉)

七・凡甲 6/箮(孰)智(知)亓(其)～

七・凡乙 5/箮(孰)智(知)亓(其)～

黄　部

黄

三・周 30/弐(執)用～牛之革

三・周 47/巩(鞏)用～牛之革

一・孔 9/～鳴〈鳥〉

三・周 37/旻(得)～矢

七・武 1/不智(知)～帝、耑(顓)琂(頊)、先(堯)、壂(舜)之道在(存)唇(乎)

九・舉 17/上(尚)父曰：～帝俊光

九・舉 18/上(尚)父曰：～帝攸(修)晶(三)員?

九・舉 19/上(尚)父曰：～帝攸(修)三員

九・卜 5/女(如)白女(如)～

男　部

男

二・容 16/㠯(以)定～女之聖(聲)

五・三 3/～女又(有)節

六・天甲 10/～女不語鹿(麗)

六・天乙 9/～

力　部

力

一・緇 10/亦不我～

一・性 36/甬(用)～之䢅(盡)者

二・容 6/不蘉(勸)而民～

二・容 35/身～㠯(以)勞百眚(姓)

二・容 38/不量丌(其)～之不足

五・弟 10/士餀(治)㠯(以)～

五・三 1/民共～

五・鬼 4/亓(其)～能至(致)女(安—焉)而弗爲㕻(乎)

五・鬼 4/啻(意)亓(其)～古(固)不能至(致)女(安—焉)㕻(乎)

六・用 2/亦～孛(勉)㠯(以)毋忘

七・凡甲 30/之～古之力乃下上

七・凡甲 30/之力古之～乃下上

七・吴 8/袋(勞)～

七・武 15/弗～則枉

八・有 5/若余子～今可(兮)

九・舉 31/民乃𦘔(盡)～

九・舉 32/膰而𦘔(盡)～

功

一・緇 5/隹(唯)王之～(邛)

務(孞)

孞

五・季 1/翟(一)不智(知)民～(務)之女(安)才(在)

五・季 2/此君子之大～(務)也

勥(勥)

勥

二・從乙 5/孛=(君子)～(強)行

四・相 1/備亓(其)～(強)

六・競 12/公～记(起)

八・李 2/戰(守)勿(物)～(強)榦(幹)

勸(雚)

雚

二・從乙 1/㬎(顯)訪～(勸)訐(信)

勝(𠢛)

𠢛

二・從乙 3/妄(怒)則～(勝)

四・曹 46/不兼(嚴)畏〔則〕不～(勝)

四・曹 52/皆曰～(勝)之

三・周 30/莫之～(勝)(敓?)

四・曹 33/果～(勝)矣(疑)

四・曹 33/辟(親)銜(率)～(勝)㕜(使)人

四・曹 41/〔保〕競(境)必～(勝)

四・曹 49/戒～(勝)㤅(怠)

七・武 4/～義則𠱾(喪)

七・武 4/義～怠則長

七・武 4/義～谷(欲)則從

七・武 4/谷(欲)～(勝)義則兇

七・武 13/志～(勝)欲則利

七・武 14/欲～(勝)志則喪

七・武 14/志～(勝)欲則從

七・武 14/欲～(勝)志則兇

七・武 14/敬～(勝)僫(怠)則吉

七・武 14/僫(怠)～(勝)敬則威(滅)

七・凡甲 26/心不～(勝)心

七・凡甲 26/心女(如)能～(勝)心

七・凡乙 19/心不～(勝)心

七・凡乙 19/心女(如)能～(勝)心

助(𦬁)

𦬁

八・有 1/～(助)余孥(教)保子今可(兮)

八・有 1/能與余相～(助)今可(兮)

勞(褮)

褮

一・緇 4/則君不～(勞)

一・緇 6/卒～(勞)百眚(姓)

四・曹 34/君毋𢜰(憚)自～(勞)

三・彭 2/訢(慎)夂(終)保～(勞)

二・從乙 1/從命則正不～(勞)

二・容 35/身力㠯(以)～(勞)百眚(姓)

五・弟 10/～(勞)㠯(以)埅(城)事

六・用 10/～(勞)人亡赴(徒)

七・吴 4/逆～(勞)

七・吴 8/～(勞)力

八・王 5/夫彭徒罷(一)～(勞)

八・蘭 5/身體駐(重)害(輕)而目耳～(勞)矣

九・舉 32/悬㠯(以)～(勞)民

九・舉 34/生行～(勞)民

加

七・吴 1/非疾瘖女(安—焉)～之

二・容 44/～檈(圜)木於丌(其)上

四・昭 9/天～禍於楚邦

五・鬼 4/虐(吾)因～

九・成甲 2/擧(舉)邦～(賀)子旻(文)

九・成乙 2/擧(舉)邦～(賀)余女(如)蜀(獨)不余見

九・邦 1/天～訛(禍)於楚邦

九・邦 9/須邦君～昇(冠)

勇(㦷)

㦷

四・曹 55/～(勇)者思憙

九・邦 3/而邦人不再(稱)～(勇)女(安—焉)

男

三・彭 8/朕孳(孳)不～(敏)

劶

三・彭 8/毋～臤(賢)

三・周 23/～(荷)天之求

旇

五・季 6/☐寍(寧)～肥也

⿱溺力

 五・鮑 3/老～(弱)不坓(型)

⿸㫃朱

 五・鮑 8/日～亦不爲忈(烖)

⿰繅力

 五・競 9/㝠(寡)人之不～(肖)也

卷十四

金　部

金

一·性 3/～石之又(有)聖(聲)也

二·容 18/不釰(刃)～

二·容 45/於是虖(乎)复(作)爲～桎三千

二·容 45/既爲～桎

三·周 1/見～夫

三·周 40/繫于～柅

九·舉 23/～𨻰(重)厚不湝(流)

錢

五·鮑 3/毋内(入)～(殘)器

鈞

二·子 2/～(均)也

鐸(鍈)

鍈

六·莊 1/莊王既成亡(無)～(鐸—射)

六·莊 1/吾既果城無～(鐸—射)

九·陳 13/～=(金鐸)吕(以)徙

九·陳 13/木～(鐸)吕(以)记(起)

鐘

四·曹 1/魯臧(莊)公㴵(將)爲大～

四·曹 2/今邦𢘻(彌)少(小)而～愈大

四·曹 10/乃命毀(毀)～㓝(型)而聖(聽)邦政

一·孔 14/吕(以)～鼓之樂⧄

九·史 6/大～貞(鼎)

鉦

九・陳 13/～鋧㠯(以)左

鈍

九・陳 13/～(錞)釪(于)㠯(以)右

釪

九・陳 13/鈍(錞)～(于)㠯(以)右

鎬

八・成 2/□王才(在)～

鑾

五・姑 6/～(欒)箸(書)欲乍(作)難

五・姑 7/～(欒)箸(書)乃退

五・姑 10/～(欒)箸(書)弋(弑)敇(厲)公

鉻

二・容 18/不～(略)矢

釖

二・容 18/不～(刃)金

銴(晢)

晢

六・天甲 12/古(故)見傷(蕩)而爲之～

六・天乙 11/古(故)見傷(蕩)而爲之～

二・容 38/～爲丹宮

鋧

九・陳 13/鉦～(鐃? 鐲?)㠯(以)左

幵　部

幵

二・容 14/夋(舜)於是虖(乎)飼(始)孳(免)蓺～椱(耨)萎

八・李 1 背/深利～豆

九・卜 4/是胃(謂)～

九・卜 4/婦人～㠯(以)畬(飲)飤(食)

勹　部

与

一・性 39/慮㦿(斯)莫～之結

六・孔 9/訶(辭)旻(得)不可人而～(與)

六・孔 10/丌(其)行尻(處)可名而智(知)～(歟)

六・孔 11/此～悬(仁)人过(二)者也

六・孔 17/此～(邪)民也

九・史 4/訶旻(得)可人而～(舉)之

九・史 5/不亓(其)難～言也

九・史 6/内(納)～賜(貨)

九・史 6/幽色～西(酒)

九・史 7/～獄谘(訟)

几　部

尻

三・周 16/利～貞(貞)

三・周 54/靉(涣)走丌(其)～

三・周 55/靉(涣)丌(其)～

三・周 25/罷(怫)～

二・容 6/昔尭(堯)～於丹宕(府)

二・容 23/山陞(陵)不～

二・容 25/於是虎(乎)夾州、滄(涂)州刣(始)可～(處)

二・容 25/於是唇(乎)競州、簹(篕)州刣(始)可～(處)也

二・容 26/於是虎(乎)蓏州刣(始)可～(處)也

二・容 26/於是唇(乎)䣊(荆)州、鄒(揚)州刣(始)可～(處)也

二・容 27/敔(敘)州刣(始)可～(處)也

二・容 27/於是虎(乎)虞州刣(始)可～(處)也

三・周 26/～吉

四・昭 5/王遅(徙)～於坪(平)澫

四・曹 14/小邦～(處)大邦之閒(間)

四・曹 24/凡貴人囟(使)～(處)寿立(位)一行

五・季 8/弖(以)～邦冡(家)之述曰

五・姑 1/船與士～埴

六・孔 10/丌(其)行～(處)可名而智(知)与(歟)

六・孔 14/宴～(處)危杆

六・壽 5/君王遂(還)～(處)

六・慎 3/中～(處)而不皮

 六・天甲 10/～(處)正不語(語)樂

 六・天乙 9/～(處)正不語(語)樂

 六・孔 16/女(安—焉)與之～(處)而訾(察)聞(問)亓(其)所學

 七・凡甲 2/侌(陰)昜(陽)之～

 七・凡甲 16/是古(故)聖人～於亓(其)所

 七・凡乙/11 是古(故)聖人～於亓(其)所

 九・卜 2/～(處)宮無咎

 九・卜 2/～(處)不沾(占)大汙

 九・卜 3/～(處)宮□□□□□□

 九・舉 24/～(處)寺(時)可(何)先

且　部

且

 六・天甲 10/畚(尊)～(組)不折(制)事

 六・天乙 9/畚(尊)～(組)不折(制)事

組

 五・弟 10/鼎(則)～㠯(以)

斤　部

斤

 五・季 7/㠯(以)～孶=(君子)之行也

 八・顏 14/☐示則～

斧(釿)

釿

 六・莊 9/不以昏〈辱〉～(斧)疐(鑕)

 八・命 2/～(斧)疐(鑕)

 八・命 3/唯(雖)～(伏)於釿(斧)疐(鑕)

 八・命 3/唯(雖)釿(伏)於～(斧)疐(鑕)

所

 二・容 33/～曰聖人

 二・容 48/虗(吾)～智(知)多廌

 四・相 1/政母(毋)忘～飼(治)事

 四・曹 17/～㠯(以)歫(距)鄾(邊)

 四・曹 18/～㠯(以)歫(距)内

 四・曹 18/～㠯(以)爲倀(長)也

 四・曹 22/此～㠯(以)爲和於邦

 四・曹 23/～㠯(以)爲和於豫(舍)

 四・曹 28/此三者～㠯(以)戰(戰)

 四・曹 34/亡(無)～不中

 四・曹 52/必逃(過)亓(其)～

 四・曹 57/善攻者必㠯(以)亓(其)～又(有)

 四・曹 57/㠯(以)攻人之～亡(無)又(有)

 四・曹 58/～㠯(以)爲毋退

 四・曹 58/～㠯(以)同死於民

 四・曹 59/虗(吾)又(有)～䎽(聞)之

 四・曹 62/～㠯(以)爲軔(斷)

 四・曹 63/非～㠯(以)斈(教)民

 五・姑 9/長魚矞(矯)典自公～

 五・君 9/人～亞(惡)也

 五・君 9/人～亞(惡)也

 五・君 9/人～亞(惡)也

 五・三 6/民之～憙(喜)

 五・三 8/皇天之～亞(惡)

 五・三 12/～㠯(以)爲天豊(禮)

 五・三 13/天之～敗

 五・三 19/皇天之～弃

 五・三 19/而句(后)帝之～憎

 五・三 20/民之～欲

 五・鬼 1/今夫䰠(鬼)神又(有)～明

 五・鬼 1/又(有)～不明

 五・鬼 5/～明又(有)所不明

 五・鬼 5/所明又(有)～不明

 一・孔 20/丌(其)言又(有)～載而句(後)内

 一・孔 24/敚(悅)丌(其)人必好丌(其)～爲

 一・孔 27/適(離)丌(其)～悉(愛)

 二・從甲 10/從正(政)～柔(務)三

 二・從甲 10/遠戾～㠯(以)

 三・周 37/亡(無)～往

 三・周 53/此丌(其)～取

 三・周 55/非台(夷)～思

 三・中 10/舉(舉)而(爾)～智(知)

 三・中 10/而(爾)～不智(知)

 三・中 16/君子無～猒(厭)人

 三・中 20/～滐(竭)丌(其)青(情)

 三・中 23/～吕(以)城(成)死也

 三・中 23/～吕(以)立生也

 三・中 24/～孚(學)皆終

 三・中 25/～孚(學)皆堋(崩)

 三・彭 3/不智(知)～夂(終)

 四・柬 8/虛(吾)～𠭁(得)

 四・柬 11/此～胃(謂)

 五・弟 13/君子亡～不足

 五・弟 13/無～又(有)余

 一・緇 4/言丌(其)～不能

 一・緇 4/不訂(辭)丌(其)～能

 一・緇 8/不從丌(其)～吕(以)命

 一・緇 8/而從丌(其)～行

 一・緇 10/〔黎民〕～信

 一・緇 10/大人不䙴(親)丌(其)～臤(賢)

 一・緇 10/而信丌(其)～賤

 一・緇 17/古(故)言則慮丌(其)～夂(終)

 一・緇 17/行則旨(稽)丌(其)～蔽(敝)

 二・從甲 14/又(有)～又(有)舍(余)而不敢𦘠(盡)之

 二・從甲 14/又(有)～不足而不敢弗

 一・性 3/～善所不善

 一・性 10/季(教)～吕(以)生悳(德)于中者也

 一・性 12/～吕(以)𠭇(文)節也

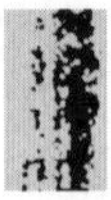 一・性 13/～吕(以)爲信與登(徵)也

 一・性 31/蜀(獨)居鼎(則)習〔父〕兄之～樂

 一・性 3/所善～不善

 二・民 3/勿(物)之～至者

 二・民 4/豊(禮)之～至者

 二・民 4/線(樂)之～至者

 四・昭 9/楚邦之良臣～朁骨

 四・内 6/父毋(母)～樂=(樂樂)之

 四・内 6/父毋(母)～惪=(憂憂)之

 五・鮑 1/詧(殷)人之～己(以)弋(代)之

 五・鮑 2/遻(堋)亓(其)～己(以)薨(亡)

 五・鮑 2/周人之～己(以)弋(代)之

 五・鮑 2/遻(堋)亓(其)～己(以)衰薨(亡)

 五・季 23/此孯=(君子)從事者之～啻[illegible]也

 五・鮑 4/縱公之～欲

 三・亘 3/求丌(其)～生

 三・亘 4/因生丌(其)～慾(欲)

 三・亘 5/復(復)丌(其)～慾(欲)

 三・亘 12/無非丌(其)～

 六・競 2/是虐(吾)～望於女(汝)也

 六・孔 15/君子蜀(獨)之己(以)亓(其)～蜀(獨)

 六・孔 15/見(規)之己(以)亓(其)～谷(欲)

 六・孔 16/女(安—焉)與之凥(處)而訾(察)聞(問)亓(其)～學

 六・孔 17/言不堂(當)亓(其)～

 六・孔 25/衆之～植

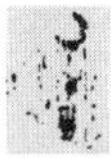 六・孔 25/衆之～

 六・壽 2/囟(使)先王亡(無)～逿(歸)

 六・壽 6/君王～攺(改)多=(多多)

 六・用 15/告衆之～畏忌

 六・用 15/請命之～繕

 六・天甲 13/～不學於帀(師)者三

 六・天甲 13/此～不學於帀(師)也

 九・陳 7/不智(知)進帀(師)徒逊(極)於王～

 九・陳 12/又(有)～胃(謂)襛(威)

 九・陳 12/又(有)～胃(謂)恭

 九・陳 12/又(有)～胃(謂)恭

 九・陳 12/又(有)～胃(謂)一

 九・陳 12/又(有)～胃(謂)剸(斷/專?)

 九・舉 7/道又(有)～修

 九・舉 7/非天之～向

 九・舉 24/母(毋)忘亓(其)～不能

 九・史 7/此～㠯(以)遊(失)

 九・史 8/爲視亓(其)～谷(欲)而……

 九・舉 9/勿又(有)～總

 九・舉 19/……不智(知)亓(其)～妄(極)

 九・史 12/不志(識)～爲

斯(鼾、舁)

鼾

 五・鬼 6/勿(物)～(斯)可惑

 一・孔 12/梂(樛)木福～(斯)才(在)君子

 一・孔 27/可(何)～(斯)

 四・逸・多 1/～(斯)鮮我二人

 五・君 4/～(斯)人欲(欲)亓(其)好

 五・君 9/□～(斯)人欲(欲)亓長貴也賔(富)而▨

 五・弟 11/～(斯)善歖(矣)

 一・性 14/鼎(則)鼻(鮮)女(如)也～(斯)憙(喜)

 一・性 15/鼎(則)悸女(如)也～(斯)難(歎)

 一・性 15/鼎(則)懠(齊)女(如)也～(斯)隻(作)

 八・李 1/木～(斯)獨生

 八・蘭 3/蘭～(斯)秉悳(德)

 九・陳 4/既～(斯)軍

舁

 一・性 39/憍(僞)～(斯)吝(吝)矣

 一・性 39/吝(吝)～(斯)慮矣

 一・性 39/慮～(斯)莫与之結

斷(剬)

剬

四・昭 2/牆(將)～(斷)於含(今)日

四・曹 62/所㠯(以)爲～(斷)

五・三 10/毋～(斷)陓(尚)

四・采 3/碮(廛)～(斷)之實

六・愼 3/～(斷)蟲

六・天甲 9/～(斷)型(刑)則㠯(以)衮(哀)

六・天乙 8/～(斷)型(刑)則㠯(以)衮(哀)

八・成 7/弗會而自～(斷)

八・李 1/～(摶)外罡(疏)宙(中)

新(新、新、斳)

新

八・成 8/皆欲豫(捨)亓(其)新(親)而～(親)之

新

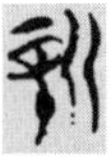
五・弟 8/莫～(親)虗(乎)父母

五・弟 10/㠯(以)～(新)受录

五・季 10/盅(盟—猛)鼎(則)亡～(親)

斳

二・從甲 8/怲(猛)則亡～(親)

五・君 3/虗(吾)～(新)餌(聞)言於夫子

五・三 4/救(求)利戔(殘)亓(其)～(親)

五・三 6/民莫弗～(親)

五・三 17/倗(憑)可(何)～(親)才(哉)

五・三 17/智(知)人足㠯(以)會～(親)

二・容 13/㠯(以)善丌(其)～(親)

四・曹 16/大國～(親)之

四・曹 35/則民～(親)之

七・凡甲 24/氏(是)古(故)陳爲～

七・凡乙 17/氏(是)古(故)陳爲～

八・顔 7/則民莫遝(遺)～(親)矣

八・顔 12/所吕(以)取～(親)也

八・成 8/皆欲緣(捨)亓(其)～(親)而新(親)之

八・成 10/能吕(以)亓(其)六臂(藏)之獸(守)取～(親)女(安—焉)

八・成 10/是胃(謂)六～(親)之約

九・舉 14/敬人而～(親)道

斗　部

斗(斗、枓)

斗

三・周 51/日中見～

枓

六・天甲 6/根之吕(以)玉～(斗)

六・天乙 5/根之吕(以)玉～(斗)

斛

三・周 42/一～(握)于芺(笑)

矛　部

矛

二・從甲 10/從正(政)所～(務)三

二・從乙 1/〔九〕曰軺(犯)人之～(務)

三・亙 8/先又(有)～(柔)

五・鬼 5/疐(實)則可～(侮)

二・昔 4/唯邦之大～(務)是敬

秫

二・容 39/～三十层(尸)而能之

車　部

車(車、載)

車

一・緇 20/句(苟)又(有)～

 二・容 14/尭(堯)於是虖(乎)爲～十又(有)五乘

 二・容 21/朝不～逆

 二・容 51/武王於是虖(乎)复(作)爲革～千乘

 二・容 51/武王乃出革～五百乘

 三・周 22/～敓(説)复(輹)

 三・周 22/班～戔(衛)

 三・周 32/見～遏(轍)

 四・昭 6/牆(將)取～

 四・昭 6/牆(將)取～

 四・昭 10/腓欿(既)與虗(吾)同～

 四・曹 24/～閼(間)容俉(伍)

 四・曹 31/〔凡〕遊(失)～虖(甲)

 四・曹 55/思(使)良～良士往取之餌(耳)

 四・曹 58/銜(率)～㠯(以)車

 四・曹 58/銜(率)車㠯(以)～

 五・鮑 1/一之日而～砂(梁)城(成)

 五・三 21/栒株復(覆)～

 一・孔 21/牆(將)大～

 六・莊 3/載之塼(專)～㠯(以)走(上)虖(乎)

 九・陳 13/陳公惶(狂)安巽楚邦之古(故)～爲宔(主)女(安—焉)

 九・陳 19/～則……

 九・邦 5/乘埶(馹)～五韲(乘)

 九・靈 3/旻(得)此～

載

 四・曹 32/～(車)連(輦)皆載

軒

 四・柬 18/邦家㠯(以)～轍

 二・容 1/～緩(轅)是(氏)

 七・吴 5/～轉(冕)

輕(翌)

翌

 一・緇 15/古(故)上不可以埶(褻)型(刑)而～(輕)爵(爵)

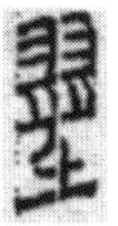 一・緇 22/～(輕)㡭(絶)貧賤而厚(重)㡭(絶)賔(富)貴

軾(軑)

軑

 五・弟 20/子虞(據)唇～(軾)而☐

載(載、𡉚)

載

 一・孔 20/丌(其)言又(有)所～而句(後)内

 三・周 33/～

 三・亘 9/天道既～

 四・曹 32/各～尔贇(藏)

 六・莊 3/～之塼(專)車目(以)走(上)虖(乎)

 六・慎 1/逆友目(以)～道

𡉚

 九・舉 5/～(載)我天下

軍(𨊠)

𨊠

 二・容 51/三～(軍)大軋(犯)

 四・柬 17/君皆楚邦之牆(將)～(軍)

 四・相 3/目(以)備～(軍)遊(旅)

 四・曹 22/三～(軍)出

 四・曹 25/進必又(有)二牆(將)～(軍)

 四・曹 25/毋(無)牆(將)～(軍)必又(有)數辟(嬖)大夫

 四・曹 26/是胃(謂)～(軍)紀

 四・曹 28/三～(軍)又(有)衡(帥)

 四・曹 36/能紿(治)三～(軍)

 四・曹 37/毋焂(从)～(軍)

 四・曹 39/我叓(使)牆(將)～(軍)

 四・曹 40/人叓(使)牆(將)～(軍)

 四・曹 40/三～(軍)出

 四・曹 42/三～(軍)散(散)果(裹)又(有)幾(忌)虖

 四・曹 43/三～(軍)未成戦(陣)

 四・曹 46/三～(軍)大敗

 四・曹 50/虖(號)命(令)於～(軍)中曰

 四・曹 60/一出言三～(軍)皆懽(歡)

四・曹 60/一出言三～(軍)皆往

七・鄭甲 7/王安還～(軍)㠯(以)迟之

七・鄭乙 7/王安還～(軍)㠯(以)迟之

七・凡甲 10/月之又(有)～(軍)

七・凡乙 8/月之又(有)～(軍)

九・靈 1/䵻(執)事人夾郗(蔡)人之～(軍)門

九・陳 4/既斯～(軍)

九・陳 5/左右司馬進於牆(將)～(軍)

九・陳 5/牆(將)～(軍)乃許若(諾)左右司馬……

九・陳 9/陳公乃遼(就)～(軍)執事人

九・陳 15/伓(背)～(軍)而戦(陳)

九・陳 15/牆(將)～(軍)遂(後)出女(安—焉)

轗

七・吴 5/軒～

範(軓)

軓

二・從甲 16/㠯(以)～(犯)賡(續)鬼見

二・從乙 1/曰～(犯)人之犮

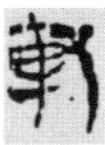
二・從乙 3/恥(耻)㘴(則)～(犯)

二・容 51/三䡇(軍)大～(犯)

五・弟 10/夫㠯(以)衆～(犯)難(難)

六・競 4/王命屈木昏(問)～(范)武子之行女(安—焉)

六・用 2/冒難～(犯)央(殃)

七・君甲 1/～(范)戊

七・君甲 2/～(范)乘

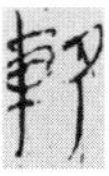
七・君甲 2/～(范)乘曰

七・君乙 1/～(范)戊

七・君乙 2/～(范)乘

七・君乙 2/～(范)乘

輪

 三・周 58/涓(涓)丌(其)～

軫

 四・曹 63/明頎䰩(鬼)神～(振)武

䡐

 一・孔 21/丌(其)猷(猶)～與

輜

 四・曹 2/飯於土～(簋)

軗

 四・曹 46/少㘿(則)惕(易)～軗(察)

輊

 九・史 7/區(驅)～(騁)畋邋(獵)

䡴

 九・陳 11/～衒(率)䡴(萃)

 九・陳 11/䡴衒(率)～(萃)

䡓

 九・邦 11/賞之𠂔(以)西～(廣)田百貞(畛)

䡨

 四・柬 18/邦冡(家)𠂔(以)軒～

䡩

 二・容 14/先(堯)於是虐(乎)爲車十又五～(乘)

 二・容 51/武王於是虐(乎)复(作)爲革車千～(乘)

 二・容 51/武王乃出革車五百～(乘)

 五・鮑 6/含(今)豎(豎)逌(刁)佖(匹)夫而欲智(知)萬(萬)～(乘)之邦

 五・季 12/安复(作)而～(乘)之

 三・周 37/賃(負)虘(且)～(乘)

 五・三 12/百～(乘)之冡(家)

 九・靈 2/虎～(乘)一輂=(棧車)駟

韓

 六・用 8/～(違)難

 六・用 17/～(違)衆誚(孽)諫

轍(鐅)

鐅

一·緇 20/朼(必)見丌(其)～(轍)

輩

七·武 10/士難旻(得)而愓(易)～

輦

六·孔 17/㙊～戔(衛)

屖

六·孔 1/～(斯)餌(聞)之

六·孔 3/則～(斯)中心樂之

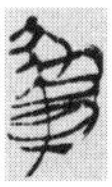

六·孔 4/則～(斯)不足

六·孔 22/～(斯)不迗

轡(繼)

繼

一·性 29/居䘮(喪)必又(有)夫～=(轡轡)之哀

𠂤　部

官

二·容 2/而～丌(其)才(材)

二·容 3/思役百～而月青(請)之

三·周 16/～又(有)愈(渝)

四·相 3/實～蒼(倉)

四·曹 25/必又(有)數大～之帀(師)

五·弟 10/印(卬)㠯(以)屋(屬)～

五·三 6/凡庑(宅)～於人

五·三 6/庑(宅)人於～

五·三 6/䢎(建)五～弗散(措)

八·李 1/相虘(吾)～梪(樹)

二·容 43/～而不籊(爵)

𨸏　部

陟(傍)

傍

九·舉 33/深～(陟)固疋(疏)

陵(陖)

陖

四・柬 7/㠯(以)告安君與～尹子高

四・柬 19/～尹

四・柬 20/大(太)㝚(宰)胃(謂)～尹

四・柬 20/～尹與

五・弟 1/㢟(延)～(陵)季=(季子)僑(僑)而弗受

五・弟 1/㢟(延)～(陵)季=(季子)亓(其)天民也𧦝(乎)

五・弟 2/㢟(延)～(陵)季子

二・容 6/昔先(堯)凥(處)於丹府與藋～(陵)之間

二・容 18/山～(陵)

二・容 23/山～(陵)不凥(疏)

六・壽 2/女(如)毀新都戚～(陵)

陸

三・周 50/䲨(鴻)漸于～

阪(陘)

陘

三・周 50/䲨(鴻)漸于～(阪)

四・曹 43/行～(坂)濟墮(障)

二・從甲 4/方亦～(反)是

險(嶮)

嶮

二・從甲 19/行～(險)至(致)命

六・用 1/多～(險)㠯(以)難成

六・用 7/贛=(坎坎)～=(險險)

隰(陘)

陘

一・孔 26/～(隰)又(有)長(萇)楚

降(降、陞、陞)

降

一・性 2/命自天～

五・季 19/～(?)耑㠯(以)比

六・用 9/禈(禍)不～自天

六・用 11/司民之～兇

隆

二・容 40/～(降)自鳴攸(條)之述(遂)

五・三 2/天乃～(降)材(災)

五・三 3/天乃～(降)鼎(異)

八・蘭 1/雨零(露)不～(降)矣

隆

七・吴 3/～(降)怹(禍)於我

隕(隉)

隉

五・三 14/弗殺不～(隕)

陸(隆、陵、陸、陞)

隆

三・周 26/執丌(其)～(墮)

五・三 13/不～(墮)祭祀

陵

三・周 16/～(隨)元卿

三・周 16/～(隨)求又(有)旻(得)

三・周 48/不陞(陞)丌(其)～(隨)

陸

三・周 16/～(隨)又(有)膗(獲)

陞

九・陳 19/申(陣)於～(陸)阬(崗)

九・邦 3/戰於長曲～(隨)

障(墇)

墇

四・曹 43/行阪濟～(障)

隱(陻、隱)

陻

一・孔 20/丌(其)～(隱)志必又(有)目(以)俞(喻)也

隱

一・孔 1/旹(詩)亡(無)～(隱)志

一・孔 1/樂亡(無)～(隱)情

一・孔 1/吝（文）亡（無）～（隱）言

陳（陳、塦）

陳

九・陳 9/～公乃遼（就）軍執事人

九・陳 10/～公逡（復）聖（聽）命於君王

九・陳 12/～公忹（狂）安巽楚邦之古（故）

九・陳 14/命～公忹（狂）寺＝（治之）

九・陳 14/～公忹（狂）

塦

四・昭 3/辻（卜）命（令）尹～（陳）眚爲貝（視）日

七・凡甲 24/氏（是）古（故）～爲新

七・凡乙 17/氏（是）古（故）～爲新

七・吴 8/～邦

七・吴 8/遂（踐）履～陞（地）

七・吴 9/吴走～

陶（䬨）

䬨

二・容 29/乃立咎（皋）～（陶）目（以）爲李

二・容 29/咎（皋）～（陶）既已受命

階（墍）

墍

四・昭 3/不㚔（幸）僕（僕）之父之骨才（在）於此室之～（階）下

陸

一・緇 19/行又（有）～（格）

一・緇 19/～（格）而行之

陎

二・容 7/四向～禾

陞（陞）

陞

五・三 11/～（陞）丘毋訶（歌）

三・周 33/～（陞）宗譗（噬）肤（膚）

三・周 48/不～（陞）丌（其）陵（隨）

六・孔 25/莫之能～也

陼

二・子 11/又(有)𩥘(燕)監(監)丱(卵)而～(措)者(諸)丌(其)冓(前)

六・用 6/～(措)心懷惟

阬

九・陳 19/申(陣)於陘(陸)～(崗)

陎

九・陳 16/女(如)開～(術)

九・陳 16/女(如)戏(攻)～(術)

四　部

四(四、三)

四

一・孔 14/丌(其)～章則俞(喻)矣

一・孔 22/～矢弁(反)以御(禦)亂

三・周 1/六～

三・周 2/六～

三・周 5/丌(其)邑人晶(三)～户

三・周 5/九～

三・周 7/六～

三・周 10/六～

三・周 12/～

三・周 14/九～

三・周 16/九～

三・周 21/九～

三・周 22/六～

三・周 25/六～

三・周 26/九～

三・周 28/九～

三・周 30/九～

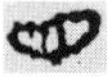
三・周 33/～

三・周 35/六～

三・周 37/九～

三・周 38/九～

三・周 41/九～

三・周 45/六～

三・周 49/六～

三・周 51/九～

三・周 53/九～

三・周 54/六～

三・周 57/六～

三・周 58/九～

三・中 18/昔三弋(代)之明王又(有)～海之内

一・性 8/道～述(术)也

二・民 2/～方又(有)敗

二・民 7/而悳(德)既塞於～海矣

 二・民 11/塞于～方

 二・民 12/塞于～海

 二・民 13/它(施)及～國

 二・從甲 4/～哭(鄰)

 二・從甲 5/～曰悬(仁)

 二・容 5/～母(海)之外寅(賓)

 二・容 5/～母(海)之内貞

 二・容 7/～向际禾(和)

 二・容 9/而槖才(在)～母(海)之内

 二・容 19/～母(海)之内及四母(海)之外皆青(請)社(貢)

 二・容 20/四母(海)之内及～母(海)之外皆青(請)社(貢)

 二・容 36/天埅(地)～時之事不攸(修)

 二・容 41/吕(以)需～母(海)之内

 三・彭 7/三命～嗄

 三・彭 8/三命～臌(臏)

 四・相 3/泵(庶)人儶(勸)於～枳(肢)之褻

 四・曹 62/～人皆賞

 五・三 8/邦～益

 五・三 16/～方迩(來)囂

 五・三 22/～巟(荒)之内

 四・柬 15/攸(修)～蒿(郊)

 六・莊 2/吕(以)時(待)～哭(鄰)之賓客

 六・莊 3/～與五之閖(間)虖(乎)

 六・莊 3/女(如)～與五之閖(間)

 六・莊 3/殹～航吕(以)逾虖(乎)

 六・莊 4/～航吕(以)逾

 六・用 14/台(以)員～戔(踐)

 六・孔 15/句拜～方之立(位)吕(以)童(動)

 七・武 6/笞(席)之～耑(端)

 七・凡甲 15/練(陳)於～母(海)

 七・凡甲 16/之〈先〉智(知)～母(海)

 七・凡乙 11/先智(知)～母(海)

 八・成 1/～旹(時)

 八・命 7～海之内

 八・蘭 2/浧(馨)訛(謐)迡而達翻(聞)于～方

 七・凡甲 21/厽(参—三)生～

 九・舉 16/夫先～帝

 九・舉 20/～正受績(任)

 九・舉 21/行～……

 九・舉 23/尭(堯)㠯(以)～割(害)之文(紊)爲未也

 九・舉 32/攺(施)于～或(國)

三

 一・緇 7/～(四)或(國)川(順)之

 六・天甲 8/天子～(四)辟

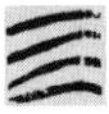 六・天乙 8/天子～(四)辟延(筵)席

亞　部

亞

 一・性 21/唯怹(過)不～(惡)

 一・性 24/～(惡)之而不可非者

 一・性 24/非之而不可～(惡)者

 一・緇 9/上之好～(惡)不可不新(慎)也

 一・緇 18/則民不能大丌(其)頮(美)而少(小)丌(其)～(惡)

 五・三 1/天～(惡)女(如)忻

 五・三 8/皇天之所～(惡)

 五・三 13/～(惡)盉(羹)與飤(食)

 五・三 13/～(惡)聖人之佲

 一・孔 8/丌(其)言不～(惡)

 一・孔 24/～(惡)丌(其)人者亦肰(然)

 一・孔 28/～(惡)而不旻(憫)

 一・緇 1/～=(惡惡)女(如)亞(惡)《巷白(伯)》

 一・緇 1/～=(惡惡)女(如)～(惡)《巷白(伯)》

 一・性 3/好～(惡)

 五・鮑 7/齊邦之～(惡)死

 五・鮑 7/至～(惡)何(苛)而上不峕(時)叓(使)

 五・季 19/民之敚(美)弃～(惡)母(女)逯(歸)

 五・季 19/～(惡)人勿歓(饕)

 五・季 22/衆必～(惡)

 五・君 9/人所～(惡)也

 五・君 9/人所～(惡)也

 五・君 9/人所～(惡)也

 二・從乙 2/不膚灋贏～(惡)則民不惋(怨)

 二・昔 3/興敚(美)灋(廢)～(惡)

 四・内 9/目(以)飤(食)～(惡)

 五・季 15/☐～(惡)勿叓(使)

 五・姑 1/目(以)見～(惡)於敕(厲)公

 五・姑 5/古(故)而反～(惡)之

 一・性 34/～(惡)頪(類)三

 一・性 34/唯～(惡)不悬(仁)爲〔近義〕

 一・性 39/凡人憍=(僞爲)可～(惡)也

 一・性 39/肰(然)而丌(其)怇(過)不～(惡)

 六・競 7/如川(順)言弇～(惡)虐(乎)

 六・競 9/～(惡)聖人

 六・用 11/～猷忢(愛)嬰(亂)節

 六・用 17/膭(羞)餌(聞)～(惡)悬(謀)

 六・天甲 11/臨飤(食)不語～(惡)

 六・天乙 10/臨飤(食)不語～(惡)

 七・武 9/曰～(惡)害

 七・武 9/～(惡)危於忿連(戾)

 七・武 9/～(惡)迭(失)道於脂(嗜)谷(欲)

 七・武 9/曰～(惡)害

 八・王 3/毁～(惡)之

 八・鶹 1/欲衣而～(惡)緄(枲)含(今)可(兮)

五 部

五

 一・緇 14/隹(惟)复(作)～虐(瘧)之型(刑)曰法

 二・民 2/目(以)至(致)～至

 二・民 3/敢餌(問)可(何)胃(謂)～至

 二・民 3/～至虐(乎)

 二・民 5/此之胃(謂)～至

 二・民 5/～至既餌(聞)之矣

二・從甲 5/從正(政)𦎫(敦)～悳(德)

二・從甲 5/～悳(德)

二・從甲 5/～曰敬

二・容 14/尭(堯)於是虖(乎)爲車十又(有)～乘

二・容 16/鞭(辨)爲～音

二・容 17/墨(禹)乃～嵏(讓)㠯(以)天下之臤(賢)者

二・容 26/墨(禹)乃迵(通)三江～沽(湖)

二・容 27/墨(禹)乃從灘(漢)㠯(以)南爲名浴(谷)～百

二・容 28/從灘(漢)㠯(以)北爲名浴(谷)～百

二・容 28/～年乃嵏(穰)

二・容 33/墨(禹)又(有)子～人

二・容 34/㕣(皋)秀(陶)乃～嵏(讓)㠯(以)天下之臤(賢)者

二・容 51/武王乃出革車～百乘

三・周 1/六～

三・周 5/九～

三・周 8/六～

三・周 10/九～

三・周 11/六～

三・周 12/六～

三・周 14/六～

三・周 17/九～

三・周 21/九～

三・周 23/六～

三・周 25/六～

三・周 27/九～

三・周 28/六～

三・周 31/九～

三・周 33/六～

三・周 35/九～

三・周 39/九～

三・周 41/九～

三・周 45/九～

三・周 49/六～

三・周 51/六～

三・周 55/九～

三・周 57/九～

三・彭 5/～絽(紀)必(畢)周

三・彭 5/～絽(紀)不工

四・柬 15/中余(舍)與～連少(小)子及龍(寵)臣皆逗(屬)

四・内 8/行祝於～祀

 四・曹 1/南北～百

 四・曹 26/攴(十)～(伍)之閖(閒)必又(有)公孫公子

 四・曹 26/～人㠯(以)敔(伍)

 五・君 10/窠徒～人

 五・三 6/建～官弗散(措)

 五・鬼 3/～(伍)子疋(胥)

 一・性 34/智粸(類)～

 六・競 13/旬又～

 六・孔 14/不飤(食)～穀(穀)

 六・莊 3/四與～之閖(閒)虖(乎)

 六・莊 3/女(如)四與～之閖(閒)

 六・用 4/～井(刑)不行

 六・天甲 1/邦君～〔殜(世)〕

 六・天甲 11/古(故)龜又(有)～异(忌)

 六・天乙 1/邦君～殜(世)

 六・天乙 11/古(故)龜又(有)～异(忌)

 九・陳 11/～人於吾(伍)

 九・陳 13/或時(持)八鼓～爯(稱)

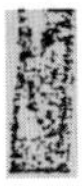 九・舉 13/□～□一□二正

 九・舉 13/～□不□

 九・舉 13/～年亡(無)湅餌者

 九・舉 17/敨行～厇(度)

 九・舉 20/～事

 九・舉 30/～年而天下正

 九・舉 35/～曰

 九・邦 5/乃乘埶(馹)車～輮(乘)

六　部

六

 二・容 30/笈(作)爲～粸(律)六郘(吕)

 二・容 30/笈(作)爲六粸(律)～郘(吕)

 二・容 35/〔敨〕王天下十又(有)～年〈世〉而傑(桀)笈(作)

 三・周 1/～晶(三)

 三・周 1/～四

 三・周 1/～五

 三・周 2/～四

 三・周 4/初～

三・周 5/～晶(三)

三・周 7/初～

三・周 7/～晶(三)

三・周 7/～四

三・周 7/～五

三・周 8/上～

三・周 9/初～

三・周 9/～二

三・周 9/～晶(三)

三・周 10/～四

三・周 10/上～

三・周 11/～五

三・周 12/初～

三・周 12/～二

三・周 12/～五

三・周 13/上～

三・周 14/初～

三・周 14/～二

三・周 14/～晶(三)

三・周 14/～五

三・周 15/上～

三・周 16/～二

三・周 16/～晶(三)

三・周 17/上～

三・周 18/初～

三・周 19/上～

三・周 20/～二

三・周 22/～四

三・周 23/～五

三・周 24/～二

三・周 24/～晶(三)

三・周 25/～四

三・周 25/～五

三・周 26/初～

三・周 26/～二

三・周 27/上～

三・周 28/初～

三・周 28/～五

三・周 29/上～

三・周 30/初～

三・周 30/～二

三・周 32/～晶(三)

 三・周 33/～五

 三・周 35/初～

 三・周 35/～二

 三・周 35/～四

 三・周 36/上～

 三・周 37/初～

 三・周 37/～晶(三)

 三・周 39/上～

 三・周 40/初～

 三・周 42/初～

 三・周 43/上～

 三・周 44/初～

 三・周 45/～四

 三・周 45/上～

 三・周 47/～二

 三・周 48/～二

 三・周 49/～四

 三・周 49/～五

 三・周 50/初～

 三・周 50/～二

 三・周 51/～五

 三・周 51/上～

 三・周 53/初～

 三・周 53/～二

 三・周 54/初～

 三・周 54/～晶(三)

 三・周 54/～四

 三・周 56/上～

 三・周 57/～四

 三・周 57/上～

 三・周 58/～晶(三)

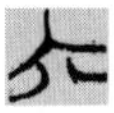 七・吴 9/必五～日

 八・成 10/能目(以)亓(其)～臧(藏)之獸(守)取新(親)女(安—焉)

 八・成 10/是胃(謂)～新(親)之約

 八・成 15/此～者皆逆

七 部

七

 一・孔 27/～(蟋)率(蟀)

 一・性 34/悉(愛)頪(類)～

 二・從甲 8/從正(政)又(有)～幾(機)

 二・從甲 9/凡此～者

 二・容 5/卅=(三十)又(有)～年而民夂(終)

 二・容 17/坴(舜)又(有)子～人

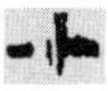 二・容 47/～邦逨(來)備(服)

 四・曹 1/東西～百

 五・弟 2/吴人生～□(年)

 五・競 3/鄹(狄)人之伓(附)者～百邦

 六・天甲 1/凡天子～殜(世)

 六・天乙 1/凡天子～殜(世)

 八・命 8/立春(友)～人

 九・舉 5/隹(惟)～年

 九・卜 7/～

九　部

九

 二・容 5/坒(匡)天下之正(政)十又(有)～年而王天下

 二・容 12/尭(堯)又(有)子～人

 二・容 24/決～河之滐(阻)

 二・容 41/湯於是虐(乎)訡(徵)～州之帀(師)

 二・容 44/於是虐(乎)复(作)爲～城(成)之臺

 二・容 45/於是虐(乎)～邦畔(叛)之

 二・容 47/～邦者丌(其)可逨(來)虐(乎)

 二・容 47/文王於是虐(乎)素耑(端)禮裳㠯(以)行～邦

 三・周 1/上～

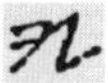 三・周 2/初～

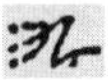 三・周 2/～二

 三・周 2/～晶(三)

 三・周 4/～二

 三・周 5/～四

 三・周 5/～五

 三・周 5/上～

 三・周 7/～二

 三・周 10/～五

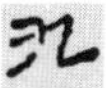 三・周 11/上～

 三・周 14/～四

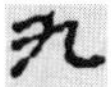 三・周 16/初～

三・周 16/～四

三・周 17/～五

三・周 18/～二

三・周 18/～晶(三)

三・周 20/初～

三・周 21/～四

三・周 21/～五

三・周 21/上～

三・周 22/～二

三・周 22/～晶(三)

三・周 23/上～

三・周 24/初～

三・周 25/上～

三・周 26/～晶(三)

三・周 26/～四

三・周 27/～五

三・周 28/～二

三・周 28/～晶(三)

三・周 28/～四

三・周 30/～晶(三)

三・周 30/～四

三・周 31/～五

三・周 31/上～

三・周 32/初～

三・周 32/～二

三・周 33/上～

三・周 35/～晶(三)

三・周 35/～五

三・周 37/～二

三・周 37/～四

三・周 38/～晶(三)

三・周 38/～四

三・周 39/～五

三・周 40/～二

三・周 40/～晶(三)

三・周 41/～四

三・周 41/～五

三・周 41/上～

三・周 44/～二

三・周 45/～晶(三)

三・周 45/～五

三・周 47/初～

三・周 47/～晶(三)

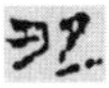 三・周 48/～晶(三)

 三・周 49/上～

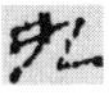 三・周 50/～晶(三)

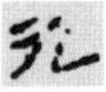 三・周 51/～晶(三)

 三・周 51/～四

 三・周 53/～晶(三)

 三・周 53/～四

 三・周 54/～二

 三・周 55/～五

 三・周 55/上～

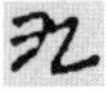 三・周 57/～五

 三・周 58/～二

 三・周 58/～四

 五・鮑 1/～月敘(除)洛(路)

 港甲 2/～

 六・用 5/～惠是貞

 七・凡甲 4/～囗(有/域)出誨(誨)

 七・凡乙 4/～囗(有/域)出誨(誨)

 九・舉 31/疋(疏)河爲～

 三・周 22/初～

内　部

禽(含、肣)

含

 三・周 8/畋(田)又(有)～(禽)

 三・周 10/遊(失)前～(禽)

 三・周 28/畋亡(無)～(禽)

 三・周 44/舊萊(井)亡(無)～(禽)

 九・卜 4/～(肣)高上

 九・陳 1/命帀(師)徒殺取～(禽)獸(獸)臺(雉)兔

肣

 二・容 5/～(禽)獸(獸)朝

 二・容 16/～(禽)獸肥大

萬(萬、墓)

萬

 二・容 10/～邦之君皆㠯(以)丌(其)邦毀(讓)於臤(賢)〔者〕

 二・容 43/無～(勵)於民

 四・逸・交 4/隹(唯)心是～(勵)

 五・鬼 2/汲(及)桀、受(紂)、學(幽)、～(厲)

 七・武 15/而敬者～殜(世)

 七・君甲 9/傑(桀)、受(紂)、幽、～(厲)

 七・君乙 8/傑(桀)、受(紂)、幽、～(厲)

 七・凡甲 29/衆䛋(一)言而～民之利

墓

 一・緇 1/～(萬)邦复(作)卪(孚)

 一・緇 8/～(萬)民寘之

 二・民 14/目(以)畜～(萬)邦

 二・子 1/坪(平)～(萬)邦

 二・容 51/縹(帶)虖(甲)～(萬)人

 三・中 3/子又(有)臣～(萬)人

 四・曹 5/敔(曹)～(沬)曰

 四・曹 12/☐兼忢(愛)～(萬)民

 四・曹 61/～(萬)民

 四・曹 63/乃自怸(過)目(以)敚(悦)於～(萬)民

 五・鮑 6/含(今)豊(豎)䢔(刁)佖(匹)夫而欲智(知)～(萬)黿(乘)之

 五・君 11/紿(治)～(萬)室之邦亦樂

 八・命 6/黷(黔)頁(首)～(萬)民

禹(墨)

墨

 一・緇 7/～(禹)立厽(三)年

 二・子 10/是～(禹)也

 二・容 17/見～(禹)之臤(賢)也

 二・容 17/～(禹)乃五叚(讓)以天下之臤(賢)者

 二・容 18/～(禹)聖(聽)正(政)三年

 二・容 18/～(禹)乃因山陵坪(平)徑(隰)之可封邑者而緐(繁)實之

 二・容 20/～(禹)肰(然)句(後)訂(始)爲之啓(號)羿(旗)

 二・容 21/～(禹)肰(然)句(後)訂(始)行以僉(儉)

 二・容 22/～(禹)乃畫(建)鼓(鼓)於廷

二・容 22/～(禹)必速出

二・容 23/乃立～(禹)目(以)爲司工

二・容 23/～(禹)既已受命

二・容 24/～(禹)親執枌汜

二・容 25/～(禹)迵(通)淮與忻(沂)

二・容 25/～(禹)乃迵(通)蔞與湯

二・容 26/～(禹)乃迵(通)三江五沽(湖)

二・容 26/～(禹)乃迵(通)꧁(伊)洛

二・容 27/～(禹)乃迵(通)經(涇)與渭

二・容 27/～(禹)乃從灘(漢)目(以)南爲名浴(谷)五百

二・容 33/～(禹)又(有)子五人

二・容 34/～(禹)於是虐(乎)叚(讓)

四・曹 65/亓(其)亦唯餌(聞)夫～(禹)、湯、傑(桀)、受(紂)矣

五・君 14/肰(然)鼎(則)臤(臤—賢)於～(禹)也

五・君 15/與～(禹)簹(孰)臤(臤—賢)

五・君 15/～(禹)紿(治)天下之川

五・鬼 1/昔者尭(堯)、叁(舜)、～(禹)、湯

九・舉 22/～(禹)畣(答)曰

九・舉 23/乃餌(問)於～(禹)曰

九・舉 29/～(禹)王天下

九・舉 30/～(禹)事尭(堯)

九・舉 30/尭(堯)乃亯(就)～(禹)曰

九・舉 30/～(禹)疋(疏)江爲三

九・舉 31/～(禹)史(使)民目(以)二和

九・舉 32/～(禹)奉叁(舜)童(重)悳(德)

九・舉 32/～(禹)衷(奮)中疾志

九・舉 33/～(禹)王天下

九・史 3/則能貴於～(禹)湶(湯)

禼

二・子 10/～(契)之母

二・子 12/是～(契)也

嘼 部

嘼

八・子 2/目(以)受～(戰)攻之飤(食)於子

八・子 3/是～(戰)攻畜之也

獸

四・曹 18/必又(有)戳(戰)心目(以)～(守)

四・曹 57/善～(守)者奚女(如)

四・曹 13/～(守)鄡(邊)城奚女(如)

五・競 10/羣(群)～(獸)

二・從甲 1/夫是則～(守)之目(以)信

二・容 2/庪(跛)皇(躃)～(守)門

二・容 5/肣(禽)～(獸)朝

二・容 16/肣(禽)～(獸)肥大

四・昭 8/老臣爲君王～(守)見(視)之臣

五・季 19/疋(疏)言而簪(密)～(守)之

五・季 22/句(苟)能匿(固)～(守)☑

五・三 20/慙(慎)～(守)虛□

五・鬼 6/類～(獸)非鼠

五・鬼 6/象皮(彼)～(獸)鼠

七・武 4/急(仁)目(以)～(守)之

七・武 5/急(仁)目(以)～(守)之

七・武 5/～(守)之

七・凡甲 13/含(禽)～(獸)旻(得)之目(以)嗚(鳴)

七・凡甲 13/含(禽)～(獸)奚旻(得)而鳴

七・凡乙 9/含(禽)～(獸)奚旻(得)而鳴

八・成 10/能㠯(以)亓(其)六臧(藏)之～(守)取新(親)女(安—焉)

八・李 2/～(守)勿(物)㢸(強)榦(幹)

九・陳 1/命帀(師)徒殺取含(禽)～(獸)䧹(雉)兔

九・舉 17/道又(有)～(守)唇(乎)

甲　部

甲

三・周 18/选(先)～晶(三)日

三・周 18/後～晶(三)日

乙　部

亂(嬰、嚻)

嬰

一・孔 22/四矢弁(反)㠯(以)御～(亂)

三・周 42/乃～(亂)卤(乃)啐(萃)

二・從甲 2/亓(其)～(亂)

四・内 10/才(在)大不～(亂)

五・鬼 3/天下之～(亂)人也

八・李 1 背/～木曽枳(枝)

九・邦 13/虗(吾)敳(豈)敢㠯(以)尒(爾)～(亂)邦

二・容 43/而絧(治)～(亂)不□

二・容 33/～泉

三・亘 8/又(有)絧(治)無～(亂)

三・亘 8/～(亂)出於人

五・弟 4/～(亂)節而㥎(哀)聖(聲)

五・鬼 2/～(亂)邦豙(家)

二・從甲 9/好型(刑)則民㚇(作)～(亂)

二・從乙 3/從正(政)不絧(治)則～(亂)

五・鮑 8/晉邦又(有)～(亂)

四・柬 6/不敢㠯(以)君王之身弁(變)～(亂)䰠(鬼)神之㦾(常)古(故)

六・用 11/～(亂)節䁂行

 六・天甲 11/不言～(亂)

 六・天乙 10/不言～(亂)

𡁮

 四・内 6/反此～(亂)也

 五・季 22/逡(後)殜(世)比～(亂)

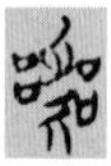 六・孔 5/智(知)亡(無)不～(亂)矣

 七・凡甲 26/大～(亂)乃复(作)

 七・凡乙 19/大～(亂)乃复(作)

 五・季 10/好殺則复(作)～(亂)

戌　部

戌

 二・容 51/～午之日

 七・君甲 1/軋(范)～

 七・君甲 8/～行年𠦁=(七十)矣

 七・君乙 1/軋(范)～

 七・君乙 8/～行年𠦁=(七十)矣

成

 五・弟 20/又(有)～植其(其)槈而訶(歌)玄(安—焉)

 三・周 5/亡(無)～

 三・周 15/～又(有)愈(渝)

 五・三 8/唯(雖)～弗居

 五・三 15/慮事不～

 五・三 17/不攸(修)亓(其)～

 五・鬼 5/𩰫(融)帀(師)又(有)～氏

 五・姑 1/姑(苦)～豪(家)父事敕(厲)公

 五・姑 1/姑(苦)～豪(家)父

 五・姑 2/告姑(苦)～豪(家)父曰

 五・姑 3/姑(苦)～豪(家)父曰

 五・姑 5/姑(苦)～豪(家)父

 五・姑 6/胃(謂)姑(苦)～豪(家)父曰

 五・姑 9/姑(苦)～豪(家)父尃(捕)長魚翯(矯)

五・姑 10/垟（郤）奇、垟（郤）至、姑（苦）～豕（家）父立死

一・緇 21/朼（必）見丌（其）～（成）

二・容 50/～悳（德）者

二・容 52/受（紂）不智（知）丌（其）未又（有）～正（政）

四・昭 1/室畝（既）～

四・曹 40/既～斈（教）矣

四・曹 43/三軍未～戦（陣）

四・曹 46/圪（氣）～（盛）則惕（易）會（合）

六・競 4/木爲～於宋

六・莊 1/臧（莊）王既～亡（無）鍟（鐸—射）

六・莊 1 背/臧（莊）王既～

六・用 1/多隂（險）吕（以）難～

六・用 3/丨亓（其）又（有）～悳（德）

六・用 16/嚨（恭）弔（淑）吕（以）～

六・用 18/叡亓（其）又（有）审（中）～

八・成 1/～王既邦（封）周公二年

八・成 5/～王曰

八・成 6/～王曰

八・成 7/～王曰

八・成 10/～王曰

八・成 14/～王曰

八・李 1/亘（極）植（直）棘（速）～

九・成甲 1/城（成）王爲～（城）僕（濮）之行

九・陳 11/行戚不～

九・舉 21/而潛（浸）吕（以）～

己　部

己（己、吕）

己

一・性 25/昏（聞）道反～

 五・競 2/習(詔)祖～而昏(問)女(焉)

 五・競 2/祖～會(答)曰

㠯

 一・緇 7/則民至(致)行～(己)㠯(以)兑(悦)上

 六・孔 15/絶以爲～(己)兼(?)

 六・孔 21/君子億～(己)而立帀(師)保

巽(异、戾、只)

异

 二・從甲 18/行才(在)～(己)而名才(在)人

 二・從乙 1/則自～(己)訂(始)

戾

 五・君 13/☐㠯(以)爲～(己)明(名)

只

 五・君 14/☐亦㠯(以)～(己)明(名)

庚 部

庚

 五・季 1/季～(康)子䎽(問)於孔子曰

 五・季 2/～(康)子曰

 五・季 11/～(康)子曰

 五・季 14/～(康)子曰

 六・慎 2/弜(強)以～志

辛 部

辠

 二・容 48/百眚(姓)丌(其)可(何)～(罪)

 三・中 7/惑(赦)怂(過)惥～(罪)

 三・中 8/～(罪)

 三・中 10/惑(赦)怂(過)惥～(罪)

 四・昭 7/不臒(臒—獲)要頸之～(罪)

 四・昭 8/～(罪)亓(其)宊(容)於死

 四・昭 9/此則儯(僕)之～(罪)也

 四・曹 21/坓(刑)罰又(有)～(罪)

四・曹 27/毋～(罪)百眚(姓)

四・曹 37/毋辟(避)～(罪)

五・季 20/大～(罪)鼎(則)夜(夜)之巳(以)坓(刑)

五・季 20/塣(中)～(罪)鼎(則)夜(夜)之巳(以)罰(罰)

五・季 21/大～(罪)敍(殺)之

五・季 22/塣(中)～(罪)坓(刑)之

五・季 22/少(小)～(罪)罰(罰)之

五・競 2/羣(群)臣之～(罪)也

六・競 7/忍～(罪)虐(乎)

六・孔 1/害臤(賢)者是能～(罪)

六・孔 3/上不～〈皋(親)〉息(仁)

六・孔 4/女(如)子〈夫〉～〈皋(親)〉息(仁)

六・用 15/～(罪)之枝葉

八・志 2/縱不隻(獲)～(罪)

八・志 3/此是胃(謂)死～(罪)

八・志 4/所巳(以)～(罪)人

八・志 6/虐(吾)欲至(致)尔(爾)於～(罪)

八・志 7/是則聿(盡)不穀(穀)之～(罪)也

九・成乙 1/君王孕(免)余～(罪)

辥(㓞、寷)

㓞

五・三 14/是奉凶～(孽)

寷

五・競 7/陛(地)不生～(孽)

辯(誸)

誸

四・柬 19/厶(私)～(辯)

 二・民 9/丌(其)才～(辯)也

 五・三 3/外内又(有)～(辨)

辡

 三・中 13/售(唯)又(有)～悳(德)

癸　部

癸

 七・凡甲 23/俯而～之

 七・凡乙 15/俯而～之

子　部

子

 一・孔 27/中(仲)氏君～

 一・孔 27/～立

 一・緇 1/～曰

 一・緇 1/～曰

 一・緇 2/～曰

 一・緇 3/～曰

 一・緇 5/～曰

 一・緇 6/～曰

 一・緇 7/～曰

 一・緇 8/～曰

 一・緇 9/～曰

 一・緇 10/～曰

 一・緇 11/～曰

 一・緇 12/～曰

 一・緇 14/～曰

 一・緇 15/～曰

 一・緇 16/～曰

 一・緇 17/～曰

 一・緇 18/夋(允)也君～

 一・緇 19/～曰

 一・緇 19/古(故)君～多翻(聞)

 一・緇 20/〔淑〕人君～

 一・緇 20/～曰

 一・緇 21/～曰

 一・緇 21/君～不自萳(留)女(安—焉)

 一・緇 21/～曰

 一・緇 22/君～

 一・緇 22/～曰

 一・緇 23/～曰

 二・民 1/〔子〕邑(夏)䎽(問)於孔～

 二・民 1/幾(愷)俤(悌)君～

 二・民 3/～邑(夏)曰

 二・民 4/君～吕(以)正

 二・民 5/～邑(夏)曰

 二・民 6/君～吕(以)此皇(横)于天下

 二・民 7/～邑(夏)曰

 二・民 9/～邑(夏)曰

 二・子 1/又(有)吴(虞)是(氏)之樂正宫(瞽)弅(瞍)之～也

 二・子 1/～羔曰

 二・子 5/～羔

 二・子 6/～羔曰

 二・子 7/人～也

 二・子 8/～羔曰

 二・子 9/～羔昏(問)於孔子曰

 二・子 9/皆人～也

 二・子 9/殹(抑)亦城(誠)天～也與

 二・子 13/～羔曰

 二・子 14/厽(三)天～事之

 二・魯 1/～不爲我圕(圖)之

 二・魯 3/出遇～贛(貢)曰

 二・魯 3/～贛(貢)曰

 二・魯 3/戝(緊)虗(吾)～女達命丌(其)與

 二・從甲 11/君～不言

 二・從甲 11/君～不行

 二・從甲 19/君～不吕(以)流言䝙(傷)人

 二・昔 1/君～曰

 二・昔 1/大(太)～朝君

 二・昔 1/大(太)～昃聖(聽)

 二・昔 1/大(太)～前之毋(母)俤(弟)

 二・昔 1/大(太)～再三

 二・昔 1/大(太)～母俤(弟)

 二・昔 2/大(太)～内(入)見

 二・昔 3/君～曰

 二・昔 3/～眚(姓)

 二・昔 4/大(太)～乃亡䎽(聞)亡聖(聽)

 二・容 1/皆不受(授)丌(其)～而受(授)臤(賢)

 二・容 7/目(以)爲天～

 二・容 9/而立爲天～

 二・容 12/尧(堯)又(有)～九人

 二・容 12/不目(以)丌(其)～爲逡(後)

 二・容 13/乃及邦～

 二・容 14/～尧(堯)南面

 二・容 17/叄(舜)又(有)～七人

 二・容 17/不目(以)丌(其)～爲後

 二・容 33/墨(禹)又(有)～五人

 二・容 33/不目(以)丌(其)～爲逡(後)

 二・容 46/～敢勿事虖(乎)

 二・容 46/箮(孰)天～而可反

 三・周 8/長～銜(帥)帀(師)

 三・周 8/弟～舉(輿)屍(尸)

 三・周 8/大君～又(有)命

 三・周 12/君～又(有)終

 三・周 12/壅(謙)君～

 三・周 16/係少(小)～

 三・周 16/遊(失)少(小)～

 三・周 18/又(有)～

 三・周 29/夫～凶

 三・周 31/君～吉

 三・周 38/君～夬=(夬夬)

 三・周 50/少(小)～礪(厲)

 三・中 1/季逗(桓)～叓(使)中(仲)弓爲穽(宰)

 三・中 3/～又(有)臣臺(萬)人

 三・中 25/含(今)之君～叓(使)人

 三・中 26/忎(恐)怠虐(吾)～恧(羞)

 三・中 26/忎(願)因虐(吾)～而訂(治)

 三・中附簡/夫～唯又(有)與(舉)

 三・彭 4/夫～之悳(德)登矣

 三・彭 5/父～兄弟

 四・采 1/～奴(如)思我

 四・采 4/～奴(如)思我

 四・逸・交 1/戠(愷)俤(悌)君～

 四・逸・交 1/君～相好

 四・逸・交 2/君～

 四・逸・交 4/君～相好

 四・昭 1/又一君～

 四・昭 10/虐(吾)未又(有)目(以)惪(憂)亓(其)～

 四・柬 7/目(以)告安君與陵尹～高

 四・柬 15/中余(舍)與五連少(小)～及龍(寵)臣皆逗

 四・柬 19/叡(且)良倀(長)～

 四・柬 22/命(令)尹～林

 四・柬 22/命(令)尹子林餌(問)於大(太)穽(宰)～贵(之)

 四・内 1/君～之立孝

 四・内 3/父之不能畜～者

 四・内 3/不與言人之～之不孝者

 四・内 3/古(故)爲人～者

 四・内 3/言人之～之不孝者

 四・内 3/不與言人之父之不能畜～者

 四・内 5/言畜～

 四・内 5/與～言

 四・内 6/君～事父毋(母)

 四・内 7/君～孝子

 四・内 7/君子孝～

 四・内 8/君～曰

 四・内 8/考(孝)～

 四・内 8/君～㠯(以)城(成)丌(其)考(孝)

 四・内 9/是胃(謂)君～

 四・内 9/考(孝)～事父毋(母)

 四・内 10/君～曰

 四・相 4/告～贛(貢)曰

 四・相 4/～贛(貢)曰

 四・相 4/虗(吾)～之倉(答)也可(何)女(如)

 四・曹 4/今天下之君～既可智(知)已

 四・曹 7/君～旻(得)之遊(失)之

 四・曹 9/君～㠯(以)臤(賢)再(稱)而遊(失)之

 四・曹 9/君～㠯(以)臤(賢)再(稱)

 四・曹 17/毋悉(愛)貨資～女

 四・曹 22/幾(愷)屖(悌)君～

 四・曹 23/二厽(三)～孛(勉)之

 四・曹 23/怹(過)不才(在)～才(在)顨(寡)人

 四・曹 25/公孫公～

 四・曹 26/攴(什)五(伍)之閯(間)必又(有)公孫公～

 五・競 1/星兌(變)～

 五・競 6/虗(吾)不澫(賴)二厽(三)～

 五・競 9/幾(豈)不二～之悳(憂)也才(哉)

 五・競 9/擁芋(華)倗(明)～

 五・鮑 2/二品(三)～孛(勉)之

 五・季 1/季庚(康)～餌(問)於孔子曰

 五・季 1/售(唯)～之訇頎(羞)

 五・季 2/此君～之大雰(務)也

 五・季 2/庚(康)～曰

 五・季 11/庚(康)～曰

 五・季 11/古(故)女虗(吾)～之疋肥也

 五・季 13/古(故)～㠯(以)此言爲奚女

 五・季 14/庚(康)～曰

 五・季 15/賕(眯)父兄～俤(弟)而再(稱)賕

 五・季 18/～之言也已坙(重)

 五•姑 7/虘(吾)～悳(圖)之

 五•君 1/君～爲豊(禮)

 五•君 1/夫～曰

 五•君 3/虘(吾)～可(何)亓(其)膡(惰)也

 五•君 3/虘(吾)新䎽(聞)言於夫～

 五•君 3/夫～曰

 五•君 4/夫～

 五•君 11/非～人

 五•君 11/～羽䎽(問)於子贛(貢)曰

 五•君 11/子羽䎽(問)於～贛(貢)曰

 五•君 11/中(仲)尼與虘(吾)～產箮(孰)臤(賢)

 五•君 11/～贛(貢)曰

 五•君 11/夫～絧(治)十室之邑亦樂

 五•君 12/～贛(貢)曰

 五•君 15/～贛(貢)曰

 五•君 16/～絧(治)時(詩)箸(書)

 五•弟 1/～贛(貢)

 五•弟 2/～曰

 五•弟 2/賤(延)陵(陵)季～

 五•弟 4/～懸曰

 五•弟 4/～遊曰

 五•弟 4/～曰

 五•弟 5/～曰

 五•弟 5/少(小)～

 五•弟 6/～曰

 五•弟 7/～曰

 五•弟 8/～贛(貢)曰

 五•弟 8/～

 五•弟 9/～曰

 五•弟 11/宭(宰)我昏(問)君～

 五•弟 11/爲君～啓(乎)

 五•弟 12/肰(然)句(後)君～

 五•弟 12/～

 五•弟 13/～曰

 五•弟 13/君～亡(無)所不足

 五・弟 14/虛(吾)～皆能又(有)時(待)虖(乎)

 五・弟 14/君～道朝

 五・弟 14/肰(然)則夫二厽(三)～者

 五・弟 16/～曰

 五・弟 17/～逃(過)曹

 五・弟 19/巨(蘧)白(伯)玉侍(侍)虖(乎)～

 五・弟 19/～逄(路)造(往)虖(乎)子

 五・弟 19/子逄(路)造(往)虖(乎)～

 五・弟 20/～虞(據)虖(乎)軾(軾)而☐

 五・弟 22/☐～餌(问)之曰

 五・弟 23/～曰

 五・三 9/毋衾(錦)衣交(絞)祖係～

 五・三 22/君～不慙(慎)亓(其)悳(德)

 五・鬼 3/五(伍)～疋(胥)者

 港甲 8/目(以)爲吕(己)執～或安

 五・鬼 1/此目(以)貴爲天～

 六・競 2/二～急

 六・競 3/高～

 六・競 3/國～

 六・競 3/女(安—晏)～夕

 六・競 3/公内女(安—晏)～而告之

 六・競 3/高～

 六・競 4/王命屈木昏(聞)軛(范)武～之行女(安—焉)

 六・競 4/文～倉(答)曰

 六・競 4/夫～叓(使)丌(其)私叓(使)聖(聽)獄於晉邦

 六・競 12/虛(吾)～

 六・競 12/女(安—晏)～

 六・競 13/女(安—晏)～訽(辭)

 六・競 13/女(安—晏)～許若(諾)

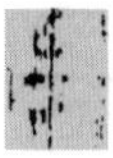 六・孔 1/孔子見季趄(桓)～

 六・孔 2/趄(桓)～曰

 六・孔 2/夫～曰

 六・孔 3/夫～曰

 六・孔 4/女(如)～皐〈皐(親)〉息(仁)

 六・孔 5/君～行

 六・孔 6/憲(蓋)君～聖(聖—聽)之

 六・孔 6/趄(桓)～曰

 六・孔 7/售(雖)虗(吾)～勿聞(問)

 六・孔 10/夫～曰

 六・孔 13/見於君～

 六・孔 15/君～丞(恒)目(以)衆福

 六・孔 15/君～蜀(獨)之目(以)亓(其)所蜀(獨)

 六・孔 19/夫～曰

 六・孔 21/君～

 六・孔 22/則忑(恐)舊虗(吾)～

 六・孔 22/趄(桓)～曰

 六・孔 22/虗(吾)～迷言之猶忑(恐)弗智(知)

 六・孔 23/君～又(有)道

 六・孔 24/君～流亓(其)觀女(安—焉)

 六・莊 1/目(以)昏(問)酖(沈)尹～桱

 六・莊 2/酖(沈)尹～桱會(答)

 六・莊 4/酖(沈)尹～桱曰

 六・莊 4/繙(紳)公～皇沓(戴)皇子

 六・莊 4/繙(紳)公子皇沓(戴)皇～

 六・莊 5/王～回敚(奪)之

 六・莊 5/王～回立爲王

 六・莊 5/繙(紳)公～皇見王

 六・木 1/競坪(平)王命王～木迈城父

 六・木 2/王～曰

 六・木 4/王～不智(知)

 六・木 4/王～不𣌨(得)君楚邦

 六・木 5/王～聞(問)成(城)公

 六・木 5/王～曰

六・慎 1/訢(慎)～曰

六・慎 3 背/訢(慎)～曰共(恭)晝(儉)

六・慎 6/氏(是)邑(以)孴=(君子)向方智(知)道

六・天甲 1/天～建之以州

六・天甲 1/凡天～七殜(世)

六・天甲 2/邦君象天～之

六・天甲 6/天～坐邑(以)巨

六・天甲 8/凡天～欽燹(氣)

六・天甲 8/天～四辟

六・天乙 1/凡天～建之邑(以)州

六・天乙 1/凡天～七殜(世)

六・天乙 2/邦君象天～之立

六・天乙 5/天～坐

六・天乙 7/凡天～欽燹(氣)

六・天乙 8/天～四辟延(筵)席

七・鄭甲 1/奠(鄭)～豙(家)芒(亡)

七・鄭甲 1/奠(鄭)～豙(家)殺丌(其)君

七・鄭甲 2/含(今)奠(鄭)～豙(家)殺丌(其)君

七・鄭甲 3/奠(鄭)～豙(家)遉(顛)逿(覆)天下之豊(禮)

七・鄭甲 4/祄(禍)牆(將)必囟(思—使)～豙(家)

七・鄭甲 5/奠(鄭)人命邑(以)～良爲執命

七・鄭甲 5/囟(思—使)～豙(家)利(梨)木三畚(寸)

七・鄭甲 6/邑(以)～豙(家)之古(故)

七・鄭甲 7/含(今)晉人牆(將)救～豙(家)

七・鄭乙 1/～豙(家)芒(亡)

七・鄭乙 1/奠(鄭)～豙(家)殺丌(其)君

七・鄭乙 2/奠(鄭)～豙(家)殺丌(其)君

七・鄭乙 4/我牆(將)必囟(使)～豙(家)

七・鄭乙 5/奠(鄭)人命邑(以)～良爲執命

 七・鄭乙 5/囟(使)～豖(家)利(梨)木三沯(寸)

 七・鄭乙 6/㠯(以)～豖(家)之古(故)

 七・鄭乙 7/含(今)晉〔人〕〔牆(將)救〕～豖(家)

 七・君甲 4/医(侯)～三人

 七・君乙 4/医(侯)～三人

 七・吴 4/周之肖(孽)～

 七・吴 8/天～之霝(靈)

 七・吴 8/天～之霝(靈)

 八・子 1/丌(其)一～道餓而死焉

 八・子 1/虐(吾)～齒年長壴(矣)

 八・子 1/元(願)虐(吾)～之煮(圖)之也

 八・子 2/㠯(以)受嘼(戰)攻之飤(食)於～

 八・子 2/於～員(損)

 八・顔 1/敢𦖞(問)君～之内事也又(有)道啓(乎)

 八・顔 5/害(蓋)君～之内事也女(如)此矣

 八・顔 5/君～之内事也

 八・顔 6/敢𦖞(問)君～之内教也又(有)道啓(乎)

 八・顔 10/君～之内教也

 八・成 6/青(請)䎽(問)天～之正道

 八・成 7/是胃(謂)天～之正道

 八・成 11/非天～

 八・命 1/鄴(葉)公～高之子見於命(令)尹子春

 八・命 1/鄴(葉)公子高之～見於命(令)尹子春

 八・命 1/鄴(葉)公子高之子見於命(令)尹～春

 八・命 7/～胃(謂)昜(陽)爲孯(賢)於先夫=(大夫)

 八・王 5/命(令)尹～春猒(厭)

 八・李 1 背/差=(嗟嗟)君～

 八・有 1/葷(助)余斈(教)保～今可(兮)

 八・有 3/慮(慮)余～丌(其)速倀(長)今

 八・有 4/女=(如女)～牆(將)深(泣)今可(兮)

 八・有 5/若余～力今可(兮)

 八・鶹 1/～遺余婁(鶹)栗(鷅)今可(兮)

 八・鶹 1/～可(何)舍=(舍余)今可(兮)

 九・成甲 1/王囟(使)～旻(文)峇(校)子玉

 九・成甲 1/王囟(使)～旻(文)峇(校)子玉

 九・成甲 1/～旻(文)送(總)帀(師)於敔

 九・成甲 1/～玉受帀(師)出之妓(蔿)

 九・成甲 2/鋻(舉)邦加(賀)～旻(文)

 九・成甲 4/君王胃(謂)～玉未患(慣)

 九・成甲 5/～玉之帀(師)之

 九・成乙 1/吕(以)～玉之未患(慣)

 九・成乙 2/～玉出之太(蔿)

 九・成乙 3/言唇(乎)君～才(哉)

 九・成乙 4/～玉之帀(師)既敗

 九・靈 2/繡(申)城(成)公豪、丌(其)～虎未畜(蓄)頒(髮)

 九・陳 3/畬(熊)靁(雪?)、～荋(麻)與鄘(巴)人戰於鵅州

 九・舉 3/～嘗吕(以)此謑(稽)之

 九・舉 4/～訪之

 九・舉 5/～遊(失)上(尚)父

 九・舉 7/～爲我旻(得)上(尚)父

 九・舉 10/非天～之差(佐)也

 九・舉 10/請厶(私)之於天～

 九・舉 22/訪之於～

 九・邦 1/～虐(乎)

 九・邦 5/公～高曰

 九・邦 6/～高

 九・邦 6/先君之～(聚?)在外……

 九・邦 7/鄴(葉)公～高曰

 九・史 1/古(故)齊邦嵛(敝)史(吏)之～也

 九・史 2/含(今)史(使)～帀(師)之

 九・史 5/～㠯(以)氏(是)見(視)之

 九・史 6/夫～曰

 九・史 8/夫～曰

 九・史 9/～亦卑

 九・史 11/～之史(使)行

 九・史 11/～之史(事)不行

 九・史 12/……䎽(聞)～之言大矍(懼)

 九・史 12/夫～曰

 九・卜 3/少(小)～吉

孕

 三・周 50/婦～而

挽(免、仐、孛)

免

 一・緇 13/則民又(有)～心

仐

 五・姑 3/不㤎(幸)則取～(免)而出

 五・姑 4/唯(雖)得～(免)而出

 五・君 6/～(挽)見(視)

 六・用 12/若矢之～於弦

 六・用 12/䑣非考～(免)

 六・用 18/台(以)～(免)民生

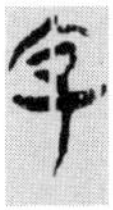 六・天甲 2/身不～(免)

 六・天甲 2/身不～(免)

 六・天甲 3/身不～(免)

 六・天乙 2/身不～(免)

 六・天乙 2/身不～(免)

 六・天乙 2/身不～(免)

孛

 四・内 10/肰(然)則～(免)於戾

 二・容 14/叁(舜)於是虖(乎)訇(始)～(免)蓺幵椱(槈)萎

 四・曹 23/二厽(三)子～(勉)之

 五・鮑 2/二厽(三)子～(勉)之

六・莊 8/君王～(免)之死

六・壽 6/女(如)我旻(得)～(免)

六・用 2/亦力～(免)㠯(以)母(毋)忘

九・成乙 1/君王～(免)余辠(罪)

𣪕

二・容 28/退(復)～(穀)豢土

四・柬 8/不～(穀)瘵

四・柬 9/今夕不～(穀)

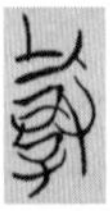
港甲 10/□酒～

六・孔 14/不飤(食)五～(穀)

六・莊 7/不～(穀)㠯(以)笑繡(紳)公

六・莊 8/繡(紳)公事不～(穀)

六・用 3/少疋於～

七・鄭甲 1/不～(穀)日欲㠯(以)告夫=(大夫)

七・鄭乙 1/不～(穀)日欲㠯(以)告夫=(大夫)

八・王 4/㠯(以)員(損)不～(穀)之

八・志 7/是則肃(盡)不～(穀)之辠(罪)也

九・成甲 3/～(穀)䖒(於)余(菟)爲楚邦老

季

五・季 1/～庚(康)子䎽(問)於孔子曰

五・弟 2/莚(延)陵(陵)～子

三・中 1/～逗(桓)子叓(使)中(仲)弓爲宰(宰)

三・中 1/～是(氏)

三・中 2/夫～是(氏)河東之城(盛)豪(家)也

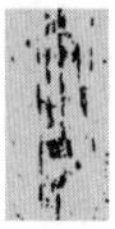
六・孔 1/孔〔子〕見～趄(桓)子

九・卜 1/～曾曰

孟

二・容 51/涉於～瀌(津)

五・季 6/丘昏(聞)之～者昊(昃)曰

孳

三・彭 2/女(汝)～尃(布)昏(問)

三・彭 3/眊=(眊眊)舍(余)朕～

三・彭 8/朕～不男(敏)

孤

七・吴 2/～居

七・吴 4/～吏(使)

七・吴 8/～也可(何)袋(勞)力之又(有)女(安—焉)

七・吴 8/～也敢至(致)先王之福

斈

一・孔 23/已(以)道交見善而～(學)

一・性 4/～(教)使然也

一・性 10/肰(然)句(後)逷(復)已(以)～(教)

一・性 12/兑(悦)丌(其)～(教)

一・性 22/未～(教)而民恒

一・性 31/凡～(教)者求丌(其)〔心爲難〕

二・民 8/牆(將)可～(教)時(詩)矣

二・容 3/～(教)而基(悔)之

二・容 9/先(堯)乃爲之～(教)曰

二・容 48/文王時(持)故時而～(教)民時

三・中 15/昏(聞)虐(乎)足已(以)～(教)壴(矣)

三・中 16/～(教)而叓(使)之

三・中 17/悳(德)～(教)不卷(倦)

三・亘 10/恍言之逡(後)者～(教)比母(安—焉)

五・弟 3/毋又(有)柔～(教)

疑(㲋、㲋、頪)

㲋

一・孔 14/～(疑)好色之忑(願)

二・從乙 3/少(小)人藥(樂)則～(疑)

三・亘 10/先者又～(疑)

六・慎 6/不可㠯(以)～臨

八・蘭 5/宅立(位)竅下而比～(擬)高矣

㲋

一・緇 2/則君不～(疑)丌(其)臣

一・緇 22/此㠯(以)迩者不惑而遠者不～(疑)

一・緇 3/上人～(疑)則百眚(姓)惑

頪

三・周 14/母(毋)～(疑)堋(倗)𢻱(盍)䟖簪

孴

八・有 5/族～=(孴孴)必䜌(慎)毋尝今可(兮)

學

五・鬼 2/㚘(及)桀、受(紂)、～(幽)、萬(厲)

㚘 部

㫞(㫞)

㫞

六・競 10/翏(聊)～(攝)㠯(以)東

丑 部

羞(䰲)

䰲

三・周 28/或昇(承)丌(其)～(羞)

三・中 26/忎(恐)怠虐(吾)子～(羞)

辰 部

辰(唇)

唇

二・容 31/孝～(辰)

二・容 52/而旻(得)遊(失)行於民之～(辰)也

辱

二・從甲 6/不共(恭)則亡(無)㠯(以)敘(除)～

四・昭 3/儯(僕)之毋～君王

六・壽 5/～

七・吴 7/～命

七・吴 9/隹(唯)三大夫丌(其)～昏(問)之

八・成 4/不～丌(其)身

八・命 2/㠯(以)～鈫(斧)疐(鑕)

八・命 2/儯(僕)既旻(得)～視日之廷

巳　部

巳

一・孔 4/《邦風》氏(是)～(已)

一・孔 5/氏(是)～(已)

一・孔 5/《訟》氏(是)～(已)

一・孔 7/文王隹(雖)谷(欲)～(已)

一・孔 27/賓贈氏(是)～(已)

一・性 31/～(已)則勿遉(復)言也

二・從乙 3/絧(治)～(已)至則□□

二・容 18/不旻(得)～(已)

二・容 23/壐(禹)既～(已)

二・容 28/句(后)褉(稷)既～(已)受命

二・容 29/咎(皋)鉋(陶)既～(已)受命

二・容 37/泗(伊)尹既～(已)受命

三・周 17/又(有)孚才(在)道～(已)明

三・周 22/利～(已)

三・周 41/～(起)凶

三・彭 2/戕(幾)若～(已)

四・柬 22/君王之疠(病)牺從含(今)日㠯(以)～(已)

四・曹 4/今天下之君子既可智(知)～(已)

四・曹 20/君必不～(已)

五・季 14/則敚(微)言也～(已)

 五・季 18/子之言也～(已)𨤴(重)

 五・三 2/～(已)而不巳(已)

 五・三 2/巳(已)而不～(已)

 六・競 1/㬰(逾)𢧵(歲)不～(已)

 六・競 2/㬰(逾)𢧵(歲)不～(已)

 六・競 10/丌(其)人婁(數)多～(已)

 八・王 3/是言既䎽(聞)於衆～(已)

 八・志 6/𠭁(得)忧(尤)於邦多～(已)

 九・成甲 5/帀(師)既敗帀(師)～(已)

 一・緇 11/而𡧍(富)貴～(已)𨓚(過)

㠯

 一・孔 5/～(以)爲丌(其)本

 一・孔 5/～(以)爲丌(其)䇞(業)

 一・孔 9/亦又(有)～(以)也

 一・孔 9/則～(以)人益也

 一・孔 10/～(以)色俞(喻)於豊(禮)

 一・孔 11/則～(以)丌(其)录(禄)也

 一・孔 13/《鵲樔(巢)》出～(以)百兩(輛)

 一・孔 14/～(以)𤨜(琴)㻼(瑟)之敓(悦)

 一・孔 14/～(以)鐘鼓之樂

 一・孔 15/～(以)卲(召)公

 一・孔 16/～(以)丌(其)蜀(獨)也

 一・孔 16/虗(吾)～(以)《蒿(葛)䨝(覃)》𠭁(得)氏初之𧦝(詩)

 一・孔 18/～(以)俞(喻)丌(其)惌(怨)者也

 一・孔 20/丌(其)𨼆(隱)志必又(有)～(以)俞(喻)也

 一・孔 20/虗(吾)～(以)《折(杕)杜》𠭁(得)雀(爵)

 一・孔 21/則～(以)爲不可女(如)可(何)也

 一・孔 22/四矢弁(反)～(以)御亂

 一・孔 23/～(以)樂訋而會

 一・孔 23/～(以)道交見善而訋

 一・孔 24/～(以)□□之古(故)也

 一・孔 24/則～(以)文武之悳(德)也

 一・孔 24/虗(吾)～(以)《甘棠》𠭁(得)宗宙(廟)之敬

 一・緇 1/～眂(視)民厚

 一・緇 4/斅(謹)惡～(以)𢗜(御)民淫

 一・緇 5/民～(以)君爲心

 一・緇 5/君～(以)民爲僼(體)

 一・緇 5/古(故)心～(以)僼(體)廌(廢)

 一・緇 5/君～(以)〔民〕亡

 一・緇 7/古(故)長民者章志～(以)卲(昭)百眚(姓)

 一・緇 7/則民至(致)行己～(以)兑(悦)上

 一・緇 7/百眚(姓)～(以)急(仁) 

 一・緇 8/不從丌(其)所～(以)命

 一・緇 10/𡥈(教)此～(以)失

 一・緇 10/民此～(以)緮(煩)

 一・緇 12/毋～(以)少(小)悔(謀)敗大惷(圖)

 一・緇 12/毋～(以)辟御𤸰(疾)妝(莊)后

 一・緇 12/毋～(以)辟士𤸰(疾)大夫向(卿)使(士)

 一・緇 13/長民者𡥈(教)之～(以)悳(德)

 一・緇 13/齊之～(以)豊(禮)

 一・緇 13/教之～(以)正(政)

 一・緇 13/齊之～(以)型(刑)

 一・緇 13/古(故)慈～(以)㤅(愛)之

 一・緇 13/信～(以)結之

 一・緇 13/龍(恭)～(以)立(莅)之

 一・緇 14/折(制)～(以)型(刑)

 一・緇 15/古(故)上不可～(以)埶(褻)型(刑)而翠(輕)㪷(爵)

 一・緇 17/～(以)城(成)丌(其)信

 一・緇 19/此～(以)生不可敚(奪)志

 一・緇 22/此～(以)邇者不惑

 一・緇 23/㑒(攝)～(以)威義(儀)

 一・性 7/又(有)～(以)習丌(其)眚(性)也

 一・性 10/肰(然)句(後)逿(復)～(以)季(教)

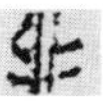 一・性 10/季(教)所～(以)生悳(德)于中者也

 一・性 12/所～(以)𡉉(文)節也

 一・性 12/是～(以)敬女(安—焉)

 一・性 13/所～(以)爲信與登(徵)也

 一・性 19/覽(戚)肰(然)～(以)夊(終)

 一・性 19/丌(其)東(烈)流女(如)也～(以)悲

 一•性 19/攸肰(然)～(以)思

 一•性 21/句(苟)～(以)丌(其)情

 一•性 21/不～(以)〔其〕情

 一•性 26/～(以)道者也

 一•性 26/～(以)古(故)者也

 一•性 26/～(以)悳(德)者也

 一•性 26/～(以)憖(猷)者也

 一•性 32/人之不能～(以)𢥞(僞)也

 二•民 2/～(以)至(致)五至

 二•民 2/～(以)行三亡(無)

 二•民 2/～(以)皇(橫)于天下

 二•民 5/君子～(以)正

 二•民 6/君子～(以)此皇(橫)于天下

 二•民 14/～(以)畜墓(萬)邦

 二•子 1/何故～(以)旻(得)爲帝

 二•子 1/可(何)古(故)～(以)旻(得)爲帝

 二•子 4/每(敏)～(以)學寺(詩)

 二•子 5/或～(以)曼(文)而遠

 二•子 12/履～(以)祈禱曰

 二•魯 3/女(若)夫政型(刑)與悳(德)～(以)事上天

 二•魯 4/石～(以)爲膚

 二•魯 4/木～(以)爲民

 二•魯 4/水～(以)爲膚

 二•魯 4/魚～(以)爲民

 二•從甲 1/民皆～(以)爲義

 二•從甲 1/夫是則獸(守)之～(以)信

 二•從甲 2/斈(教)之～(以)義

 二•從甲 2/行之～(以)豊(禮)也

 二•從甲 3/詨(教)之～(以)型(刑)則逐

 二•從甲 3/是～(以)旻(得)臤(賢)士一人

 二•從甲 6/君子不愋(緩)則亡(無)～(以)頌(容)百眚(姓)

 二•從甲 6/不共(恭)則亡(無)～(以)敘(除)辱

 二•從甲 6/不惠則亡(無)～(以)聚民

 二•從甲 7/不悬(仁)則亡(無)～(以)行正(政)

 二•從甲 10/遠戾所～(以)

 二•從甲 16/～(以)軋(犯)賡𢘝(犯)見不訓行㠯(以)出之

 二・從甲 16/目(以)軔(犯)賡懇(犯)見不訓行～(以)出之

 二・從甲 17/是～(以)曰

 二・從甲 18/是～(以)曰少(小)人惕(易)得而難史(事)也

 二・從甲 19/君子不～(以)流言㦮(傷)人

 二・從乙 5/是古(故)君子勥(強)行～(以)時(待)名之至也

 二・從乙 5/～(以)改亓(其)言

 二・昔 2/～(以)告逹(寺)人

 二・昔 3/内言不～(以)出

 二・昔 3/外言不～(以)内(入)

 二・容 7/～(以)爲天子

 二・容 7/褱(懷)～(以)逨(來)天下之民

 二・容 8/敚(悦)柬(簡)～(以)行

 二・容 8/敚(悦)和～(以)長

 二・容 8/敚(悦)敀～(以)不逆

 二・容 9/是～(以)見(視)臤(賢)

 二・容 10/～(以)求臤(賢)者而players(讓)女(安—焉)

 二・容 10/先(堯)～(以)天下players(讓)於臤(賢)者

 二・容 10/萬邦之君皆～(以)亓(其)邦players(讓)於臤(賢)〔者〕

 二・容 11/～(以)先(堯)爲善興臤(賢)

 二・容 12/不～(以)亓(其)子爲逡(後)

 二・容 12/而欲～(以)爲逡(後)

 二・容 13/～(以)善亓(其)新(親)

 二・容 14/～(以)三從垒(舜)於旬(甽)晦(畝)之中

 二・容 16/～(以)定男女之聖(聲)

 二・容 17/不～(以)亓(其)子爲逡(後)

 二・容 17/而欲～(以)爲逡(後)

 二・容 17/墨(禹)乃五players(讓)～(以)天下之臤(賢)者

 二・容 19/乃因逅～(以)智(知)遠

 二・容 19/夫是～(以)逮(近)者敚(悦)紿(治)

 二・容 20/～(以)鞭(辨)亓(其)左右

 二・容 20/東方之羿(旗)～(以)日

 二・容 20/西方之羿(旗)～(以)月

 二・容 20/南方之羿(旗)～(以)它(蛇)

 二・容 21/中正之羿(旗)～(以)澳(熊)

 二・容 21/北方之羿(旗)～(以)鳥

 二・容 21/墨(禹)肰(然)句(後)飼(始)行～(以)會(儉)

 二・容 22/～(以)爲民之又(有)詓(訟)告者鼓女(安—焉)

 二・容 22/冬不敢～(以)蒼(寒)訇(辭)

 二・容 22/顕(夏)不敢～(以)暑訇(辭)

 二・容 23/乃立壐(禹)～(以)爲司工

 二・容 24/～(以)波(陂)明者(都)之澤

 二・容 27/壐(禹)乃從灘(漢)～(以)南爲名浴(谷)五百

 二・容 28/從灘(漢)～(以)北爲名浴(谷)五百

 二・容 28/乃立句(后)褸(稷)～(以)爲緹

 二・容 29/乃立咎(皋)釶(陶)～(以)爲李

 二・容 30/乃立數～(以)爲樂正

 二・容 31/～(以)覊於溪浴(谷)

 二・容 32/女(安—焉)～(以)行正(政)

 二・容 32/～(以)嘪於來

 二・容 33/是～(以)爲名

 二・容 33/不～(以)丌(其)子爲逡(後)

 二・容 34/而欲～(以)爲逡(後)

 二・容 34/㕚(皋)秀(陶)乃五嘪(讓)～(以)天下之臤(賢)者

 二・容 35/身力～(以)裻(勞)百眚(姓)

 二・容 36/～(以)正(征)闈(關)市

 二・容 37/乃立泗(伊)尹～(以)爲差(佐)

 二・容 38/㞢(起)帀(師)～(以)伐昏(岷)山是(氏)

 二・容 40/～(以)伐高神之門

 二・容 41/～(以)霝四海(海)之内

 二・容 42/夫是～(以)旻(得)衆而王天下

 二・容 45/尃(溥)亦(夜)～(以)爲槿(淫)

 二・容 47/文王於是唇(乎)索(素)耑(端)𧞫裳～(以)行九邦

 二・容 47/文王乃㞢(起)帀(師)～(以)鄉(嚮)豐喬(鎬)

 二・容 52/～少(宵)會者(諸)侯之帀(師)於畨(牧)之埜(野)

 二・容 52/或亦㞢(起)帀(師)～(以)逆之

 二・容 52/～(以)告吝(閔)于天

 二・容 53/武王素虖(甲)～(以)申(陳)於鬡(殷)蒿(郊)

 三・周 7/帀(師)出～(以)聿(律)

 三・周 12/不貢(富)～(以)丌(其)䣄(鄰)

 三・周 41/～芑橐苽(瓜)

 三・周 45/可～(以)汲

 三・中 1/中(仲)弓～(以)告孔子曰

 三・中 5/～(以)行壴(矣)

 三・中 15/足～(以)季(教)壴(矣)

 三・中 20/瓣(難)～(以)内(納)諫

 三・中 21/～(以)忠與敬

 三・中 21/女(汝)隹(惟)～(以)

 三・中 22/上下相逡(復)～(以)忠

 三・中 23/所～(以)城(成)死也

 三・中 23/所～(以)立生也

 三・中 24/一日～(以)善立

 三・中 24/一日～(以)不善立

 三・亘 5/隹(惟)逡(復)～(以)不灋(廢)

 三・亘 7/事甬(用)～(以)不可賡(更)也

 三・亘 9/隹(惟)一～(以)猶一

 三・亘 9/隹(惟)逡(復)～(以)猶逡(復)

 三・亘 10/習～(以)不可改也

 三・彭 7/不～(以)

 四・采 1/出門～(以)東

 四・逸・交 1/～(以)自爲倀(長)

 四・逸・交 4/～(以)自爲戕(衛)

 四・昭 1/王戒邦夫=(大夫)～(以)歙=(歙酒)

 四・昭 2/君之備(服)不可～(以)進

 四・昭 4/～(以)僕(僕)之不旻(得)

 四・昭 5/孪(卒)～(以)夫=(大夫)歙(歙酒)於坪瀇

 四・昭 8/～(以)告君王

 四・昭 10/虗(吾)未又(有)～(以)恳(憂)亓(其)子

 四・柬 6/不敢～(以)君王之身弁(變)亂魂(鬼)神之祟(常)古(故)

 四・柬 7/～(以)君王之身殺祭

 四・柬 7/～(以)告安君與陵尹子高

 四・柬 8/王～(以)餌(問)鳌尹高

 四・柬 9/王～(以)告相屖(徙)與中余(舍)

 四・柬 10/君王尚(當)～(以)餌(問)大(太)宰(宰)晉侯

 四・柬 12/而刑(刑)之～(以)滹(旱)

 四・柬 12/而百眚(姓)迻(移)～(以)迲(去)邦家

 四・柬 14/而百眚(姓)～(以)醫(絶)

 四・柬 18/邦家～(以)軒(杌)轅

 四・柬 18/社稷～(以)逹(危)與(歟)

 四・柬 19/贅尹皆紿(紿)丌(其)言～(以)告大(太)宰(宰)

 四・柬 20/君王之瘵從含(今)日～(以)癥(瘥)

 四・柬 21/不～(以)丌(其)身弁(變)贅尹之祟(常)古(故)

 四・柬 22/君王之疠(病)酒(將)從含(今)日～(以)已

 四・内 8/君子～(以)城(成)丌(其)考(孝)

 四・内 9/～(以)飤(食)亞(惡)

 四・内附簡/肰(然)后(後)奉之～(以)中章(庸)

 四・相 1/靑(靜)～(以)寺(待)

 四・相 3/～(以)實資(府)庫

 四・相 3/～(以)備軍遊(旅)

 四・曹 5/則不可～(以)不攸(修)政而善於民

 四・曹 6/則亦不可～(以)不攸(修)政而善於民

 四・曹 6/亡(無)～(以)取之

 四・曹 7/臣是古(故)不敢～(以)古(故)倉(答)

 四・曹 8/必共(恭)酓(儉)～(以)旻(得)之

 四・曹 8/而喬(驕)大(泰)～(以)遊(失)之

 四・曹 8/〔亡〕(無)～(以)異於臣之言

 四・曹 9/君子～(以)臤(賢)爯(稱)而遊(失)之

 四・曹 9/～(以)亡(無)道爯(稱)而旻(没)身遶(就)莣(世)

 四・曹 9/君子～(以)臤(賢)爯(稱)

 四・曹 10/～(以)亡(無)道爯(稱)

 四・曹 14/或～(以)克

 四・曹 14/或～(以)亡

 四・曹 15/亓(其)飤(食)足～(以)飤(食)之

 四・曹 15/亓(其)兵足～(以)利之

 四・曹 16/亓(其)城固足～(以)犮(捍)之

 四・曹 17/不可～(以)先夌(作)悁(怨)

 四・曹 17/所～(以)岠(距)鄎(邊)

 四・曹 17/～(以)事亓(其)便連(變)

 四・曹 18/所～(以)岠(距)内

 四・曹 18/必又(有)戩(戰)心～(以)獸(守)

 四・曹 18/所～(以)爲倀(長)也

 四・曹 19/不可～(以)出豫(舍)

 四・曹 19/不可～(以)出戦(陳)

 四・曹 19/不可～(以)戩(戰)

 四・曹 22/此所～(以)爲和於邦

 四・曹 23/所～(以)爲和於豫(舍)

 四・曹 26/五人～(以)敔(伍)

 四・曹 28/此三者所～(以)戰(戰)

 四・曹 34/～(以)觀上下之青(情)憍(僞)

 四・曹 37/或康～(以)〔兇〕

 四・曹 38/勿兵～(以)克

 四・曹 38/勿兵～(以)克奚女(如)

 四・曹 41/可～(以)又(有)紿(治)邦

 四・曹 46/悴(卒)谷(欲)少～〈乞(氣)〉多

 四・曹 49/此三者足～(以)戰(戰)虖(乎)

 四・曹 56/邦豙(家)～(以)忲(宏)

 四・曹 56/善攻者必～(以)亓(其)所又(有)

 四・曹 57/～(以)攻人之所亡(無)又(有)

 四・曹 58/所～(以)爲毋退

 四・曹 58/衒(率)車～(以)車

 四・曹 58/衒(率)徒～(以)徒

 四・曹 58/所～(以)同死於民

 四・曹 60/必慙(慎)～(以)戒

 四・曹 60/毋冒～(以)追(陷)

 四・曹 61/～(以)懽(勸)亓(其)志

 四・曹 62/所～(以)爲剸(斷)

 四・曹 63/乃自怂(過)～(以)敓(悦)於萬(萬)民

 四・曹 63/非所～(以)耈(教)民

 四・曹 65/各～(以)亓(其)殜(世)

 四・曹 65/～(以)及亓(其)身

 五・競 4/青(請)量之～(以)衰脊(汲)

 五・競 4/高宗命仪(傅)鳶(説)量之～(以)祭

 五・競 9/～(以)駝(馳)於倪(郳)市

 五・競 10/或(又)～(以)豈(豎)逜(刁)舁(與)亥(易)啚(牙)爲相

 五・鮑 1/又(有)虽(夏)是(氏)觀亓(其)容～(以)叏(使)

 五・鮑 1/鬙(殷)人之所～(以)弋(代)之

 五・鮑 2/遝(堋)亓(其)所～(以)蔻

 五・鮑 2/周人之所～(以)弋(代)之

 五・鮑 2/遝(堋)亓(其)所～(以)衰蔻(亡)

 五・鮑 3/女(如)砉(故)伽(加)之～(以)敬

 五・鮑 4/不～(以)邦豙(家)爲事

 五・季 2/青(請)昏(問)可(何)胃(謂)悬(仁)之～(以)悳(德)

 五・季 4/敬壂(城)亓(其)悳(德)～(以)臨民

 五・季 4/此之胃(謂)悬(仁)之～(以)悳(德)

 五・季 5/百眚(姓)送之～(以)□☑

 五・季 6/～(以)箸(書)孠=(君子)之悳(德)也

 五・季 7/～(以)簆(誌)孠=(君子)志=(之志)

 五・季 7/～(以)斤孠=(君子)之行也

 五・季 8/萦(葛)戱含(今)語肥也～(以)凥(處)邦豙(家)之述曰

 五・季 8/君子不可～(以)不強

 五・季 13/古(故)子～(以)此言爲奚女(如)

 五・季 14/幾敢不～(以)亓(其)先=(先人)之連(傳)等(志)告

 五・季 15/古之爲邦者必～(以)此

 五・季 19/降耑(端)～(以)比

 五・季 19/訢(慎)少(小)～(以)峹(合)大

 五・季 20/救民～(以)辮(辟)

 五・季 20/大辠(罪)則夜(赦)之～(以)型(刑)

 五・季 20/墭(中)辠(罪)則夜(赦)之～(以)罰

 五・季 23/亓(其)曲～(以)城(成)之

 五・姑 1/～(以)見亞(惡)於敕(厲)公

 五・姑 1/姑(苦)城(成)豙(家)父～(以)亓(其)族参(三)坴(郤)正(征)百豫

 五・姑 2/～(以)虗(吾)族

 五・姑 3/隹(誰)不～(以)厚

 五・姑 3/～(以)我爲能絧(治)

 五・姑 4/而因～(以)害君

 五・姑 4/～(以)不能事君

 五・姑 4/欲～(以)長聿(建)宔(主)君而迕(御)難

 五・姑 6/～(以)正上下之譌

 五・姑 6/從事可(何)～(以)女(如)是

 五・姑 6/褻(顚)喙(頷)～(以)至於含(今)才(哉)

 五・姑 7/虗(吾)敢欲褻(顚)喙(頷)～(以)事殜(世)哉

 五・姑 8/取宔(主)君之衆～(以)不聽命

 五・姑 9/敂(拘)人於百豫～(以)内(入)緐(囚)之

 五・姑 10/～(以)睪(釋)長魚翯(矯)

 五・君 1/～(以)依於悬(仁)

 五・君 3/虗(吾)是～(以)膣(惰)也

 五・君 13/☐～(以)爲异(己)明(名)

 五・君 14/☐亦～(以)异(己)明(名)

 五・弟 10/夫～(以)衆軺(犯)雞(難)

 五・弟 10/～(以)新(新)受录(禄)

 五・弟 10/袋(勞)～(以)城(成)事

 五・弟 10/印(卬)～(以)昃官

 五・弟 10/士餓～(以)力

 五・弟 10/則組～(以)

 五・弟 13/不曲方～(以)迲(去)人

 五・弟 18/皆可～(以)爲者医(侯)梖(相)歆

 五・弟 22/～(以)求餌(聞)

 五・三 7/必遉(復)之～(以)惪(憂)喪(喪)

 五・三 7/必遉(復)之～(以)康

 五・三 7/～(以)祀不亯(享)

 五・三 9/毋凶備(服)～(以)亯(享)祀

 五・三 12/所～(以)爲天豊(禮)

 五・三 16/敚(奪)民時～(以)土攻(功)

 五・三 16/敚(奪)民時～(以)水事

 五・三 16/敚(奪)民時～(以)兵事

 五・三 17/智(知)天足～(以)川(順)時

 五・三 17/智(知)地足～(以)古(固)材

 五・三 17/智(知)人足～(以)會新(親)

 五・三 20/至型(刑)～(以)哀

 五・三 22/未可～(以)遂

 五・三 22/臨民～(以)悬(仁)

 五・鬼 1/則～(以)亓(其)賞善罰暴也

 五・鬼 1/此～(以)貴爲天子

 五・鬼 2 背/此～(以)桀折於鬲山

 五・鬼 3/女(如)～(以)此詰之

 港甲 5/孔子訶(辭)～(以)豊(禮)

 港甲 8/～(以)爲㠯(己)埶子或安

 六・競 10/自古(姑)蚤(尤)～(以)西

 六・競 10/翏(聊)聑(攝)～(以)東

 六・競 12/～(以)至於此

 六・孔 5/爲信～(以)事亓(其)上

 六・孔 7/古牆(將)～(以)告

 六・孔 8/而亡～(以)亯(享)者

 六・孔 12/亦～亓(其)勿審(密)二逃者㠯(以)觀於民

 六・孔 12/亦㠯(以)亓(其)勿審(密)二逃者～(以)觀於民

 六・孔 14/好叚(假)羙(美)～(以)爲

 六・孔 15/君子恒～(以)衆福

 六・孔 15/句拜四方之立～(以)童(動)

 六・孔 15/君子蜀(獨)之～(以)亓(其)所蜀(獨)

 六・孔 15/規(規)之～(以)亓(其)所谷(欲)

 六・孔 15/拜𢇍(絶)～(以)爲㠯(己)兼(?)

 六・孔 27/此～(以)不惑

 六・莊 1/～(以)昏(問)酖(沈)尹子桱(莖)

 六・莊 1/～(以)共萻秋之棠(嘗)

 六・莊 1/～(以)時(待)四㗊(鄰)之貪(賓)客

 六・莊 3/載之塼(專)車～(以)走(上)虖(乎)

 六・莊 3/毆(抑)四航～(以)逾虖(乎)

 六・莊 4/四航～(以)逾

 六・莊 7/不嗀(穀)～(以)笑緍(紳)公

 六・莊 8/必～(以)氏(是)心

 六・莊 9/不～(以)㬝〈辱〉鈙(斧)䡑(鑕)

 六・壽 1/懼䰧(鬼)神～(以)爲妄(怒)

 六・壽 4/居洛(路)～(以)須

 六・木 2/～(以)種䔰(麻)

 六・木 2/可(何)～(以)䔰(麻)爲

 六・木 2/～(以)爲衣

 六・木 5/薵(疇)可(何)～(以)爲

 六・慎 1/共(恭)䇊(儉)～(以)立身

 六・慎 1/臤(堅)弝(強)～(以)立志

 六・慎 1/忠䡑～(以)反(返)俞

 六・慎 1/逆春(友)～(以)載道

 六・慎 1/精瀍～(以)巽埶(勢)

 六・慎 2/共(恭)～(以)爲體

 六・慎 2/信～(以)爲言

 六・慎 2/弝(強)～(以)庚志

 六・慎 3/勿～(以)坏(培)身

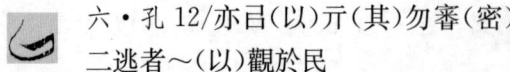

 六・慎 3/賃(任)悳(德)～(以)害

 六・慎 6/氏(是)～(以)君=(君子)向方智(知)道

 六・慎 6/不可～(以)臨

 六・用 1/多隂(險)～(以)難成

 六・用 2/亦力孚(免)～(以)母(毋)忘

 六・用 16/嚨(恭)弔(淑)～(以)成

 六・天甲 1/天子建之～(以)州

 六・天甲 1/邦君建之～(以)垞

 六・天甲 1/夫=(大夫)建之～(以)里

 六・天甲 1/士建之～(以)室

 六・天甲 4/必中青(情)～(以)罹(罹)於勿

 六・天甲 6/根之～(以)玉枓(斗)

 六・天甲 6/天子坐～(以)巨

 六・天甲 6/飤(食)～(以)義(儀)

 六・天甲 6/立～(以)縣

 六・天甲 6/行～(以)興

 六・天甲 8/不可～(以)不(聞)恥厇(度)

 六・天甲 9/僡(懷)民則～(以)悳(德)

 六・天甲 9/剆(斷)型(刑)則～(以)袞(哀)

 六・天乙 1/凡天子建之～(以)州

 六・天乙 1/邦君建之～(以)垞

 六・天乙 1/夫=(大夫)建之～(以)里

 六・天乙 1/士建之～(以)室

 六・天乙 4/必中青～(以)罹(羅—麗)於勿

 六・天乙 5/根之～(以)玉枓

 六・天乙 6/～(以)巨

 六・天乙 6/飤(食)～(以)義

 六・天乙 6/立～(以)縣

 六・天乙 6/行～(以)興

 六・天乙 7/不可～(以)不韰(聞)恥厇(度)

 六・天乙 8/僡(懷)民則～(以)悳(德)

 六・天乙 8/剆(斷)型(刑)則～(以)袞(哀)

 七・武 2/牆(將)～(以)箸(書)視(示)

 七・武 4/息(仁)～(以)旻(得)之

七・武 4/𢝊(仁)～(以)守之

七・武 5/不𢝊(仁)～(以)㝵(得)之

七・武 5/𢝊(仁)～(以)獸(守)之

七・武 5/不𢝊(仁)～(以)㝵(得)之

七・武 5/不𢝊(仁)～(以)獸(守)之

七・武 12/～(以)䎽(問)虐(乎)

七・武 13/弄(奉)丹箸(書)～(以)朝

七・鄭甲 1/不㲄(穀)日欲～(以)告夫=(大夫)

七・鄭甲 1/～(以)邦之㥳(怲—病)㠯(以)㤩(急)

七・鄭甲 2/㠯(以)邦之㥳(怲—病)～(以)㤩(急)

七・鄭甲 2/～(以)叟(没)内(入)坔(地)

七・鄭甲 3/女(如)上帝䰠(鬼)神～(以)爲惹(怒)

七・鄭甲 3/虐(吾)牆(將)可(何)～(以)㕣(答)

七・鄭甲 4/毋～(以)城(成)名立於上

七・鄭甲 5/奠(鄭)人命～(以)子良爲執命

七・鄭甲 5/紀(疏)索～(以)紎

七・鄭甲 6/～(以)子豢(家)之古(故)

七・鄭甲 7/君王必進帀(師)～(以)辸之

七・鄭甲 7/王安還軍～(以)辸之

七・鄭乙 1/不㲄(穀)日欲～(以)告夫=(大夫)

七・鄭乙 1/～(以)邦之㥳(怲—病)㠯(以)㤩(急)

七・鄭乙 2/㠯(以)邦之㥳(怲—病)～(以)㤩(急)

七・鄭乙 2/牆(將)保丌(其)𢡺(恭)炎(嚴)～(以)叟(没)内(入)坔(地)

七・鄭乙 3/女(如)上帝〔䰠(鬼)神〕～(以)爲惹(怒)

七・鄭乙 3/虐(吾)牆(將)可(何)～(以)㕣(答)

七・鄭乙 5/奠(鄭)人命～(以)子良爲執命

七・鄭乙 5/紀(疏)索～(以)紎

七・鄭乙 6/～(以)子豢(家)之古(故)

七・鄭乙 7/君王必進帀(師)～(以)辸之

七・鄭乙 7/王女(安—焉)還軍～(以)辸之

七・君甲 4/宫妾～(以)十百婁(數)

七・君甲 5/之〈先〉王㪽=(之所)～(以)爲目觀也

七・君甲 7/人～(以)君王爲㪽(所)㠯(以)䠞(傲)

七·君甲 7/人㠯(以)君王爲炃(所)～(以)戳(傲)

七·君乙 4/宫妾～(以)十百婁(數)

七·君乙 5/先王斎=(之所)～(以)爲目觀也

七·君乙 6/人～(以)君王爲戳(傲)

七·凡甲 7/虐(吾)奚～(以)爲頁(首)

七·凡甲 13/卉(草)木旻(得)之～(以)生

七·凡甲 13/含(禽)獸旻(得)之～(以)鼠(鳴)

七·凡甲 17/☐⿰鼠一(一)～(以)爲天陛(地)旨

七·凡甲 18/奚～(以)智(知)丌(其)白(泊)

七·凡甲 22/所～(以)攸(修)身而詞(治)邦豖(家)

七·凡甲 30/之～(以)智(知)天下

七·凡甲 30/少(小)之～(以)詞(治)邦

七·凡乙 6/虐(吾)奚～(以)爲頁(首)

七·凡乙 22/大之～(以)智(知)天下

七·凡乙 22/少(小)之～(以)詞(治)邦

七·吴 3/道～(以)告吴

七·吴 5/～(以)此前逡(後)之

七·吴 5/～(以)牧民而反志

七·吴 5/～(以)宔(廣)東海(海)之表

七·吴 8/～(以)陳(陳)邦非它也

七·吴 9/～(以)斈(賢)多异(期)

七·吴 9/自暑日～(以)迲(往)

八·子 2/～(以)受單(戰)攻之飤(食)於子

八·顔 2/所～(以)敬又(有)

八·顔 2/所～(以)爲樂也

八·顔 5/所～(以)信也

八·顔 6/攸(修)身～(以)先

八·顔 7/歬(前)～(以)専(博)愂〈忎(愛)〉

八·顔 7/道(導)之～(以)僉(儉)

八·顔 7/歬(前)之～(以)讓

八·顔 11/所～(以)凥(處)悬(仁)也

八·顔 11/所～(以)取新(親)也

八·成 8 皆欲～(以)亓(其)邦亯(就)之

 八・成 10/能～(以)亓(其)六臢(藏)之獸(守)取新(親)女(安—焉)

 八・成 12/～(以)進則愓(傷)女(安—焉)

 八・成 13/～(以)罣罙畓☐

 八・成 14/可～(以)智(知)善否

 八・成 14/可～(以)智(知)亡才(哉)

 八・命 2/～(以)辱鈫(斧)疐(鑕)

 八・命 2/亦可(何)～(以)告我

 八・命 3/命求言～(以)畣(答)

 八・命 3/女(如)～(以)僕(僕)之觀貝(視)日也

 八・命 4/～(以)畀(屏)榑(輔)我

 八・命 5/不～(以)厶(私)思〈惠〉厶(私)悁(怨)内(入)于王門

 八・命 5/非而所～(以)复(復)

 八・命 8/君王之所～(以)命與所爲於楚邦

 八・命 10/僕(僕)～(以)此胃(謂)視日十又厽(三)亡僕(僕)

 八・王 4/～(以)員(損)不蔱(穀)之

 八・志 1/～(以)叜謌王夫=(大夫)之言

 八・志 3/爾亡(無)～(以)臚(慮?)枉(匡)正我

 八・志 3/攺(毆—抑)忑(忌)韋(諱)譴(讒)託(?)～封亞(惡)虗(吾)

 八・志 4/蟲材～爲獻

 八・志 4/所～(以)辠(罪)人

 八・志 4/然～(以)譴(讒)言相忞(謗)

 八・志 5/虗(吾)～(以)尒(爾)爲遠自爲

 八・李 2/～(以)李(理)人情

 八・有 5/視毌～(以)三謚

 九・成甲 2/～(以)亓(其)善行帀(師)

 九・成甲 3/畣(合)邦～(以)畬=(飲酒)

 九・成乙 1/～(以)子玉之未患(慣)

 九・靈 3/不能～(以)它器

 九・靈 3/或不能馯(御)之～(以)逯(歸)

 九・靈 3/命～(以)亓(其)策逯(歸)

 九・靈 3/虎秉策～(以)逯(歸)

 九・陳 1/～(以)雚(觀)帀(師)徒女(安—焉)

 九・陳 10/～(以)緹師徒

 九・陳 12/尖=(小人)牆(將)～(以)戕(壯)士

 九・陳 12/喬山～(以)退之

 九・陳 13/鉦鐃～(以)左

 九・陳 13/鈍(錞)釪(于)～(以)右

 九・陳 13/鍡₌(金鐸)～(以)徙(跪)

 九・陳 13/木鍡(鐸)～(以)记(起)

 九・陳 13/鼓～(以)進之

 九・陳 13/鞞(鼙)～(以)㞢₌(止之)

 九・陳 14/～(以)厚王卒(卒)

 九・舉 3/子嘗～(以)此謑(稽)之

 九・舉 8/或～(以)興

 九・舉 8/或～(以)亡

 九・舉 21/甬(勇)～(以)果

 九・舉 21/而潛(浸)～(以)成

 九・舉 23/先(堯)～(以)四割(害)之文(紊)爲未也

 九・舉 30/～(以)滜(瀆)天下

 九・舉 31/墨(禹)史(使)民～(以)二和

 九・舉 32/毋(誨/謀?)～(以)裳(勞)民

 九・邦 1/耆(胡)不～(以)至皶(命)

 九・邦 8/而并是二者～(以)邦君

 九・邦 10/賞之～(以)焚或(國)百貞(畛)

 九・邦 11/賞之～(以)西軖(廣)田百貞(畛)

 九・邦 12/～(以)鄴(葉)之遠

 九・邦 13/虐(吾)敳(豈)敔(敢)～(以)佘(爾)嬰(亂)邦

 九・史 2/～(以)亓(其)子

 九・史 5/子～(以)氏(是)視之

 九・史 7/此所～遊(失)

 九・史 10/□又(有)民～(以)來

 九・史 11/不可～弗戒

 九・史 11/邦家～(以)徲(遲—夷?)

 九・卜 4/婦人幵～(以)歆(飲)飤(食)

 九・卜 4/倀(丈)夫罙(深)～(以)伏匿

 九・卜 6/母(毋)卒(卒)～(以)易

 卉 2/敬戒～(以)時(待)

 九・舉 12/安共(恭)～(以)

午　部

午

 二・容 51/戊～之日

未 部

未

一・孔 17/東方～明又(有)利詞(詞)

一・孔 19/《木苽(瓜)》又(有)寂(藏)忍(願)而～旻(得)達也

一・緇 10/～見聖

一・性 22/～言而信

一・性 22/～季(教)而民恒

二・容 52/受(紂)不智(知)丌(其)～又(有)成正(政)

三・周 58/～淒(濟)

三・彭 3/～則于天

四・昭 10/虛(吾)～又(有)㠯(以)憙(憂)亓(其)子

四・柬 7/～尚(嘗)又(有)

四・柬 9/王夢晶(三)閨～啟

四・曹 43/三軍～成戦(陳)

四・曹 43/～豫(舍)

五・弟 9/虛(吾)餌(聞)而～之見也

五・弟 21/☒虛(吾)～見□而訐(信)
籛

五・弟 21/～見譱(善)事人而忌籛

五・弟附簡/～可胃(謂)悬(仁)也

五・三 22/～可㠯(以)遂

三・亙 1/～又(有)天墜(地)

三・亙 1/～

三・亙 2/而～或明

三・亙 2/～或茲(滋)生

六・競 12/則～旻(得)與昏(聞)

六・孔 6/人之～訔(察)

六・孔 20/～足

六・用 1/參節之～旻(得)

六・用 11/若罔之～癹(發)

七・鄭乙 6/帀(師)～還

七・凡甲 3/～智(知)左右之請(情)

七・凡甲 19/啟之又(有)～

七・凡乙 2/～智(知)左右之請

七・凡乙 13/啟之又(有)～

八・子 1/生～又(有)所奠(定)

八・王 1/王～倉(答)之

八・王 2/虐(吾)～

九・成甲 4/白(伯)郢(嬴)曰:君王胃(謂)子玉～患(慣)

九・成乙 1/目(以)子玉之～患(慣)

九・霝 2/緍(申)城(成)公裊、丌(其)子虎～畜(蓄)頒(髮)

九・舉 23/先(堯)目(以)四割(害)之文(紊)爲～也

九・邦 5/～旻(得)王

九・邦 11/～尚(嘗)不許

九・史 10/～或能才(栽)立(粒)於墬(地)之上

申　部

申

二・容 53/武王素麐(甲)目(以)～(陳)於鬠(殷)蒿(郊)

九・陳 18/～(陣)於壍(坎)

九・陳 19/～(陣)於陸阬(崗)

九・陳 19/～(陣)於娖嬰

九・陳 20/傴～(陣)逡(後)

九・陳 20/～(陳)逡(後)若繩(黽/繩?)

九・陳 20/或傴～(陳)前

酉　部

酉

五・弟 8/畬(飲)～(酒)女(如)浧

二・容 45/或(又)爲～(酒)池

二・容 45/詼(厚)樂於～(酒)

二・容 53/土玉水～(酒)

四・采 2/豊又(侑)～(酒)

 六・孔 26/不昧～(酒)肉

 九・史 6/幽色与(與)～(酒)

酌

 三・周 57/不女(如)西署(鄰)之～祭

醬(牆)

牆

 一・孔 4/丌(其)甬(用)心也～(將)可(何)女(如)

 一・孔 4/丌(其)甬(用)心也～(將)可(何)女(如)

 一・孔 17/～(將)中(仲)之言

 二・魯 4/石～(將)焦

 二・魯 4/木～(將)死

 二・魯 5/水～(將)沽(涸)

 二・魯 5/魚～(將)死

 三・彭 1/乃～(將)多昏(問)因由

 四・柬 4/～(將)祭之

 四・柬 10/～(將)必

 四・柬 11/～(將)命之攸(修)

 四・柬 17/～(將)爲客告

 四・柬 17/君皆楚邦之～(將)軍

 四・柬 19/～(將)正

 四・柬 22/～(將)必智(知)之

 四・柬 22/君王之疠(病)～(將)從含(今)日言(以)已

 四・曹 40/人叓(使)～(將)䡈(軍)

 四・曹 40/～(莊)公曰

 四・曹 51/～(將)逿(復)戰(戰)

 二・民 8/～(將)可季(教)時(詩)矣

 二・容 50/天～(將)戝(誅)女(安—焉)

 二・容 53/天～(將)戝(诛)女(安—焉)

 四・采 2/～(將)完(美)人

 四・昭 1/～(將)袼之

 四・昭 1/～(將)袼

 四・昭 1/～(將)迈(蹠)閨

 四・昭 2/～(將)剸(斷)於含(今)日

 四・昭 2/小人～(將)訋(召)寇(寇)

 四・昭 3/僕(僕)～(將)埮亡老□

 四・昭 4/僕(僕)～(將)訋(召)寇(寇)

四・昭 6/～(將)取車

四・昭 6/～(將)取車

四・柬 9/～(將)鼓而涉之

四・柬 19/人～(將)芺(笑)君

四・曹 1/魯臧(莊)公～(將)爲大鐘

四・曹 23/～(莊)公或(又)䎽(問)

四・曹 25/必又二～(將)䡇(軍)

四・曹 31/盟(明)日～(將)戩(戰)

四・曹 51/明日～(將)戩(戰)

五・競 5/害～(將)逨(來)

五・競 5/～(將)又(有)兵

五・鮑 2/寡人～(將)迿佾

五・鮑 5/湋(奄)肰(然)～(將)芒(亡)

五・三 2/皇天～(將)嬰(興)之

五・三 2/上帝～(將)憎之

五・三 14/～(將)嬰(興)勿殺

五・三 14/～(將)齊勿桍(刳)

港甲 10/□～(將)彀

四・曹 39/我叀(使)～(將)䡇(軍)

四・曹 25/母(毋)～(將)䡇(軍)必有數辟(嬖)大夫

四・曹 32/～(將)㬳(早)行

四・曹 32/既戩(戰)～(將)歔(撓)

四・曹 60/如～(將)弗㪅(克)

六・競 2/～(將)〔退〕

六・競 11/古死丌(其)～(將)至

六・孔 7/古(故)～(將)㠯(以)告

六・莊 6/臣不智(知)君王之～(將)爲君

六・莊 7/臣～(將)或至女(安—焉)

六・木 2/臣～將又(有)告

七・武 2/～(將)㠯(以)箸(書)視(示)

七・武 8/祧(禍)～(將)長

七・武 9/祧(禍)～(將)大

七・武 9/祧(禍)～(將)言(然)

七・武 12/～(將)道之

 七・鄭甲 2/～(將)保丌(其)龔(恭)炎(嚴)

 七・鄭甲 3/虗(吾)～(將)可(何)吕(以)倉(答)

 七・鄭甲 3/～(將)必爲帀(師)

 七・鄭甲 4/～(將)必囟(使)子豙(家)

 七・鄭甲 6/～(將)救奠(鄭)

 七・鄭甲 6/王～(將)還

 七・鄭甲 7/含(今)晉人～(將)救子豙(家)

 七・鄭乙 2/～(將)保丌(其)龔(恭)炎(嚴)

 七・鄭乙 3/虗(吾)～(將)可(何)吕(以)倉(答)

 七・鄭乙 3/～(將)必爲帀(師)

 七・鄭乙 4/我～(將)必囟(使)子豙(家)

 七・鄭乙 6/～(將)救奠(鄭)

 七・鄭乙 6/王～(將)還

 七・凡甲 9/足～(將)至千里

 七・凡甲 10/～(將)可(何)聖(聽)

 七・凡甲 10/～(將)可(何)正(征)

 七・凡甲 10/～(將)可(何)浧(盈)

 七・凡乙 7/足～(將)至千里

 七・凡乙 8/～(將)可(何)正(征)

 七・凡乙 8/～(將)可(何)浧(盈)

 七・吴 1/馬～(將)走

 八・子 3/⧄～(將)女(安—焉)迲(往)

 八・子 5/司寇(寇)～(將)見我

 八・有 1/又(有)皇(凰)～(將)记(起)今可(兮)

 八・有 4/～(將)莫皇今可(兮)

 八・有 4/女=(如女)子～(將)渫(泣)今可(兮)

 九・靈 5/王～(將)述(墜)邦弗能(止)

 九・陳 4/～(將)出帀(師)

 九・陳 5/司馬進於～(將)軍(軍)

 九・陳 5/～(將)軍(軍)乃許若(諾)左右司馬

 九・陳 11/尖=(小人)～(將)吕(以)戕(壯)士

 九・陳 15/～(將)軍(軍)逡(後)出女(安—焉)

九・舉 3/丌(其)白墨(黑)～(將)可智(知)也

九・舉 11/～(將)反(返)

九・卜 6/毆～(將)又(有)沒(役)

九・邦 4/～(將)迈(適)郢

九・邦 5/～(將)必死

九・卜 1/～(將)迲(去)亓(其)里

五・姑 8/～(將)大害

酓

三・周 50/～(飲)飤(食)衎=(衎衎)

五・弟 8/～(飲)酉(酒)女(如)淫(淆)

九・陳 3/～(熊)⿱雨毛(雪?)、子粖(麻)與鄁(巴)人戰於駱州

九・邦 10/而邦人不爯(稱)～(貪?)女(安—焉)

⿰酉言

二・昔 1/叐(庶)～

酖

六・莊 1/㠯(以)昏(問)～(沈)尹子桱(莖)

六・莊 2/～(沈)尹固㝵(辭)

六・莊 2/～(沈)尹子桱(莖)倉(答)

六・莊 4/～(沈)尹子桱(莖)曰

⿱龹酉

六・天甲 10/～(尊)且(俎)不折(制)事

六・天乙 9/～(尊)且(俎)不折(制)事

酋　部

酋

二・容 1/丌(其)悳(德)～清

亥　部

豥

五・競 10/或㠯(以)豊(豎)逗(刁)舁(與)～(易)舌(牙)爲相

合 文

天

 四・曹 26/～=(一人)又(有)多

 七・君甲 4/～=(一人)土(杜)門而不出

百

 三・中 24/～=(一日)吕(以)善立

 三・中 24/～=(一日)吕(以)不善立

䭫

 九・卜 1/卟(兆)～=(頪首)内(入)止(趾)

𠦃

 七・君甲 8/戊行年～=(七十)矣

 七・君乙 8/戊行年～=(七十)矣

卆

 九・舉 31/賽(塞)尃(敷)～=(九十)

卡

 一・孔 4/～=(上下)之不和者

 三・中 22/～=(上下)相返(復)吕(以)忠

 四・曹 16/～=(上下)和戱(且)咠(輯)

 四・曹 34/觀～=(上下)之青(情)愚(僞)

帝

 四・柬 6/夫～=(上帝)䰡(鬼)神高明

𠅝

 三・周 32/恳(悔)～=(亡喪)馬

夫

 四・昭 1/王戒邦～=(大夫)吕(以)歙=(歙酒)

 四・昭 5/卒(卒)吕(以)～=(大夫)歙(歙酒)於坪(平)潇

四・柬 23/君善～=(大夫)

四・曹 25/母(毋)牆(將)銄(軍)必又(有)數辟(嬖)～=(大夫)

四・曹 25/毋(無)俾(嬖)～=(大夫)

四・曹 39/我叓(使)～=(大夫)

四・曹 39/人叓(使)～=(大夫)

五・競 1/公昏(問)二～=(大夫)

五・姑 9/告弜(強)門～=(大夫)

五・姑 10/弜(強)門～=(大夫)

一・緇 12/毋吕(以)辟士𧕿(疾)～=(大夫)向(卿)使(士)

一・緇 14/虗(吾)～=(大夫)龏(恭)叡(且)僉(儉)

六・天甲 1/～=(大夫)聿(建)之吕(以)里

七・吴 4/丌(其)～=(大夫)

七・吴 7/三～=(大夫)

七・吴 9/三～=(大夫)

七・鄭甲 1/臧(莊)王就(就)～=(大夫)而與之言曰

七・鄭甲 1/不穀(穀)日欲吕(以)告～=(大夫)

七・鄭甲 6/～=(大夫)皆進曰

七・鄭乙 1/臧(莊)王就(就)～=(大夫)而與(與)之言曰

七・鄭乙 1/不穀(穀)日欲吕(以)告～=(大夫)

七・鄭乙 6/～=(大夫)皆進曰

八・命 2/先～=(大夫)之風(諷)訞(諫)遺命

八・命 6/先～=(大夫)訇命(令)尹

八・命 7/子胃(謂)昜(陽)爲擘(賢)於先～=(大夫)

八・王 2/虗(吾)鼠(一)恥於告～=(大夫)

八・王 4/忨(願)～=(大夫)之母(毋)徒

八・志 1/吕(以)芰謌王～=(大夫)之言

旹

二・容 51/戊午～=(之日)

五・三 18/川(順)天～=(之時)

志

五・季 7/目(以)篋(誌)孯=(君子)～=(之志)

⿱之所

二・從甲 9/正(政)～=(之所)怠(治)也

四・曹 64/虗(吾)一谷(欲)餌(聞)三弋(代)～=(之所)

五・季 9/異於丘～(之所)昏(聞)

五・季 12/先=(先人)～=(之所)善亦善之

五・季 12/先=(先人)～=(之所)叓(使)而行之

五・季 15/先=(先人)～=(之所)灋(廢)勿记(起)

五・季 21/因邦～=(之所)郒(賢)而舉(興)之

七・君甲 5/之〈先〉王～=(之所)目(以)爲目觀也

七・君乙 5/先王～=(之所)目(以)爲目觀也

七・凡甲 28/百眚(姓)～=(之所)貴唯君

七・凡甲 28/君～=(之所)貴唯心

七・凡甲 28/心～=(之所)貴唯⿰鼠一(一)

七・凡乙 20/百眚(姓)～=(之所)貴唯君

七・凡乙 20/君～=(之所)貴唯心

七・凡乙 20/心～=(之所)貴唯⿰鼠一(一)

九・舉 9/天～=(之所)向

九・舉 9/天～=(之所)伓(背)

㞢

四・昭 1/䧿人～=(止之)曰

九・陳 13/䡆(鞏)㠯(以)～=(止之)

九・邦 8/乃魚固祝而～=(止之)

九・靈 2/䊵(執)事人～=(止之)

叏

港甲 8/～

九・陳 14/命陳公惶(狂)～=(待之)

伓

一・緇 13/則民～=(不倍)

孫

二・民 12/它(施)及～=(子孫)

四・柬 10/皮(彼)聖人之～=(子孫)

五・三 3/至於～=(子孫)

七・吴 6/聶(攝)周～=(子孫)

九・卜 7/我周之～=(子孫)

忠

六・孔 3/畺～=(中心)樂之

時

九・陳 2/不戳(戰)而～=(待之)

頓

九・邦 9/𩈁(就)鄒(蔡)大祝二拜～=(頓首)曰

尖

三・周 8/～=(小人)勿用

三・周 31/～=(小人)否

五・季 7/～=(小人)藋之

三・中 16/～=(小人)之至者

五・鬼 8/☒□～=(小人)餌(聞)壵昜(湯)

五・季 7/～=(小人)母(毋)寫(寐)

九・陳 11/～=(小人)牺(將)㠯(以)戕(壯)士

九・靈 3/～=(小人)學(幼)

㤅

一・孔 8/《少(小)旻(文)》多～=(疑矣)

急

四・曹 45/既戰(戰)而有～=(怠心)

卷

一・緇 13/則民又(有)～=(遜心)

輂

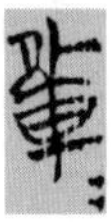
九・靈 2/虎亶(乘)一～=(棧車)駟

鋘

九・陳 13/～=(金鐸)㠯(以)䞼(跪)

庵

九・史 8/人之～=(顏色)亓(其)爲之

昊

一・孔 6/《～=(昊天)又(有)成命》

孔

一・孔 1/～=(孔子)曰

一・孔 3/～=(孔子)曰

一・孔 7/～=(孔子)曰

一・孔 16/～=(孔子)曰

一・孔 21/～=(孔子)曰

一・孔 27/～=(孔子)曰

二・子 1/～=(孔子)曰

二・子 2/～=(孔子)曰

二・子 3/～=(孔子)曰

二・子 7/～=(孔子)曰

二・子 8/～=(孔子)曰

二・子 9/子羔昏(問)於～=(孔子)曰

二・子 9/～=(孔子)曰

二・魯 1/哀公胃(謂)～=(孔子)

二・魯 1/～=(孔子)倉(答)曰

二・魯 2/～=(孔子)曰

二・魯 5/～=(孔子)曰

四・相 2/～=(孔子)

四・相 4/～=(孔子)退

四・相 4/～=(孔子)曰

二・民 1/～=(孔子)倉(答)曰

二・民 3/～=(孔子)曰

二・民 5/～=(孔子)曰

二・民 8/～=(孔子)曰

二・民 10/～=(孔子)

三・中 1/中(仲)弓吕(以)告～=(孔子)曰

三・中 6/～=(孔子)曰

三・中 11/～=(孔子)曰

三・中 12/～=(孔子)

三・中 15/～=(孔子)曰

三・中 20/～=(孔子)曰

三・中 26/～=(孔子)曰

三・中附簡/～=(孔子)曰

五・季 1/季庚(康)子䎽(問)於～=(孔子)曰

五・季 2/～=(孔子)曰

五・季 6/～=(孔子)曰

五・季 11/～=(孔子)

五・季 13/～=(孔子)曰

五・季 15/～=(孔子)曰

港甲 5/～=(孔子)詞(辭)㠯(以)豊(禮)

八・顏 1/彥(顏)困(淵)䎽(問)於～=(孔子)曰

八・顏 1/～=(孔子)曰

八・顏 1/～=(孔子)曰

八・顏 6/～=(孔子)曰

八・顏 6/～=(孔子)曰

八・顏 10/～=(孔子)曰

⿱古之

三・中 21/～=(古之)事君者㠯(以)忠與敬

⿱者又

三・中 19/䝿(賢)～=(者又)☑

箸

五・季 6/夫～=(書者)

斉

一・緇 11/～=(如其)弗克見

虖

八・成 12/～=(虎乎—嗚呼)

舍

八・鶹 1/子可(何)～=(舍余)今可(兮)

昷

四・曹 31/～=(明日)牆(將)戰(戰)

八・王 5/亓(其)～=(明日)

珪

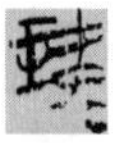
七・君甲 3/～=(珪玉)之君

七・君乙 3/～=(珪玉)之君

倀

九・卜 3/～=(丈人)乃哭甬(踴)

⿱日月

三・中 1/9/～=(日月)星辰(辰)猷(猶)差

六・天甲 5/～=(日月)旻(得)亓(其)甫(輔)

六·天乙5/～=(日月)直(得)亓(其)甫(輔)

季

五·弟1/娗(延)陸(陵)～=(季子)僑而弗受

五·弟1/娗(延)陸(陵)～=(季子)亓(其)天民也啓(乎)

骨

七·凡甲5/～=(骨肉)之既秫(靡)

七·凡甲6/～=(骨肉)之既秫(靡)

七·凡乙4/～=(骨肉)之

七·凡乙5/～=(骨肉)之既秫(靡)

孯(孯、君)

孯

一·孔1/2/《樛(樛)木》福斯才(在)～=(君子)

二·從甲4/是古(故)～=(君子)訢(慎)言而不訢(慎)事

二·從甲5/～=(君子)不憂(緩)則亡(無)已(以)頌(容)百眚(姓)

二·從甲13/～=(君子)之相遼(就)也

二·從甲16/～=(君子)藥(樂)則紿(治)正(政)

二·從甲17/～=(君子)難旻(得)而惕(易)史(事)也

二·從乙5/是古(故)～=(君子)勥(強)行已(以)時(待)名之至也

二·從乙5/～=(君子)翻(聞)善言

一·緇3/弔(淑)人～=(君子)

一·性28/～=(君子)執志必又(有)夫柱=(柱柱)之心

三·中16/～=(君子)無所朕(厭)人

三·中20/含(今)之～=(君子)

五·季1/青(請)昏(問)～=(君子)之從事者

五·季2/～=(君子)才(在)民之上

五·季3/氏(是)～=(君子)之恥也

五・季 3/是古(故)～=(君子)玉亓(其)言

五・季 4/～=(君子)龏(恭)則述(遂)

五・季 6/㠯(以)箸(書)～=(君子)之悳(德)也

五・季 7/㠯(以)篾(誌)～=(君子)志=(之志)

五・季 7/㠯(以)斤～=(君子)之行也

五・季 7/～=(君子)涉之

五・季 7/～=(君子)敬城亓(其)悳(德)

五・季 8/～=(君子)不可㠯(以)不弝(強)

五・季 9/～=(君子)弝(強)則遺

五・季 18/丘也昏(聞)～=(君子)☐

五・季 23/此～=(君子)從事者之所啻𠜾也

一・緇 3/害(淑)人～=(君子)

君

一・緇 16/～=(君子)弗行

一・緇 17/古(故)～=(君子)頁(顧)言而行

一・緇 21/隹(惟)～=(君子)能好丌(其)匹

一・緇 22/古(故)～=(君子)之沓(友)也又(有)皙(香)

一・性 12/～=(君子)完(美)丌(其)情

先

二・從甲 17/少(小)人～=(先人)

五・季 12/～=(先人)鄏=(之所)善亦善之

五・季 12/～=(先人)之所貞(使)而行之

五・季 14/叡(且)夫戝含之～=(先人)

五・季 14/幾敢不㠯(以)亓(其)～=(先人)之連(傳)等(誌)告

五・季 15/～=(先人)鄏=(之所)瀍(廢)勿记(起)

七・吴 1/～=(先人)

惪

一・性 39/凡人～=(僞爲)可亞(恶)也

𤙖

八・命 4/外臣而居虗(吾)～=(左右)

㱃(㱃、酓)

㱃

四・昭 1/王戒邦夫=(大夫)己(以)～=(飲酒)

四・昭 5/졸(卒)己(以)夫=(大夫)～=(飲酒)於坪滿

四・曹 11/不～=(飲酒)

酓

九・成甲 3/倉(合)邦己(以)～=(飲酒)

九・成甲 3/頁(顧)寺(持)侜(舟)～=(飲酒)

卅

二・容 5/～=(三十)又(有)七年而民夂(終)

二・容 42/湯王天下～=(三十)又(有)一傑(世)而受(紂)复(作)

褱

四・昭 6/被～(褳衣)

四・昭 6/被～(褳衣)

四・昭 7/君王至於定各(冬)而被～(褳衣)

存疑字

未識字

一・緇 7/又(有)～(覺?)悳(德)行

一・緇 9/～容又(有)祟(常)

一・性 38/人之～肰(然)可與咊(和)安者

二・從甲 10/敬、～、信

二・容 3/～棄不槩

二・容 6/卅=有七年而～終

二・容 40/立於中～

二・容 46/～、宗、審(密)須是(氏)

三・周 14/母(毋)頞(疑)塱(倗)故(盍)～

五・鬼 8/□聞～湯

三・周 30/莫之雾(勝)～

三・周 49/礪(厲)～心

三・中 25/含(今)之君子叓(使)人不聿(盡)丌(其)～☐

三・亙 11/亓(丌)～(龙?)不自若

三・亙 11/亓(丌)蘩～不自若

四・采 2/～商

四・采 1/疋～月

四・采 4/□□=(□□)亓～也

四・采 4/羽～

四・采 5/邛～戋虎

四・昭 9/大尹之言脽可～

四・昭 2/少(小)人之告～

四・柬 14/王印而～而泣

 四·内 7/孝子不～

 四·内 8/冕(冠)不～

 五·季 16/君曰：～豊(禮)

 五·季 23/此孠=(君子)從事者之所啻～也

 五·姑 9/女出内厙(庫)之繇～而金(余)之兵

 五·弟 10/印(卬)目(以)～(屬)官

 五·三 12/十室之～

 五·三 17/死(恒)道必～

 五·鬼 6/業(蹼)逡(後)～□

 六·孔 8/～又此佫(效)也

 六·孔 26/役不奉～

 六·孔 5/～弗見也

 六·壽 7/民～賠(瞻)望

 六·孔 7/頌(容)貌不～

 六·孔 14/～不難虐(乎)

 六·孔 20/臥〈剴(豈)〉敢訖(望)之

 六·用 20/而又(有)縸=(漠漠)之～

 八·成 13/目(以)罨罙～☐

 八·命 4/則戠爲民～窩

 九·舉 11/文王乃～

 九·陳 19/申(陣)於～罌

 九·邦 9/～鄒(蔡)大祝二拜頓=(頓首)

 九·邦 11/君王～(嘉)臣之青(請)命

 九·史 12/～不

 卉 3/敢帏(陳)～羣(較)

殘字

 一·孔 1

 一·孔 17

 一·孔 20/虐(吾)目(以)《折(杕)杜》旻(得)雀□☐

 一・孔 24/㠯(以)□□之古(故)也

 一・孔 28

 一・孔 19/〼～志

 一・緇 7

 一・緇 11

 一・緇 14

 一・緇 20

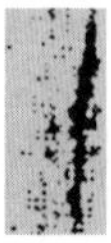 一・性 6

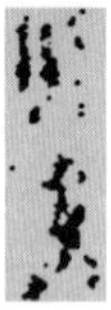 一・性 9

 一・性 13

 一・性 13

 一・性 13

 一・性 17

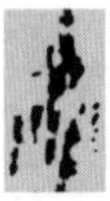 一・性 21

 一・性 21

 一・性 21

 一・性 21

 一・性 21

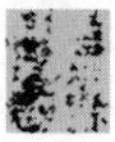 一・性 22

 一・性 22

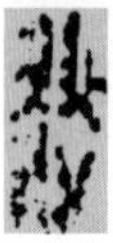 一・性 27/甬(用)心谷(欲)悳(德)而毋～

 一・性 27/遻(退)谷(欲)□而毋□

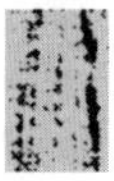 一・性 27

 一・性 27/甬(用)心谷(欲)悳(德)而毋～

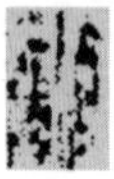 一・性 27/遻(退)谷～而毋□

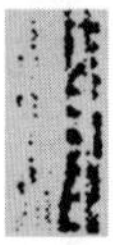 一・性 28

 一・性 28

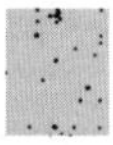 一・性 29

 一・性 29

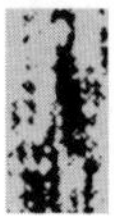 一・性 30

 一・性 31

 一・性 36

 一・性 36/～(擣?)之嬖(氣)也

 一・性殘 1/⧄□～人訐(信)之矣

 一・性殘 1

 一・性殘 1/⧄□□人訐(信)之矣

 一・性殘 2

 一・性殘 3

 二・民 4/～(哀)亦至焉

 二・民 6

 二・子 8/⧄～而和

 二・容 4

 二・子 11

 二・從甲 1

 二・從甲 8

 二・從乙 32

 二・容 4/□□於是虐(乎)

 二・容 11

 二・容 15

 二・容 24

 二・容 32/吕(以)毀(讓)於～

 二・容 36

 二・容 43

 二・容 43

 三・周 48

 三・中 12

 三・中 22

 三・中 22

 三・中 25

 三・彭 3

 三・彭 4

 三・彭 7

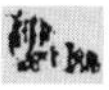 四・采 1

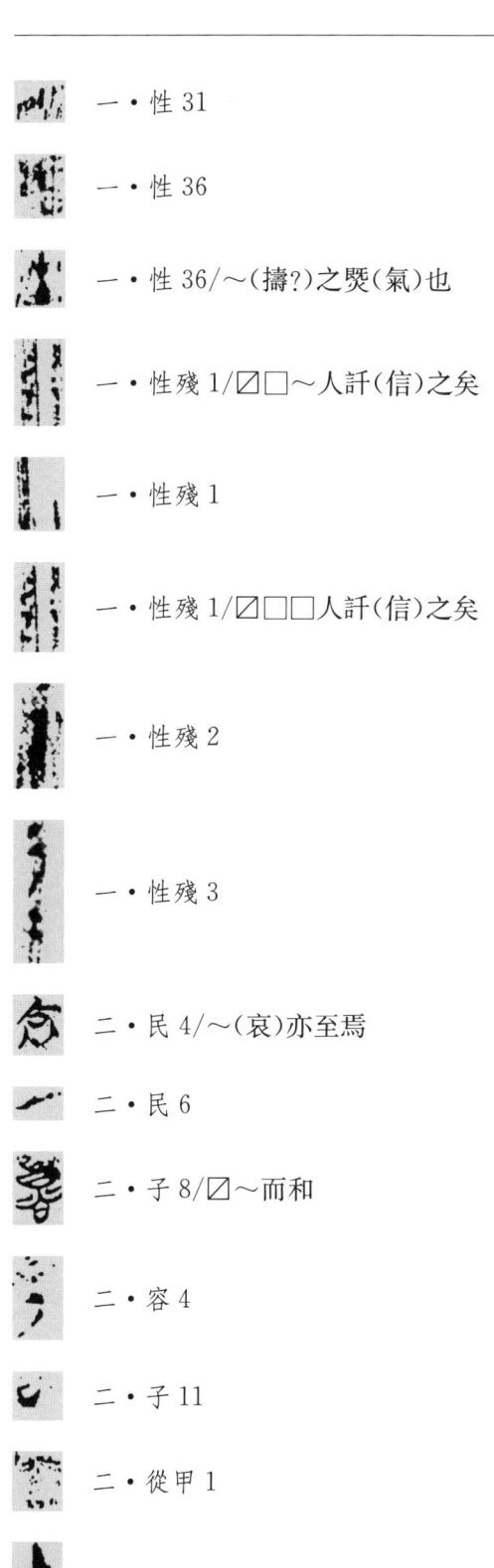

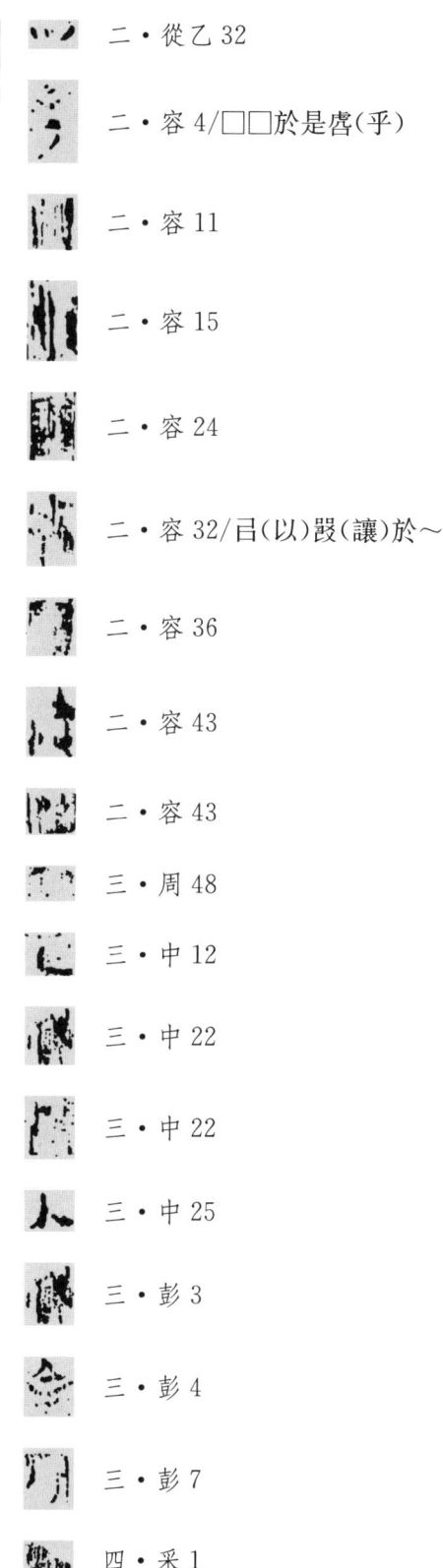

四・采 2

四・采 3

四・采 4

四・逸交 1

四・逸交 4

四・昭 10

四・内 7

四・内附 1

四・相 1

四・相 2

四・相 2

四・相 2

四・曹 17

五・競 1

五・姑 2

五・君 9

五・君 13

五・君 14

五・君 14

五・君 15

五・弟 4

五・弟 11

五・弟 17

五・弟 18

五・弟 20

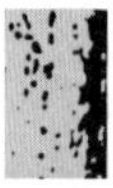
五・弟 21

五・弟 21

五・弟 2

五・弟 21

五・弟 23

五・弟 23

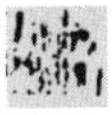 五・弟 24

 五・弟 24

 五・弟附

 五・三 8

 五・三 8

 五・三 8

 五・三 9

 五・三 10/毋～敌

 五・三 15

 五・三 19

 五・鬼 6

 港甲 2/～攷丌(其)人

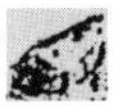 港甲 5/～之仁

 港甲 5/孫安～

 港甲 8/㠯(以)爲㠯己埶子或女～

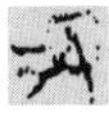 港甲 10/～牆(將)彀

 九・成乙 3

 九・舉 13/～五□一□二正

 九・舉 13/□五～一□二正

 九・舉 13/□五□一～二正

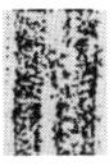 九・舉 13/此曷～之□也

 九・舉 13/此曷□之～也

 九・舉 18/皇帝攸(修)晶(三)員

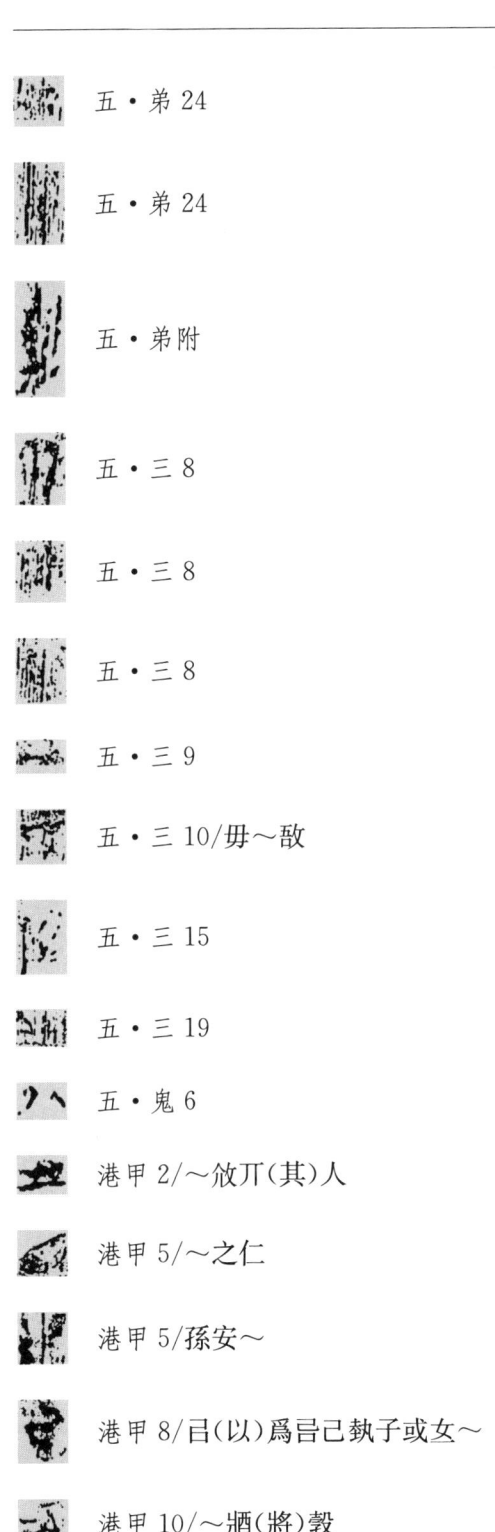

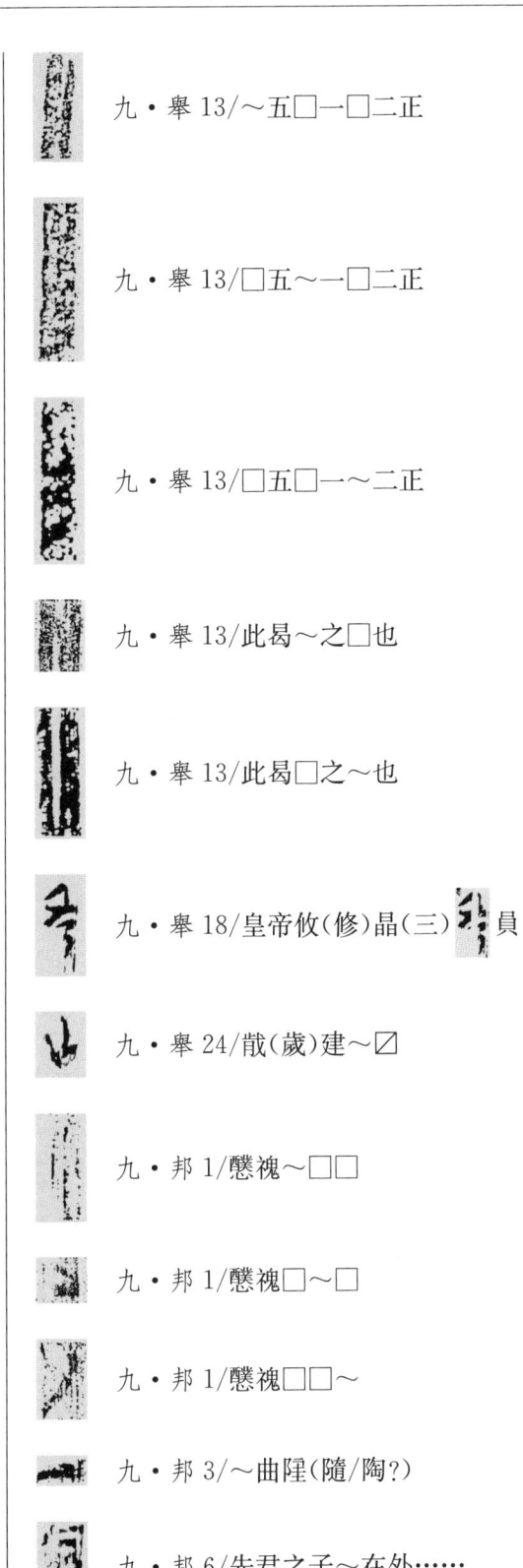

 九・舉 24/戢(歲)建～☐

 九・邦 1/鬷䰟～□□

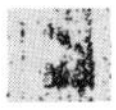 九・邦 1/鬷䰟□～□

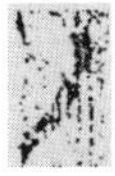 九・邦 1/鬷䰟□□～

 九・邦 3/～曲陘(隨/陶?)

 九・邦 6/先君之子～在外……

九・邦 11/賞之吕(以)西鞋(廣)～百貞(畛)

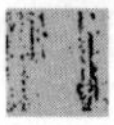
九・史 1/亓(其)～之

九・史 2/～……

九・史 3/自～……

九・史 5/虘(且)夫～

九・史 10/☐～又(有)民吕(以)來

參考文獻

B

白於藍：《釋"玄咎"》，簡帛研究網 2003 年 1 月 19 日。

白於藍：《〈上博簡(二)〉〈容成氏〉編連問題補議》，《華南師範大學學報(社會科學版)》2004 年第 4 期。

白於藍：《讀上博簡(二)劄記》，《江漢考古》2005 年第 4 期。

白於藍：《上海博物館藏竹簡〈容成氏〉"凡民俾敂者"考》，《文物》2005 年第 11 期。

白於藍：《〈曹沫之陳〉新編釋文及相關問題探討》，《中國文字》新 31 期，藝文印書館，2006 年；復旦大學出土文獻與古文字研究中心網 2008 年 3 月 2 日。

白於藍：《簡牘帛書通假字字典》，福建人民出版社，2008 年。

白於藍：《戰國秦漢簡帛古書通假字彙纂》，福建人民出版社，2012 年。

白於藍：《拾遺録——出土文獻研究》，科學出版社，2017 年。

白於藍：《讀簡札記(三則)》，《古文字研究》第 32 輯，中華書局，2018 年。

C

蔡　丹：《上博四〈曹沫之陳〉試釋二則》，簡帛網 2006 年 1 月 3 日。

曹　峰：《楚簡〈恒先〉"祥義利巧綵物出于作"解》，簡帛研究網 2004 年 12 月 26 日。

曹　峰：《〈三德〉零釋》，簡帛網 2006 年 4 月 6 日。

曹　峰：《〈三德〉零釋(二)》，簡帛網 2006 年 4 月 8 日。

曹　峰：《〈三德〉零釋(三)》，簡帛網 2006 年 4 月 11 日。

曹　峰：《上博六〈用曰〉篇劄記》，簡帛研究網 2007 年 7 月 12 日。

曹　峰：《上博六〈用曰〉篇劄記(續一)》，簡帛研究網 2007 年 7 月 12 日。

曹　峰：《上博六〈用曰〉篇劄記(續二)》，簡帛研究網 2007 年 7 月 16 日。

曹方向：《上博八〈蘭賦〉"芳馨馝馞"試解》，簡帛網 2011 年 7 月 26 日。

曹方向：《讀上博楚簡第八册瑣記》，簡帛網 2011 年 8 月 22 日。

曹方向：《上博八〈成王既邦〉札記》，簡帛網 2011 年 7 月 18 日。

曹建敦：《讀上博藏楚竹書〈内豊〉篇劄記》，簡帛研究網 2005 年 3 月 4 日。

曹建墩：《上博簡(九)〈陳公治兵〉初步研究》，《黄河文明與可持續發展》第 8 輯，河南大學出版社，2014 年。

曹建國：《楚簡逸詩〈交交鳴鷖〉考論》，簡帛網 2006 年 11 月 26 日。

曹錦炎：《讀楚簡劄記(二則)》，《華學》第 7 輯，中山大學出版社，2004 年。

曹錦炎：《上海博物館藏楚竹書〈墨子〉佚文》，《文物》2006 年第 7 期。

曹錦炎：《讀上海博物館藏楚竹書劄記(二則)》，《簡帛》第 2 輯，上海古籍出版社，2007 年。

曹錦炎：《楚竹書〈問日〉章與〈列子·湯問〉"小兒辯日"故事》，《古文字研究》第 27 輯，中華書局，2008 年。

曹錦炎：《説上博竹書〈成王爲城濮之行〉的"搜師"》，《簡帛》第 9 輯，上海古籍出版社，2014 年。

曹銀晶：《上博竹書〈姑成家父〉"躬與士處官(從土)"小考》，簡帛網 2007 年 3 月 7 日。

晁福林：《孔子何以頌"葛"——試析上博簡〈詩論〉第 16 簡的一個問題》，《史學集刊》2006 年第 4 期。

晁福林：《上博簡〈仲弓〉疏證》，《孔子研究》2005 年第 2 期。

陳　劍：《〈孔子詩論〉補釋一則》，《中國哲學》第 24 輯，遼寧教育出版社，2002 年。

陳　劍：《上博簡〈子羔〉、〈從政〉篇的拼合與編連問題小議》，簡帛研究網 2003 年 1 月 8 日。

陳　劍：《上博簡〈容成氏〉的拼合與編連問題小議》，簡帛研究網 2003 年 1 月 9 日。

陳　劍：《上博簡〈民之父母〉"而得既塞於四海矣"句解釋》，簡帛研究網 2003 年 1 月 18 日；《上博館藏戰國楚竹書研究續編》，上海書店出版社，2004 年。

陳　劍：《上海博物館藏戰國楚竹書〈從政〉篇研究(三題)》，第三届國際簡帛研討會(Mount Holyoke College, U.S.A., 2004.4.23 - 25)論文；復旦大學出土文獻與古文字研究中心網 2008 年 2 月 23 日；《簡帛研究 2005》，廣西師範大學出版社，2008 年。

陳　劍：《上博竹書〈仲弓〉篇新編釋文(稿)》，簡帛研究網 2004 年 4 月 18 日。

陳　劍：《上博竹書〈曹沫之陳〉新編釋文(稿)》，簡帛研究網 2005 年 2 月 12 日。

陳　劍：《上博竹書〈昭王與龔之脽〉和〈柬大王泊旱〉讀後記》，簡帛研究網 2005 年 2 月 15 日。

陳　劍：《釋上博竹書〈昭王毁室〉的"幸"字》，《漢字研究》第 1 輯，學苑出版社，2005 年；簡帛網 2005 年 12 月 16 日。

陳　劍：《上博竹書異文選釋(六則)》，《出土簡帛文獻與古代學術國際研討會論文集》，臺灣政治大學中文系，2005 年；《文史》2006 年第 4 輯。

陳　劍：《談談〈上博(五)〉的竹簡分篇、拼合與編聯問題》，簡帛網 2006 年 2 月 19 日。

陳　劍：《〈上博(五)〉零劄兩則》，簡帛網 2006 年 2 月 21 日。

陳　劍：《上博竹書"葛"字小考》，簡帛網 2006 年 3 月 10 日；《中國文字研究》第 8 輯，大象出版社 2007 年。

陳　劍:《〈三德〉竹簡編聯的一處補正》,簡帛網 2006 年 4 月 1 日。

陳　劍:《也談〈競建内之〉簡 7 的所謂"害"字》,簡帛網 2006 年 6 月 16 日。

陳　劍:《讀〈上博(六)〉短劄五則》,簡帛網 2007 年 7 月 20 日。

陳　劍:《柞伯簋銘補釋》,《甲骨金文考釋論集》,綫裝書局 2007 年。

陳　劍:《甲骨金文舊釋"䵼"之字及相關諸字新釋》,復旦大學出土文獻與古文字研究中心網 2007 年 12 月 29 日。

陳　劍:《釋上博竹書和春秋金文的"羹"字異體》,復旦大學出土文獻與古文字研究中心網 2008 年 1 月 6 日。

陳　劍:《〈上博(六)·孔子見季桓子〉重編新釋》,復旦大學出土文獻與古文字研究中心網 2008 年 3 月 21 日。

陳　劍:《〈上博(三)·仲弓〉賸義》,《簡帛》第 3 輯,上海古籍出版社 2008 年。

陳　劍:《試説戰國文字中寫法特殊的"亢"和从"亢"諸字》,復旦大學出土文獻與古文字研究中心網 2010 年 10 月 7 日。

陳　劍:《關於"營₌"與早期出土文獻中的"省代符"》,復旦大學出土文獻與古文字研究中心網 2011 年 7 月 9 日。

陳　劍:《上博(八)〈子道餓〉補説》,復旦大學出土文獻與古文字研究中心網 2011 年 7 月 9 日。

陳　劍:《上博(八)〈王居〉復原》,復旦大學出土文獻與古文字研究中心網 2011 年 7 月 9 日。

陳　劍:《甲骨金文考釋論集》,綫裝書局,2007 年。

陳　劍:《戰國竹書論集》,上海古籍出版社,2013 年。

陳　劍:《簡談〈繫年〉的"𢧁"和楚簡部分"菁"字當釋讀爲"捷"》,《安徽大學學報(哲學社會科學版)》2013 年第 6 期。

陳斯鵬:《楚簡〈周易〉初讀記》,孔子 2000 網 2004 年 4 月 25 日。

陳斯鵬:《"眔"爲"泣"之初文説》,《古文字研究》第 25 輯,中華書局,2004 年。

陳斯鵬:《上海博物館藏楚簡〈彭祖〉新釋》,《華學》第 7 輯,中山大學出版社,2004 年。

陳斯鵬:《楚簡〈詩論〉詩學思想綜析》,《古典傳統與自由教育》(《經典與解釋》第 5 輯),華夏出版社,2005 年。

陳斯鵬:《初讀上博竹書(四)文字小記》,簡帛研究網 2005 年 3 月 6 日。

陳斯鵬:《〈柬大王泊旱〉編聯補議》,簡帛研究網 2005 年 3 月 10 日。

陳斯鵬:《讀〈上博竹書(五)〉小記》,簡帛網 2006 年 4 月 1 日。

陳斯鵬:《戰國楚帛書甲篇文字新釋》,《古文字研究》第 26 輯,中華書局,2006 年。

陳斯鵬:《簡帛文獻學與文學考論》,中山大學出版社,2007 年。

陳斯鵬:《上海博物館藏戰國竹簡〈詩論〉解詁》,《考古與文物》2007 年第 6 期;《先秦、秦漢史》

2008 年第 2 期。
陳斯鵬:《上博館藏楚簡文字考釋四則》,《江漢考古》2008 年第 2 期。
陳斯鵬:《楚簡中的一字形表多詞現象》,《出土文獻與古文字研究》第 2 輯,復旦大學出版社,2008 年。
陳斯鵬:《簡帛文獻與文學考論》,中山大學出版社,2007 年。
陳斯鵬:《楚系簡帛中字形與音義關係研究》,中國社會科學出版社,2011 年。
陳斯鵬:《卓廬古文字學叢稿》,中西書局,2018 年。
陳　偉:《上海博物館藏楚竹書〈從政〉校讀》,簡帛研究網 2003 年 1 月 10 日。
陳　偉:《讀〈魯邦大旱〉劄記》,簡帛研究網 2003 年 1 月 27 日;《上博館藏戰國楚竹書研究續編》,上海書店出版社,2004 年。
陳　偉:《〈上海博物館藏戰國楚竹書(二)〉零釋》,簡帛研究網 2003 年 3 月 17 日。
陳　偉:《竹書〈容成氏〉零識》,《第四屆國際中國古文字學研討會論文集》,香港中文大學中國語言及文學系,2003 年;簡帛網 2005 年 11 月 13 日。
陳　偉:《楚竹書〈周易〉文字試釋》,簡帛研究網 2004 年 4 月 18 日。
陳　偉:《關於楚簡"視日"的新推測》,簡帛研究網 2005 年 3 月 6 日。
陳　偉:《竹書〈仲弓〉詞句試解(三則)》,簡帛研究網 2005 年 8 月 15 日;簡帛網 2005 年 11 月 6 日;《古文字研究》第 26 輯,中華書局,2006 年。
陳　偉:《上博楚竹書〈仲弓〉"季桓子章"集釋》,簡帛網 2005 年 12 月 10 日。
陳　偉:《上博五〈鬼神之明〉篇初讀》,簡帛網 2006 年 2 月 18 日。
陳　偉:《上博五〈三德〉初讀》,簡帛網 2006 年 2 月 19 日。
陳　偉:《上博五〈弟子問〉零釋》,簡帛網 2006 年 2 月 21 日。
陳　偉:《〈競建内之〉〈鮑叔牙與隰朋之諫〉零識》,簡帛網 2006 年 2 月 22 日。
陳　偉:《上博五〈姑成家父〉零釋》,簡帛網 2006 年 2 月 24 日。
陳　偉:《〈苦成家父〉通釋》,簡帛網 2006 年 2 月 26 日。
陳　偉:《〈季康子問孔子〉零識(續)》,簡帛網 2006 年 3 月 2 日;《出土文獻研究》第 8 輯,上海古籍出版社,2007 年。
陳　偉:《〈鮑叔牙與隰朋之諫零識(續)〉》,簡帛網 2006 年 3 月 5 日。
陳　偉:《〈弟子問〉零識(續))》,簡帛網 2006 年 3 月 7 日。
陳　偉:《也説〈鮑叔牙與隰朋之諫〉與〈管子・霸形〉的對讀》,簡帛網 2006 年 4 月 4 日。
陳　偉:《簡〈大王泊旱〉新研》,簡帛網 2006 年 11 月 22 日。
陳　偉:《上博竹書〈慎子曰恭儉〉初讀》,簡帛網 2007 年 7 月 5 日。
陳　偉:《讀〈上博六〉條記》,簡帛網 2007 年 7 月 9 日。
陳　偉:《讀〈上博六〉條記之二》,簡帛網 2007 年 7 月 10 日。

陳　偉:《〈天子建州〉校讀》,簡帛網 2007 年 7 月 13 日。
陳　偉:《〈用曰〉校讀》,簡帛網 2007 年 7 月 15 日。
陳　偉:《〈王子木蹠城父〉校讀》,簡帛網 2007 年 7 月 20 日。
陳　偉:《〈孔子見季桓子〉22 號簡試讀》,簡帛網 2007 年 7 月 24 日。
陳　偉:《〈景公虐〉9 號簡中的"物"應指鬼神》,簡帛網 2007 年 7 月 29 日。
陳　偉:《〈慎子曰恭儉〉初讀》,《古文字學論稿》,安徽大學出版社,2008 年。
陳　偉:《讀上博楚竹書〈景公瘧〉劄記》,《出土文獻與古文字研究》第 2 輯,復旦大學出版社,2008 年。
陳　偉:《上博楚竹書〈莊王既成〉初讀》,《古文字研究》第 27 輯,中華書局,2008 年。
陳　偉:《〈鄭子家喪〉初讀》,簡帛網 2008 年 12 月 31 日。
陳　偉:《讀〈武王踐阼〉小劄》,簡帛網 2008 年 12 月 31 日。
陳　偉:《〈君人者何必安哉〉初讀》,簡帛網 2008 年 12 月 31 日。
陳　偉:《上博八〈命〉篇賸義》,簡帛網 2011 年 7 月 19 日。
陳　偉:《上博楚竹書〈王居〉新編校釋》,簡帛網 2011 年 7 月 20 日。
陳　偉:《"魯司寇寄言游于逡楚" 試説》,簡帛網 2011 年 7 月 21 日。
陳　偉:《〈顔淵問於孔子〉内事、内教二章校讀》,簡帛網 2011 年 7 月 22 日。
陳　偉:《上博八零識(二則)》,簡帛網 2011 年 7 月 25 日。
陳　偉:《郭店竹書别釋》,湖北教育出版社,2002 年。
陳　偉:《新出楚簡研讀》,武漢大學出版社,2010 年。
陳偉武:《讀上博藏簡第三册零劄》,《華學》第七輯,中山大學出版社,2004 年。
陳偉武:《上博藏簡識小録》,《語言文字學研究》,中國社會科學出版社,2005 年。
陈伟武:《簡帛文献中的殘疾人史料及其相关问题》,"2006 中國簡帛學國际论坛",武汉大學,2006 年。
陳偉武:《讀上博藏簡第四册零劄》,《古文字研究》第 26 輯,中華書局,2006 年。
陳偉武:《上博簡考釋掇瑣》,《古文字研究》第 27 輯,中華書局,2008 年。
陳偉武:《試論簡帛文獻中的格言資料》,"中國簡帛學國際論壇 2008",芝加哥大學顧立雅中國古文字學中心,2008 年。
陳偉武:《愈愚齋磨牙集》,中西書局,2014 年。
陳偉武:《愈愚齋磨牙二集》,中西書局,2018 年。
陳偉武:《讀上博簡第九册小札》,《清華簡研究》第 4 輯,中西書局,2021 年。
陳英傑:《讀上博簡(二)劄記五則》,簡帛研究網 2005 年 2 月 15 日。
陳英傑:《楚簡劄記二則》,簡帛研究網 2005 年 2 月 7 日。
陳英傑:《讀〈香港中文大學文物館藏簡牘〉劄記》,《古文字論集》(三),《考古與文物》2005 年增刊。

程鵬萬：《〈仲弓〉的“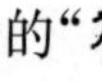”字考釋》，簡帛研究網 2005 年 6 月 6 日；《釋〈仲弓〉第 16 簡的“小人”》，《古文字研究》第 26 輯，中華書局，2006 年。

程　燕：《上海楚竹書（二）研讀記》，簡帛研究網 2003 年 1 月 13 日；《上博館藏戰國楚竹書研究續編》，上海書店出版社，2004 年。

程　燕：《“豈”“𧯷”同源考》，《古文字研究》第 26 輯，中華書局，2006 年。

程　燕：《讀上博六劄記》，簡帛網 2007 年 7 月 24 日；《古文字論稿》，安徽大學出版社，2008 年。

程　燕：《上博七考釋五則》，《簡帛語言文字研究》第 5 輯，巴蜀書社，2010 年。

程　燕：《坐、跪同源考》，《古文字研究》第 29 輯，中華書局，2012 年。

程　燕：《釋“何”》，《中國文字學報》第 4 輯，商務印書館，2012 年。

程　燕：《“苑壐”考》，《考古與文物》2012 年第 2 期。

程　燕：《詩經異文輯考》，安徽大學出版社，2010 年。

程　燕：《戰國典制研究——職官篇》，安徽大學出版社，2018 年。

D

大西克也：《從語法的角度論楚簡中的“囟”字》，《康樂集——曾憲通教授七十壽慶論文集》310—318 頁，中山大學出版社，2006 年。

大西克也：《戰國楚系文字中的兩種“告”字——兼釋上博楚簡〈容成氏〉的“三俈”》，《簡帛》第 1 輯 81—96 頁，上海古籍出版社，2006 年。

大西克也：《試釋上博楚簡〈昭王毁室〉中的“刑㓷”——楚簡文字中的“夊”“升”“无”》，《語苑擷英（二）慶祝唐作藩教授八十華誕學術論文集》，中國大百科全書出版社，2007 年；簡帛研究網 2008 年 2 月 8 日。

大西克也：《上博楚簡（四）“龔之隼（從肉）”的“隼（從肉）”字怎麼讀?》，《中國語學研究開篇》vol.27，東京好文出版，2008 年；簡帛網 2008 年 9 月 6 日。

大西克也：《戰國楚簡文字中讀作舌根音的幾個章組字》，《古文字研究》第 27 輯，中華書局，2008 年。

丁四新：《楚簡〈恒先〉章句釋义》，簡帛研究網 2004 年 7 月 25 日；簡帛網 2005 年 12 月 30 日。

丁四新：《上博楚簡〈鬼神〉篇注釋》，簡帛網 2006 年 5 月 7 日；《楚地簡帛思想研究》第 3 輯 151—168頁，湖北教育出版社，2007 年。

丁四新主編：《楚地簡帛思想研究》第 3 輯，湖北教育出版社，2007 年。

鄧佩玲：《〈雅〉〈頌〉與出土文獻新證》，商務印書館，2017 年。

董蓮池：《上海博物館藏〈戰國楚竹書（一）·孔子詩論〉解詁（二）》，《古籍整理研究學刊》2003

年第 2 期。

董蓮池：《釋戰國楚系文字中從的幾組字》，《古文字研究》第 25 輯，中華書局，2004 年。

董蓮池：《古漢字形義探索三篇》，《中國文字研究》第 6 輯，廣西教育出版社，2005 年。

董蓮池：《沬司徒疑簋“征”、“啚”釋“徙”、釋“圖”説平議》，《中國文字研究》第 10 輯（2008 年第 1 輯），大象出版社，2008 年。

董　珊：《楚簡〈恒先〉初探》，簡帛研究網 2004 年 5 月 12 日。

董　珊：《楚簡〈恒先〉“詳宜利巧”解釋》，簡帛研究網 2004 年 11 月 9 日。

董　珊：《讀〈上博藏戰國楚竹書（四）〉雜記》，簡帛研究網 2005 年 2 月 20 日。

董　珊：《阮校〈孟子〉與〈鮑〉簡對讀》，簡帛網 2006 年 4 月 2 日。

董　珊：《〈曹沬之陣〉中的四種“復戰”之道》，簡帛網 2007 年 6 月 6 日。

董　珊：《楚簡中從“大”聲之字的讀法》，簡帛網 2007 年 7 月 8 日。

董　珊：《讀〈上博六〉雜記》，簡帛網 2007 年 7 月 10 日。

董　珊：《讀〈上博六〉雜記（續一）》，簡帛網 2007 年 7 月 11 日。

董　珊：《讀〈上博六〉雜記（續二）》，簡帛網 2007 年 7 月 11 日。

董　珊：《〈鮑叔牙〉篇的“考治”與其歷史文獻背景》，簡帛網 2007 年 7 月 16 日。

董　珊：《讀〈上博六〉雜記四則》，簡帛網 2007 年 7 月 22 日。

董　珊：《出土文獻所見“以謚爲族”的楚王族——附説〈左傳〉“諸侯以字爲謚因以爲族”的讀法》，復旦大學出土文獻與古文字研究中心網 2008 年 2 月 17 日。

董　珊：《戰國竹簡中可能讀爲“説”的“⺌”字》，復旦大學出土文獻與古文字研究中心網 2008 年 5 月 2 日。

董　珊：《釋上博簡中讀爲“曰”的一個字》，簡帛網 2008 年 6 月 10 日。

董　珊：《簡帛文獻考釋論叢》，上海古籍出版社，2014 年。

F

范常喜：《讀〈上博四〉劄記四則》，簡帛研究網 2005 年 3 月 31 日。

范常喜：《上博二〈從政（甲）〉簡三補説》，《康樂集——曾憲通教授七十壽慶論文集》，中山大學出版社，2006 年。

范常喜：《〈上博五・競建内之〉簡 2“彝”字試説》，簡帛網 2006 年 2 月 20 日。

范常喜：《〈上博五・三德〉劄記三則》，簡帛網 2006 年 2 月 24 日。

范常喜：《〈上博五・鮑叔牙與隰朋之諫〉簡 3“秥”字試説》，簡帛網 2006 年 3 月 2 日。

范常喜：《〈上博五・三德〉劄記二則》，簡帛網 2006 年 3 月 4 日。

范常喜：《試説〈上博五・三德〉簡 1 中的“暝”——兼談楚簡中的相關諸字》，簡帛網 2006 年 3 月 9 日。

范常喜:《〈上博五・三德〉劄記六則》,簡帛網 2006 年 5 月 18 日。

范常喜:《〈上博五・弟子問〉1、2 號簡殘字補説》,簡帛網 2006 年 5 月 21 日。

范常喜:《〈弟子問〉〈季庚子問於孔子〉劄記三則》,簡帛網 2006 年 8 月 2 日。

范常喜:《〈上博五・三德〉簡 12、20 補議》,簡帛網 2007 年 4 月 28 日。

范常喜:《〈上博二・從政乙〉劄記二則》,簡帛網 2007 年 5 月 15 日。

范常喜:《〈上博二・容成氏〉武王伐紂"誓詞"新釋》,簡帛網 2007 年 6 月 10 日。

范常喜:《讀〈上博六〉劄記六則》,簡帛網 2007 年 7 月 25 日。

范常喜:《〈上博六・競公瘧〉簡 9"勿"字補議》,簡帛網 2007 年 7 月 29 日。

范常喜:《上博簡〈容成氏〉和〈天子建州〉中"鹿"字合證》,簡帛網 2007 年 8 月 10 日。

范常喜:《〈上博五・三德〉"滔皇"小議》,簡帛網 2008 年 9 月 6 日。

范常喜:《上博楚竹書文字補釋八則》,《古文字研究》第 27 輯,中華書局,2008 年。

凡國棟:《讀〈上博楚竹書六〉記》,簡帛網 2007 年 7 月 9 日。

凡國棟:《〈上博六〉楚平王逸篇初讀》,簡帛網 2007 年 7 月 9 日。

凡國棟:《上博六〈用曰〉篇初讀》,簡帛網 2007 年 7 月 10 日。

凡國棟:《〈用曰〉篇中的"寧"字》,簡帛網 2007 年 7 月 12 日。

凡國棟:《〈用曰〉篇簡 20 考釋一則》,簡帛網 2007 年 7 月 13 日。

凡國棟:《〈景公瘧〉劄記一則》,簡帛網 2007 年 7 月 28 日。

凡國棟:《〈上博七・鄭子家喪〉校讀劄記兩則》,簡帛網 2008 年 12 月 31 日。

房振三:《上博館藏楚竹書(四)釋字二則》,簡帛研究網 2005 年 4 月 3 日。

馮勝君:《釋戰國文字中的"怨"》,《古文字研究》第 25 輯,中華書局,2004 年。

馮勝君:《郭店簡與上博簡〈緇衣〉對比研究叢劄(一)》,《江漢考古》2004 年第 4 期。

馮勝君:《戰國楚文字"黽"字用作"黿"字補議》,《漢字研究》第 1 輯,學苑出版社,2005 年;簡帛網 2005 年 11 月 7 日。

馮勝君:《郭店〈緇衣〉"渫"字補釋——兼談戰國楚文字"枼"、"桀"、"枽"之間的形體區别》,"2007 中國簡帛學國際論壇",臺灣大學,2007 年。

馮勝君:《郭店簡與上博簡對比研究》,綫裝書局,2007 年。

馮勝君:《上博九〈成王爲城濮之行〉補釋》,《出土文獻與古文字研究》第 6 輯,上海古籍出版社,2015 年。

馮　時:《戰國楚竹書〈子羔・孔子詩論〉研究(一)》,《考古學報》2004 年第 4 期;《中國古代、近代文學研究》2005 年第 2 期。

復旦大學出土文獻與古文字研究中心學生讀書會:《攻研雜誌(一)》,復旦大學出土文獻與古文字研究中心網 2008 年 1 月 9 日。

復旦大學出土文獻與古文字研究中心學生讀書會:《攻研雜誌(二)》,復旦大學出土文獻與古文字研究中心網 2008 年 2 月 1 日。

復旦大學出土文獻與古文字研究中心學生讀書會:《攻研雜志(三)——讀〈上博(六)·孔子見季桓子〉札記(四則)》,復旦大學出土文獻與古文字研究中心網 2008 年 5 月 23 日。

復旦大學出土文獻與古文字研究中心學生讀書會:《〈上博七·凡物流形〉重編釋文》,復旦大學出土文獻與古文字研究中心網 2008 年 12 月 31 日。

復旦吉大古文字專業研究生聯合讀書會:《上博八〈子道餓〉校讀》,復旦大學出土文獻與古文字研究中心網 2011 年 7 月 17 日。

復旦吉大古文字專業研究生聯合讀書會:《上博八〈顔淵問於孔子〉校讀》,復旦大學出土文獻與古文字研究中心網 2011 年 7 月 17 日。

復旦吉大古文字專業研究生聯合讀書會:《上博八〈成王既邦〉校讀》,復旦大學出土文獻與古文字研究中心網 2011 年 7 月 17 日。

復旦吉大古文字專業研究生聯合讀書會:《上博八〈命〉校讀》,復旦大學出土文獻與古文字研究中心網 2011 年 7 月 17 日。

復旦吉大古文字專業研究生聯合讀書會:《上博八〈王居〉、〈志書乃言〉校讀》,復旦大學出土文獻與古文字研究中心網 2011 年 7 月 17 日。

復旦吉大古文字專業研究生聯合讀書會:《上博八〈李頌〉校讀》,復旦大學出土文獻與古文字研究中心網 2011 年 7 月 17 日。

復旦吉大古文字專業研究生聯合讀書會:《上博八〈蘭賦〉校讀》,復旦大學出土文獻與古文字研究中心網 2011 年 7 月 17 日。

復旦吉大古文字專業研究生聯合讀書會:《上博八〈有皇將起〉校讀》,復旦大學出土文獻與古文字研究中心網 2011 年 7 月 17 日。

復旦吉大古文字專業研究生聯合讀書會:《上博八〈鶹鷅〉校讀》,復旦大學出土文獻與古文字研究中心網 2011 年 7 月 17 日。

G

高佑仁:《〈曹沫之陣〉"君必不已則由其本乎"釋讀》,簡帛研究網 2005 年 9 月 4 日。

高佑仁:《〈曹沫之陣〉校讀九則》,簡帛網 2005 年 11 月 14 日。

高佑仁:《讀〈上博四〉劄記三則》,簡帛網 2006 年 2 月 24 日。

高佑仁:《談〈曹沫之陣〉"爲和於陣"的編聯問題》,簡帛網 2006 年 2 月 28 日。

高佑仁:《釋〈競建内之〉簡 7 的"則質諸鬼神曰:'天地明棄我矣?'"》,簡帛網 2008 年 5 月 31 日。

高佑仁:《〈史蒥問於夫子〉初讀》,《中國文字》新 42 期,藝文印書館,2016 年。

顧史考:《上博楚簡〈用曰〉章解》,"2007 中國簡帛學國際論壇",臺灣大學,2007 年。

顧史考：《楚文"唬"字之雙重用法：説"競公'瘧'"及苗民"五'號'之刑"》，《古文字研究》第27輯，中華書局，2008年。
顧史考：《上博九〈史蒥問於夫子〉再探》，《出土文獻與傳世典籍的詮釋》，中西書局，2019年。
郭永秉：《從〈容成氏〉33號簡看〈容成氏〉的學派歸屬》，簡帛網2006年11月7日；《出土文獻與古文字研究》第2輯，復旦大學出版社，2008年。
郭永秉：《從上博楚簡〈容成氏〉的"有虞迵"説到唐虞傳説的疑問》，《出土文獻與古文字研究》第1輯，復旦大學出版社，2006年。
郭永秉：《讀〈平王問鄭壽〉篇小記二則》，簡帛網2007年8月30日。
郭永秉：《説〈子羔〉簡4的"敏以好詩"》，《出土文獻與古文字研究》第1輯326—330頁，復旦大學出版社，2006年。
郭永秉：《〈苦成家父〉末兩簡文義試説》，簡帛網2006年2月24日。
郭永秉：《説〈姑成家父〉簡3的"取免"》，簡帛網2006年4月19日。
郭永秉：《讀〈六德〉、〈子羔〉、〈容成氏〉劄記三則》，簡帛網2006年5月26日。
郭永秉：《釋上博楚簡〈平王問鄭壽〉的"訊"字》，《古文字研究》第27輯，中華書局，2008年。
郭永秉：《帝系新研：楚地出土戰國文獻中的傳説時代古帝王系統研究》，北京大學出版社，2008年。
郭永秉：《古文字與古文獻論集》，上海古籍出版社，2011年。
郭永秉：《"京""亭""亳"獻疑》，《出土文獻》第5輯，中西書局，2014年。

H

郝士宏：《初讀〈上博簡(六)〉》，簡帛網2007年7月21日。
何家興：《説"皐"及其相關諸字》，《簡帛》第5輯，上海古籍出版社，2010年。
何景成：《説"列"》，《中國文字研究》第11輯(2008年第2輯)，大象出版社，2008年。
何琳儀：《滬簡二册選釋》，簡帛研究網2003年1月14日；《學術界》2003年第1期。
何琳儀、程燕：《滬簡〈周易〉選釋》，簡帛研究網2004年5月16日。
何琳儀：《第二批滬簡選釋》，《上博館藏戰國楚竹書研究續編》，上海書店出版社，2004年。
何琳儀、房振三：《"也""只"考辨》，《上海文博論叢》2005年第3期。
何琳儀：《帛書〈周易〉校記》，《湖南省博物館館刊》第3期，嶽麓書社，2006年。
何琳儀：《楚竹書〈周易〉校記(上)》，《安大史學》第2輯，安徽大學出版社，2006年。
何琳儀：《貴尹求義》，《中華文史論叢》2007年第4期。
何琳儀、程燕、房振三：《滬簡〈周易〉選釋(修訂)》，《周易研究》2006年第1期；《簡帛考論》，上海古籍出版社，2007年。
何琳儀：《楚竹書〈周易〉校記(上)》，《安大史學》第2輯，安徽大學出版社，2006年。

何琳儀、徐在國:《釋莀》,《楚文化研究論集》第5集,2003年;《文字學論叢》第2輯,2004年。

何琳儀、房振三:《釋巴》,《東南文化》2008年第1期。

何琳儀:《戰國文字通論(訂補)》,江蘇教育出版社,2003年。

何琳儀:《戰國古文字典——戰國文字聲系》,中華書局,1998年。

何有祖:《上博楚竹書(四)劄記》,簡帛研究網2005年4月15日。

何有祖:《上博五楚竹書〈競建内之〉劄記五則》,簡帛網2006年2月18日。

何有祖:《〈季庚子問於孔子〉與〈姑成家父〉試讀》,簡帛網2006年2月19日。

何有祖:《上博五〈君子爲禮〉試讀》,簡帛網2006年2月19日。

何有祖:《上博五〈弟子問〉試讀三則》,簡帛網2006年2月20日。

何有祖:《上博五〈三德〉試讀》,簡帛網2006年2月20日。

何有祖:《上博五〈三德〉試讀(二)》,簡帛網2006年2月21日。

何有祖:《上博五零釋二則》,簡帛網2006年3月3日。

何有祖:《上博楚簡試讀三則》,簡帛網2006年9月20日。

何有祖:《上博五零釋(二)》,簡帛網2006年2月24日。

何有祖:《上博五零釋二則》,簡帛網2006年3月3日。

何有祖:《楚簡釋讀七則》,《江漢考古》2006年第1期。

何有祖:《〈慎子曰恭儉〉劄記》,簡帛網2007年7月5日。

何有祖:《讀〈上博六〉劄記》,簡帛網2007年7月9日。

何有祖:《讀〈上博六〉劄記(二)》,簡帛網2007年7月9日。

何有祖:《上博六〈景公瘧〉初探》,簡帛網2007年7月11日。

何有祖:《上博六劄記(三)》,簡帛網2007年7月13日。

何有祖:《讀〈上博六〉劄記(四)》,簡帛網2007年7月14日。

何有祖:《讀〈上博六〉劄記三則》,簡帛網2007年7月17日。

何有祖:《楚簡散劄六則》,簡帛網2007年7月21日。

何有祖:《釋〈景公瘧〉的"良翰"》,簡帛網2007年7月25日。

何有祖:《〈景公瘧〉劄記四則》,簡帛網2007年7月27日。

何有祖:《讀上博楚竹書(五)劄記》,《出土文獻研究》第8輯,上海古籍出版社,2007年。

何有祖:《楚簡劄記二則》,《簡帛》第2輯,上海古籍出版社,2007年。

何有祖:《釋"當楣"》,簡帛網2008年12月30日。

何有祖:《上博七〈君人者何必安哉〉校讀》,簡帛網2008年12月31日。

何有祖:《上博楚簡釋讀劄記》,簡帛網2011年7月24日。

洪德榮:《〈上博九·陳公治兵〉編聯校讀》,《學行堂語言文字論叢》第4輯,四川大學出版社,2014年。

洪德榮：《〈上博(九)·陳公治兵〉兵學字詞考論》,《漢語漢字研究》2018 年第 4 期。
侯乃峰：《上博(五)幾個固定詞語和句式補説》,簡帛網 2006 年 3 月 20 日。
侯乃峰：《讀簡帛散劄》,簡帛網 2006 年 11 月 26 日。
侯乃峰：《〈周易〉文字彙校集釋》, 安徽大學博士學位論文,2007 年。
侯乃峰：《逐狐東山——先秦兩漢出土文獻與古文字論集》,上海古籍出版社,2020 年。
侯乃峰：《讀〈上博九〉脞録》,《出土文獻》第 10 輯,上海古籍出版社,2017 年。
洪　颺：《古文字考釋通假關係研究》,福建人民出版社,2008 年。
黃德寬：《〈戰國楚竹書〉(二)釋文補正》,簡帛研究網 2003 年 1 月 21 日;《學術界》2003 年第 1 期;《上博館藏戰國楚竹書研究續編》,上海書店出版社,2004 年。
黃德寬：《楚簡〈周易〉""字説》,《中國文字研究》第 6 輯 1—3 頁,廣西教育出版社,2005 年。
黃德寬主編：《古文字譜系疏證》,商務印書館,2007 年。
黃德寬、徐在國：《上海博物館藏戰國楚竹書(一)孔子詩論釋文補正》,《安徽大學學報》2002 年第 2 期;又人大複印資料《語言文字學》2002 年第 7 期。
黃德寬、徐在國：《上海博物館藏戰國楚竹書(一)緇衣·性情論釋文補正》,《古籍整理研究學刊》2002 年第 2 期。
黃德寬、何琳儀、徐在國：《新出楚簡文字考》,安徽大學出版社,2007 年。
黃人二：《讀上博藏簡容成氏書後》,簡帛研究網 2003 年 1 月 15 日;《出土文獻論文集》,高文出版社,2005 年。
黃人二：《上博藏簡昭王毁室試釋》,《考古學報》2008 年第 4 期。
黃人二、林志鵬：《上博藏簡第三册仲弓試探》,簡帛研究網 2004 年 4 月 23 日。
黃人二、林志鵬：《上博藏簡第三册彭祖試探》,簡帛研究網 2004 年 4 月 29 日。
黃人二、林志鵬：《上博藏簡第三册恒先试探》,簡帛研究網 2004 年 5 月 12 日。
黃錫全：《讀上博〈戰國楚竹書(三)〉劄記數則》,簡帛研究網 2004 年 6 月 22 日;《康樂集——曾憲通教授七十壽慶論文集》,中山大學出版社,2006 年。
黃錫全：《讀上博楚簡劄記》,《新出簡帛研究》,文物出版社,2004 年。

J

冀小軍：《〈苦成家父〉補説》,簡帛網 2006 年 6 月 13 日。
冀小軍：《〈季康子問於孔子〉補説》,簡帛網 2006 年 6 月 26 日。
季旭昇：《讀〈上博(二)〉小議》,簡帛研究網 2003 年 1 月 12 日。
季旭昇：《〈上博二〉小議(二)：〈民之父母〉"五至"解》,簡帛研究網 2003 年 3 月 19 日。
季旭昇：《〈孔子詩論〉"木瓜之報以喻其婉"説》,簡帛研究網 2004 年 1 月 7 日。
季旭昇：《〈上博三周易〉簡六"朝三鷹之"説》,簡帛研究網 2004 年 4 月 18 日。

季旭昇:《〈上博三·仲弓〉篇零釋三則》,簡帛研究網 2004 年 4 月 23 日。

季旭昇:《〈上博三·周易〉零釋七則》,簡帛研究網站,2004 年 4 月 24 日。

季旭昇:《上博三周易簡 26“欽其腓”説》,簡帛研究網 2004 年 5 月 16 日。

季旭昇:《〈上博三·恒先〉“意出於生,言出於意”説》,簡帛研究網 2004 年 6 月 22 日;《中國文字》新 30 期,藝文印書館,2005 年。

季旭昇:《〈上博四·柬大王泊旱〉三題》,簡帛研究網 2005 年 2 月 12 日。

季旭昇:《上博四零拾》,簡帛研究網 2005 年 2 月 15 日。

季旭昇:《〈上博四·逸詩·交交鳴鳥〉補釋》,簡帛研究網 2005 年 2 月 15 日。

季旭昇:《淺探〈性自命出〉、〈性情論〉“藝”字及其與“性”有關的問題》,《康樂集——曾憲通教授七十壽慶論文集》,中山大學出版社,2006 年。

季旭昇:《上博五芻議(上)》,簡帛網 2006 年 2 月 18 日。

季旭昇:《上博五芻議(下)》,簡帛網 2006 年 2 月 18 日。

季旭昇:《説“婁”、“要”》,《古文字研究》第 26 輯,中華書局,2006 年。

季旭昇:《〈采風曲目〉釋讀(摘要)》,簡帛網 2006 年 12 月 5 日。

季旭昇:《説上博楚四昭王與龔之脽的陳袍》,《中國文字》新 32 期,藝文印書館,2006 年。

季旭昇:《從隨文説解的體例談〈恒先〉的詮解》,《簡帛》第 1 輯,上海古籍出版社,2006 年。

季旭昇:《〈上博三·周易·頌卦〉二題:懥、其邑三四户》,《中國文字》新 31 期,藝文印書館,2006 年。

季旭昇:《説李》,《文字的俗寫現象及多元性——第十七屆中國文字學全國學術研討會論文集》,聖環圖書公司,2006 年。

季旭昇:《〈交交鳴烏〉新詮》,《古文字與古代史》第 1 輯,“中研院”歷史語言研究所,2007 年。

季旭昇:《上博五〈鮑叔牙與隰朋之諫〉試讀》,《楚地簡帛思想研究(三)》,湖北教育出版社,2007 年。

季旭昇:《戰國楚系新出字及其在文字學上的價值》,《語言文字與教學的多元對話》,東海大學中文系,2008 年。

季旭昇:《從楚簡本與傳世本談〈禮記·緇衣·苟有車〉章的釋讀》,《簡帛》第 3 輯,上海古籍出版社,2008 年。

季旭昇:《上博七芻議二》,簡帛網 2009 年 1 月 2 日。

季旭昇主編,陳霖慶、鄭玉姍、鄒濬智合撰:《上海博物館藏戰國楚竹書(一)》讀本,萬卷樓圖書股份有限公司,2003 年。

季旭昇主編,陳美蘭、蘇建洲、陳嘉凌合撰:《上海博物館藏戰國楚竹書(二)》讀本,萬卷樓圖書股份有限公司,2003 年。

季旭昇主編,陳惠玲、連德榮、李繡玲合撰:《上海博物館藏戰國楚竹書(三)讀本》,萬卷樓圖書股份有限公司,2005年。
季旭昇主編,袁國華協編,陳思婷、張繼淩、高佑仁、朱賜麟合撰:《上海博物館藏戰國楚竹書(四)讀本》,萬卷樓圖書股份有限公司,2007年。
季旭昇:《〈上博九·史蒥問於夫子〉釋讀及相關問題》,《吉林大學社會科學學報》2015年第4期。
季旭昇、高佑仁主編:《〈上海博物館藏戰國楚竹書(九)〉讀本》,萬卷樓圖書股份有限公司,2017年。
蔣文、程少軒:《〈用曰〉第4簡與第19簡試讀》,復旦大學出土文獻與古文字研究中心網2008年3月24日。

K

康少峰:《〈詩論〉簡制、簡序及文字釋讀研究》,四川大學博士學位論文,2005年。

L

來國龍:《〈柬大王泊旱〉的敘事結構與宗教背景——兼釋"殺祭"》,"2007中國簡帛學國際論壇",臺灣大學,2007年。
來國龍:《説"殺"、"散"——兼談古文字釋讀中的通假字問題》,"中國簡帛學國際論壇2008",芝加哥大學顧立雅中國古文字學中心,2008年。
賴怡璇:《〈邦人不稱〉考釋二則——兼論出土文獻葉公子高事跡》,《中國文字》第40輯,藝文印書館,2014年。
賴怡璇:《上博九〈史蒥問於夫子〉考釋四則》,《簡帛》第13輯,上海古籍出版社,2016年。
李家浩:《戰國竹簡〈民之父母〉中的"才辩"》,《北京大學學報(哲學社會科學版)》2004年第2期;《先秦、秦漢史》2004年第4期。
李家浩:《釋上博戰國竹簡〈緇衣〉中的"茲臣"合文——兼釋兆域圖"逊"和屬羌鐘"富"等字》,《康樂集——曾憲通教授七十壽慶論文集》,中山大學出版社,2006年。
李家浩:《談包山楚簡"歸鄧人之金"一案及其相關問題》,《出土文獻與古文字研究》第1輯,復旦大學出版社,2006年。
李家浩:《説"青廟"——關於郭店竹簡〈語叢一〉88號的解釋》,"2007中國簡帛學國際論壇",臺灣大學,2007年。
李家浩:《戰國竹簡〈緇衣〉中的"逯"》,《古墓新知——紀念郭店楚墓竹簡出土十周年論文專輯》,國際炎黄文化出版社,2003年。
李家浩:《戰國官印考釋三篇》,《出土文獻研究》第6輯,上海古籍出版社,2004年。
李家浩:《包山卜筮簡218—219號研究》,《長沙三國吴簡暨百年來簡帛發現與研究國際學術研討會論文集》，中華書局，2005 年。
李家浩：《仰天湖楚簡賸義》，《簡帛》第 2 輯，上海古籍出版社，2007 年。
李家浩：《釋老簋銘文中的“濾”字——兼談“只”字的來源》，《古文字研究》第 27 輯，中華書局，2008 年。
李家浩：《南越王墓車馹虎節銘文考釋》，《容庚先生百年誕辰紀念文集》，廣東人民出版社，1998 年。
李家浩：《談包山楚簡 263 號所記的席》，《出土文獻研究》第 9 輯，中華書局，2010 年。
李家浩：《楚簡所記楚人祖先“妧(鬻)禽”與“穴禽”爲一人説——兼説上古音幽部與微、文二部音轉》，《文史》2010 年第 3 期。
李家浩：《甲骨文北方神名“勹”與戰國文字從“勹”之字》，《文史》2012 年第 3 輯。
李家浩、楊澤生：《談上博竹書〈鬼神之明〉中的“送盂公”》，《簡帛》第 4 輯，上海古籍出版社，2009 年。
李　零：《〈上海博物館藏戰國楚竹書〉(一)釋文校訂》，《中國哲學》第 24 輯，遼寧教育出版社，2002 年。
李　零：《〈彭祖〉釋文考釋》，《上海博物館藏戰國楚竹書(三)》，上海古籍出版社，2003 年。
李　零：《讀上博楚簡〈周易〉》，《中國歷史文物》2006 年第 4 期。
李　零：《上博楚簡〈恒先〉語譯》，《中華文史論叢》2006 年第 1 期。
李　零：《讀清華簡筆記：禼與竊》，《清華簡研究》，中西書局，2012 年。
李　鋭：《讀上博簡(二)〈子羔〉劄記》，簡帛研究網 2003 年 1 月 10 日；《上博館藏戰國楚竹書研究續編》，上海書店出版社，2004 年。
李　鋭：《上博館藏楚簡續劄》，《上博館藏戰國楚竹書研究續編》，上海書店出版社，2004 年。
李　鋭：《〈彭祖〉補釋》，簡帛研究網 2004 年 4 月 19 日。
李　鋭：《〈恒先〉淺釋》，簡帛研究網 2004 年 4 月 23 日。
李　鋭：《〈曹劌之陣〉釋文新編》，簡帛研究網 2005 年 2 月 25 日。
李　鋭：《讀上博三劄記》，簡帛研究網 2005 年 8 月 19 日。
李　鋭：《讀上博五劄記》，簡帛研究網 2006 年 2 月 20 日。
李　鋭：《〈用曰〉新編(稿)》，簡帛網 2007 年 7 月 13 日。
李　鋭：《讀〈用曰〉札記》，簡帛網 2007 年 7 月 17 日。
李　鋭：《讀〈用曰〉札記(二)》，簡帛網 2007 年 7 月 20 日。
李　鋭：《簡帛釋證與學術思想研究論集》，臺灣書房出版有限公司，2008 年。
李　鋭：《〈凡物流形〉釋文新編》，簡帛研究網 2008 年 12 月 31 日。
李守奎：《〈鮑叔牙與隰朋之諫〉補釋》，《楚地簡帛思想研究(三)》，湖北教育出版社，2007 年。
李守奎：《楚文字考釋獻疑》，《古文字學論稿》，安徽大學出版社，2008 年。

李守奎:《楚文字編》,華東師範大學出版社,2003 年。
李守奎、曲冰、孫偉龍編著:《上海博物館藏戰國楚竹書(一—五)文字編》,作家出版社,2007 年。
李守奎、白顯鳳:《〈成王爲城濮之行〉通釋》,《中國文字研究》第 21 輯,上海書店出版社,2015 年。
李松儒:《上博九編聯二題》,《簡帛文獻與古代史——第二屆出土文獻青年學者國際論壇論文集》,中西書局,2015 年。
李天虹:《〈上海博物館藏戰國楚竹書(二)〉雜識》,簡帛研究網 2003 年 9 月 17 日;《武漢大學學報(哲學社會科學版)》2004 年第 4 期。
李天虹:《簡本〈緇衣〉字體比較初探》,《古文字研究》第 25 輯,中華書局,2004 年。
李天虹:《〈葛覃〉考》,《新出簡帛研究》,文物出版社,2004 年。
李天虹:《楚簡文字形體混同、混訛舉例》,《江漢考古》2005 年第 6 期。
李天虹:《戰國文字"𡩜"、"削"續議》,《出土文獻研究》第 7 輯,上海古籍出版社,2005 年。
李天虹:《上博五〈競〉、〈鮑〉篇校讀四則》,簡帛網 2006 年 2 月 19 日。
李天虹:《讀〈季康子問於孔子〉劄記》,簡帛網 2006 年 2 月 24 日。
李天虹:《〈上博(五)〉零識三則》,簡帛網 2006 年 2 月 26 日。
李天虹:《〈性自命出〉"叏"、"嚣"二字補釋》,《簡帛》第 1 輯,上海古籍出版社,2006 年。
李天虹:《上博(六)劄記兩則》,簡帛網 2007 年 7 月 21 日。
李天虹:《〈景公瘧〉校讀三則》,簡帛網 2007 年 7 月 24 日。
李天虹:《〈景公瘧〉校讀二則》,簡帛網 2007 年 7 月 26 日。
李天虹:《〈季康子問於孔子〉"詸"字小議》,簡帛網 2007 年 8 月 21 日。
李天虹:《〈鮑叔牙與隰朋之諫〉5—6 號簡再讀》,《簡帛》第 2 輯,上海古籍出版社,2007 年。
李天虹:《上博六〈景公瘧〉字詞校釋》,《古文字學論稿》,安徽大學出版社,2008 年。
李天虹:《〈上博竹書(五)〉零識》,《簡帛研究 2006》,廣西師範大學出版社,2008 年。
《上博六〈景公瘧〉編聯試析》,《新果集——慶祝林沄先生七十華誕論文集》,科學出版社,2009 年。
李天虹:《簡本〈晏子春秋〉與今本對讀劄記》,《齊魯學刊》2009 年第 3 期。
李天虹:《上博七〈鄭子家喪〉補釋》,《江漢考古》2009 年第 3 期。
李天虹:《上博七〈君人者何必安哉〉補説》,《簡帛》第 4 輯,上海古籍出版社,2009 年。
李天虹:《郭店竹簡〈窮達以時〉篇 14、9 號簡再讀》,《古文字研究》第 28 輯,中華書局,2010 年。
李天虹:《簡本〈晏子春秋〉與今本文本關係試探》,《中國史研究》2010 年第 3 期。
李天虹:《竹書〈鄭子家喪〉所涉歷史事件綜析》《出土文獻》第 1 輯,中西書局,2010 年。
李天虹:《郭店竹簡〈性自命出〉研究》,湖北教育出版社,2002 年。

李學勤:《〈古韻通曉〉簡評》,《中國社會科學》1991 年第 3 期;《擁篲集》,三秦出版社,2000 年。
李學勤:《釋〈詩論〉簡"兔"及從"兔"之字》,《北方論叢》2003 年第 1 期。
李學勤:《上博楚簡〈魯邦大旱〉解義》,《孔子研究》2004 年第 1 期。
李學勤:《楚簡〈恒先〉首章釋義》,簡帛研究網 2004 年 4 月 23 日;《中國哲學史》2004 年第 3 期。
李學勤:《試釋楚簡〈鮑叔牙與隰朋之諫〉》,《文物》2006 年第 9 期;《先秦、秦漢史》2007 年第 1 期。
李學勤:《楚簡〈子羔〉研究》,《上博館藏戰國楚竹書研究續編》,上海書店出版社,2004 年。
李學勤:《讀上博簡〈莊王既成〉兩章筆記》,簡帛研究網 2007 年 7 月 16 日。
李學勤:《談楚簡〈慎子〉》,《中國文化》第 25、26 期,2007 年。
李學勤:《楚簡〈弟子問〉與"䖒"字》,《出土文獻研究》第 8 輯,上海古籍出版社,2007 年。
李學勤:《文物中的古文明》,商務印書館,2008 年。
李學勤:《通向文明之路》,商務印書館,2010 年。
李學勤:《清華簡及古代文明》,江西教育出版社,2017 年。
李學勤主編:《清華大學藏戰國竹簡(壹)》,中西書局,2010 年。
李學勤主編:《清華大學藏戰國竹簡(貳)》,中西書局,2011 年。
李學勤主編:《清華大學藏戰國竹簡(叁)》,中西書局,2012 年。
李學勤主編:《清華大學藏戰國竹簡(肆)》,中西書局,2013 年。
李學勤主編:《清華大學藏戰國竹簡(伍)》,中西書局,2015 年。
李學勤主編:《清華大學藏戰國竹簡(陸)》,中西書局,2016 年。
李學勤主編:《清華大學藏戰國竹簡(柒)》,中西書局,2017 年。
李學勤主編:《清華大學藏戰國竹簡(捌)》,中西書局,2018 年。
李學勤主編:《清華簡研究》第 1 輯,中西書局,2012 年。
李學勤、陳致主編:《清華簡研究》第 2 輯,中西書局,2015 年。
李學勤、艾蘭、吕德凱主編:《清華簡研究》第 3 輯,中西書局,2019 年。
李學勤主編,沈建華、賈連翔編:《清華大學藏戰國竹簡(壹—叁)文字編》,中西書局,2014 年。
李學勤主編,沈建華、賈連翔編:《清華大學藏戰國竹簡(肆—陸)文字編》,中西書局,2017 年。
李學勤主編,沈建華、賈連翔編:《清華大學藏戰國竹簡(柒—玖)文字編》,中西書局,2020 年。
李學勤等:《出土簡帛與古史再建》,經濟科學出版社,2017 年。
李運富:《楚簡"諓"字及相關諸字考辨》,簡帛研究網 2003 年 1 月 24 日。
李運富:《論出土文本字詞關係的考證與表述》,《古漢語研究》2005 年第 2 期;《語言文字學》2005 年第 10 期。
李宗焜:《〈上博九・舉治王天下〉"怨並之衆人"試釋》,《源遠流長:漢字國際學術研討會暨

AEARU 第三屆漢字文化研討會論文集》，北京大學出版社，2017 年。

黎廣基：《上博楚竹書（二）〈民之父母〉“夙夜基命宥密”考》，《中國文字研究》第 6 輯，廣西教育出版社，2005 年。

黎廣基：《上博楚竹書（二）〈從政乙〉“壅戒先匿，則罪紀治”考》，簡帛網 2007 年 8 月 5 日。

連劭名：《楚竹書〈孔子詩論〉疏證》，《出土文獻研究》第 7 輯，上海古籍出版社，2005 年。

連劭名：《上海博物館藏楚簡叢釋》，《簡帛考論》，上海古籍出版社，2007 年。

廖名春：《上博簡〈子羔〉篇感生神話試探》，《福建師範大學學報（哲學社會科學版）》2003 年第 6 期。

廖名春：《上博藏楚簡〈魯邦大旱〉校補》，《古籍整理研究學刊》2004 年第 1 期。

廖名春：《楚簡〈周易〉校釋記（二）》，孔子 2000 網站 2004 年 4 月 16 日；簡帛研究網站 2004 年 4 月 23 日；《周易研究》2004 年第 5 期。

廖名春：《上博藏楚竹書〈恒先〉簡釋》，簡帛研究網 2004 年 4 月 19 日。

廖名春：《楚簡〈周易〉校釋記（一）》，簡帛研究網 2004 年 4 月 23 日。

廖名春：《楚簡〈周易〉校釋記（二）》，簡帛研究網 2004 年 4 月 23 日；《周易研究》2004 年第 5 期。

廖名春：《楚簡〈周易・大畜〉卦再釋》，簡帛研究網 2004 年 4 月 24 日。

廖名春：《楚簡〈周易・頤〉卦試釋》，簡帛研究網 2004 年 4 月 24 日。

廖名春：《楚簡〈逸詩・交交鳴鳥〉補釋》，簡帛研究網 2005 年 2 月 12 日。

廖名春：《楚竹書〈曹沫之陣〉與〈慎子〉佚文》，簡帛研究網 2005 年 2 月 12 日。

廖名春：《讀楚竹書〈内豊〉篇劄記（一）》，簡帛研究網 2005 年 2 月 20 日。

廖名春：《楚簡〈仲弓〉篇與〈論語・子路〉篇仲弓章對讀劄記》，簡帛研究網 2005 年 4 月 4 日；《淮陰師範學院學報（哲學社會科學版）》2005 年第 1 期。

廖名春：《楚竹書〈内禮〉、〈曾子立孝〉首章的對比研究》，簡帛研究網 2005 年 4 月 4 日。

廖名春：《讀〈上博五・融師有成氏〉篇劄記四則》，簡帛研究網 2006 年 2 月 20 日。

廖名春：《讀〈上博五・鬼神之明〉篇劄記》，簡帛研究網 2006 年 2 月 20 日。

廖名春：《讀〈上海博物館藏戰國楚竹書（四）〉劄記》，《華學》第 8 輯，紫禁城出版社，2006 年。

廖名春：《〈凡物流形〉校讀零劄（一）》，清華大學簡帛研究 2008 年 12 月 31 日。

廖名春：《〈凡物流形〉校讀零劄（二）》，清華大學簡帛研究 2008 年 12 月 31 日。

廖名春：《楚竹書〈詩論〉一號簡“隱”字新釋》，《古文字研究》第 27 輯，中華書局，2008 年。

梁　靜：《上博簡〈史蒥問於夫子〉拼合補説及人物試探》，《簡帛》第 21 輯，上海古籍出版社，2020 年。

林清源：《釋“葛”及其相關諸字》，復旦大學出土文獻與古文字研究中心網 2008 年 12 月 8 日。

林清源：《郭店楚簡〈語叢四〉“”考釋》，《古文字研究》第 27 輯，中華書局，2008 年。

林清源：《〈上博九・陳公治兵〉通釋》,《古文字與古代史》第 4 輯,"中研院"歷史語言研究所,2015 年。
林清源：《〈上博九・舉治王天下〉第二篇簡文研究》,《"中研院"歷史語言研究所集刊》第八十七本第四分。
林清源：《上博九"宛丘之衆人"考釋》,《古文字研究》第 31 輯,中華書局,2016 年。
林素清：《上博簡(二)〈民之父母〉幾個疑難字的釋讀》,簡帛研究網 2003 年 1 月 17 日;《上博館藏戰國楚竹書研究續編》,上海書店出版社,2004 年。
林素清：《讀〈容成氏〉劄記》,《簡帛》第 2 輯,上海古籍出版社,2007 年。
林素清：《上博楚竹書〈昔者君老〉新釋》,《上博館藏戰國楚竹書研究續編》,上海書店出版社,2004 年。
林素清：《上博四〈内禮〉篇重探》,《簡帛》第 1 輯,上海古籍出版社,2006 年。
林素清：《釋"匱"——兼及〈内禮〉新釋與重編》,《南山論學集——錢存訓先生九五生日紀念》,北京圖書館出版社,2006 年。
林素清：《上博館藏簡互證》,《屈萬里先生百歲誕辰國際學術研討會論文集》,2006 年 9 月。
林素清：《説慭》,《古文字與古代史》第 1 輯,"中研院"歷史語言研究所,2007 年。
林素清：《讀〈季庚子問於孔子〉與〈弟子問〉劄記》,《楚地簡帛思想研究》第 3 輯,湖北教育出版社,2007 年。
林素清：《上博〈曹沫之陣〉考釋二則》,第二届傳統中國研究國際學術討論會論文集(一),2007 年。
林素清：《〈容成氏〉簡十四"免笠植槈蓌藉而坐"試解》,"2007 中國簡帛學國際論壇",臺灣大學,2007 年。
林文華：《〈上博五・三德〉"高陽"、"皇后"考》,簡帛研究網 2007 年 9 月 10 日。
林文華：《〈三德〉"毋焚古謱,毋耻父兄"新解》,簡帛研究網 2007 年 9 月 24 日。
林文華：《〈三德〉新詁三則》,簡帛研究網 2007 年 12 月 6 日。
林文華：《〈三德〉簡 12、20 新解》,簡帛網 2007 年 12 月 11 日。
林文華：《〈天子建州〉"強行"考》,簡帛網 2008 年 2 月 23 日。
林文華：《〈天子建州〉釋讀五則》,簡帛網 2008 年 7 月 15 日。
林文華：《〈天子建州〉"強行"考》,復旦大學出土文獻與古文字研究中心網 2008 年 2 月 22 日。
林志鵬：《上博楚竹書〈競建内之〉重編新解》,簡帛網 2006 年 2 月 24 日。
林志鵬：《楚竹書〈鮑叔牙與隰朋之諫〉補釋》,簡帛網 2007 年 7 月 13 日。
林志鵬：《〈魯邦大旱〉詮解》,《上博館藏戰國楚竹書研究續編》,上海書店出版社,2004 年。
林志鵬：《楚竹書〈子羔〉篇補釋四則》,《江漢考古》2005 年第 1 期。
林志鵬：《上海博物館藏楚竹書〈周易〉字詞劄記》,簡帛網 2007 年 10 月 30 日。

林志鵬：《釋戰國楚簡中的“曷”字——兼論〈緇衣〉“民有格心”句異文》，簡帛網 2007 年 1 月 30 日。

林志鵬：《論楚竹書〈慎子曰恭儉〉“去囿”及相關問題》，簡帛網 2008 年 5 月 6 日。

林志鵬：《〈鮑叔牙與隰朋之諫〉“塝地”、“公蠱”二詞試解》，簡帛網 2006 年 6 月 26 日。

劉大鈞主編：《簡帛考論》，上海古籍出版社，2007 年。

劉大鈞主編：《大易集釋》，上海古籍出版社，2007 年。

劉　剛：《上博六〈用曰〉篇初步考察》，復旦大學出土文獻與古文字研究中心網 2008 年 10 月 31 日。

劉國勝：《上博(五)零劄(六則)》，簡帛網 2006 年 3 月 20 日。

劉國勝：《楚簡文字中的“綉”和“緂”》，《江漢考古》2007 年第 4 期。

劉洪濤：《〈上博五・弟子問〉小考兩則》，簡帛網 2006 年 5 月 31 日。

劉洪濤：《上博五〈弟子問〉小考兩則(修訂稿)》，簡帛網 2006 年 7 月 5 日。

劉洪濤：《説上海博物館藏戰國竹書〈民之父母〉中的“詩”字》，簡帛網 2006 年 9 月 6 日。

劉洪濤：《讀〈上海博物館藏戰國竹書(四)〉劄記》，簡帛網 2006 年 11 月 8 日。

劉洪濤：《讀〈上海博物館藏戰國楚竹書(四)〉劄記(二)》，簡帛網 2007 年 1 月 17 日。

劉洪濤：《説“非山非澤，亡有不民”》，簡帛網 2007 年 3 月 24 日。

劉洪濤：《上博竹書〈姑成家父〉重讀》，簡帛網 2007 年 3 月 27 日。

劉洪濤：《上博竹書〈鳴烏〉解釋》，簡帛網 2007 年 4 月 24 日。

劉洪濤：《上博竹書〈慎子曰恭儉〉校讀》，簡帛網 2007 年 7 月 6 日。

劉洪濤：《讀上博竹書〈天子建州〉劄記》，簡帛網 2007 年 7 月 12 日。

劉洪濤：《讀上博竹書〈用曰〉劄記》，簡帛網 2007 年 7 月 13 日。

劉洪濤：《讀上博竹書劄記(兩則)》，《古籍研究》2007 年卷上，安徽大學出版社，2007 年。

劉洪濤：《釋“肙”——兼釋“簥”字》，簡帛網 2011 年 8 月 1 日。

劉洪濤：《論掌握形體特點對古文字考釋的重要性》，北京大學博士學位論文，2012 年 6 月。

劉洪濤、劉建民：《上博竹書〈慎子曰恭儉〉校讀》，《簡帛》第 3 輯，上海古籍出版社，2008 年。

劉樂賢：《〈説文〉“法”字古文補釋》，《古文字研究》第二十四輯，中華書局，2002 年。

劉樂賢：《讀上博簡〈民之父母〉等三篇劄記》，簡帛研究網 2003 年 1 月 10 日。

劉樂賢：《讀上博簡〈容成氏〉小劄》，簡帛研究網 2003 年 1 月 13 日；《上博館藏戰國楚竹書研究續編》，上海書店出版社，2004 年。

劉樂賢：《讀上博(四)劄記》，簡帛研究網 2005 年 2 月 15 日。

劉樂賢：《讀上博五〈競建内之〉劄記》，簡帛網 2006 年 2 月 20 日。

劉樂賢：《讀楚簡劄記(三則)》，《中國古代文明研究與學術史——李學勤教授伉儷七十壽慶紀念文集》，河北大學出版社，2006 年。

劉樂賢：《額濟納漢簡的"唬"字與楚簡的"虐"字》，《古文字研究》第 26 輯，中華書局，2006 年。
劉樂賢：《楚簡〈逸詩·多薪〉補釋一則》，簡帛研究網 2005 年 2 月 20 日。
劉樂賢：《談簡帛本〈老子〉的銛錟》，《長沙三國吴簡暨百年來簡帛發現與研究國際學術研討會論文集》，中華書局，2005 年。
劉樂賢：《"遠者不方"補説》，簡帛網 2006 年 2 月 20 日。
劉樂賢：《楚秦選擇術的異同及影響——以出土文獻爲中心》，《歷史研究》2006 年第 6 期；《先秦、秦漢史》2007 年第 2 期。
劉樂賢：《上博楚簡考釋三則》，《楚地簡帛思想研究》第 3 輯，湖北教育出版社，2007 年。
劉信芳：《上博藏竹書〈恒先〉試解》，簡帛研究網 2004 年 5 月 16 日。
劉信芳：《竹書〈柬大王泊旱〉試解五則》，簡帛研究網 2005 年 3 月 14 日。
劉信芳：《上博藏五試解續》，簡帛網 2006 年 3 月 20 日。
劉信芳：《上博藏竹書所載殷高宗政令及相關問題》，《中國歷史文物》2006 年第 5 期。
劉信芳：《上博藏五試解四則》，《楚地簡帛思想研究（三）》，湖北教育出版社，2007 年。
劉信芳：《上博藏六〈用曰〉12、13 號簡試解》，簡帛網 2007 年 7 月 28 日。
劉信芳：《〈上博藏六〉試解之三》，簡帛網 2007 年 8 月 9 日。
劉信芳：《〈上博藏六〉試解六則》，《簡帛》第 3 輯，上海古籍出版社，2008 年。
劉信芳：《古文字歧讀釋例》，《許慎文化研究——首屆許慎文化國際研討會論文集》，文藝出版社，2006 年；《安徽大學學報（哲學社會科學版）》2008 年第 5 期。
劉信芳：《楚簡"免"與從"免"之字試釋》，《古文字研究》第 27 輯，中華書局，2008 年。
劉信芳：《〈凡物流形〉的槱祭及相關問題》，簡帛網 2009 年 1 月 13 日。
劉信芳：《楚簡帛通假彙釋》，高等教育出版社，2011 年。
劉　釗：《説"度天心"》，簡帛研究網 2004 年 9 月 10 日；《華學》第 9、10 輯，上海古籍出版社 2008 年 8 月；復旦大學出土文獻與古文字研究中心網 2008 年 1 月 10 日。
劉　釗：《〈容成氏〉釋讀一則》，簡帛研究網 2003 年 3 月 15 日；《上博館藏戰國楚竹書研究續編》，上海書店出版社，2004 年。
劉　釗：《〈上博五·君子爲禮〉釋字一則》，簡帛網 2007 年 7 月 23 日。
劉　釗：《〈上博五·融師有成氏〉"耽淫念惟"解》，簡帛網 2007 年 7 月 25 日。
劉　釗：《讀〈上博六〉詞語札記三則》，"中國簡帛學國際論壇 2007"論文集，臺灣大學，2007 年；《中國文字研究》第十輯（2008 年第 1 輯），大象出版社，2008 年。
劉　釗：《古文字構形學》，福建人民出版社，2006 年。
劉　釗：《古文字考釋叢稿》，嶽麓書社，2005 年。
劉　釗：《郭店楚簡校釋》，福建人民出版社，2005 年。
劉　釗：《書馨集——出土文獻與古文字論叢》，上海古籍出版社，2013 年。

羅小華:《〈凡勿流型〉甲本選釋五則》,簡帛網 2008 年 12 月 31 日。

M

馬承源主編:《上海博物館藏戰國楚竹書(一)》,上海古籍出版社,2001 年。
馬承源主編:《上海博物館藏戰國楚竹書(二)》,上海古籍出版社,2002 年。
馬承源主編:《上海博物館藏戰國楚竹書(三)》,上海古籍出版社,2003 年。
馬承源主編:《上海博物館藏戰國楚竹書(四)》,上海古籍出版社,2004 年。
馬承源主編:《上海博物館藏戰國楚竹書(五)》,上海古籍出版社,2005 年。
馬承源主編:《上海博物館藏戰國楚竹書(六)》,上海古籍出版社,2007 年。
馬承源主編:《上海博物館藏戰國楚竹書(七)》,上海古籍出版社,2008 年。
馬承源主編:《上海博物館藏戰國楚竹書(八)》,上海古籍出版社,2008 年。
馬承源主編:《上海博物館藏戰國楚竹書(九)》,上海古籍出版社,2012 年。
孟蓬生:《上博竹書(二)字詞劄記》,簡帛研究網 2003 年 1 月 14 日;《上博館藏戰國楚竹書研究續編》,上海書店出版社,2004 年。
孟蓬生:《上博竹書(三)字詞考釋》,簡帛研究網 2004 年 4 月 26 日;上博竹書《周易》字詞考釋,《華學》第 8 輯,紫禁城出版社,2006 年。
孟蓬生:《上博竹書(四)閒詁》,簡帛研究網 2005 年 2 月 15 日;《簡帛研究 2004》,廣西師範大學出版社,2006 年。
孟蓬生:《上博竹書(四)閒詁(續)》,簡帛研究網 2005 年 3 月 6 日;《簡帛研究 2004》,廣西師範大學出版社,2006 年。
孟蓬生:《〈彭祖〉字義疏證》,簡帛研究網 2005 年 6 月 21 日。
孟蓬生:《上博竹書〈周易〉的兩個雙聲符字》,簡帛研究網 2005 年 3 月 31 日。
孟蓬生:《上博竹書〈周易〉字詞考釋》,《華學》第 8 輯,紫禁城出版社,2006 年。
孟蓬生:《〈三德〉零詁(二則)》,簡帛網 2006 年 2 月 28 日;《簡帛》第 2 輯,上海古籍出版社,2007 年。
孟蓬生:《"牪"疑》,簡帛網 2007 年 9 月 22 日;《簡帛》第 3 輯,上海古籍出版社,2008 年。
孟蓬生:《説〈凡物流形〉之祭員》,復旦大學出土文獻與古文字研究中心網 2009 年 1 月 12 日。
孟躍龍:《上博簡〈成王爲城濮之行〉中所謂"洔"字新考》,《語文研究》2019 年第 2 期。

N

牛新房:《讀上博(五)〈弟子問〉劄記一則》,簡帛網 2006 年 3 月 4 日。
牛新房:《讀上博(五)〈季康子問於孔子〉瑣議》,簡帛網 2006 年 3 月 9 日。
牛新房:《讀上博(五)劄記》,簡帛網 2006 年 9 月 17 日。

P

龐　樸:《喜讀"五至三無"——初讀〈上博簡〉(二)》,簡帛研究網 2003 年 1 月 12 日;《上博館藏戰國楚竹書研究續編》,上海書店出版社,2004 年。

龐　樸:《〈恒先〉試讀》,簡帛研究網 2004 年 4 月 26 日。

龐莊城:《上博九〈成王爲城濮之行〉考釋零箋》,《"第二十五届中國文字學國際學術研討會"論文集》,中國文化大學中國文學系主辦,2014 年 5 月 16—17 日。

彭　浩:《〈昔者君老〉與"世子法"》,《文物》2004 年第 5 期。

彭　浩:《"錢器"小議》,簡帛網 2006 年 3 月 1 日。

彭　浩:《"有司箸作浮老弱不刑"解》,簡帛網 2006 年 3 月 7 日。

彭　浩:《試説"畝纆短,田纆長,百糧篁"》,簡帛網 2006 年 4 月 2 日。

彭裕商:《上博簡〈民之父母〉對讀〈禮記・孔子閒居〉》,簡帛研究網 2004 年 3 月 13 日;《康樂集——曾憲通教授七十壽慶論文集》,中山大學出版社,2006 年。

彭裕商:《上博竹書〈孔子詩論〉劄記二則》,《古文字研究》第 26 輯,中華書局,2006 年。

彭裕商:《〈郭店楚簡〉劄記四則》,《考古與文物》2008 年第 5 期。

彭裕商:《〈孔子詩論〉隨記二則》,《古文字研究》第 27 輯,中華書局,2008 年。

濮茅左:《楚竹書〈周易〉研究》,上海古籍出版社,2006 年。

Q

秦樺林:《上博簡〈孔子詩論〉辨證》,《古漢語研究》2003 年第 2 期。

秦樺林:《釋"戔""[illegible]"》,簡帛研究網 2004 年 8 月 17 日。

秦樺林、淩瑜:《"習以不可改也"——楚簡〈恒先〉中有關"語言符號的強制性"的思想》,簡帛研究網 2005 年 1 月 26 日。

秦樺林:《楚簡佚詩〈交交鳴〉劄記》,簡帛研究網 2005 年 2 月 20 日。

秦樺林:《楚簡〈昭王與龔之脽〉補釋》,簡帛研究網 2005 年 2 月 24 日。

秦樺林:《"晵"字所從聲旁"戔"試説》,簡帛研究網 2005 年 9 月 4 日。

秦樺林:《楚簡〈君子爲禮〉劄記一則》,簡帛網 2006 年 2 月 22 日。

秦曉華:《上博(五)〈三德〉釋讀一則》,簡帛網 2006 年 2 月 27 日。

邱德修:《上博楚簡容成氏注釋考證》,臺灣古籍出版有限公司,2003 年。

邱德修:《上博楚簡(一)(二)字詞解詁》,臺灣古籍出版有限公司,2005 年。

裘錫圭:《燹公盨銘文考釋》,《中國歷史文物》2002 年第 6 期。

裘錫圭:《關於〈孔子詩論〉》,《國際簡帛研究通訊》2 卷 4 期,2002 年;《經學今詮三編》,《中國哲學》第 24 輯,遼寧教育出版社,2002 年。

裘錫圭:《釋郭店〈緇衣〉"出言有丨,黎民所訁"——兼説"丨"爲"針"之初文》,《古墓新知——紀念郭店楚簡出土十周年論文專輯》,國際炎黄文化出版社,2003 年。

裘錫圭:《新出土先秦文獻與古史傳説》,《李珍華紀念集》,北京大學出版社,2003 年;《北京大學中國古文獻研究中心集刊(四)》,北京大學出版社,2004 年;簡帛研究網 2007 年 2 月 20 日。

裘錫圭:《由郭店簡〈性自命出〉的"室性者故也"説到〈孟子〉的"天下之言性也"章》,《第四届國際中國古文字學術研討會論文集》,香港中文大學中國語言及文學系,2003 年。

裘錫圭:《讀上博簡〈容成氏〉劄記二則》,《古文字研究》第 25 輯,中華書局,2004 年。

裘錫圭:《北京大學中國古文獻研究中心郭店楚墓竹簡研究項目介紹》,《出土文獻研究》第 6 輯,上海古籍出版社,2004 年。

裘錫圭:《釋戰國楚簡中的"𠂤"》,《古文字研究》第 26 輯,中華書局,2006 年。

裘錫圭:《關於〈老子〉的"絶仁棄義"和"絶聖"》,《出土文獻與古文字研究》第 1 輯,復旦大學出版社,2006 年。

裘錫圭:《〈天子建州〉(甲本)小札》,簡帛網 2007 年 7 月 16 日;《簡帛》第 3 輯,上海古籍出版社,2008 年。

裘錫圭:《釋〈子羔〉篇"鈚"字並論商得金德之説》,《簡帛》第 2 輯,上海古籍出版社,2007 年。

裘錫圭:《説〈魯邦大旱〉"抑吾子如重命丌歟"句》,《華學》第 9、10 輯,上海古籍出版社,2008 年。

裘錫圭:《説"亦紀先王之由道"》,《中國古代文明研究與學術史——李學勤教授伉儷七十壽慶紀念文集》,河北大學出版社,2006 年。

裘錫圭:《是"恒先"還是"極先"》,"2007 中國簡帛學國際論壇",臺灣大學,2007 年。

裘錫圭:《釋古文字中的有些"悤"字和從"悤"、從"兇"之字》,《出土文獻與古文字研究》第 2 輯,復旦大學出版社,2008 年。

裘錫圭:《糾正我在郭店〈老子〉簡釋讀中的一個錯誤——關於"絶僞棄詐"》,《郭店楚簡國際學術研討會論文集》,湖北人民出版社,2000 年。

裘錫圭:《談談上博簡和郭店簡中的錯别字》,《新出楚簡與儒學思想國際學術研討會論文集》(2002);《華學》第 6 輯,紫禁城出版社,2003 年。

裘錫圭:《〈上海博物館藏戰國楚竹書(二)·子羔〉釋文》,《裘錫圭學術文集》,復旦大學出版社,2012 年。

裘錫圭:《〈上海博物館藏戰國楚竹書(二)·魯邦大旱〉釋文》,《裘錫圭學術文集》,復旦大學出版社,2012 年。

裘錫圭:《〈上海博物館藏戰國楚竹書(四)·相邦之道〉釋文》,《裘錫圭學術文集》,復旦大學出版社,2012 年。

裘錫圭：《説从“𡭴”聲的从“貝”與从“辵”之字》，《文史》2012 年第 3 輯。
裘錫圭：《裘錫圭學術文集》，復旦大學出版社，2012 年。

R

饒宗頤：《説瀸——〈老子〉“大曰逝”説》，《長沙三國吴簡暨百年來簡帛發現與研究國際學術研討會論文集》，中華書局，2005 年。
饒宗頤主編：《上博藏戰國楚竹書字彙》，安徽大學出版社，2012 年。

S

單育辰：《上博五短劄（三則）》，簡帛網 2006 年 4 月 30 日。
單育辰：《佔畢隨録》，簡帛網 2007 年 7 月 27 日。
單育辰：《佔畢隨録之二》，簡帛網 2007 年 7 月 28 日。
單育辰：《佔畢隨録之三》，簡帛網 2007 年 12 月 1 日。
單育辰：《佔畢隨録之五》，復旦大學出土文獻與古文字研究中心網 2008 年 1 月 17 日。
單育辰：《佔畢隨録之六》，簡帛網 2008 年 8 月 5 日。
單育辰：《占畢隨録之十五》，復旦大學出土文獻與古文字研究中心網 2011 年 7 月 22 日。
單育辰：《〈容成氏〉新編聯及釋文》，復旦大學出土文獻與古文字研究中心網 2008 年 5 月 21 日。
單育辰：《談戰國文字中的“皃”》，簡帛網 2007 年 5 月 30 日；《簡帛》第 3 輯，上海古籍出版社，2008 年。
單育辰：《〈曹沫之陳〉文本集釋及相關問題研究》，吉林大學碩士學位論文，2007 年。
單育辰：《〈容成氏〉文本集釋及相關問題研究》，吉林大學 2008 年“985 工程”研究生創新基金資助項目。
單育辰：《〈上海博物館藏戰國楚竹書（九）〉雜識》，《簡帛》第 11 輯，上海古籍出版社，2015 年。
單周堯：《説》，《華學》第 7 輯，中山大學出版社，2004 年。
單周堯、黎廣基：《讀上博楚竹書〈從政〉甲篇“慆則亡新”劄記》，簡帛研究網 2003 年 1 月 22 日；《中國文字研究》第 8 輯，大象出版社，2007 年。
單周堯、黎廣基：《上博楚竹書（二）〈從政〉甲篇“獄則興”試釋》，《簡帛》第 1 輯，上海古籍出版社，2006 年。
申紅義：《〈上海博物館藏戰國楚竹書〉（三）〈仲弓〉雜記》，簡帛研究網 2004 年 6 月 30 日。
沈寶春、高佑仁：《上博九〈邦人不稱〉補釋》，《古文字研究》第 31 輯，中華書局，2016 年。
沈寶春：《談〈陳公治兵〉“紳兩和而紉之”的“紳”義》，《中國文字》2019 年夏季號，總第 1 期，萬卷樓圖書股份有限公司，2019 年。

沈　培:《周原甲骨文里的“囟”和楚墓竹簡里的“囟”或“思”》,《漢字研究》第 1 輯,學苑出版社,2005 年。

沈　培:《説上博簡〈容成氏〉中的“脛不生之毛”》,《出土文獻與古文字研究》第 1 輯 33—44 頁,復旦大學出版社,2006 年。

沈　培:《關於“抄寫者誤加‘句讀符號’”的更正意見》,簡帛網 2006 年 2 月 25 日。

沈　培:《上博簡〈姑成家父〉一個編聯組位置的調整》,簡帛網 2006 年 2 月 22 日。

沈培(尚賢):《小議上博簡〈鮑叔牙與隰朋之諫〉中的虛詞“凡”》,簡帛網 2006 年 5 月 13 日;《出土文獻與古文字研究》第 1 輯,復旦大學出版社,2006 年。

沈　培:《説古文字里的“祝”及相關之字》,《簡帛》第 2 輯,上海古籍出版社,2007 年。

沈　培:《〈上博(六)〉中〈平王問鄭壽〉和〈平王與王子木〉應是連續抄寫的兩篇》,簡帛網 2007 年 7 月 12 日。

沈　培:《上博簡〈姑成家父〉一個編聯組位置的調整》,簡帛網 2006 年 2 月 22 日。

沈　培:《由上博簡證“如”可訓爲“不如”》,簡帛網 2007 年 7 月 15 日;《出土文獻與古文字研究》第 2 輯 152—159 頁,復旦大學出版社,2008 年。

沈　培:《試釋戰國時代從“之”從“首(或從‘頁’)”之字》,簡帛網 2007 年 7 月 17 日。

沈　培:《〈上博(六)〉字詞淺釋(七則)》,簡帛網 2007 年 7 月 20 日;《中國文字學報》第 2 輯,商務印書館,2008 年。

沈　培:《〈上博(六)·競公瘧〉“正”字小議》,簡帛網 2007 年 7 月 31 日;《簡帛》第 3 輯,上海古籍出版社,2008 年。

沈　培:《從戰國簡看古人占卜的“蔽志”——兼論“移祟”説》,《古文字與古代史》第 1 輯,“中研院”歷史語言研究所,2007 年;復旦大學出土文獻與古文字研究中心網 2007 年 12 月 16 日。

沈　培:《從西周金文“姚”字的寫法看楚文字“兆”字的來源》,《古文字學論稿》,安徽大學出版社,2008 年。

沈　培:《上博(六)字詞淺釋(七則)》,《中國文字學報》第 2 輯,商務印書館,2008 年。

沈　培:《上博七字詞補説兩則》,復旦大學出土文獻與古文字研究中心網 2009 年 1 月 3 日。

沈　培:《〈上博(六)〉和〈上博(八)〉竹簡相互編聯之一例》,復旦大學出土文獻與古文字研究中心網 2011 年 7 月 17 日。

史傑鵬:《上博竹簡(三)注釋補正》,簡帛研究網 2005 年 7 月 16 日;《古文字論集(三)》(《考古與文物》2005 年增刊)。

史傑鵬:《〈孔子詩論〉簡中的“諱言”和傳世文獻中相關字詞疏證》,《古文字研究》第 26 輯,中華書局,2006 年。

史傑鵬:《談談上海博物館楚簡的“畬”字》,《簡帛研究 2002、2003》,廣西師範大學出版社,

2005年。

史傑鵬:《上博簡〈容成氏〉字詞考釋二則》,《江漢考古》2007年第1期。

宋華強:《楚墓竹簡中的"𦉜"字及"纆"字》,簡帛研究網2004年6月13日。

宋華強:《楚簡"能(從羽)禱"新釋》,簡帛網2006年9月3日。

宋華強:《新蔡簡與"速"義近之字及楚簡中相關諸字新考》,簡帛網2006年7月31日;《中國文字》新32期,藝文印書館,2006年。

宋華強:《"還年"小議》,簡帛網2008年8月9日。

宋華強:《上博竹書〈問〉篇偶識》,簡帛網2008年10月21日。

宋華強:《上博七〈凡物流形〉散劄》,簡帛網2009年1月6日。

宋華強:《釋上博竹書中讀爲"曰"的一個字》,《中國文字研究》2009年第2輯。

宋華強:《新蔡葛陵楚簡初探》,武漢大學出版社,2010年。

宋華強:《上博九〈成王爲城濮之行〉考釋(九則)》,《簡帛》第9輯,上海古籍出版社,2014年。

蘇建洲:《〈容成氏〉柬釋(一)》,簡帛研究網2003年3月27日。

蘇建洲:《〈容成氏〉補釋一則》,簡帛研究網2004年3月6日。

蘇建洲:《〈容成氏〉柬釋(四)》,簡帛研究網2003年4月16日。

蘇建洲:《〈上博(四)·曹沫之陣〉劄記》,簡帛研究網2005年3月7日。

蘇建洲:《〈上博(四)·曹沫之陣〉三則補議》,簡帛研究網2005年3月10日。

蘇建洲:《〈上博楚簡(四)〉考釋三則》,《出土文獻語言研究》第1輯,廣東教育出版社,2006年。

蘇建洲:《初讀〈上博(六)〉》,簡帛網2007年7月19日。

蘇建洲:《讀〈上博六〉劄記六則》,簡帛網2007年7月25日。

蘇建洲:《讀〈上博六〉筆記》,簡帛網2007年8月1日。

蘇建洲:《〈上博(六)·景公虐〉補釋一則》,簡帛網2007年10月7日。

蘇建洲:《釋〈語叢〉、〈天子建州〉幾個從"乇"形的字——兼説〈説文〉古文"垂"》,簡帛網2008年11月18日。

蘇建洲:《〈上博楚竹書〉文字及相關問題研究》,萬卷樓圖書公司,2008年。

蘇建洲:《楚文字論集》,萬卷樓圖書公司,2011年。

蘇建洲:《上博九〈靈王遂申〉釋讀與研究》,《出土文獻》第5輯,中西書局,2014年。

孫飛燕:《〈容成氏〉"執兵欽㩟,羕旻於民"試解》,簡帛研究網2007年8月4日。

孙飛燕:《讀〈凡物流形〉劄記》,簡帛研究網2009年1月1日。

孫合肥:《〈上海博物館藏戰國楚竹書(九)〉釋字二則》,《漢語言文字研究》第1輯,上海古籍出版社,2015年。

孫偉龍、李守奎:《上博簡標識符號五題》,《簡帛》第3輯,上海古籍出版社,2008年;簡帛網2008年10月14日。

T

湯余惠:《戰國文字編》,福建人民出版社,2001 年。
湯志彪:《上博簡(三)〈彭祖〉篇校讀瑣記》,《江漢考古》2005 年第 3 期。
田 煒:《讀上博竹書(四)瑣記》,簡帛研究網 2005 年 4 月 3 日。
田 煒:《〈戰國文字編〉讀後記》,《湖南省博物館館刊》第 3 期,嶽麓書社,2006 年。
田 煒:《上博五〈弟子問〉"登年"小考》,簡帛網 2006 年 3 月 22 日。
田 煒:《釋〈容成氏〉"其德酋清" 》,簡帛網 2006 年 10 月 25 日。
田 煒:《讀〈上海博物館藏戰國楚竹書〉零劄》,《江漢考古》2008 年第 2 期。

W

王貴元:《上博五劄記二則》,簡帛網 2006 年 3 月 3 日。
王貴元:《〈説文〉古文與楚簡文字合證》,《中國文字研究》第 11 輯(2008 年第 2 輯),大象出版社,2008 年。
王 輝:《讀上博楚竹書〈容成氏〉劄記(十則)》,《古文字研究》第 25 輯,中華書局,2004 年。
王 輝:《上博楚竹書(五)讀記》,《中國文字》新 32 期,藝文印書館,2006 年。
王 輝:《上博楚竹書(六)讀記》,《古文字研究》第 27 輯,中華書局,2008 年。
王 輝:《古文字所見人物名號四考》,《中山大學學報(社會科學版)》2018 年第 1 期。
王晶、胡海琼:《〈三德〉簡 1"句奮"解》,簡帛網 2006 年 3 月 8 日。
王凱博:《〈上海博物館藏戰國楚竹書(九)〉研究二題》,《中國文字》新 41 期,藝文印書館,2015 年。
王凱博:《上博簡拾詁二則》,《簡帛研究》2016 年春夏卷,廣西師範大學出版社,2016 年。
王 蘭:《上博五〈三德〉編聯》,簡帛網 2006 年 4 月 15 日。
王 蘭:《上博六〈用曰〉編聯》,簡帛網 2007 年 10 月 13 日。
王 寧:《〈曹沫之陳〉第 63 簡下段文字另解》,簡帛研究網 2008 年 1 月 20 日。
王 寧:《逸詩〈交交鳴烏〉箋釋》,簡帛研究網 2008 年 1 月 28 日。
王三峽:《"死不顧生"句試解》,簡帛網 2006 年 3 月 8 日。
王中江:《〈從政〉重編校注》,簡帛研究網 2003 年 1 月 16 日。
王志平:《〈恒先〉管窺》,簡帛研究網 2004 年 5 月 8 日。
王志平:《上博簡(二)劄記》,《上博館藏戰國楚竹書研究續編》,上海書店出版社,2004 年。
王志平:《〈容成氏〉中制樂諸簡的新闡釋》,《上博館藏戰國楚竹書研究續編》,上海書店出版社,2004 年。
王志平:《再論〈容成氏〉中的"方爲三倍" 》,《華學》第 8 輯,紫禁城出版社,2006 年。

王志平:《"翟"字的讀音及相關問題》,《古文字研究》第 27 輯,中華書局,2008 年。
王志平:《"戴"字釋疑》,《簡帛》第 3 輯,上海古籍出版社,2008 年。
王志平:《上博九〈史蒥問於夫子〉之"史蒥"考》,《陝西師範大學學報(哲學社會科學版)》2017 年第 5 期。
尉侯凱:《上博九新釋四則》,《文物春秋》2017 年第 1 期。
魏慈德:《從楚簡的用字習慣來看楚令尹子文乳於虎的傳説》,《中原文化研究》2015 年第 5 期。
魏宜輝:《楚系簡帛文字形體訛變分析》,南京大學博士學位論文,2003 年。
魏宜輝:《讀上博楚簡(四)劄記》,簡帛研究網 2005 年 3 月 10 日。
魏宜輝:《再論郭店簡、上博簡〈緇衣〉用爲"從"之字》,《出土文獻語言研究》第 1 輯,廣東高等教育出版社,2006 年;《中國文字》新 31 期,藝文印書館,2006 年。
魏宜輝:《關於"箭之初文"的補釋》,簡帛網 2007 年 12 月 18 日。
魏宜輝:《試析古文字中的"激"字》,簡帛網 2006 年 3 月 29 日。
鄔可晶:《談上博七〈凡物流形〉甲乙本編聯及相關問題》,復旦大學出土文獻與古文字研究中心網 2009 年 1 月 7 日。
鄔可晶:《説古文字裹舊釋"陶"之字》,《文史》2016 年第 3 期。
吴良寶:《平肩空首布"卬"字考》,《中國錢幣》2005 年第 2 期。
吴良寶:《説燕尾布與連布中的"忻"字》,《安徽錢幣》2005 年第 1 期。
吴良寶:《楚地"鄝昜"新考》,《古文字學論稿》,安徽大學出版社,2008 年。
吴良寶:《戰國楚簡地名輯證》,武漢大學出版社,2010 年。
吴辛丑:《楚簡〈周易〉"不家而食"新解》,簡帛研究網 2004 年 7 月 18 日。
吴辛丑:《竹書〈昔者君老〉一、四簡疏解》,簡帛研究網 2004 年 7 月 25 日。
吴辛丑:《楚竹書〈周易〉訓詁劄記》,《古文字研究》第 26 輯,中華書局,2006 年。
吴振武:《戰國文字中一種值得注意的構形方式》,《姜亮夫、蔣禮鴻、郭在貽先生紀念文集》,上海教育出版社,2003 年。

X

蕭　毅:《説"孔"》,《康樂集——曾憲通教授七十壽慶論文集》,中山大學出版社,2006 年。
蕭　毅:《楚簡文字研究》,武漢大學出版社,2010 年。
蕭聖中:《上博竹書(五)劄記三則》,《楚地簡帛思想研究》第 3 輯,湖北教育出版社,2007 年。
蕭聖中:《先秦兩漢楚地出土文獻所見古樂器名彙輯略釋》,《楚學論叢》第 4 輯,湖北人民出版社,2015 年。
小　墉:《説〈容成氏〉的"塈爲丹宮"》,復旦大學出土文獻與古文字研究中心網 2008 年 4 月 27 日。

徐寶貴:《郭店楚簡研究三則》,《古籍整理研究學刊》2003 年第 2 期。

徐寶貴:《楚墓竹簡文字考釋》,《清華大學學報(哲學社會科學版)》2005 年第 3 期。

徐寶貴:《殷商文字研究兩篇》,《出土文獻與古文字研究》第 1 輯,復旦大學出版社,2006 年。

徐寶貴:《以"它""也"爲偏旁文字的分化》,《文史》2007 年第 3 輯。

許全勝:《〈容成氏〉補釋》,簡帛研究網 2003 年 1 月 14 日;《〈容成氏〉篇釋地》,《上博館藏戰國楚竹書研究續編》,上海書店出版社,2004 年。

許全勝:《〈容成氏〉篇釋地》,《上博館藏戰國楚竹書研究續編》,上海書店出版社,2004 年。

徐少華:《論竹書〈君子爲禮〉的思想内涵與特徵》,《中國哲學史》2007 年第 2 期;《中國哲學》2007 年第 8 期。

徐少華:《上博簡〈申公臣靈王〉及〈平王與王子木〉兩篇疏正》,《古文字研究》第 27 輯,中華書局,2008 年。

徐少華:《論〈上博五・君子爲禮〉的編聯與文本結構》,《楚地簡帛思想研究》第 3 輯,湖北教育出版社,2007 年。

徐少華:《上博楚簡所載申公、城公考析》,《歷史地理學研究的新探索與新動向》,三秦出版社,2008 年。

徐在國:《上博簡性情論補釋一則》,《史學集刊》2003 年第 1 期。

徐在國:《上博竹書(二)文字雜考》,《學術界》2003 年第 1 期。

徐在國:《釋楚簡"散"兼及相關字》,《古文字研究》第 25 輯,中華書局,2004 年。

徐在國:《上博竹書〈子羔〉瑣記》,《上海博物館藏戰國楚竹書研究續編》,上海書店,2004 年。

徐在國:《説"咠"及其相關字》,簡帛研究網 2005 年 3 月 4 日。

徐在國:《從新蔡葛陵楚簡中的"延"字談起》,《簡帛》第 1 輯,上海古籍出版社,2006 年。

徐在國:《談楚帛書讀"厭"之字》,《華學》第 9、10 輯,上海古籍出版社,2008 年。

徐在國:《上博竹書(三)〈周易〉釋文補正》,《康樂集——曾憲通教授七十壽慶論文集》,中山大學出版社,2006 年。

徐在國:《上博竹書(三)劄記二則》,《古文字研究》第 27 輯,中華書局,2008 年。

徐在國:《上博五文字考釋拾遺》,《簡帛》第 3 輯,上海古籍出版社,2008 年。

徐在國:《説楚簡"叚"兼及相關字》,《簡帛語言文字研究》第 5 輯,巴蜀書社,2010 年。

徐在國:《談上博七〈凡物流形〉中的"詧"字》,《古文字研究》第 28 輯,中華書局,2010 年。

徐在國:《〈上海博物館藏戰國楚竹書〉(六)文字考釋二則》,《湖南省博物館館刊》第 8 輯,嶽麓書社,2012 年。

徐在國:《楚帛書詁林》,安徽大學出版社,2010 年。

徐在國:《安徽大學漢語言文字研究叢書・徐在國卷》,安徽大學出版社,2013 年。

徐在國:《上博楚簡文字聲系》,安徽大學出版社,2013 年。

徐在國、程燕、張振謙:《戰國文字字形表》,上海古籍出版社,2017 年。

徐在國主編:《戰國文字研究》(1—6 輯),安徽大學出版社,2019—2022 年。

徐在國:《〈詩・周南・葛覃〉"是刈是濩"解》,《安徽大學學報(哲學社會科學版)》2017 年第 5 期。

禤健聰:《讀楚簡零識》,《中山大學研究生學刊(社會科學版)》2005 年第 1 期。

禤健聰:《新出楚簡零劄》,《康樂集——曾憲通教授七十壽慶論文集》,中山大學出版社,2006 年。

禤健聰:《楚簡文字與〈説文〉互證舉例》,《許慎文化研究》,中國文藝出版社,2006 年。

禤健聰:《上博楚簡(五)零劄(一)》,簡帛網 2006 年 2 月 24 日。

禤健聰:《上博楚簡(五)零劄(二)》,簡帛網 2006 年 2 月 26 日。

禤健聰:《戰國楚簡所見楚系用字習慣考察》,《中國文字》新 33 期,藝文印書館,2007 年。

禤健聰:《釋戰國文字的"叕"》,《古籍研究》2007 年卷下,安徽大學出版社,2007 年。

禤健聰:《戰國竹書〈融師有成〉校釋》,《廣東教育學院學報》,2008 年第 4 期。

禤健聰:《楚簡釋讀瑣記(五則)》,《古文字研究》第 27 輯,中華書局,2008 年。

禤健聰:《戰國楚系簡帛用字習慣研究》,科學出版社,2017 年。

禤健聰:《戰國簡帛讀本》,鳳凰出版社,2017 年。

禤健聰:《釋㞢並論"印""卬""色"諸字》,《中山大學學報(社會科學版)》2014 年第 1 期。

Y

顏世鉉:《上博楚竹書散論(三)》,簡帛研究網 2003 年 1 月 19 日。

顏世鉉:《上博楚竹書散論(四)》,簡帛研究網 2003 年 2 月 20 日。

顏世鉉:《上博楚竹書補釋二則》,簡帛研究網 2003 年 4 月 29 日。

顏世鉉:《上博楚竹書文字釋讀劄記五則》,《簡帛》第 1 輯,上海古籍出版社,2006 年。

顏世鉉:《從"形訛"和"通假"論古代史料的校讀》,《古文字與古代史》第 1 輯,"中研院"歷史語言研究所,2007 年。

晏昌貴:《〈上海博物館藏戰國楚竹書(二)〉中〈容成氏〉九州柬釋》,《武漢大學學報(社會科學版)》2004 年第 4 期。

晏昌貴:《〈三德〉四劄》,簡帛網 2006 年 3 月 7 日。

晏昌貴:《〈用曰〉劄記三則》,簡帛網 2007 年 7 月 20 日。

晏昌貴:《〈用曰〉零劄》,簡帛網 2007 年 7 月 22 日。

晏昌貴:《讀〈用曰〉劄記一則》,簡帛網 2007 年 7 月 27 日。

晏昌貴:《上博藏戰國楚竹書〈用曰〉篇的編聯與注解》,《楚文化研究論集》第 8 集,大象出版社,2009 年。

楊　博：《戰國楚竹書史學價值探研》，上海古籍出版社，2019 年。
楊朝明：《上博竹書〈從政〉篇與〈子思子〉》，《孔子研究》2005 年第 2 期；《中國哲學》2005 年第 5 期。
楊　華：《〈天子建州〉禮疏》，"2007 中國簡帛學國際論壇"，臺灣大學，2007 年。
楊懷源：《讀上博簡(三)〈中弓〉劄記四則》，簡帛研究網 2004 年 8 月 7 日；《江漢考古》2008 年第 2 期。
楊懷源：《讀上博簡〈中弓〉劄記三則》，《古漢語研究》2005 年第 2 期。
楊澤生：《〈上海博物館所藏竹書(二)〉補釋》，簡帛研究網 2003 年 2 月 15 日。
楊澤生：《上海博物館所藏竹書劄記》，簡帛研究網 2003 年 4 月 16 日。
楊澤生：《上博竹書第三册零釋》，簡帛研究網 2004 年 4 月 29 日。
楊澤生：《竹書〈周易〉劄記(四則》，簡帛研究網 2004 年 5 月 8 日。
楊澤生：《竹書〈周易〉中的兩個異文》，簡帛研究網 2004 年 5 月 29 日；《古典傳統與自由教育》(《經典與解釋》第 5 輯)，華夏出版社，2005 年。
楊澤生：《讀上博竹書劄記六則》，《古文字研究》第 25 輯，中華書局，2004 年。
楊澤生：《讀〈上博四〉劄記》，簡帛研究網 2005 年 3 月 24 日；《古文字研究》第 26 輯，中華書局，2006 年。
楊澤生：《楚地出土簡帛中的總括副詞》，《簡帛語言文字研究》第 2 輯，巴蜀書社，2006 年。
楊澤生：《〈上博五〉零釋十二則》，簡帛網 2006 年 3 月 20 日。
楊澤生：《〈上博五〉劄記三則》，《中山人文學術論叢》第 8 輯，文津出版社，2007 年。
楊澤生：《説〈上博六・競公瘧〉中的"欽"字》，簡帛網 2007 年 7 月 20 日。
楊澤生：《讀〈上博六〉小劄》，簡帛網 2007 年 7 月 21 日。
楊澤生：《讀〈上博六〉劄記(三則)》，簡帛網 2007 年 7 月 24 日。
楊澤生：《上博簡〈用曰〉中的"及"和郭店簡〈緇衣〉中的"出言有及，黎民所慎" 》，簡帛網 2007 年 7 月 30 日。
楊澤生：《〈上博六〉字詞零釋(五則)》，《古文字研究》第 27 輯，中華書局，2008 年。
葉玉英：《論程度副詞{太}出現的時代及其與"太"、"大"、"泰"的關係》，復旦大學出土文獻與古文字研究中心網 2008 年 1 月 2 日。
于　茀：《上海博物館藏戰國楚簡詩論補釋》，《北方論叢》2003 年第 1 期。
于　凱：《上博楚簡〈容成氏〉疏劄九則》，簡帛研究網 2003 年 9 月 24 日；《上博館藏戰國楚竹書研究續編》379—390 頁，上海書店出版社，2004 年。
俞紹宏：《滬簡四〈柬大王泊旱〉補釋》，《漢語漢字研究》2019 年第 3 期。
俞紹宏、宋麗璇：《楚簡"閟"字補釋》，《語言研究》2021 年第 1 期。
俞紹宏：《上海博物館藏楚簡校注》，中國社會科學出版社，2019 年。

俞紹宏、張青松:《上海博物館藏戰國楚簡集釋》,社會科學文獻出版社,2019 年。
虞萬里:《上博〈詩論〉簡“其歌紳而蕩”臆解》,《古漢語研究》2006 年第 4 期。
虞萬里:《上博館藏楚竹書〈緇衣〉綜合研究》,武漢大學出版社,2009 年。
袁國華:《楚簡形聲字探究舉隅——以匹字爲例》,《古文字與古代史》第 1 輯,“中研院”歷史語言研究所,2007 年。
袁國華:《〈上海博物館藏戰國楚竹書(五)鮑叔牙與隰朋之諫〉——“鉘(伐)器”、“滂沱”考釋》,《中國文字》新 32 期 45—56 頁,藝文印書館,2006 年;《楚地簡帛思想研究(三)》,湖北教育出版社,2007 年。
袁金平:《讀〈上博(五)〉劄記三則》,簡帛網 2006 年 2 月 26 日。
袁金平:《出土文獻與古籍新詮》,社會科學文獻出版社,2020 年。
袁　瑩:《上博三〈周易〉中的“帶”字》,簡帛網 2008 年 11 月 22 日。
岳曉峰:《上博簡〈舉治王天下〉第十三簡釋讀》,《衡陽師範學院學報》2014 年第 35 卷第 4 期。

Z

曾憲通:《〈周易·離〉卦卦辭及九四爻辭新詮》;《第四届國際中國古文字學研討會討論集》,香港中文大學,2003 年 10 月;《古籍整理研究學刊》2004 年第 4 期;《古文字與出土文獻叢考》,中山大學出版社,2005 年。
曾憲通:《再説“蚩”符》,《古文字研究》第 25 輯,中華書局,2004 年。
曾憲通:《曾憲通學術文集》,汕頭大學出版社,2002 年。
曾憲通:《古文字與出土文獻叢考》,中山大學出版社,2005 年。
張崇禮:《讀上博四〈昭王毀室〉劄記》,簡帛網 2007 年 4 月 21 日。
張崇禮:《讀上博四〈昭王與龔之脽〉劄記》,簡帛網 2007 年 5 月 1 日。
張崇禮:《釋〈景公虐〉中的“偶言”》,簡帛研究網 2007 年 7 月 23 日。
張崇禮:《〈景公虐〉第十簡解詁》,簡帛研究網 2007 年 7 月 26 日。
張崇禮:《〈景公虐〉第九簡解詁》,簡帛研究網 2007 年 7 月 28 日。
張崇禮:《讀〈莊王既成申公臣靈王〉劄記》,簡帛研究網 2007 年 8 月 7 日。
張崇禮:《讀〈天子建州〉劄記》,簡帛研究網 2007 年 10 月 9 日。
張崇禮:《釋〈用曰〉的一個編聯組》,簡帛研究網 2007 年 11 月 29 日。
張崇禮:《釋〈景公虐〉的“製蔑耑折”》,復旦大學出土文獻與古文字研究中心網 2008 年 2 月 18 日。
張富海:《上博簡〈子羔〉篇“後稷之母”節考釋》,簡帛研究網 2003 年 1 月 17 日;《上博館藏戰國楚竹書研究續編》,上海書店出版社,2004 年。
張富海:《讀楚簡劄記五則》,《古文字研究》第 25 輯,中華書局,2004 年。

張富海:《竹簡〈詩論〉補釋》,《古文字論集(三)》(《考古與文物》2005 年增刊)。
張富海:《説“矣”》,《古文字研究》第 26 輯,中華書局,2006 年。
張富海:《上博簡五〈鮑叔牙與隰朋之諫〉補釋》,簡帛網 2006 年 5 月 10 日;《北方論叢》2006 年第 4 期。
張峰:《〈上博九·史蒥問於夫子〉重編釋文》,《中國文字》新 42 期,藝文印書館,2016 年。
張光裕、鄧佩玲:《上博竹書“其”、“已”通假字辨析》,《上博館藏戰國楚竹書研究續編》,上海書店出版社,2004 年。
張光裕:《從簡帛所見“然句”看“句”、“后”、“逡”諸字的關係》,《簡帛》第 1 輯,上海古籍出版社,2006 年。
張桂光:《上博簡(二)〈子羔〉篇釋讀劄記》,《上博館藏戰國楚竹書研究續編》,上海書店出版社,2004 年;《華南師範大學學報(社會科學版)》2004 年第 4 期。
張桂光:《〈柬大王泊旱〉編聯與釋讀略説》,《古文字研究》第 26 輯,中華書局,2006 年。
張新俊:《上博楚簡文字研究》,吉林大學博士學位論文,2005 年。
張新俊:《釋上博楚簡〈三德〉中的“虡”》,《古文字研究》第 27 輯,中華書局,2008 年。
張世超:《釋“逸”》,《中國文字研究》第 6 輯,廣西教育出版社,2005 年。
張通海:《〈上博簡〉(一、二)集釋》,安徽大學碩士學位論文,2004 年。
張玉金:《字詞考釋四篇、〈尚書〉新證八則》,《中國語文》2006 年第 3 期。
張玉金:《論出土戰國文獻中的兼詞“焉”》,《古文字研究》第 27 輯,中華書局,2008 年。
張玉金:《出土戰國文獻中助詞“之”的研究》,《華南師範大學學報(社會科學版)》2008 年第 4 期。
張振謙:《上博(五)劄記二則》,簡帛網 2006 年 2 月 27 日;《古籍研究》2006 年卷下,安徽大學出版社,2006 年。
趙建功:《以〈易〉解〈恒先〉六則》,《中國哲學史》2006 年第 1 期;簡帛研究網 2006 年。
趙平安:《談〈容成氏〉所載“炮烙之刑”考》,《上博館藏戰國楚竹書研究續編》,上海書店出版社,2004 年。
趙平安:《戰國文字中的鹽字及相關問題研究》,《考古》2004 年第 8 期;《語言文字學》2004 年第 11 期。
趙平安:《“進芋明(從人)子以馳于倪廷”解》,簡帛網 2006 年 3 月 31 日。
趙平安:《上博藏楚竹書〈競建内之〉第 9 至 10 號簡考辨》,《出土文獻研究》第 8 輯,上海古籍出版社,2007 年。
趙平安:《上博簡〈三德〉“毋曩貧”解讀》,簡帛網 2007 年 1 月 1 日。
趙平安:《關於夃的形義來源》,簡帛網 2007 年 1 月 23 日;《中國文字學報》第 2 輯,商務印書館,2008 年。

趙平安:《"達"字"針"義的文字學解釋——從一個實例看古文字字形對於詞義訓詁研究的特殊重要性》,《語言研究》2008 年第 2 期。
趙平安:《對上古漢語語氣詞"只"的新認識》,《簡帛》第 3 輯,上海古籍出版社,2008 年。
趙平安:《新出簡帛與古文字古文獻研究》,商務印書館,2009 年。
趙平安:《釋上博簡〈成王爲城濮之行〉中的"甹"字》,《簡帛》第 9 輯,上海古籍出版社,2014 年。
趙平安:《文字·文獻·古史——趙平安自選集》,中西書局,2017 年。
趙平安:《新出簡帛與古文字古文獻研究續集》,商務印書館,2018 年。
趙　彤:《戰國楚方言音系》,中國戲劇出版社,2006 年。
趙　彤:《"卉"是楚方言詞嗎?》,簡帛網 2007 年 6 月 17 日。
趙　彤:《戰國楚竹書〈彭祖〉篇補釋》,簡帛網 2007 年 3 月 18 日。
鄭　偉:《古代楚方言"翟"字的來源》,《中國語文》2007 年第 4 期。
鄭　威:《〈靈王遂申〉與春秋後期楚國的申縣》,《江漢考古》2017 年第 5 期。
周　波:《楚文字字詞劄記》,簡帛研究網 2003 年 10 月 9 日。
周　波:《楚文字中的"雺"》,簡帛研究網 2004 年 4 月 29 日。
周　波:《竹書〈周易〉考釋三則》,簡帛研究網 2004 年 6 月 6 日。
周　波:《讀〈容成氏〉、〈君子爲禮〉劄記(二則)》,《出土文獻與古文字研究》第 1 輯,復旦大學出版社,2006 年。
周　波:《上博五劄記(三則)》,簡帛網 2006 年 2 月 26 日。
周　波:《上博五補釋二則》,簡帛網 2006 年 4 月 5 日。
周　波:《"侮"字歸部及其相關問題考論》,簡帛網 2007 年 9 月 5 日。
周　波:《戰國時代各系文字間的用字差異現象研究》,復旦大學博士學位論文,2008 年。
周　波:《戰國時代各系文字間的用字差異現象研究》,綫裝書局,2013 年。
周鳳五:《讀上博楚竹書〈從政(甲篇)〉劄記》,簡帛研究網 2003 年 1 月 10 日;《上博館藏戰國楚竹書研究續編》,上海書店出版社,2004 年。
周鳳五:《上博〈性情論〉"金石之有聲也,弗扣不鳴"解》,《語言文字學研究》8—11 頁,中國社會科學出版社,2005 年。
周鳳五:《上博四〈柬大王泊旱〉重探》,《簡帛》第 1 輯,上海古籍出版社,2006 年。
周鳳五:《上博楚竹書〈彭祖〉重探》,《傳統中國研究集刊》第 1 輯,上海人民出版社,2006 年。
周鳳五:《上博六〈莊王既成〉、〈申公臣靈王〉、〈平王問鄭壽〉、〈平王與王子木〉新探》,"2007 中國簡帛學國際論壇",臺灣大學,2007 年。
周鳳五:《楚簡釋字四則》,"中國簡帛學國際論壇 2008",芝加哥大學顧立雅中國古文字學中心,2008 年。
周鳳五:《〈上博四·昭王與龔之脽〉"君王不赦汏侈之罪"考》,《龐樸教授八十壽辰紀念文集》

114—116 頁,中華書局,2008 年。
周鳳五:《朋齋學術文集(戰國竹書卷)》,臺大出版中心,2016 年。
周　翔:《楚文字鬼神祭祀類專字考釋四則》,《中國文字學報》第 7 輯,商務印書館,2017 年。
朱德熙、裘錫圭:《〈戰國文字研究(六種)〉之一〈侯馬載書"麻夷非是"解〉》,《朱德熙文集》第 5 卷,商務印書館,1999 年。
朱豔芬:《〈競建内之〉與〈鮑叔牙與隰朋之諫〉集釋》,吉林大學碩士學位論文,2008 年。
子居(網名):《上博六〈用曰〉再編連》,《學燈》第 15 期,簡帛研究網 2010 年 7 月 1 日。
子居(網名):《上博八〈成王既邦〉再編連》,孔夫子 2000 網 2011 年 7 月 21 日。

筆 畫 檢 字 表

一畫

【一】
一 1

【丨】
丨 42

【乛】
乀 782

二畫

【一】
丁 16
十 169
丂 392
二 914

【丨】
丄 13
卜 272

【丿】
八 60
七 964
人 597
乂 858

【乛】
又 220
乃 388
厶 675
力 934
九 965
丩 1662

三畫

【一】
下 16
三 27
士 41
干 164
丈 170
丌 357
工 373
于 401
才 468
大 719
弋 861
土 918

【丨】
上 13
口 72
山 676

【丿】
千 170
夕 557
川 782
夂 904
凡 917

【丶】
之 472
亡 890

【乛】
小 58
及 239
女 836
也 862
与 940
己 973
子 976
巳 991

四畫

【一】
元 4
天 4
王 30
屯 45
牙 159
厷 233
友 242
亓 361
巨 374
井 421
木 453
市 510
比 628
夫 733
云 788
不 792
匹 897
三 959
五 960

【丨】
中 43
少 58
止 105
日 375
内 434
屰 471
日 544
水 770
凸 897

【丿】
气 41
分 60
介 61
公 62
牛 70
反 240
丹 419
今 431
月 554
凶 566
仁 610
仇 619
印 625
毛 642
勿 681
火 717
夭 726
手 833
氏 876
斤 942
午 1007

【丶】
父 233
方 645
文 666
亢 729
心 741
戶 821
斗 948
六 962

【乛】
夬 235
尹 236
册 559
丑 574
弔 621
孔 792
毋 849
弓 898

五畫

【一】
戈 2

六畫

九畫

【一】

【丨】

【丿】

十五畫

十六畫

繫　906
壚　921
勸　935
轊　952
轍　953
【丨】
嚴　102
歔　269
賤　280
賵　525
贈　525
朣　532
羅　594
賸　658
矒　657
慮　741
譿　762
戲　877
獸　970
【丿】
邊　132
壅　159
儳　182
鏧　207
鵬　307
簶　356
簽　458
籃　460
穧　563

豫　706
朦　729
薏　768
鰌　789
鯩　789
墾　927
【丶】
識　182
譌　186
譆　187
證　188
讄　191
羹　208
贆　578
齎　709
懷　752
爇　778
瀘　780、821
蠤　914
【一】
瞖　101、258
關　824
繩　905
繡　908
緣　910
蟲　912
疆　933
陰　954

二十畫
【一】
蘭　48
舊　101、302
趮　104
臋　338
櫖　460
礎　679
霹　788
蠻　953
【丨】
嚨　72
巖　102
孿　110
瓣　531
瓣　531
臉　531
獻　711
【丿】
犧　70
譽　126、206
譽　185
餐　197
敦　271
鱸　301
臚　331
觸　352
鰌　776
蟲　912

鐘　939
【丶】
遷　142、443
論　185
譏　186
譌　191
競　195
鼻　200
贏　353
韔　443
贛　448
寶　579
寵　580
癢　591
懸　611、768
懽　754
態　769
墊　930
【一】
霾　584、768
繼　901
繅　908
繕　909
繘　909
繽　909
飄　913
隮　956

二十一畫
【一】
礬　406
權　455
贊　531
顥　657
驅　707
露　788
【丨】
囂　163
嬰　322
贖　532
贐　578
曦　719
嚴　728
縈　909
躝　972
【丿】
響　186、260
斂　261
瓤　336
籛　355
籬　357
鰈　705
鰥　706
鰈　789
儺　908
懺　935
鐸　939

【丶】
辯　189
斂　269、444
臺　444
竈　589
醫　661
顧　663
灛　708
纕　709
懼　752
灘　773
辯　975
【乛】
鬻　299
闇　822
闢　823
續　901
纏　902
繰　905
繾　908
緯　908

二十二畫
【一】
鬟　306
覿　657
轢　710
【丨】
體　330
黌　406

圖書在版編目(CIP)數據

楚系簡帛字形合編系列五種. 上海博物館藏楚簡字形合編 / 俞紹宏主編;徐加躍,賀一平編著. —上海:上海古籍出版社,2024.3
ISBN 978-7-5732-0905-4

Ⅰ. ①楚… Ⅱ. ①俞… ②徐… ③賀… Ⅲ. ①竹簡文-字形-研究-中國-楚國(?-前223) Ⅳ. ①K877.54

中國國家版本館 CIP 數據核字(2023)第 200983 號

楚系簡帛字形合編系列五種
上海博物館藏楚簡字形合編
(全二册)
俞紹宏 主編
徐加躍、賀一平 編著
上海古籍出版社出版發行
(上海市閔行區號景路 159 弄 1-5 號 A 座 5F 郵政編碼 201101)
(1) 網址:www.guji.com.cn
(2) E-mail:guji1@guji.com.cn
(3) 易文網網址:www.ewen.co
上海中華印刷有限公司印刷
開本 787×1092 1/16 印張 68.75 插頁 10 字數 1,452,000
2024 年 3 月第 1 版 2024 年 3 月第 1 次印刷
印數:1—1,100
ISBN 978-7-5732-0905-4
H·266 定價:598.00 元
如有質量問題,請與承印公司聯繫